T3-BNX-995

BEITRÄGE ZUR HISTORISCHEN THEOLOGIE

HERAUSGEGEBEN VON JOHANNES WALLMANN

58

Paulus im ältesten Christentum

Das Bild des Apostels und die Rezeption der paulinischen Theologie in der frühchristlichen Literatur bis Marcion

von

Andreas Lindemann

1979

J.C.B. Mohr (Paul Siebeck) Tübingen

Gedruckt mit Unterstützung der Deutschen Forschungsgemeinschaft

CIP-Kurztitelaufnahme der Deutschen Bibliothek

Lindemann, Andreas:
Paulus im ältesten Christentum: d. Bild d. Apostels u. d. Rezeption d. paulin. Theologie in d. frühchristl. Literatur bis Marcion / von Andreas Lindemann. – Tübingen: Mohr, 1979.
(Beiträge zur historischen Theologie; 58)
ISBN 3-16-141342-3
ISSN 0340-6741

Satz und Druck: Gneiting GmbH Filmsatz + Druck, Tübingen.
Einband: Heinrich Koch, Großbuchbinderei, Tübingen.

Hans Conzelmann
gewidmet

Vorwort

Die vorliegende Arbeit entstand in den Jahren 1975 bis 1977 während meiner Tätigkeit als Assistent von Herrn Professor D. Hans Conzelmann. Ende 1977 wurde sie von der Theologischen Fakultät der Universität Göttingen als Habilitationsschrift angenommen. Für den Druck habe ich sie überarbeitet und an einigen Stellen ergänzt.

Mein Dank gilt an dieser Stelle zuerst meinem Lehrer Hans Conzelmann. Zehn Jahre lang habe ich, anfangs als studentische Hilfskraft, zuletzt als sein Assistent, bei ihm gearbeitet. Als Dank für das, was ich bei ihm gelernt habe, ist das Buch ihm gewidmet.

Zu danken habe ich außerdem den Herren Professoren Dr. Georg Strecker und Dr. Ulrich Luz für ihre Gutachten. Dankbar habe ich Anregungen aus allen drei Referaten in die Arbeit übernommen.

Danken möchte ich schließlich meinen Kollegen Herrn Professor Dr. Dieter Lührmann in Bethel und Herrn Dr. Gerd Lüdemann in Göttingen für ihre ausführlichen Stellungnahmen, die ebenfalls in das Buch eingeflossen sind.

Dem Herausgeber der Reihe, Herrn Professor Dr. Johannes Wallmann, danke ich für die Aufnahme des Buches in die „Beiträge zur historischen Theologie“ und dem Verleger sowie den Mitarbeitern in Verlag und Druckerei für die mit dem Druck verbundene Arbeit.

Die Deutsche Forschungsgemeinschaft hat die Drucklegung durch einen erheblichen Zuschuß ermöglicht.

Bethel am 5. Oktober 1978 Andreas Lindemann

Inhalt

Fünftes Kapitel

Paulus im ältesten nachpaulinischen Christentum II
Aufnahme und Verarbeitung paulinischer Theologie

Sechstes Kapitel

Ergebnisse

Abkürzungen

Die in diesem Buch gebrauchten Abkürzungen entsprechen den Abkürzungsverzeichnissen der RGG^3, des ThWNT und in allen übrigen Fällen der TRE.

Darüber hinaus wurden folgende Abkürzungen verwendet:

B-D-R	=	Blaß, F./Debrunner, A., Grammatik des neutestamentlichen Griechisch. Bearbeitet von F. Rehkopf, 14. Aufl. 1976.
ChC	=	Christianity and Culture (Tokio)
Gnosis und NT	=	Gnosis und Neues Testament. Studien aus Religionswissenschaft und Theologie, hg. von K.-W. Tröger, 1973.
NHL	=	The Nag Hammadi Library in English
NHSt	=	Nag Hammadi Studies
NTAF	=	New Testament in the Apostolic Fathers by a Committee of the Oxford Society of Historical Theology, 1905
RSRev	=	Religious Studies Review
ThV	=	Theologische Versuche

In den Abkürzungen der Nag-Hammadi-Texte folge ich den Vorschlägen des Berliner Arbeitskreises für koptisch-gnostische Schriften (Gnosis und NT, 20), die von K. Koschorke, Die Polemik der Gnostiker gegen das kirchliche Christentum, NHSt XII, 1978 ergänzt worden sind.

Monographien sind durchweg mit dem Namen des Verfassers unter Angabe des ersten Substantivs des Titels aufgeführt. Aufsätze durchweg ohne Angabe des Titels unter Nennung des Fundortes. Kommentare sind unter dem Namen des Verfassers und unter Angabe der Abkürzung der jeweils kommentierten Schrift aufgeführt.

Erstes Kapitel

Zum Problem der ältesten Wirkungsgeschichte des Paulus

1. Paulus und seine Stellung im frühen Christentum

Keine Gestalt des ältesten Christentums hat auf Theologie und Geschichte der Kirche einen solchen Einfluß ausgeübt wie der Heidenapostel Paulus. Die überragende Bedeutung, die Paulus offensichtlich bereits im Urchristentum und in der Zeit der Kanonbildung gehabt hat, zeigt schon das Neue Testament: Von den 27 neutestamentlichen Schriften stammen 7 von Paulus selbst, 6 weitere wurden unter seinem Namen geschrieben und als paulinisch kanonisiert. Die Apg, das neben Lk umfangreichste Buch des Neuen Testaments, ist etwa zur Hälfte der Arbeit und dem Schicksal des Paulus gewidmet.

Dennoch wird in der Forschung weithin die These vertreten, Paulus habe in der nachpaulinischen Kirche nur einen sehr geringen Einfluß besessen. Insbesondere die „rechtgläubige" Kirche der ersten zwei Jahrhunderte habe das geistige Erbe des Heidenapostels vergessen oder gar verleugnet; sie habe es im Gegenteil den vor allem gnostischen Häretikern überlassen. Erst die für die Kirche überaus bedrohliche Häresie Marcions habe hier endlich zu einer Tendenzwende geführt: Die marcionische Kanonisierung der Paulusbriefe habe die Kirche zur erneuten Beschäftigung mit Paulus gezwungen. Im Widerstand gegen Marcion habe sie sich daran erinnert, daß die Paulusbriefe ja ein Teil ihrer eigenen Tradition seien und nicht einfach dem Gegner überlassen werden dürften. Nur so seien diese Briefe, nun allerdings eingebettet in den Rahmen eines durch konservative („frühkatholische") Schriften ergänzten Kanons, erhalten geblieben und hätten ihre in der Kirchengeschichte teilweise revolutionäre Wirkung ausüben können.

Besonders nachdrücklich wird dieses Bild von S. Schulz gezeichnet, der sämtliche nichtpaulinischen Schriften des ältesten Christentums als Produkte des Frühkatholizismus ansieht. Schulz sieht nicht nur systematisch in der paulinischen Theologie die „Mitte der Schrift", sondern er beurteilt gleichzeitig die gesamte „Verstehensgeschichte" des paulinischen Evangeliums in der alten Kirche als „eine Geschichte der Mißverständisse, Fehlentwicklungen und Irrwege", als eine „Geschichte der Verdunklungen und Verfälschungen des allein wahren Evangeliums"[1]. Zwar, so erklärt Schulz, erfreue sich Paulus in der heidenchristlichen Großkirche großer Verehrung, „aber seine theologischen Anliegen sind unbekannt, und seine Briefe werden zum Teil bewußt antipaulinisch korrigiert"[2].

Schon A. v. Harnack hatte die Meinung vertreten, man könne „Dogmengeschichte schreiben als Geschichte der paulinischen Reactionen in der Kirche und würde damit alle Wendepunkte der Geschichte treffen"[3]; aber er hatte zugleich erklärt, daß dies für die Geschichte des ältesten Christentums gerade nicht gelte. Bis zur zweiten Hälfte des 2. Jahrhunderts hätten Paulus bzw. der „Paulinismus"[4] vielmehr eine relativ geringe Rolle gespielt[5]. Tatsächlich wird oft erklärt, von einem wirklich theologischen Einfluß des Paulus sei erst bei Marcion etwas zu spüren[6], während in der davorliegenden Periode die Paulus-Überlieferung nahezu ohne Bedeutung gewesen sei.

Ist dieses Urteil begründet? Oder gibt es Anzeichen dafür, daß man die älteste Wirkungsgeschichte des Heidenapostels und seiner Theologie wenn schon nicht einhellig positiv so doch zumindest differenzierter zu sehen hat?

Die *äußere Geschichte* der Kirche zwischen etwa dem Jahre 70 und der Mitte des 2. Jahrhunderts liegt weithin im Dunkel[7], obwohl in diesem Zeitraum mit Ausnahme der echten Paulusbriefe alle neutestamentlichen Schriften und zahlreiche weitere christliche Texte entstanden sind. Abfassungszeit und Abfassungsort dieser Schriften lassen sich aber meist nur annähernd oder auch gar nicht bestimmen; und überdies handelt es sich vielfach um Texte, die einen Rückschluß auf die tatsächlich bestehende kirchliche Lage kaum zulassen. So läßt sich die Entwicklung der Kirche in dieser Zeit nur an wenigen Indizien ablesen; eine volle Übersicht zu gewinnen, ist unmöglich. Wir wissen zum Beispiel relativ wenig darüber, was aus den Gemeinden der paulinischen Missionsgebiete geworden ist[8]. Aber es wäre

---

[1] SCHULZ, Mitte, 430. Vgl. zu diesem Buch P.-G. MÜLLER, ThRev 73, 1977, 177–186. Müller konzentriert sich vor allem darauf, Schulz' mangelnde ökumenische Gesprächsbereitschaft zu beklagen (zu exegetischen Problemen aaO., 185f).

[2] SCHULZ, Mitte, 386.

[3] HARNACK, Dogmengeschichte I, 155.

[4] Das Wort „Paulinismus" wird in unterschiedlicher Weise gebraucht. Pfleiderer versteht darunter den paulinischen „Lehrbegriff" (vgl. PFLEIDERER, Paulinismus, 1), also die paulinische Theologie selbst als dogmatisches System. J. WERNER, der über den „Paulinismus des Irenäus" schrieb, versteht darunter die Wirkung der paulinischen Theologie in nachpaulinischer Zeit. In der vorliegenden Untersuchung wird unter „Paulinismus" der Versuch verstanden, paulinische Denkelemente zu tradieren; charakteristisches Beispiel ist etwa Eph 2,8f.

[5] Vgl. HARNACK, Dogmengeschichte I, 242.

[6] Vgl. etwa WILSON, Marcion, 180.

[7] Vgl. etwa STREETER, in: Harrison, Polycarp, p. VI: "The period A. D. 70–150 is the most obscure in the history of the Church."

[8] 1 Clem z. B. zeigt – vielleicht sogar zuverlässig – die kirchliche Situation in Korinth am Ende des 1. Jahrhunderts. Aber: Was war seit der Abfassung der paulinischen Kor

voreilig, hieraus etwa den Schluß zu ziehen, sie seien untergegangen oder, wie bisweilen behauptet wird, vom antipaulinischen Enthusiasmus „verschlungen" worden[9].

Die *Theologiegeschichte* dieser Zeit läßt sich aufgrund der erhaltenen Quellen besser rekonstruieren. Aber auch hier ist es nicht möglich, etwa bestimmte eindeutige Entwicklungstendenzen zu bestimmen und so eine Art frühester „Dogmengeschichte" zu erschließen. Die äußeren Umstände der Entstehung dieser theologischen Quellen sind ja überwiegend unbekannt; und überdies machen die Vielfalt der in ihnen verarbeiteten Traditionen und nicht zuletzt auch die z. T. sehr unterschiedlichen schriftstellerischen Qualitäten der einzelnen Autoren[10] eine einigermaßen zuverlässige Rekonstruktion der theologischen Entwicklung außerordentlich schwierig.

Bei der Frage nach dem paulinischen Einfluß auf das älteste Christentum ist von vornherein vor einem fast schon „dogmatisch" gewordenen methodischen Verfahren zu warnen – vor der Tendenz, die nachpaulinische christliche Literatur einfach daran zu messen, ob und inwieweit in ihr die paulinische Theologie nicht nur formal rezipiert, sondern auch inhaltlich „verstanden" wurde. Denn hierbei besteht immer die Gefahr, daß das heutige Paulusverständnis zum Maßstab auch der Paulusrezeption des 1. und 2. Jahrhunderts gemacht wird. Vollends unsachgemäß ist es, Abweichungen von der geradezu als „Norm" verstandenen Theologie des Paulus als Verfall zu begreifen und aus der Nichterwähnung des Apostels zugleich auf eine Paulusfeindschaft des jeweiligen Autors zu schließen[11].

Ein in diesem Zusammenhang geläufiges Schlagwort heißt „Frühkatholizismus"[12]. Dieser Begriff wird meistens dann angewandt, wenn theologische Tendenzen, die sich von Paulus, insbesondere von seiner Rechtfertigungslehre entfernen, mit einem Etikett versehen werden sollen. Ein eindrückliches Beispiel bietet S. Schulz' schon genanntes Buch „Die Mitte der Schrift".

Der Begriff „Frühkatholizismus" ist aber zur Kennzeichnung der theologischen Entwicklung in der alten Kirche m. E. unbrauchbar. Denn 1. läßt sich gar nicht oder nur

---

dort geschehen? Und welche Folgen hatte das römische Eingreifen? – Ähnliches gilt für Kleinasien und Syrien, deren Lage durch die Ign schlaglichtartig beleuchtet wird. Nahezu ganz unbekannt ist das ägyptische bzw. alexandrinische Christentum der Zeit vor 150, wenn man nicht Hebr oder Barn dort entstanden sein lassen will (s. u. S. 240. 272).

9 Käsemann, Ges. Aufs. I, 132f; Schulz, Mitte, 431. Vorsichtiger, aber ebenfalls skeptisch ist Johnson, in: Festschrift Smith, 105: Es sei eine Täuschung, zu glauben, daß die Gemeinden des Paulus "were completely 'Pauline', i.e. that they understood Paul's preaching in every respect or took it as their sole guide".

10 Man vergleiche etwa Dg und Herm miteinander.

11 Charakteristisches Beispiel für diesen Standpunkt sind die Urteile über Papias, Hegesipp und Justin (s. dazu u. S. 291f. 294ff. 353f).

12 Eine ausführliche Darstellung der Diskussion über diesen Begriff gibt Rohde, Ämter, 11–41.

nach willkürlichen Kriterien definieren, was eigentlich „Frühkatholizismus" ist[13]; und daraus ergibt sich, daß dieser Begriff 2. zur Kennzeichnung der unterschiedlichsten Phänomene verwendet wird: Je nach Standpunkt schwankt die Ansetzung des „Frühkatholizismus" zwischen den Apologeten oder gar Irenäus auf der einen und der ältesten nachpaulinischen Theologie auf der anderen Seite; Schulz erkärt allen Ernstes: „Die Kirche von Rom dürfte von Anfang an frühkatholisch gewesen sein."[14] 3. und vor allem aber widerspricht die Anwendung des Begriffs „Frühkatholizismus" der historischen Methode; denn mit diesem Begriff sollen einerseits frühe Anzeichen einer später virulent werdenden Entwicklung (römischer Primat, Traditionsprinzip, monarchischer Episkopat) beschrieben werden, es muß aber andererseits implizit (oder auch ausdrücklich) behauptet werden, zwischen dem „wahren" Urchristentum und dem diese Wahrheit verfälschenden „Frühkatholizismus" gebe es einen qualitativen Sprung. Paulus war, wie S. Schulz sagt, „frühprotestantisch"[15]; alle seine Nachfolger sind „frühkatholisch". Solche Feststellungen sind zumindest methodisch fragwürdig. Und deshalb wird in der vorliegenden Untersuchung auf die Verwendung des Begriffes „Frühkatholizismus" verzichtet.

Eine explizite Paulusrezeption, etwa in Form einer Kommentierung der paulinischen Briefe, kann in der ältesten Kirche von vornherein nicht erwartet werden[16]. Die Briefe waren ja unmittelbar Bestandteil der christli-

[13] Das zeigen gerade die vielfältigen Definitionsversuche. Nach LUZ, ZNW 65, 1974, 90–92 sind Kriterien für Frühkatholizismus: 1. Der Rückbezug auf die apostolische Zeit; 2. die Unterscheidung von Orthodoxie und Häresie in Bezug auf die Lehre; 3. die starke Betonung der Ethik; 4. die Sicherung der Lehre durch die Amtskirche. – SCHULZ, Mitte, 10 erklärt: „Frühkatholizismus repräsentiert also prägnant die Übergangsphase vom Urchristentum in die altkatholische Kirche, in der 'embryonal' und in den ersten Ansätzen die altkatholische Großkirche, die Una sancta catholica mit apostolischem Taufsymbol, Schriftenkanon und bischöflichem Amt, sich anmeldet und zum Vorschein kommt." – Aber: „Embryonal" und „in den ersten Ansätzen" sind diese Tendenzen doch mit dem Kirchengedanken selbst schon gegeben. – Für GOPPELT, Theologie II, 488 ist die Grenze zwischen „apostolisch" und „frühkatholisch" faktisch identisch mit der Kanonsgrenze. Nach LOHSE, Theologie, 147 beginnt Frühkatholizismus, wenn die Tradition an das Amt gebunden wird.

[14] SCHULZ, Mitte, 355.

[15] Vgl. z.B. SCHULZ, Mitte, 431: „Die evangelische Kirche ist zwar älter als die römisch-katholische Kirche, weil der Frühkatholizismus nachweisbar erst nach Paulus und mit dem Markusevangelium beginnt. Aber die ... [paulinischen] Gemeinden sind im Enthusiasmus oder Frühkatholizismus untergegangen." SCHULZ fragt dann, wie die Kirchengeschichte wohl verlaufen wäre, wenn es frühprotestantische Evangelienbücher, Apostelgeschichten usw. gegeben hätte. Er behauptet andererseits (aaO., 226), schon der Prozeß der Evangelienschreibung als solcher sei ein Akt des Frühkatholizismus.

[16] Zur Methodik antiker Textauslegung vgl. DÖRRIE, ZNW 65, 1974, 121–138. KUSS, Paulus, 455 macht außerdem auf das hermeneutische Problem aufmerksam: Jede Analyse der Paulusrezeption zeige „das eigentlich Selbstverständliche ..., daß eine unmittelbare Übernahme der Verkündigung des Paulus nicht möglich ist, sondern daß der Abstand ... durch ‚Auslegung' überwunden werden muß". Freilich gibt es gerade für eine solche „Auslegung" der paulinischen Briefe in der ältesten Kirche nur wenige Quellen.

chen Tradition; sie wurden zitiert, und ihre Aussagen wurden natürlich vielfach auch modifiziert. Sie teilten dieses Schicksal freilich mit den Evangelien, den Worten des *κύριος*, wie schon die Geschichte der synoptischen Tradition lehrt.

Den Vf des Mt und des Lk ist es ja nicht eingefallen, sich mit der ihnen vorliegenden Tradition (Mk bzw. die Logienquelle Q) explizit „auseinanderzusetzen". Sie haben diese beiden ihnen vorliegenden Schriften zusammen mit ihrem „Sondergut" in ihre eigenen Evangelien integriert und die abweichenden theologischen Vorstellungen praktisch vollständig korrigiert oder harmonisiert. Offensichtlich sah man im ältesten Christentum noch gar keinen Anlaß, eine Art Exegese schon vorliegender christlicher Texte zu betreiben. Daher ist es m. E. unsachgemäß, wenn W. Schneemelcher feststellt, daß im 2. Jahrhundert selbst dort, wo Paulus zitiert werde, niemand den Versuch gemacht habe, „diese Zitate nun exegetisch zu erfassen"[17]. Wenn zitiert wird, dann bedeutet das zunächst einmal, daß der Zitierende mit Wortlaut und Inhalt des zitierten Textes einverstanden ist – sonst würde er nicht zitieren[18].

Der erste Theologe, der die paulinischen Briefe tatsächlich im eigentlichen Sinn „exegetisch" bearbeitet hat, dürfte Marcion gewesen sein, der nicht nur ein sorgfältig redigiertes, d.h. revidiertes Corpus Paulinum besaß, sondern der in seinen „Antithesen" alttestamentliche Sätze bestimmten Aussagen der christlichen und z.T. paulinischen Tradition gegenübergestellt hat[19]. Doch bedeutet das keineswegs, daß Marcion überhaupt der erste war, der sich paulinischer Gedanken und Formulierungen bewußt bediente. Vielmehr ist damit zu rechnen, daß Marcions Unternehmen zwar gewiß nicht an eine schon bestehende Paulusrezeption in der Kirche positiv anknüpft, aber doch eine solche voraussetzt[20].

Die Annahme, erst Marcion habe die Paulus-Überlieferung aus ihrem Schattendasein befreit, bedarf ebenso der Überprüfung wie die gängige These, Paulus sei im 2. Jahrhundert – mit einem oft zitierten Wort Tertullians zu sprechen – der haereticorum apostolus gewesen, an den die „rechtgläubige" Kirche sich nur höchst ungern habe erinnern lassen.

Es wird in dieser Arbeit der Versuch unternommen, die Geschichte der ältesten Paulusrezeption nachzuzeichnen. Denn erst, wenn es gelingt, den Befund so vollständig wie möglich aufzunehmen, ist ein begründetes Urteil darüber möglich, ob es stimmt, daß man sich bis hin zu Marcion „mit dem

---

[17] SCHNEEMELCHER, ZKG 75, 1964, 13. – Kritisch zu Schneemelcher auch HAGNER, Use, 349.

[18] Wenn es anders wäre, hätten wir es erheblich leichter, die in den neutestamentlichen Schriften zitierten Formeln und Lieder genau zu analysieren.

[19] Darauf verweist HAUSCHILD, VF 16/1, 1971, 23 in seinem Literaturbericht. Er sieht den Anfang der Paulus-Auslegung bei Marcion und den Valentinianern; indes: „Ihr Paulinismus ergibt sich weniger aus dem lebendigen Fortwirken paulinischer Theologumena als aus bewußter Hinwendung zu den Schriften des Apostels."

[20] Vgl. ANDRESEN, Kirchen, 109.

Paulinismus überhaupt nicht beschäftigt"[21] hat, oder ob im Gegenteil die von H. v. Campenhausen vertretene These richtig ist, Paulus sei im ganzen 2. Jahrhundert „der Apostel" schlechthin, die Stellung seiner Briefe geradezu einzigartig gewesen[22].

Daß die Entwicklung der Paulusrezeption nicht gradlinig verlief, ist dabei selbstverständliche Voraussetzung. Denn zweifellos hat es schon im Bereich der deuteropaulinischen Paulus-Tradition beträchtliche Differenzen gegeben – man vergleiche nur Eph einerseits und 2 Thess oder die Past andererseits miteinander. Im 2. Jahrhundert haben sich diese divergierenden Tendenzen noch verstärkt; Paulus wird sowohl im Bereich der „Häresien" als auch im Raum der „rechtgläubigen" Kirche theologisch anerkannt[23], während bei bestimmten judenchristlichen Gruppen eine ausdrückliche Paulusfeindschaft sichtbar wird. Ein Fixpunkt in der Theologiegeschichte ist in diesem Zusammenhang der Kirchenvater Irenäus: Seit Irenäus ist die Berufung auf die paulinische Theologie selbstverständliches Mittel im Kampf gegen die „Häretiker"[24]. Und daher beschränkt sich die vorliegende Arbeit auf die vorirenäische Epoche der Kirche[25].

2. *Zur Forschungsgeschichte*

„Die Geschichte der paulinischen Theologie im zweiten Jahrhundert ist eines der faszinierenden Probleme der Kirchengeschichte."[1] In der Tat wird die Frage, welchen Einfluß Paulus auf die theologische Entwicklung der alten Kirche ausgeübt hat, in fast allen Darstellungen der neutestamentlichen Theologie und der alten Dogmengeschichte erörtert. Eigenartigerweise gibt es aber nur wenige ausführliche Gesamtdarstellungen; die vorhandenen sind vor 1940 erschienen und z. T. methodisch unbefriedigend. Es trägt deshalb wenig aus, eine vollständige Darstellung der bisherigen Forschung zu geben. Ich beschränke mich vielmehr darauf, die wichtigsten Etappen der Forschungsgeschichte in Umrissen nachzuzeichnen.

---

[21] So die Formulierung bei Verweijs, Evangelium, 239f A 34.

[22] Campenhausen, Entstehung, 169f; vgl. aaO., 207f. Er erklärt jedoch weiter, um die Mitte des 2. Jahrhunderts sei „das Ansehen des Paulus in rechtgläubigen Kreisen zurückgegangen" aufgrund vor allem der Paulusrezeption Marcions (aaO., 171). Das ist aber ein ausschließlich e silentio begründetes Argument (vgl. auch aaO., 207–209).

[23] Luz, ChC 8, 1972, 109: „Frühkatholizismus" und „christlicher Gnostizismus" sind "two legitimate heirs" der Theologie des Paulus.

[24] Das macht Schendel, Herrschaft, sehr deutlich, der die Auslegung von 1 Kor 15,24–28 seit Irenäus behandelt.

[25] Wenn Hauschild, VF 16/1, 1971, 22 erklärt, „zu den am intensivsten erforschten Themen" der alten Kirchengeschichte gehöre „die Paulusexegese der Väter", so trifft dies erst für die nachirenäische Zeit zu.

[1] Brändle, Ethik, 202.

Als Ausgangspunkt der Forschung kann F.C. Baur angesehen werden, der den „Paulinismus", d.h. die an Paulus anknüpfende nachpaulinische Theologie als Gegenspieler des Judenchristentums verstand. Am Ende dieses Kampfes stand nach Baur der Märtyrer Justin, der in der Sache, nicht aber dem Namen nach, Pauliner gewesen sei[2]. Dabei beobachtete Baur eine geographische Verteilung der frühen christlichen „Parteien": Das Judenchristentum habe seinen entscheidenden Einfluß in Rom und in Kleinasien besessen, der Paulinismus in Syrien und Griechenland[3]. Ähnlich urteilte A. Ritschl. Er bezweifelte zwar, daß das theologische Denken des Paulus in nachpaulinischer Zeit überhaupt habe angemessen rezipiert werden können[4], denn weder die „Apostolischen Väter" mit ihrer Hinwendung zum Katholizismus noch andererseits Marcion mit seiner unpaulinischen Zwei-Götter-Lehre seien als legitime Paulusnachfolger anzusehen; aber auch Ritschl sah in Justin den ersten wirklichen Vertreter des Paulinismus in der alten Kirche, und zwar wegen seiner Haltung gegenüber dem Judenchristentum[5].

Den ersten Versuch, die Geschichte des Paulinismus vollständig zu erfassen, unternahm O. Pfleiderer, der in seinen Hibbert-Lectures 1885 die Paulusrezeption in der Kirche von den Anfängen bis ins 19. Jahrhundert darstellte. Hier hielt er prinzipiell noch an der Baurschen Idee fest, daß die älteste Zeit der Paulusrezeption durch die Fortsetzung des alten Kampfes zwischen Heiden- und Judenchristentum bestimmt gewesen sei; am Ende dieser Phase habe die „Versöhnung" beider in den synoptischen Evangelien, vor allem bei Lk[6], gestanden. In seinem 1902 in 2. Auflage erschienenen Buch „Das Urchristentum" modifizierte Pfleiderer diese Position jedoch: Jetzt warnt er davor, die christlichen Schriften des 2. Jahrhunderts stets nur unter der Alternative „paulinisch oder judenchristlich?" zu sehen[7].

Mit W. Wrede und vor allem A.v. Harnack trat eine noch differenziertere Betrachtungsweise in den Vordergrund. Wrede verstand den „Paulinismus" erstmals nicht mehr als ein einheitliches theologiegeschichtliches Phänomen, sondern sprach davon, daß es „in Wahrheit verschiedene Paulus" gegeben habe; es komme ganz darauf an, ob man den Apostel mit den Augen der Past, Marcions oder des 2 Thess sehe[8]. A.v. Harnack, der den Paulinismus in der kirchengeschichtlichen Entwicklung als „Ferment", nicht aber als „Basis" betrachtete[9], fällte das bis heute überwiegend akzeptierte Urteil, daß der

---

[2] Baur, Geschichte I, 110–140.
[3] Baur, Dogmengeschichte, 66.
[4] Ritschl, Entstehung, 271.
[5] Ritschl, Entstehung, 284f. 308. 311.
[6] Pfleiderer, Lectures, 185–198.
[7] Pfleiderer, Urchristentum II, 579.
[8] Wrede, Echtheit, 70f. Schon Lemme, NJDTh 1, 1892, 330 nannte den Paulinismus der paulinischen Gemeinden „eine unsichere Größe fließenden Charakters".
[9] Harnack, Dogmengeschichte I, 155.

Paulinismus kein „durchschlagendes Moment in der sich zum Katholizismus entwickelnden Kirche" gewesen sei[10].

Die nach O. Pfleiderer erste monographische Darstellung der ältesten Paulusrezeption gab 1937 E. Aleith, die auf knappem Raum ein Bild des „Paulusverständnisses in der Alten Kirche" (so der Titel des Buches) entwarf. Ohne detailliertere Textanalysen vorzunehmen, kam sie freilich recht pauschal zu überwiegend negativen Urteilen. „In das Wesen des paulinischen Glaubens ist keiner der alten Theologen eingedrungen", heißt es lapidar[11]. Die herrschende Tendenz der nachpaulinischen Zeit sei vielmehr das Bemühen gewesen, „die Lehrsätze des jüdischen Moralkatechismus mit der paulinischen Theologie zu verbinden"[12]. Auch E. Aleith sah also die alte Theologiegeschichte im wesentlichen unter dem Schema, das F. C. Baur entwickelt hatte.

Im Jahre 1941 erschien die Untersuchung „Paul Becomes a Literary Influence" von A. E. Barnett. Barnett unternahm erstmals den Versuch, das gesamte (damals) bekannte frühchristliche Schrifttum auf Pauluszitate bzw. -anspielungen zu untersuchen. In methodischer Hinsicht war das zweifellos ein Fortschritt, weil an die Stelle pauschaler und sehr allgemeiner Bemerkungen über das nachpaulinische Christentum die detaillierte Analyse trat. Allerdings verfuhr Barnett bei dieser Untersuchung verhältnismäßig mechanisch: Er teilte die erkennbaren Zitate und Anspielungen je nach dem Grad ihrer „Gewißheit" in vier Kategorien ein, verzichtete aber weitgehend auf eine inhaltliche Wertung des Befundes. So kam er in der Sache zu einem ähnlichen Ergebnis wie einst A. v. Harnack, daß nämlich die paulinischen Briefe in der Zeit um 150 "waned in their popularity", weil Paulus von häretischen Gruppen als Exponent ihres Christentums verstanden und dadurch der Kirche verdächtig geworden sei[13]. Dies sei der Grund, weshalb zahlreiche Schriften dieser Zeit keinerlei Bezugnahmen auf paulinische Briefe oder auf die Paulus-Tradition erkennen ließen[14]. Erst in der zweiten Hälfte des 2. Jahrhunderts habe sich das wieder geändert[15].

Die Arbeiten von E. Aleith und A. E. Barnett standen im Zusammenhang mit W. Bauers grundlegender Darstellung von „Rechtgläubigkeit und Ketze-

---

10 Harnack, Marcion, 12. Vgl. ders., Lukas, 101: „Wo ist denn der Paulinismus, außer bei Marcion, geblieben, und was ist bei Marcion aus ihm geworden? Man wird sich doch entschließen müssen, sich nicht nur den Paulinismus elastischer zu denken, sondern vor allem sich eine andere Vorstellung davon zu machen, was Paulus in seiner nächsten Nähe ertragen hat."

11 Aleith, Paulusverständnis, 119.

12 Aleith, Paulusverständnis, 18.

13 Barnett, Paul, 186.

14 Barnett rechnet hierzu Jak, Jud, Herm Barn, Did, 2 Clem, Mart Pol und Aristides.

15 Als herausragendes Beispiel nennt Barnett, Paul, 222 die (von ihm spät angesetzten) Past.

rei im ältesten Christentum". Beide fragten, ähnlich wie Bauer auch, im Grunde nicht nach den Ursachen der von ihnen beobachteten Entwicklung des nachpaulinischen Christentums: *Warum* schien Paulus in Vergessenheit geraten zu sein? Und *warum* rückte er nur wenige Jahre später bei Marcion und dann auch in der Kirche wieder in den Vordergrund des Interesses?

Diese Frage hat die neuere Forschung verstärkt gesehen und auch zu beantworten versucht, freilich mit unterschiedlichen Ergebnissen. E. Käsemann ist der Auffassung, die paulinischen Gemeinden seien „bereits nach einem Menschenalter vom Enthusiasmus verschlungen" worden und hätten deshalb das Erbe des Apostels nicht zu bewahren vermocht[16]. M. Werner führt das Verschwinden des echten Paulinismus auf das Ausbleiben der Parusie zurück; die „Parusieverzögerung" habe hinsichtlich der Paulusrezeption in der Kirche zwei unterschiedliche Reaktionen hervorgerufen: Im hellenistischen Christentum sei der Versuch unternommen worden, Paulus umzudeuten und ihn sich so anzueignen – am Ende dieser Entwicklung stehe Joh[17]. Auf der anderen Seite hätten die (gnostischen) Häretiker versucht, Paulus nicht umzudeuten, sondern seine Briefe unmittelbar zu interpretieren; die Kirche sei dadurch in äußerste Verlegenheit versetzt worden. Dieser „Kampf zwischen werdender Großkirche und Häresie um Paulus" war nach M. Werner die eigentliche Krise der nachapostolischen Zeit[18].

Auch W. Schneemelcher, K. Beyschlag und C. K. Barrett, die sich in Aufsätzen zum Thema geäußert haben, sehen als eigentliches Kennzeichen der nachpaulinischen Theologiegeschichte die Tatsache an, daß Paulus in der „rechtgläubigen" Kirche teils vergessen teils bewußt unterdrückt worden sei, während vor allem im Raum der Gnosis einen ganz entscheidenden Einfluß besessen habe[19]. H.-F. Weiß hat sich bemüht, hierfür aus den gnostischen Texten, insbesondere aus den Nag-Hammadi-Schriften, die entsprechenden Belege beizubringen[20]; und E. Pagels hat schließlich jüngst eine Untersu-

---

16 Käsemann, Ges. Aufs. I, 132f.

17 Werner, Entstehung (²1953), 140f.

18 Werner, Entstehung (²1953), 143f. Erst Irenäus habe sich veranlaßt gesehen, im Kampf gegen die Häretiker nicht mehr den umgedeuteten, sondern den wirklichen Paulus zum Gegenstand der theologischen Exegese zu machen.

19 Schneemelcher, ZKG 75, 1964, 1–20; Beyschlag, in: Festschrift Maurer, 9–22; Barrett, NTS 20, 1974, 229–245. Zitate erübrigen sich eigentlich; als Beispiel sei Beyschlag, aaO., 22 angeführt: „Schon um die Mitte des 2. Jahrhunderts bedeutet der Frühkatholizismus ... in der ökumenischen Kirche alles, der Paulinismus dagegen – abgesehen von Marcion und anderen Häretikern – nichts mehr." Diese Tendenz findet sich in differenzierterer Form etwa auch bei Schenke, NTS 21, 1975, 505–518 und bei Müller, Theologiegeschichte (vor allem 93–100).

20 Weiss, BZNW 37, 116–128. Er erklärt aaO., 125: Abgesehen von der gnostischen Paulusrezeption ist „der Theologie des Paulus ansonsten im 2. Jahrhundert faktisch keine Nachwirkung beschieden gewesen". Allein die Gnostiker hätten Paulus vor dem Vergessen bewahrt (aaO., 127).

chung mit dem geradezu programmatischen Titel "The Gnostic Paul" vorgelegt, in der sie die valentinianische Paulusrezeption darstellt; sie versucht darüberhinaus zu zeigen, daß das kontroverse Paulusverständnis im Grunde schon in die Zeit des Apostels selbst zurückreicht[21].

Dieser überwiegend anerkannten Beurteilung der ältesten Paulusrezeption[22] stehen vor allem W. Schmithals und O. Kuß mit einer deutlichen Reserve gegenüber. Schmithals wendet sich gegen die These, Paulus sei von den Gnostikern derart vereinnahmt worden, daß die Kirche keine Möglichkeit mehr hatte, sich seiner noch zu bedienen. Er verweist auf antignostische Theologen (zu denen er neben Ignatius und Polykarp auch den Vf des 1 Clem und den Vf der Past rechnet) und kehrt das herkömmliche Urteil geradezu um: Die Gnosis sei gezwungen gewesen, sich auf Paulus zu berufen, gerade „weil er eine stets und bleibend anerkannte kirchliche Autorität war“[23]. O. Kuß gibt in seinem Buch „Paulus“ eine knappe Darstellung der Paulus-Interpretation in der alten Kirche und macht dabei deutlich, daß von einer einheitlichen Entwicklung des Paulusverständnisses und des Paulusbildes eigentlich nicht gesprochen werden kann. Die Kirche, so betont Kuß, habe immerhin die paulinischen Briefe kanonisiert und damit ihr außerordentliches Interesse an ihnen bekundet; Kritik an Paulus zeige sich versteckt oder auch offen nur im Judenchristentum. Allerdings beobachtet auch Kuß in der Paulusdeutung der alten Kirche eine ausgesprochene Tendenz zur „Verkirchlichung“: „Die Väter bauen verschiedene Elemente der Theologie des Apostels in neue Systeme ein, die aus neuen Situationen und für neue Situationen gedacht werden, und es ist durchaus verständlich, wenn strenge ‚Pauliner‘ die Stimme des Apostels in dieser Zeit nur leise und undeutlich wiedererkennen wollen.“[24] Kuß schließt diesen Teil seines Buches mit der Bemerkung, „daß eine zusammenfassende richtige Darstellung der Aneignung des Paulus durch die alte Kirche hermeneutisch und sachlich-theologisch von großer Bedeutung sein könnte“[25]. Mit der vorliegenden Arbeit wird der Versuch unternommen, eine solche Darstellung zu geben.

---

[21] Pagels, Paul, passim. Übernommen wird Pagels Sicht z. B. von Dunn, Unity, 288–296.

[22] Ich vermag deshalb den Optimismus von Hauschild, VF 16/1, 1971, 22 nicht ganz zu teilen, es sei in der neueren Forschung „vor allem allmählich mit dem alten, seit F. Overbeck gepflegten Vorurteil aufgeräumt worden ..., als habe jene [i.e. die Paulusexegese der Väter] Paulus nicht verstanden“. Zutreffend fährt Hauschild fort: „Was derartiges ‚Verstehen‘ ist, muß man in historischer Perspektive ja doch einigermaßen komplex beurteilen. Schon die Paulusrezeption im 2. Jh. ist da recht aufschlußreich.“

[23] Schmithals, Apostelamt, 244f.

[24] Vgl. Kuss, Paulus, 229–235 (das Zitat aaO., 234f).

[25] Kuss, Paulus, 235 A 3.

Zweites Kapitel

Bemerkungen zur Methodik

1. Zum Gang der Untersuchung

Die vorliegende Arbeit strebt an, die nach dem Tode des Paulus entstandene frühchristliche Literatur auf paulinischen Einfluß hin zu untersuchen. Die in Frage kommenden Quellen und die dabei anzuwendenden Methoden werden im zweiten Abschnitt dieses Kapitels dargestellt. Im dritten Kapitel wird versucht, der Überlieferung der Paulusbriefe von den Anfängen in den Gemeinden bis zur Integration in das kanonische Neue Testament nachzugehen. Denn selbst wenn es zutreffen sollte, daß die Paulusrezeption sich anfangs weniger im Raum der „rechtgläubigen" Kirche als vielmehr bei den „Ketzern" vollzogen hat, so ist doch zu beachten, daß die Kirche offenbar zu keinem Zeitpunkt ihrer Entwicklung die Reproduktion der Paulusbriefe aus den Augen verloren hat. Indizien dafür sind auch die „redaktionellen" Bearbeitungen einiger dieser Briefe.

Die eigentliche Untersuchung gliedert sich in zwei Hauptteile: Im vierten Kapitel wird zunächst das Paulusbild der alten Kirche zu rekonstruieren versucht, im fünften Kapitel dann die Rezeption der paulinischen Theologie durch die frühchristlichen Autoren. Diese Gliederung hat zwar den Nachteil, daß alle Texte, in denen Paulus namentlich erwähnt ist, zweimal analysiert werden müssen; es zeigt sich aber, daß Aneignung und Weitergabe paulinischer Personaltradition keineswegs immer einhergeht mit der Aufnahme der theologischen Paulusüberlieferung und mit der Zitierung paulinischer Briefe[1]; deshalb ist trotz des genannten Nachteils die im folgenden gewählte Gliederung jeder anderen vorzuziehen.

Ziel des vierten Kapitels ist also die Rekonstruktion des Paulusbildes bzw. richtiger: der Paulusbilder in den Schriften des ältesten Christentums. Zwar kann man nicht in allen Texten, wo Paulus ausdrücklich erwähnt wird, von einem Paulus„bild" im eigentlichen Sinne sprechen; aber es soll doch in jedem

[1] Die Ausnahme ist Marcion, bei dem sich möglicherweise ein „Paulusbild" rekonstruieren ließe, wenn wir seine Schriften, insbesondere die „Antithesen" noch im Original besäßen. Die erhaltene Marcion-Überlieferung läßt Personal-Tradition und theologische Paulusrezeption als nicht unterscheidbar erscheinen.

einzelnen Fall geprüft werden, ob sich hinter der Erwähnung des Paulus bestimmte Tendenzen verbergen – etwa eine Abwertung oder umgekehrt eine einseitige Hochschätzung der Person des Apostels. Dabei wird versucht, die Quellen soweit möglich in chronologischer Abfolge zu behandeln, was jedoch nicht bedeutet, daß mit einer kontinuierlichen Entwicklung des Paulusbildes in der alten Kirche gerechnet würde. Das vierte Kapitel ist naturgemäß nicht sehr umfangreich, denn Paulus wird keineswegs in allen frühchristlichen Schriften erwähnt.

Im Mittelpunkt der Arbeit steht das fünfte Kapitel, das die Rezeption der paulinischen Theologie behandelt. Dabei kann es freilich nicht darum gehen, die Theologiegeschichte des frühen Christentums insgesamt zu erfassen und dann etwa jeweils den paulinischen Einfluß aufzuzeigen bzw. sein Fehlen zu erklären. Vielmehr wird nach Antwort auf drei Fragen gesucht:

1. Welche paulinischen Briefe waren den frühchristlichen Autoren bekannt?
2. Wie verwendeten sie diese Briefe im Zusammenhang ihrer eigenen Argumentation?
3. Sind abgesehen von den unmittelbaren literarischen Abhängigkeiten traditionsgeschichtliche Verbindungen erkennbar?

Die zuletzt genannte Frage ist deshalb wichtig, weil es ja denkbar ist, daß die paulinische Rechtfertigungslehre oder die paulinische bzw. deuteropaulinische Ekklesiologie bewußt oder unbewußt auch in solchen Texten rezipiert sind, die eine direkte Berührung mit einem der (deutero)paulinischen Briefe nicht erkennen lassen.

Im vierten und fünften Kapitel werden, soweit das vom Thema her erforderlich ist, die „Einleitungsfragen" der jeweils behandelten Schriften kurz diskutiert. Dabei ist neben der zeitlichen vor allem die geographische Einordnung von besonderer Wichtigkeit: Schriften, die im 2. Jahrhundert in Rom oder in einem der ehemals paulinischen Missionsgebiete entstanden sind, werden eine andere Stufe der Paulusrezeption repräsentieren als Texte, die zur selben Zeit in Ägypten oder Syrien/Palästina verfaßt wurden. Ebenso ist das Fehlen paulinischen Einflusses bei Zeugnissen aus der römischen Kirche anders zu bewerten als bei Schriften, die vielleicht aus Alexandria stammen.

Im abschließenden sechsten Kapitel werden die Ergebnisse zusammengefaßt, wobei versucht werden soll, die Geschichte der ältesten Paulusrezeption theologisch zu werten.

Die vorliegende Arbeit enthält keine gesonderte Darstellung meines eigenen Paulusverständnisses. Zwar trifft die Bemerkung W. Schneemelchers zu, daß eine Untersuchung, in der es „um den theologiegeschichtlichen Einfluß des Paulus geht, auch ein eigenes Paulusverständnis" voraussetzt[2]; aber eine

[2] Schneemelcher, ZKG 75, 1964, 4. Schneemelcher kritisiert ebenda A 6, daß Aleith (Paulusverständnis) auf einen entsprechenden Abschnitt verzichtet hatte; ähnlich schon Loewenich, ThLZ 63, 1938, 381.

derartige einleitende Darstellung der paulinischen Theologie müßte notwendigerweise so fragmentarisch bzw. schlagwortartig bleiben, daß die Gefahr von Mißverständnissen größer wäre als der sachliche Gewinn. Das in der Arbeit vorausgesetzte Paulusverständnis wird in der Analyse der nachpaulinischen Texte stets implizit sichtbar werden[3].

2. *Überblick über die Quellen*

Die in den etwa 90 Jahren zwischen Paulus und Marcion verfaßten zahlreichen christlichen Schriften bilden das eigentliche Quellenmaterial für die vorliegende Untersuchung. Die Einteilung dieses Materials bereitet allerdings gewisse Schwierigkeiten. Man kann die Texte weder nach Gattungen (Briefe, Evangelien, Homilien usw.) sinnvoll ordnen, noch etwa nach Kategorien wie „rechtgläubig" und „häretisch". Vielmehr wird im folgenden soweit wie möglich eine traditionsgeschichtliche bzw. chronologische Gliederung des Materials vorgenommen[1], obwohl auch eine solche Gliederung nicht in allen Fällen durchführbar ist (etwa bei den Nag-Hammadi-Texten).

1. Zunächst werden die Paulusbriefe selbst daraufhin untersucht, welche sekundären Ergänzungen („Glossen") in sie eingefügt wurden. Diese Interpolationen besitzen eine erhebliche Bedeutung, denn sie repräsentieren eine sehr frühe, möglicherweise sogar die früheste faßbare Stufe der Paulus-Interpretation; sie haben sich in der gesamten Textüberlieferung durchgesetzt. Dasselbe gilt für die „Briefsammlungen", d.h. für die durch Redaktion zustandegekommenen und jetzt als Einheit erscheinenden Briefe (jedenfalls 2 Kor und möglicherweise Phil). In beiden Fällen ist zu fragen, welche theologischen Interessen und Tendenzen den Anlaß dazu gegeben haben, die paulinischen Briefe in dieser Weise, und das heißt eben: durch Veränderung ihres Wortlauts, zu interpretieren.

Diese „Redaktion" hat ihre Fortsetzung gefunden in der Bildung größerer Briefcorpora und schließlich in der zunächst faktischen, dann offiziellen „Kanonisierung" des Corpus Paulinum. Auch diese Entwicklung soll in aller Kürze dargestellt werden.

2. Sodann sind Kol und Eph zu analysieren, die unter dem Pseudonym des Paulus entstanden sind und die sich in der kirchlichen Tradition als Paulusbriefe durchgesetzt haben[2]; sie werden von einigen Exegeten als Produkte einer unmittelbar mit Paulus verbundenen theologischen Schule angesehen.

---

[3] Die m.E. nach wie vor klassische Darstellung der Theologie des Paulus gibt Bultmann, Theologie, 187–353.

[1] Vgl. Conzelmann, Theologie, 323.

[2] Die nicht anerkannten pseudopaulinischen Briefe (Laodicenerbrief. Briefwechsel zwischen Seneca und Paulus; Hennecke II. 80–89) liegen jenseits des hier zu untersuchenden Zeitraums; zum 3. Korintherbrief s.u.S. 374.

3. Pseudonyme Paulusbriefe sind neben diesen relativ frühen „Deuteropaulinen" auch 2 Thess und die Past; sie sind wohl dem letzten Abschnitt des 1. Jahrhunderts oder der Zeit um die Jahrhundertwende zuzurechnen. Bei allen Pseudopaulinen geht es darum, das Paulusbild, das in diesen Briefen vorausgesetzt und teilweise auch sehr bewußt propagiert wird, und vor allem auch den Einfluß der eigentlichen theologischen Paulus-Tradition (bzw. einfach die Kenntnis der paulinischen Briefe) zu erfassen.

4. Zu analysieren ist ferner der paulinische Einfluß auf die Evangelien und insbesondere auf die Apg. Letztere nimmt insofern eine besondere Stellung ein, als sie die älteste Schrift ist, in der Paulus ausdrücklich erwähnt wird. Sie scheint sogar unter anderem auch zu dem Zweck geschrieben worden zu sein, ein bestimmtes Paulusbild zu vermitteln. Hier wird zu fragen sein, welcher Art das in der Apg entworfene Paulusbild ist und auf welche Traditionen bzw. unmittelbaren Kenntnisse es zurückgehen könnte.

Da das Paulusbild der späteren apokryphen Apostelakten an das lukanische Paulusbild direkt oder indirekt anknüpfen dürfte, sollen die ältesten Zeugnisse dieser Gattung (Paulusakten und Petrusakten) im Anschluß an die Apg in einem Exkurs untersucht werden, obwohl damit der gesteckte zeitliche Rahmen durchbrochen wird.

5. Namentlich erwähnt wird Paulus in einigen Schriften der „Apostolischen Väter" (1 Clem, Briefe des Ignatius, Polykarp) sowie in dem noch in das Neue Testament aufgenommenen 2 Petr. Hier ist nach den zugrundeliegenden Paulus-Traditionen und insbesondere nach den mit der Erwähnung des Paulus verbundenen Absichten der Vf zu fragen. Darüberhinaus ist wie bei allen anderen neutestamentlichen Schriften und den übrigen „Apostolischen Vätern" das Problem des möglichen theologischen Einflusses der paulinischen Briefe zu prüfen.

6. Die Berichte der Kirchenväter und die Nag-Hammadi-Texte zeigen deutliche Spuren einer bewußten Paulusrezeption in der christlichen Gnosis des 2. Jahrhunderts. Die entsprechenden Texte sind zu analysieren.

7. Den Angaben der Kirchenväter und den Quellenschriften der Pseudo-Clementinen läßt sich entnehmen, daß Paulus im Judenchristentum teilweise scharf kritisiert und sogar abgelehnt worden ist. In der Analyse dieser Texte soll gefragt werden, ob es ein einheitliches Paulusverständnis des Judenchristentums gegeben hat, ob sich dessen Ursprünge möglicherweise bis in die Zeit des Paulus selbst zurückverfolgen lassen, oder ob es sich etwa um Reaktionen auf das Paulusbild der Gnostiker handeln könnte.

8. Gegenstand der Untersuchung sind schließlich die Schriften der ältesten Apologeten sowie alle übrigen frühchristlichen Texte, soweit sie Indizien für einen Zusammenhang mit paulinischen Briefen oder paulinischer Tradition enthalten[3].

---

[3] Die chronologische Anordnung ist im fünften Kapitel nicht immer festgehalten (z.B. werden Ignatius und Polykarp vor Hebr, Jak und 1 Petr behandelt), damit sachlich zusammengehörende Schriften nicht auseinandergerissen werden.

9. An letzter Stelle steht die Analyse der Paulusrezeption Marcions, soweit diese aus den antimarcionitischen Schriften der Kirchenväter erkennbar wird.

3. Fragestellungen und Methoden der Textanalyse

1. Die Rekonstruktion des in den einzelnen Schriften entworfenen *Paulusbildes* ist methodisch verhältnismäßig unproblematisch. Es wird danach gefragt, welche Vorstellungen vom Wirken des Paulus sich mit der Erwähnung seiner Person verbinden; und es wird dann jeweils untersucht, ob diese Vorstellungen auf unmittelbare Kenntnis paulinischer Aussagen, auf alte Tradition oder aber auf späte Legendenbildung zurückgehen.

Dabei wird es sich erweisen, daß das Paulusbild der alten Kirche einerseits verhältnismäßig einheitlich war, daß aber andererseits zahlreiche Texte von paulinischer Personaltradition offenbar kaum oder gar nicht berührt sind. Die Tatsache, daß Paulus nur in einem relativ schmalen Bereich erwähnt wird, darf jedoch nicht zu dem Schluß verleiten, Paulus sei in allen übrigen Bereichen unbekannt gewesen oder gar bewußt „totgeschwiegen" worden. Vielmehr scheint im ältesten Christentum – abgesehen von den Evangelien einschließlich der Apg – nur ein verhältnismäßig geringes Interesse an Personaltraditionen bestanden zu haben. Doch gerade dann ist es aber besonders auffällig, daß Paulus in den christlichen Schriften des 2. Jahrhunderts häufiger erwähnt wird als jede andere Gestalt des Urchristentums. (Die zahlreichen Apostellegenden der späteren apokryphen Apostelakten fehlen jedenfalls noch in der älteren Literatur; wieweit sie dennoch auf alte Traditionen zurückgehen, läßt sich kaum entscheiden.)

2. Methodisch ungleich schwieriger ist die „theologische" Textanalyse, d.h. die Frage nach *Aufnahme und Verarbeitung paulinischer Theologie* in der frühchristlichen Literatur. Hier wird zunächst einmal nach dem Vorhandensein paulinischer Zitate gefragt, also nach Textstellen, die den Schluß zulassen, der Vf habe unmittelbar aus einem der Paulusbriefe zitiert[1]. Solche „sicheren" Belegstellen, u. U. sogar mit Einleitungsformel und Angabe des zitierten Textes (vgl. 1 Clem 47,1), sind allerdings sehr selten. Solange die paulinischen Briefe (dasselbe gilt aber auch für die anderen im Neuen Testament gesammelten Schriften) nicht im Sinne einer Kanonizität als

[1] Ein nützliches Hilfsmittel ist die „Biblia Patristica" (Index des Citations et Allusions Bibliques dans la Littérature Patristique. Des Origines à Clément d'Alexandrie et Tertullien, hg. J. ALLENBACH u.a., 1975). Sie verzeichnet sämtliche Textstellen in frühchristlicher Literatur, wo sich Zitate und Anspielungen auf biblische Texte finden. Da sie sich aber auf die Angaben der einzelnen Herausgeber der betreffenden Schriften stützt, fehlen einheitliche Kriterien dafür, was als „Zitat" bzw. „Anspielung" verstanden werden soll.

verbindlich galten, sah man im allgemeinen offenbar keine Notwendigkeit, sie als Belege für aktuelle oder prinzipielle theologische Aussagen beizuziehen und womöglich sogar ausdrücklich zu markieren. Hingegen zeigt sich recht häufig die Tendenz, paulinische Aussagen in den eigenen Text mit einfließen zu lassen – jedenfalls gibt es derartige meist mehr oder weniger deutliche aber eben doch nicht ausdrücklich markierte „Anspielungen" auf Paulus in den frühchristlichen Texten in großer Zahl. Nur läßt es sich keineswegs immer entscheiden, ob der betreffende Vf die Anspielung bewußt formulierte oder ob sie ihm eher beiläufig in die Feder floß, ob sie auf unmittelbare Kenntnis paulinischer Texte zurückgeht oder ob sie sich einer Tradition verdankt, deren Ursprung dem Vf kaum oder gar nicht mehr bekannt war. Vor allem aber ist bei jeder vermuteten „Anspielung" die Möglichkeit zu erwägen, ob die Übereinstimmung mit einer bestimmten paulinischen Formulierung nicht auf reinem Zufall beruht, so daß von einer Anspielung gar nicht die Rede sein kann.

Dieser komplizierte Sachverhalt hat in der Forschung zu unterschiedlichen methodologischen Konsequenzen geführt. Die im ganzen sehr sorgfältig angelegte Untersuchung "The New Testament in the Apostolic Fathers" von 1905 zum Beispiel entwarf ein festes Schema, mit dessen Hilfe die denkbaren Anspielungen auf neutestamentliche Texte in vier Kategorien eingeteilt wurden. In der Kategorie „A" war am Zitatcharakter "no reasonable doubt" erlaubt; bei „B" bestand ein "high degree of probability" und bei „C" entsprechend ein "lower degree of probability", daß ein Zitat vorliege; und bei der Kategorie „D" galten die Indizien als "too uncertain to allow any reliance to be placed upon it" (alle Zitate aus dem Vorwort der Untersuchung). Ein ähnlich schematisches Verfahren wählte A. E. Barnett, der sogar eine Zählung der Anspielungen und Zitate in den einzelnen Kategorien vornahm, also annahm, daß seine Kriterien ein hohes Maß an Objektivität beanspruchen könnten[2].

Methodisch korrekter verfuhr W. v. Loewenich in seiner 1932 erschienenen Untersuchung „Das Johannesverständnis im zweiten Jahrhundert" – ein Buch, dessen Fragestellung sich mit dem Thema der vorliegenden Arbeit vergleichen läßt. Loewenich schraubte zunächst einmal den Anspruch deutlich herunter, indem er erklärte: „Es wird sich vielfach darum handeln, festzustellen, ob überhaupt Spuren einer Benutzung des Joh da sind", mit andern Worten: Eine genaue Klassifizierung der möglicherweise vorhandenen Anspielungen scheint ihm gar nicht in jedem Fall möglich zu sein. „Und auch da, wo die Bekanntschaft mit Joh außer allem Zweifel ist, ist der Ertrag für eine Geschichte der Auslegung oft recht bescheiden."[3] Loewenich ging so vor, daß er jeweils

[2] Die Möglichkeit, Anspielungen und Zitate zu zählen, wird m. R. von LOHMANN, Verwendung, 4f bestritten; es lasse sich gar nicht sicher feststellen, was ein Zitat ist und was nicht. Dabei ist zu beachten, daß sich Lohmanns Urteil allein auf alttestamentliche Texte bezieht, deren Zitierung in frühchristlicher Literatur grundsätzlich noch klarer zu erkennen ist als Anspielungen auf „neutestamentliche", speziell paulinische Texte.

[3] LOEWENICH, Johannesverständnis, 3.

im Anschluß an eine kurze Darstellung der Einleitungsfragen der einzelnen zur Debatte stehenden Schriften nach Anklängen an Joh suchte; Texte, wo das Vorliegen gemeinchristlicher Tradition wahrscheinlich war, schied er aus. Dann stellte er die Frage, ob der Gesamtcharakter der betreffenden Schrift johanneischen Einfluß verriet, und erst aus allen diesen einzelnen Beobachtungen zog er einen zusammenfassenden Schluß[4]. Sein Fazit lautete: „Während wir bei den ‚Apostolischen Vätern' und den Apologeten nicht viel über gelegentliche Zitate und Anspielungen hinauskommen, setzt in der Gnosis offenbar ein lebhaftes Bemühen um Joh ein." Irenäus habe dann im Gegenzug die kirchliche Exegese des Joh begründet[5].

Läßt sich die Ursache dieser methodischen Schwierigkeiten erklären? R.M. Grant hat die auffällige Freiheit der früchchristlichen Autoren beim Zitieren urchristlicher Texte mit der These begründen wollen, diese Autoren seien "concerned not with the letter but with the spirit of the texts and of the oral traditions as well"[6]. Aber ein solches Urteil ist sicher zu optimistisch; denn der „Geist" der urchristlichen Texte übte aufs Ganze gesehen im 2. Jahrhundert sicher keinen stärkeren Einfluß aus als der „Buchstabe". H.J. Frede betont, die Analyse von Zitaten sei in der gesamten antiken Literatur überaus schwierig, da die Autoren in ihren Werken stilistische Einheitlichkeit angestrebt und deshalb nur in wenigen Fällen wirklich genaue Zitate verwendet hätten. Erst bei den Kirchenvätern sei hier im Bereich christlicher Literatur eine Änderung eingetreten[7].

Man wird in der Tat kaum sagen dürfen, daß die Schwierigkeit, Anspielungen auf paulinische Briefe in der frühchristlichen Literatur herauszuarbeiten, ein spezielles Problem gerade dieses Apostels und seines literarischen Erbes ist. Vielmehr zeigt sich ähnliches ja auch schon bei dem Versuch, alttestamentliche Zitate im Neuen Testament sicher einzugrenzen und zu bestimmen – etwa bei der Frage, ob es sich um wörtliche Zitate handelt oder nicht[8].

Deshalb wird in dieser Arbeit (vor allem im fünften Kapitel) von folgenden Grundsätzen ausgegangen:

Ein *Zitat* liegt nur dort *mit Sicherheit* vor, wo der Autor den Zitatcharakter etwa durch eine Einleitungsformel ausdrücklich kenntlich gemacht hat (Beispiel: 1 Clem 47,1)[9]. Ein Zitat liegt *wahrscheinlich* vor, wenn der Autor

[4] Die einzelnen Abschnitte des Buches von Loewenich fallen deshalb sehr unterschiedlich aus. Die Analyse von 1 Clem und 2 Clem ist sehr knapp, da Loewenich hier gar keine Anspielungen oder gar Zitate, sondern nur in 2 Clem allgemeine Anklänge findet (Johannesverständnis, 5f.8); die Darstellung der Ign ist recht breit (aaO., 25–38), wobei sich Loewenich hier bei der detaillierten Analyse auf die wichtigsten Stellen beschränkt, da die Anklänge sehr zahlreich seien.

[5] Loewenich, Johannesverständnis, 4.

[6] Grant, Formation, 120.

[7] Frede, in: Aland, Übersetzungen, 457.

[8] Vgl. dazu z.B. Luz, Geschichtsverständnis, 94–109.

[9] S. dazu u. S. 190f. Hier liegt freilich kein wörtliches Zitat einer ganz bestimmten Textstelle aus 1 Kor vor.

einer Schrift in seinem Text eine Formulierung verwendet, die nach grammatischer Struktur, nach dem Wortlaut und nach der inhaltlichen Tendenz deutlich an eine paulinische Aussage erinnert, ohne auf eine gemeinsame Tradition zurückgeführt werden zu können (Beispiel: Ign Eph 18,1/1 Kor 1,18.20)[10]. Dasselbe gilt, wenn sich beim Wortlaut zwar Abweichungen zeigen, im übrigen aber andere Indizien für eine Bekanntschaft des Vf mit paulinischen Briefen bzw. mit paulinischer Theologie sprechen (Beispiel: 1 Petr 2,6/Röm 9,33)[11].

Als *Anspielungen* gelten solche Texte, wo bestimmte charakteristisch paulinische Topoi oder Termini verwendet werden, die sich nicht aus außerpaulinischer Tradition ableiten lassen und die im Kontext so weit als „Fremdkörper" wirken, daß sie wahrscheinlich nicht auf bloßen Zufall zurückgehen (Beispiel: Dg 5,12f.15/2 Kor 6,9f; 1 Kor 4,12)[12].

Daß trotzdem die Gefahr subjektiver Urteile nicht ausgeschlossen werden kann, braucht nicht eigens betont zu werden. Es scheint aber im Rahmen dieser Untersuchung sachgemäß zu sein, jedenfalls einen verhältnismäßig strengen Maßstab anzulegen, d.h. sich auf möglichst sichere Indizien für Pauluskenntnis und -benutzung bei den nachpaulinischen Autoren zu beschränken.

Angesichts der im Einzelfall immer wieder bestehenden Unsicherheiten wird auf eine „statistische" Erfassung der Zitate verzichtet.

Folgendes ist allerdings noch zu beachten:

a) Selbst bei scheinbar sicheren Zitaten kann niemals ausgeschlossen werden, daß der zitierende Autor gar nicht einen Paulusbrief vor sich hatte, sondern sich einer schon sekundären Quelle bedient oder lediglich nach dem Hörensagen zitiert. In derartigen Fällen kann durchaus eine bewußte Paulusrezeption vorliegen, ohne daß der betreffende Autor einen paulinischen Brief unmittelbar gekannt oder benutzt hat.

b) Besonders kompliziert sind die Fälle, wo zwar keine bewußten Anspielungen oder Zitate vorliegen, wo aber Zusammenhänge mit theologischen Denkmodellen des Paulus zu bestehen scheinen. Es ist ja durchaus denkbar, daß die Rechtfertigungslehre, die paulinische Ekklesiologie oder die paulinische Bestimmung des Verhältnisses von Heilszusage und ethischer Forderung („Indikativ"/„Imperativ") die frühchristliche Theologie auch dort beeinflußt haben, wo direkte Indizien für eine Kenntnis der paulinischen Briefe im übrigen fehlen. Daß derartige Theologumena im 2. Jahrhundert schon fester Bestandteil des allgemein-christlichen Denkens geworden sind, ist zumindest nicht auszuschließen.

---

10 S. dazu S. 203.

11 S. dazu S. 255.

12 S. dazu S. 346.

c) Bestimmte Übereinstimmungen zwischen Paulus und nachpaulinischen Autoren könnten auch darauf zurückgehen, daß sich die späteren Autoren einer älteren Tradition bedienen, die schon dem Paulus selbst als Überlieferung vorlag. In diesen Fällen ist es methodisch praktisch unmöglich, ein sicheres Urteil zu fällen. Derartige Übereinstimmungen, insbesondere aus dem Bereich der Gotteslehre oder der Christologie, aber auch aus der Eschatologie werden im allgemeinen nicht als Anzeichen für eine unmittelbare Pauluskenntnis gewertet werden können.

Drittes Kapitel

Zur Entstehung des Corpus der paulinischen Briefe

1. Redaktionsgeschichte der Paulusbriefe

a) Vorbemerkung

Wir wissen wenig darüber, welchen Gebrauch die paulinischen Gemeinden, also die unmittelbaren Adressaten, von den Briefen des Paulus gemacht haben. Nach 1 Thess 5,27 ist es wohl sicher, daß die Briefe jeweils in der Gemeindeversammlung[1] verlesen und dann vermutlich auch diskutiert wurden. Aber was geschah anschließend mit ihnen? Wahrscheinlich wurden sie nicht vernichtet[2], sondern aufbewahrt und möglicherweise gelegentlich auch noch einmal gelesen[3]. Die Entstehung des 2 Thess zum Beispiel läßt sich am ehesten erklären, wenn man annimmt, daß in der (thessalonichischen?) Gemeinde 1 Thess noch eine erhebliche Bedeutung hatte[4].

---

[1] Üblicherweise heißt es, die Briefe seien „im Gottesdienst" verlesen worden. Aber damit wird der m. E. falsche Eindruck erweckt, sie seien bereits von quasi liturgischer Dignität gewesen. Insbesondere die Kor zeigen, daß der Briefwechsel zwischen Paulus und der Gemeinde von sehr handfesten und aktuellen Problemen bestimmt war und wenig feierlich-liturgischen Charakter besaß. Vgl. dazu jetzt die „narrative Exegese" von 1 Kor 12–14 bei W. J. Hollenweger, Konflikt in Korinth / Memoiren eines alten Mannes, Kaiser Traktate 31, 1978, 9–45.

[2] Obwohl auch das nicht auszuschließen ist. Denn Paulus hat sicher nicht nur sieben (oder, wenn die Teilungshypothesen richtig sein sollten, einige mehr) Briefe geschrieben. Sie dürften wie der vor 1 Kor liegende Brief (1 Kor 5,9) sehr bald verloren gegangen sein (anders Zahn, Geschichte I/2, 837f: Dieser Brief sei kaum vor dem Jahre 80, kurz vor Bildung des Corpus Paulinum [s. dazu u. S. 31 f] verlorengegangen.), und zwar wohl nicht aus „dogmatischen" oder überhaupt theologischen Gründen, sondern einfach aus Nachlässigkeit. – Vgl. zur Sache noch Harnack, Briefsammlung, 72 A 1: Es sei auffällig, daß sich im jetzigen Corpus „keine Schreiben in der Muttersprache des Apostels finden und keine nach Jerusalem oder Antiochia oder an die syrischen Kirchen". Allerdings: Die Muttersprache des Paulus dürfte das Griechische gewesen sein; und ob er nach Jerusalem oder Antiochia Briefe geschickt hat, die über bloße Korrespondenz hinausgingen, kann man immerhin bezweifeln.

[3] Vgl. Schenke, NTS 21, 1975, 511.

[4] Vgl. dazu Lindemann, ZNW 68, 1977, 35–47.

In diesem frühen Stadium der nachpaulinischen Zeit wird man auch schon damit begonnen haben, eine weitere Publikation der Briefe über die eigentliche Empfängergemeinde hinaus in Erwägung zu ziehen (Kol 4,16 könnte ein erstes Indiz dafür sein). Dabei dürften diese Bemühungen wahrscheinlich von einer der größeren Gemeinden ausgegangen sein, ohne daß sich jedoch auch nur mit einiger Gewißheit entscheiden ließe, ob man in Ephesus oder in Korinth oder an ganz anderer Stelle damit begonnen hat, „fremde" Paulusbriefe zu sammeln[5].

W. Schmithals hat die – von ihm ausdrücklich als Hypothese bezeichnete – Annahme vertreten, die Sammlung der Paulusbriefe sei gleichzeitig mit der Bildung der größeren Briefeinheiten (Beispiel: 2 Kor) erfolgt. Schmithals nimmt an, die jetzt vorhandenen Paulusbriefe bestünden aus den Fragmenten von ursprünglich 16 Briefen, die von einem einzelnen Redaktor zielstrebig zu sieben Briefen zusammengefaßt worden seien, um sie einer weiteren Verbreitung leichter zugänglich zu machen[6]. Für Schmithals verbindet sich also die Frage nach der Redaktion der Paulusbriefe unmittelbar mit dem Problem der Entstehung des Corpus Paulinum.

Diese enge Verbindung zweier in der Sache ja durchaus verschiedener Vorgänge ist problematisch. Es ist m. E. ganz zweifelhaft, ob 1. tatsächlich praktisch alle paulinischen Briefe als nachträgliche Kompositionen angesehen werden müssen und ob 2. sämtliche nachpaulinischen Glossen in den Paulusbriefen eine einheitliche theologische Tendenz aufweisen und also auf einen einzelnen Redaktor zurückgeführt werden können. Die Redaktion der Paulusbriefe und ihre – wenn auch sparsame – Kommentierung durch Glossen ist wahrscheinlich unabhängig von der Bildung des Corpus Paulinum erfolgt.

Auch wenn man W. Schmithals' These nicht akzeptiert, daß die paulinischen Briefe (mit Ausnahme von Gal und Phm) durchweg aus jeweils mehreren Briefen zusammengesetzt seien, so fällt doch auf, daß zumindest 2 Kor keine ursprüngliche Einheit gewesen sein dürfte und daß andere Briefe offensichtlich später eingefügte Glossen enthalten. Diese „Bearbeitung" der paulinischen Briefe muß sehr früh erfolgt sein; denn die Textüberlieferung läßt das „vorredaktionelle" Stadium außer im Fall der Röm-Doxologie nirgends mehr erkennen[7]. Wie ist das zu erklären?

---

[5] S. dazu u. S. 31–33.

[6] SCHMITHALS, Paulus, 200 (vgl. ebenda A 95).

[7] Darauf verweist auch GAMBLE, JBL 94, 1975, 403–418, der jedoch den m. E. voreiligen Schluß zieht, damit seien alle Teilungshypothesen als unhaltbar erwiesen. Vgl. zur Sache im übrigen ALAND, BZNW 30, 1964 (Festschrift Haenchen), 7–31, vor allem 28 ff.

b) Zur Redaktion des 2. Korintherbriefes

2 Kor ist ein wohl sicherer Beleg dafür, daß paulinische Briefe nachträglich redigiert und in ihrem Wortlaut verändert wurden[8]. Nicht nur ist er uneinheitlich (die Kap. 10–13 dürften einem anderen Brief zuzuweisen sein als Kap. 1–9), er enthält auch ein offenkundig unpaulinisches Textstück (6,14–7,1), das vermutlich bei der Redaktion des ganzen Briefes in den Text eingefügt wurde[9]. Wann das geschehen ist, läßt sich nicht sagen; Marcion kennt nach dem Zeugnis Tertullians einen „Zweiten Korintherbrief", aber das besagt natürlich nichts darüber, ob es diesen nicht schon seit längerer Zeit gab. Und die recht seltenen Anspielungen auf 2 Kor in frühchristlicher Literatur lassen kein Urteil darüber zu, ob der Text den zitierenden Autoren bereits als 2 Kor vorlag[10].

Die im Zusammenhang dieser Untersuchung wichtigste Frage ist, warum 2 Kor in dieser Weise geschaffen wurde und in welcher Gemeinde das geschah.

Die einfachste und wohl wahrscheinlichste Antwort ist, daß diese Redaktion in Korinth erfolgte; offenbar sollte neben 1 Kor ein zweiter etwa gleich langer Brief hergestellt werden[11]. Das Ziel war, Paulus mit Hilfe dieses 2 Kor als erfolgreichen Bekämpfer der korinthischen „Irrlehrer" zu erweisen[12]. Die Redaktion muß also zu einem Zeitpunkt erfolgt sein, als diese Irrlehrer (über deren theologische Position hier nichts gesagt zu werden braucht) in Korinth für besiegt galten[13]. So erklärt sich auch die Einfügung von 6,14–7,1: Diese

---

[8] Die Integrität von 2 Kor vertreten z.B. KÜMMEL, Einleitung, 254f; BARRETT, 2 Kor, 21–25; ALLO, 2 Kor, p. LIV–LVI. LIETZMANN, 2 Kor, 129 rechnet mit einer langen Diktierpause zwischen 6,13 und 6,14 und mit einer „schlaflos durchwachten Nacht" zwischen 2 Kor 9 und 10 (aaO., 139). Überhaupt sieht er (aaO., 131) eine „gelegentlich starke schriftstellerische Ungelenkigkeit" des Paulus.

[9] SCHMITHALS, EvTh 18, 1958, 552–573 hält darüberhinaus noch 3,17.18b; 5,16 für gnostische Glossen. 5,16 durchbreche den Kontext und sei in der Sache völlig unpaulinisch (aaO., 562), 3,17.18b störten den Midrasch in 3,12–18, indem sie speziell vom gnostischen Pneumatiker sprächen (aaO., 570f).

[10] MARXSEN, Einleitung, 108 verweist auf 1 Clem 47,1 und erwägt, es habe zur Zeit der Abfassung des 1 Clem einen „2 Kor" noch gar nicht gegeben. Aber das könnte ja nur heißen, daß es also mehr als nur zwei Paulusbriefe gab – und dafür ist 1 Clem 47,1 mit Sicherheit kein Beleg (dies auch gegen BORNKAMM, Ges. Aufs. IV, 187–189).

[11] Dies gilt nur für 2 Kor; im übrigen scheint aber die unterschiedliche Länge der Paulusbriefe kein Problem gewesen zu sein (vgl. unten Anm. 51). Voraussetzung der hier vorgeschlagenen These ist natürlich die Einheitlichkeit des 1 Kor; aber diese Annahme ist jedenfalls wahrscheinlicher als das Gegenteil, vgl. CONZELMANN, 1 Kor, 13–15.

[12] Vgl. VIELHAUER, Geschichte, 153f und vor allem BORNKAMM, Ges. Aufs. IV, 162–194 (besonders 179–187).

[13] Es ist zwar theoretisch denkbar, daß die polemische Redaktion des 2 Kor lediglich vom „rechtgläubigen" Teil der Gemeinde im Rahmen eines immer noch aktuellen Kampfes vollzogen wurde; aber dann wäre kaum zu erklären, daß nur diese neue Gestalt des Briefes überliefert wurde. Außerdem läßt sich aus 1 Clem wohl erschließen,

„typisch jüdische Paränese"[14] mag sich durchaus, wie H. D. Betz annimmt, mit der Position der galatischen Gegner des Paulus gedeckt haben, d. h. der Text mag ursprünglich vielleicht wirklich unmittelbar antipaulinisch gewesen sein[15]. Aber das heißt nicht, daß die Interpolation dieses Stückes ein Akt des Antipaulinismus gewesen ist. Man braucht nur die *ἄπιστοι* von 6,14 mit den *ψευδαπόστολοι* von 11,13 (vgl. 12,11) in Beziehung zu setzen, um die Chance zu sehen, die der Redaktor hier offenbar erkannt hatte. Selbst wenn er sich dessen bewußt gewesen sein sollte, daß er hier paulusfeindliche Formulierungen aufnahm, so konnten ihm diese im jetzigen Zusammenhang dazu dienen, Polemik nicht nur am Schluß des 2 Kor, sondern schon in der Mitte des Briefes anklingen zu lassen – eine vielleicht ursprünglich antipaulinische Polemik, die in einem „Brief" des „Paulus" natürlich einen völlig veränderten Sinn bekam[16].

Das bedeutet: Schon die bloße Existenz des 2 Kor ist ein ziemlich eindeutiger Beleg dafür, daß die korinthische Gemeinde sich auch nach dem Tode des Apostels als „paulinisch" empfand; 2 Kor zeigt, daß sie den Kampf gegen seine Gegner offenbar erfolgreich fortgesetzt und abgeschlossen hatte. Andererseits bestätigt 2 Kor aber auch Schmithals' Hinweis, daß „die Paulusbriefe in jener Zeit zweifellos noch nicht in kanonischer Geltung standen", weil sonst derartige Manipulationen kaum möglich gewesen wären[17].

c) Zur Literarkritik des Philipperbriefes

Es wird häufig vermutet, ebenso wie 2 Kor sei auch Phil aus mindestens zwei ursprünglich selbständigen Briefen zusammengestellt worden[18]. Die

---

daß gegen Ende des 1. Jahrhunderts die *theologischen* Kämpfe in der korinthischen Gemeinde abgeflaut waren (vgl. u. S. 197).

[14] BULTMANN, 2 Kor, 182, der nicht ausschließt, daß Paulus selbst diesen Text in der christlichen Bearbeitung verwendet haben könnte.

[15] BETZ, JBL 92, 1973, 103.108. Vgl. aaO., 100: "Incidents like that at Antioch must have been the cause of 2 Cor 6,14–7,1."

[16] SCHULZ, Mitte, 126 sieht dagegen in 2 Kor 6,14–7,1 eine Interpretation, „die die Soteriologie des Paulus, das heißt seine Rechtfertigungsbotschaft, korrigiert und der frühkatholischen Dogmatik zuzurechnen ist".

[17] SCHMITHALS, Paulus, 200. MICHAELIS, ThZ 14, 1958, 325 fragt, ob die korinthische Gemeinde einer Korrektur der Kor tatenlos zugesehen haben würde. Warum denn nicht? Der Wortlaut der paulinischen Briefe galt doch mit Sicherheit noch nicht als sakrosankt. – Zuzustimmen ist Michaelis freilich darin, daß er auf die Bedeutung der Frage nach dem „Sitz im Leben" der Briefredaktionen hinweist und feststellt (aaO., 326), daß dies „doch ein weit schwierigeres Problem darstellt, als es nach Schmithals den Anschein hat". In der Tat ist Schmithals' frei schaltender „Kirchenmann", der gegen Ende des 1. Jahrhunderts aus 16 paulinischen Briefen willkürlich deren 7 macht, die noch dazu eine äußerst unterschiedliche Länge haben, eine Fiktion. Vgl. auch die in diesem Punkt berechtigte Kritik von GAMBLE, JBL 94, 1975, 403–405.

[18] Vgl. CONZELMANN/LINDEMANN, Arbeitsbuch, 2. Auflage 1976, 220; inzwischen ist hier eine Korrektur erfolgt (3. Auflage, 1977, 220).

meisten Exegeten sehen einen Bruch hinter 3,1 und wollen den Hauptbrief 1,1–3,1 mit 4,4ff fortgesetzt sehen[19]. Dann stünde allerdings unmittelbar nacheinander dreimal der Imperativ *χαίρετε* – und selbst wenn die Freude der Grundtenor dieses Phil ist, so würde eine derartige Häufung des Freudenrufs doch eine arge Strapazierung der Leser bedeuten (und die stilistischen Fähigkeiten des Paulus in einem wenig günstigen Licht erscheinen lassen).

Hinzu kommt eine zweite Beobachtung: Während einige Exegeten den Bruch zwischen 3,1 und 3,2 sehen, wollen andere den Einschnitt zwischen 3,1a und 3,1b machen. Nach J. Gnilka gehört V. 1a zum Hauptbrief mit der Fortsetzung 4,2f, V. 1b dagegen schon zum „Kampfbrief"[20]. Das aber bedeutet, daß der Riß bei 3,1 so tief nun auch wieder nicht sein kann, wenn man V. 1b ohne Schwierigkeit sowohl zum einen wie zum andern Teilbrief ziehen kann.

Das entscheidende Kriterium ist die Frage, ob beide Briefteile jeweils unterschiedliche äußere Situationen voraussetzen. J. Gnilka weist in diesem Zusammenhang auf zwei Beobachtungen hin: 1. Im Kampfbrief (Phil 3) drohe der Gemeinde Gefahr von innen, in Phil 1f dagegen von außen. 2. Der Hauptbrief Phil 1.2.4 sei ein Gefangenschaftsbrief, der Kampfbrief setze die Gefangenschaft des Paulus nicht mehr voraus[21]. Beide Argumente sind aber nicht wirklich überzeugend. Daß die in 3,2–4,1 vorausgesetzte Gefahr für die Gemeinde wirklich ganz anderer Natur ist als die in 1,17.28 angesprochenen Probleme, läßt sich nicht zeigen; und einen Hinweis auf die Gefangenschaft vermißt man in Phil 3 ja erst dann, wenn man dieses Kapitel schon für selbständig hält[22].

Einziges Indiz für eine mögliche Teilung des Phil bleibt also der zweifellos harte Übergang von Kap. 2 zu Kap. 3; aber wenn man diese Härte einem Redaktor zutraut, dann ist sie auch für Paulus jedenfalls nicht so ohne weiteres völlig auszuschließen[23].

Bisweilen wird unter Hinweis auf Pol 2Phil 3,2 *(ἀπὼν ὑμῖν ἔγραψεν ἐπιστολάς)* behauptet, Polykarp kenne noch mehrere Philipperbriefe des Paulus[24]. Aber das würde bedeuten, daß die Redaktion des Phil erst um die Mitte des 2. Jahrhunderts erfolgt wäre – und das wird m. R. von keinem Exegeten vertreten[25].

---

[19] So z. B. Vielhauer, Geschichte, 162.

[20] Gnilka, Phil, 8f.

[21] Gnilka, Phil, 9.

[22] Daß Paulus sich nicht mehr in Gefangenschaft befinde, steht jedenfalls nicht da.

[23] Müller, Prophetie, 210 verweist als Parallele m. R. auf Röm 16,1–16/16,17, wo ein ähnlicher Bruch vorliegt.

[24] So Gnilka, Phil, 11; vgl. auch Vielhauer, Geschichte, 161f.

[25] Auch nicht von Gnilka (vgl. Phil, 17: Ende des 1. Jahrhunderts) und Vielhauer. Vgl. im übrigen u. S. 88f. – Ludwig, Verfasser, 200 weist darauf hin, daß Kol Parallelen zum ganzen Phil zeige, dessen Redaktion bei Abfassung des Kol also schon abgeschlossen gewesen sein müsse (freilich könne der Befund im Kol auch für ursprüngliche Einheitlichkeit des Phil sprechen, aaO. A 19 zu S. 200).

Mit formgeschichtlichen Argumenten lehnt U.B. Müller die Teilungshypothese zum Phil ab. Er vermutet, der Abschnitt 3,1; 4,4–7 habe seinen „Sitz" im Herrenmahl (vor allem 4,5); 3,2 *(βλέπετε τοὺς κύνας)* beziehe sich auf den Ausschluß der „Ketzer" von diesem Mahl (vgl. auch 3,17ff)[26]. Aber Bezüge zum Herrenmahl sind doch einigermaßen undeutlich.

Das bedeutet im Rahmen dieser Arbeit, daß mit einer sekundären Redaktion des Phil nicht gerechnet wird und dieser als direktes Zeugnis einer nachpaulinischen Paulusrezeption und -interpretation nicht in Betracht kommen kann.

d) Glossen im 1. Korinther- und im Römerbrief

1. 1 Kor ist, wie schon angedeutet[27], ein in der vorliegenden Gestalt von Paulus abgefaßter Brief. Nur an einer Stelle gibt es Spuren einer späteren Bearbeitung: 1 Kor 14,33b–36[28] gilt nach Auffassung einiger Exegeten als sekundäre Glosse[29]. Wenn das zutrifft, so ist zu fragen, wann und aus welchem Grunde dieser Text in 1 Kor eingefügt wurde.

Die deutliche Nähe zu 1 Tim 2,11f[30] läßt es als denkbar erscheinen, daß die Forderung mulier taceat ... aus dem Umkreis des Vf der Past stammt. Da dieser vermutlich nicht in Korinth gewirkt hat, ist es wahrscheinlich, daß 1 Kor zum Zeitpunkt der Abfassung der Past bereits weiter verbreitet war. Das Zeugnis des 1 Clem (47,1 u.ö.) beweist, daß 1 Kor gegen Ende des 1. Jahrhunderts in Rom bekannt war. Da die Past möglicherweise ebenfalls in Rom entstanden sind[31], kann man mit aller Vorsicht vermuten, daß die „Ergänzung" (bzw. Korrektur) in Rom erfolgte. Offenbar sah der Vf der Past (oder eine ihm nahestehende Gruppe) eine Notwendigkeit, die freie Betätigung der Frauen im Gottesdienst zu verbieten: Ihre mögliche Berufung auf

---

[26] MÜLLER, Prophetie, 205–211.

[27] S. o. Anm. 11.

[28] Nach HARNACK, Briefsammlung, 9 (zustimmend SCHMITHALS, Paulus, 188; SCHULZ, Mitte, 125) ist die „ökumenische Adresse" 1 Kor 1,2b eine redaktionelle Glosse, da 1 Kor das älteste Corpus Paulinum eingeleitet habe. – Aber beides läßt sich nicht beweisen.

[29] CONZELMANN, 1 Kor, 289f. Hauptargument ist der sachliche Widerspruch zu 11,2ff. Dagegen SCHMITHALS, in: Gnosis und NT, 373: Das sei „hermeneutische Kurzsichtigkeit"; 11,5 gehöre zu einem früheren Brief, und in 14,34ff wende sich Paulus gegen eine gnostisch-dogmatische Begründung der Emanzipation. – Aber diese Hinweise treffen nicht: Daß 11,2ff zu einem früheren Brief gehören, ist nicht zwingend; außerdem wäre die Entwicklung der paulinischen Vorstellung seltsam. Zunächst: Die Frauen sollen mit verhülltem Haar prophezeien – schon das eine Bestimmung, die sich gegen enthusiastisch begründete Emanzipationsbestrebungen richten dürfte. Sodann: Die Frauen sollen in der Versammlung gar nicht reden. Die Begründungen V. 33b und vor allem V. 36 sind von anderer Qualität als die von 11,2ff; sie erinnern an 1 Tim 2,11f.

[30] S. dazu u. S. 137f.

[31] S. dazu u. S. 149.

1 Kor 11,2ff sollte durch eine „Notbremse" unmöglich gemacht werden[32]. Selbstverständlich ist diese Erklärung nicht mehr als eine Vermutung. Aber auch unabhängig von einer genauen Bestimmung des „Sitzes im Leben" zeigt die Interpolation 14,33b–36, daß 1 Kor um die Jahrhundertwende in der Kirche wirksam (und das hieß in gewissen Kreisen offenbar: „gefährlich") war und deshalb entschärft werden mußte. S. Schulz meint, die antipaulinische Korrektur in 1 Kor 14 entspreche „der antignostischen Tendenz der frühkatholischen Großkirche, die gegen die Gnostiker jede Emanzipation der Frau ablehnte"[33]. Aber ein Zusammenhang mit spezifisch gnostischen Tendenzen läßt sich nicht erkennen; und außerdem ist zu beachten, daß es gerade in der Gnosis eine dezidierte Ablehnung des Weiblichen gab (vgl. EvThom log 114).

2. Teilungshypothesen zum Röm sind zuletzt von W. Schmithals erwogen worden[34]. Dieses Bemühen scheint mir freilich künstlich zu sein; es ist sachlich auch überflüssig, denn es gibt abgesehen von den seit langem erkannten Problemen des letzten Kapitels keine Notwendigkeit, die einzelnen Abschnitte des Röm verschiedenen Briefen, und d.h. vor allem: verschiedenen Situationen zuzuweisen.

Trotzdem ist Röm hier zu untersuchen, weil der Brief offenbar einige sekundäre Glossen enthält und weil die Zugehörigkeit von Röm 16 zum Brief sowie die Echtheit der Doxologie 16,25–27 umstritten sind.

R. Bultmann[35] sieht die folgenden Stücke des Röm als Interpolationen an: 2,1.16; 6,17b; 7,25b und 8,1; 10,17 sowie 13,5. W. Schmithals hält darüber hinaus 13,1–7 für sicher und 13,11–14 für möglicherweise sekundär[36]. Die Sätze in 2,1; 7,25b; 8,1; 10,17 und 13,5 führte Bultmann auf die Hand ein und desselben Glossators zurück: Es handle sich um „Randbemerkungen, die in sentenziöser Form den Gehalt eines Gedankengangs auf eine kurze Formel bringen wollen"[37]. Wenn das richtig ist, dann besagt das Vorhandensein dieser Glossen eigentlich nur, daß einer der frühen Leser oder Abschreiber des Röm versucht hat, gewisse ihm nicht leicht verständliche Passagen durch zusammenfassende Wendungen in den Griff zu bekommen (was im Falle von

---

32 Man kann natürlich einwenden, daß es dann doch leichter gewesen wäre, 1 Kor 11,5 zu streichen. Aber immerhin enthielt auch diese Aussage bereits eine restriktive Norm und mag so als ebenfalls unverzichtbar erschienen sein.

33 Schulz, Mitte, 125.

34 Schmithals, Römerbrief, 162 (vgl. die Übersicht aaO., 210f). Zum Anlaß der Briefe vgl. aaO., 180–183. Eine detaillierte Auseinandersetzung mit Schmithals' Hypothese kann an dieser Stelle schon deshalb unterbleiben, weil er das hier allein interessierende Problem der Redaktion der einzelnen Teile bewußt übergeht (aaO., 138), obgleich er es immerhin für „interessant" hält (ebenda A 56).

35 Bultmann, Exegetica, 278–284.

36 Schmithals, Römerbrief, 190–202. Schmithals nimmt im übrigen noch an, 5,1–11 gehörten ursprünglich in einen Thess.

37 Bultmann, Exegetica, 284.

7,7–25 besonders verständlich ist, obwohl die Zusammenfassung die Tendenz des Abschnitts nicht trifft). Man kann also, auch ohne die Stellen im einzelnen genau zu prüfen, sagen, daß die genannten Glossen zum Röm den Prozeß der Adaption und Verarbeitung des Röm (wahrscheinlich in Rom selbst) widerspiegeln. Die dadurch geschaffene Textfassung hat sich in der gesamten Überlieferung durchgesetzt[38], d.h. dieser Prozeß der Paulusrezeption muß sehr früh stattgefunden haben.

S. Schulz sieht hinter den Glossen zum Röm den Versuch der „frühkatholischen" Amtskirche, Paulus zu korrigieren und zu domestizieren. Aber gegen diese Konstruktion spricht schon Schulz' eigener Hinweis, daß die Reformation Paulus „aus diesem Sarg befreit" habe[39]: Luthers Theologie begann doch nicht mit der Entdeckung von Glossen im Röm! Diese Interpolationen haben die theologische Substanz des Röm nicht zu verändern vermocht und verfolgten vermutlich auch niemals diese Absicht.

Die beiden sekundären Ergänzungen in 2,16 und 6,17b stammen nach der Meinung R. Bultmanns möglicherweise von demjenigen, der auch die Doxologie 16,25–27 in den Röm eingegliedert hat. Hier wird nun freilich doch die Tendenz sichtbar, zugleich mit dem Bemühen um gewisse „Verdeutlichungen" auch sachliche Korrekturen anzubringen. So zeigt sich in 2,16 ein durchaus unpaulinisches Verständnis von *εὐαγγέλιον;* „Evangelium" ist hier nicht im eigentlich paulinischen Sinn als „frohe Botschaft" verstanden[40], sondern im formalen Sinn als Bezeichnung der christlichen Verkündigung überhaupt, zu der auch das Gericht gehört[41]. Eine ähnliche Tendenz zeigt sich in 6,17b, wo der Gehorsam gegenüber dem *τύπος διδαχῆς* betont wird – ein Gedanke, der in den Past oder auch in 2 Thess (vgl. etwa 3,6b) seinen Platz hat. Und ebenso wird schließlich auch 16,25–27 zu beurteilen sein: Das voll ausgebildete Revelationsschema und die stark formalisierten Aussagen über das *εὐαγγέλιον* und das *κήρυγμα* weisen in die Zeit und in das theologische Milieu der Past[42]. Der Text zeigt darüber hinaus eine deutliche Neigung zur dogmatischen Perfektion im Zusammenhang der Attribute Gottes[43]. Diese drei Interpolationen im Röm enthalten also deutlich unpaulinische Motive;

---

[38] Jedenfalls sind keine Handschriften bekannt, in denen die als sekundär angesehenen Sätze fehlen.

[39] SCHULZ, Mitte, 130.

[40] Dieser paulinische Sinn von *εὐαγγέλιον* ist vor allem in 1,16 erkennbar.

[41] Etwas mißverständlich BULTMANN, Exegetica, 283: „Der Satz vom Gericht Gottes über das Verborgene der Menschen [ist] gar kein spezifisch paulinischer Satz." Darum geht es nicht, sondern darum, daß diese Aussage für Paulus nicht Teil des *εὐαγγέλιον* wäre.

[42] Nach SCHMITHALS, Paulus, 189 bildete diese Doxologie den ursprünglichen Abschluß der ältesten Briefsammlung. Vgl. auch LÜHRMANN, Offenbarungsverständnis, 122–124.

[43] Hier beweist im übrigen auch die Textüberlieferung, daß man bei der Zuordnung Bedenken hatte.

sie sind aber andererseits auch ein Indiz dafür, daß der Brief zu Beginn des 2. Jahrhunderts (?)[44] offenbar intensiv gelesen wurde.

W. Schmithals betrachtet wie bereits erwähnt auch 13,1–7.11–14 als wahrscheinlich sekundär. Tatsächlich sind beide Abschnitte nicht mit dem Kontext verbunden und lassen sich ohne weiteres isolieren. 13,1–7 ist überdies in der Sache nicht nur nicht spezifisch paulinisch, sondern nicht einmal spezifisch christlich. Dennoch ist es zumindest möglich, daß es Paulus selbst war, der diesen Lehrtext über die *ἐξουσίαι ὑπερεχοῦσαι* seinem Brief nach Rom (!) einfügte. Da im übrigen die gesamte Paränese in Röm 12,1–15,13 aus aneinandergefügten Einzelstücken besteht, scheint es methodisch unmöglich, einzelne Abschnitte aus formalen Gründen auszuscheiden, solange sie nicht in der Sache ausgesprochen antipaulinisch wirken.

Das Problem, ob Kap. 16 von Anfang an Teil des Röm war oder aber ursprünglich an die Gemeinde von Ephesus gerichtet war, kann hier undiskutiert bleiben. Die Argumente für die Ephesus-Hypothese reichen m. E. nicht aus[45]; aber selbst wenn das Stück dem Röm sekundär angefügt worden sein sollte, so würde damit nur die These unterstützt, daß in der Kirche an der Überlieferung des Röm ein erhebliches Interesse bestand[46].

e) Zur Einheitlichkeit des 1. Thessalonicherbriefes

G. Friedrich hat vorgeschlagen, 1 Thess 5,1–11 als „apologetischen Einschub eines Späteren" zu verstehen[47]. Vor allem zwischen 1 Thess 5,3ff und Lk 21,34.36 sieht Friedrich starke Ähnlichkeiten; er schließt daraus, der Glossator stamme aus lukanischen Kreisen[48]. Seine Absicht sei es gewesen, den Anstoß, den 4,15 mit dem Gedanken der unmittelbaren Naherwartung gab, zu beseitigen[49]. Wenn das richtig wäre, dann hätte dieser Glossator dieselbe theologische Absicht gehabt wie der Vf des 2 Thess, und dessen Entstehung wäre unter diesen Umständen nur noch schwer zu erklären[50]. Tatsächlich zeigt der von G. Friedrich angeregte Vergleich von 1 Thess 5 mit der lukanischen Eschatologie gerade die prinzipielle Differenz zwischen beiden Vorstellungen: Zwar lehnen sowohl Lk als auch 1 Thess 5 den Versuch

---

[44] Die Datierung ist schwierig. Daß Marcion die Doxologie nicht las, heißt nicht, daß er sie nicht kannte. Vielmehr dürfte er sachliche Einwände gegen V. 26 gehabt haben.

[45] Vgl. auch Ollrog, Paulus, 221.

[46] Vielhauer, Geschichte, 190 nimmt an, Röm 16 sei das Postskript, das Paulus der Zweitschrift des Röm angefügt habe; dieses Exemplar des Briefes sei nach Ephesus gegangen. In diesem – freilich ganz unbeweisbaren (vgl. Schlier, Röm, 440) – Fall wäre also gar nicht von einer Redaktion zu sprechen.

[47] Friedrich, ZThK 70, 1973, 288–315; zustimmend Schulz, Mitte, 124.

[48] Friedrich, ZThK 70, 1973, 308f.

[49] Friedrich, ZThK 70, 1973, 314.

[50] Vgl. Lindemann, ZNW 68, 1977, 38f A 14. Eine Nähe zu 2 Thess behauptet auch Schulz, Mitte, 124, ohne daraus jedoch andere Folgerungen abzuleiten als die, es handle sich eben um Tendenzen des „Frühkatholizismus".

ab, den Termin des Endes zu berechnen; aber Lk verfolgt dabei die Tendenz, das Ende *zeitlich* hinauszuschieben, 1 Thess 5 dagegen verzichtet vollständig auf jede zeitliche Fixierung und enthält stattdessen die Mahnung zur Wachsamkeit. Das aber ist ein paulinischer Gedanke, der sich auch in Röm 13,12 und Phil 3,20; 4,5 noch findet. Es gibt also keinen Grund, 1 Thess 5,1–11 Paulus abzusprechen; folglich ist auf 1 Thess hier nicht weiter einzugehen.

f) Ergebnis

Die Tatsache, daß jedenfalls drei paulinische Briefe mehr oder weniger deutliche Spuren einer nachträglichen Bearbeitung aufweisen, zeigt, daß diese Briefe keineswegs kurz nach ihrer Abfassung oder in den Jahrzehnten nach dem Tode des Paulus aus dem Blickfeld der Kirche verschwunden sind. Wenn – wie wahrscheinlich – ihre Redigierung bzw. „Kommentierung“ überwiegend in den Gemeinden erfolgt ist, an die sie gerichtet waren, dann wird auf diese Weise bestätigt, daß diese Gemeinden auch nach dem Tode des Apostels seine Briefe als wichtigen Bestandteil ihrer eigenen Tradition angesehen haben. Es ist jedenfalls ganz unwahrscheinlich, daß eine zentral gesteuerte „amtliche“ Institution (s. u.) für diese Bearbeitung verantwortlich gemacht werden kann. Zwar enthalten die Glossen in 1 Kor und Röm in gewisser Hinsicht einander verwandte Tendenzen (zu beachten ist vor allem die Nähe zur Lehre der Past); aber im einzelnen sind die Unterschiede doch ganz erheblich[51].

Keinesfalls kann man diese Glossen als „gezielte, systematisch-polemische Korrekturen gegenüber der paulinischen Theologie“ ansehen und dann behaupten: „Verantwortlich sind für diese Arbeit natürlich nicht Laien, sondern Kleriker, also Amtsträger.“[52] Solche anachronistischen Feststellungen tragen zur Aufhellung des differenzierten Sachverhalts wenig aus.

2. *Zur ältesten Überlieferung der Paulusbriefe*

Paulus selbst hat offensichtlich nicht damit gerechnet, daß seine Briefe in größerer Anzahl vervielfältigt werden könnten. Gal 6,11 deutet darauf hin, daß die Empfänger das Original des Briefes unmittelbar zu Gesicht bekamen; und da gerade Gal an mehrere Gemeinden gerichtet ist (1,2), scheint der Schluß erlaubt, daß Paulus annahm, dasselbe Briefexemplar werde weitergegeben werden.

---

[51] Das spricht sowohl gegen Schmithals' oben (Anm 17) erwähnte These als auch gegen GNILKAS Meinung, Anlaß der Redaktion sei das Interesse gewesen, die z. T. kurzen Briefe „überschaubarer, zugänglicher zu machen“ (Phil, 15). An einer Angleichung des Umfangs der Briefe kann kein Interesse bestanden haben.

[52] SCHULZ, Mitte, 130.

Wann die ersten Abschriften der paulinischen Briefe gemacht wurden, läßt sich nicht mit hinreichender Sicherheit sagen. A.v. Harnack hatte darauf hingewiesen, eine separate handschriftliche Überlieferung sei bei keinem Paulusbrief erhalten, woraus er den Schluß zog, die Briefe seien von Anfang an gemeinsam tradiert worden. So kam Harnack zu einer Frühdatierung des Corpus Paulinum: Die Sammlung der 10 echten Briefe (zu denen er auch Eph, Kol und 2 Thess rechnet) sei etwa in den Jahren 75/100 erfolgt; und schon Polykarp kenne alle 13 Briefe des Corpus Paulinum[1].

Diese Annahme ist aber sehr problematisch. 1. Die ältesten erhaltenen Handschriften der Paulusbriefe stammen aus dem 2./3. Jahrhundert, aus einer Zeit also, in der das Corpus Paulinum längst eine feste Größe war; in welcher Weise die Briefe in der älteren Zeit überliefert wurden, läßt sich daraus nicht ablesen. 2. Die Annahme, es seien bereits im 1. Jahrhundert paulinische Briefcorpora geschaffen worden, läßt sich nicht belegen[2]. 3. Polykarp kennt ebenso wie der Vf des 2 Petr mehrere Paulusbriefe; aber es handelt sich dabei vermutlich nicht um eine umfassende Sammlung[3].

Es ist infolgedessen zumindest unsicher, ob die vorhandene Überlieferung der Paulusbriefe von Anfang an deren Integration in ein größeres Corpus voraussetzt. Im Grunde läßt sich über die älteste Phase dieser Überlieferung exakt gar nichts sagen; die Zitate und Anspielungen auf paulinische Briefe in der frühchristlichen Literatur machen es aber wahrscheinlich, daß ihnen die Briefe noch in separierter Form bekannt waren[4]. Die Sammlung der Briefe bis hin zur Schaffung eines – dann erstaunlich einheitlichen – Gesamtkanons wird ein längerer Prozeß gewesen sein[5], neben dem eine isolierte Überlieferung einzelner Briefe in den Gemeinden zunächst durchaus fortgeführt worden sein dürfte.

---

[1] Harnack, Briefsammlung, 6f.

[2] Zum Problem, ob die Apg eine Briefsammlung kennt, s. u. S. 164f. 171f.

[3] S. u. S. 94 (2 Petr) und 229 (Polykarp).

[4] Lietzmann, Einführung (HNT 8), 3f setzt bei Ignatius, Polykarp und Justin, möglicherweise schon im 1 Clem, die Kenntnis des vollständigen Corpus voraus. Vielhauer, Geschichte, 784 erklärt jedoch m. R.: „Welchen Umfang diese Sammlungen hatten, läßt sich nicht sagen. Die oft geäußerte Vermutung, sie hätten bereits alle 10 im Kanon Markions vereinigten Briefe enthalten, ist unwahrscheinlich: der 1 Clem hat außer dem Röm nachweislich nur den 1 Kor gekannt". Andererseits erklärt er aber (aaO., 783 A 23), 1 Clem bezeuge eine Sammlung von Paulusbriefen. S. dazu u. S. 194.

[5] Gegen Mitton, Formation, 75f, der behauptet: "The letters of Paul did not creep gradually into the life and worship of the Church, but sprang suddenly into the consciousness of the Christian community" – und dies, nachdem sie unmittelbar zuvor noch gänzlich unbekannt gewesen seien.

3. Die Bildung größerer Briefcorpora

Die Frage, wann, wo und warum es zur Bildung der ersten paulinischen Briefcorpora gekommen ist, läßt sich definitiv kaum beantworten. Sicher ist, daß – nach dem Zeugnis Tertullians – Marcion ein Corpus Paulinum besaß und daß Anfang des 3. Jahrhunderts der Canon Muratori einen anerkannten Bestand an paulinischen Briefen voraussetzt. Für die Rekonstruktion der Vorgeschichte dieses Corpus bleibt man aber stark auf Vermutungen angewiesen.

Th. Zahn nahm an, Marcion habe den Kanon der Paulusbriefe nicht selbst geschaffen, sondern bereits vorgefunden[1]. Offenbar sei diese Sammlung in der Zeit zwischen der Abfassung der Apg und der Abfassung des 1 Clem erfolgt, denn die Apg kenne diese Sammlung noch nicht, 1 Clem hingegen setze sie bereits voraus[2]. Ähnlich meint auch D. A. Hagner, die „Apostolischen Väter" hätten bereits das 10- oder sogar das 13-Briefe-Corpus besessen[3]: "The Corpus probably came into existence about AD 90, if not before, and was widely circulated, quite possibly in codex form."[4] Hagner rechnet damit, daß es bereits zuvor regionale Sammlungen einzelner Briefe gegeben habe, und er sieht deren Ursprung schon bei Paulus selbst (unter Verweis auf Kol 4,16; Gal 1,2)[5]. W. G. Kümmel rechnet für das Ende des 1. Jahrhunderts mit der Existenz einer Sammlung mehrerer Paulusbriefe in Kleinasien, wobei Einzelheiten ganz unsicher seien[6].

Tatsächlich hängt das Problem der Entstehungszeit des ältesten Corpus Paulinum eng zusammen mit der Frage, an welchem Ort mit einer solchen Sammlung überhaupt gerechnet werden kann. Th. Zahn und auch A. v. Harnack sahen Korinth als Entstehungsort an, da bei Tertullian und im Canon Muratori 1 Kor vorangestellt sei[7]. E. J. Goodspeed und C. L. Mitton plädierten für Ephesus, und zwar im Zusammenhang ihrer These, daß Eph als Einleitung zum Corpus Paulinum geschrieben worden sei[8].

Keine dieser Thesen ist aber m. E. wirklich begründet. Die Kanonsverzeichnisse des 3. Jahrhunderts lassen keinen Rückschluß auf den Anfang des

---

1 Zahn, Geschichte I/2, 829.

2 Zahn, Geschichte I/2, 834. Ähnlich argumentiert auch Goodspeed, Solutions, 27, der als terminus ad quem jedoch Apk 1–3 ansieht, da die Sendschreiben das Corpus Paulinum voraussetzten.

3 Hagner, Use, 321: "The use of a substantial number of epistles suggests possession of the entire Corpus." Das ist natürlich einigermaßen fraglich, denn: Was ist "a substantial number"?

4 Hagner, Use, 331. Vgl. auch Finegan, HThR 49, 1956, 85.

5 Hagner, Use, 315.

6 Kümmel, Einleitung, 425f. Ähnlich Vielhauer, Geschichte, 784.

7 Zahn, Geschichte I/2, 836f; Harnack, Briefsammlung, 8f. Zahn behauptet, 1 Kor sei im Kanon (!) des 1 Clem vorangestellt gewesen.

8 Goodspeed, Formation, 29; Mitton, Formation, 75f.

2. Jahrhunderts zu; und die Ephesus-Hypothese insbesondere basiert auf einer bestimmten Einschätzung der theologischen Tendenz des Eph, die sich vom Text dieser Schrift her nicht belegen läßt[9]. Man wird daher auf die genaue Festlegung des Entstehungsorts verzichten und sich mit der Annahme begnügen müssen, daß die älteste Sammlung von Paulusbriefen höchstwahrscheinlich in einer Gemeinde des paulinischen Missionsgebiets erfolgt ist.

Wenig klarer sehen wir, wenn wir nach dem näheren Zweck und dem Anlaß der Briefsammlung fragen. A. v. Harnack vermutete, es sei nicht unbedingt Vollständigkeit angestrebt worden, sondern man habe alles gesammelt, „was allgemein erbaulich und lehrhaft erschien und was man deshalb allen Gemeinden zugänglich machen wollte; denn unzweifelhaft sollte die Sammlung in den Gottesdiensten gelesen werden"[10]. In zugespitzter Form ist diese These von W. Schmithals weitergeführt worden: Der älteste Sammler (der für Schmithals mit dem Redaktor identisch ist) habe „keine vollständige Paulus-Briefsammlung veranstalten, sondern sieben Briefe des Apostels mit antignostischer Tendenz veröffentlichen" wollen[11]. Die so geschaffene Sammlung habe 1 und 2 Kor, Gal, Phil, 1 und 2 Thess sowie Röm umfaßt, wodurch alle Briefe zusammen als an die ganze Kirche gerichtet erschienen seien[12]. Aber das bleibt reine Hypothese. Insbesondere spricht wenig für die Annahme, die älteste Sammlung sei bewußt unter dem Gesichtspunkt der antignostischen Tendenz erfolgt; dem widerspräche schon die von Schmithals angenommene Voranstellung der beiden Kor[13].

Man kann kaum sagen, daß die Briefe des Paulus aus einer bestimmten einheitlichen „Tendenz" heraus gesammelt wurden[14]; dazu sind die theologischen Nuancen und Differenzen in diesen Briefen doch zu groß[15]. Im Grunde ist es am einfachsten, anzunehmen, daß in einigen Gemeinden ein Bedürfnis bestand, die Briefe des Apostels zu tradieren, um sie etwa in bestimmten aktuellen Situationen zu Rate zu ziehen. Der unmittelbare Anlaß dazu ist

---

[9] Vgl. dazu LINDEMANN, ZNW 67, 1976, 240f.

[10] HARNACK, Briefsammlung, 10. S. 29.

[11] SCHMITHALS, Paulus, 193. Vgl.dazu o. S. 29.

[12] SCHMITHALS, Paulus, 188.191. Kritik an dieser 7-Briefe-Hypothese übt m. R. auch KÜMMEL, Einleitung, 225f.: Sie sei durch nichts belegt.

[13] Das soll nicht heißen, 1 Kor oder 2 Kor seien „gnostisch"; aber Schmithals muß jedenfalls mehrere Aussagen in 2 Kor für gnostische Glossen erklären (s. o. S. 22, Anm 9), um seine Anti-Gnosis-Hypothese halten zu können.

[14] BETZ, Interp. 19, 1965, 310 weist grundsätzlich zu Recht darauf hin, daß wir nur den von der Orthodoxie überlieferten Paulus kennen und nicht genau wissen "what was left out or according to which principles the corpus Paulinum was selected". Eine Auswahl nach „dogmatischen" Gesichtspunkten wird aber sicherlich nicht erfolgt sein.

[15] Das gilt gerade dann, wenn man berücksichtigt, daß die Briefe ja vermutlich „auf einer Ebene", d. h. ohne Beachtung ihrer besonderen aktuellen Abfassungsverhältnisse gelesen worden sein dürften. Auch ein Leser des 1. Jahrhunderts wird zwischen 1 Thess und 1 Kor hinsichtlich der Eschatologie gewisse Unterschiede gesehen haben. Jedenfalls kann man nicht von einer geschlossenen „Tendenz" der „Lehre" sprechen.

unbekannt; jedenfalls kann man nicht sagen, ob die Sammlung mit der Abfassung und Veröffentlichung der Apg in Verbindung zu bringen ist, wie viele Exegeten meinen[16]. Möglicherweise hat dieser kirchen- und theologiegeschichtlich so überaus bedeutsame Vorgang überhaupt keinen „Anlaß" im eigentlichen Sinne des Wortes gehabt[17]. In jedem Falle aber setzt die Sammlung der Paulusbriefe voraus, daß der Apostel und seine Theologie auch um die Wende vom 1. zum 2. Jahrhundert zumindest im Bereich der ehemals paulinischen Missionsgebiete eine erhebliche Bedeutung gehabt haben.

4. Zur Integration des Corpus Paulinum in den Kanon des Neuen Testaments

Es ist hier nicht der Ort, auf die Bildung des neutestamentlichen Kanons insgesamt einzugehen[1]. Ob die Idee eines Kanons christlicher Schriften schon zu Beginn des 2. Jahrhunderts auftauchte[2] oder erst in Reaktion auf Marcion[3], ist hier von untergeordneter Bedeutung[4]. Es geht vielmehr um die Frage, ob die Paulusbriefe von Anfang an als Teil eines möglichen Kanons galten, oder ob sie gleichsam erst „nachträglich" kanonisiert wurden.

Unter „Kanon" wird dabei die Festlegung bestimmter exklusiv als normativ anerkannter Schriften verstanden. Die bloße Zitierung paulinischer Briefe allein besagt noch nichts darüber, ob diesen Briefen bereits eine „kanonische" Bedeutung beigemessen wurde.

Das läßt sich noch deutlicher bei den Evangelien zeigen: Solange neben den vier anerkannten Evangelien auch apokryphe Jesusworte als autoritative Sätze des *κύριος* Verwendung finden konnten, kann man noch nicht von einer „Kanonisierung" der vier Evangelien sprechen[5].

Es wird immer wieder behauptet, die Kanonisierung der paulinischen Briefe sei im Bereich der „rechtgläubigen Kirche" auf Schwierigkeiten gestoßen, da Paulus von den „Häretikern", insbesondere den Gnostikern und Marcion, als Kronzeuge für ihre Theologie benutzt worden sei. A. v. Harnack

---

16 BRANDON, Fall, 214 glaubt beobachten zu können, daß das älteste Corpus Paulinum dort bekannt gewesen sei, wo man die Apg nicht kannte (er nennt 1 Clem und die Past) – und umgekehrt. Aber das ist nicht zu belegen.

17 M. E. noch am einleuchtendsten ist die Überlegung von SCHENKE, NTS 21, 1975, 512: Der Tod des Paulus habe den Anstoß zur Briefsammlung gegeben. Ähnlich schon KNOX, Marcion, 173: Anlaß zur Schaffung des Corpus Paulinum war weder Marcion, noch die Apg, sondern einfach die Tatsache, daß sich einige Gemeinden an Paulus-Tradition hielten.

1 Vgl. zur Sache CAMPENHAUSEN, Entstehung, 123–311.

2 So ZAHN, Geschichte I/1, 429 u. ö.

3 Vgl. CAMPENHAUSEN, Entstehung, 193.

4 S. aber u. S. 381 f.

5 Vgl. zum Begriff des „Kanons" VIELHAUER, Geschichte, 775–777.

behauptete, die paulinische Briefsammlung habe anfangs „ohne Verbindung neben der *Διδαχὴ κυρίου δὶα τῶν ιβ' ἀποστόλων* [d.h. den Evangelien] gestanden und erst durch die Schöpfung des Neuen Testaments, d.h. durch die dazwischengeschobene Apostelgeschichte eine solche Verbindung erhalten".

Ähnlich argumentiert auch H.v. Campenhausen. Er nimmt an, die erste Antwort auf das Kanonproblem seien der Vierevangelienkanon bzw. die Evangelienharmonien gewesen. Erst durch Marcions Bibel sei „nun auch die weitere Frage nach dem Rang und dem Platz der Paulusbriefe unabweisbar geworden"[7]. Die verstümmelte Form, in der Marcion die Briefe rezipiert hatte, machte sie, so meint Campenhausen, „in ihrer unverstümmelten Gestalt um so glaubwürdiger und annehmbar"[8]. Unter Zuhilfenahme der eigens zu diesem Zweck geschaffenen Past sei auch „die echte Hinterlassenschaft des Apostels kirchlich erträglich und ‚kanonisch'" geworden[9]. Ph. Vielhauer meint, die „rechtgläubige" Kirche habe schon vor Marcion den Paulusbriefen zurückhaltend gegenübergestanden und keineswegs an deren Kanonisierung gedacht[10]. Den weiteren Prozeß beschreibt Vielhauer so: Die Briefe sind „durch ihre markionitische Kanonisation bei der Großkirche zunächst vollends in Mißkredit geraten", in Reaktion darauf „dann aber ebenso paradoxer- wie notwendigerweise zum Ansehen ‚heiliger Schriften' gelangt"[01].

Diese Konstruktion läßt sich quellenmäßig nicht belegen. Selbst wenn, was m.E. äußerst unwahrscheinlich ist, die Past erst im Widerspruch gegen Marcion geschaffen worden sein sollten[12], so lägen zwischen ihnen und Irenäus (ca. 180) etwa 30 bis 40 Jahre. Kein aus dieser Zeit erhaltener Text sagt aber etwas aus über die formale Kanonisierung bestimmter Schriften. Die Vorliebe für Zitate aus den Evangelien hängt nicht damit zusammen, daß es sich hier bereits um kanonisierte Bücher handelte, sondern damit, daß sie Worte und Leben Jesu überlieferten, woran ein größeres Interesse bestand als an den Briefen des Apostels Paulus – von den anderen Aposteln zu schweigen. Die ältesten Kirchenväter bedienen sich der Paulusbriefe im Kampf gegen die Häretiker gleich welcher Richtung; und der Canon Muratori nennt die Paulusbriefe ohne jede Zurückhaltung als Bestandteil des Kanons[13].

[6] Harnack, Dogmengeschichte I, 181. Harnack begründet diese These mit der Annahme, Paulus sei vor allem im 2. Jahrhundert den „zwölf Aposteln" bewußt nachgeordnet worden. Er wendet sich darüberhinaus gegen die These Zahns (Geschichte I/1, 263–266), daß die paulinischen Briefe im Gottesdienst gebraucht worden seien. Vgl. Harnack, NT um 200, 72: Darüber wissen wir nichts. – Zum Verhältnis des Paulus zu den Zwölf im 2. Jahrhundert vgl. Wagenmann, Stellung und Klein, Apostel.

[7] Campenhausen, Entstehung, 207.

[8] Campenhausen, Entstehung, 211.

[9] Campenhausen, Entstehung, 213.

[10] Vielhauer, Geschichte, 784.

[11] Vielhauer, Geschichte, 785. Ähnlich schon Leipoldt, Entstehung, 202–204.

[12] S. u. S. 44f. 134f.

[13] Zahn, Geschichte II/1, 136: Um 210.

Auf die Tatsache, daß Papias und Hegesipp Paulus nicht erwähnen, wird später einzugehen sein[14].

Aus diesem Befund ist m.E. die Folgerung abzuleiten, daß sich mit dem Aufkommen des Gedankens einer „Kanonisierung" christlicher Schriften höchstwahrscheinlich von Anfang an die Vorstellung verbunden hat, zu einem solchen Kanon müßten auch die paulinischen Briefe gehören.

Dabei war es selbstverständlich, daß alle als paulinisch geltenden Briefe anerkannt wurden – d.h. die Tatsache, daß die pseudopaulinischen Briefe neben den echten Briefen kanonisiert wurden, kann nicht als Beleg für die These angesehen werden, Paulus sei allein durch den Rahmen dieser „frühkatholischen" Schriften von der Kirche akzeptiert worden[15].

---

[14] S. u. S. 290–296.

[15] SCHULZ, Mitte, 123f. Schulz behauptet (aaO., 130) sogar, eine „bewußte Zusammenstellung der echten mit den unechten Paulusbriefen und ihre endgültige dekretale Edition im neutestamentlichen Kanon durch die frühkatholische Großkirche" – als ob die Kirche von der Unechtheit der Pseudopaulinen gewußt hätte!

Viertes Kapitel

Paulus im ältesten nachpaulinischen Christentum I
Das Bild des Apostels in den frühchristlichen Schriften

1. Das Paulusbild in den deuteropaulinischen Schriften

a) Vorbemerkung: Zum Problem der Paulus-Schule

Unter den nachpaulinischen Schriften des frühen Christentums nehmen Kol, Eph, 2 Thess und die Past insofern eine Sonderstellung ein, als sie unter dem Namen des Paulus geschrieben und veröffentlicht wurden; in der Kirche wurden sie offenbar von Beginn an als paulinisch anerkannt.

Die Vf dieser Schriften sind von der Forschung schon früh als „Paulus-Schüler" bezeichnet worden[1], wobei nicht so sehr die formale Tatsache der Pseudonymität als vielmehr inhaltliche Kriterien eine wichtige Rolle spielten. So stellte beispielsweise H. Lietzmann fest, gegenüber der „blassen Moralreligion" etwa des 1 Clem, der Did oder des Jak sei „das Christentum der Paulusschüler von einer unvergleichlich mächtigeren Lebensfülle"[2]. Ähnlich, wenn auch differenzierter, äußerte sich R. Bultmann, der vor allem Kol und Eph bescheinigte, daß sie versuchten, wesentliche Motive der paulinischen Theologie festzuhalten, wenngleich sich auch „ein gewisser Doktrinarismus und eine Moralisierung im Verständnis des Heils ... nicht leugnen" ließen[3].

H. Conzelmann entwickelte dann die inzwischen oft aufgenommene These, die pseudopaulinischen Briefe, zumindest Kol, Eph und 2 Thess, seien Produkte einer regelrechten Paulus-Schule, die bereits vom Apostel selbst begründet und vermutlich in Ephesus betrieben worden sei. Diese Schule habe den jüdischen Weisheitsschulen entsprochen, „wo man ‚Weisheit'

---

[1] Der Ausdruck "Pauline school" findet sich schon bei Pfleiderer, Lectures, 217 mit Blick auf den Kol.

[2] Lietzmann, Geschichte I, 216.

[3] Bultmann, Theologie, 530. Die positive Aufnahme der paulinischen Theologie sieht er „im Verständnis der paradoxen Situation des Glaubenden ‚zwischen den Zeiten', im Verständnis des Bezuges der Gegenwart auf die Zukunft und in der Begründung des Imperativs im Indikativ".

methodisch betreibt bzw. Theologie als Weisheitsschulung treibt"[4]. Indizien hierfür seien nicht nur die Deuteropaulinen, sondern auch bestimmte Abschnitte in den Paulusbriefen selbst; Conzelmann rechnet vor allem in 1 Kor mit Zeugnissen, ja geradezu „Protokollen" von Schuldiskussionen[5].

H. Ludwig erklärt, die Annahme einer Paulus-Schule sei „von heuristischem Wert", „insofern sie das Bild der in Einsamkeit und Freiheit wirkenden nachapostolischen Verkündiger zerstört und eine annehmbare Erklärungsmöglichkeit für die Intensität, mit der die paulinische Tradition und Theologie zur Geltung gebracht wird, darbietet"[6]. Sie sieht, ebenso wie Conzelmann, Schultradition in 1 Kor verarbeitet, und sie will Röm mit seinen zahlreichen im Diatriben-Stil formulierten Abschnitten geradezu als das in zwei Auflagen[7] geschriebene theologische Lehrbuch des Paulus ansehen. So lasse sich die Tatsache erklären, daß Kol und Eph in so starkem Maße am Röm orientiert seien[8]. Sitz der Schule war auch nach H. Ludwigs Meinung das kleinasiatische Missionszentrum Ephesus[9].

Zweifellos ist die Entstehung der Deuteropaulinen am leichtesten mit der Annahme zu erklären, daß die Mitarbeiter oder „Schüler" des Paulus versucht haben, nach seinem Tode sein Werk mit seinen Mitteln fortzusetzen. Da sie in den Gemeinden natürlich nicht als „Paulus" auftreten konnten, bedienten sie sich des Mittels der pseudonymen Epistolographie[10], um ihre theologischen Vorstellungen und kirchlichen Interessen nachdrücklich vertreten zu können. Das Mittel der Pseudonymität ist zumindest im Fall des Kol verständlich: Gegen die „kolossische Häresie" mußte Paulus selbst bereits zu Felde gezogen sein – die Autorität eines Mitarbeiters hätte für diesen Kampf nicht ausgereicht[11].

Es wird aber offenbleiben müssen, ob die „Paulus-Schule" wirklich schon zu Lebzeiten des Apostels eine feste Institution war[12], oder ob die Deutero-

---

[4] CONZELMANN, Ges. Aufs., 179. Vgl. etwa auch BORNKAMM, Paulus, 102.

[5] Vgl. z.B. CONZELMANN, 1 Kor, 214.

[6] LUDWIG, Verfasser, 231. Sicher beweisbar sei diese Schule natürlich nicht.

[7] S. dazu o. S. 28.

[8] LUDWIG, Verfasser, 226.228.

[9] LUDWIG, Verfasser, 215. Dort habe Paulus ja Röm und die beiden Kor schreiben können.

[10] Auf das Problem der Pseudepigraphie im frühen Christentum ist hier nicht näher einzugehen. Vgl. dazu den Sammelband „Pseudepigraphie in der heidnischen und jüdisch-christlichen Antike", hg. von N. Brox (WdF 484, 1977), insbesondere den Aufsatz von BROX, aaO., 311–334.

[11] Insofern sieht FISCHER, Tendenz, 43f etwas Richtiges, wenn er die Pseudepigraphie auf das Fehlen einer gesamtkirchlichen Autorität zurückführt. Nur wird es gar nicht um die Gesamtkirche gegangen sein, sondern bereits um einzelne Gemeinden, auf die von außen Einfluß genommen werden sollte.

[12] Gegengründe nennt OLLROG, Paulus, 103.210. Er verweist u.a. darauf, daß schon die bei Paulus stets festgehaltene Naherwartung der Parusie einen ausgeprägten Schulbetrieb wenig wahrscheinlich mache. Allerdings habe Paulus sicherlich die

paulinen nicht doch nur auf die Initiative einiger Mitarbeiter oder aber auf die besonderen Verhältnisse in einigen Gemeinden zurückgeführt werden müssen[13]. Es ist jedenfalls fraglich, ob hinter dem Entstehen von Kol und Eph ein theologisches Prinzip steht, das zu der Annahme zwingt, es handle sich um „Schul"-Produkte[14].

b) Das Paulusbild des Kolosserbriefes

Kol ist sehr wahrscheinlich die älteste erhaltene deuteropaulinische Schrift. Anders als Eph oder die Past ist Kol aber wohl ein wirklicher Brief, der tatsächlich zur kirchlichen bzw. theologischen Lage in Kolossä Stellung nehmen will[15].

E. Schweizer erklärt, Kol könne aufgrund seiner Sprache und Theologie zwar nicht von Paulus selbst geschrieben worden sein; da aber Kolossä möglicherweise im Jahre 61 durch ein Erdbeben zerstört worden sei, lege sich die Annahme nahe, daß die Abfassung des Kol doch noch zu Lebzeiten des Apostels erfolgte[16]. So sei es denkbar, daß Kol von Timotheus verfaßt wurde (vgl. 1,1), weil Paulus durch die Haftbedingungen daran gehindert worden sei[17]. Schweizer meint, mit dieser – von ihm natürlich als nicht beweisbar angesehenen – These könnten „Verwandtschaft mit und Differenzen zu den Paulusbriefen ebenso erklärt werden wie die vielen persönlichen Notizen und

---

Ausbildung seiner Mitarbeiter (Ollrog sieht in dem Wort *συνεργός* geradezu einen Titel) gefördert. – Ollrogs sehr differenzierte Überlegungen zeigen, daß der Streit mehr um das Stichwort „Schule" geht als um die damit bezeichnete Sache. Ollrog hat mit einer Beobachtung sicher recht (aaO., 212): „Die späteren deuteropaulinischen Briefe sind nicht Produkte eines für sich existierenden Schülerkreises, sondern der paulustreuen Gemeinden."

[13] Lührmann, ZThK 67, 1970, 446.452 betont m.R., daß in den deuteropaulinischen Briefen auch vor- und nebenpaulinische Tradition aufgenommen worden ist. – Schenke, NTS 21, 1975, 509 meint zutreffend, man müsse sich diese „Schule" als eine sehr vielgestaltige Größe vorstellen, die ihren Sitz durchaus auch *nicht* in Ephesus gehabt haben könne. Er erwägt überdies (aaO., 515f), es könne zwei Gruppen von Schülern gegeben haben: Diejenigen, die die echten Briefe redigiert hätten (möglicherweise in Korinth), und diejenigen, die pseudopaulinische Briefe verfaßt hätten (vielleicht in Ephesus). Aber das bleibt natürlich gänzlich unbeweisbar.

[14] Anders Osten-Sacken, ZNW 64, 1973, 261 f. Er versteht die Deuteropaulinen als den bewußten theologischen Versuch, eine ursprünglich nicht vorgesehene apostellose Zeit in der Kirchengeschichte zu überbrücken.

[15] Vielhauer, Geschichte, 200 hält das für ausgeschlossen, denn die aus Phm genommenen Personennamen seien ja zur Zeit der Abfassung des Kol längst überholt gewesen. Aber dabei ist m.E. übersehen, daß Kol ja ein Brief des Paulus sein soll. Der Vf verwendet diese Namen gerade deshalb, um seinen Brief insgesamt glaubwürdig zu machen: Schon Paulus habe gegen die Häresie in Kolossä Stellung bezogen, und sein Brief sei „nach wie vor" aktuell.

[16] Schweizer, Kol, 23. Er selbst schränkt jedoch die Wahrscheinlichkeit der Zerstörung Kolossäs auch wieder ein (aaO., 19 A 2).

[17] Schweizer, Kol, 26.

Grüße"; pseudonym bleibe der Brief ohnehin[18]. Ähnlich wie Schweizer argumentieren auch J. Lähnemann[19], W.H. Ollrog[20] und J. Ernst[21].

Wer Kol verfaßt hat, läßt sich nicht sagen; sicher dürfte nur sein, daß der Autor der angeredeten Gemeinde nahestand. Der Brief setzt andererseits aber voraus, daß Paulus selbst die kolossische Gemeinde nicht kennt; das zeigen 1,4.9 und vor allem 2,1. Der Vf ist also über die Mission des Paulus in Kleinasien insoweit informiert, als er weiß, daß Paulus niemals in Kolossä oder in der unmittelbaren Umgebung gewesen ist; andernfalls hätte er auf einen bestehenden persönlichen Kontakt sicherlich hingewiesen.

Man kann von vornherein erwarten, daß in einem pseudopaulinischen Brief die Gestalt des Apostels selbst stark hervorgehoben und zum integrierenden Bestandteil der Argumentation gemacht wird. Tatsächlich ist Kol sehr bewußt als Gefangenschaftsbrief konzipiert worden (4,3.10.17), wobei die Nähe zu Phil 1,7.13.17 besonders auffällig ist[22]. In 1,24 und vor allem in 4,18 ist die Rolle des Leidenden betont, der nicht in Resignation verfällt, sondern unermüdlich arbeitet und kämpft (1,29). Hinter diesen Aussagen steht offensichtlich eine konkrete Paulus-Tradition, ohne daß man sicher sagen könnte, aus welchen Quellen sie gespeist ist[23]. Der ganze Abschnitt 1,24–29 zeigt den apostolischen Dienst des Paulus gleichsam im Weltmaßstab, das Epitheton *διάκονος* ist deutlich Ehrentitel (1,23)[24]. In einer besonders feierlichen Form wird der Dienst des Apostels auch in 4,3f geschildert.

Die besondere Funktion des Paulus ist andererseits aber auch nicht in extremer Weise hervorgehoben. Das Präskript und die Grußliste am Schluß lassen ihn von zahlreichen Mitarbeitern umgeben sein und zeichnen keineswegs das Bild des einsamen, von allen im Stich gelassenen Kämpfers. Dabei stammt die Mehrzahl der erwähnten Namen höchstwahrscheinlich aus Phm – d.h. der Vf des Kol scheint diesen Brief jedenfalls gekannt zu haben[25].

---

[18] SCHWEIZER, Kol, 27. Schweizer sieht, ebenso wie VIELHAUER, Geschichte, 200, bei der Annahme nachpaulinischer Abfassung des Kol Schwierigkeiten bei der Grußliste 4,7–18: Diese Namen „müßten in außerordentlich kunstvoller Weise" aus Phm genommen worden sein, „um dem Brief einen Anschein von Echtheit zu geben", was doch „unbegreiflich" sei (SCHWEIZER, aaO., 24). Warum?

[19] LÄHNEMANN, Kolosserbrief, 182 A 82: Vielleicht habe Epaphras den Brief konzipiert und Paulus habe „unterschrieben".

[20] OLLROG, Paulus, 224.

[21] ERNST, Kol, 152.

[22] Vgl. LOHSE, Kol, 255f.

[23] S. u. S. 120.

[24] Insoweit hat OLLROG, Paulus, 203 durchaus recht, wenn er sagt, im Mittelpunkt des Abschnitts stehe nicht das Leiden des Paulus, sondern „ sein Verkündigungsauftrag im Dienste der Gemeinde". Aber das ist kein Beleg für die Annahme, Kol sei zu Lebzeiten des Paulus (von Timotheus) geschrieben worden, wie Ollrog meint.

[25] Man wird vermuten dürfen, daß Phm zunächst kaum über seinen engeren Empfängerkreis hinaus bekannt geworden ist, d.h. der Vf des Kol ist vielleicht sogar unter den im Phm genannten Personen zu suchen.

Die Grußliste des Kol wird in der Forschung intensiv diskutiert[26]. Ob hinter den Namen zur Zeit der Abfassung des Kol wirklich noch konkrete Personen stehen, ist keineswegs sicher und angesichts der Pseudonymität auch gar nicht erforderlich[27].

Kol ist als besonders herzlich gemeintes Schreiben gestaltet, obwohl vor allem Kap. 2 zeigt, daß der Apostel als ein scharfer, zugleich auch erfolgreicher Kämpfer gegen die Häresie erscheinen soll. Die Tendenz besteht also weniger darin, die kolossischen Irrlehrer selbst zu bekämpfen; vielmehr soll die Gemeinde in ihrem Kampf mit theologischem Material versorgt werden. So erklärt es sich, daß Kol – ganz im Gegensatz etwa zu Gal – kein einziges kritisches Wort gegen die Gemeinde enthält; diese wird im Gegenteil stets sorgfältig von den Irrlehrern unterschieden.

Dadurch, daß neben die aktuelle Ketzerpolemik (Kol 1f) die ausgeführte Paränese (Kol 3f) tritt[28], erhält der Brief einen universalen Charakter: Er gibt nicht nur Hilfe in der aktuellen Auseinandersetzung, sondern er ist umfassende apostolische Weisung an die Gemeinde. Das wird besonders deutlich in der Formulierung von 2,5 *(τῇ σαρκὶ ἄπειμι, ἀλλὰ τῷ πνεύματι σὺν ὑμῖν εἰμι)*, die sich ähnlich auch bei Paulus findet (1 Kor 5,3; 2 Kor 10,10f); nur ist diese Wendung dort drohend gemeint, während sie im Kol die Gemeinde trösten soll: Paulus kann zwar nicht unmittelbar der Gemeinde helfen, sondern muß sich mit einem Brief begnügen[29]; aber dieser Brief ist zugleich auch das Mittel, das der Gemeinde in der Tat zu helfen vermag.

So erscheint Paulus im Kol als der auch in Fesseln unermüdliche Verkündiger und Bewahrer der rechten Lehre in den Gemeinden. Doch scheint dem Vf des Kol wenig daran zu liegen, ein bestimmtes Paulusbild betont zu propagieren. Die Person des Apostels tritt im Kol deutlich hinter der von ihm vertretenen Sache zurück.

c) Das Paulusbild des Epheserbriefes

Es ist m. E. sehr unwahrscheinlich, daß der Vf des Eph ein unmittelbarer „Schüler" oder Mitarbeiter des Paulus war[30]; der theologische und wohl auch

---

26 Vgl. nur LOHSE, NTS 15, 1968/69, 220; DERS., Kol, 246–248: Die Genannten würden als autorisierte Diener des Evangeliums in Kleinasien eingeführt. Dagegen SCHWEIZER, Kol, 24: Eine „derart raffinierte Fälschung" könne er sich in so früher Zeit nicht vorstellen.

27 Anders SCHILLE, Kollegialmission, 54: Die Unstimmigkeiten gegenüber Phm 23f seien „geradezu das Signum der Echtheit". Ähnlich OLLROG, Paulus, 422 A 62: Die Grußliste sei „konkrete situationsbezogene Mitteilung".

28 Das Schema „Dogmatik – Ethik" findet sich hier im Grunde zum erstenmal in ausgeformter Weise; in Gal und Röm war es zwar angeklungen, aber durch die ungleichmäßige Verteilung des Stoffes eben doch nur angedeutet. Hat der Vf des Kol den Gal gekannt? Vgl. Kol 4,18/Gal 6,11 (allerdings auch 1 Kor 16,21); ein sicheres Indiz ist das natürlich nicht.

29 Zur möglichen Abhängigkeit von 1 Kor s. u. S. 115.

30 So m. R. auch VIELHAUER, Geschichte, 212.

der zeitliche Abstand zu Paulus ist bei dieser Schrift jedenfalls erheblich größer als beim Kol. Der Vf des Eph hat aber mit Sicherheit den Kol nicht nur gekannt, sonder er hat ihn als unmittelbare Vorlage benutzt. Die Frage, ob er sich dabei der Unechtheit des Kol bewußt war, ist freilich kaum zu beantworten. Auszuschließen ist es aber keineswegs; denn da man Eph als eine grundsätzlich gefaßte erweiterte Ausgabe des Kol ansehen kann, ist es zumindest denkbar, daß dieser durch Eph nicht einfach nur ergänzt, sondern geradezu ersetzt werden sollte. Obwohl sich Eph im Aufbau ganz an Kol orientiert, ist das Bemühen um eine stärker „dogmatische" Gestaltung unverkennbar. Das zeigen auch die Korrekturen am Briefformular, nämlich die Streichung des Timotheus in 1,1 und die radikale Kürzung der persönlichen Notizen am Schluß (Kol 4,7f ist vom Vf des Eph praktisch wörtlich übernommen worden, Kol 4,9–17 wurde hingegen ganz gestrichen).

Eph ist als theologischer Traktat entworfen. Durch die Verwendung des Briefformulars gibt er sich aber als Brief des Paulus an die Gemeinde von Ephesus[31]. Eph will in der Gefangenschaft geschrieben sein, und der Vf zeichnet deshalb ebenso wie Kol das Bild des leidenden Apostels (3,1; 6,19f)[32]. Anders als im Kol fehlt aber hier das Bild des Kämpfers. Paulus streitet nicht aktiv gegen Häretiker, sondern er wendet sich im Gebet an Gott mit der Bitte, den Ephesern die Erkenntnis zu verleihen (3,14–19). Diese Verschiebung des Paulusbildes dürfte ebenso wie die Tatsache, daß im Eph Polemik überhaupt fehlt, damit zusammenhängen, daß Eph eine Art „Dogmatik im Entwurf" ist, die auf aktuelle Probleme praktisch nicht Bezug nimmt. Eigenartigerweise findet sich im Eph keine besondere Betonung des paulinischen Apostolats – im Gegenteil: 2,20 und 4,11f setzen einen praktisch nicht begrenzten Apostelkreis voraus[33]. Das spricht gegen die These H. Merkleins, daß Paulus im Eph „Ausgangspunkt und Norm der Tradition" sei, ja, daß der Apostelbegriff des Eph aus ihm „den" kirchlichen Apostel schlechthin mache[34]. Die einzige diese Deutung unterstützende Aussage wäre Eph 3,8, wo in der Tat der Heidenapostolat als für Paulus reserviert erscheint. Hier ist die Bedeutung des Paulus tatsächlich „ins Überdimensionale gesteigert"[35]; doch es darf nicht übersehen werden, daß der Vf damit einen inzwischen wohl schon traditionellen Topos des Paulusbildes übernommen zu haben scheint. Eph 3,8 entspricht in der Sache 1 Kor 15,9, ohne davon direkt abhängig zu sein[36]. Es wäre unsachgemäß, wollte man 3,8 als

---

[31] Zur Adresse in 1,1 vgl. LINDEMANN, ZNW 67, 1976, 235–239.

[32] Kann man mit FISCHER, Tendenz, 106 von einem stellvertretenden Leiden des Apostels sprechen? Auch in 3,1 ist dieser Gedanke zumindest nicht betont.

[33] Zur Interpretation vgl. LINDEMANN, Aufhebung, 184–187.

[34] MERKLEIN, Amt, 337.343.

[35] So ERNST, Eph, 331.

[36] Die Übereinstimmung im Wortlaut beschränkt sich auf das Wort *ἐλάχιστος* (im Eph gesteigert zu *ἐλαχιστότερος;* vgl. dazu BAUER, Wb. sv *ἐλάχιστος,* 493).

„Klischee“[37] oder als bloß „konventionelles Etikett“[38] abqualifizieren. Es geht dem Vf des Eph hier ausschließlich um die Betonung der einzigartigen Stellung des Paulus im Zusammenhang der Offenbarung Christi[39], wobei die Tendenz durchaus der Selbstaussage des Paulus in 1 Kor 15 entspricht. Eine direkte oder auch indirekte Abwertung der anderen Apostel steht jedenfalls weder im Eph noch bei Paulus selbst im Hintergrund.

So wird insgesamt K.M. Fischers These zuzustimmen sein, daß das Paulusbild des Eph der durchschnittlichen Vorstellung entsprechen dürfte, die „in nachapostolischer Zeit von Paulus lebendig war“[40]. Mit andern Worten: Eph dient offenbar in noch geringerem Maß als Kol dem Zweck, in der Kirche ein bestimmtes Paulusbild zu propagieren[41]. Vielmehr scheint der Vf des Eph ein positives Paulusbild in der Kirche vorauszusetzen, und er glaubt daran ohne weiteres anknüpfen zu können.

2. *Das Paulusbild der späteren pseudopaulinischen Briefe*

a) Der 2. Thessalonicherbrief

2 Thess, von den pseudopaulinischen Schriften wohl die theologisch unselbständigste, wendet sich gegen die Naherwartung der Parusie und will vor allem deren Vertretern das Recht bestreiten, sich für ihre Lehre auf einen paulinischen Brief – konkret: auf 1 Thess – berufen zu dürfen[1]. Der Problembereich „Naherwartung“ ist offensichtlich Anlaß und zugleich auch Hauptinhalt des Briefes (das Thema beherrscht bereits das Proömium); daneben steht in 2 Thess nur noch eine relativ breit ausgeführte Paränese. Zeitlich ist 2 Thess verhältnismäßig spät anzusetzen; theologisch steht der Brief jedenfalls schon in der Nähe der Past. Er ist aber auch ein Zeuge für die theologische Entwicklung der Gemeinde von Thessalonich (oder jedenfalls einer Gemeinde, in der 1 Thess gelesen und diskutiert wurde), d.h. sein theologischer

---

[37] Klein, Apostel, 153.

[38] Ernst, Eph, 331: „Aus dem persönlichen Bekenntnis ist ein konventionelles Etikett geworden.“ Vgl. Mitton, Epistle, 136: “The words have lost their original, direct simplicity, and even sound, in their artificial exaggeration, somewhat selfconscious and affected.”

[39] Die negativ qualifizierenden Urteile (s. die vorige Anm) werden dem Text nicht gerecht. Der Vf des Eph wollte einen Gegenbegriff zu ἀνεξιχνίαστον πλοῦτος schaffen, der das Maß der dem Paulus verliehenen χάρις zum Ausdruck bringen sollte. Vgl. dazu Merklein, Amt, 336.

[40] Fischer, Tendenz, 95.

[41] Zu diesem Urteil paßt durchaus die Beobachtung, daß der Vf des Eph in besonderem Maße theologisch gearbeitet hat (s.u. S. 127–130).

[1] Vgl. dazu Lindemann, ZNW 68, 1977, 35–47.

Abstand von Kol und Eph einerseits und seine Nähe zu den Past andererseits lassen sich nicht ohne weiteres allein von der Chronologie her erklären[2].

2 Thess gibt sich als Paulusbrief an die Gemeinde von Thessalonich, und zwar nicht etwa als „zweiter", den ersten womöglich erläuternder Brief des Apostels, sondern offenbar als „der" Brief – geschrieben vor allem in der Absicht, einen gefälschten Brief abzuwehren (2,2; 3,17). 2 Thess entwirft ohne besondere Betonung das Bild des Paulus, der als Lehrer durch persönliches Auftreten (3,10) und durch Briefe auf die Gemeinde einwirkt (2,15). Dieses Bild ist offenbar schon so fest geprägt, daß der Vf im Präskript auf den Apostelitel verzichten kann. Er ist darin zwar von 1 Thess abhängig; aber das Fehlen des Titels im Präskript wie im ganzen Brief überhaupt (1 Thess 2,7 ist in 2 Thess nicht übernommen) macht doch die Annahme wahrscheinlich, daß der Titel für Paulus in gar keiner Weise umstritten war – sonst hätte Pseudo-Paulus ihn in 2 Thess sicherlich betont hervorgehoben.

In 2 Thess ist ein ganz bestimmter Zug des Paulusbildes besonders betont: Die Tatsache, daß Paulus der Gemeinde nicht finanziell zur Last gefallen ist (3,7–10). Zwar findet sich die Aussage, daß Paulus die *ἐξουσία* habe, von der Gemeinde materiell unterhalten zu werden (3,9a), ähnlich auch in 1 Kor 9,6; aber da sich Zeichen einer unmittelbaren literarischen Verbindung mit dieser Stelle nicht finden, ist es wahrscheinlich, daß der Vf des 2 Thess hier einen Topos der Paulustradition aufnimmt, der in den Gemeinden auch unabhängig von der unmittelbaren Kenntnis von 1 Kor 9,6 bekannt war.

Ähnliches gilt für 2 Thess 3,9b *(τύπον δῶμεν ὑμῖν εἰς τὸ μιμεῖσθαι ἡμᾶς)*: Auch Paulus selbst fordert dazu auf, sein Beispiel „nachzuahmen" (1 Kor 11,1; Phil 3,17); doch wieder bestehen in der Formulierung praktisch keine Übereinstimmungen, so daß auch hier mit einer traditionell gewordenen Vorstellung zu rechnen ist.

Hinweise auf den eigenhändigen Briefschluß (3,17) finden sich bei Paulus in Gal 6,11; 1 Kor 16,21; Phm 19; aber nur in 2 Thess wird diese „Eigenhändigkeit" als Zeichen der Echtheit des Briefes herausgestellt. Offenbar ist die Stelle im Zusammenhang mit 2,2 zu sehen, d.h. „Paulus" wehrt sich hier gegen falsche Briefe, die in seinem Namen verfaßt worden seien[3].

Der Vf des 2 Thess hat im Grunde darauf verzichtet, ein bestimmtes „Paulusbild" betont zu vermitteln. Daß der Apostel zur Zeit der Abfassung des Briefes zumindest in der Gemeinde des Vf unbestrittene Autorität besitzt[4], ist vorausgesetzt und braucht nicht hervorgehoben zu werden. Selbst

---

[2] Auf die Datierungsschwierigkeiten gerade bei 2 Thess verweist auch VIELHAUER, Geschichte, 97.

[3] HEGERMANN, ThV 2, 1970, 49 meint, der eigenhändige Schluß solle wie in Gal, 1 Kor und Phm die unmittelbare Autorität des Apostels markieren. Aber die in 2 Thess verfolgte Tendenz ist m.E. deutlich erkennbar eine andere.

[4] DAUTZENBERG, in: Gestalt und Anspruch, 104f erklärt zutreffend, der Vf des 2 Thess kenne offenbar nur 1 Thess. Er meint, die Betonung der mündlichen Paulus-

die oben erwähnten Topoi des traditionellen Bildes werden eher beiläufig angeführt und sind jedenfalls kaum besonders betont (Ausnahme: 3,7–10). Die Abfassung des 2 Thess zeigt, daß die paulinische Eschatologie gegen Ende des 1. Jahrhunderts in der „rechtgläubigen“ Kirche[5] ein Gegenstand der Diskussion war – d.h. sie war umstritten; aber sie war weder „vergessen“, noch war sie ein Kriterium für die Unterscheidung von „Rechtgläubigkeit“ und „Häresie“.

Man muß allerdings fragen, welches Selbstverständnis der Vf des 2 Thess eigentlich besaß, wenn er daran ging, einen Brief zu schreiben, in dem er die Autorität des 1 Thess zu bestreiten und diesen zu verdrängen versuchte. War er ein Paulus-Schüler, der das Erbe des Meisters durch eine „Fehlinterpretation“ von 1 Thess 4,13–18 bedroht sah? Oder stand er Paulus selbst im Grunde reserviert gegenüber und sah in der Abfassung seines Briefes eine Möglichkeit, dessen „gefährliche“ Eschatologie unmittelbar zu bekämpfen? Wußte er überhaupt, daß 1 Thess von Paulus selbst geschrieben worden war, oder hielt er diesen Brief tatsächlich für eine Fälschung (2,2)? Diese Fragen lassen sich nicht beantworten. Nur die Annahme, daß der Vf in Wahrheit ein heimlicher Gegner des Paulus war, darf man als überaus unwahrscheinlich ansehen; denn 2 Thess vermittelt – wenn auch ohne besondere Hervorhebung – ein positives Paulusbild und setzt bei seinen Lesern ein solches auch voraus.

b) Die Pastoralbriefe

Die drei Past unterscheiden sich von Kol, Eph und 2 Thess dadurch, daß sie von vornherein als Corpus dreier Briefe verfaßt wurden; sie wenden sich an Mitarbeiter des Paulus, die aus den paulinischen Briefen (und im Falle des Timotheus auch aus der Apg) bekannt waren. Die Briefe sind also bewußt so gestaltet, daß sie in die nachpaulinische Zeit hineinsprechen; die Probleme der Gegenwart werden vom schreibenden Apostel „vorhergesagt“ (1 Tim 4,1 ff; 2 Tim 3,1 ff). Ein unmittelbar aktueller Anlaß für die Abfassung der Past ist nicht zu erkennen; zwar enthält insbesondere 2 Tim eine ausgeführte Polemik, aber die Position der bekämpften Gegner bleibt ganz undeutlich. Daher ist auch der Abfassungsort letztlich nicht zu erkennen[6].

Es ist eine für den Zusammenhang der vorliegenden Untersuchung wichtige Frage, ob die Past im Kampf gegen das Paulusverständnis der Gnostiker oder Marcions geschrieben worden sind, ob sie also den Versuch „der Kirche“

Überlieferung mache es wahrscheinlich, daß 2 Thess vor dem Zusammenwachsen des Corpus Paulinum geschrieben worden sei, sich gleichwohl aber „von Anfang an an einen weiteren Leserkreis als nur an eine Einzelgemeinde gerichtet“ habe. Dafür fehlt jedes Indiz.

[5] Die Gegner des 2 Thess waren jedenfalls nicht „Gnostiker“ oder Verfechter des Enthusiasmus, sondern eher Apokalyptiker (vgl. 2,2: *ἡμέρα τοῦ κυρίου*).

[6] Man kann erwägen, ob die Past in Rom entstanden sind (s.u. S. 149).

darstellen, Paulus, wie etwa Ph. Vielhauer annimmt, „als Kronzeugen im Kampf der Rechtgläubigkeit gegen die Ketzerei zu beschwören“[7]. Diese Hypothese würde zwingend voraussetzen, daß die Past allerfrühestens 130/140 geschrieben worden sein können (Marcions Kirche wurde 144 gegründet). Aber für eine solche Annahme fehlen alle sicheren Indizien: Zwar scheinen die Past insgesamt polemisch angelegt zu sein[8], aber eine einheitliche Front läßt sich nicht erkennen. Das macht die Datierung praktisch unmöglich[10].

Man wird sich also mit der Vermutung begnügen müssen, daß aufgrund der vorausgesetzten kirchenorganisatorischen Situation einerseits und aufgrund der Abhängigkeit von der Apg[11] andererseits eine Datierung auf die Zeit um 100 wahrscheinlich ist[12]. Die Past propagieren eine verhältnismäßig feste Gemeindestruktur, setzen aber das monarchische Bischofsamt noch nicht voraus. Im übrigen zeigen sie, daß es innerhalb der Paulus-Tradition grundsätzliche Kontroversen gibt (vgl. vor allem 2 Tim 2,18; 4,14)[13].

Die Past sind im Unterschied zu den älteren Pseudopaulinen sehr bewußt als Pseudepigrapha konzipiert. Durch die Nennung zahlreicher Namen und

---

[7] VIELHAUER, Geschichte, 237. Die Briefe seien also um 130/140 in Kleinasien verfaßt worden. Ähnlich schon BAUER, Rechtgläubigkeit, 88; SCHMITHALS, Apostelamt, 223. BARNETT, Paul, 251 geht noch einen Schritt weiter: Da die Past als Corpus verfaßt worden seien, müsse man annehmen, daß sie in Anlehnung an das bereits vorhandene Corpus Paulinum geschrieben wurden, um Paulus vor Mißbrauch zu bewahren. Vgl. auch CAMPENHAUSEN, Entstehung, 169 A 181, der die Past neben 3 Kor und 2 Petr rückt; ferner CARROLL, JBL 72, 1953, 234.

[8] Vgl. BARRETT, NTS 20, 1974, 240.

[9] So m.R. auch MÜLLER, Theologiegeschichte, 76. Allerdings geht Müller in der positiven Bestimmung der Gegner m.E. dann doch zu weit, wenn er einerseits von judenchristlichen Wanderpredigern mit rigoristischer, z.T. asketischer Ethik spricht (aaO., 63), andererseits von Leuten, „die die in den hellenistischen Gemeinden bestehende Tendenz zu einem präsentischen Auferstehungsglauben radikalisierten“ (aaO., 75, zu 2 Tim 2,18). Past kämpfen doch im Grunde mehr gegen Tendenzen als gegen konkret bestimmbare Gruppen.

[10] Bei keiner anderen Schrift schwanken die Datierungsvorschläge so stark wie hier. Wer wie etwa JEREMIAS, Past, 8f von der „Sekretärshypothese“ ausgeht, die Briefe also für grundsätzlich echt hält, muß sie spätestens um 65 geschrieben sein lassen. Wer die in 1 Tim 6,20 erwähnten *ἀντιθέσεις* auf Marcion und sein gleichnamiges Buch bezieht (so KNOX, Marcion, 73f; CAMPENHAUSEN, Ges. Aufs., 206, der erwog, Polykarp könne der Vf der Past sein; VIELHAUER, Geschichte, 237), muß im Grunde bis in die Zeit um 140 hinuntergehen.

[11] Vgl. OLLROG, Paulus, 226: Die Briefsituation der beiden Tim knüpfe an Apg 20,1ff an; 1 Tim wolle aus Makedonien geschrieben sein, 2 Tim aus Rom.

[12] Vgl. HEGERMANN, ThV 2, 1970, 47; ROLOFF, Apostolat, 238 meint, da das Wirken des Paulus noch „sehr lebendig“ sei, könnten die Briefe kaum nach 80 geschrieben worden sein. Aber das ist natürlich ein sehr subjektives Urteil.

[13] Vgl. HAUFE, in: Gnosis und NT, 333f: Es sei möglich, daß sich Vertreter einer lediglich verschieden interpretierten Paulus-Tradition gegenüberstünden – immerhin sei ja zu beachten, daß der Vf Paulus an seine *Schüler* schreiben lasse.

durch die Erwähnung bestimmter geographischer Orte soll offenbar absichtlich der Eindruck der Echtheit erweckt werden (s. u.); dasselbe Ziel verfolgen persönliche Angaben wie 1 Tim 3,14f; 4,13[14], sowie vor allem 1 Tim 5,23 und 2 Tim 4,13[15].

Es ist für die Past charakteristisch, daß sie erstmals den Versuch machen, ein ausgeprägtes Paulusbild dezidiert zu entwerfen und weiterzugeben, ja, sogar zu „propagieren". So gibt es in allen drei Briefen breite Abschnitte, die das Bild des Paulus eindrucksvoll ausmalen und der Umwelt bzw. Nachwelt einprägen sollen[16].

In 1 Tim 1,12–16 wird Paulus dargestellt als der einstige Verfolger der Kirche und Gotteslästerer, der durch Gottes Gnade zum Glauben kam (vgl. Gal 1,13–16; 1 Kor 15,9)[17]. Wenn dabei gesagt wird, er habe diese Tätigkeit *ἀγνοῶν* ausgeübt, so ist das eine charakteristische Verzeichnung dessen, was Paulus selbst darüber erklärt (vgl. Phil 3,6; Gal 1,14). Kommt hier bereits ein apologetisches Moment ins Spiel? Bezieht sich der Vf der Past auf Vorwürfe, die man Paulus wegen seiner Verfolgertätigkeit gemacht hat[18]? Das läßt sich nicht erkennen. Deutlich ist allerdings das moralische Verständnis der vorchristlichen Existenz des Paulus: Die Verfolgung der Christen war kein theologisch reflektierter Akt seines Judentums, sondern lediglich eine durch „Unwissenheit" hervorgerufene Verfehlung. Jedenfalls läßt der Vf der Past auf das Paulusbild keinerlei Schatten fallen; denn am Ende dieses Abschnitts wird Paulus zur *ὑποτύπωσις* der künftigen Christen erklärt (1 Tim 1,16).

Ihren Höhepunkt findet diese „Selbst"darstellung des Paulus in 1 Tim 2,7, wo er geradezu programmatisch zum *κῆρυξ, ἀπόστολος* und *διδάσκαλος ἐθνῶν* erklärt wird[19]. Der Vf spricht Paulus hier eine Art Absolutheitsanspruch zu, oder richtiger: Er versucht, einen solchen in der Kirche anzumelden. Dabei kann man fragen, ob sich hinter dem eingeschobenen *ἀλήθειαν λέγω, οὐ ψεύδομαι* wieder so etwas wie Apologetik verbirgt. Wurde dem

---

[14] Vgl. dazu STENGER, Kairos NF 16, 1974, 261f, der von einem „Parusie-Topos" spricht. Gerade solche Stellen zeigten, wie die Fiktion bis an die Grenze des Möglichen geführt werden könne; das Mittel der Pseudonymität sei als durchaus nicht unerlaubt empfunden worden.

[15] OLLROG, Paulus, 228: Die Stelle ist von Apg 20,6.13ff her zu verstehen; Paulus war zu Fuß von Troas nach Assus gegangen, und – „solche Notizen regen die Phantasie an" – er vergaß seinen Mantel.

[16] DIB-CONZELMANN, Past, 96 weisen darauf hin, daß die Briefe „ein Interesse am Lebensbild des Apostels" haben und daß offenbar schon „die Bildung von Pauluslegenden begonnen" hat.

[17] Eine literarische Beziehung braucht man freilich nicht anzunehmen. Vgl. im übrigen KLEIN, Apostel, 186: Paulus werde als erstes „Exemplar von Gottes Gnadenerweis" verstanden, *πρῶτος* habe also temporale Bedeutung. – Vgl. auch BURCHARD, Zeuge, 127.

[18] Vgl. u.S. 277 (zu Barn 5,9).

[19] Daß es sich um einen festen Topos handelt, zeigt 2 Tim 1,11.

Paulus der Apostolat bestritten, so daß gerade dieser Titel durch die beschwörend betonte Formel herausgehoben werden mußte[20]? Für diese Annahme fehlen in den Past sonst freilich alle Indizien. Es dürfte deshalb doch wahrscheinlicher sein, daß der Vf die Schwurformel einfach im Sinne der Bekräftigung verwendet hat[21].

Ein äußerlich verändertes Paulusbild vermittelt der als „Testament" gestaltete 2 Tim[22]. Hier erscheint Paulus nicht mehr als der die Szene vollkommen beherrschende Kirchenführer, sondern er ist – ähnlich wie im Kol – der in Gefangenschaft Leidende[23]. Das beginnt bereits im Proömium (1,8.12) und wird massiv fortgesetzt in 1,15–18, wo es heißt, alle Mitarbeiter in der Asia hätten sich von Paulus abgewandt. Es handelt sich wohl um einen festen Topos (s. u.), der sich mit dem Motiv der Einsamkeit Jesu nach seiner Verhaftung vergleichen läßt[24]. In 2 Tim ist dieses Bild breit ausgestaltet (vgl. 2,9f; 3,11); doch ist in 4,6–8 neben die Betonung von Leid und Trauer schon die Gewißheit der Annahme durch Christus getreten[25].

Besonders eindrucksvoll ist der Schlußabschnitt 4,9–18.19–21: Der einsam auf seinen Tod wartende Apostel findet Zeit, seinen „Nachlaß" zu ordnen, d.h. letzte Anweisungen zu geben[26] und seinen Mitarbeiter Timotheus über die letzte Entwicklung in der kirchlichen Arbeit zu informieren (V. 10.12.20). Man wird deshalb aus den Angaben in 4,10–16 („alle haben mich verlassen") kaum schließen dürfen, daß damit die aktuelle kirchliche Situation zur Zeit der Abfassung der Past gekennzeichnet werden soll. Vielmehr ist dies auch ein „literarischer" Topos, mit dessen Hilfe im Zusammenhang des Paulusbildes der Akzent des Leidens noch einmal verstärkt werden soll.

---

20 Dann käme als Vorbild weniger Röm 9,1 (so DIB-CONZELMANN, Past, 35) als vielmehr Gal 1,20 in Betracht.

21 KLEIN, Apostel, 186 wundert sich über „die Unbefangenheit, mit der dem Paulus der Apostelitel beigelegt wird, ohne daß der Verf. ein Bewußtsein von der Problematik dieses Verfahrens in seiner Zeit verriete". Aber kann man sich überhaupt eine pseudopaulinische Schrift vorstellen, in der der Apostolat des Paulus als umstritten dargestellt würde? Es gibt keine Paulus-Tradition – natürlich ausgenommen das paulusfeindliche Judenchristentum –, die in ihm nicht den (oder zumindest einen) Apostel sieht. Zum Befund in der Apg s. u. S. 61 f.

22 Es ist auffällig, daß in 2 Tim nicht auf die Tatsache hingewiesen wird, daß 1 Tim schon vorliegt. Offenbar will der Vf nicht den Eindruck erwecken, als gebe es eine kirchliche (oder auch eine persönliche) Entwicklung.

23 Das betont zutreffend VIELHAUER, Geschichte, 235.

24 Vgl. auch 4,10–16 (s.u.).

25 BARNETT, Paul, 269 vermutet, der Vf „zitiere" hier direkt Phil 2,17; 1,23. Aber das ist nicht zwingend.

26 Zum Motiv von 2 Tim 4,13 vgl. TRUMMER, BZ NF 18, 1974, 203–207: Die Bitte um den Mantel sei „verpflichtendes Zeichen apostolischer Selbstgenügsamkeit" (aaO., 203); mit der Bitte um *τὰ βιβλία* gebe der Vf „für jeden nachpln Amtsträger ein lebendiges Beispiel und bleibendes Vermächtnis für dessen Umgang mit der Schrift" (aaO., 205). Vgl. auch OLLROG, Paulus, 228 (s.o. Anm 15).

Im Tit fehlen nahezu alle derartigen Züge (vgl. allenfalls 3,12f) – dieser Brief enthält überhaupt kein Paulusbild im eigentlichen Sinn.

Die Past, vor allem 2 Tim, erwähnen zahlreiche geographische Orte und eine Reihe von Personen, die z.T. auch sonst aus der Paulus-Tradition bekannt sind. Was verbirgt sich dahinter? Sind diese Angaben fiktiv, oder steht hinter ihnen eine Realität? Repräsentieren diese Daten möglicherweise den Stand der Mission zur Zeit der Abfassung der Past? Oder kennt der Vf eine uns nicht mehr zugängliche paulinische Personaltradition?

Von den zwölf Orts- oder Landschaftsnamen der Past werden die meisten (nämlich acht) auch in den paulinischen Briefen sowie in der Apg erwähnt. Milet ist immerhin aus Apg 20 bekannt, von der Insel Kreta berichtet Apg 27, freilich ohne von einer paulinischen Mission dort zu erzählen. Lediglich Dalmatien (2 Tim 4,10) und die Stadt Nikopolis (Tit 3,12) gehören nicht in den Rahmen auch sonst bekannter Paulus-Tradition[27]. Dieser Befund läßt den Schluß zu, daß der Vf der Past über die bisherige Tradition hinausgehende Informationen zur vita des Paulus nicht besaß, sondern schon vorliegende geographische Angaben lediglich neu zusammenstellte[28].

Anders verhält es sich mit den zahlreichen in den drei Briefen erwähnten Personen, und zwar sowohl Mitarbeitern wie auch Gegnern des Paulus[29] (allein in 2 Tim werden 20 Namen genannt): 15 von ihnen sind sonst unbekannt, 3 werden in nachpaulinischer Literatur erwähnt[30], lediglich 7 nennt auch Paulus selbst (3 davon in Phm 24); und allein Titus begegnet außer bei Paulus selbst nur noch in den Past. Sicherlich hat die Erwähnung dieser vielen Namen ebenfalls eine „literarische Funktion"[31]; der Vf wollte Paulus als intensiv tätigen und in vielerlei Verbindungen stehenden Missionar und „Lehrer der Völker" zeichnen. Aber man wird darüberhinaus doch auch vermuten dürfen, daß jedenfalls hinter den aus der übrigen Paulus-Tradition nicht bekannten Namen konkrete Personen stehen, die zur Zeit der Abfassung der Past für die Leser eine aktuelle Bedeutung hatten – sei es in der „rechtgläubigen" Kirche, sei es bei den „Ketzern"[32]. Indem der Vf diese Personen in eine unmittelbare Beziehung zu Paulus brachte, versuchte er

---

[27] Zu Dalmatien erwägen DIB-CONZELMANN, Past, 96, es handle sich vielleicht um „eine legendäre Erweiterung der Angabe Röm 15,19 (Illyricum!)". Bei Nikopolis, einem häufigen Städtenamen, dürfte es sich um eine Stadt in Epirus handeln (vgl. BAUER, Wb. sv N., 1068; s. auch MEYER, Art. Nikopolis, KlP IV, 124f); aber das bleibt natürlich unsicher.

[28] Das muß noch nicht heißen, daß dem Vf alle Paulusbriefe vorgelegen haben; Berichte über die Orte, die mit Paulus in Verbindung standen, könnten sich verselbständigt haben.

[29] Völlig singulär ist die Erwähnung des Pontius Pilatus in 1 Tim 6,13.

[30] Tychikos (Apg 20,4; Kol 4,7/Eph 6,21); Erastos (Apg 19,22; Röm 16,23); Trophimos (Apg 20,4; 21,29).

[31] MÜLLER, Theologiegeschichte, 69; er verweist zur Begründung auf 2 Tim 2,1f. Vgl. auch BROX, BZ NF 13, 1969, 76–94 (=Pseudepigraphie, 272–294).

[32] Das muß nicht heißen, daß die Genannten noch lebten. Aber vielleicht setzt der Vf voraus, daß seine Leser mit diesen Namen konkrete Assoziationen verbanden.

offenbar, „Kirchenpolitik" zu treiben[33]; und er war offenkundig davon überzeugt, sich eines wirksamen Mittels zu bedienen[34]. Das bedeutet, daß zur Zeit der Abfassung der Past eine sich auf Paulus berufende Wertung kirchlicher Gestalten (und vermutlich auch der mit ihnen verbundenen Traditionen) normierende Kraft besaß. Die Past zeichnen also nicht nur ein sehr positives Paulusbild, sondern setzen ein solches auch in der Kirche voraus.

3. *Paulus in der Apostelgeschichte*

Die Apg[1], zweiter Teil des lukanischen Doppelwerkes, handelt von Kap. 13 an überwiegend und ab Kap. 16 ausschließlich von Paulus, der nach einem kurzen Vorspiel der Verfolgertätigkeit zunächst als Empfänger einer besonderen Offenbarung, dann als überragender Missionar, Prediger, Kirchenorganisator und schließlich als verfolgter Zeuge Christi dargestellt ist.

Man könnte angesichts dessen fast vermuten, die Apg sei insbesondere deshalb geschrieben worden, um der zeitgenössischen Kirche des Lukas das Bild des Paulus eindringlich in die Erinnerung zurückzurufen[2]. Aber gegen eine solche Annahme sprechen zwei Beobachtungen: 1. Paulus wird in der Apg nicht ausdrücklich als Apostel bezeichnet, d. h. sein wichtigster Titel wird ihm anscheinend absichtlich vorenthalten[3]. 2. Der Vf der Apg scheint mit dem aus den Paulusbriefen zu erhebenden Bild des Paulus als eines Theologen kaum vertraut zu sein[4]. Man kann also geradezu fragen, ob dieses offensichtliche Ignorieren des historischen Paulus nicht möglicherweise sogar bedeutet,

---

33 „Kirchenpolitik" meint in diesem Zusammenhang sowohl Einflußnahme auf die Kirchenstruktur (vor allem in 1 Tim) wie zugleich auch Kampf gegen jegliche „Ketzerei".

34 Vgl. HEGERMANN, ThV 2, 1970, 59: Der Vf müsse „ein anerkannter, führender Vertreter der Paulustradition in Asia" gewesen sein, dem es (aaO., 58) um den „Aufweis konkreter deuteroapostolischer Vollmachten" gegangen sei.

1 Im Rahmen dieser Arbeit kann selbstverständlich nur ein skizzenhafter Überblick über das in der Überschrift angezeigte außerordentlich komplexe Thema gegeben werden, zumal BURCHARD, ThLZ 100, 1975, 893 recht hat, wenn er eine Analyse des gesamten Paulusstoffs der Apg fordert. Das ist hier nicht zu leisten.

2 SCHULZE, Paulusbild, 24 nennt die Apg deshalb in Anlehnung an Kählers berühmtes Diktum „ein Paulusbuch mit sehr breiter Einführung", verfaßt in der Absicht, „die Verankerung der Geschichte des Paulus in der der jungen Kirche zu zeigen". Es solle jedoch kein Lebens- oder Charakterbild entworfen werden (aaO., 35f).

3 Zu den Ausnahmen in 14,4.14 s. u. S. 61f.

4 Man wird daher ausschließen dürfen, daß der Vf Paulus unmittelbar gekannt hat (vgl. HAENCHEN, Apg, 103; DERS., Art. Apostelgeschichte, RGG I, 504). Die These, die Apg sei vom Paulusbegleiter Lukas verfaßt worden, vertreten in neuerer Zeit SIOTIS, in: Festschrift Cullmann, 1972, 105–111 (Siotis bemüht sich in seinem Aufsatz generell darum, jeweils die Plausibilität der kirchlichen Tradition nachzuweisen) und – vorsichtiger – ROHDE, Ämter, 62, der die Differenzen zu Paulus mit der griechischen Herkunft des Lukas zu erklären versucht.

daß der Vf der Apg den Apostel in der Kirche nicht nur nicht propagieren[5], sondern im Gegenteil ausdrücklich herabsetzen wollte[6].

Ähnlich wie im Fall der Past wird auch bei der Apg bisweilen behauptet, sie sei gegen Marcion und seine Paulusrezeption geschrieben worden[7]. Diese Hypothese basiert im wesentlichen auf der Beobachtung, daß die Apg ein „kirchliches" Paulusbild entwirft, woraus gefolgert wird, sie wende sich offenbar gegen eine „ketzerische" Rezeption, wie sie bei den Gnostikern oder dann eben ganz besonders bei Marcion zu finden sei[8]. Aber ist die Konstruktion tragfähig, sind überhaupt ihre Ausgangspositionen richtig?

Zunächst einmal ist zu fragen, wie die Apg zu datieren ist. Obwohl der Tod des Paulus in ihr nicht berichtet wird, kann man mit Sicherheit annehmen, daß das Buch diesen Tod voraussetzt[9]. Es sollte also nicht etwa für seinen Prozeß in Rom als Verteidigungsschrift dienen[10]. Die Abhängigkeit des Lk von Mk zwingt darüberhinaus zu der Feststellung, daß die Apg nach dem Jahre 70 entstand. A.v. Harnack vermutete als terminus ante quem das Jahr 93, da die Apg von der Christenverfolgung unter Domitian noch nicht berührt sei[11]. Aber das läßt sich auch damit erklären, daß eine auch nur versteckte Erwähnung von Christenverfolgungen durch den römischen Staat die Rom gegenüber apologetische Tendenz der Apg beeinträchtigt hätte und deshalb von Lukas bewußt vermieden wurde.

Wie ist die Apologetik der Apg zu verstehen[12]? Wendet sich der Vf an die römischen Behörden, um die politische „Harmlosigkeit" der christlichen Kirche darzutun? Oder

[5] So z.B. SCHMITHALS, Apostelamt, 235.

[6] So KLEIN, Apostel, 214.

[7] So z.B. KNOX, Marcion, 138, der Lk 1,1–4 und Apg 20,29ff als gegen Marcion gerichtet verstehen will. Knox führt (aaO., 139) als Begründung an, die Apg könne vor Marcion schon deshalb nicht existiert haben, weil dieser dann Lk niemals in seinen Kanon aufgenommen hätte. "The 'Gospel and Apostle' of 'Luke' follow the 'Gospel and Apostle' of Marcion." KNOX äußert später (in: Festschrift Schubert, 286) die Vermutung, Marcion könne ja relativ früh – etwa um 125 – begonnen haben, so daß die endgültige Abfassung der Apg kaum später liegen müsse. – Das scheint mir eine Hilfskonstruktion zu sein.

[8] Zurückhaltender urteilt TROCMÉ, "Livre", 53f: Lukas habe keine Paulus-Biographie geschrieben, aber der Apostel sei ja zwischen 60 und 150 sehr umstritten gewesen. «Le rôle éminent attribué à Paul par l'Eglise à laquelle appartenait l'auteur ad Theophilum a donc sûrement été contesté par certains autres chrétiens du temps. Il n'est nullement absurde de supposer que l'œuvre à Theophile a eu pour but la défense de l'apôtre des Gentils contre de telles attaques.»

[9] Die Abschiedsrede in Milet 20,18–38 ist als „Testament" ausgeformt (V. 29f.38).

[10] Vgl. dazu KÜMMEL, Einleitung, 129f.

[11] HARNACK, Chronologie, 248–250.

[12] Von einigen Exegeten wird die These vertreten, die Apg enthalte eine Apologetik gegenüber dem Judentum; sie stelle deshalb Paulus als treuen Juden dar und negiere seine gesetzeskritische Haltung. Vgl. etwa JERVELL, Nov Test 10, 1968, 190: Lukas „schreibt für christliche Leser, die wegen Paulus Angriffen ihrer jüdischen Umgebung ausgesetzt sind". Das ist äußerst unwahrscheinlich. Schon Lk setzt die Trennung von Judentum und Christentum voraus.

will er umgekehrt gerade der Gemeinde sagen, sie solle sich des unpolitischen Charakters des Christentums bewußt sein und in Konfliktsituationen auf diese Tatsache verweisen? Tatsächlich dürfte, ganz unabhängig von der Widmung an Theophilus, der Adressat der Apg die christliche Gemeinde sein, d.h. man wird kaum mit einer unmittelbar nach außen gerichteten Apologetik zu rechnen haben[13].

Aus Apg 20,29f ist zu schließen, daß der Vf das Auftreten von „Ketzern" voraussetzt, die sowohl von außen als auch aus der Mitte der Gemeinde selbst Einfluß zu nehmen versuchen, ohne daß sich freilich erkennen ließe, welche Lehren diese „Ketzer" vertreten. Immerhin lassen solche Aussagen die Apg zeitlich (und geographisch[14]?) in die Nähe der Past rücken, d.h.: Eine genauere Datierung als etwa auf die Zeit um 100 ist nicht möglich. Damit aber entfällt sowohl der Gedanke, die Apg sei im Widerspruch gegen Marcion verfaßt worden, wie auch die Möglichkeit, die Apg als gegen einen „gnostischen" Mißbrauch des Paulus gerichtet zu verstehen.

Bei der Frage nach dem Paulusbild der Apg ist von der wohl unbestreitbaren Tatsache auszugehen, daß der Vf in paulinischer Tradition gestanden hat. Denn er besaß nicht nur zahlreiches Material über das Wirken des Apostels, sondern er hatte offenbar auch ein Interesse daran, dieses Material in einer für Paulus insgesamt günstigen Weise darzubieten.

Das Paulusbild der Apg ist gerade in den letzten Jahren Gegenstand intensiver Forschung gewesen. Die einzelnen Ergebnisse hier aufzuführen, ist unmöglich[15].

Paulus wird (unter dem jüdischen Namen Saulus) erstmals in Apg 7,58 erwähnt. Lukas führt ihn in die Geschichte der Jerusalemer Gemeinde ein, indem er von seiner Beteiligung an der Steinigung des Stephanus berichtet. Paulus spielt hier freilich keine herausragende Rolle; Erwägungen, ob er eine womöglich amtliche Funktion ausübe[16], sind ganz nutzlos. Wahrscheinlich verfolgt Lukas lediglich die Absicht, mit seiner ja ganz nebensächlich wirkenden Bemerkung beim Leser Spannung zu erzeugen[17]: Wird der hier erwähnte „Jüngling" in Zukunft vielleicht eine wichtige Gestalt werden?

Die Verwendung des in der Paulus-Überlieferung sonst niemals verwendeten Namens Saulus könnte in der Absicht erfolgt sein, diese Spannung noch zu erhöhen.

---

[13] Vgl. zur Sache CONZELMANN, Mitte, 128–139.

[14] Nach ROHDE, Ämter, 61 entstand die Apg im ägäischen Raum. Dafür könnten in der Tat die geographischen Detailkenntnisse sprechen (vgl. etwa 16,11); diese könnten möglicherweise aber auch aus sekundären Quellen stammen. Nach OBERMEIER, Gestalt, 263f entstand die Apg in Ephesus (wegen der Abschiedsrede). Ein sicheres Urteil ist nicht möglich.

[15] Eine breite Übersicht gibt OBERMEIER, Gestalt, 31–70. Vgl. auch BURCHARD, ThLZ 100, 1975, 881–895.

[16] So ZAHN, Apg, 264.

[17] Es ist mir daher wahrscheinlich, daß die Erwähnung des Paulus in 7,58 redaktionell ist (mit CONZELMANN, Apg, 59) und nicht aus der Tradition stammt (so BURCHARD, Zeuge, 30, der 8,1a für redaktionell hält).

In 8,1a wird mit verstärkter Betonung gesagt, Saulus habe der Tötung des Stephanus zugestimmt[18]; und nun wird das Bild des Verfolgers in immer kräftigeren Strichen gezeichnet: Saulus hat nicht nur die Tötung des Stephanus geduldet (7,58) und begrüßt (8,1), er wird vielmehr zum aktiven Gegner der Christen, zum Verfolger der Kirche (8,3). Die Formulierung *ἐλυμαίνετο τὴν ἐκκλησίαν* erinnert an paulinische Aussagen in Gal 1,13; 1 Kor 15,9; Phil 3,6, wo geradezu formelhaft vom *διώκειν τὴν ἐκκλησίαν (τοῦ θεοῦ)* die Rede ist. Daß das Objekt der Verfolgertätigkeit des Paulus die *ἐκκλησία* gewesen sei, ist also offenbar ein auf ihn selbst zurückgehender fester Topos. Das bedeutet zugleich, daß die Angabe von Apg 8,3 im Kern historisch zuverlässig ist[19], während die Verbindung des Paulus mit der Steinigung des Stephanus lukanische Konstruktion sein wird.

Ob Paulus tatsächlich die Jerusalemer Kirche verfolgte, läßt sich kaum sagen; trotz Gal 1,22 ist es nicht völlig auszuschließen, denn dort ist nur gesagt, Paulus sei den *ἐκκλησίαι τῆς Ἰουδαίας* „von Angesicht" unbekannt gewesen, was nicht unbedingt etwas für Jerusalem besagen muß.

Die zweite, sehr viel umfangreichere, Saulus-Episode findet sich in Apg 9,1–25 im Anschluß an die ausführliche Darstellung der Mission in Samarien und den Bericht über die Tätigkeit des Philippus. Durch diese Anordnung entsteht der Eindruck, die Verfolgung der Kirche habe sich auf Jerusalem beschränkt und ihr entscheidender Motor dort sei Saulus gewesen. Daß er nun seinen Wirkungskreis bis nach Damaskus (vgl. Gal 1,17[20]) ausdehnen will, dient offenbar dazu, sein Bild als „der Verfolger" der Kirche weiter zu perhorreszieren[21]. Auf dem Weg nach Damaskus wird Saulus bekehrt.

Über die Bekehrungsberichte der Apg gibt es außerordentlich zahlreiche Literatur[22]. Im Zusammenhang der vorliegenden Arbeit geht es allein um die Frage, welches Paulusbild Lukas mit der ganzen Damaskusszene zu zeichnen beabsichtigt[23].

---

[18] SCHOEPS, Theologie, 441 fragt, ob nicht die gesamte Stephanuserzählung Legende sei. Im Judenchristentum sei behauptet worden, daß Paulus an einem Anschlag auf Jakobus beteiligt war; Lukas als „Parteigänger des Paulus" habe versucht, dessen „vorchristliche Vergangenheit in einem milderen Lichte darzustellen. Das Wohlgefallen am Tode eines hellenistischen Diakons wäre alsdann an die Stelle des offenen Mordanschlags am Haupt der Christengemeinde eingetreten." Kritisch hierzu m. R. HAENCHEN, Apg 237 A 4.

[19] Das heißt natürlich noch nicht, daß der Vf der Apg eine der drei genannten Briefstellen gekannt haben muß.

[20] S. u. S. 166f.

[21] So m. R. KLEIN, Apostel, 127–131. Daß Lukas aber die Absicht gehabt habe, Paulus herabzusetzen (aaO., 144), wird man kaum sagen dürfen. Hinter dem Schrekkensbild des Verfolgers Saulus steht eher eine in der Sache Röm 5,20 vergleichbare Tendenz: Je größer das Verbrechen des Saulus, umso wunderbarer die Gnade der Bekehrung.

[22] Zur neuesten Literatur vgl. den Forschungsbericht von BURCHARD, ThLZ 100, 1975, 881–895.

[23] Über die literarischen Parallelen (und möglichen Vorbilder) handeln WINDISCH, ZNW 31, 1932, 1–23 und vor allem BURCHARD, Zeuge, 52–91.

Saulus erfährt vor Damaskus nach der Darstellung der Apg eine Audition und offenbar auch eine Vision[24], deren Inhalt die Selbstoffenbarung Jesu ist samt dem Auftrag, in Damaskus bestimmte Anordnungen entgegenzunehmen[25]. Es fällt einerseits auf, daß Lukas nichts von einer Berufung sagt; aber es darf andererseits auch nicht übersehen werden, daß hier die einzige Stelle in der Apg vorliegt, wo Jesus unmittelbar redet[26] – ausgenommen die Worte vor der Himmelfahrt in 1,7f. Damit wird die Vision des Stephanus (7,55f) deutlich überboten. Jesus offenbart sich dem Verfolger Saulus unmittelbar und nicht durch einen der Apostel; das bedeutet: Auch wenn in 9,5f nicht direkt von der Berufung die Rede ist, so steht diese Aussage doch ganz in der Nähe des paulinischen Verständnisses seiner Damaskus-Vision (1 Kor 9,1; 15,8)[27].

Die Fortsetzung ist von Lukas literarisch überaus geschickt gestaltet: Jesus teilt dem Ananias in Damaskus *ἐν ὁράματι* mit, daß Saulus, ebenfalls *ἐν ὁράματι,* den Ananias gesehen habe, der ihn von seiner durch die Vision hervorgerufenen Blindheit heilen werde. Der Protest des Ananias veranlaßt Jesus, die künftige Aufgabe des Saulus anzusagen (9,15f). Damit löst sich für den Leser die Spannung: Die Zukunft des Saulus ist ihm hier klar vor Augen geführt; er wird Heidenmissionar sein und um Christi willen leiden[28].

W. Radl, der in einer umfangreichen Untersuchung den Nachweis führen will, daß die Darstellung des Paulus in der Apg bewußt mit der Jesus-Darstellung in Lk parallelisiert sei, meint, die Verwendung des Wortes *πάσχειν* in 9,16 lege den Gedanken nahe, „daß das Leiden des Paulus – wenn auch als Märtyrerleiden ... – in Parallele zum Leiden Jesu gesehen wird: Das Leiden des Paulus wäre demnach von gleicher Art wie das Leiden Jesu"[29]. Aber damit ist der Text m.E. überinterpretiert.

---

[24] In 9,7 wird ausdrücklich gesagt, die Begleiter hätten zwar die Stimme gehört, jedoch niemanden gesehen. Diese Bemerkung kann nur dann einen Sinn haben, wenn Saulus „gesehen" hat (gegen Burchard, Zeuge, 92f.97).

[25] Die Worte Jesu und die „Zeichen" in 9,8f sind legendarisch.

[26] Das Gespräch des Ananias mit Jesus (9,10–16) geschieht *ἐν ὁράματι,* ist also ausdrücklich von anderer Qualität als die Begegnung vor Damaskus (vgl. auch die unterschiedlichen Formulierungen in 9,12 und 9,17).

[27] Anders Stolle, Zeuge, 201f, der meint, Lukas habe den in 1 Kor 9,1; 15,8 angesprochenen Aspekt (Bekehrung als Erscheinung des Auferstandenen) nicht gekannt. Die sachliche Übereinstimmung ist aber nicht zu übersehen, auch wenn keine literatische Berührung vorliegt.

[28] 9,15b ist gleichsam eine Kurzfassung der weiteren Apg. Nur so erklärt sich der Hinweis auf Israel, der ja Paulus nicht als Judenmissionar darstellen soll, sondern wohl auf 21,18–23,22 vorwegnehmend Bezug nimmt. Daß auch Lk 2,32.34b mit hineinspielt, wie Radl, Paulus, 72–81 annimmt, ist nicht sehr wahrscheinlich. Burchard, Zeuge, 100f meint, der Ausdruck *βαστάζειν τὸ ὄνομά μου* bezeichne das Martyrium, nicht die Mission des Paulus. Nach dem Inhalt der Apg liegt aber die andere Deutung näher.

[29] Radl, Paulus, 80. Vgl. aaO., 380: Paulus erfahre in der Apg „ an sich selbst gleichsam die ‚Neuinszenierung' des Schicksals Jesu". M.E. angemessener aaO., 382: An Paulus werde ablesbar, was es heißt, Jünger Jesu zu sein.

Wie ist die Saulus-Ananias-Erzählung zu bewerten? G. Klein versteht sie von seiner grundsätzlichen These her, daß Paulus in der gesamten Apg der Jerusalemer Gemeinde untergeordnet werden solle. Ananias diene also dazu, das Amt des Paulus in der Kirche schon von seinem Ursprung her zu „mediatisieren“[30], ihn mithin in Abhängigkeit und unter der Autorität vorgegebener Funktionsinhaber stehend erscheinen zu lassen. Demgegenüber betont J. Roloff, gerade die Ananias-Episode zeige, wie „an die Stelle der Taufunterweisung ... für Paulus die direkte Berufung durch den Erhöhten getreten“ sei[31]. In der Tat: Nach seiner Taufe predigt Saulus εὐθέως (9,20) in den Synagogen von Damaskus; seine in 9,15 angekündigte Missionsarbeit beginnt also ohne jede kirchliche Beauftragung. Die Einführung des Ananias in den Ablauf der Handlung ist mithin nicht in der Absicht erfolgt, ihn etwa als Auftraggeber des Saulus erscheinen zu lassen. Vielmehr soll dieser damaszenische Christ einerseits die Bekehrung des Saulus öffentlich beglaubigen und zum andern das nach 9,9 erforderliche Wunder vollbringen. Eine im eigentlichen Sinn kirchlich-theologische Funktion besitzt er nicht[32].

Hat Lukas die ganze Episode einer vorgegebenen Tradition entnommen und sie lediglich redaktionell bearbeitet? Oder hat er wenige vorgegebene Daten literarisch ausgefüllt[33]? Da einerseits der Ort Damaskus von Paulus selbst bezeugt ist, andererseits aber die Erzählung stark legendarische Züge trägt, ist es m.E. wahrscheinlich, daß Lukas selbst den aus der Paulus-Tradition bekannten Stoff ausgemalt hat. Der entscheidende Abschnitt, das Gespräch Jesu mit Ananias, ist jedenfalls lukanisch; denn dieses Gespräch setzt den voraufgegangenen Inhalt der Apg voraus[34].

In 9,19b–22 werden die Predigt des Paulus und die Reaktion der Hörer referiert. Dabei berührt sich die in V. 20f verwendete Tradition offenbar mit

---

[30] KLEIN, Apostel, 146.

[31] ROLOFF, Apostolat, 206.

[32] M.R. bemerkt auch ROHDE, Ämter, 66: Lukas kommt es gerade auf „die Ausschaltung aller vermittelnden Zwischenpersonen“ an, wie die drei Bekehrungsberichte zeigten.

[33] SCHULZE, Paulusbild, 61 meint m.E. zutreffend, Lukas habe verhältnismäßig wenig derartige Paulusstoffe gekannt. Daher habe er die Bekehrungstradition gleich dreimal verarbeitet. Die entgegengesetzte Annahme vertritt BURCHARD, Zeuge, 121–124: „Was Lukas in 9,1–19a schreibt, wird ziemlich weitgehend auf einer gegebenen Geschichte beruhen“ (124). M.E. macht es aber gerade Burchards eigene formgeschichtliche Analyse, insbesondere der Vergleich mit JosAs 14,1–9 (aaO., 88–105) wahrscheinlich, daß hier Lukas selbst eine vorgegebene Form auf die Paulus-Tradition bezogen hat.

[34] Anders BURCHARD, Zeuge, 123: V. 10–12.15f sind traditionell, V. 13f könnten redaktionell sein. Aber wenn man V. 13f ausscheidet, hängt V. 15 in der Luft. Allenfalls wäre denkbar, daß eine ursprüngliche Tradition V. 10–12.17ff umfaßte; aber auch dann ist der entscheidende Abschnitt V. 13–16 lukanisch. – Nach STOLLE, Zeuge, 184–200 handelt es sich bei der Ananias-Episode um eine alte und ursprünglich isolierte Erzählung. Sie sei von Lukas aufgefüllt worden, der daneben noch die Paulus-Tradition gekannt habe, die Paulus selbst in Gal 1 verwende (aaO., 204). LÖNING, Saulustradition, 91–97 versteht die alte Tradition als „Novelle“ (im Sinne von Dibelius).

Gal 1,23f. K. Löning sieht in der Aussage, Paulus habe den Glauben „vernichten" *(πορθεῖν)* wollen, einen „paulinistischen Lehrtopos, der seinen Ausgangspunkt bei Paulus selbst" habe[35]. Das ist in der Tat denkbar.

In 9,23–25 liegt eine der wenigen Textstellen der Apg vor, die auch in Details mit Aussagen des Paulus übereinstimmen. Die Schilderung der Flucht aus Damaskus entspricht 2 Kor 11,32f, mit dem Unterschied, daß dort die Maßnahmen des Königs Aretas, hier dagegen die Juden Paulus zur Flucht zwingen. Einige Exegeten nehmen an, es liege eine direkte literarische Abhängigkeit vor[36], andere rechnen mit selbständiger Tradition[37]. Das würde dann bedeuten, daß die Apg über den Damaskusaufenthalt des Paulus „eigene Nachricht besitzt"[38].

Die ganze Damaskus-Episode der Apg zeigt in der Tat deutlich Bekanntschaft mit offensichtlich zuverlässiger Paulus-Tradition, die wahrscheinlich von Lukas selbst unter Verwendung vorgegebener Motive an mehreren Stellen legendarisch ausgemalt worden ist. Dabei ist eine Beobachtung von wesentlicher Bedeutung: Die Stellung des Paulus soll durch die Art der Darstellung seiner Bekehrung bzw. Berufung offensichtlich in keiner Weise herabgesetzt werden. Schon die Tatsache, daß seine Bekehrung nicht nur so ausführlich erzählt, sondern auch noch faktisch mit seiner Berufung zum Missionar identifiziert wird, widerspricht einem solchen Urteil.

Der Bekehrungsbericht wird in der Apg noch zweimal wiederholt. Die erste Wiederholung findet sich im Rahmen der Verteidigungsrede des Paulus in Jerusalem (22,3–22). Die Darstellung stimmt zunächst im wesentlichen mit der von Kap. 9 überein; erst ab 22,17 verschiebt sich das Bild: Die Berufung zum Verkündiger erfolgt im Jerusalemer Tempel[39], von einer selbständigen Predigt des Paulus in Damaskus ist nicht die Rede. Der Auftrag zur Mission unter den Heiden wird psychologisch begründet: Die Jerusalemer Juden und Judenchristen würden in Kenntnis der Vergangenheit des Paulus seine *μαρτυρία* nicht annehmen, und deshalb sendet ihn der Herr zu den Heiden[40].

---

[35] LÖNING, Saulustradition, 49–51 (Zitat aaO., 59). Paulus selbst verwende in Gal 1 diese Saulustradition (s. die vorige Anm), wobei er voraussetze, daß sie den Galatern bekannt sei. Diese These vertrat schon LINTON, StTh 3, 1950/51, 81f. (Eine direkte Abhängigkeit der Apg von Gal 1,23 wird von Löning m. R. verneint.)

[36] ENSLIN, JAOS 58, 1938, 88; WENDT, Apg, 42. BURCHARD, Zeuge, 158: Lukas verwende Tradition, die auf 2 Kor 11,32f zurückgehe.

[37] So u.a. ZAHN, Apg, 329 A 16, der auf sprachliche Differenzen aufmerksam macht. Vgl. auch OBERMEIER, Gestalt, 121. – Zur Sache s. u. S. 167.

[38] So SCHLIER, Gal, 113f.

[39] BETZ, in: Festschrift Stählin, 116 versteht dies als ein Zugeständnis an die jüdische Theologie: Gott offenbare sich allein am Tempel. AaO., 118–120: Der Abschnitt sei in Anlehnung an Jes 6 gestaltet. Vgl. auch MUNCK, StTh 1, 1947/48, 131–145.

[40] Nach BETZ, in: Festschrift Stählin, 116 wird die Berufung des Paulus damit „weitgehend an die genuin apostolische angeglichen", wie der Vergleich mit 1,8 zeige.

Man kann annehmen, daß hinter dieser Darstellung ein apologetisches Motiv gegenüber den Judenchristen steht: Nicht weil Paulus sich vom Judentum abgekehrt hätte[41], wird er Heidenapostel (er hat die Vision ja im Tempel!), sondern aus praktisch-psychologischen Gründen. Allerdings darf das apologetische Moment nicht überbewertet werden; immerhin ist auch die vorausgesetzte Erzählsituation zu berücksichtigen: Paulus spricht hier ja in Jerusalem.

Der dritte Bekehrungsbericht schließlich (26,9–19) setzt insofern einen neuen Akzent, als hier Bekehrung und Berufung zum *μάρτυς* in der Damaskus-Vision tatsächlich unmittelbar zusammenfallen; die sachliche Übereinstimmung mit dem Selbstverständnis des Paulus ist in dieser Darstellung also besonders groß[42]. Entsprechend wird in 26,20 ohne jede Zurückhaltung von seiner selbständigen Mission in Damaskus und in Jerusalem gesprochen. Eine Unterordnung unter die Jerusalemer Apostel ist nicht zu erkennen.

Der Damaskus-Episode folgt in 9,26–30 ein Bericht darüber, wie Saulus mit den *μαθηταί* in Jerusalem Kontakt aufnehmen will; sie glauben nicht, daß auch er ein *μαθητής* geworden ist, und erst Barnabas führt ihn schließlich zu den Aposteln. Diese Reise nach Jerusalem unmittelbar nach der Bekehrung widerspricht zweifellos den eigenen Angaben des Paulus in Gal 1,17; dennoch hat man nicht den Eindruck, als wolle Lukas die dortige Aussage korrigieren[43]. Mit dem in 9,26ff Erzählten scheint Lukas überhaupt nicht beabsichtigt zu haben, den „Jünger" Saulus eine „amtliche" Legitimation durch die anderen „Jünger" bzw. durch die Apostel anstreben zu lassen. Hinter dieser Reise steht vielmehr das Interesse des Lukas, den Beginn der Heidenmission noch einmal hinauszuschieben (vgl. Apg 10); denn entsprechend seiner Konzentration aller kirchlichen Entscheidungen auf Jerusalem kann und will Lukas nicht Paulus, sondern in erster Linie Petrus als theologischen Begründer der Heidenmission darstellen[44]. Eine bewußte Herabstufung des Wirkens des Paulus, womöglich eine implizite Polemik gegen Gal 1,17[45], verbindet sich damit jedoch nicht[46]. Im Gegenteil: Die „nicht-autorisierte" Verkündigertä-

---

[41] Noch deutlicher ist diese Apologetik in 24,10–21 (besonders V. 14).

[42] Hirsch, ZNW 28, 1929, 309 zieht daraus den Schluß, diesem Bericht liege „zugrunde die Gestalt, in der Paulus selbst von seiner Bekehrung gesprochen hat". So entspreche etwa die Angabe der Tageszeit (26,13) ganz der „Zufälligkeit der persönlichen Erinnerung" (aaO., 310). Davon kann natürlich keine Rede sein.

[43] Linton, StTh 3, 1950/51, 85f betont, Apg 9,26ff enthalte gerade solche Aussagen, die in Gal 1,15–20 nachdrücklich bestritten würden (zustimmend Haenchen, Apg, 79; ablehnend Burchard, Zeuge, 159f). Aber will Lukas damit etwa den paulinischen Anspruch auf den Aposteltitel zurückweisen? Haenchen meint, Lukas habe einen solchen Anspruch gar nicht gekannt. S. dazu u. S. 60–62.

[44] Deshalb kann Paulus nicht von Damaskus aus die Mission beginnen.

[45] Vgl. u. S. 166.

[46] Vor einer Überbewertung des Vergleichs mit Gal warnt m. R. auch Obermeier, Gestalt, 122f.

tigkeit in Damaskus (9,27) und dann auch in Jerusalem (9,28) wird nochmals hervorgehoben; von einer Beauftragung durch die Apostel, die im Grunde kaum mehr zu sein scheinen als die Gemeindeleiter in Jerusalem (8,1), kann keine Rede sein[47]. Auch die Formulierung von 9,30 besagt keineswegs, daß die Apostel eine Art Kommandogewalt über Saulus besitzen; hinter der „Entsendung" nach Tarsus (*ἐξαπέστειλαν εἰς Τάρσον*) verbirgt sich vielmehr die Sorge der *ἀδελφοί* um die Sicherheit des Saulus – und damit konkret seine Aufnahme in ihren Kreis[48]. V. 31 ist der Höhepunkt dieses Abschnitts und zugleich eine erste Wende im Aufriß der Apg: Mit der Berufung des Saulus zum Verkündiger ist die Verfolgungszeit für die Kirche beendet; sie hat Frieden in ihrem gesamten Verbreitungsgebiet Judäa, Galiläa und Samaria (Damaskus paßt nicht in die Systematik und wird – außer später in den Reden des Paulus in Kap. 22 und 26 – nie mehr erwähnt).

Damit ist die erste große Paulus-Darstellung der Apg abgeschlossen: Der einstige Verfolger ist durch Christus selbst bekehrt – und das heißt zugleich: zum Missionar berufen worden. Er hat in Damaskus und Jerusalem gepredigt – aus beiden Städten hat er deshalb fliehen müssen, womit sich die Ankündigung von 9,16 bereits zu erfüllen beginnt. Nun kann der letzte größere Abschnitt der Apg folgen, der nicht von Paulus berichtet[49].

Die nächste Erwähnung des Saulus (11,25.30) erinnert an die Art, wie er in 7,58 überhaupt in die Erzählung eingeführt worden war: Eher beiläufig heißt es, daß Barnabas ihn in Tarsus wieder „abgeholt" habe und beide in Antiochia ihre Verkündigung fortgesetzt hätten. Dabei ist wieder ganz deutlich, daß Saulus nicht als Begründer der Heidenmission gilt – die hat, nach der prinzipiell-theoretischen Vorbereitung durch Petrus (Kap. 10), praktisch in 11,20 begonnen[50].

Schwer verständlich ist der Sinn von 11,29f: Von einer Kollekte *vor* dem Apostelkonzil ist bei Paulus nicht die Rede; die Jerusalem-Kollekte, die sowohl in den beiden Kor als auch in Röm 15,25ff eine erhebliche Rolle spielt, stand nach Gal 2,10 mit der Konzils-Vereinbarung im Zusammenhang (in Apg 15 wird sie freilich nicht erwähnt). Offenbar weiß Lukas von dieser Kollekte; aber sie hat für ihn nicht dieselbe ekklesiologische Bedeutung, nicht denselben „Symbolwert" wie für Paulus.

---

[47] Vgl. OBERMEIER, Gestalt, 124.

[48] M.E. zutreffend die Erklärung CONZELMANNS, Apg, 67: „Die ganze Darstellung enthält keinen konkreten Stoff. Paulus erscheint als der, welcher in die durch den Tod des Stephanus gerissene Lücke tritt."

[49] Man kann natürlich die Tatsache, daß von hier bis 11,25 von Paulus nicht die Rede ist, so erklären, hier solle zumindest implizit die Selbständigkeit des Paulus verneint werden. Aber da es Lukas darum geht, Petrus als Gründer der Heidenmission zu zeichnen, muß er Paulus eine Zeitlang „abstellen".

[50] Das wird historisch gar nicht falsch sein. Paulus war ja wirklich nicht der Urheber der gesetzesfreien Heidenmission – seine Verfolgertätigkeit setzt vielmehr eine solche schon voraus.

Der für das Paulusbild entscheidende Abschnitt der Apg beginnt in 13,2. Aus der antiochenischen Gemeinde werden Barnabas und Saulus durch das Wort des *πνεῦμα* ausgesondert *εἰς τὸ ἔργον ὃ προσκέκλημαι αὐτούς*. Hier wird Saulus[51] erstmals und zugleich endgültig von den übrigen Propheten und Lehrern (13,1) getrennt[52]; er rückt in das Zentrum der Apg und damit in das Zentrum der Geschichte des Urchristentums (wie Lukas sie sieht). Paulus[53] erweist sich als Wundertäter (13,6–12) und vor allem als Redner (13,13–43)[54].

Die Rede in Antiochia Pisidiae ist offenbar als Modell der ersten Phase der paulinischen Verkündigung ausgeformt. Ausführlich wird in 13,14f zunächst der synagogale Gottesdienst dargestellt; dann richten die *ἀρχισυνάγωγοι* an Paulus die Aufforderung, den *λόγος παρακλήσεως* zu verkündigen[55]. Daraufhin gibt Paulus einen – abgesehen von V. 23 – gut jüdischen Überblick über die Heilsgeschichte; erst von V. 26 an wird daraus eine christliche Predigt. Bis V. 38a entspricht sie ganz der Pfingstrede des Petrus (2,14–36)[56]; sie kann also nicht als Zeugnis der individuellen Theologie des Paulus angesehen werden[57].

In 13,38b aber tritt eine Änderung ein, deren Wichtigkeit nicht unterschätzt werden sollte: In einem kurzen Satz (V. 38b.39) formuliert Lukas den Kern der paulinischen Rechtfertigungslehre *(ἀπὸ πάντων ὧν οὐκ ἠδυνήθητε ἐν νόμῳ Μωϋσέως δικαιωθῆναι, ἐν τούτῳ* [sc. Christus] *πᾶς ὁ πιστεύων δικαιοῦται)*. Daß diese Formulierung nicht bloßer Zufall ist, liegt auf der

---

51 Er allein rückt in den Mittelpunkt, obwohl er noch als Begleiter des Barnabas erscheint. Die Aussage von 13,2 ist ja die Erfüllung des allein Paulus betreffenden Wortes von 9,15f.

52 ROLOFF, Apostolat, 209: Lukas stelle diesen Vorgang keineswegs als ordinationsähnliche Handlung dar; er vermeide jeden Gedanken, Paulus könne den Entsendenden untergeordnet sein. – Außerdem ist zu beachten: Die Initiative hat der heilige Geist (das hat WILCKENS, Missionsreden, 209 offenbar nicht beachtet, wenn er erklärt, Paulus werde hier als Repräsentant der kirchlich eingesetzten Missionare geschildert).

53 Der Hinweis in 13,9, daß Saulus „auch Paulus" heißt, könnte aus apologetischen Gründen an dieser Stelle stehen: Der Heidenmissionar trägt das cognomen eines hohen römischen Beamten. – Die These, Paulus habe „unter dem Eindruck der Begegnung [mit Sergius Paulus] das Cognomen des Proconsuls" angenommen (so WINKLER, Art. Paulus, KlP V, 1975, 137), ist abwegig.

54 SCHULZ, Mitte, 117: Damit übertrage Lukas das *θεῖος-ἀνήρ*-Motiv auf Paulus; dieser erhalte so den gleichen Rang wie die Zwölf.

55 Hier scheint die These RADLS (s.o. S. 53) zuzutreffen: Die „Antrittspredigt" des Paulus ist dem ersten öffentlichen Auftreten Jesu in Nazareth (Lk 4,16–20) deutlich parallel gestaltet. – Übrigens wird das bis 19,8 durchgehaltene Schema, Paulus beginne seine Verkündigung stets in der Synagoge, nur hier vollständig ausgeführt. Der Modellcharakter der Szene wird dadurch noch unterstrichen.

56 Höhepunkt ist das wichtige Stichwort *ἄφεσις ἁμαρτιῶν* (vgl. 2,38; 5,31; 10,43) als Summe der Verkündigung. Vgl. dazu das von WILCKENS, Missionsreden, 54 herausgearbeitete Schema.

57 Das gilt natürlich nicht nur für diese, sondern für alle Reden der Apg, insbesondere auch für die Areopagrede Apg 17,22–31 (mit VIELHAUER, Ges. Aufs., 14 gegen NAUCK, ZThK 53, 1956, 45).

Hand: Nur hier begegnet in der Apg das Verb *δικαιοῦν;* hier erstmals taucht das Problem des Verhältnisses von Gesetz und Glaube explizit auf – und zwar gerade nicht im Zusammenhang der Heidenmission, sondern im selben theologischen Kontext wie bei Paulus selbst: Jeder, der glaubt – also gerade auch der Jude, der das Gesetz hat –, wird „in Christus" *(ἐν τούτῳ)* und nicht *ἐν νόμῳ Μωϋσέως* gerechtfertigt.

Die sachliche Bewertung dieser Textstelle ist in der Forschung umstritten. F. Hahn meint, durch 15,7ff.13ff sei in der Apg „das Problem der Gesetzesgerechtigkeit so entschärft, daß auch Apg 13,38f nur noch als ein schwacher Nachklang der genuin paulinischen Verkündigung angesehen werden kann"[58]. Chr. Burchard hingegen erklärt mit Bezug auf diese Stelle, Lukas habe, „wie die bewußt, wenn auch als Stilkennzeichen verwendeten Paulinismen erkennen lassen, ... auch von paulinischen Theologumena mehr Ahnung, als viele annehmen"[59].

Zweifellos zeigen weder V. 38 noch V. 39 eine direkte Verwendung paulinischer Aussagen[60], d.h. eine unmittelbare Kenntnis paulinischer Briefe läßt sich hieraus noch nicht ableiten. Man kann auch nicht entscheiden, ob Lukas die paulinische Rechtfertigungslehre „verstanden" hat, denn der ganze Gedanke wird ja gar nicht weiter ausgeführt. Immerhin aber betont der lukanische Paulus eindeutig, daß im Zusammenhang der Rechtfertigung, und d.h.: im Zusammenhang des Gottesverhältnisses der Glaube an die Stelle des Gesetzes getreten sei. „Mehr will Lukas nicht sagen", bemerkt O. Bauernfeind zu dieser Stelle[61]. Mehr braucht er aber auch nicht zu sagen; denn durch 13,38f ist Paulus ein für allemal als Theologe der Rechtfertigung vorgestellt[62]. Entsprechend wird wenig später in programmatischer Form

---

[58] HAHN, in: Festschrift Käsemann, 97 A 10. Ähnlich schon SABATIER, BEHE.R 1, 1889, 227: «C'est sous forme négative que la grande affirmation paulinienne est présentée, sans aucune argumentation pour la développer ou l'établir. Toute la pointe polémique a disparu.» Vgl. ferner BAUERNFEIND, Apg, 177; CONZELMANN, Apg, 85; MÜLLER, Theologiegeschichte, 91. Besonders kritisch STUHLMACHER, Gerechtigkeit, 195: Lukas vertrete faktisch die Werkgerechtigkeit (gegen WILCKENS, Missionsreden, 183.217).

[59] BURCHARD, ThLZ 100, 1975, 889. Vgl. ZAHN, Apg, 447: Die Rede gibt uns offenbar „ein treues Bild von der eigentümlichen Lehrweise des Pls"; ferner LUZ, in: Festschrift Käsemann, 366: Für Lukas war „offenbar die Rechtfertigungslehre das wichtigste Kennzeichen paulinischer Theologie".

[60] In dieser Hinsicht auffällig ist lediglich das betonte *πᾶς ὁ πιστεύων,* das an Röm 3,22; 10,4 erinnert. Vgl. aber schon Apg 10,43 – d.h. es wird sich um eine traditionell gewordene Wendung handeln.

[61] BAUERNFEIND, Apg, 177; zustimmend HAENCHEN, Apg, 354. Bauernfeind hält es für „ganz unwahrscheinlich", daß Lukas „hier einen ihm schon geformt vorliegenden Satz aus einer in Wahrheit nur noch halb paulinischen Dogmatik verwendet hätte".

[62] Das gilt trotz V. 38b, der von einigen Exegeten im Sinne der Werkgerechtigkeit verstanden wird; vgl. MÜLLER, Theologiegeschichte, 91: Trotz „bester Absicht" läßt Lukas den Paulus „das Rechtfertigungsverständnis der hellenistisch-judenchristlichen

vom Beginn der paulinischen Heidenmission berichtet: *ἰδοὺ στρεφόμεθα εἰς τὰ ἔθνη* (13,46)[63]. Die Szene im pisidischen Antiochia charakterisiert Paulus also betont als Theologen und als Heidenmissionar.

Es fällt auf, daß Paulus bisher an keiner Stelle als *ἀπόστολος* bezeichnet worden ist. Heißt dies, daß ihm Lukas den Aposteltitel bewußt verweigert, wie in der Forschung überwiegend behauptet wird?

Tatsächlich wird in der Regel darauf verwiesen, daß in Apg 1,21 f für den Apostolat eine theoretische Begründung gegeben werde, die Paulus aus dieser Gruppe von vornherein ausschließen müsse: Apostel könne nur sein, wer Begleiter Jesu von der Johannestaufe bis zur Himmelfahrt gewesen sei. M.E. vermag aber der Abschnitt 1,15–26 diese These nicht zu tragen. In erster Linie nämlich wird die Nachwahl des zwölften Apostels (1,22) damit begründet, daß ein *μάρτυς τῆς ἀναστάσεως* gefunden werden müsse (vgl. 10,41). Dieser Titel *μάρτυς* aber wird dann sowohl dem Stephanus (22,20) als auch dem Paulus (22,15; 26,16) zuerkannt[64] – offenbar deshalb, weil beide im Sinne der Apg ja in der Tat „Zeugen der Auferstehung" sind (7,55; 9,4f)[65]. Warum aber „verweigert" Lukas unter diesen Umständen dem Paulus ausgerechnet den Titel des Apostels[66]? Steht er vielleicht doch jenen Gruppen nahe, gegen die Paulus seinen Apostolat verteidigen mußte (vgl. vor allem Gal und 2 Kor)?

Das ist zumindest sehr unwahrscheinlich[67]. Vielmehr sind zwei Beobachtungen wesentlich von Bedeutung: 1. Die Bezeichnung *ἀπόστολοι* beschränkt sich in der Apg auf die Leiter der Jerusalemer Gemeinde. 2. Von „Aposteln" ist in der Apg ausnahmslos im Plural die Rede; an keiner Stelle des Buches wird ein einzelner Verkündiger *ἀπόστολος* genannt[68]. Beides ist

---

Gemeindetradition predigen" (ähnlich MUNCK, Acts, 123; SCHULZ, Mitte, 112.147f), mit der Tendenz: „Was das Gesetz noch nicht geleistet hat, das schafft der Glaube." Aber V. 38b und V. 39 sind doch eindeutig antithetisch formuliert.

[63] Von 13,43 an überwiegt deshalb bei Nennung der Namen die Reihenfolge „Paulus und Barnabas".

[64] Vgl. BROX, Zeuge, 55: Damit werde Paulus de facto auch Apostel genannt; ähnlich ROLOFF, Apostolat, 203; MICHEL, Abschiedsrede, 78; STOLLE, Zeuge, 144f.147–154; LÖNING, Saulustradition, 137–144.

[65] Gegen WILCKENS, Missionsreden, 208, der erklärt, Paulus sei nach 13,31 „besonders hinsichtlich der Auferweckung Jesu selbst auf das Augenzeugnis der Apostel angewiesen". Nein; in 13,31 werden die Jünger, die der Theorie von 1,21f entsprechen, *μάρτυρες* für Israel genannt – daß Paulus seine Predigt von ihnen ableite, wird nicht gesagt.

[66] Diese Frage wird sehr intensiv diskutiert. KÜMMEL, Einleitung, 149 meint, Lukas kenne den Anspruch des Paulus auf den Aposteltitel gar nicht; KLEIN, Apostel, 214: Paulus solle herabgesetzt werden, ja Lukas habe den Gedanken des Zwölfer-Apostolats geradezu zu diesem Zweck „erfunden". Dagegen u.a. CONZELMANN, in: Lukas-Evangelium, 253; GRÄSSER, ThR NF 41, 1976, 152.279f; BARRETT, NTS 20, 1974, 240 ("not intended as disparagement").

[67] Man kann vielleicht sogar fragen, ob Lukas den paulinischen Aposteltitel in der Sache durch *μάρτυς* wiedergeben will.

[68] Vgl. 5,29: *Πέτρος καὶ οἱ ἀπόστολοι.*

aber nicht lukanische Konstruktion (=Redaktion), sondern kommt offenbar aus vorgegebener Tradition; denn Lukas selbst verbindet mit dem Begriff *ἀπόστολοι* jedenfalls keine prinzipielle, sondern allenfalls eine „technisch-organisatorische" Vorrangstellung der Träger dieser Bezeichnung[69].

Trotzdem ist es zweifellos überraschend, wenn in 14,14 (und 14,4)[70] Barnabas und Paulus doch als *ἀπόστολοι* bezeichnet werden. Die Verwendung des Aposteltitels erfolgt im Rahmen der Lystra-Episode 14,8–20, in der nicht nur der Inhalt der Predigt des Paulus, sondern auch seine Vollmacht bestätigt werden. Mit dieser Erzählung[71] wird die Wirkung beschrieben, die Paulus und Barnabas[72] erzielen: Sie werden als Götter verehrt[73]. Die weitere Erzählung schildert dann, wie sich die Verehrung der Heiden (V. 18) unter dem Einfluß der Juden in schärfste Ablehnung verwandelt – Paulus (nur er!) soll gesteinigt werden; aber er steht unversehrt auf und geht in die Stadt zurück (V. 20). Worauf ist es zurückzuführen, daß Barnabas und Paulus in 14,14 *ἀπόστολοι* genannt werden?

Einige Exegeten nehmen an, der Titel stamme aus der Tradition[74] und entspreche dem frühen vorlukanischen Sprachgebrauch (*ἀπόστολοι* als Missionare)[75]. Aber das führt nicht weiter; denn Lukas würde kaum einen so wichtigen Begriff aufgenommen haben, wenn dieser seinen eigenen Intentionen eindeutig entgegenstehen würde[76]. Außerdem ist in 14,4 die Verwendung des Titels vermutlich redaktionell, also von Lukas bewußt gewählt. Von bloßer Nachlässigkeit zu reden[77], ist eine Verlegenheitsauskunft: Wenn Lukas den Titel Paulus bewußt verweigern wollte, so hätte er ihn in 14,4.14 kaum „übersehen". Es ist daher im Unterschied zur gängigen Deutung des

---

[69] Auch das gilt nur bis 8,18; in Kap. 15 (!); 16,4 ist von den *ἀπόστολοι καὶ πρεσβύτεροι* die Rede. Vgl. ROLOFF, Apostolat, 232.

[70] Ich beschränke mich im folgenden auf 14,14 – der Befund in 14,4 ist kein grundsätzlich anderer.

[71] Nach HAENCHEN, Apg, 371 ist der Abschnitt lukanisch, enthält aber traditionelles Material.

[72] Die Überordnung des Barnabas (=Zeus) ist eine nur scheinbare; denn Paulus ist der *ἡγούμενος τοῦ λόγου*, wird also faktisch vorangestellt. HAENCHEN, Apg, 373 verweist darauf, daß die lukanische Erklärung, die voraussetzt. Barnabas (=Zeus) sitze schweigend dabei, hellenistischer Anschauung widerspricht.

[73] HAENCHEN, Apg, 375: Hier hat Lukas „einen Höhepunkt apostolischer Machtentfaltung geschaffen".

[74] CONZELMANN, Apg, 89.

[75] CAMPENHAUSEN, StTh 1, 1947/48, 115; WILCKENS, Missionsreden, 208 A 1.

[76] M.R. fragt GRÄSSER, ThR NF 41, 1976, 280, warum er den Titel „an beiden Stellen nicht einfach getilgt hat".

[77] So TROCMÉ, «Livre», 60: Trouvant le mot dans sa source, l'écrivain aurait oublié de l'éliminer»; denkbar sei freilich auch, daß hier die altertümliche Bedeutung („Apostel"=Gesandter, 8,18) vorliege. Vgl. OBERMEIER, Gestalt, 163: „Lukas hat hier einen weiteren Apostelbegriff arglos (sic!) übernommen, da ihm der engere für die zwölf allein selbstverständlich war."

Paulusbildes der Apg durchaus nicht auszuschließen, daß Paulus (und auch Barnabas) hier mit voller Absicht als *ἀπόστολοι* bezeichnet werden [78] – und zwar deshalb, weil Lukas hinter diesem Titel gerade keinen gleichsam „rechtsverbindlichen" Anspruch sieht[79]. *ἀπόστολοι* sind in erster Linie die Leiter der Jerusalemer Gemeinde; *ἀπόστολοι* können aber ganz offensichtlich auch diejenigen genannt werden, die unter den Heiden das Evangelium verkündigen. Daß der Begriff später im Zusammenhang mit Paulus nicht mehr begegnet, entspricht dem lukanischen Sprachgebrauch; Paulus tritt ja nur noch als einzelner auf, Lukas aber redet von den *ἀπόστολοι* stets im Plural (s.o.)[80].

Paulus erscheint in der Apg zwar nicht als der Begründer, aber doch als der eigentliche Träger der Heidenmission; daher zeigt sich der weitere Verlauf der Kirchengeschichte in der Darstellung der Apg als ausschließlich durch Paulus bestimmt. Offensichtlich ist zur Zeit der Abfassung des Buches und in seinem geographischen Umfeld die Autorität des Paulus nicht gefährdet – möglicherweise ist das der Grund, weshalb Paulus der Aposteltitel nicht betont zuerkannt zu werden braucht[81]. Umgekehrt mußte die von Lukas wahrscheinlich schon vorgefundene Terminologie, *ἀπόστολοι* seien die Leiter der Jerusalemer Gemeinde, von ihm nicht korrigiert werden[82].

Wird dieses Urteil durch die Darstellung des Apostelkonzils in Apg 15 bestätigt oder in Frage gestellt? Im Zentrum steht hier zum letzten Mal nicht Paulus, sondern die Gemeinde von Jerusalem. Anlaß des Konzils aber ist die Wirksamkeit der Verkündigung des Paulus und des Barnabas in Antiochia.

---

[78] Das erwägt auch SCHULZE, Paulusbild, 248, der fragt, ob „Lukas vielleicht diese Bezeichnung ‚stehengelassen' hat, weil ihm Paulus und Barnabas als legitime Vertreter der einen (von Jerusalem aus geleiteten) Kirche gelten". Aber gerade eine solche legitimierende Funktion scheint der Titel hier nicht zu haben.

[79] SCHMITHALS, Apostelamt, 236: Paulus „ist kein Apostel, aber sein Apostelanspruch muß nicht bekämpft werden", d.h. (ebenda A 80): Lukas hat gar kein spezifisches Interesse an dem Titel.

[80] Vgl. GRÄSSER, ThR NF 41, 1976, 279: „Auf keinen Fall ... hat die Vorenthaltung des Aposteltitels etwas mit der Degradierung des Paulus zu tun." Gräßer will die zwölf Apostel auf die Zeit der Urgemeinde beschränkt sehen und versteht das Apostelkonzil als Drehscheibe. 14,4.14 ist für ihn allerdings ein nach wie vor offenes Problem (s.o. Anm. 76). Vgl. CONZELMANN, in: Lukas-Evangelium, 253: „Nur als Nicht-Apostel kann Paulus das – einzige! – Verbindungsglied zwischen Urzeit und Gegenwart sein."

[81] Vgl. MUNDLE, ZNW 27, 1928, 50: Da es für Lukas keinen Kampf zwischen den Aposteln gebe, brauche er im Unterschied zu Paulus selbst dessen Unabhängigkeit nicht zu betonen. Problematisch ist allerdings die von Mundle gezogene Konsequenz: „Es ist das Geschichtsbild des Paulinismus, der auf der ganzen Linie gesiegt hat." Eigenartig die These von LÖNING, Saulustradition, 209: Lukas setze die Autorität des Paulus voraus, gebe aber dessen Apostolatsanspruch auf.

[82] Der Tendenzwechsel im Sprachgebrauch zeigt sich vielleicht in Gal 1,17. Jedenfalls übernimmt Paulus den Titel ja von den Jerusalemern.

Über das eigentliche Apostelkonzil berichtet Paulus in Gal 2,1–10[83]; die Schilderung des auslösenden Konflikts in Apg 15,1ff berührt sich auffällig eng mit Gal 2,12[84].

Nach der Darstellung der Apg treffen Paulus und Barnabas in Jerusalem mit den *ἀπόστολοι καὶ πρεσβύτεροι* zusammen (dieser Sprachgebrauch bestätigt die Vermutung, daß an die Jerusalemer Gemeindeleitung zu denken ist). Die entscheidende Rede auf dem Konzil[85] hält Petrus. Seine Argumentation deckt sich zunächst (V. 10) weder mit dem unmittelbar anstehenden Problem (15,1) noch etwa mit dem in 13,38 angesprochenen Gesetzesverständnis. Petrus erklärt vielmehr, man dürfe den *μαθηταί* das Gesetz deshalb nicht auferlegen, weil ja nicht einmal die Juden es zu tragen vermögen. Dann aber folgt in 15,11 die Aussage: *διὰ τῆς χάριτος τοῦ κυρίου Ἰησοῦ πιστεύομεν σωθῆναι,* d.h. „Petrus" formuliert einen Satz, der der Tradition der paulinischen Rechtfertigungslehre entspricht[86]. Dazu paßt es dann, daß in V. 12 Barnabas und Paulus von den Zeichen und Wundern Gottes unter den Heiden berichten. Mit andern Worten heißt das: Zwar wird in 15,7 die Heidenmission prinzipiell als Werk des Petrus hingestellt (vgl. auch Apg 10f); aber aus 15,11f geht deutlich hervor, daß sie realiter die Aufgabe des Barnabas und des Paulus ist[87].

Die anschließende Rede des Jakobus (15,13–21) setzt keinen grundsätzlich anderen Akzent[88], so daß am Ende der Debatte in dem einmütig verabschiedeten Dekret die Zurückweisung der *τινὲς ἀπὸ τῆς Ἰουδαίας* erfolgen kann.

Das Apostelkonzil erscheint also gerade in der lukanischen Darstellung als Bestätigung der Arbeit des Paulus; und so ist es nur folgerichtig, daß von 15,35.39 an ausschließlich von Paulus[89] die Rede ist.

U. Wilckens hat die These vertreten, Lukas wolle mit dem Konzil die apostolische Epoche der Kirche abschließen und Paulus auf diese Weise in die nachapostolische Zeit verweisen[90]. Aber das ist eine Konstruktion, die vom

---

[83] SCHLIER, Gal 115f. Die Verbindung mit dem bei Paulus nicht erwähnten Dekret stamme von Lukas.

[84] S. dazu u. S. 168. LÜDEMANN, Paulus, 156 hält es für denkbar, daß der in Gal 2,11ff geschilderte antiochenische Zwischenfall tatsächlich der Anlaß des Konzils gewesen ist.

[85] Wer sind die Teilnehmer? Nach 15,6 nur die *ἀπόστολοι* und *πρεσβύτεροι;* aber nach V. 12 ist dann die Menge anwesend, die Barnabas und Paulus zuhört. Das spricht dagegen, sich den Kreis von V. 6 allzu eingeschränkt vorzustellen.

[86] Vgl. Eph 2,8f (dazu LINDEMANN, Aufhebung, 134).

[87] HAENCHEN, Apg, 387: Lukas „macht die Übereinstimmung der jerusalemischen Gemeinde mit der Voraussetzung der paulinischen Mission sichtbar, so wie er diese versteht."

[88] Es geht jetzt lediglich um die Wahrung eines moralischen und rituellen Minimalkonsensus (V. 20).

[89] Die Trennung von Barnabas erfolgt unter einem Vorwand – Paulus soll möglichst schnell zum alleinigen Helden der Geschehnisse gemacht werden.

[90] WILCKENS, Missionsreden, 209. Die Apg schildere den „geschichtlichen Zusammenhang von Jesuszeit, Apostelzeit und nachapostolischem Heidenchristentum", dessen Repräsentant Paulus sei.

Text her nicht bestätigt wird. Offenbar geht es Lukas in seiner Darstellung des Konzils doch darum, den in Antiochia aufgetretenen Konflikt so zu lösen, daß das paulinische Wirken als nicht im Widerspruch zu Jerusalem stehend begriffen wird. Gerade deshalb tritt Paulus während der Debatte des Konzils nicht als Diskussionsredner in Erscheinung; Lukas will offenbar den Eindruck vermeiden, als habe Paulus sich rechtfertigen oder sich sein Recht gar erkämpfen müssen. Gerade deshalb auch enthält das Dekret keinerlei Anweisung an Paulus – etwa seine Beauftragung mit der Heidenmission; diesen Auftrag hat er ja längst durch Christus selbst empfangen[91]. Im Grunde wird also das Wirken des Paulus durch Konzil und Dekret überhaupt nicht berührt.

Sicherlich entspricht die paulinische Darstellung des Konzils der Wahrheit eher als die lukanische[92]. Sicherlich will Lukas die vom Konzil getroffene Entscheidung als eine allein von den Jerusalemer Aposteln und Presbytern herbeigeführte darstellen. Aber es ist deutlich, daß Paulus in diesem Zusammenhang nicht als das bloße Objekt des Jerusalemer Beschlusses erscheint.

Die auf das Konzil folgenden Kapitel geben dem Paulusbild der Apg keine grundsätzlich neuen Züge. Paulus erscheint als überaus erfolgreicher Missionar, der trotz mancher Widerstände das Evangelium vor allem in Griechenland verbreitet. Einen Höhepunkt findet die Darstellung in 20,17–35 in der Rede an die Presbyter der Gemeinde von Ephesus[93]. Es handelt sich um eine Abschiedsrede[94]: Lukas setzt voraus, daß Paulus dem Martyrium entgegengeht (vgl. vor allem V. 25)[95], obwohl hiervon nach den äußeren Umständen noch gar nichts zu erkennen ist. Die nachpaulinische Epoche der Kirche wird als Zeit häretischer Kämpfe gekennzeichnet (V. 29f), die Ge-

---

[91] Der Unterschied zu Gal 2,7–10 besteht also gerade nicht in einer Herabsetzung der Bedeutung des Paulus.

[92] LINTON, StTh 3, 1950/51, 91 meint, das Ergebnis des Konzils sei unmittelbar danach bereits unterschiedlich veröffentlicht worden. Paulus korrigiere im Gal bereits Gerüchte, die der Darstellung von Apg 15 entsprächen. – Einen *derartigen* Widerspruch zwischen beiden Berichten vermag ich nicht zu sehen.

[93] M.R. hält BURCHARD, ThLZ 100, 1975, 889 die Rede für „lukanische Komposition ohne durchlaufende Vorlage(n)" (gegen SCHMITHALS, Apostelamt, 237, der hier ein Stück des Past nahestehenden Itinerars sieht). – Warum Lukas diese Rede nach Milet legt, ist nicht zu erkennen. Die Angabe, Paulus habe Zeit gewinnen wollen (V. 16), ist jedenfalls unlogisch (vgl. SCHULZE, Paulusbild, 140); die Erklärung von STOLLE, Zeuge, 68f A 70, Paulus habe befürchtet, in Ephesus erneut mit der Arbeit beginnen zu müssen, ist psychologisierend und setzt die Historizität des Berichteten voraus. Meint Lukas, er müsse nach dem Aufstand von Kap. 19 einen Besuch des Paulus in Ephesus vermeiden? Warum sagt er das dann nicht?

[94] RADL, Paulus, 131f zieht Lk 22,21–38 zum Vergleich heran.

[95] Nach MICHEL, Abschiedsrede, 76 geht es nicht um das Einzelschicksal des Märtyrers, sondern um eine kirchengeschichtliche Wende (Beginn der nachapostolischen Zeit). Aber das ist keine Alternative.

meinden werden von außen wie von innen in ihrer Existenz gefährdet sein[96]. Insofern zeigt auch diese Rede, wie zentral die Rolle des Paulus in der Apg ist: Innere Konflikte gibt es erst in nachpaulinischer Zeit[97]. G. Klein meint, durch die Miletrede wolle Lukas jede paulinische Geheimtradition abschneiden; außerdem und vor allem solle mit ihrer Hilfe „auch für das Verständnis des ‚echten' Paulus das Monopol kirchenamtlicher Auslegungsgewalt proklamiert" werden[98]. Aber damit ist der Text überinterpretiert; Paulus erscheint hier ja nicht als Träger *theologischer* Tradition[99], sondern als kirchlicher Organisator. Sein persönliches Vorbild ist das Abschiedsgeschenk an die Kirche – eine (zumal die Paulusbriefe) theologisch normierende Funktion besitzt die Rede nicht.

Wichtig für das Paulusbild der Apg ist der Beginn der Jerusalemer Rede (22,3). Paulus bezeichnet sich als Juden aus Tarsus (vgl. 21,39), der in Jerusalem bei Gamaliel studiert habe. Das ist in der Tat "pure fiction"[100], während das in 22,4 gezeichnete Bild des Verfolgers paulinischen Aussagen entspricht[101]. Offenbar soll mit diesen Angaben das Judentum des Paulus ausgemalt und noch glaubwürdiger gemacht werden. Dazu paßt es, daß sich Paulus in 23,6; 26,5 als Pharisäer bezeichnet. Formal entspricht diese Aussage Phil 3,5. Man wird aber trotzdem keine literarische Berührung anzunehmen haben; denn nach Phil 3,7f hat Paulus diese Vergangenheit als *ζημία* und *σκύβαλα* angesehen, nach Apg 26,6ff hingegen erscheint der Glaube an Christus geradezu als unmittelbare Folge der jüdischen Existenz des Paulus, weil Christus die Erfüllung der an die Väter ergangenen Verheißung ist.

Es ist kein Widerspruch, sondern eine Bestätigung der Grundtendenz der Apg, wenn der Jude Paulus in 16,37f; 22,25 u.ö. als römischer Bürger bezeichnet wird[102]. Lukas beabsichtigt offenbar, der Gestalt des Paulus auf diese Weise ein noch größeres Gewicht zu verleihen und zugleich der

---

[96] Wer die Irrlehrer sind, läßt sich nicht sagen. Nach ROHDE, Ämter, 61 nimmt die Rede nur auf die Lage in Ephesus Bezug: „Die Voraussage des Aufkommens von Häresie gilt also nicht schlechthin für die ganze paulinische Kirche." Aber diese Deutung wird dem grundsätzlichen Charakter der Rede nicht gerecht.

[97] Das Problem der Heidenmission (Kap. 15) war im Sinne und in der Darstellung des Lukas kein Konflikt.

[98] KLEIN, Apostel, 183.

[99] Richtig HAENCHEN, Apg, 529: „Die Rede hat überhaupt nicht die Aufgabe, Theologie zu treiben."

[100] ENSLIN, JAOS 58, 1938, 89.

[101] STOLLE, Zeuge, 271 vermutet, daß Paulus in Gal 1,13.23 und Lukas unabhängig voneinander dieselbe Tradition aufgenommen haben.

[102] Die Paulusbriefe lassen es als äußerst unwahrscheinlich erscheinen, daß die lukanischen Angaben über das Bürgerrecht zutreffend sind. Anders SCHULZE, Paulusbild, 27f: Zwar gebe es für das römische Bürgerrecht keine andere Quelle als die Apg, aber: „Es anzuzweifeln besteht kein Grund." SCHULZE nimmt überhaupt an, daß die Berichte und Angaben der Apg in vielen Einzelheiten durchaus korrekt seien (vgl. aaO., 76). Vgl. dazu LÜDEMANN, Paulus, 6–36.

Prozeßdarstellung eine spezifische Tendenz zu geben: Nach 26,31f hat Paulus nämlich objektiv keinerlei Verbrechen begangen; die weitere Verfolgung seines Falles kann deshalb ausschließlich als Folge seiner Appellation an den Kaiser hingestellt werden[103]. Bestätigt wird das endlich durch den abschließenden Bericht der Apg über den Aufenthalt des Paulus in Rom[104]. Paulus beendet seine Predigt mit einem Zitat von Jes 6,9f und dem im Sinne der Apg programmatischen Satz: *τοῖς ἔθνεσιν ἀπεστάλη τοῦτο τὸ σωτήριον τοῦ θεοῦ· αὐτοὶ καὶ ἀκούσονται.* V. 30f haben nur noch die Funktion, die ungehinderte Verkündigung eben dieser Aussage zum Ausdruck zu bringen; lediglich die Erwähnung der *διετία* zeigt, daß die Verkündigung zeitlich nicht mehr unbegrenzt war.

Warum bricht die Apg in dieser Weise ab? H. Lietzmann nahm an, der Vf sei „über der Suche nach eingehenderen Mitteilungen [sc. über das Martyrium des Paulus] hinweggestorben“[105]. Chr. Burchard hält es für denkbar, daß es in Rom eine „Vernichtung“ von Paulus-Tradition gegeben habe und Lukas deshalb keine Kenntnisse über den Aufenthalt des Paulus in dieser Stadt besitze; es müsse aber eine ganz andere Erklärung des eigenartigen Befundes erwogen werden: „Möglicherweise gab es nichts zu wissen; ist es undenkbar, daß Paulus in Rom nichts erreichte und klanglos umkam?“[106] Doch solche Erwägungen werden dem Charakter der Apg nicht gerecht. Lukas ist ja kein Historiker, der seine Arbeit allein auf Quellen gründet und der, wenn er keine Quellen hat, auch nichts schreibt. Vielmehr ist gerade der Schluß der Apg ein wichtiges Element des Paulusbildes: Paulus wird noch einmal als Prediger gezeichnet, das *κηρύσσων … μετὰ πάσης παρρησίας ἀκωλύτως* soll die Erinnerung an Paulus endgültig prägen[107]. Jeder andere Schluß, sei es ein friedlicher, sei es ein gewaltsamer Tod, hätte dieses Bild wenn nicht zerstört, so doch mindestens beeinträchtigt[108].

Der Überblick über einzelne Aspekte des Paulusbildes der Apg hat gezeigt, daß Lukas alle ihm zur Verfügung stehenden Mittel einsetzt, um Paulus als bedeutende, ja, als einmalige Gestalt der Urkirche herauszustellen. Zwar ist es richtig, daß Paulus in der Apg nicht den Jerusalemer Aposteln zugeordnet

---

[103] HAENCHEN, Apg, 620 zSt: Der lukanische Paulus besitzt „manches, was dem wirklichen Paulus abging und doch nötig war, damit er als *der* christliche Wahrheitszeuge seiner Zeit dargestellt werden konnte“ (Hervorhebung im Original).

[104] Daß Lukas den Weg des Paulus nach Rom „sinnbildlich als Tod und Auferstehung verstanden wissen“ wollte (so RADL, Paulus, 249), sehe ich nicht.

[105] LIETZMANN, Petrus, 242. Dazu die zutreffende Kritik von STOLLE, Zeuge, 36f A 11 und vor allem 282f.

[106] BURCHARD, ThLZ 100, 1975, 894 A 23.

[107] BURCHARD, ThLZ 100, 1975, 888 erklärt, Lukas beschreibe Paulus „nicht primär aus historischen oder biographischen Gründen, sondern um Gegenwartsfragen zu beantworten“. Dem ist zuzustimmen.

[108] Vgl. BARRETT, NTS 20, 1974, 240.

wird; aber er wird ihnen auch nicht untergeordnet[109]. Wie die Jerusalemer Apostel so ist auch er „Zeuge der Auferstehung"; Christus selbst hat ihn mit der Heidenmission beauftragt[110]. Es erscheint daher als nahezu ausgeschlossen, daß Lukas das Paulusbild in der Apg etwa im Kampf gegen extreme Paulinisten (z.B. Marcion) entwickelt haben könnte[111], um Paulus kirchlich zu „domestizieren"[112]. Eher noch könnte man sagen, daß die Apg einem judenchristlichen Antipaulinismus wehren will; aber dabei ist zu beachten, daß die hier und da zweifellos zu beobachtende Apologetik gegenüber dem Juden(christen)tum keineswegs tragend ist und das Bild des Paulus jedenfalls nicht bestimmt. Überdies trägt das Paulusbild der Apg kaum polemische Züge. Paulus tritt in der Apg als eine durch nichts in Frage gestellte, absolute Autorität auf – daß der Vf gegen eine akute Bedrohung oder gegen eine einseitige Überzeichnung dieses Bildes kämpft, ist nicht zu erkennen[113].

Es ist richtig, daß das Paulusbild der Apg nicht von der theologischen Arbeit des Apostels selbst bestimmt ist[114]; aber andererseits erscheint Paulus auch in der lukanischen Predigtdarstellung als Theologe, und in seiner ersten Rede immerhin auch und m.E. in programmatischer Absicht als Theologe der Rechtfertigung[115].

Paulus ist für die Apg nicht ein Glied in der Kette der kirchlich-apostolischen Tradition; sondern er ist eine Gestalt sui generis, für die es, wie der „fehlende" Schluß zeigt, Nachfolger nicht geben kann[116]. Lukas geht es mit dieser Darstellung offenbar in erster Linie darum, die kirchliche Gegenwart, d.h. das zeitgenössische Heidenchristentum, an die Herkunft aus der

---

[109] Daß Paulus mit Jerusalem in Verbindung steht, aber unabhängig ist, entspricht letztlich seinem Selbstverständnis.

[110] Vgl. MICHEL, Abschiedsrede, 79.

[111] Es ist zu beachten, daß Paulus in Apg 20,29f Irrlehrer „ankündigt"; aber anders als etwa in 2 Thess werden sie nicht als Pauliner bezeichnet, die das Erbe des Apostels verfälschen wollten.

[112] KLEIN, Apostel, 214f: Die Apg mache Paulus für die Gnostiker unbrauchbar, indem sie ihn als Teil der kirchlichen Tradition zeichne. Dagegen m.R. GRÄSSER, ThR 41, 1976, 151: So ausgeprägt sei die Gnosis zur Zeit der Abfassung der Apg (um 90) noch gar nicht gewesen. – Außerdem ist es ein Irrtum anzunehmen, die christlichen Gnostiker hätten Paulus einseitig bevorzugt und die sonstige urchristliche Tradition abgelehnt (vgl. u. S. 97–101 und 297–343).

[113] So m.R. auch BURCHARD, ThLZ 100, 1975, 893.

[114] STRECKER, Kairos NF 12, 1970, 212. Vgl. auch BORGEN, StTh 20, 1966, 150. – BOUWMAN, Evangelium, 96f sieht die Differenzen zwischen dem Paulusbild der Apg und dem der echten Briefe; er hält es aber für möglich, „daß das Konterfei des Lukas in der Apostelgeschichte dem Mann mehr gleicht, als er selbst zugeben möchte" – der wirkliche Paulus sei vielleicht in 2 Kor 10,1.10 und Phm zu finden. Bouwman rechnet damit, daß Paulus der „Lehrmeister" des Lukas war.

[115] SCHULZ, Mitte, 147 versteht 13,38f im Sinne der Werkgerechtigkeit und sieht „bewußte Reflexion" dahinter, wenn Lukas „ausgerechnet Paulus diese frühkatholische Rechtfertigungslehre ... vertreten läßt".

[116] BURCHARD, Zeuge, 176.

Predigt des Paulus zu erinnern[117]. Man kann also sagen, daß zur Zeit der Abfassung der Apg das Ansehen des Paulus in der Kirche nicht ernsthaft gefährdet war, daß aber andererseits Lukas es für notwendig hielt, das Paulusbild bewußt zu fixieren[118].

4. Exkurs: Zum Paulusbild der ältesten apokryphen Apostelakten

1. Gegen Ende des 2. Jahrhunderts entstanden in Kleinasien die *Acta Pauli*[1]. Auf ihre komplizierte Textüberlieferung ist hier nicht einzugehen[2]; sie werden nur als Beispiel dafür angeführt, in welcher Weise der von der lukanischen Apg vorgeprägte Typ der Paulusdarstellung sich im zweiten Jahrhundert fortentwickelte[3].

Zweifellos hat der Vf der ActPl sowohl die Apg als auch die paulinischen Briefe gekannt und benutzt[4]. Dennoch kann er theologisch sicher nicht als Paulinist gelten[5]. Vielmehr hat W. Schneemelcher wohl zu Recht hervorgehoben, daß hier Paulus „zum Herold eines sehr schlichten und auf ein paar Formeln reduzierbaren Gemeindeglaubens" gemacht wird[6]. Ob der Vf damit

---

117 Vgl. dazu HENGEL, ZThK 72, 1975, 154: Lukas hat ein zentrales „Interesse an der Person und dem Missionswerk des Paulus"; Hengel schlägt deshalb – nicht ganz zu Unrecht – vor, Apg sollte besser „Von Jesus zu Paulus" heißen.

118 Einen ausgezeichneten Überblick über den Diskussionsstand gibt GRÄSSER, ThR NF 41, 1976, 290, der zwei Tendenzen sieht: a) Paulus soll der Tradition eingeordnet werden; b) Paulus legitimiert das Heidenchristentum der lukanischen Gegenwart. „In beiden Fällen – Abwehr gnostischer Reklamation durch Einstufung in die Amtskirche oder Zuweisung einer Legitimationsrolle durch Betonung des orthodoxen Judeseins des Paulus – verdankt sich die lk. Behandlung der Paulusfigur dem Versuch geschichtlicher Selbstbehauptung der Kirche in der konkreten Situation des ausgehenden ersten Jahrhunderts."

1 Die genauere Datierung ist umstritten. HARNACK, Chronologie, 493: 120/170; VOUAUX, Acta Pauli, 112: 160/170; SCHMIDT, ZNW 29, 1930, 154: 190/195; ZAHN, Geschichte II/2, 909f: 90/120.

2 Vgl. SCHNEEMELCHER, in: Hennecke II, 224f.

3 Nach SCHNEEMELCHER, in: Hennecke II, 222 (vgl. DERS., BZNW 30, 1964, 236–250) orientiert sich der Autor der Act Pl nicht an der Apg, denn er wähle ja für seine Darstellung den Rahmen einer einzigen Reise. Andererseits hat aber SCHMIDT, Acta Pauli, 215 m.E. recht, wenn er darauf hinweist, daß die Wurzeln der Act Pl in der Apg liegen.

4 SCHMIDT, *ΠΡΑΞΕΙΣ ΠΑΥΛΟΥ*, 111: Der Roman basiere „ohne irgendwelche selbständige Nachrichten auf einer schmalen geschichtlichen Basis, die ihm die Apostelgeschichte und die Paulusbriefe lieferten". Vgl. ROHDE, TU 103, 1968, 306.

5 SCHMIDT, Acta Pauli, 186: Einige Fragmente zeigten den Einfluß der paulinischen Gnaden- und Gesetzeslehre. Dagegen m.R. VOUAUX, Acta Pauli, 123f.

6 SCHNEEMELCHER, in: Hennecke II, 240. Vgl. SCHMIDT, Acta Pauli, 174: Die Act Pl seien neben 2 Clem „die klassische Urkunde des Popularchristentums der altkatholischen Kirche".

freilich die Absicht verband, den Apostel „mit Hilfe der volkstümlichen Legenden verteidigen und wohl auch den Ketzern entreißen [zu] wollen", wie Schneemelcher vermutet[7], mag man eher bezweifeln. Polemische Züge, die sich gegen eine bestimmte Paulusdeutung wenden, enthalten die ActPl kaum; und soweit sich die Zurückweisung von „Irrlehre" findet, scheint es sich weniger um aktuelle Kritik als vielmehr um Übernahme literarischer Vorlagen zu handeln[8]. Lediglich der Brief der Korinther an Paulus (3 Kor) enthält einen Bericht über umlaufende doketische Lehren, der sich so nicht aus paulinischen Aussagen rekonstruieren läßt, der also einen aktuellen Bezug haben kann; aber auch hier ist die literarische Abhängigkeit von 1 Kor 15 deutlich spürbar[9].

Der Paulus der Akten ist der Verkündiger des *λόγος θεοῦ περὶ ἐγκρατείας καὶ ἀναστάσεως*. Dahinter steht natürlich keine besondere Tradition und auch kein besonderes gerade Paulus betreffendes Anliegen; vielmehr stimmt dieses Bild ganz mit den Tendenzen auch der anderen apokryphen Apostelakten überein (vgl. etwa Act Thom 35f). Der apokryphe Paulus der ActPl weist, wenn man von den Anspielungen auf die Briefe einmal absieht, sehr wenige individuelle Züge auf.

Völlig aus diesem Rahmen fällt freilich die Schilderung des Aussehens des Apostels in Act Pl et Thecl 3[10]: Man sieht Paulus kommen, *ἄνδρα μικρὸν τῷ μεγέθει, ψιλὸν τῇ κεφαλῇ, ἀγκύλον ταῖς κνήμαις*, freilich auch *εὐεκτικόν, σύνοφρυν, μικρῶς ἐπίρρονον, χάριτος πλήρη*. Der Schlußsatz lautet: *ποτὲ μὲν γὰρ ἐφαίνετο ὡς ἄνθρωπος, ποτὲ δὲ ἀγγέλου πρόσωπον εἶχεν*. Diese merkwürdige Zeichnung des Paulus gilt einigen Forschern tatsächlich als historisch zuverlässig[11]; aber das dürfte auszuschließen sein[12]. Dennoch ist es immerhin bemerkenswert, daß unter allen Gestalten des Urchristentums, die zu Helden apokrypher Apostelgeschichten gemacht wurden, allein Paulus ein derart ausgeführtes Portrait erhalten hat[13].

Auffällig ist der Schluß der ActPl, das „Martyrium", in dem die Erzählung von Apg 20,9–12 wiedergegeben wird; weitere Anklänge an paulinische

---

[7] Schneemelcher, in: BZNW 30, 1964, 250; ders., ThLZ 89, 1964, 254. Ähnlich schon Harnack, Chronologie, 501f, der die Act Pl et Thecl für antimarcionitisch (und deshalb um 160 geschrieben) hält.

[8] Besonders deutlich etwa in 3 Kor 3,24: Die Formulierung ... *ἀνάστασιν* ... *ὅτι ἤδη γέγονεν* stammt aus 2 Tim 2,18 und hat mit einer aktuellen Auseinandersetzung wohl nichts zu tun. S. u. S. 374.

[9] Zum einzelnen s. u. S. 373ff.

[10] Dies ist die einzige Stelle in der gesamten Überlieferung, wo der Ausdruck „Paulusbild" tatsächlich angemessen ist.

[11] Vgl. Zahn, Geschichte II/2, 903–906: Das Paulusbild sei so unfreundlich, daß es auf historische Erinnerung zurückgehen müsse (Zahn plädiert für Frühdatierung der Akten, s. o. Anm 1).

[12] Vgl. Schneemelcher, in: Hennecke II, 229.

[13] Zum Ausdruck *ἀγγέλου πρόσωπον* kann man Apg 6,15 vergleichen.

Briefe oder an die Apg gibt es jedoch nicht[14]. Das Hauptinteresse des Vf scheint gewesen zu sein, den Schluß der lukanischen Apg „nachzuholen“. So berichtet er nicht nur von Martyrium und Tod des Apostels, sondern in übersteigernder Nachbildung der synoptischen Erscheinungs- und Grabeserzählungen auch von seiner Auferstehung[15].

Die ActPl zeigen, daß in der zweiten Hälfte des 2. Jahrhunderts ein erhebliches Interesse daran bestand, die vita Pauli phantastisch auszufüllen und Paulus als einen Vorkämpfer der aktuellen kirchlichen Tendenzen darzustellen[16].

2. Ergänzt wird dieser Eindruck durch die Actus Vercellenses (Actus Petri cum Simone)[17], das älteste Stück der *Petrusakten*[18]. Hier wird Paulus zu Beginn als Leiter der römischen Gemeinde erwähnt; er empfängt eine besondere Offenbarung, in der Christus ihn auffordert, nach Spanien zu gehen (Lipsius I p 45,10)[19]. In der Gemeinde entsteht große Bestürzung; man erinnert sich seiner Disputationen mit den doctores Iudaeorum und seiner Argumentation gegen sie: Christus enim ... et sabbatu eorum dissolvebat et ieiunia et ferias et circumcisionem, et doctrinas hominum dissolvebat et ceteras traditiones (p 45,17–46,1). Das ist zwar allgemein formuliert, entspricht aber doch deutlich dem Bild vom Heidenapostel Paulus, auch wenn sein spezifisches Gesetzesverständnis ähnlich wie schon in der lukanischen Apg grob vereinfacht worden ist.

Das Gebet für die Gemeinde, das Paulus vor seiner Abreise spricht, trägt keinerlei Züge paulinischer Theologie; es enthält aber die traditionellen Topoi des Paulusbildes: Er war ein Lästerer, ein Verfolger, ein Feind Christi (p 47,17–20)[20] – jetzt ist er sein Bote für die Völker (p 47,27: ... ad aliam gentem proficisci ...).

---

[14] Die bei SCHNEEMELCHER (Hennecke II, 266) angegebenen Parallelen sind schwach; eine literarische Beziehung ist nicht anzunehmen. Das Bild von den *στρατιῶται Χριστοῦ* am Ende von Kap. 2 könnte an 1 Tim 1,18ff; 2 Tim 2,3–7 anknüpfen; es war aber weit verbreitet (vgl. DIB-CONZELMANN, Past, 27).

[15] Dieser Schluß zeigt übrigens, wie klug Lukas handelte, als er die Apg „offen“ abschloß. Im Grunde gab es ja nur diese beiden Möglichkeiten: Entweder ein „offenes Ende“, oder die endgültige Glorifizierung des Helden.

[16] Die Act Pl sind ein Pseudepigraphon, d.h. der Vf – ein Presbyter aus Kleinasien (so Tertullian Bapt 17) – hat sein Werk als apostolischen Ursprungs ausgeben wollen (vgl. SCHNEEMELCHER, in: Hennecke II, 222). Dies machte ihm die Kirche zum Vorwurf, nicht die Tatsache, daß Paulus der Held der Erzählung war.

[17] Zum Namen vgl. SCHNEEMELCHER, in: Hennecke II, 183.

[18] Sie sind nach SCHNEEMELCHER, in: Hennecke II, 187f älter als die Act Pl.

[19] Hier liegt wohl eine Anknüpfung an die Aussage von Röm 15,24 vor; nur erscheint Rom, anders als bei Paulus, nicht als bloße Durchgangsstation. Im Grunde schließen sich die Act Verc an Apg 28,31 an.

[20] Eine entsprechende Betonung der Verfehlungen des Petrus findet sich in dessen Antrittspredigt in Rom (Lipsius I p. 58, 2–9), d.h. es handelt sich nicht um eine versteckte Kritik an Paulus, sondern um einen Topos, der das Bild des Helden noch eindrucksvoller erscheinen lassen soll (vgl. dazu LÖNING, Saulustradition, 171f).

Nach der Abreise des Paulus tritt Simon (Magus) mit großem Erfolg in Rom auf; die Gläubigen beten daraufhin für die Rückkehr des Paulus oder für die Ankunft eines anderen Retters – und das ist dann Petrus. Auffällig ist in diesem Zusammenhang die Information zur Lage, die Ariston dem Petrus gibt: remisimus enim universos quos nobis Paulus tradiderat, energia satanae (p 52,9f). Wird hier indirekt eine unzureichende Missionstätigkeit des Paulus behauptet[21]? Das ist in der Tat nicht auszuschließen, obwohl Sicheres nicht zu erkennen ist. Jedenfalls werden im Fortgang der Erzählung der Erfolg der Predigt des Petrus und seine Wundertätigkeit in größter Breite dargestellt, während von Paulus nur noch gesagt wird, daß er nach dem Martyrium des Petrus nach Rom zurückgekommen sei (Mart Pt 11, p. 100,13f)[22]. Paulus hat also in den ActPt eine erheblich geringere Bedeutung als Petrus; aber schon die Tatsache, daß er überhaupt und dazu überwiegend positiv erwähnt wird, zeigt, daß sein Bild im durchschnittlichen Christentum des 2. Jahrhunderts keinesfalls verblaßt war.

5. *Paulus bei den „Apostolischen Vätern“*

a) Vorbemerkungen

1. Welche urchristlichen Schriften den „Apostolischen Vätern“ zuzurechnen sind, ist eine Frage der Definition des Begriffs. Ursprünglich meinte diese Sammelbezeichnung Texte, deren Autoren mit den Aposteln in unmittelbarer Verbindung gestanden haben sollten. Dieses Bild hat sich mittlerweile als falsch erwiesen, und insofern ist der Begriff der „Apostolischen Väter“ eigentlich ein Anachronismus geworden[1]. Dennoch wird hier daran festgehalten; denn diese Schriften repräsentieren gemeinsam einen bestimmten Typ theologischen Denkens: Sie verstehen sich bewußt als Schriften einer späteren Epoche, die auf die Anfänge der Kirche bereits zurückblickt. Anders als die (z.T. gleichzeitigen) neutestamentlichen Pseudepigraphen wollen sie nicht den Eindruck erwecken, als stammten sie aus der Ursprungszeit des Christentums.

---

[21] Vgl. dazu Schmidt, ZKG 45, 1927, 500f.

[22] Über die Rolle, die Paulus im Ganzen der Act Pt gespielt hat, läßt sich wegen der z.T. bruchstückhaften Überlieferung am Anfang nichts mehr sagen (vgl. Schneemelcher, in: Hennecke II, 185). Interessant ist immerhin, daß nach Kap. 23 (Lipsius I p. 71,14f) Petrus gemeinsam mit Paulus in Jerusalem (!) den Sieg über Simon Magus errungen hat.

[1] Die Frage, welche Schriften zu dieser Gruppe zu zählen sind, ist daher im Grunde gegenstandslos. Nach Altaner-Stuiber, Patrologie, 43f gehören dazu eigentlich nur 1 Clem, Ign, Pol und das Quadratus-Fragment (vgl. die Textsammlung von Fischer, Väter). Aber das Kriterium (Nähe zur apostolischen Zeit) ist so nicht zu akzeptieren.

2. In der Forschung besteht eine gewisse Neigung, die Schriften der „Apostolischen Väter“ als Zeugnisse für den Verfall der theologischen Kraft des frühen Christentums anzusehen[2]. Es ist aber davor zu warnen, ihr theologisches Denken und Argumentieren stets an Paulus (oder an Joh) zu messen. Zunächst muß jedenfalls beachtet werden, daß Autoren wie der Vf des 1 Clem oder die Bischöfe Ignatius und Polykarp in ihrer Zeit und mit den ihnen zur Verfügung stehenden Mitteln zu aktuellen Problemen Stellung nehmen wollen[3] und daß sie dabei nicht immer „paulinisch“ oder „johanneisch“ sprechen können.

b) Das Paulusbild des 1. Clemensbriefes

1 Clem ist ein Schreiben der römischen an die korinthische Kirche[4], dessen eigentlicher Vf im Dunkel bleibt[5]. Daß ein gewisser Clemens der Autor sei, wird erst von Euseb (Hist Eccl III 4,9; IV 23,11 unter Berufung auf Dionysius von Korinth) behauptet[6], der berichtet, 1 Clem sei zur Zeit Domitians geschrieben worden (Hist Eccl III 15f). Das würde sich mit der im Brief selbst erkennbaren Situation durchaus decken, wenn man annimmt, daß in 1,1 an

---

[2] Vgl. etwa SCHULZ, Mitte, 308–381.

[3] Vgl. BARNARD, Studies, 3: "They represent no degeneration from the purity of Pauline doctrine but instead an earnest attempt to sustain various Christian communities in the faith."

[4] EGGENBERGER, Quellen, 189 hält das für Fiktion; die römische Gemeinde habe vielmehr beabsichtigt, sich mit Hilfe des 1 Clem „als eine vertrauen-erweckende Ordnungsmacht“ zu bezeugen (aaO., 202). Ähnlich PETERSON, Ges. Aufs., 135, der *ἐκκλησία* in 1,1 als Kirche in der Diaspora und 1 Clem damit als „katholischen Brief“ interpretiert. Aber diese Zweifel sind nicht begründet.

[5] Eine kollektive Verfasserschaft ist wohl auszuschließen. Zu weit geht m.E. LIETZMANN, Geschichte I, 202: „Wenn Clemens nicht im Auftrag der römischen Gemeinde, sondern aus eigenem Antrieb geschrieben hätte, würde vermutlich als Verfasser ‚Paulus, Apostel Jesu Christi‘ am Anfang genannt sein, und wir besäßen einen pseudopaulinischen Brief mehr.“ Die Tendenz des Briefes schließt gerade dies aus (vgl. etwa Kap. 5; 49). – Geradezu grotesk mutet die Konstruktion an, die EGGENBERGER, Quellen vorschlägt: Der jetzt vorliegende 1 Clem sei zur Zeit Hadrians geschrieben worden (aaO., 182), möglicherweise, um ihn zur Zurücknahme des Trajan-„Edikts“ (Plinius Ep X; deutscher Text z. B. bei CONZELMANN, Geschichte, 150–152) zu bewegen (aaO., 126); ihm liege ein „echter“ Clemensbrief zugrunde, auf den 1 Clem 62 anspiele (aaO., 16ff). – Mit zwei Fassungen des 1 Clem rechnet auch VÖLTER, Väter (48–84 gibt er eine Rekonstruktion des ursprünglichen Textes); die erste sei zur Zeit Domitians geschrieben, die überarbeitete wenig später (aaO., 170).

[6] Euseb meint, es handle sich um den in Phil 4,3 erwähnten Clemens; dafür spricht wenig. DIBELIUS, Herm, 453 erwägt, der in Herm Vis II 4,3 erwähnte Clemens könne der Vf gewesen sein; der ohne jedes Beiwort dort genannte Mann müsse der Gemeinde jedenfalls gut bekannt gewesen sein. In der Tat!, aber die auch erwähnte *Γραπτή* war den Römern sicher ebenfalls bekannt, während wir nichts von ihr wissen. Warum sollte es bei *Κλήμης* anders sein?

Verfolgungen von außen und nicht an innere Wirren der römischen Gemeinde gedacht ist[7]. Die Art der Verfolgung mit ihren rechtlichen Unsicherheiten könnte der Schlußphase der Herrschaft Domitians entsprechen[8], so daß 1 Clem also spätestens im Jahre 96 verfaßt worden wäre[9]; aber sicher ist das nicht.

In Korinth sind amtierende Presbyter abgesetzt worden (vgl. z.B. 1 Clem 44,6; 47,6), was zumindest in Rom als ein geradezu schismatischer Vorgang betrachtet wird. Die theologische Tendenz des 1 Clem entspricht dem durch die Situation vorgegebenen Abfassungszweck: Die korinthische Kirche wird zu Frieden und Eintracht ermahnt. Die Lehre steht dabei nicht im Vordergrund, so daß man annehmen kann, daß es in Korinth offenbar nicht um Lehrstreitigkeiten ging; jedenfalls läßt 1 Clem von solchen nichts erkennen[10].

Das Fehlen einer ausgeführten theologischen Position in 1 Clem führt dazu, daß der Brief trotz der Benutzung paulinischer Tradition einen ganz „unpaulinischen" Eindruck macht. Das von A. v. Harnack hieraus abgeleitete Urteil, der Vf des 1 Clem verstehe das Christentum nur noch als „Moral"[11] und vertrete in Wahrheit „die Religion des Spätjudentums in seiner einfachsten, kräftigen Gestalt"[12], wird dem Brief freilich nicht gerecht[13].

Von besonderem kirchengeschichtlichen Interesse ist die Frage, ob hinter 1 Clem erstmalig ein Anspruch Roms auf den Primat in der „katholischen" Kirche sichtbar wird. Dies bejaht besonders nachdrücklich St. Lösch, der meint, 1 Clem sei „entsprungen aus dem Bewußtsein der Pflicht, die Tradition zu überwachen, und demzufolge als ein Akt autoritativen Vorgehens, um das *κοινὸν τῆς ἐλπίδος* (51,1) zu retten". Nach Stil und Tendenz entspreche der Brief dem Eingreifen Roms in politische Streitigkeiten; vermutlich habe der Vf die Antwort des Claudius auf die Eingabe der alexandrinischen

---

[7] So BARNARD, Studies, 11f. Anders z.B. BRUNNER, Mitte, 102–104: *συμφοραί* in 1,1 meine dasselbe wie *στάσις;* das eigentliche Problem des 1 Clem liege also „nicht in der Ferne, sondern in der Heimat" (aaO., 105).

[8] LIGHTFOOT, Fathers I/1, 352; BARNARD, Studies, 11f.15; DERS., NTS 10, 1963/64, 251–260. Anders MERRILL, Essays, 240f: 1 Clem gehöre erst in die Zeit des Herm.

[9] HARNACK, Chronologie, 255: Vermutlich um 93/95, „schwerlich erst 96 oder 97". Aber läßt sich das wirklich so genau bestimmen?

[10] Anders LEMME, NJDTh 1, 1892, 401–403, der aus der scharfen Kritik des 1 Clem an den korinthischen Zuständen schließt, es seien dort Presbyter abgesetzt worden, die aus Rom stammten – folglich müsse es doch um Lehrfragen gegangen sein. LEMME setzt voraus (aaO., 408.413), daß Rom faktisch ein „reformiertes Judentum", Korinth dagegen den Paulinismus vertreten habe. Ähnlich argumentiert auch MEINHOLD, ZKG 58, 1939, 99f: 1 Clem wende sich gegen pneumatische Enthusiasten, die sich auf Paulus berufen hätten; der Vf spreche ihnen deshalb in 47,5 die apostolische Tradition ab – d.h. er setze sich, wenn auch indirekt, mit der Autorität des Paulus auseinander. – Aber davon ist nichts zu sehen.

[11] So HARNACK, Einführung, 58f.

[12] HARNACK, Einführung, 70.

[13] S. dazu u. S. 198f.

Juden gekannt[14]. Gegen diese Annahme wendet sich R. van Cauwelaert; er sieht hinter der römischen Intervention in Korinth keinen Primatsanspruch, sondern versteht sie als Akt christlicher Solidarität[15]. In der Tat enthält 1 Clem keine Anzeichen für einen besonderen Anspruch oder für ein exklusives Selbstverständnis der römischen Gemeinde, sofern man nicht schon das Faktum des Briefes als solches in dieser Richtung interpretieren will.

1 Clem steht in unmittelbarer Berührung mit paulinischer Überlieferung. Paulus wird an zwei Stellen namentlich genannt: In 5,5–7 als *ὑπομονῆς ... μέγιστος ὑπογραμμός*, in 47,1 als *μακάριος ἀπόστολος*. Dabei ist besonders 1 Clem 5 wichtig; denn hier wird nicht nur auf das traditionelle Paulusbild zurückgegriffen, sondern es wird auch zumindest eine sonst unbekannte Information gegeben, deren Zuverlässigkeit freilich zu prüfen ist.

Paulus und Petrus werden in 1 Clem 5 nicht in unmittelbarem Zusammenhang mit Korinth erwähnt, sondern wegen ihres Leidens und ihres Martyriums. Allerdings steht die ganze Darstellung des Schicksals der beiden Apostel wegen der aktuellen korinthischen Ereignisse unter der Überschrift *διὰ ζῆλον καὶ φθόνον* (V. 2). Nähere Informationen lassen sich daraus nicht ableiten[16]; es handelt sich möglicherweise um die Aufnahme eines festen Erzähltopos im Zusammenhang mit Aussagen über die Verfolgung (vgl. EV [NHC I] 24,25f; O Sal 7,20). Jedenfalls denkt der Vf nicht an zeitgenössische Ereignisse, sondern nennt Beispiele aus jüngster Vergangenheit[17].

Es ist wahrscheinlich, daß in 1 Clem 5f rhetorische Motive vor allem der kynisch-stoischen Athletik und Agonistik verwendet sind[18]. Man wird aber kaum annehmen dürfen, daß der Vf eine direkte und bewußte Kenntnis etwa des Herakles-Motivs besaß[19]; man wird sich vielmehr mit der Vermutung begnügen müssen, daß er sich hier einer verbreiteten Tradition bedient[20], die,

---

[14] Lösch, in: Gedenkschrift Ubaldi, 187 (Text des Claudius-Briefes bei Leipoldt-Grundmann, Umwelt II, 250–253).

[15] Cauwelaert, RHE 31, 1935, 267–306; ähnlich Gerke, Stellung, 69 A 1.

[16] Cullmann, Petrus, 118 sieht im Hintergrund konkrete Konflikte in der römischen Kirche zur Zeit des Paulus. In dem in Rom geschriebenen Phil verwende Paulus dieselben Begriffe (1,15–17; vgl. Röm 15,20). Vgl. dazu aber Fischer, Väter, 31 A 39.

[17] Der Ausdruck *γενεὰ ἡμῶν* meint vielleicht einfach die Christenheit; man braucht dabei freilich nicht anzunehmen, daß „die Ereignisse unter Nero noch zu den Erlebnissen des gegenwärtigen Geschlechts zählen" (so Knopf, 1 Clem, 50).

[18] Vgl. Sanders, Hellénisme, 39f.

[19] So Eggenberger, Quellen, 100f, der auf Dio Chrys Or VIII 27,30; IX 1ff verweist (vgl. schon Fuchs, Augustin, 101ff): Paulus und Petrus seien „Abbilder des Herakles, vielmehr Verkörperungen des auf dies Vorbild gerichteten moralischen Idealismus". Eggenberger hält im übrigen (aaO., 128) 1 Clem 5f für eine „christlich-apologetisch überarbeitete Lesart des Berichtes von Tacitus über die neronischen Verfolgungen" – eine These, für die jedes positive Indiz fehlt.

[20] So Beyschlag, Clemens, 287: Das Heraklesmotiv habe, ehe es hier Verwendung fand, „eine Vorgeschichte innerhalb der jüdisch-christlichen Apologetik" gehabt. Beyschlag vermutet eine Übernahme des Motivs der leidenden Propheten, auf die der Vf freilich nicht habe hinweisen wollen, um „prophetischen" Tendenzen in Korinth

vielleicht in anderer Form, auch schon Paulus selbst bekannt war[21]. Allerdings geht die Art der Verwendung des Motivs in 1 Clem über die paulinischen „Parallelen" erheblich hinaus[22].

Nach der Einführung (5,1) kommt der Vf auf die *μέγιστοι καὶ δικαιότατοι στῦλοι* zu sprechen, eine Wendung, die auffällig an Gal 2,9 erinnert [23]. Wahrscheinlich ist schon hier an Petrus und Paulus gedacht[24], die in V. 3 nochmals ausdrücklich *ἀγαθοὶ ἀπόστολοι*[25] genannt werden; man versteht 5,2f wohl am einfachsten als Vorbereitung von 5,4–7.

Der Ausdruck „gute" Apostel führt J.B. Lightfoot zu der Annahme, der Vf des 1 Clem müsse beide Apostel persönlich gekannt haben, "otherwise the epithet seems to be somewhat out of place"[26]; aber das ist unbegründet: Die in 5,1–3 gewählten Attribute sind durchweg außerordentlich, und *ἀγαθός* macht hier keine Ausnahme.

In 5,4.5–7 nennt der Vf dann die Namen der Apostel: Zuerst Petrus, dann Paulus. Diese Reihenfolge wird bisweilen dahin gedeutet, hier solle Petrus dem Paulus betont vorgeordnet werden[27]; aber dagegen spricht schon die einfache Beobachtung, daß über Petrus sehr viel weniger gesagt wird als über Paulus. Die Annahme, der Vf habe eben über Petrus weniger Informationsmaterial besessen, ist kaum stichhaltig; denn er hätte das vorhandene Material ja leicht ausmalen und erweitern können[28]. Ganz offensichtlich will

---

nicht noch Vorschub zu leisten. – Aber die von Beyschlag (aaO., 222–224) genannten Parallelen zeigen die große Vielfalt der Aussagen und gebieten m. E. Zurückhaltung bei der Behauptung allzu direkter Beziehungen.

[21] Vgl. 1 Kor 9,24; Phil 3,14; vgl. 2 Tim 2,5.

[22] Der Vf ist hier offenbar nicht von 1 Kor abhängig (gegen Hagner, Use, 208).

[23] Das in dieser Weise in Bezug auf Personen gebrauchte Stichwort *στῦλοι* begegnet offenbar nur an diesen beiden Stellen; aber ein sicheres Indiz für Abhängigkeit vom Gal ist das nicht. Beyschlag, Clemens, 226f verweist als Parallelen auf Apk 3,12; 4 Makk 17,3; Eus Hist Eccl V 1,6.17; VI 41,14; vor allem 4 Makk 17 spreche wie 1 Clem 5 „von den *γενναῖοι ἀθληταί*, ihren *πόνοι* und ihrem Aushalten *ἕως θανάτου*. Somit muß es als sicher gelten, daß der Titel *στῦλοι* in 1 Clem 5,2 einem gleichen oder ähnlichen Märtyrerbericht entstammt" (aaO., 227). Aber dieser Schluß ist nicht zwingend.

[24] Nach Knopf, 1 Clem, 50 denkt der Vf zusätzlich noch an Stephanus oder den Herrenbruder Jakobus.

[25] Knopf, 1 Clem, 50 denkt hier an „alle Apostel", also die Zwölf und Paulus. Aber in diesem Fall müßte doch auch deren Martyrium zumindest summarisch erwähnt werden.

[26] Lightfoot, Fathers I/2, 25. Daß „Clemens" die beiden Apostel persönlich gekannt habe, hält auch Knoch, Eigenart, 34 für „höchstwahrscheinlich".

[27] Beyschlag, Clemens, 280 sieht hier das „frühkatholische Paulusporträt" wie in der Apg: „Paulus nach Petrus und in seinem Schatten."

[28] 1 Clem 5,4 ist einer der wichtigsten Texte für den zeitweilig erbittert geführten Streit um die Petrus-Rom-Frage, auf die hier jedoch nicht näher einzugehen ist (vgl. Dinkler, ThR NF 25, 1959, 189–230: Quellentexte; aaO., 289–335 und ThR NF 27, 1961, 33–64: archäologische Quellen; zum archäologischen Befund vgl. jetzt O'Connor, in: Festschrift Smith, 146–160).

der Vf des 1 Clem eine Klimax herstellen, und deshalb wird nach dem Gesetz des Achtergewichts das Beispiel des Paulus stärker herausgehoben und ausführlicher entfaltet.

In den Worten *ζῆλος* bzw. *ζῆλος καὶ ἔρις* zeigt sich nach Auffassung O. Cullmanns eine zuverlässige Nachricht über die Ursachen des Martyriums der beiden Apostel – Tradition, die in der Kirche aus verständlichen Gründen alsbald unterdrückt worden sei[29]. Aber wahrscheinlich ist, daß diese Stichworte vom Vf aus der aktuellen Absicht heraus gewählt worden sind, die Korinther vor eben diesen Untugenden zu warnen (vgl. auch oben zu V. 2).

Das Paulusbild in 5,5–7 ist geradezu im Übermaß positiv ausgestaltet. Dabei wird die Breite der Darstellung kaum damit zusammenhängen, daß das Leben des Paulus „bewegter und inhaltsreicher als das des Petrus"[30] war; und sie wird auch nicht darauf zurückzuführen sein, daß man von Paulus durch seine Briefe oder/und die Apg „mehr" wußte. Offenkundig stammen die Angaben ja gar nicht aus Quellen, sondern sind sekundäre Konstruktion, wie gerade der scheinbar Spezialkenntnis enthaltende Hinweis auf die *ἑπτάκις δεσμά* zeigt[31]. Allenfalls der Hinweis auf die Steinigung *(λιθασθείς)* scheint durch 2 Kor 11,25; Apg 14,5.19 als zuverlässige Information abgedeckt zu sein; doch gerade diese sehr schmale Übereinstimmung beweist zugleich, daß der Vf den Peristasenkatalog 2 Kor 11,23–27 nicht gekannt hat, weil er sich seiner sonst wohl stärker bedient hätte[32]. Allerdings ist der Text gerade unter diesen Umständen ein Indiz dafür, daß dem Vf des 1 Clem in hohem Maße daran gelegen war, positive Aussagen über Paulus zu machen, auch wenn er sie erst sekundär mit dem Apostel in Verbindung bringen mußte[33].

1 Clem 5,6f enthalten aber auch Anzeichen dafür, daß dem Vf des 1 Clem eine Paulus-Tradition bekannt war, die tatsächlich an den historischen Paulus anknüpfte. Immerhin widerspricht der Leidenskatalog der historischen vita Pauli nicht; und wenn der Apostel als *κῆρυξ* in der ganzen Welt („Ost und West")[34] bezeichnet wird, so kann man darin zumindest eine deutliche Anspielung auf seine „universale" Predigttätigkeit erblicken. Für den Vf des

---

[29] CULLMANN, RHPhR 10, 1930, 299. Ähnlich MUNCK, Petrus, 59, der annimmt, 1 Clem habe vom Tod des Paulus mehr gewußt, als er zu schreiben für opportun gehalten habe.

[30] So KNOPF, 1 Clem, 51.

[31] Gegen LIGHTFOOT, Fathers I/2, 29: 1 Clem "must have derived his more precise information from some other source". Richtiger SMITH, NTS 7, 1960/61, 88: Dieser Hinweis "may be due either to rhetorical generalization or to specific knowledge".

[32] Gegen HAGNER, Use, 210.

[33] Das würde gerade auch gegenüber der Erwägung gelten, die BEYSCHLAG, Clemens, 297f anstellt: Es sei zu überlegen, ob „der Ruhm des Paulus in I Clem 5,6f aus Elementen zusammengesetzt sein sollte, die ursprünglich zu Petrus gehörten", womit dann auch der unpaulinische („frühkatholische", s.o. Anm 27) Charakter des Paulusbildes erklärt wäre.

[34] Zur Frage, ob bei *δύσις* an Spanien gedacht sei, s.u.

1 Clem und die ihm vorliegende Tradition ist Paulus jedenfalls der Prediger par excellence; und wenn man berücksichtigt, daß *κῆρυξ* und *ἀπόστολος* auch in 1 Tim 2,7; 2 Tim 1,11 miteinander verbunden sind, dann legt sich die Annahme nahe, daß hier ein fester Topos des Paulusbildes Verwendung gefunden hat[35].

In diesen Zusammenhang gehört auch das Stichwort *πίστις* (V. 6). Natürlich ist dieser Begriff hier nicht im eigentlichen Sinne „paulinisch" gebraucht und verstanden; aber es ist wohl doch kein Zufall, daß an dieser Stelle ausdrücklich der Glaube des Paulus hervorgehoben wird (vgl. dann in V. 7 das Stichwort *δικαιοσύνη*). Offenbar gehören zu dem Paulusbild, das der Vf des 1 Clem kennt und weitergibt, seine Leiden, die weltweite Verkündigung und schließlich – wenn auch nur schlagwortartig – der Glaubensbegriff.

Hierzu tritt nun in V. 7 noch das Stichwort *δικαιοσύνη*. Der Ausdruck *δικαιοσύνην διδάξας* ist natürlich eine Leerformel; die Bedeutung des Begriffs der „Gerechtigkeit" war im Zusammenhang der Paulus-Tradition auch bei oberflächlichster Kenntnis gegenwärtig, und seine Verwendung zeigt insofern sicherlich für sich genommen noch keine Vertrautheit mit paulinischer Theologie an[36]. Andererseits ist *δικαιοσύνη* aber wohl auch nicht ausschließlich vordergründig moralisch zu verstehen[37]: Von 1 Clem 3,4 her, wo *δικαιοσύνη* und *εἰρήνη* zusammen den „richtigen" Zustand der Gemeinde kennzeichnen, könnte der Vf in 5,7 immerhin zum Ausdruck bringen wollen, daß Paulus die Möglichkeit einer „richtigen" Welt gepredigt habe (vgl. 1 Clem 33,8; 62,2). Allerdings bleibt es auch dann natürlich dabei, daß *δικαιοσύνη* keine im paulinischen Sinne theologische Bedeutung hat[38].

Höchst umstritten ist die Deutung des Ausdrucks *ἐπὶ τὸ τέρμα τῆς δύσεως ἐλθών:* Liegt hier ein frühes (und womöglich authentisches) Zeugnis für die Spanien-Mission des Paulus vor? Oder ist die Stelle im Blick auf die Ankunft des Paulus in Rom als dem westlichsten Punkt seiner Mission zu verstehen[39]?

---

[35] Das Substantiv *κῆρυξ* fehlt bei Paulus. KNOCH, Eigenart, 87f verneint die Möglichkeit, daß 1 Clem hier unmittelbar von den Past abhängig sein könne. Diese Annahme ist auch nicht notwendig. – BEYSCHLAG, Clemens, 280 meint, Paulus werde hier lediglich verstanden als ein „Exponent einer durchweg von ‚allen (12) Aposteln' betriebenen kirchlichen Weltmission", was durch die Voranstellung des Petrus bestätigt werde.

[36] DIBELIUS, Botschaft II, 193–203, der eine ausführliche Interpretation der Stelle gibt, will *δικαιοσύνη* im Sinne von Epict Diss III 26,31 verstehen: Paulus werde als philosophischer Athlet geschildert.

[37] Gegen BEYSCHLAG, Clemens, 282f, der hier gerade „jene *δικαιοσύνη ἐκ νόμου*" vertreten sieht, „die der Apostel z.B. in Phil 3,9 als Heilsweg rundweg verwirft". An eine gesetzlich verstandene *δικαιοσύνη* dachte schon LEMME, NJDTh 1, 1892, 441: „Paulus ein gesetzlicher Moralprediger!"

[38] S. u. S. 194f.

[39] VÖLTER, Väter, 472 umgeht das Problem: Der Hinweis auf *τέρμα τ. δύσεως* sei nicht ursprünglicher Bestandteil des 1 Clem.

Dabei ist methodisch zu unterscheiden: Was meint der Vf des 1 Clem? Und welche möglicherweise zuverlässige historische Information steht dahinter?

R. Knopf stellt fest, 5,7 müsse von einer Mission in Spanien reden; denn der vom Vf gewählte Ausdruck könne „in einem stadtrömischen Schreiben schwerlich anders verstanden werden als so, daß der Verfasser von einer Wirksamkeit des Paulus westlich von Rom reden will"[40]. Aber gegenüber dieser Deutung sind Bedenken anzumelden. Erstens ist zu fragen, warum der Autor des 1 Clem hier dann eine so dunkle Formulierung wählte, statt offen von Spanien zu sprechen[41], zumal doch sowohl Paulus selbst in Röm 15,24.28 als auch die spätere Tradition (vgl. das muratorische Fragment und die ActVerc) den Namen „Spanien" nennen. Wollte der Vf des 1 Clem diesen Namen bewußt vermeiden, weil er wußte, daß der Apostel entgegen seiner Ankündigung im Röm dorthin nicht mehr gelangt war? Zweitens ist zu beachten, daß für den Vf der „westlichste Punkt" und der Ort des paulinischen Martyriums identisch sind; auch das spricht dafür, daß für ihn jener „westlichste Punkt" der vita Pauli nicht Spanien, sondern Rom war[42]. Der Ausdruck *μαρτυρήσας ἐπὶ τῶν ἡγουμένων* meint zwar wohl noch nicht terminologisch aber doch eindeutig vom Kontext her den Märtyrertod[43] aufgrund des Zeugnisses des Glaubens gegenüber den staatlichen Behörden[44]. Es ist jedenfalls kaum anzunehmen, daß 1 Clem zum Ausdruck bringen

---

[40] Knopf, 1 Clem, 52; vgl. auch ders., in: Handbuch zu den Apokryphen, 177. Fischer, Väter, 33 A 44 meint sogar, es handle sich um Städte an der spanischen Ostküste, wo es Synagogen gegeben habe. Ähnlich Dubowy, Klemens, 70: 1 Clem habe gemeint, Paulus sei zur „westlichsten Provinz des römischen Reiches gekommen". Vgl. Lietzmann, Petrus, 243f; Dibelius, Botschaft II, 193–203; Vielhauer, Geschichte, 222. Beyschlag, Clemens, 298f versteht *τέρμα τῆς δύσεως* als die Säulen des Herkules; ähnlich wie Apollonius sei Paulus bis an den Rand der Erde gekommen (vgl. zum Motiv Holl, Ges. Aufs. II, 265f). Beyschlag sieht dahinter freilich wieder den Versuch, Paulus in einen kirchlichen Rahmen zu pressen: 1 Clem wolle sagen, daß die katholische Weltmission (nach Apg 1,8) auch diesen Ort erreicht habe. – Man muß aber beachten, daß die „Säulen des Herakles" offenbar stets auch so bezeichnet wurden (vgl. Strabo II 5,25: *δυσμικώτατον δὲ ὁ κατὰ τὰς Στήλας πορϑμὸς κτλ.*)

[41] Vgl. den analogen Fall 1 Clem 25,1, wo der Ausdruck *ἐν τοῖς ἀνατολικοῖς τόποις* ausdrücklich erklärt wird: *τουτέστιν τοῖς περὶ τὴν Ἀραβίαν.*

[42] Mit O'Neill, Theology, 7; Heussi, Petrustradition, 65–68; Rohde, Ämter, 76. Schmidt, Acta Pauli, 171: 1 Clem 5,7 sei ursprünglich für die Paulus-Spanien-Tradition nicht herangezogen worden.

[43] Diese Deutung von *μαρτυρεῖν* ist umstritten. Gegen die Übersetzung „das Martyrium erleiden" Heussi, Petrustradition, 19; Beyschlag, Clemens, 269; Brox, Zeuge, 199f. Dafür Altaner, HJ 62/69, 1942/49, 30; Harrison, Problem, 107f. Vgl. noch Lightfoot, Fathers I/2, 26f. – M.E. sind *μαρτυρήσας* und *οὕτως ἀπαλλαγή* zu parallelisieren, nicht *καὶ … ἐλϑὼν καὶ μαρτ.* (vgl. Dubowy, Klemens, 38, der freilich *τέρμα τ. δ.* auf Spanien deuten, zugleich aber der Notwendigkeit entgehen will, Paulus dort das Martyrium erleiden zu lassen; diese Konsequenz zieht Bauer, WSt 38, 1916; 285; vgl. auch Merrill, Essays, 291f).

[44] Ob die *ἡγούμενοι* wie Knopf, 1 Clem, 52 meint, nicht nur das kaiserliche Gericht, sondern auch die magistratus in den Provinzen sind, läßt sich nicht sicher entscheiden.

wollte, Paulus sei nach Erreichen des τέρμα τῆς δύσεως wieder nach Rom zurückgekehrt; und noch unwahrscheinlicher ist die Auslegung, Paulus habe in aller Welt „Zeugnis abgelegt“, d.h. das Evangelium verkündet, und sei dann in Rom verstorben[45].

Der Vf des 1 Clem zeichnet in 5,6f Paulus als den Weltmissionar, der vom Osten her kommend bis nach Rom gelangt, wo er aufgrund seiner Predigt durch das Urteil eines kaiserlichen Gerichts als *μάρτυς* den Tod erleidet[46].

Paulus wird abschließend als *ὑπομονῆς ... μέγιστος ὑπογραμμός* bezeichnet; er erhält also ein Attribut, das sonst in 1 Clem auf Christus bezogen ist (16,17; 33,8; vgl. 1 Petr 2,21). Der Schluß ist unausweichlich, daß Paulus hier in einer nicht mehr überbietbaren Weise positiv charakterisiert werden soll. Man kann zur Erklärung dieses Befundes nicht einfach darauf verweisen, daß der Vf lediglich ein den Korinthern besonders nahestehendes Beispiel habe wählen wollen. Denn Paulus erscheint hier, ebenso wie Petrus, nicht im Zusammenhang mit Korinth; er gilt vielmehr unabhängig von allen lokalen Bezügen[47] als die absolut bedeutendste Gestalt der Kirchengeschichte.

Wenn diese Deutung richtig sein sollte, dann legt es sich nahe, *ὑπομονή* in 5,5.7 (ebenso wie *δικαιοσύνη*) nicht nur als eine einzelne christliche Tugend aufzufassen (anders wohl 62,2; 64,1), sondern als inhaltlich qualifizierte Kennzeichnung der gesamten Existenz des Christen Paulus, der damit allen anderen als Vorbild empfohlen wird[48].

Es ist festzuhalten: Hinter 1 Clem 5,5–7 steht keinerlei authentische Detailkenntnis der Biographie des Paulus. Das geradezu überschwänglich gezeichnete Bild enthält praktisch keine Einzelheiten des Lebens oder gar der Theologie des Apostels.

Kenntnis der paulinischen Briefe ist an dieser Stelle ebensowenig sichtbar wie Kenntnis der (Traditionen der) Apg[49]. Und dennoch verrät dieses Bild eine außerordentliche Verehrung des Paulus, die das Lob für Petrus (V. 4) weit

---

Hier würde ich BEYSCHLAG, Clemens, 272 zustimmen, der von „der höchsten weltlichen Instanz“ spricht (er deutet *μαρτυρήσας* freilich als „Mitteilung des Glaubens“, s. die vorige Anm).

[45] So BEYSCHLAG, Clemens, 271f.

[46] Diese Stelle spricht deutlich gegen die These von EGGENBERGER, Quellen, 1 Clem sei apologetisch und der Vf ein Verfechter einer „Untertänigkeits-Ethik“ (aaO., 43 und passim). Mit einer solchen Tendenz ließe sich die ausdrückliche Erwähnung des Martyriums eines christlichen „Helden“ kaum vereinbaren. Der Unterschied zu der in diesem Punkt tatsächlich apologetischen Apg (vgl. deren Schluß!) ist deutlich.

[47] Ist das der Grund, weshalb in 5,7 auch der Name „Rom“ nicht erwähnt wird?

[48] FRANK, ZKG 82, 1971, 149f spricht nicht zu Unrecht von einer „Ethisierung des Apostelbildes“.

[49] Vgl. MERRILL, Essays, 290, der einerseits meint, 1 Clem habe “only the vaguest notion of the history of the last days of St. Paul”, andererseits (aaO., 291f) jedoch vermutet, der Vf habe aus der Apg und aus Phil 2,24 den Schluß ziehen müssen, Paulus sei in Rom noch einmal freigekommen. Vielleicht setze 1 Clem den Tod des Paulus in Spanien voraus (s.o. Anm 43).

in den Schatten stellt. K. Beyschlag hat also insofern durchaus recht, wenn er urteilt, 1 Clem 5,5–7 zeige keinerlei paulinisches Profil; aber das bedeutet keineswegs, daß Paulus hier nun lediglich als (so die Formulierung Beyschlags) „Exponent einer durchweg von ‚allen (12) Aposteln' betriebene kirchlichen Weltmission"[50] dargestellt wäre. Wohl ist in 1 Clem 5 das „Paulusbild", stärker noch als in der Apg, an die Stelle des „historischen" Paulus getreten, aber dieses Bild trägt die leuchtendsten Farben. Daß der Apostel der korinthischen Gemeinde als „Vorbild" hingestellt wird, ist dabei vom Ansatz der paulinischen Theologie her sicherlich nicht ganz unproblematisch (vgl. aber Stellen wie 1 Kor 4,16; 11,1); doch darf dies nicht zu einem pauschal abwertenden Urteil über 1 Clem verführen. Denn der Vf macht immerhin deutlich, daß die Autorität und „Vorbildlichkeit" des Apostels ihren Grund in seinem Predigtamt und in seinem Leiden hat – d.h. er kommt, wenn auch wohl eher unbewußt, dem Selbstverständnis des Paulus durchaus recht nahe.

Neben 5,5–7 sind an dieser Stelle nur noch drei Texte des 1 Clem beizuziehen: 42,1–5; 44,1 und 47,4[51]. Hier wird zwar niemand namentlich genannt; aber da an allen drei Stellen von den *ἀπόστολοι* die Rede ist, muß immerhin gefragt werden, wie sich diese Abschnitte zu 5,5–7 verhalten.

Nach 42,1f sind die Apostel *ἀπὸ τοῦ κυρίου* bzw. *ἀπὸ τοῦ Χριστοῦ* – und das könnte bedeuten, daß ihre eigentliche Beauftragung in die Zeit des irdischen Jesus hineingehört, zumal sie nach 42,3 *πληροφορηθέντες διὰ τῆς ἀναστάσεως* sind. Auftrag *(παραγγελία)* und „Bestätigung" wären dann offenbar zwei Akte, die gemeinsam den Apostolat konstituieren. Heißt dies, daß Paulus hier (wenn auch indirekt) aus der Reihe der *ἀπόστολοι* ausgeschlossen wird[52]? Gegen eine solche Vermutung sprechen freilich 5,5 und 47,1: Daß Paulus ein *ἀπόστολος* ist, steht für den Vf des 1 Clem außerhalb jeder Diskussion. Es kommt aber hinzu, daß eine Deutung der Wendung *ἀπὸ τοῦ κυρίου κτλ.* auf den irdischen Jesus gar nicht zwingend notwendig ist. Wenn Paulus in 1 Kor 11,23 erklärt, er habe die Abendmahlstradition *ἀπὸ τοῦ κυρίου,* dann ist dabei ja nicht primär (wenn überhaupt) an die Verankerung dieser Paradosis im Leben des irdischen Jesus gedacht, sondern daran, daß der *κύριος* selbst Urheber dieser Paradosis ist. Das gleiche Verständnis scheint in 1 Clem 42,1f (und möglicherweise auch in 44,1) vorzuliegen: Die Beauftragung der Apostel geht auf Christus selbst zurück – und zwar die Beauftragung aller Apostel ohne Ausnahme.

Diese Interpretation wird durch die Struktur der Argumentation in 42,1–5 bestätigt: V. 1 enthält die Grundthese (die Apostel sind von Christus mit der

---

[50] Gegen Beyschlag, Clemens, 280.

[51] Zu 47,1–4, wo Paulus *μακάριος ἀπόστολος* genannt wird, s.u. S. 190f.

[52] So deutet Beyschlag, Clemens, 280: Der Weltmissionsgedanke des 1 Clem sei von der synoptischen Tradition bestimmt (Mt 10,7; Mk 16,15!; Apg 1,8). AaO., 285: Von 42,1ff her zeige sich, wie wenig original paulinisch die Darstellung des Heidenapostels [in 5,6f] ist – Paulus steht ganz im Schatten der anderen Apostel".

Verkündigung beauftragt entsprechend der Beziehung Christi zu Gott); in V. 2 wird diese Aussage chiastisch wiederholt; V. 3 faßt zunächst V. 1f zusammen *(παραγγελίας οὖν λαβόντες)*, gibt dann die theologische Begründung (Hinweis auf die Auferstehung und auf den *λόγος τοῦ θεοῦ*) und schildert, ebenso wie V. 4, den Gang der Verkündigung, wobei immer deutlicher (zuletzt in V. 5) das Interesse an der Begründung der kirchlichen Hierarchie in den Vordergrund rückt[53]. Mit andern Worten: Es geht in 1 Clem 42 um die kirchliche Struktur, nicht um die geschichtliche Entstehung und Entwicklung des apostolischen Amtes. Das hier Gesagte gilt für alle Apostel einschließlich Paulus[54].

1 Clem 44,1 zeigt kein davon unterschiedenes Bild: Die Wendung *διὰ τοῦ κυρίου κτλ.* bezeichnet die Quelle des Wissens der Apostel über den künftigen Streit um das Bischofsamt. Daß der Vf des 1 Clem dabei an die „Belehrung" denkt, „die der irdische Christus den Seinen gab"[55] ist unwahrscheinlich. 1 Clem will vielmehr zum Ausdruck bringen, daß das Entstehen der kirchlichen Konflikte nicht etwa der menschlichen Erwartung entsprach, sondern daß die Apostel mit der Einsetzung der *ἐπίσκοποι* den fürsorglichen Willen des Herrn vollzogen[56].

Für die Annahme, daß der Apostelbegriff in 1 Clem 42; 44,1 Paulus unbedingt mit einschließt, spricht noch eine andere Tatsache, die nicht ausdrücklich gesagt, m. E. de facto aber vorausgesetzt ist. Die korinthische Gemeinde ist ja eine Gründung des Paulus, die in ihr Amtierenden sind also (nach Meinung des 1 Clem) von Paulus in ihr Amt eingesetzt. Diese Einsetzung war aber „rechtmäßig" (44,2–5) – also muß auch der Einsetzende „rechtmäßiger" Apostel gewesen sein.

Dieser Befund, also die völlige Gleichberechtigung des Paulus als Apostel, ja, seine möglicherweise nicht nur aktuelle, sondern prinzipielle Vorordnung (5,5–7), wird durch 47,4 bestätigt.

---

[53] Daß die Darstellung der Entstehung dieser Hierarchie weder dem historischen Ablauf, noch auch nur der Tradition der Apg entspricht, braucht nicht betont zu werden. Roloff, Apostolat, 235 A 223: „Die traditionsgefärbten Wendungen in 42,1–3 können nicht darüber hinwegtäuschen, daß für Clemens faktisch das Motiv der Legitimation der gemeindlichen Amtsträger durch ihre bevollmächtigte Verkündigung des Evangeliums keine Rolle mehr spielt."

[54] Schmithals, Apostelamt, 232 erwägt beide Möglichkeiten: „Am einfachsten" sei die Annahme, daß die Stelle auf lukanisch-synoptische Tradition zurückgehe und Paulus ausschließe; denkbar sei freilich auch, daß der Vf Gal 1f vor sich habe und den Apostolat auf den erhöhten Herrn zurückführe (vgl. aaO., 254 A 159, wo Schmithals 1 Clem 42,3 der synoptischen, 42,1.2.4 dagegen der paulinischen Tradition zuspricht). – Die Annahme einer unmittelbaren Berührung mit Paulus-Tradition, gar direkt mit Gal, ist nicht nötig und auch wenig wahrscheinlich. Zur Frage, welche Paulusbriefe der Vf kannte, s. u. S. 193f.

[55] So Knopf, 1 Clem, 118.

[56] Rohde, Ämter, 103f argumentiert etwas widersprüchlich: Apostel seien einerseits „für Clemens die Zwölf und Paulus", andererseits würden sie als „Teilnehmer des irdischen Lebens Jesu und als Zeugen der Ostereignisse geschildert". – Es ist zu beachten: Von den „Zwölf" ist in 1 Clem nie die Rede.

Hier besteht eine deutlich erkennbare Parallelisierung des Paulus mit Petrus, denen Apollos nachgeordnet wird. Paulus und Petrus werden *ἀπόστολοι μεμαρτυρημένοι* genannt, womit offenbar gemäß 17,1f gemeint ist, daß Gott ihnen ein (gutes) Zeugnis erteilt hat. G. Klein hat zutreffend festgestellt, „daß dem Verf. die Vorstellung eines Urapostolats der Zwölf völlig fern liegt"[57]; daß jedoch an deren Stelle nun „die übermächtige Autorität des apostolischen Duumvirats Petrus und Paulus" getreten sei[58], läßt sich weder 47,4 noch dem Brief überhaupt entnehmen[59].

Das Paulusbild des 1 Clem ist gekennzeichnet durch das Bemühen des Vf, Paulus als kirchlichen Organisator (47,1–4), als Lehrer und weltweit tätigen Missionar und Märtyrer (5,5–7), nicht zuletzt aber auch als Apostel zu erweisen (47,1). Kritik an Paulus wird nicht laut. Offenbar braucht der Vf Paulus aber auch nicht gegen irgendwelche Kritik zu verteidigen, d.h. 1 Clem gibt keinen Anlaß zu der Vermutung, das in ihm enthaltene Paulusbild sei nicht auch das der römischen Gemeinde überhaupt gewesen. Vielmehr scheint Paulus 1 Clem zufolge in Rom eine nicht bezweifelte Autorität besessen zu haben; und der Vf nimmt an, daß die Lage in Korinth keine andere ist.

Man kann hiergegen einwenden, daß Paulus in dem verhältnismäßig sehr langen Brief doch nur recht selten erwähnt wird. Aber es ist zu beachten, daß über andere Personen der kirchlichen Frühzeit so gut wie gar nichts gesagt wird (die einzige Ausnahme ist Petrus in der kurzen Passage in 5,4).

Paulus hat also im letzten Jahrzehnt des 1. Jahrhunderts in Rom (und doch wohl auch in Korinth) unbestrittenes Ansehen genossen.

c) Die Erwähnung des Paulus in den Ignatiusbriefen

Die Ign stellen aus zwei Gründen eine Besonderheit dar: Nach den Paulusbriefen sind sie die ältesten erhaltenen christlichen Schriften, die weder anonym noch pseudonym verfaßt wurden. Im Unterschied zu jenen aber wurden sie schon sehr früh, vielleicht sogar noch zu Lebzeiten des Vf gesammelt und ediert[60].

Alle sieben Briefe wurden in Eile und ohne besondere Vorbereitungen geschrieben[61] – zu solchen ließen schon die aus den Briefen selbst erkennbaren äußeren Umstände keine Möglichkeit. Manche von den Forschern geübte Kritik an der Theologie des Ignatius geht an diesem ja nicht völlig zu vernachlässigenden Sachverhalt einfach

---

[57] Klein, Apostel, 89. Vgl. die vorige Anm.

[58] Klein ebenda.

[59] Klein, Apostel, 90 A 427 nimmt an, Apollos sei „apostolischen Ranges" gewesen, was ihm der Vf des 1 Clem abspreche. Aber die Nachordnung des Apollos geht wohl einfach auf den Einfluß des 1 Kor zurück, den der Vf hier unmittelbar benutzt hat (vgl. auch die Namensform *Κηφᾶ* [1 Kor 1,12] anstelle des geläufigeren *Πέτρος*).

[60] Vgl. dazu Rathke, Ignatius, 3 (unter Hinweis auf Pol 13,2).

[61] Vgl. Lightfoot, Fathers II/1, 411. Zu detailliert Barnard, Studies, 19 A 2: "All the letters were probably written within a fortnight. Those to the Ephesians, Magnesians and Trallians may have been written within a day of each other."

vorbei. Die Abfassungsorte aller Briefe werden genannt[62]. Unbekannt ist dagegen leider das Jahr der Abfassung. Da der Stand der kirchen- und theologiegeschichtlichen Entwicklung sich nicht sicher ablesen läßt, kann nur vorsichtig vermutet werden, daß die Briefe etwa zur gleichen Zeit wie die Past geschrieben wurden. Beide Schriftencorpora weisen eine verwandte ekklesiologische Theorie (nicht: kirchliche Praxis) auf.

Die üblicherweise geäußerte Annahme, die Briefe seien vor 117 geschrieben, beruht auf der Mitteilung Eusebs (Hist Eccl III 36)[63], Ignatius habe unter Trajan das Martyrium erlitten. Doch diese auch aus Euseb nicht einmal ganz sicher zu erschließende Datierung ist nicht unumstritten[64]. Man wird daher darauf verzichten müssen, die Briefe allzu genau datieren zu wollen; eine Spätdatierung, wie sie von K. Heussi vorgeschlagen wird, dürfte aber schon aufgrund des Polykarp-Zeugnisses nicht in Betracht kommen[65].

Die Ign wenden sich mit Ausnahme von Pol und Röm an Gemeinden in Kleinasien, die (abgesehen lediglich von Tralles) in der Apk als Empfänger von Sendschreiben genannt sind. J. Rohde sieht hier einen Zusammenhang; er meint, die Briefe des Ignatius wendeten sich nur an solche Gemeinden, die in der Apk als „noch rechtgläubig" angesehen würden, während in den anderen dort genannten Gemeinden offenbar die Ketzer die Mehrheit gehabt hätten, so daß dem Ignatius ein Brief dorthin als sinnlos erschienen sei[66]. Aber die Auswahl der Adressaten der Ign scheint doch eher auf Zufall zu beruhen bzw. mit der Route des Gefangenentransports zusammenzuhängen.

Inhaltlich sind die Briefe bestimmt durch eine starke Betonung des monarchischen Episkopats, freilich wohl nicht zur Kennzeichnung bereits gegenwärtiger Realität, sondern eher als Beschreibung des erstrebten Ideals, wie W. Bauer gezeigt hat[67]. Die „Ketzereien", mit denen sich der antiochenische Bischof auseinandersetzt, entstammen nicht einer einzigen „geschlossenen" Häresie; vielmehr scheint es sich um Auflösungs- oder Spaltungserscheinungen mit vielfältigen Ursachen zu handeln. Ignatius tritt diesen Tendenzen hauptsächlich mit zum Teil sehr massiver Polemik entgegen und vor allem mit dem stereotypen Aufruf an die Gemeinden, sie sollten sich „zum Bischof"

[62] Ign Eph, Magn, Trall und Röm entstanden in Smyrna, Phld und Sm in Troas, ebenso der Brief an Polykarp.

[63] Vgl. Harnack, Chronologie, 406; Vielhauer, Geschichte, 543.

[64] Vgl. Heussi, Petrustradition, 34f; er vermutet eine Entstehung erst in der Mitte des 2. Jahrhunderts, da die Ign im Unterschied zu 1 Clem und Herm niemals auch nur in die Nähe einer Kanonisierung gekommen seien.

[65] Vgl. die vorige Anm. Auf das Problem der Echtheit ist hier nicht weiter einzugehen; sie ist inzwischen nahezu opinio communis der Forschung (vgl. nur Vielhauer, Geschichte, 541f). Die Unechtheit wird neuerdings wieder vertreten von Weijenborg, Lettres, freilich mit anfechtbarer Methodik, wie Staats, ZKG 84, 1973, 101–103 gezeigt hat. Weijenborg meint, die sog. „lange Rezension" der Ign sei die älteste Fassung, die um 360 entstanden sei (vgl. speziell dazu Staats, aaO., 102). – Besonders wichtig ist die Beobachtung, daß den Ign alle Elemente fehlen, die sie als rückdatierte Produkte einer späteren Epoche erweisen würden.

[66] Rohde, Ämter, 61.

[67] Bauer, Rechtgläubigkeit, 65.

halten. Er verwendet in erheblichem Umfang traditionelles (Formel-)Gut, entwickelt aber keine thematisch ausgeführte „Theologie“[68]. Es wäre jedoch ungerecht, wollte man die notgedrungen in Eile geschriebenen Ign mit den überaus sorgfältig ausgestalteten Paulusbriefen vergleichen, nur um dann ihre geringere theologische Qualität zu konstatieren.

Die Frage, in welchem Verhältnis Ignatius zu Paulus steht, ist in der Forschung seit der Anerkennung der Echtheit der Briefe intensiv und teilweise sehr kontrovers diskutiert worden[69]. Paulus wird ausdrücklich und namentlich nur an zwei Stellen erwähnt: In Ign Eph 12,2 und Ign Röm 4,3.

In Eph 12,2 nennt Ignatius die ephesinischen Christen *συμμύσται* des Paulus. *συμμύστης* ist Terminus der Mysteriensprache[70]; auf "St. Paul's frequent use of *μυστήριον*" im NT Eph[71] wird der Gebrauch des Wortes kaum zurückgehen. Im Zusammenhang des Ign Eph ist offenbar an das Leiden und an das Martyrium gedacht, und man kann fragen, ob 1 Kor 15,32 im Hintergrund steht (Ignatius kennt 1 Kor; s. u. S. 215).

Auffällig sind die für Paulus gebrauchten Epitheta: *ἡγιασμένος, μεμαρτυρημένος, ἀξιομακάριστος*. Der Ausdruck *ἡγιασμένος* auf einen einzelnen Menschen bezogen begegnet in frühchristlicher Literatur sonst nicht; im allgemeinen werden die Christen als Gruppe insgesamt oder die Gemeinde als „geheiligt“ bezeichnet[72]. Ähnliches gilt für das Stichwort *ἀξιομακάριστος*[73]. Ignatius gebraucht es in der inscriptio des Eph und des Röm sowie in Röm 10,1 mit Bezug auf die Gemeinde; nur in Eph 12,2 legt er es einem einzelnen Menschen bei. Das Stichwort *μεμαρτυρημένος* erinnert an 1 Clem 47,4[74]: Paulus hat von Gott ein Zeugnis erhalten. Alle drei Attribute bringen ein überschwängliches Lob des Paulus zum Ausdruck, dem im übrigen Ignatiustext nichts Vergleichbares zur Seite steht. Es ist freilich, wie schon im Falle des 1 Clem, zu beachten, daß hinter diesem Lob keine Detailkenntnis der vita oder gar der Theologie des Paulus steht.

Andererseits fällt aber auf, daß Ignatius am Schluß von Eph 12,2 kurz auf das literarische Werk des Paulus eingeht: Paulus, so schreibt er, gedenke der Christen in Ephesus *ἐν πάσῃ ἐπιστολῇ*. Das kann nicht heißen „in einem ganzen Brief“, so daß auf den neutestamentlichen Eph angespielt wäre[75]; vielmehr scheint Ignatius anzunehmen, Paulus erwähne Ephesus tatsächlich

---

[68] Eine instruktive knappe Übersicht gibt FISCHER, Väter, 124–137, allerdings mit zu stark systematisierender Tendenz.

[69] Vgl. den Forschungsbericht bei RATHKE, Ignatius, 5–9.

[70] Vgl. BAUER, Wb. sv *συμμύστης*, 1542.

[71] So NTAF, 69.

[72] Vgl. BAUER, Wb. sv *ἁγιάζω* 2, 16.

[73] Das Wort ist in nichtchristlicher Literatur offenbar sehr selten (vgl. LIDDELL-SCOTT und BAUER, Wb. sv). Ignatius hat eine besondere Vorliebe für mit *ἄξιος* zusammengesetzte Adjektive.

[74] S.o. S. 82.

[75] Vgl. B-D-R § 275.1 (mit A 2).

in jedem seiner Briefe – was natürlich unzutreffend ist[76]. W. Bauer und W. Schneemelcher ziehen aus der Formulierung denn auch den Schluß, Ignatius habe keine besondere Kenntnis der paulinischen Briefe besessen[77] – ein Urteil, das sich von dieser einen Textstelle her natürlich nicht fällen läßt[78]. Wahrscheinlicher ist, daß sich Ignatius in Eph 12,2 einfach auf die aus der Paulus-Tradition bekannte Verbindung des Apostels mit der Gemeinde von Ephesus bezieht[79] und sagen will, Paulus habe der Epheser auch „verschiedentlich in Briefen[80] gedacht“[81]. Doch ganz unabhängig von allen umstrittenen Einzelheiten zeigt Ign Eph 12,2 daß die Briefe zum Paulusbild des Ignatius offenbar fest hinzugehörten.

Der zweite hier heranzuziehende Text ist Ign Röm 4,3. Ignatius ordnet sich hier den beiden *ἀπόστολοι* Petrus und Paulus unter, wobei er nicht zu erkennen gibt, ob er zwischen beiden eine rangmäßige Abstufung vornehmen will; daß Petrus zuerst erwähnt wird, dürfte jedenfalls wenig besagen[82]. M. E. setzt die Formulierung in Ign Röm 4,3 die Kenntnis des 1 Kor (vgl. 7,22; 9,1) voraus, doch wird hierauf im nächsten Kapitel der vorliegenden Untersuchung einzugehen sein[83].

Das Gewicht des ersten Satzes in 4,3 liegt auf dem Verb *διατάσσομαι*; offenbar will Ignatius damit sein *ἐντέλλομαι* von 4,1 relativieren und deutlich machen, daß sich seine Anweisungen von denen der Apostel unterscheiden[84].

---

[76] Ephesus wird erwähnt in 1 Kor (15,32; 16,8); Eph (1,1); 1 Tim (1,3) und 2 Tim (1,18; 4,12).

[77] Bauer, Rechtgläubigkeit, 220; Schneemelcher, ZKG 75, 1964, 5. Umgekehrt kann man freilich auch nicht sagen, die Stelle beweise die Kenntnis eines Corpus Paulinum für Ignatius (gegen Kümmel, Art. Paulusbriefe, RGG V, 197).

[78] Vgl. u. S. 219–221. Lightfoot, Fathers II/1, 404 weist m. R. darauf hin, daß Ignatius ja nicht alle uns überlieferten Paulusbriefe gekannt haben müsse. Vielleicht glaubte er, die ihm bekannten seien „alle“.

[79] Schloß er dies aus dem ja zumindest völlig unpolemischen NT Eph? Daß Ignatius mündliche Tradition über die Beziehung des Paulus zu Ephesus gekannt habe (so Lightfoot, Fathers II/2, 65), ist unbeweisbar und würde überdies den Wortlaut der Stelle auch gar nicht erklären.

[80] Diese Übersetzung ist nicht unmöglich; *πᾶς* kann heißen „jeder beliebige“ (B-D-R § 275 A 2).

[81] Andernfalls mag man die inhaltlich übertriebene Wendung auf den ignatianischen Stil zurückführen (so Zahn, Ignatius, 608; NTAF, 69).

[82] Anders verhält es sich natürlich in Ign Sm 3,2f, wo Petrus gegenüber seinen Begleitern (nicht Paulus) herausgehoben wird.

[83] S. u. S. 209.

[84] Vgl. dazu Rathke, Ignatius, 42: Der antiochenische Bischof wolle einerseits den Eindruck der Selbstüberschätzung vermeiden; andererseits betrachte er aber den Abstand zu Paulus als doch relativ gering (er stehe dem „Neuen Testament noch sehr nahe“ und schreibe deshalb nicht unter einem Pseudonym): Seine Briefe atmeten noch apostolische Vollmacht. – Aber man wird den Unterschied zwischen den pseudepigraphischen Briefen des NT und den Ign kaum auf das Selbstverständnis des Ignatius zurückführen dürfen. Diese Briefe sind aus der aktuellen Situation heraus entstanden und hätten unter gar keinen Umständen pseudepigraphisch sein können.

Die Namen Petrus und Paulus stehen als Symbole vollmächtig befehlender apostolischer Autorität[85]. Aber es läßt sich weder sicher sagen, daß Ignatius hier die Tradition vom „Aufenthalt der beiden Apostel in Rom" voraussetzt[86], noch gar, daß er an deren Martyrium denkt[87]. Schwer zu entscheiden ist auch die Frage, ob Ignatius den paulinischen Röm kennt oder jedenfalls von dessen Existenz weiß[88]. Man wird sich mit der Feststellung begnügen müssen, daß Ignatius in Röm 4,3 seine eigene Vollmacht von der apostolischen Autorität abgrenzen will, wobei er zugleich voraussetzt, daß die Namen der Apostel Petrus und Paulus in Rom ein Begriff sind[89]. Nähere Informationen über sie enthält die Stelle nicht; sie läßt auch keine entsprechenden Rückschlüsse zu[90].

Zu erwähnen ist schließlich noch Ign Eph 11,2, wo Ignatius den Ephesern bescheinigt, daß sie *τοῖς ἀποστόλοις πάντοτε συνῄνεσαν ἐν δυνάμει Ἰησοῦ Χριστοῦ*. Wer diese Apostel sind, sagt Ignatius nicht; daß er, wie J.A. Fischer meint, „vor allem an Paulus und wohl auch an Johannes" gedacht habe[91], bleibt reine Vermutung[92]. Im Grunde ist Ign Eph 11,2 nur ein Beleg dafür, daß die christliche Gemeinde von Ephesus dem Ignatius als absolut rechtgläubig gilt[93].

Im übrigen ist bei Ignatius von den Aposteln stets im Plural die Rede[94]; der Begriff ist durchweg ganz allgemein gebraucht, so daß über die Zuordnung

---

[85] Vgl. Ign Trall 3,3, wo es einfach heißt *οὐκ ... ὡς ἀπόστολος ὑμῖν διατάσσομαι.*

[86] So FISCHER, Väter, 187 A 25; vgl. schon LIGHTFOOT, Fathers II/2, 209. Etwas abgeschwächt BAUER, Ign, 248, der meint, daß Ignatius „eine Tradition kennt und billigt, die auch den Petrus in enge Beziehung zur römischen Kirche setzt"; HEUSSI, Petrustradition, 33 plädiert aus diesem Grunde für eine Spätdatierung der Ign. Dagegen nimmt MERRILL, Essays, 287 aufgrund der Nichterwähnung von Bischöfen oder Presbytern in Ign Röm an, daß Ignatius die römische Petrus-Tradition noch nicht kennt.

[87] Gegen SCHNEEMELCHER, ZKG 75, 1964, 5. Zutreffend betont MERRILL, Essays, 287, daß derartige Anspielungen in Ign Röm überhaupt fehlen. Freilich wird man kaum sagen können, daß "probably the tradition to that effect had not yet arisen" – dagegen spricht schon 1 Clem 5.

[88] Vgl. RATHKE, Ignatius, 21: Kein sicherer Beleg. S.u. S. 210.

[89] M.R. schlägt STREETER, Church, 170 A 1 vor, das *οὐχ ὡς Πέτρος καὶ Παῦλος* nicht zu übersetzen: „wie es P. und P. taten", sondern: „als wäre ich (einer wie) P. und P.". Er verweist hierzu auf Trall 3,3 und Eph 3,1. Die Frage, ob Ignatius Anweisungen der Apostel an die Römer voraussetzt, erledigt sich damit von selbst.

[90] Keinesfalls ist Ign Röm 4,3 ein Zeugnis für „das Wirken ... und vielleicht auch das Sterben der beiden Apostelfürsten in Rom", wie FISCHER, Väter, 187 A 27 (verständlicherweise) möchte.

[91] FISCHER, Väter, 151 A 48; so schon LIGHTFOOT, Fathers II/2, 62.

[92] Die Johannes-Tradition in Ephesus ist Ignatius offenbar nicht bekannt; Ign Eph 12,2 zeigt, daß er von der Verbindung zwischen Paulus und der Gemeinde in Ephesus weiß, aber in 11,2 scheint dieser Zusammenhang nicht im Blick zu sein.

[93] Vgl. dazu Apk 2,1–7.

[94] Trall 3,3 ist nur scheinbar eine Ausnahme.

des Paulus zu diesem Kreis nichts erkennbar ist; sie ist aber wohl an allen Stellen wie selbstverständlich vorausgesetzt.

Dieser Befund erlaubt den Schluß, daß Paulus ebenso wie „die Apostel" für Ignatius unantastbare Autorität ist. Sein „Paulusbild" enthält jedoch kaum individuelle Züge; das ihm in Ign Eph 12,2 erteilte Lob ist überwältigend, geht aber auf die Person des Apostels selbst praktisch nicht ein.

d) Das Paulusbild des Polykarp von Smyrna

Daß der Polykarpbrief an die Philipper aus zwei zu verschiedenen Zeiten geschriebenen Teilen besteht, ist eine Entdeckung P. N. Harrisons, die inzwischen beinahe zur opinio communis der Forschung geworden ist[95]. Pol Phil 13 ist offensichtlich das Begleitschreiben zum Corpus Ignatianum, das der smyrnäische Bischof den Philippern übersendet[96]; die Kap. Pol Phil 1–12 (und 14?)[97] wurden später verfaßt. Eine Datierung ist nicht möglich[98]. Die bisweilen geäußerte Vermutung, die Polemik von Phil 7 richte sich gegen Marcion[99], ist unbegründet[100], so daß auch von daher kein Licht auf die Abfassungszeit des 2 Phil fällt. Man wird sich auf die Feststellung beschränken müssen, daß 2 Phil jedenfalls später entstand als 1 Phil.

Paulus wird in 2 Phil an drei Stellen namentlich genannt: In 3,2; 9,1 und 11,2f. Schon ein erster Blick zeigt, daß die Aussagen, die Polykarp über den Apostel macht, über die knappen Angaben hinausgehen, die sich in den früher verfaßten Briefen des „Clemens" und des Ignatius finden.

In 2 Phil 3 schreibt Polykarp im Rahmen eines Abschnitts, der von der *δικαιοσύνη* handelt, einen Exkurs über Paulus; dieser zeigt, daß Paulus und seine Briefe für Polykarp eine ganz entscheidende Rolle spielen. Allerdings

---

[95] Harrison, Polycarp. Cadoux, JThS 38, 1937, 267–270; Barnard, ChQR 163, 1962, 427 wenden sich lediglich gegen Harrisons Spätdatierung des 2 Phil. Ablehnend bleiben Puech, RHR 119, 1939, 96–102; Rohde, Ämter, 142. Zurückhaltend äußern sich Camelot, SC 10, 194f und Campenhausen, Ges. Aufs., 238f.

[96] Pol 1 Phil wäre dann wenig später als die Ign verfaßt. Nach gängiger Meinung zeigt die Wendung ... de ipso Ignatio et de his, qui cum eo sunt (13,2 [= 1 Phil 1,2]), daß Ignatius noch lebe; das ist jedoch nicht zwingend. M. E. spricht aber die Einleitung in 13,1 (= 1,1) für die Vermutung, daß seit der Abreise des Ignatius erst wenig Zeit verstrichen ist, während nach 9,1 der Tod des Ignatius bereits länger zurückzuliegen scheint.

[97] Die Zuordnung bzw. Datierung dieses Kap. ist praktisch unmöglich; Harrison, Polycarp, 206 widmet diesem von ihm als Postskript bezeichneten Text ganze 7 Zeilen.

[98] Pol 2 Phil 9 setzt den Tod des Ignatius voraus. Die handschriftliche Überlieferung (Kap. 10–12 sind nur in lateinischer Übersetzung erhalten) berührt die Einheitlichkeit des Briefes nicht.

[99] So vor allem Harrison, Polycarp, 179f.197, übernommen von Altaner-Stuiber, Patrologie, 51: 2 Phil könne deshalb frühestens um 140 verfaßt sein. Ablehnend Barnard, Studies, 34; Fischer, Väter, 236. Ausführlich gegen eine Bezugnahme auf Marcion schon Harnack, Marcion, 5*f A 4.

[100] S. u. S. 230f.

darf man aus der Erwähnung des Stichworts δικαιοσύνη keine allzu weitreichenden Schlüsse ziehen: Die Frage nach der δικαιοσύνη wurde offenbar von den Philippern gestellt (3,1), die – ebenso wie Polykarp in seiner Antwort – in erster Linie oder ausschließlich an den moralischen Begriff der Gerechtigkeit gedacht zu haben scheinen (vgl. den Kontext in Pol 2 Phil 4).

Paulus wird als μακάριος und ἔνδοξος bezeichnet, und ihm wird eine geradezu beispiellose σοφία zugesprochen[101]. Die Wendung οὔτε ἐγὼ κτλ. dürfte dabei kaum das Eingeständnis Polykarps enthalten, daß „die paulinische Lehre seine Fähigkeit des Verständnisses übersteigt"[102]; vielmehr scheint Polykarp hier ähnlich wie Ignatius in Röm 4,3 den prinzipiellen Abstand zwischen ihm und den Aposteln zum Ausdruck bringen zu wollen. Die Verkündigung des Paulus in Philippi wird ebenso wie der Inhalt seiner Briefe als λόγος τῆς ἀληθείας bezeichnet; und Polykarp rechnet damit, daß die Philipper nicht nur früher (τότε) diese Briefe (s. u.) empfangen haben, sondern daß sie ihnen jetzt noch zur Verfügung stehen (... ἐὰν ἐγκύπτητε ...). Für W. Bauer ist 2 Phil 3,2 ein Beleg dafür, daß Polykarp zum Zeitpunkt der Abfassung dieses Briefes noch nicht in Auseinandersetzung mit Marcion stand. Denn anders als Papias oder Justin habe Polykarp noch keinerlei Hemmungen gehabt, „als er Paulus um Unterstützung anging bei seinem Versuch, der kirchlichen Minderheit (sic!) in einer von dem Heidenapostel gegründeten und brieflich unterwiesenen Christenschaft den Rücken zu stärken"[103]. Aber diese These geht weit über das hinaus, was man dem Text entnehmen kann: Die Autorität des Paulus scheint nicht in Frage gestellt zu sein; und daß Polykarp glaubt, er wende sich lediglich an eine Minderheit in Philippi, ist nicht zu belegen[104].

Sehr auffällig ist die Wendung ὑμῖν ἔγραψεν ἐπιστολάς. Kennt Polykarp möglicherweise mehrere paulinische Philipperbriefe? Oder weiß er etwas davon, daß der Phil des Paulus aus mehreren ursprünglich selbständigen Briefen bestand[105]? Das ist unwahrscheinlich; denn 11,3 setzt doch – soweit sich diese Stelle überhaupt deuten läßt[106] – voraus, daß Polykarp nur einen paulinischen Phil gekannt hat. Der Vorschlag, daß der Plural hier für den Singular stehe[107], ist eine Verlegenheitslösung. Wahrscheinlicher ist m. E., daß ὑμῖν „ekklesiologisch" zu verstehen ist; dann wäre einfach gemeint, daß Paulus den Christen Briefe geschickt hat, die jetzt noch gelesen werden

[101] Die Stelle erinnert an 2 Petr 3,15f (s. u. S. 92–95).

[102] So WERNER, Entstehung (^{2}1953), 141. Seine Behauptung, die Großkirche habe der Bildung, Gelehrsamkeit und Weisheit des Apostels besonderen Respekt gezollt, läßt sich so nicht belegen.

[103] BAUER, Rechtgläubigkeit, 219.

[104] Vgl. u. S. 231 f.

[105] Für GNILKA, Phil, 11 ist die Stelle ein Beleg dafür, daß Polykarp noch mehrere paulinische Phil gekannt habe (s. o. S. 22).

[106] S. u. S. 90.

[107] CAMELOT, SC 10, 206 A 1; vgl. FISCHER, Väter, 253 A 36.

können. Polykarp würde damit sagen, daß Paulus diese Briefe, unabhängig von den eigentlichen jeweiligen Adressaten, auch für die Philipper geschrieben hat[108]. Und dann würde die ganze Textstelle überhaupt nicht mehr unbedingt beweisen, daß Polykarp den paulinischen Phil kennt; sondern sie würde lediglich zeigen, daß Polykarp einerseits vom Aufenthalt und der Predigt des Paulus in Philippi weiß, und daß er andererseits eine Sammlung von Paulusbriefen kennt, die er auch in den Händen der Philipper vermutet und von der er meint, daß sie deren Glauben zur Erbauung dient.

Bedeutsam für das Paulusbild des Polykarp ist auch 2 Phil 9,1: Nach der Aufzählung der Namen von drei vermutlich zeitgenössischen Märtyrern[109], die als Vorbilder der *ὑπομονή* gelten, wird als einzige Gestalt der Vergangenheit Paulus genannt, ergänzt durch ein summarisches *καὶ τοῖς λοιποῖς ἀποστόλοις*. Die hier sichtbar werdende Hochschätzung des Paulus ist außerordentlich: Er als einziger, nicht einmal Petrus neben ihm, wird namentlich genannt; die „übrigen“ Apostel treten daneben in den Hintergrund[110]. Man kann fragen, ob Polykarp in 9,1 die *ὑπομονή* gerade des Paulus nur deshalb so deutlich unterstreicht, weil er die Philipper an ein ihnen bekanntes Vorbild erinnern will *(εἴδατε κατ' ὀφθαλμούς)*; aber der Hinweis auf die „übrigen Apostel“, die den Philippern ja nicht bekannt waren, legt eher die Annahme nahe, daß die Vorordnung des Paulus für Polykarp eine prinzipielle ist.

G. G. Blum versteht 9,1 m. R. als Beleg dafür, daß Polykarp ähnlich wie der Vf der Past Paulus „zum Repräsentanten der kirchlichen Überlieferung und zum sittlichen Vorbild der Gläubigen“ mache[111]. In 6,3 zeige sich freilich eine Abschwächung dieser Tendenz, wenn Polykarp „die Apostel“ als Einheit betrachte, ohne Paulus besonders hervorzuheben[112]. Aber in 6,3 ist eine gesonderte Erwähnung des Paulus aufgrund der Struktur der Aussage gar nicht zu erwarten: Polykarp verweist hier ja lediglich auf die Hierarchie, die von Christus über die Apostel und die alttestamentlichen Propheten bis hinab zu „uns“ reicht. Eine hierarchische Überordnung des Paulus im Sinne eines Primats gibt es bei Polykarp nicht.

---

[108] Vgl. das generalisierende *γενόμενος ἐν ὑμῖν* (3,2a) und das ebenfalls uneigentliche *ἐξ ὑμῶν* in 9,1. Vgl. Joh 1,14: *ἐθεασάμεθα τὴν δόξαν αὐτοῦ;* 1 Kor 10,11: *ἐγράφη δὲ πρὸς νουθεσίαν ἡμῶν*.

[109] Daß es sich bei Zosimus und Rufus um die in 1 Phil 2 erwähnten Begleiter des Ignatius (qui cum eo sunt) handelt, wie Fischer, Väter, 247 A 3; 259 A 108 meint, ist möglich, aber nicht beweisbar.

[110] Nach Klein, Apostel, 106 zeigt 2 Phil 9,1, daß Polykarp die Zwölf-Apostel-Idee nicht vertritt. Die Behauptung späterer Generationen, Polykarp habe in enger Verbindung mit den Aposteln gestanden, könne „ein Reflex der Tatsache sein, daß Pol von einer Zeit wußte und ihr verpflichtet war, in welcher der alte offene Apostelbegriff in gewissen Kirchengebieten noch lebendig war“. Aus den beiden Briefen Polykarps läßt sich das freilich nicht herauslesen.

[111] Blum, Tradition, 62.

[112] Blum ebenda. In 2 Petr erreiche diese Tendenz ihren Höhepunkt, da Paulus dort als erst nachträglich legitimiert gelte. S. dazu u. S. 93.

Die dritte Textstelle 2 Phil 11,2f ist schon deshalb auffällig, weil hier ein zitiertes Wort des Paulus ausdrücklich als solches gekennzeichnet ist. Polykarp führt 1 Kor 6,2 an und setzt dabei offensichtlich voraus, daß den Philippern dieser Text bekannt ist (... nescimus, quia ... ?)[113]. Wichtig für das Paulusbild ist 11,3: Paulus wird beatus (= *μακάριος*, vgl. 3,2) genannt; und es wird ausdrücklich hervorgehoben, daß er mit den Philippern in engem Kontakt stand[114]. Die Wendung qui estis in principio epistulae eius ist freilich, wie W. Bauer m.R. festgestellt hat, „das drückendste Kreuz, das unser Brief dem Interpreten auferlegt"[115]. Die meistens vertretene These, Polykarp beziehe sich hier auf den paulinischen Phil 1,1–11 ist nur dann möglich, wenn man den Text korrigiert. Th. Zahn, J.B. Lightfoot und Th. Camelot rechnen denn auch mit einem Übersetzungsfehler[116], während A.v. Harnack eine Konjektur vorschlug – es sei zu lesen: ... qui laudati estis etc.[117] In der Tat scheint dies die einfachste Lösung zu sein[118], wenngleich sich Gewißheit natürlich nicht gewinnen läßt. Letztlich kann man der Textstelle nur entnehmen, daß Polykarp die Philipper mit einem der paulinischen Briefe in Zusammenhang bringt. Dafür spricht auch die Fortsetzung (de vobis etenim gloriatur etc.); die Formulierung erinnert zwar an 2 Thess 1,4, aber Polykarp wendet sie hier auf die Philipper an[119] und macht damit deutlich, daß er zwischen Paulus und den Philippern eine enge Verbindung sieht. Er lobt ihre Gemeinde als eine der ältesten christlichen Kirchen und führt ihren guten Zustand auf diese Tatsache zurück (11,1–3a).

Die Person des Apostels Paulus spielt für Polykarp also eine wesentliche Rolle; er allein unter den Gestalten des Urchristentums wird namentlich

---

[113] Zum einzelnen s.u. S. 227f. – Angesichts der Mängel der lateinischen Übersetzung des Pol (vgl. FISCHER, Väter, 244f) ist es nicht auszuschließen, daß die jetzige Fassung des Zitats vom Übersetzer stammt (Pol 2 Phil 11,2: ... quia sancti mundum iudicabunt?; 1. Kor 6,2 Vg: ... quoniam sancti de hoc mundo iudicabunt?). Daß Polykarp eine Anspielung beabsichtigte, dürfte aber wohl sicher sein.

[114] 11,3 (de vobis ... gloriatur) bestätigt m.E. die oben vorgeschlagene „ekklesiologische" Deutung des *ἐν ὑμῖν* in 3,2.

[115] BAUER, Pol, 295.

[116] ZAHN, Ignatius, 609f: In der Vorlage habe etwa gestanden ... *ἐν ἀρχῇ τοῦ εὐαγγελίου*. LIGHTFOOT, Fathers II/3, 342f: Im griechischen Text habe eine 2 Kor 3,2 verwandte Formulierung gestanden *(ἡ ἐπιστολὴ ἡμῶν ὑμεῖς ἐστε)*. CAMELOT, SC 10, 219 A 2: In der Vorlage stand etwa: «Vous êtes loués par Paul au début de la lettre qu'il vous a écrite.»

[117] HARNACK, Miszellen, 92.

[118] Die Annahme eines Übersetzungsfehlers (etwa: Es sei statt „epistulae" zu lesen „evangelii", so neben Zahn auch KRÜGER, in: Handbuch zu den Apokryphen, 203) ist im Grunde komplizierter, denn eine Verwechslung von *εὐαγγέλιον* und *ἐπιστολή* ist ja nur schwer vorstellbar.

[119] Ob Polykarp hier wirklich „zweifellos" 2 Thess 1,4 zitiert (so z.B. KRÜGER [s. die vorige Anm] 203) sei dahingestellt. Auch der Hinweis, 2 Thess sei ja wie Phil an eine makedonische Kirche gerichtet gewesen (so NTAF, 95), trägt wenig aus. Wahrscheinlich war sich Polykarp der Übereinstimmung mit 2 Thess nicht bewußt.

genannt, ihm kommen so hervorragende Epitheta wie die von 3,2f zu. Dabei gibt es für die These, hinter dieser Wertschätzung des Paulus stehe eine polemische Absicht, überhaupt kein Indiz. Daß Polykarp es „gewagt" habe, „den von den Gnostikern beanspruchten und darum vielfach mit Mißtrauen beurteilten Apostel Paulus bes[onders] herauszustellen", wie H. v. Campenhausen gemeint hat[120], läßt sich vom Text des Pol 2 Phil her nicht begründen. Das zeigt sich umgekehrt auch gerade daran, daß das wichtige polemische Kap. 7 keine Bezugnahmen auf Paulus oder auf die paulinische Theologie enthält[121].

Polykarp kann trotzdem kaum als „Paulinist" bezeichnet werden; der Gedanke, er sei möglicherweise der Vf der Past[122], wird dem sehr unterschiedlichen Paulusbild beider Texte keinesfalls gerecht. Polykarp bedient sich der Autorität des Paulus, er macht den Apostel und seine Briefe zum Hilfsmittel seiner eigenen Argumentation[123]; der Vf der Past dagegen hat sich hinter der Maske des Paulus geradezu verborgen. Beide stimmen allerdings darin überein, daß Paulus für sie ein Apostel (Past: „der" Apostel) mit unbestreitbarer Autorität ist, die niemandem gegenüber verteidigt zu werden braucht. Davon, daß Paulus zur Zeit Polykarps „auch in rechtgläubigen Kreisen suspekt war", wie es Ph. Vielhauer formuliert[124], lassen die Phil des smyrnäischen Bischofs nichts erkennen.

6. *Paulus im 2. Petrusbrief*

Es ist eine bemerkenswerte Tatsache, daß zu den wenigen frühchristlichen Schriften, die den Namen des Paulus überhaupt anführen, ausgerechnet der 2. Petrusbrief zählt. Das ist umso auffälliger, als 1 Petr trotz seiner unbestreitbaren Nähe zur paulinischen Theologie den Heidenapostel nicht erwähnt[1].

2 Petr ist mit Sicherheit literarisch abhängig von Jud und wohl auch von 1 Petr; die Kennzeichen der Pseudonymität sind besonders deutlich (1,16–18; 3,1). Wann der Brief verfaßt wurde, läßt sich kaum sagen; die Abhängigkeit vom ebenfalls schon recht späten Jud zwingt aber dazu, bis in die Mitte des 2. Jahrhunderts hinunterzugehen[2].

---

[120] Campenhausen, Art. Polykarp, RGG V, 448; vgl. ders., Ges. Aufs., 240f.

[121] S. dazu u. S. 230f.

[122] Diesen Vorschlag machte Campenhausen, Ges. Aufs., 242; deutlich abgeschwächt ders., Art. Polykarp, RGG V, 449.

[123] Das zeigen auch die relativ häufigen „Zitate" bzw. Anspielungen (s. u. S. 231f).

[124] Vielhauer, Geschichte, 566.

[1] Fischer, Tendenz, 15 A 3 hat allerdings vorgeschlagen, in 1,1 „Paulus" zu lesen; dann wäre der genannte Befund verständlich. Vgl. aber u. S. 259f.

[2] Allgemein gilt 2 Petr als die jüngste Schrift des NT; Harnack, Chronologie, 470 schlug als Datierung 160/175 vor; Kümmel, Einleitung, 383 hält 150 für zu spät, plädiert aber auch für das zweite Viertel des 2. Jahrhunderts.

Der einzige, natürlich viel diskutierte, Satz des 2 Petr, der im Zusammenhang der hier zur Diskussion stehenden Frage von Bedeutung ist, steht ganz am Schluß unmittelbar vor dem Eschatokoll: In 3,15f macht der Vf Aussagen über Paulus und zugleich über die Interpretation der paulinischen Briefe.

Ausgangspunkt ist ein theologischer Satz, als dessen Urheber Paulus gilt: *τὴν τοῦ κυρίου ἡμῶν μακροθυμίαν σωτηρίαν ἡγεῖσθε, καθὼς καὶ ... Παῦλος ... ἔγραψεν ὑμῖν.* Zwei Fragen stellen sich als erstes: In welchem Brief hat „Petrus" den Satz über die *σωτηρία* gelesen? Und wie kommt er darauf, daß die Leser seiner eigenen Schrift die Empfänger jenes paulinischen Briefes gewesen seien?

Bei der Antwort auf die erste Frage mag man an Röm 2,4 denken, wo Paulus von Gottes *μακροθυμία* spricht und von *τό χρηστὸν τοῦ θεοῦ,* das den Menschen zur Buße führe; sollte der Vf des 2 Petr diese Röm-Stelle vor Augen gehabt haben[3]? Auszuschließen ist es jedenfalls nicht. Kaum zu beantworten ist die zweite Frage: Was bedeutet *ἔγραψεν ὑμῖν* konkret? Will 2 Petr womöglich ein nach Rom gerichteter Brief sein? Das ist ganz unwahrscheinlich; es ist im Gegenteil eher vorstellbar, daß er ebenso wie 1 Petr (5,13, wenn Babylon wirklich Deckname für Rom sein sollte) in der Hauptstadt geschrieben worden ist bzw. sein will. Am einfachsten läßt sich *ὑμῖν* hier wie bei Polykarp (2 Phil 3,2) „ekklesiologisch" verstehen[4]: Der Vf des 2 Petr rechnet damit, daß seinen Lesern Paulusbriefe bekannt sind bzw. unmittelbar vorliegen; und so macht er offenbar den Versuch, sich für seine Lehre, insbesondere für seine Eschatologie, auf paulinische Aussagen zu berufen, die der Nachprüfung durch die Leser offenstehen. Dazu würde die „Katholizität" des 2 Petr, d.h. der uneingeschränkte Empfängerkreis, gut passen[5].

Wenn das richtig ist, dann erweist sich 2 Petr 3,15 als Belegstelle für ein sehr positives Paulusbild des Vf, oder, und vielleicht sogar wahrscheinlicher: 3,15 ist ein Hinweis auf das positive Paulusbild, das der Vf bei seinen Lesern voraussetzen zu können glaubt. Die Autorität des Paulus wird vom Vf des 2 Petr dafür in Anspruch genommen, die These von der eschatologischen *μακροθυμία* Gottes zu begründen. Warum sonst hätte er einen Anlaß gehabt, ausgerechnet an dieser Stelle Paulus zu erwähnen?

„Petrus" suggeriert also seinen Lesern, daß seine Lehre mit der des Paulus übereinstimmt, ja geradezu paulinisch ist; ihre zentrale Aussage kann man ja bei Paulus selbst nachlesen!

Paulus wird als *ὁ ἀγαπητὸς ἡμῶν ἀδελφός* eingeführt, was nach G. Klein ein

---

3 Nach GRANT, Formation, 31, hätte er an 1 Tim 1,15f gedacht. Aber die Röm-Parallele läge schon wegen ihres Zukunftsaspekts näher. – Im Grunde wird SCHRAGE, 2 Petr, 148 recht haben: Es ist „wenig sinnvoll", die Einzelheiten erraten zu wollen.

4 S.o. S. 88f. Auch SCHELKLE, 2 Petr, 236 erwägt, ob *ὑμῖν* sich auf die ganze Kirche beziehen könne.

5 Zutreffend KELLY, 2 Petr, 372: *ὑμῖν* meint "any community his letter may reach"; vgl. schon KNOPF, 2 Petr, 324.

höfliches, aber ganz unverbindliches Prädikat ist[6], während W. Schrage meint, hiermit werde Paulus „als Bundesgenosse und Apostelkollege", als „Amtsbruder" in Anspruch genommen[7]. Tatsächlich wäre es ja sehr eigenartig, wenn der „Apostel Petrus" (1,1) an dieser Stelle von Paulus als „Apostel" sprechen würde; die Bezeichnung *ἀδελφός* entspricht vollkommen der Fiktion des 2 Petr als eines Apostelbriefes[8].

Paulus tritt also auch formal gleichberechtigt neben Petrus, nachdem er in der Sache bereits zum Kronzeugen für dessen Theologie gemacht worden war.

Dazu paßt schließlich auch die Wendung *κατὰ τὴν δοθεῖσαν αὐτῷ σοφίαν*. Ph. Vielhauer spürt hier einen „etwas gönnerhaften Ton"[9]; aber die Formulierung muß angesichts des Kontexts doch eher positiv verstanden werden: Die *σοφία* des Paulus ist „die richtige apostolische Theologie"[10], die sich „Petrus" deshalb ohne weiteres aneignen konnte.

Mit dieser Feststellung ist der Paulus-Exkurs noch nicht zu Ende; er findet vielmehr in V. 16 seine nun ganz auf die kirchliche Gegenwart[11] bezogene Fortsetzung. Der Vf behauptet, Paulus habe sein Verständnis der Eschatologie (d.h. also den Gedanken der Parusieverzögerung) in allen seinen Briefen dargelegt; im Sinne des 2 Petr bedeutet dies, daß „Petrus" nicht etwa mit irgendeiner Randbemerkung in irgendeinem der paulinischen Briefe übereinstimmt, sondern mit der paulinischen Theologie schlechthin[12].

Es ist klar, daß „Petrus" hier an eine Sammlung von Paulusbriefen denkt[13], die offenbar als den „übrigen Schriften" (V. 16b) gleichberechtigt gelten (s.u.). Sein eigentliches Thema ist freilich nicht die paulinische Briefsammlung als solche, sondern das mit den Paulusbriefen verbundene hermeneutische Problem: In den Briefen ist *δυσνόητά τινα*. Diese Aussage ist nun freilich ihrerseits „schwer verständlich". Meinte der Vf sein Urteil gleichsam „objektiv", dann würde damit die bisherige Interpretation des ganzen Abschnitts in Zweifel gezogen: Wenn die paulinischen Briefe an die Gemeinden objektiv „schwer verständlich" sind, dann erfüllen sie ja im Grunde ihren Zweck gar

---

[6] KLEIN, Apostel, 105.

[7] SCHRAGE, 2 Petr, 148.

[8] Anders SCHULZ, Mitte, 114f: Paulus sei zwar ‚unser lieber Bruder', ihm werde aber „konsequent gegenüber den zwölf Aposteln mit Petrus an der Spitze der Apostel-Titel verwehrt". AaO., 296: Im 2 Petr seien „die zwölf Apostel als fest umgrenzte Institution kanonisiert". Wo?

[9] VIELHAUER, Geschichte, 595.

[10] SCHRAGE, 2 Petr, 148. Zu weit geht SCHELKLE, 2 Petr, 236: *σοφία* künde bereits den Inspirationsgedanken an.

[11] „Petrus" fällt in 3,16 aus seiner Rolle; denn die *ἀμαθεῖς* und *ἀστήρικτοι* passen ja gar nicht in die Zeit der Apostel (Apg und Past lassen konsequent die Irrlehrer erst in der Zukunft auftreten; vgl. auch die Epistula Petri der *KΠ*).

[12] Vgl. FORNBERG, Church, 23. Überhaupt stimmt Fornbergs Interpretation des Verhältnisses von 2 Petr zu Paulus mit der hier vorgetragenen weithin überein.

[13] SPITTA, 2 Petr, 289 bestreitet das, weil er 2 Petr für echt hält (aaO., 482).

nicht, und dann wäre auch die ihm verliehene *σοφία* eine sehr relative. Wahrscheinlicher ist von daher die gleichsam „subjektive“ Deutung des Ausdrucks *δυσνόητά τινα:* Die Paulusbriefe, so meint „Petrus“, erschließen sich dem Verstehen nur, wenn man sich in ihre Interpretation ganz vertieft. Dazu sind die *ἀμαθεῖς* und *ἀστήρικτοι* nicht imstande und nicht bereit[14]; und so führt sie ihre Fehldeutung der Briefe in ihr eigenes Verderben. Aber – und das ist wichtig – nicht nur die paulinischen Briefe interpretieren sie falsch, sondern auch „die übrigen Schriften“. Es handelt sich also bei dem Mißbrauch, den die *ἀμαθεῖς* mit einigen Texten treiben, nicht um einen auf Paulusbriefe beschränkten Irrtum, sondern um eine Fehlinterpretation des gesamten christlichen Schrifttums.

Umstritten ist dabei die Frage, ob der Ausdruck *αἱ λοιπαὶ γραφαί* auch „heilige Schriften“, also etwa die Bibel (= Altes Testament) meint[15]. Wenn ja, dann hätten wir in 2 Petr 3,16 den ältesten Beleg für einen zweiteiligen christlichen Kanon, der aus dem Alten Testament und Paulusbriefen zusammengesetzt wäre. Man wird aber doch bezweifeln müssen, daß der Vf das Alte Testament so ganz nebenbei als *αἱ λοιπαὶ γραφαί* bezeichnet und die Paulusbriefe damit „den Schriften“ nicht nur gleichgestellt, sondern faktisch übergeordnet haben würde. So ist es m. E. doch wahrscheinlich, daß *γραφαί* hier entgegen dem sonstigen urchristlichen Sprachgebrauch einfach christliche Schriften meint, über deren Kanonizität nichts gesagt, deren besondere Funktion in der Kirche aber vorausgesetzt wird.

Wenn das richtig ist, dann ist 2 Petr 3,15f zwar kein Beleg für eine bereits erfolgte Kanonisierung der Paulusbriefe, aber doch ein Indiz dafür, daß sich die Auslegung von christlichen Texten inzwischen als Kriterium für die Unterscheidung von Häresie und Rechtgläubigkeit herausgebildet hat. Diese Texte, zu denen namentlich die Paulusbriefe gehören, sind damit de facto „normativ“, also theologisch verbindlich, ohne schon nach der Art des Alten Testaments als „heilig“ zu gelten[16].

Bedeutet 2 Petr 3,16, daß der Vf die paulinischen Briefe und die „übrigen

---

[14] Vgl. FORNBERG, Church, 22f. Ähnlich wie bei *δυσνόητος* ist zu fragen, ob die Begriffe *ἀμαθής* und *ἀστήρικτος* eher polemisch oder eher deskriptiv-neutral gemeint sind. Sind Irrlehrer gemeint, die die nötige Sorgfalt bei der Paulusexegese nicht aufzubringen bereit sind? Oder sind es „Schwache“, die die schwierigen paulinischen Aussagen unabsichtlich verdrehen? Die Konsequenz ihres Handelns *(ἀπώλεια)* macht ersteres wahrscheinlicher, obgleich sich nach 2,14 eher nahelegen würde, die *ἀστήρικτοι* als „Ungefestigte“ zu verstehen, die nicht die Urheber, sondern eher die Opfer der Irrlehre sind. Vielleicht hat das Wort nicht an beiden Stellen dieselbe Bedeutung.

[15] Das ist generell die Wortbedeutung im NT (vgl. BAUER, Wb. sv *γραφή* 2b, 329f).

[16] Vgl. SCHRAGE, 2 Petr, 148, der freilich ebenso wie MUSSNER, Petrus, 64 Normativität und Kanonizität gleichsetzt. „Kanon“ bedeutet aber m. E. nicht nur, daß bestimmte Texte normative Bedeutung haben, sondern zugleich auch, daß ihre Zahl fest umrissen ist und daß sie ausgegrenzt sind aus einer größeren Gruppe. Die Wendung *αἱ λοιπαὶ γραφαί* zeigt, daß ein solcher „Kanon“ offenkundig noch nicht bestand.

Schriften" der allgemeinen Auslegung entziehen, sie der Hermeneutik eines kirchlichen Lehramts unterwerfen will? Nach G. Klein fordert „Petrus" faktisch, die Paulusbriefe für die *ἀμαθεῖς* auf den Index zu setzen: „Indem die paulinische Theologie zum intellektuellen Problem erhoben wird, wird sie zugleich zum Reservat der orthodoxen Elite deklariert."[17] Aber diese Deutung geht weit über das hinaus, was man dem Text wirklich entnehmen kann[18]. Sicher ist doch nur, daß bestimmte Kreise sich der in der Kirche in Geltung stehenden Schriften in (nach Auffassung des „Petrus") unzulässiger Weise bemächtigt und daß sie sich durch deren falsche Interpretation als *ἀμαθεῖς* und *ἀστήρικτοι* erwiesen haben [19]. Welcher Art die ihnen vorgeworfene *ἀμαθία* im einzelnen ist, läßt sich kaum sagen; aber es liegt aufgrund des unmittelbaren Kontexts natürlich nahe, an das Thema der Eschatologie zu denken[20].

In der Forschung wird immer wieder versucht, 2 Petr theologiegeschichtlich in den Rahmen einer „orthodoxen" Paulusrezeption einzuordnen. Der Vf wehre sich gegen die Vereinnahmung des Paulus durch (gnostische) Irrlehrer und unterstreiche den Anspruch der Großkirche auf das – „richtig" interpretierte – Erbe des Paulus[21]; ja, 2 Petr sei möglicherweise sogar ein Zeuge für die bereits abgeschlossene „Verkirchlichung" der Paulus-Überlieferung[22]. Die in den Abschnitten 1–5 dieses Kapitels untersuchten frühchristlichen Schriften haben aber an keiner Stelle ein überzeugendes Indiz dafür gezeigt, daß die – zweifellos vorhandene – Paulusrezeption der Häretiker (s. u. Abschnitt 7) ein zentrales Problem des Paulusverständnisses der frühen „rechtgläubigen" Kirche gewesen wäre. Soweit Paulus erwähnt

---

[17] KLEIN, Apostel, 104; zustimmend zitiert von SCHULZ, Mitte, 306. Diese Interpretation hängt natürlich auch mit dem Verständnis von *ἀμαθής* zusammen (s. o.), womit für Klein offenbar eine Art „Laienstand" gemeint ist. Auch nach MUSSNER, Petrus, 65f beansprucht „Petrus" für die Auslegung der paulinischen Briefe eine besondere apostolische Autorität: „Der ‚Primat' taucht bereits deutlich am Horizont auf." (aaO., 66).

[18] Wäre Kleins Deutung richtig, dann würde der „Index" des 2 Petr ja nicht nur die Paulusbriefe, sondern auch die „übrigen Schriften" umfassen; über das Problem speziell der Paulus-Interpretation läßt sich der Stelle also gar nichts entnehmen.

[19] Zu Recht verweist GOGUEL, Jésus, 467f auf 2 Petr 1,19f: Die «hérétiques» haben sich der paulinischen ebenso wie der alttestamentlich-prophetischen Schriften bemächtigt; davor will der Vf seine Leser warnen.

[20] Es hat also absolut keinen Sinn, in den *ἀμαθεῖς* „Gnostiker" welcher Provenienz auch immer zu sehen. Die von ihnen vertretene Lehre bzw. ihre *ἐμπαιγμονή* (3,3f) trägt keine spezifisch gnostischen Züge. Und die breite Polemik von 2 Petr 2 (weithin abhängig vom Jud) paßt schlechterdings auf alles. Vgl. auch die m. E. zutreffenden Ausführungen bei FORNBERG, Church, 29–32.

[21] Vgl. SCHELKLE, 2 Petr, 237–239.

[22] VIELHAUER, Geschichte, 599: „Da die Orthodoxie dem Paulus lange wegen seiner Schätzung bei den Gnostikern skeptisch gegenüberstand, könnte der 2 Petr erst entstanden sein, als die Großkirche den Apostel wieder für sich beanspruchte, also in der Zeit nach (!) Markion."

wird (und das geschieht immerhin öfter als bei allen anderen Personen des Urchristentums)[23], ist sein Bild stets positiv gezeichnet. Die bis jetzt untersuchten „rechtgläubigen" Autoren, also die Vf der sechs pseudopaulinischen Briefe, die Vf der Apg und des 1 Clem sowie Ignatius und Polykarp decken zeitlich immerhin den Bereich zwischen ca. 70 und etwa 130 weitgehend ab; geographisch gehören sie in den Raum der kleinasiatischen[24], der griechischen[25] und der römischen[26] Kirche. Natürlich kann man nicht sagen, daß diese Autoren bzw. ihre Schriften schlechterdings repräsentativ wären; aber immerhin ist nicht zu bestreiten, daß sich bei keinem von ihnen ein Hinweis dafür fand, daß Paulus eine umstrittene oder gar eine von der „rechtgläubigen" Kirche abgelehnte Gestalt gewesen wäre.

In diese Tendenz des frühchristlichen Paulusbildes fügt sich 2 Petr ohne weiteres ein: Paulus ist hier der Kronzeuge für die vom Vf als rechtgläubig angesehene Eschatologie; „Petrus" kann sich im antihäretischen Kampf ohne weiteres der Unterstützung des Paulus bedienen[27].

Daß diese Zeugenschaft des Paulus sachlich nicht gerechtfertigt ist, liegt auf der Hand: Paulus hat in allen seinen Briefen den Gedanken der nahen Parusie vertreten[28], ohne daraus allerdings ein zentrales theologisches Thema zu machen. Aber es kommt hier gar nicht in erster Linie darauf an, ob Paulus „verstanden" wurde; wichtig ist zunächst einmal nur, daß der Vf des 2 Petr die (angebliche) Übereinstimmung der von ihm vertretenen Lehre mit der paulinische Theologie als für seine Argumentation bedeutsam ansah, und daß er in diesem Zusammenhang ein Paulusbild formte, das Paulus als „Bruder" des Apostels Petrus und als Verfasser von normativ gültigen Briefen zeichnete[29].

---

[23] Natürlich: In der Mehrzahl der frühchristlichen Schriften wird Paulus nicht erwähnt. Aber das ist nicht a priori ein Beleg dafür, daß sie eine paulus-kritische Haltung einnehmen; denn in einigen Schriften, etwa den Evangelien, konnte Paulus beim besten Willen keinen Platz finden. Zum Befund bei den Apologeten s. u. S. 366f.

[24] Kol und Eph werden in Kleinasien entstanden sein (vgl. LINDEMANN, ZNW 67, 1976, 239); auch Polykarp ist Vertreter der kleinasiatischen Kirche.

[25] 2 Thess wird in Makedonien verfaßt worden sein (vgl. LINDEMANN, ZNW 68, 1977, 44f); die Apg kann man sich im Gebiet der Ägäis geschrieben vorstellen (s. S. 51 Anm 14). 1 Clem und Polykarp sind auch Zeugen für die bleibende Bedeutung, die Paulus für Korinth und für Philippi hatte.

[26] 1 Clem. – Zu Syrien s. u. S. 221.

[27] Zum Problem, in welchem Umfang 2 Petr paulinische Briefe gekannt und benutzt hat, s. u. S. 261 f.

[28] Freilich in unterschiedlicher Form. Aber auch Phil und Röm, die wohl spätesten Paulusbriefe, enthalten die Parusieerwartung (Phil 3,20; 4,5; Röm 13,12).

[29] Nach SCHMITHALS, Apostelamt, 240 setzt 2 Petr die Theorie des Zwölfer-Apostolats voraus. Aber dafür ist weder 1,1 noch 1,16–18 ein Beleg, und schon gar nicht 3,2. Während es nämlich an den beiden zuerst genannten Stellen dem Vf darum geht, sich als „Petrus" zu erweisen, zeigt 3,2 deutlich, daß der Kreis der Apostel, auf die man hören soll, durch nichts eingeschränkt wird. Daß zu ihnen auch Paulus gehört, ist vorauszusetzen.

Natürlich enthält 2 Petr den Hinweis, daß die „Irrlehrer" sich der Paulusbriefe bedienten. Aber daraus ist nicht zu schließen, daß sie sich als „die" Nachfolger des Paulus verstanden hätten; und noch weniger bedeutet 2 Petr 3,16, daß die „Irrlehrer" Paulus mit ihrer Benutzung seiner Briefe bei der „rechtgläubigen" Kirche in Mißkredit gebracht hätten. Der Vf des 2 Petr setzt es als ganz selbstverständlich voraus, daß die „rechtgläubige" Kirche, zu der er ebenso sich selbst wie seine Leser rechnet, Paulus auf ihrer Seite wissen kann. Sie braucht ihn weder zu verteidigen, noch müßte sie sich seiner gar „schämen". Das positive Paulusbild ist im Gegenteil ein integrierender Faktor der kirchlichen Gegenwart des 2 Petr[30].

7. *Die Erwähnung des Paulus in der christlichen Gnosis des zweiten Jahrhunderts*

Spuren der Begegnung des Christentums mit gnostischen Tendenzen zeigen sich erstmals im Kol und dann verstärkt im Eph[1]. Im 2. Jahrhundert[2] hat es dann eine weitreichende Adaption der Paulus-Tradition durch die (christlichen) Gnostiker gegeben, die sowohl die Person des Apostels als auch und vor allem die paulinischen Briefe betraf.

W. Schmithals erklärt diesen Prozeß damit, daß „abfallende Christen die Paulusüberlieferung in die gnostischen Gemeinden mitnahmen"[3]; aber die Übergänge werden hier sehr fließend gewesen sein.

Irenäus berichtet, es gebe christliche Gruppen, die behaupteten solum Paulum veritatem cognovisse, cui per revelationem manifestatum est mysterium (Haer III 13,1). Leider kann man dieser wichtigen Textstelle nichts darüber entnehmen, ob Irenäus hier wirklich an Gnostiker denkt (so die Vermutung von E. Pagels), oder ob er nicht vielmehr Marcioniten im Blick hat (so A.v. Harnack), auf welche die Charakterisierung jedenfalls passen würde[4].

Nach Epiphanius besaß die gnostische Gruppe der *Kainiten* ein Buch mit dem Titel *Ἀναβατικὸν Παύλου*, das die *ἄρρητα ῥήματα* von 2 Kor 12,4

---

[30] M.E. völlig richtig hat hier schon PFLEIDERER, Urchristentum II, 515 geurteilt: 2 Petr wolle die Übereinstimmung des kirchlichen Glaubens mit dem „recht verstandenen" Paulus aufzeigen. Vgl. auch FORNBERG, Church, 21–23.

[1] Vgl. zum Problem LINDEMANN, Aufhebung, 240–247.

[2] Die christlich-gnostischen Schriften sind überwiegend später verfaßt worden; man kann aber damit rechnen, daß ihre Traditionen (einschließlich des in ihnen vorausgesetzten Paulusbildes) in ältere Zeit zurückreichen. Die gnostische Paulusrezeption der zweiten Hälfte des 2. Jahrhunderts dürfte einen längeren Prozeß voraussetzen. Vgl. im übrigen u. S. 297f.

[3] SCHMITHALS, Apostelamt, 223.

[4] HARNACK, Marcion, 320*; PAGELS, Paul, 121 bezieht sie auf den Valentinianer Ptolemäus. Damit ist freilich nicht zu rechnen, denn eine exklusive Paulusbenutzung gibt es bei Ptolemäus nicht (s. u. S. 302–305).

enthalten habe (Haer 38,2,5); mit inhaltlichen Aussagen der paulinischen Theologie scheint, sofern das Referat des Epiphanius zuverlässig sein sollte[5], dieses Buch nichts zu tun gehabt zu haben.

Eine besondere Betonung der Person des Paulus findet sich bei den *Valentinianern*, die sich intensiv mit den paulinischen Briefen (und anderen Texten der christlichen Tradition) beschäftigten[6]. In den von Clemens Alexandrinus überlieferten Excerpta ex Theodoto heißt es (23,2), Jesus sei der Paraklet gewesen – *ἐν τύπῳ δὲ Παρακλήτου ὁ Παῦλος ἀναστάσεως ἀποστολὴ γέγονεν. αὐτίκα μετὰ τὸ πάθος τοῦ κυρίου καὶ αὐτὸς ἀπεστάλη κηρύσσειν.* Zweifellos wird Paulus hier in einer Weise dargestellt, wie sie sich in „kirchlichen" bzw. „rechtgläubigen" Texten nicht findet. Er gilt als der Apostel der Auferstehung, dessen Beauftragung unmittelbar nach dem Tode des Herrn erfolgte; in diesem Bild wird die Zeit des Christenverfolgers Paulus, in der „rechtgläubigen" Kirche fester Bestandteil der Tradition, also einfach übergangen. Dagegen ist es nicht ohne Parallele, wenn Paulus, im Unterschied etwa zur Apg, nicht mit den anderen Aposteln in Beziehung gesetzt wird: Dieses Bild entwerfen auch die Past.

Eindrucksvoll ist die Bezeichnung des Paulus als *τύπος Παρακλήτου*. Aber gerade dieser Ausdruck ist besonders schwer zu verstehen, weil sich die Wendung *ἐν τύπῳ Παρακλήτου* verschieden deuten läßt. Ist etwa gemeint, Paulus sei „in der Gestalt des Parakleten" gekommen? Das ist wenig wahrscheinlich. C.K. Barrett will den Text deshalb dahin verstehen, "that the great apostle was a substitute for the spiritual Christ"[7]; *ἐν τύπῳ* hieße dann etwa „als Stellvertreter" oder „als irdisches Abbild"[8]. Jedenfalls zeigt die Formulierung eine ganz außerordentliche Wertschätzung des Paulus, die in dieser Form keiner anderen Person des Urchristentums zuteil wird.

An allen anderen Stellen, wo die Kirchenväter von einer gnostischen Paulusbenutzung berichten[9], ist freilich von einer derartigen Glorifizierung des Apostels nichts zu erkennen. Die Bezugnahmen auf seine Person halten sich durchaus im Rahmen dessen, was auch in der nichtgnostischen Kirche möglich und üblich war[10].

---

[5] Als inhaltliche Tendenz des Buches nennt Epiphanius (Haer 38,2,6): *τοὺς πονηροὺς τιμῶντες καὶ τοὺς ἀγαθοὺς ἀπαγορεύοντες*. Man muß allerdings fragen, ob Epiphanius ein sehr zuverlässiger Berichterstatter ist. In Haer 26,11,2 erwähnt er gnostische Libertinisten, die unter Hinweis auf den (veränderten) Text von Eph 4,28 eine religiös begründete Masturbation propagiert hätten. Wer besaß hier mehr Phantasie: Jene Gnostiker, oder Epiphanius selbst?

[6] S.u. S. 298–306.

[7] Barrett, SEÅ 21, 1956, 37.

[8] Vgl. Goppelt, Art. *τύπος*, ThWNT VIII, 260,22 unter Hinweis auf Ign Trall 3,1.

[9] S.u. S. 306–312.

[10] Im Brief des Ptolemäus an Flora findet sich eine Stelle, wo Paulus zitiert und dabei ausdrücklich von den *μαθηταί* Jesu abgesetzt wird (Epiph Haer 33,6,6). Hilgenfeld, ZwTh 24, 1881, 227 schließt daraus: „Anstatt ... den Unterschied der Urapostel und

Man kann natürlich fragen, ob die Kirchenväter allzu enthusiastische Bezugnahmen der Gnostiker auf Paulus bewußt unterdrücken. Aber die Antwort darauf bleibt reine Spekulation.

In den Handschriften-Codices von *Nag Hammadi* gibt es einige Texte, die zumindest Berührung mit paulinischer Tradition aufweisen (s. u. S. 313–341). Findet sich hier eine besondere Hervorhebung der Person des Apostels?

Zwei der 49 selbständigen Schriften von Nag Hammadi[11] tragen im Titel (bzw. in der Subscriptio) den Namen des Paulus: Das kurze „Gebet des Paulus" (OrPl; NHC I/5 p 143f)[12] und die „Apokalypse des Paulus" (ApcPl; NHC V/2 p 17–24).

Der sachliche paulinische Einfluß auf die OrPl ist überaus gering[13], eine besondere Hervorhebung der Person des Apostels ist nicht zu erkennen.

In der „Apokalypse", die ähnlich wie das *Ἀναβατικόν* der Kainiten (s. o) an 2 Kor 12,2ff anknüpft, wird Paulus mit den „zwölf Aposteln" in Zusammenhang gebracht, aber gleichzeitig von ihnen erkennbar unterschieden. Paulus erlebt einen Aufstieg in die verschiedenen Himmel, während die zwölf „Mit-Apostel" möglicherweise auf der Erde bleiben – der Text ist nicht sicher zu deuten[14]. Zweimal (NHC V p 18,17f; 23,3f) ist von der „Aussonderung von Mutterleib an" die Rede, womit deutlich an die Selbstaussage des Paulus in Gal 1,15 angeknüpft ist[15]. ApcPl bezieht sich also auf Aspekte der Paulus-Überlieferung, zeichnet aber keinesfalls ein herausragendes Bild des Apostels; insbesondere fehlt dem Paulus der ApcPl jede Individualität.

Sehr eigenartig ist allerdings die Aussage von p 23,13–17, wo der christologische Satz von NT Eph 4,8 auf Paulus selbst gedeutet wird, so daß man den Eindruck hat, der Apostel wolle hier die Funktion des Erlösers wahrnehmen. Der Gedanke („Ich will hinabsteigen ...") wird dann aber nicht weiter ausgeführt[16].

Neben den beiden „Paulusschriften" gibt es in Nag Hammadi auch Schriften unter dem Namen anderer urchristlicher Gestalten, so vor allem des

---

des Paulus schon für abgethan zu halten, unterscheidet selbst der Gnostiker Ptolemäus noch ausdrücklich die unmittelbaren ‚Jünger' Jesu und den Apostel Paulus". Aber von einer Unterordnung des *ἀπόστολος* unter die *μαθηταί* ist nichts zu sehen; man kann fragen, ob sich der Hinweis auf die Jünger auf die vorangegangenen (synoptischen) Zitate von Herrenworten bezieht. Vgl. zur Stelle u. S. 305.

[11] NHC XII/3 (p 35–50) enthält unidentifizierbare Fragmente; NHC VI/5 (p 48–51) ist eine Übersetzung von Platos Politeia 588 B – 589 B.

[12] Zur Plazierung der Or Pl in NHC I vgl. MÜLLER, in: NHL, 27. Ich übernehme aber die in der Edition des Trac Trip gewählte Paginierung. – Der Name „Paulus" ist in NHC I p 144,7 übrigens kaum zu lesen (sicher ist nur das *Π*); der eindeutig erkennbare Titel ΑΠΟCΤΟΛΟC macht es aber wahrscheinlich, daß Paulus als Autor gelten soll.

[13] In p 143.23–30 wird auf 1 Kor 2,9 angespielt. S. u. S. 324f.

[14] S. u. S. 334.

[15] S. u. S. 333.

[16] S. u. S. 333.

Jakobus (EpJac; NHC I/1 [NHL I/2]; 1.2 ApcJac; NHC V/3.4) und des Petrus (ApcPt; NHC VII/3; EpPt; NHC VIII/2); es gibt sogar eine „Die Taten des Petrus und der zwölf Apostel" genannte Schrift (ActPt; NHC VI/1), die auf Paulus überhaupt nicht eingeht, sondern den Zwölf die Verkündigung gnostischer Lehren unterstellt[17]. Ein exklusives Interesse an Paulus besteht also nicht.

Paulus wird namentlich erwähnt in der „Exegese über die Seele" (ExAn; NHC II/6) unter Zitierung von 1 Kor 5,9–11; Eph 6,9–13 (p 130,35–131,19), wobei sich jedoch eine besondere Hervorhebung seiner Person nicht findet – er wird nicht einmal ausdrücklich „Apostel" genannt, obwohl in p 130,29.33 von den Aposteln die Rede ist[18].

Von Paulus ist ferner die Rede in den „Lehren des Silvanus" (Silv; NHC VII/4), wo gesagt wird, Paulus sei „Christus ähnlich" geworden (p 108,30–32), was möglicherweise eine Anspielung auf 1 Kor 11,1 ist[19].

Ein für die Paulusrezeption der Gnosis sehr wichtiger Text ist der Rheginusbrief (NHC I/3 [NHL I/4]). Paulus wird im Rheg zwar nicht namentlich genannt: aber er wird in p 45,24f als „der Apostel" (ΠΑΠΟϹΤΟΛΟϹ) eingeführt, wobei ein längeres Zitat folgt, das in der Sache Eph 2,6 am nächsten steht[20]. Der Vf beruft sich für sein Verständnis der Auferstehung u.a. auf „den Apostel", und er setzt voraus, daß sein Leser mit diesem Titel sofort die Person des Paulus verbindet[21]; ob er damit implizit den Aposteltitel auf Paulus beschränken will, ist nicht erkennbar.

Eine weitere Erwähnung des Paulus findet sich in der Schrift über „Das Wesen der Archonten" (HA; NHC II/4); Paulus wird als „der große Apostel" bezeichnet (p 134,21), worauf ein Zitat von Eph 6,12 folgt. Es steht allerdings zu vermuten, daß der Anfangsabschnitt der im übrigen durch christliche Tradition nicht beeinflußten HA auf eine „kirchliche" Redaktion zurückgeht und deshalb für die Paulusrezeption der Gnostiker nichts austrägt[22].

Wenn, wie es hier bewußt geschehen ist, nur diejenigen gnostischen Textstellen untersucht werden, die Paulus ausdrücklich erwähnen, dann zeigt sich, daß dem Apostel von den Gnostikern in der Tat zum Teil eindrucksvolle Epitheta gegeben werden, daß ihm aber eine einmalige und überragende Stellung offenbar nicht zuerkannt wird. Die These, das Paulusbild der

---

[17] Vgl. SCHENKE, ThLZ 98, 1973, 13–19. – Zur Apc Pt vgl. vor allem KOSCHORKE, Polemik, 11–89. In dieser Schrift wird Petrus als der zur vollkommenen Gnosis berufene Zeuge der Offenbarung dargestellt; zugleich wird gegen das katholische Petrusbild polemisiert (vgl. KOSCHORKE, aaO., 26–34).

[18] S.u. S. 330f.

[19] S.u. S. 335.

[20] S.u. S. 319f.

[21] WILSON, Gnosis, 70: Paulus sei – offenbar nicht nur für die Gnosis (?) – „der Apostel par excellence für das zweite Jahrhundert". – Jedenfalls gilt das in der Tat für den Vf des Rheg.

[22] S.u. S. 328f.

„rechtgläubigen“ Kirche sei eine Reaktion auf das Paulusbild der Gnostiker gewesen, wird von diesem Befund her jedenfalls nicht bestätigt.

Im folgenden Kapitel (s. S. 297) wird zu prüfen sein, ob die Auseinandersetzung der Gnostiker mit dem theologischen Denken des Paulus zu einem anderen Ergebnis führt.

8. Zum Paulusbild des antipaulinischen Judenchristentums

a) Zum Begriff „Judenchristentum“

Es ist hier nicht der Ort, auf die Problematik der Definition dessen, was „Judenchristentum“ heißt, detailliert einzugehen[1]. Sofern darunter einfach diejenigen Christen verstanden werden, die vor ihrer Taufe Juden waren, ist selbstverständlich auch der Heidenapostel Paulus ein Judenchrist. Daß diese Christen eine besondere Theologie (und dann womöglich ein spezifisches Paulusbild) entwickelt hätten, kann man nicht sagen[2].

Der Ausdruck „Judenchristentum“ faßt im folgenden in erster Linie solche Gruppierungen zusammen, die im Rahmen des christlichen Bekenntnisses an der jüdischen Tradition, insbesondere am alttestamentlichen Kultgesetz festhalten wollten. Daß diese Gruppen in einen Widerspruch zu Paulus gerieten, ist verständlich[3], ja, man kann geradezu sagen, daß die Ablehnung des Paulus ein charakteristisches Merkmal des Judenchristentums gewesen ist[4]. Die von Paulus im Gal und möglicherweise auch die in 2 Kor 10–13 bekämpften Gegner waren vermutlich Judenchristen in diesem Sinne[5].

Man darf allerdings nicht umgekehrt sagen, daß jede christliche Gruppe, die Paulus ablehnend gegenübersteht oder die Paulus-Überlieferung negiert, schon deshalb von vornherein als judenchristlich anzusehen ist.

---

[1] Vgl. SIMON, Israel, 277–281.

[2] Das Problem zeigt sich deutlich bei KÜMMEL, Art. Judenchristentum I. Im Altertum, RGG III, 967–972. Er trennt die Ebioniten ab und will nur „das der heidenchristlichen Großkirche ... vorauf- und parallellaufende palästinensische“ Judenchristentum als Judenchristentum im eigentlichen Sinne verstehen (aaO., 967). Damit erscheint es als eine in erster Linie auf einen geographischen Raum bezogene Größe, während die judenchristliche Theologie mit der des palästinensischen Urchristentums praktisch gleichgesetzt wird.

[3] SIMON, Israel, 289 betrachtet als ein Kennzeichen aller judenchristlichen Gruppen die Forderung, daß die Praxis heilsnotwendig und der christliche Glaube der jüdischen Tradition verpflichtet sein müsse. «Dans un cas comme dans l'autre, les judéo-chrétiens sont en opposition totale avec le message paulinien. Et c'est un autre trait du judéo-christianisme que son aversion pour l'Apôtre.»

[4] Vgl. SIMON, Israel, 290: «L'antipaulinisme paraît avoir effectivement caractérisé le christianisme ébionite tout au long de son histoire, et dans toutes ses nuances», was ebenso auch für die anderen judenchristlichen Gruppen gelte.

[5] STRECKER, Art. Ebioniten, RAC IV, 489f sieht diese Gegner schon als Ebioniten. Aber das muß natürlich ganz unsicher bleiben.

Diese „Judenchristen“ sind, soweit die Quellen ein Urteil darüber zulassen, von der übrigen Kirche praktisch von Anfang an zumindest kritisch beurteilt worden: Judenchristliche Schriften haben in keinem Fall allgemeine Geltung erlangt und sind jedenfalls nicht in den Kanon des Neuen Testaments aufgenommen worden. Die Kirche des 2. Jahrhunderts ist faktisch eine bereits rein heidenchristliche (vgl. Eph), die das Problem des Judenchristentums nur noch als ein eher theoretisches betrachtet (Justin!).

Dabei ist festzuhalten, daß es „das“ Judenchristentum natürlich ebensowenig gegeben hat wie „die“ Gnosis. Vielmehr gab es, wie M. Simon zu Recht festgestellt hat, mehrere und dazu sehr unterschiedliche „judéo-christianismes“[6]. Über ihre Lehren sind wir in erster Linie durch die Ketzerpolemik der Kirchenväter und durch die in den Pseudo-Clementinen verarbeitete Quelle der „Kerygmata Petrou“ informiert.

Dieser Quellenbefund bedeutet, daß wir in noch geringerem Umfang als bei der Gnosis über die von Judenchristen vertretenen Lehren zuverlässig unterrichtet sind[7]. Für das Paulusbild der Judenchristen gilt diese Einschränkung freilich weniger, da der Antipaulinismus den Kirchenvätern durchweg als ein Kennzeichen der Judenchristen galt.

b) Der judenchristliche Antipaulinismus nach den Berichten der Kirchenväter

Den die Judenchristen, insbesondere die Ebioniten, betreffenden Darstellungen der Kirchenväter[8] läßt sich entnehmen, daß Paulus hier als Apostel generell abgelehnt worden ist. Irenäus berichtet (Haer I 26,2; Harvey I, 213)[9], die *Ebioniten* hätten von allen christlichen Schriften allein das Matthäus-Evangelium benutzt[10], et apostolum Paulum recusant, apostatam eum legis dicentes[11]. Nach Orig Cels V 65 haben Ebioniten und Enkratiten die paulini-

---

[6] Simon, Israel, 280.

[7] Klijn, NTS 20, 1974, 419–431 gibt einen Überblick über die Forschung zum Thema seit Baur und über die gegenwärtige Diskussionslage, die er historisch wie theologisch für unbefriedigend hält (aaO., 431).

[8] Die in Frage kommenden Textstellen nennt Strecker, Judenchristentum, 195f.

[9] Diese Nachricht übernimmt Euseb (Hist Eccl III 27,4).

[10] Euseb (s. die vorige Anm) spricht stattdessen vom „Hebräerevangelium“; ist das nur ein anderer Name für Mt, oder handelt es sich tatsächlich um das apokryphe Hebräerevangelium (vgl. Vielhauer, Geschichte, 656–661)?

[11] Schmithals, Apostelamt, 245 A 127 führt diese Stelle als Beleg dafür an, daß auch Gnostiker Paulus verworfen hätten. Aber man muß beachten: Irenäus hatte unmittelbar zuvor die Ketzerei der Kerinthianer und Karpokratianer dargestellt und zu Beginn von I 26 erklärt, die Ebioniten stimmten mit deren (zweifellos gnostischer) Christologie überein (nach dem griechischen, gegen den lateinischen Text; s. dazu Harvey I, 212f A 3. Klijn/Reinink, NT. S 36, 1973, 19f halten dagegen die lateinische Textfassung für ursprünglich.) Damit ist aber die Parallele auch schon beendet, d.h. der Iren-Text sagt nichts über eine gnostische Ablehnung des Paulus. –

schen Briefe nicht akzeptiert, ja (Hom in Jer 20,1–7) *μέχρι νῦν ὑπὸ παρανόμου ἀρχιερέως λόγου προστασσόμενοι Ἐβιωναῖοι τύπτουσι τὸν ἀπόστολον Ἰησοῦ Χριστοῦ λόγοις δυσφήμοις*[12]. Epiphanius gibt an, Paulus sei von den Ebioniten als *ψευδαπόστολος* bezeichnet worden (Haer 30,16,8), der gar kein Jude, sondern Grieche gewesen sei (Haer 30,25,1).

Man hat keinen Anlaß, die Richtigkeit dieser Nachrichten zu bezweifeln, auch wenn, wie hier besonders im Falle des Origenes, massive Polemik die Feder geführt hat. Die Verwerfung des Paulus ist für die Kirchenväter offenbar ein besonders eindeutiges Indiz für die ketzerische Lehre der Ebioniten. Aber mehr als die pauschale Mitteilung, die Ebioniten hätten den Apostolat des Paulus bestritten, erfährt man eigentlich nicht. Die von Irenäus referierte Begründung, Paulus sei doch ein Apostat gewesen, mag auf Texte wie Phil 3,7f zurückgehen; es ist aber ebensogut denkbar, daß die Ablehnung des paulinischen Apostolats und damit seiner Briefe für die Ebioniten längst selbstverständlich geworden war und mit einer unmittelbaren Auseinandersetzung mit der Theologie des Paulus gar nichts mehr zu tun hatte.

Von Elkesaiten[13] und vom enkratitischen Judenchristentum[14] wird über ihr Verhältnis zu Paulus ähnliches berichtet. Nach Origines (zitiert bei Eus Hist Eccl VI 38) trieben die *Elkesaiten* eine eklektische Bibelauslegung; nur

---

Informationen über das Paulusbild der Kerinthianer gibt an einer ebenfalls von Schmithals (s.o.) angeführten Stelle Epiphanius (Haer 28,5,3): Sie lehnten Paulus ab, weil dieser die Beschneidung verwerfe und einen Gegensatz zwischen Gesetz und Gnade behaupte; hingegen würden sie Teile des Mt akzeptieren (vgl. Filastrius Haer 36,7). Die Zuverlässigkeit dieser Nachricht ist aber in Zweifel zu ziehen; denn Iren Haer I 26,1; III 11,1 schildert Kerinth als reinen Gnostiker, erst Epiphanius gibt ihm die erwähnten judaistischen Züge (vgl. Bauer, Art. Cerinth, RGG I, 1632; anders Hilgenfeld, Ketzergeschichte, 418–421). Es ist zu beachten: Gnosis und Judentum schließen sich keinesfalls aus; aber Gnosis und judaistischer Antipaulinismus (im Sinne der Darstellung des Epiphanius) können schwerlich von derselben Gruppe vertreten worden sein. Die hinter dem Epiphanius-Bericht stehende historische Realität läßt sich nicht mehr aufhellen.

[12] Origenes nimmt hier Bezug auf Apg 23,3. Es ist interessant, wie Origenes den Vorwurf der Gesetzwidrigkeit zurückgibt.

[13] Der Elkesaitismus war eine Form des synkretistisch-gnostischen Judenchristentums (so Strecker, Art. Elkesaiten, RAC IV, 1171–1186), die auf einen Propheten Elkesai (um 110) zurückgeführt wird. Kritisch gegen die zeitliche Ansetzung Schoeps, Art. Elkesaiten, RGG II, 435: Nach Origenes (bei Euseb; s.u.) sei das heilige Buch der Elkesaiten „erst kürzlich fertig geschrieben vom Himmel gefallen". Aber diese Interpretation von Eus Hist Eccl III 38 ist m.E. falsch: Es heißt dort (Schwartz p 252), ein elkesaitischer Prophet sei „gegenwärtig" aufgetreten *(ἐλήλυθέν τις ἐπὶ τοῦ παρόντος)* und habe seine falsche Lehre verbreitet, die sich erst „kürzlich" *(νεωστί)* gegen die Gemeinde erhoben habe. Man wird den Ausdruck *νεωστί* keinesfalls streng chronologisch verwerten dürfen – es kann sich auch um reine Ketzerpolemik handeln.

[14] Von „den" Enkratiten als einer fest beschreibbaren Gruppe kann man nicht sprechen. Es gab eine ganze Anzahl gnostischer oder judenchristlicher Gruppen mit asketischen Zügen.

Paulus verwarfen sie vollständig *(τὸν ἀπόστολον τέλειον ἀθετεῖ)*[15]. Die anderen Mitteilungen über diese Gruppe bestehen fast nur aus Polemik. Etwas ausführlicher heißt es bei Euseb über die enkratitische Gruppe der *Severianer,* sie benutzten das Alte Testament und die Evangelien, freilich mit eigenartiger Interpretationsmethode *(ἰδίως ἑρμηνεύοντες ...);* Euseb fährt dann fort (Hist Eccl IV 29,5): *βλασφημοῦντες δὲ Παῦλον τὸν ἀπόστολον, ἀθετοῦσιν αὐτοῦ τὰς ἐπιστολάς, μηδὲ τὰς πράξεις τῶν ἀποστόλων καταδεχόμενοι.* Das „häretische" Judenchristentum hielt am offenen Widerstand gegen die Paulusbriefe auch dann noch fest, als der Kanon der Großkirche in den entscheidenden Zügen bereits fertig ausgebildet war[16]; daß neben den Briefen des Paulus auch die überaus paulusfreundliche Apg verworfen wurde, war im Grunde nur konsequent.

c) Paulus in den Quellenschriften der Pseudo-Clementinen

G. Strecker hat eine eingehende Analyse der komplizierten Traditions- und Redaktionsgeschichten der Pseudo-Clementinen vorgelegt, die im folgenden übernommen wird[17].

Strecker rechnet mit einer Grundschrift (G), die um das Jahr 260 unter Benutzung zahlreicher Quellenstücke (darunter die Kerygmata Petrou mit der Epistula Petri) verfaßt bzw. richtiger: kompiliert worden sei. „Das ungeklärte Verhältnis zwischen Judentum und Christentum ist das Milieu, in dem ein Buch wie die pseudo-klementinische Grundschrift entstehen und gelesen werden konnte."[18] Im 4. Jahrhundert sei eine vor-nicänische arianische Überarbeitung der Grundschrift erfolgt, die Homilien, die von G teilweise erheblich abwichen. Wenig später habe auf der anderen Seite ein orthodoxer Katholik ebenfalls eine Bearbeitung von G vorgenommen und die Recognitionen geschaffen, die zwar dem Erzählfaden von G folgen, inhaltlich aber eine ganze Reihe von Korrekturen enthalten[19].

1. Kerygmata Petrou

Besonders wichtig für die vorliegende Untersuchung sind die Kerygmata Petrou *(KΠ)*. Zwar führt diese Quelle nicht bis hinauf in die Mitte des 2. Jahrhunderts[20]; aber sie dürfte doch ein im ganzen zutreffendes Bild auch des älteren Judenchristentums geben[21].

---

15 Von Euseb wohl abhängig Theodoret Haer II 7: *τὸν δὲ Ἀπόστολον παντελῶς ἠρνήθησαν.*

16 Vgl. Orig Cels V 65.

17 Strecker, Judenchristentum, 255–270.

18 Strecker, Judenchristentum, 260 (vgl. aaO., 267).

19 Strecker, Judenchristentum, 268–270.

20 Strecker, Judenchristentum, 219: Die *KΠ* entstanden um 200.

21 Strecker, Judenchristentum, 213: „So wenig sich ein vollkommenes Bild der *KΠ*-Quelle zurückgewinnen läßt, so sehr darf als feststehend gelten, daß die Kerygmen einem gnostisierenden Judenchristentum angehören." Vgl. ders., in: Hennecke II, 67–69.

Auf den allerersten Blick scheint die *KΠ*-Quelle zunächst freilich überhaupt keinen Zusammenhang mit Paulus zu zeigen. Es wird aber bei näherem Zusehen sofort deutlich, daß mit Simon Magus, dem Gegner des Petrus in den *KΠ*, tatsächlich der Apostel Paulus gemeint ist[22]. Die Darstellung des Simon enthält also das Paulusbild der hinter den *KΠ* stehenden Tradition[23].

Im fünften Kapitel dieser Arbeit wird zu zeigen sein, daß die antipaulinische Polemik der *KΠ* sich durchaus der Briefe des Apostels bedient hat, daß man also von einer bewußten Auseinandersetzung mit Paulus sprechen kann[24]. An dieser Stelle kommt es zunächst darauf an, das (Simon-)Paulus-Bild der *KΠ* zu rekonstruieren und inhaltlich näher zu bestimmen.

Den ersten indirekten Hinweis auf Paulus findet man bereits in der den *KΠ* vorangestellten Epistula Petri, die an Jakobus als den Leiter der Jerusalemer Gemeinde gerichtet ist. Petrus warnt hier vor drohenden Spaltungen, deren Anfänge sich bereits zeigten (2,1f): Einige Heiden hätten die gesetzliche Predigt *(νομιμὸν ... κήρυγμα)* des Petrus zurückgewiesen und stattdessen eine gesetzlose und unsinnige Lehre *(ἄνομόν τινα καὶ φλυαρώδη ... διδασκαλίαν)* angenommen, deren Urheber der „feindliche Mensch" sei[25]. In 2,4 folgt eine offenkundige Bezugnahme auf Gal 2,11–14: Petrus werde in Bezug auf *τὴν τοῦ νόμου κατάλυσιν* verleumdet. Das Stichwort *ἐχθρὸς ἄνθρωπος* in Verbindung mit dem sehr klar erkennbaren Zitat aus Gal 2 läßt Paulus geradezu als eine Inkarnation des Satan erscheinen[26]. Seine verleumderischen Aktivitäten erweisen sich zudem als durchaus erfolgreich – Petrus rechnet nach seinem Tode mit einer Ausbreitung dieses Irrtums (2,7), d.h. in Wahrheit: Diese Ausbreitung ist bereits geschehen[27].

In dem von G. Strecker zu den *KΠ* gerechneten Abschnitt Hom V 15–17 entwirft Petrus eine Syzygienlehre mit dem Tenor, Gott habe in der Menschheitsgeschichte immer zuerst das Schwächere und dann das Stärkere geschaffen; er schließt mit der Feststellung: Zuerst ist Simon (=Paulus) zu den Heiden gekommen, dann Petrus – *ὡς σκότῳ φῶς, ὡς ἀγνοίᾳ γνῶσις, ὡς νόσῳ ἴασις*. Diese Stelle ist sehr auffällig; man würde ja in einer antipaulini-

---

[22] Vgl. HILGENFELD, Ketzergeschichte, 166f.

[23] STRECKER, Judenchristentum, 269 weist darauf hin, daß in den Recognitionen „der Antipaulinismus ... beseitigt oder aber noch stärker verklausuliert ist, als dies schon in der Grundschrift geschah". SCHOEPS, Theologie, 420 hält es für möglich, daß in den *KΠ* zunächst tatsächlich von „Paulus" die Rede war, dessen Name erst in G durch den des Simon ersetzt wurde. Ebenso STRECKER, aaO., 259: „Daß der Leser die Anspielungen auf Paulus trotzdem nicht ganz übersehen konnte, mußte den Reiz des Romans nur erhöhen."

[24] S.u. S. 367–371.

[25] Wohl eine Anspielung auf Mt 13,28.

[26] STRECKER, Judenchristentum, 187: Der Vf zeiht „Paulus und dessen Schüler einer falschen Darstellung der Begegnung in Antiochien". Das ist sehr zurückhaltend ausgedrückt.

[27] Vgl. STRECKER, in: BAUER, Rechtgläubigkeit, 265.

schen Polemik zunächst eher erwarten, daß Paulus und nicht Petrus zeitlich nachgeordnet wird. Aber natürlich wäre es dem Vf unmöglich gewesen, „Simon" und Petrus etwa im Blick auf ihre Berufung, womöglich gar auf ihren Apostolat miteinander zu vergleichen. Eine Parallelität zwischen ihnen konnte es lediglich in Bezug auf ihr Auftreten bei den Heiden geben, das der Vf auf zwei einander geradezu entgegengesetzte Wurzeln zurückführt (vgl. die Schlußformulierung). Auf diese Weise wird der Apostolat des Paulus nicht einfach nur bestritten, sondern ausdrücklich in sein Gegenteil verkehrt[28].

Nach Streckers Analyse folgte hierauf in den *KΠ* der Abschnitt Hom XVII 13–19[29]. „Simon" erklärt, eine *ὀπτασία* sei besser als der unmittelbare irdische Umgang mit dem *διδάσκαλος;* denn bei einer *ὀπτασία* wisse man ja sogleich *ὅτι θειότης ἐστίν* (13,2). Fraglos nimmt der Text damit den Anspruch des Paulus auf, durch eine *ἀποκάλυψις* zum Apostel berufen worden zu sein. Petrus gibt seine Antwort in XVII 16 mit der These: Visionen seien in keinem Fall von Gott, denn: *ὁ γὰρ ἰδὼν ζῆν οὐ δύναται.* Urheber der Visionen seien deshalb stets böse Dämonen (16,6). Demgemäß unterstreicht Petrus in XVII 18 den überragenden Wert der irdischen Berufung und Belehrung. Der antipaulinische Zug erhält seinen Höhepunkt in XVII 19: Selbst wenn Jesus dem „Simon" tatsächlich begegnet wäre, so müßte doch immer noch gefragt werden, *εἴ τις δὲ δι' ὀπτασίαν πρὸς διδασκαλίαν σοφισθῆναι δύναται.* Ein ganzes Jahr lang seien Petrus und die Jünger beim *διδάσκαλος* gewesen (19,2) – und nun solle dieser dem „Simon" die entgegengesetzte Lehre wie jenen geoffenbart haben?[30] Das, so sagt Petrus, ist unmöglich!

Endlich verweist Petrus noch auf die Erfahrung: Wäre Simon wirklich ein berufener Apostel, dann hätte er sich Petrus nicht widersetzt, hätte ihn nicht verleumdet, sondern wäre im Gegenteil sein Mitarbeiter geworden (19,7)[31].

In Hom XI 35,5 heißt es unter offensichtlicher Anspielung auf Apg 9,3f, das Auftreten des „Simon" entspreche der Ankündigung Jesu, *πρὸς ἀπάτην ἀποστόλους πέμψαι* (XI 35,3): *ὡς ἀστράπην ἐξ οὐρανοῦ ἐπὶ τῆς πεσοῦσα καθ' ὑμῶν ἐκπέμψῃ κήρυκα, ὡς νῦν ἡμῖν τὸν Σίμωνα ὑπέβαλεν προφάσει ἀληθείας ἐπ' ὀνόματι τοῦ κυρίου ἡμῶν κηρύσσοντα*[32]. Damit wird der Beginn der Häresie in der Kirche also bereits mit dem Auftreten des Paulus identifiziert, was

---

[28] Die Antwort auf die rhetorische Frage *τίνος ἐστὶν Σίμων;* kann jedenfalls nicht sein: *Χριστοῦ.*

[29] Rehm, ZNW 37, 1938, 150f hält diesen (wie auch alle anderen) antipaulinischen Abschnitt für später interpoliert. G habe Paulus neutral gegenübergestanden.

[30] Das in 19,3 wiederholt gebrauchte *ὤφθη* geht in deutlich polemischer Absicht auf 1 Kor 15,8.

[31] Hier ist unmittelbar auf Gal 2,11 angespielt, wie vor allem die Stichworte *ἀνθίστημι* und *κατεγνωσμένος* zeigen.

[32] In der Parallele Recg IV 35 erscheint die Zwölfzahl der Apostel vorherbestimmt; über sie hinaus darf kein weiterer Prophet oder Apostel mehr erwartet werden (vgl. Strecker, Judenchristentum, 195).

indirekt natürlich schon durch die Bezeichnung des Paulus als „Simon" geschehen war[33].

Die *KΠ* bestätigen also die Nachricht des Irenäus, es gebe Christen qui Paulum apostolum non cognoscunt, und die sagen, Paulum non esse apostolum (Haer III 15,1).

In den *KΠ* liegt die älteste und zugleich wohl schärfste antipaulinische Polemik vor, die uns erhalten geblieben ist. Läßt sich der Ausgangspunkt dieser Polemik noch genauer bestimmen? Mit anderen Worten: Steht hinter dem Paulusbild der *KΠ* eine judenchristliche Tradition, die sich unter Umständen bis ins Urchristentum zurückverfolgen läßt? Kann man gar mit H.J. Schoeps sagen, saß „hier alle Argumente der Judaisten aus den paulinischen Briefen in geschlossener Rede beieinander" sind, so daß die Polemik der *KΠ* sogar zur Aufhellung der Situation etwa in den Gemeinden des Gal beitragen könnte?[34] Schoeps meint, die jetzt vorliegende Konzeption der *KΠ* stamme zwar aus dem 2. Jahrhundert; aber die verwendeten Argumente seien viel älter und so oder ähnlich schon zu Lebzeiten des Apostels geäußert worden[35]. Wenn das zuträfe, dann wären die *KΠ* nicht nur ein unentbehrliches Hilfsmittel zur Exegese der paulinischen Briefe; sie würden vielmehr der gesamten Geschichte des Urchristentums und vor allem der Geschichte der Paulusrezeption im 1. und 2. Jahrhundert einen entscheidenden neuen Akzent geben: Der bislang sichtbar gewordenen Entwicklung eines sehr positiven Paulusbildes in der frühen Kirche würde eine stets wirksame und sich immer stärker ausprägende Ablehnung des Paulus gegenüberstehen. Wir hätten nicht nur damit zu rechnen, daß in einem Teil der Kirche die Paulus-Überlieferung nur eine geringe bzw. gar keine Rolle spielte[36], sondern es stünde fest, daß es im Judenchristentum stets eine geschlossene und scharfe Abwehrhaltung Paulus gegenüber gab. Das positive Paulusbild der Kirche wäre dann möglicherweise implizit ein Zeichen für die Verwerfung des Judenchristentums.

Es ist aber sehr fraglich, ob Schoeps' traditionsgeschichtliche Vermutung hinreichend abgesichert ist. G. Strecker erklärt, daß die *KΠ*-Quelle zwar „ein besonders wertvolles Dokument" sei; es könne aber nicht nachgewiesen werden, „daß der *KΠ*-Autor in irgendeiner Form auf die Urgemeinde

---

[33] Vgl., daß nach Epiph Haer 30,16,8; 30,25,1 Paulus im Judenchristentum als *ψευδαπόστολος* bezeichnet wurde.

[34] Schoeps, Urgemeinde, 19. Vgl. außerdem ders., Theologie, 129–131 und vor allem 418–430.

[35] So vor allem Schoeps, Urgemeinde, 428. Ähnlich auch Cullmann, Problème, 95: «Notre écrit représent exactement les tendances de ceux que Paul appelle les ‹faux frères›.» Cullmann nimmt an, die *KΠ* stammten aus Kreisen einer judenchristlichen Gnosis mit starken täuferischen Zügen, die von Paulus selbst bekämpft worden sei (aaO., 244–246).

[36] Vgl. u. S.

zurückgehendes Traditionsgut verwandt" hat[37]. Zwar meint auch Strecker, die *KП* könnten „das Bild von der paulinisch-judaistischen Diskussion im Urchristentum ... bereichern"; es sei aber zu beachten, daß die Polemik der *KП* ganz „literarisch bestimmt" ist: Die *KП* setzen die paulinischen Briefe, die Apg und auch die synoptischen Evangelien voraus[38]. So sehr also in den *KП* Argumente zu finden sein dürften, die schon zur Zeit des Paulus eine Rolle spielten, so wenig kann daraus der Schluß abgeleitet werden, hier bestehe ein ununterbrochener und unmittelbarer Zusammenhang.

H.J. Schoeps' Hypothese enthält noch einen weiteren Aspekt: Er behauptet, der Vf der *KП* habe die antipaulinische Polemik im Grunde gar nicht mehr gegen Paulus selbst benutzt, vielmehr seien die *KП* „zu dem unmittelbaren Zweck der Bekämpfung der marcionitischen Gefahr" zusammengestellt worden[39]. Doch für einen Zusammenhang mit Marcion gibt es keine Indizien. Die *KП* wenden sich, soweit eine Analyse möglich ist, gegen Paulus selbst. Und das heißt für die Zeit ihrer Entstehung: Sie wenden sich gegen eine in der heidenchristlichen Kirche offenbar theologisch wirksame Paulusrezeption.

Dieser zeitgeschichtlich-aktuelle Gesichtspunkt darf bei der Interpretation des Paulusbildes der *KП* nicht übersehen werden. Diese Schrift kämpft zwar fiktiv gegen Paulus; aber sie setzt damit voraus, daß ein solcher Kampf aktuelle Bedeutung hat. Der eigentliche Gegner – und darin hat H.J. Schoeps sicher recht[40] – ist nicht mehr Paulus; der eigentliche Gegner ist die (heidenchristliche) Kirche, in der die paulinischen Briefe zur Zeit der Abfassung der *KП* offenbar nicht nur formal kanonisiert sind, sondern auch inhaltlich-theologisch in Geltung stehen. Indem die *KП* versuchen, den paulinischen Apostolat zu bestreiten, legen sie es zugleich darauf an, die Legitimität der heidenchristlichen Kirche insgesamt in Abrede zu stellen[41]. Denn diese Kirche erscheint den *KП* offenbar ganz als paulinische Gründung und als theologisch durch Paulus bestimmt.

2. Anabathmoi Jakobou

Epiphanius berichtet (Haer 30,16,6–9), in einer judenchristlichen Schrift mit dem Titel *Ἀναβαθμοὶ Ἰακώβου* sei Paulus der Vorwurf gemacht worden, er sei gar kein Jude, sondern stamme in Wahrheit von griechischen Eltern ab. Um die Tochter eines (Hohen-?) Priesters heiraten zu können, habe er sich beschneiden lassen, und er sei dann – als dieses Werben scheiterte – zu einem Gegner der Beschneidung, des Sabbats und des Gesetzes überhaupt gewor-

[37] STRECKER, Judenchristentum, 196.

[38] STRECKER, ebenda. Vgl. DERS., in: Hennecke II, 68: *KП* setzen offenbar den Kanon der syrischen Kirche schon voraus.

[39] SCHOEPS, Theologie, 455; vgl. aaO., 313f.

[40] Vgl. SCHOEPS, Theologie, 126f.

[41] Natürlich nicht mit dem Ziel, die Heidenchristen gleichsam zu bekehren, sondern in der Absicht, sich selbst als allein rechtgläubig und apostolisch legitimiert zu erweisen.

den. Diese Schrift ist nach der Analyse G. Streckers mit einer in den Pseudo-Clementinen verarbeiteten Quellenschrift verwandt (Strecker spricht von AJ I und AJ II). Allerdings schildere die ps-clementinische AJ II Paulus nicht wie AJ I als Heiden, sondern im Gegenteil als einen Verteidiger des jüdischen Gesetzes[42].

In Recg I 70 heißt es, ein „feindlicher Mensch"[43] habe in Jerusalem die Predigt des Jakobus scharf bekämpft, sei dabei in Raserei geraten und habe Jakobus getötet. Von diesem „feindlichen Menschen" heißt es dann in I 71 weiter, er habe „von Kaiphas den Auftrag erhalten, alle an Jesus Glaubenden zu verfolgen"; so sei er „mit Briefen nach Damaskus" gezogen, „um auch dort mit Hilfe der Ungläubigen die Gläubigen zu töten". Ohne Frage ist mit diesem „feindlichen Menschen" Paulus gemeint, wie insbesondere die Nähe von Recg I 71 zu Apg 9,1ff zeigt; aber es ist auffällig, daß über die Motive seiner Verfolgertätigkeit nichts gesagt wird (in I 70 schreit er: Was tut ihr, ihr israelitischen Männer [sc. indem ihr der Predigt des Jakobus zuhört]? Warum laßt ihr euch von elenden Menschen verführen, die durch einen Magier [Jesus?] getäuscht wurden)[44].

Da die Quelle hinter Recg I 71 abbricht (oder ist sie mit dem oben erwähnten Bericht über die Reise des „feindlichen Menschen" nach Damaskus womöglich an ihr Ziel gelangt?), läßt sich nicht entscheiden, wie sich der Vf eine Fortsetzung gedacht haben könnte. Paulus erscheint jedenfalls nur als ein gewalttätiger Verfolger der Kirche, dessen weitere Entwicklung als christlicher Missionar offenbar ohne Interesse ist.

9. *Paulus in der Epistula Apostolorum*

Die Ep Ap, geschrieben im Stil einer gnostischen Offenbarungsschrift (Motiv des Himmelsbriefes; vgl. etwa Pist Soph), ist „eine Widerlegung der Gnostiker zur Befestigung der ‚Katholiken'"[1]: Der auferstandene Jesus belehrt die Jünger über die künftige Geschichte der Kirche und informiert sie über die „orthodoxe" christliche Lehre. Gegner sind offenbar Gnostiker, die mit Hilfe von Sonderoffenbarungen ihre Heterodoxie begründeten.

Nach M. Hornschuh steht die Ep Ap stark unter jüdischem Einfluß. Er nimmt an, daß die Gruppe, der der Vf entstammte, „aus konvertierten

---

[42] Strecker, Judenchristentum, 252f. Strecker rechnet mit einem gemeinsamen Archetypus für beide Quellen (AJ).

[43] Vgl. Ep Pt 2,3 (s.o.S. 105f). Nach Strecker, Judenchristentum, 249 hat wahrscheinlich der Vf von G diesen Ausdruck aus den *KΠ* übernommen und auf die AJ II-Quelle verpflanzt.

[44] M.E. ist die These Streckers, Paulus werde in AJ II als Verteidiger des Gesetzes dargestellt (s.o.), so nicht zutreffend.

[1] Hornschuh, Studien, 7.

jüdischen Heterodoxen bestand, welche ein Christentum vorwiegend jüdisch-palästinensischer (‚synoptischer') Prägung kennenlernten und übernahmen"[2]. Hornschuh setzt sich von daher für eine relativ frühe zeitliche Ansetzung der Ep Ap ein – etwa 100/120[3]. Ähnlich urteilt auch H. Duensing, der auf die „Ungeniertheit" bei der Benutzung neutestamentlicher Schriften hinweist[4]. Demgegenüber waren C. Schmidt und J. de Zwaan für eine Spätdatierung der Ep Ap eingetreten (etwa 160/180)[5]. Für ein sicheres Urteil reichen die Kriterien nicht aus. Es fällt zwar auf, daß kirchliche Ämter nicht erwähnt werden; aber das muß kein Indiz für eine zeitlich frühe Ansetzung sein, wie Hornschuh selbst feststellt[6]. Der Abfassungsort der Ep Ap ist umstritten[7]. Für die vorliegende Untersuchung ist diese Schrift deshalb von Bedeutung, weil sie ein Paulusbild enthält, das es so in anderen Texten nicht gibt.

In Ep Ap 31.33 (42.44) erwähnt der Auferstandene im Verlauf der Darstellung der bevorstehenden Kirchengeschichte die Bekehrung und Berufung des Paulus; der (nur äthiopisch erhaltene) Text[8] lehnt sich dabei inhaltlich an die Apg an, wie schon die Verwendung des Namens Saul für Paulus zeigt[9].

Paulus wird in 31 (42) als Jude dargestellt[10], der durch die Himmelsstimme zu Gott (!) als dem Vater Jesu bekehrt werden wird; nach dem Wunder der Erblindung und der Heilung durch die Jünger wird er „stark werden unter den Völkern und wird predigen und lehren".

Die Tendenz des Paulusbildes ist in diesem Zusammenhang nicht einheitlich: Am Anfang werden Bekehrung und Berufung so geschildert, als sei Paulus von den elf Jüngern weitgehend unabhängig. Am Schluß jedoch erscheint er immer deutlicher als Schüler der Jünger, bis das Kap. mit dem

---

[2] Hornschuh, Studien, 79.

[3] Hornschuh, Studien, 117f unter Hinweis auf die in Ep Ap 17 (28) vorgenommene Berechnung der Parusie.

[4] Duensing, in: Hennecke I, 127.

[5] Schmidt, Gespräche, 397f; de Zwaan, in: Festschrift Harris, 350.

[6] Vgl. Hornschuh, Studien, 95f. Er erwägt, daß die Ep Ap sich möglicherweise gegen eine „häretische" Gemeindeleitung wende und daher die Ämter mit Stillschweigen belege.

[7] Schmidt, Gespräche, 361–370: Ephesus, de Zwaan, in: Festschrift Harris, 350: Syrien; Hornschuh, Studien, 99–115: Ägypten. Hornschuh unterstreicht, daß letzte Klarheit nicht zu gewinnen sei.

[8] Die Zitate im folgenden nach der Übersetzung von Duensing, in: Hennecke I, 127–155.

[9] So m. R. Schmidt, Gespräche, 247f. Anders Löning, Saulustradition, 57 A 104, der meint, Ep Ap sei nicht von der Apg abhängig, weil in 33 (44) von einer Verfolgertätigkeit in Jerusalem nicht die Rede ist. Aber das ist angesichts der sonstigen zahlreichen deutlichen Anspielungen auf die Apg kein ausreichendes Gegenargument.

[10] Hornschuh, Studien, 88 A 9 hält es für denkbar, daß die Ep Ap sich hier gegen die Behauptung wehrt, Paulus sei Heide gewesen, der wegen eines jüdischen Mädchens sich habe beschneiden lassen (vgl. Epiph Haer 30,16). Aber dazu ist das Judesein des Paulus viel zu wenig betont.

Satz schließt: „Lehret und erinnert (ihn), ... dann wird er den Heiden zum Heil sein." Da dies zum Vorangegangenen kaum paßt, muß man wohl mit einem traditionsgeschichtlichen Wachsen des Textes bzw. der ihm zugrundeliegenden Tradition rechnen[11].

M. Hornschuh nimmt an, der Vf habe bei seinen Lesern Bedenken gegen Paulus zerstreuen und ihn zugleich den Gnostikern entreißen wollen. Das Bild des Juden Paulus zeige, wie der Vf „allen Nachrichten" entgegentritt, wonach „Paulus den Abfall vom Gesetz gefordert und die Einheit des Christentums mit dem Judentum in Frage gestellt habe"[12]. Aber damit ist der Text m.E. überinterpretiert. Daß Paulus Jude war, ist fester Bestandteil der Tradition, und seine Gesetzestreue wird in Ep Ap 31 (42) in gar keiner Weise betont; überhaupt ist das Problem der paulinischen Gesetzeskritik nicht im Blick.

Hornschuh meint weiter, Paulus werde in der Ep Ap „– viel konsequenter noch als es in der Apostelgeschichte geschieht – zum persönlichen Schüler der elf Apostel herabgedrückt, die ihm Unterricht in der johanneischen Theologie erteilen"[13]. Für den letzten Teil von Kap. 31 (42) stimmt diese Beurteilung tatsächlich; aber schon die Tatsache, daß der Ankündigung der paulinischen Mission überhaupt ein so breiter Raum gegeben wird, zeigt, daß die Ep Ap ein Paulusbild voraussetzt, das den anderen positiven Darstellungen jener Zeit durchaus entspricht. Vielleicht hielt es der Vf tatsächlich für notwendig, für Paulus zu werben[14]; aber eine polemische Spitze, gar das Ausspielen eines „rechtgläubig"-judenchristlichen Paulusbildes gegen die Paulusrezeption der Gnosis, ist nicht zu erkennen[15]. Paulus erscheint betont als Heidenmissionar, wenn auch nicht als Begründer der Heidenmission[16]. Daß er als bloßer Apostelschüler dargestellt sei, wird man jedenfalls nicht sagen dürfen[17]. Eher

---

[11] Vgl. HORNSCHUHS Analyse von 33 (44): Am Anfang dieses Kapitels sei eine jüdische Quelle verarbeitet (vgl. CD 8f), die erst sekundär auf Paulus gedeutet worden sei (Studien, 74ff). Ep Ap ist jedenfalls nicht aus einem Guß.

[12] HORNSCHUH, Studien, 88.

[13] HORNSCHUH, Studien, 18. Vgl. aaO., 83: Es gibt für die Ep Ap „keinen anderen legitimen Zugang zu Christus und seiner Offenbarung als über die elf Apostel".

[14] So HORNSCHUH, Studien, 85.

[15] Gegen HORNSCHUH, Studien, 85, der erklärt: „Mit guten Gründen vermeidet der Verfasser die naheliegende Konsequenz, den Apostel als Kronzeugen der gegnerischen Lehren zu verwerfen. Gerade die Situation des antignostischen Kampfes zwingt ihn, sich mit dem Andenken des Paulus auszusöhnen" – Gegner sei möglicherweise Basilides (aaO., 86; SCHMIDT, Gespräche, 190 denkt an Marcion).

[16] Das sind vielmehr die Elf (30 [41]), wenngleich der Text hier ungeordnet wirkt (kopt. Text: „,... predigt den zwölf Stämmen, ... den Heiden und dem ganzen Lande Israel in der Diaspora"). Der Hinweis auf die „Völker" ist jedenfalls im Paulus-Abschnitt ungleich deutlicher.

[17] Gegen Hornschuh und gegen FRANK, Sinn, 109f. Vgl. SCHMIDT, Gespräche, 191, der hinter dem unklaren Satz „Andern übergebt ihn" (die Überlieferung ist ungenau, vgl. DUENSING, in: Hennecke I, 144) in 31 (42) den Gedanken vermutet, „daß die Urapostel gewissermaßen dem Paulus das Amt des Apostolates für die Heiden

noch mag man urteilen, daß Paulus in der Ep Ap die Funktion des die Zwölfzahl auffüllenden nachgewählten Apostels innehat (so C. Schmidt)[18]; doch auch für eine solche Überlegung reicht der Befund im Grunde nicht.

Die Ep Ap hat in ihrem Paulusbild bestimmte traditionelle Topoi aufgenommen, ohne die besondere Problematik des Verhältnisses zwischen den Jerusalemer Aposteln (als den angeblichen Verfassern der „Epistula") und dem Heidenapostel zu reflektieren. Keinesfalls kann behauptet werden, daß Paulus in der Ep Ap eine nur zweitrangige Bedeutung hat; schon allein die Tatsache, daß er überhaupt erwähnt wird in einer Schrift, die ihn ohne weiteres hätte übergehen können, widerspricht einem solchen Urteil. Die Bekehrung des Paulus und seine Mission sind in der Ep Ap als fundamentale Faktoren der Kirchengeschichte dargestellt.

10. Vorläufiges Ergebnis: Das Paulusbild in der alten Kirche vor Marcion

Trotz aller Nuancen zeigt sich in den frühchristlichen Schriften, die Paulus erwähnen, ein verhältnismäßig festes Bild des Apostels. Für die „rechtgläubige"[1] Kirche ist er der unermüdliche Verkündiger des Evangeliums und Organisator der Kirche, der eigentliche Motor der Heidenmission und Gegner aller Häresie. Bereits die älteste der untersuchten Schriften, Kol, zeichnet dieses Bild, das sich dann massiv in den Past und selbst noch in den Act Pl findet.

Paulus ist nicht primär als Theologe gezeichnet. Nur selten verbindet sich mit seinem Bild ein Aspekt genuin paulinischer Theologie. Als gegensätzliche Pole kann man hier im Bereich der nicht-pseudopaulinischen Schriften Apg auf der einen und 2 Petr auf der anderen Seite ansehen: Apg 13,38f zeichnet Paulus mit wenigen Strichen zutreffend als Lehrer der Rechtfertigung aus Glauben; 2 Petr 3,15f hingegen stellt Paulus als Autorität für die Lehre von der „Geduld" Gottes, d.h. als Begründer des Gedankens der Parusieverzögerung hin. Gemeinsam ist beiden Texten, daß Paulus als anerkannte kirchliche Autorität gilt – eine Tatsache, die selbst im paulusfeindlichen Judenchristentum des 2. Jahrhunderts implizit vorausgesetzt ist.

übermitteln sollen", woraus er schließt, die Aussage wende sich gegen Gal 1,1.16. Zum Problem, ob die Ep Ap die Kenntnis der Paulusbriefe voraussetzt, s.u. S. 372f.

[18] Schmidt, Gespräche, 258.

[1] Die Bezeichnung „rechtgläubig" impliziert kein Urteil über den Inhalt und die Substanz der theologischen Lehre. Als „rechtgläubig" bezeichne ich jenen Teil der frühchristlichen Kirche, der sich bewußt als in der Tradition stehend begriff. Insofern meint „rechtgläubig" hier im Grunde lediglich „traditionsgläubig" im Unterschied zu der auf esoterische Zusatz„offenbarungen" sich gründenden christlichen Gnosis und zu dem bestimmte theologische Tendenzen der Tradition bewußt verwerfenden Judenchristentum.

Die „rechtgläubige" Kirche hat zweifellos das Problem gesehen, daß Paulus dem Idealbild des Jesus von Anfang an begleitenden Jüngers und Apostels nicht entsprach. Aber sie übernahm – in verschiedenen Abwandlungen – ganz bewußt den in Gal 1,23 von Paulus vielleicht schon selbst als Personaltradition zitierten Gedanken: *ὁ διώκων ἡμᾶς ποτε νῦν εὐαγγελίζεται τὴν πίστιν ἥν ποτε ἐπόρθει*. So erscheint Paulus insbesondere in der Apg und in der Ep Ap, aber etwa auch in den Past, nicht nur als Vorbild für die Christen, sondern geradezu als Beispiel für Gottes Gnade, die selbst den Verfolger zum Verkündiger macht.

Im Judenchristentum wird Paulus verworfen. Dabei spielen auch biographische Motive eine gewisse Rolle; entscheidend aber ist der Antinomismus des Paulus, ohne daß freilich Sinn und Inhalt des paulinischen Gesetzesverständnisses hier jemals ernsthaft diskutiert worden wären (jedenfalls lassen die erhaltenen Quellen von einer solchen Diskussion nichts erkennen).

Bei den christlichen Gnostikern gab es möglicherweise Gruppen, die allein Paulus als Apostel anerkennen wollten; die gnostischen Schriften enthalten aber keine genaueren Details dieses Bildes. In den gnostischen Nag-Hammadi-Texten jedenfalls ist zwar eine Hochschätzung des Paulus erkennbar; aber diese ist keineswegs einseitig auf die Person des Paulus beschränkt und entspricht im übrigen vergleichbaren Aussagen im Bereich der „rechtgläubigen" Kirche.

Daß das Paulusbild der Kirche durch den Widerstand gegen den „Paulus der Gnostiker" bestimmt worden wäre, läßt sich nicht belegen.

Fünftes Kapitel

Paulus im ältesten nachpaulinischen Christentum II
Aufnahme und Verarbeitung paulinischer Theologie

1. Vorbemerkung zur Methodik

Es ist an dieser Stelle an die grundsätzlichen methodologischen Erwägungen zu erinnern, die eingangs angestellt wurden (S. 15–19): Es gibt in der nachpaulinischen frühchristlichen Literatur keinerlei kommentarähnliche Auseinandersetzung mit Paulusbriefen, und es gibt auch keine systematische Durchdringung der auf Paulus zurückgehenden theologischen Tradition; man muß sich deshalb darauf beschränken, die frühchristlichen Schriften nach unmittelbaren Zusammenhängen mit paulinischer Überlieferung zu befragen. Zahlreiche Texte stimmen teils sinngemäß teils auch im Wortlaut mit Aussagen des Paulus überein. Dennoch kann in der Mehrzahl der Fälle nicht damit gerechnet werden, daß wirkliche Zitate oder „Anspielungen" vorliegen; manches kann auf Zufall, anderes kann auf Abhängigkeit von gemeinsamer Tradition beruhen. Es wäre unmöglich, im folgenden die Analyse aller denkbaren und/oder in der Literatur erwogenen „Parallelen" und „Zitate" vorzuführen. Ich beschränke mich auf die Untersuchung solcher Texte, bei denen zumindest eine gewisse Wahrscheinlichkeit für das Vorhandensein eines Zitats gegeben ist bzw. in der Literatur mit guten Gründen erwogen wird.

2. Zum „Paulinismus" der deuteropaulinischen Schriften

a) Kolosserbrief

Kol ist die älteste deuteropaulinische Schrift[1]. Natürlich kann bei einem pseudopaulinischen Brief nicht mit bewußten und ausdrücklichen Bezugnahmen auf paulinische Briefe oder gar mit expliziten Zitaten gerechnet werden; der Vf des Kol hat aber paulinische Briefe gekannt. Das Formular[2] und der

---

[1] S.o. S. 38f.

[2] Zu 1,1f s.u.; zum Schlußgruß vgl. 1 Kor 16,21; Gal 6,11.

Aufbau[3] des Kol, auch einige briefstilistische Details[4], entsprechen dem paulinischen Vorbild. Vor allem die Nähe zum Röm und, wegen der Grußliste, zum Phm ist von den Exegeten immer wieder hervorgehoben worden[5]. Ob auch zu anderen Paulusbriefen literarische Beziehungen bestehen, wie vor allem E.P. Sanders zu zeigen versucht hat[6], ist umstritten[7].

Das Präskript des Kol entspricht in 1,1 wörtlich, in 1,2 weitgehend dem Präskript des 2 Kor. Ob dahinter die Überlegung des Vf stand, 2 Kor habe sich ebenso wie sein eigener Brief an eine von Häresie bedrohte Gemeinde gewandt[8], läßt sich kaum ausmachen; jedenfalls enthält das Präskript ja noch keine Hinweise auf diese Situation. Es ist immerhin denkbar, daß Kol 1,1f in der Tat die Kenntnis des 2 Kor voraussetzt; möglich ist aber auch, daß sich hier schon die abgeschliffene und verkürzte Form eines deuteropaulinischen Briefpräskripts herausbildet, wie sie sich etwa auch in Eph 1,1f[9]; 2 Tim 1,1f zeigt.

Eigenartig ist der Gebrauch der formelhaften Wendung *τῇ σαρκὶ ἄπειμι – τῷ πνεύματι σὺν ὑμῖν εἰμι* in Kol 2,5[10]; die Stelle erinnert an 1 Kor 5,3f; 2 Kor 10,10f. Da zu einer solchen Bemerkung im Rahmen des Kol eigentlich kein Anlaß besteht[11], mag man vermuten, daß der Vf sich tatsächlich der aus den beiden Kor bekannten Wendung bewußt bediente; möglicherweise erschien sie ihm als typisch paulinischer Briefstil[12].

Das erste einigermaßen sichere Indiz für die unmittelbare Aufnahme und Verarbeitung eines ausgesprochen theologischen Paulustextes findet sich in

---

3 Der formale Aufriß erinnert an Röm und Gal.

4 Vgl. z.B. 2,1 *(θέλω ὑμᾶς εἰδέναι)* mit 1 Kor 11,3 und Kol 2,8 *(βλέπετε ...)* mit 1 Kor 8,9. Zur Sache LUDWIG, Verfasser, 42.

5 LOHSE, NTS 15, 1968/69, 218, der m.R. feststellt, daß der Aufriß des Kol sich an dem des Röm orientiert (vgl. DERS., Kol, 254f). Zur Beziehung zwischen Kol und Phm vgl. LOHSE, Kol, 256.

6 Vgl. SANDERS, JBL 85, 1966, 28–45, der freilich in der Bestimmung der literarischen Beziehungen m.E. manchmal zu weit geht; so dürfte z.B. zwischen Kol 2,10 und 1 Kor 15,24 kein literarischer Zusammenhang bestehen (gegen SANDERS, aaO., 44 mit A 35).

7 Gegen den literarischen Zusammenhang mit Paulusbriefen wendet sich nachdrücklich OLLROG, Paulus, 206f: „Eine literarische Abhängigkeit des Kolosserbriefs von den Paulusbriefen läßt sich nicht nachweisen, auch nicht zum Philemonbrief (wohl aber kennt der Verfasser die paulinischen Briefgepflogenheiten)."

8 So LUDWIG, Verfasser, 67.

9 Hier besteht freilich direkte Abhängigkeit vom Kol.

10 Zum Formelcharakter vgl. LOHSE, Kol, 131 A 4. Daß *πνεῦμα* den Geist Gottes meint (so SCHWEIZER, Kol, 95f), ist wenig wahrscheinlich – hier wie in 1 Kor 5,3.

11 Vgl. dazu o. S. 40.

12 Interessant ist ein Hinweis, den HEGERMANN, ThV 2, 1970, 54 gibt: Die Paulus-Schüler verhielten sich so wie Paulus selbst, wenn er abwesend war – sie schrieben Briefe in einem Akt bewußt wahrgenommener „deuteroapostolischer Autorität". Hegermanns Hinweis bezieht sich zwar auf die Past, hat aber auch für Kol Geltung (vgl. 2,5). Vgl. zu diesem Gedanken auch STENGER, Kairos NF 16, 1974, 263–265.

Kol 2,12 (vgl. 3,3): Der Gedanke, daß die Christen in der Taufe mit Christus begraben werden, stammt vermutlich aus Röm 6,4[13]; denn in der außerpaulinischen christlichen Tradition ist er unbekannt. Kol 2,12 muß aber, obwohl die Formulierungen recht eng beieinander liegen, noch kein Beweis dafür sein, daß der Vf sich unmittelbar auf Röm 6 bezieht; denn Röm 6,1–11 macht – wie andere Abschnitte des Röm auch – den Eindruck eines nicht ad hoc geschriebenen, sondern bereits vorformulierten Textes. Der Vf des Kol könnte diese, m. E. von Paulus selbst stammende[14], Vorlage auch unabhängig von ihrem jetzigen Standort im Röm gekannt haben. Jedenfalls ist zu beachten, daß sich die eigentliche theologische Aussage in Kol 2,12 (13) von der in Röm 6 erheblich unterscheidet: Der Vf des Kol hat den von Paulus betonten „eschatologischen Vorbehalt" (mit einer Formulierung E. Käsemanns zu sprechen) preisgegeben, indem er nicht nur vom Mitbegraben-werden, sondern auch vom Mit-auferweckt-werden als einem bereits erfolgten Geschehen spricht[15]. Allerdings scheint dieser Gedanke in 3,3 vom Vf des Briefes selbst korrigiert zu werden, wobei wiederum die Nähe zu Röm 6 unübersehbar ist; nur besteht sie diesmal weniger in der Formulierung, als vielmehr in der theologischen Tendenz. Überhaupt kommen in Kol 3,1–4 futurisch-eschatologische Aussagen ins Spiel, die in Kol 2 ganz fehlten. E. Gräßer[16] erklärt diese Differenz damit, daß der Vf des Kol einerseits die gnostische Soteriologie habe radikalisieren wollen, um auf diese Weise die Weltangst der Christen zu bekämpfen (Kol 2,12f)[17], und daß er andererseits durch den eschatologischen Vorbehalt und durch die Betonung der Ethik die „strenge christologische Bezogenheit der ‚himmlischen' Existenz" habe herausstellen wollen (3,1–4). Man könne also geradezu sagen,

---

[13] Sanders, JBL 85, 1966, 40: Kol 2,12f sei "our clearest evidence of a secondary imitator conflating passages from the letters of the great apostle" – nämlich Röm 6,4; 4,24; Gal 1,1; Röm 6,11; 8,32. Die Tendenz, mehrere paulinische Texte als Vorlagen für einen oder zwei Sätze einer pseudopaulinischen Schrift zu identifizieren, besteht in der Forschung häufig. M.E. werden damit aber sowohl die Unselbständigkeit des nachpaulinischen Autors auf der einen wie seine „Kompilationskunst" auf der anderen Seite überschätzt. Es ist jedenfalls viel leichter vorstellbar, daß der Vf einen oder zwei Paulustexte vor sich hatte und frei verarbeitete, wodurch sich dann zufällige Anklänge an weitere paulinische Aussagen ergaben.

[14] In der Forschung wird bisweilen die These vertreten, Kol (und dann auch Eph) beziehe sich auf eine vorpaulinische Aussage, in der nach dem Vorbild der Mysterienreligionen der Gedanke des Mitsterbens bereits mit dem des Mit-auferweckt-werdens parallelisiert gewesen sei; der eschatologische Vorbehalt sei in Röm 6,4f.8 von Paulus durch Umbiegung der Tempora sekundär eingetragen worden (so z. B. Brandenburger, WuD NF 9, 1967, 15–33). Das ist aber unwahrscheinlich, wie ich Aufhebung, 141f zu zeigen versucht habe.

[15] Dies ist m.E. eine Uminterpretation der paulinischen Aussage (s. die vorige Anm).

[16] Grässer, ZThK 64, 1967, 152f.

[17] Vgl. auch Schenke, ZThK 61, 1964, 402f.

daß der Vf des Kol hier im paulinischen Sinn von Glaube und Rechtfertigung spreche, ohne freilich diese Vokabeln zu gebrauchen[18]. In der Tat steht hinter Kol 3,1–4 die paulinische Form der Zuordnung des Indikativs der Heilszusage (3,1a: *συνηγέρθητε*, vgl. 2,12f) zum Imperativ der ethischen Forderung (3,1b.2: *τὰ ἄνω ζητεῖτε ... φρονεῖτε*). Diesen Gedanken hatte der Vf schon in 2,6 bewußt aufgenommen[19], ohne also an eine bestimmte Vorlage anzuknüpfen. Er reflektiert also ganz deutlich eine Grundaussage der paulinischen Theologie und hält damit implizit an der Rechtfertigungslehre des Apostels fest, auch wenn man nicht übersehen darf, daß die explizite Terminologie der Rechtfertigungslehre in diesem ältesten deuteropaulinischen Brief fehlt[20].

Ähnliches wie für das Verhältnis von Kol 2,12f zu Röm 6 gilt für Kol 2,16: Die Wendung *μὴ ... κρινέτω ἐν βρώσει καὶ ἐν πόσει* erinnert an Röm 14,1–11; der folgende Hinweis auf die jüdischen Feste berührt sich in der Sache mit Gal 4,10. Hier fehlt zwar ein sicheres Indiz für eine unmittelbare literarische Beziehung[21]; es ist aber klar, daß sich der Vf einer paulinischen Argumentationsweise bedient.

In Kol 2,20 fällt die Nähe zum Gal (4,3.9: *στοιχεῖα*) auf[22]; von Bedeutung jedoch ist vor allem die christologische Begründung der antihäretischen Argumentation in Kol 2,20–23, die zeigt, daß der Vf gerade in sachlich-theologischer Hinsicht teilweise durchaus paulinisch denkt[23].

Neben diesen Stellen gibt es im Kol eine Reihe von Aussagen, die sich mit paulinischen Formulierungen zwar berühren, die aber keinen unmittelbaren Zusammenhang erkennen lassen, sondern eher auf verwandte Tradition oder auf ein ähnliches Denkmilieu zurückzuführen sein dürften.

So findet sich die erste Zeile des Christus-Hymnus (1,15–20) *ὅς ἐστιν εἰκὼν τοῦ θεοῦ* wörtlich in 2 Kor 4,4; doch es ist wohl ausgeschlossen, daß diese Zeile des Hymnus dem 2 Kor entnommen ist. Eher ist möglich, daß Paulus in 2 Kor 4,4 auf diejenige Tradition Bezug nimmt, der der Vf des Kol den ganzen Hymnus verdankt[24] (vgl. auch Kol 1,20 mit 2 Kor 5,19). Immerhin ist aber auch die Verwendung eines so langen Liedes schon für sich genommen eine

---

[18] Vgl. GRÄSSER, ZThK 64, 1967, 146: Der Vf des Kol redet „nicht in paulinischer Sprache, aber im paulinischen Sinn".

[19] SCHWEIZER, Kol, 98 nennt die Stelle sogar „eines der schönsten Beispiele" für diesen Gedanken.

[20] Es begegnet lediglich *τὸ δίκαιον* in 4,1 – etwa im Sinne von Phil 4,8 (ohne daß ein unmittelbarer paulinischer Einfluß zu erkennen ist).

[21] Oder geht *μὴ κρινέτω* direkt auf Röm 14,3 zurück? Jedenfalls begegnet *κρίνειν* im Kol nur hier.

[22] Vgl. LOHSE, Kol, 180.255f.

[23] Der Gedankengang in 2,20 *(εἰ ἀπεθάνετε σὺν Χριστῷ ... τί ὡς ζῶντες ...)* erinnert in seiner Struktur an paulinische Aussagen wie Gal 5,25 und vor allem Gal 3,3.

[24] Das räumt selbst SANDERS, JBL 85, 1966, 37 ein.

Parallele zu Paulus (Phil 2,6–11); und beidemale haben die zitierenden Autoren an ihrer Vorlage eine Korrektur angebracht[25].

In 1,26f verwendet der Vf das „Revelationsschema", dessen Ansätze sich schon in 1 Kor 2,7–10 finden[26]; Kol 1,26f steht in deutlicher Nähe zum (nachpaulinischen) Abschnitt Röm 16,25f[27] – d.h. es bestätigt sich, daß das Revelationsschema ein Charakteristikum der Theologie des paulinischen Erbes ist[28].

Der bildliche Gebrauch von περιτομή (Kol 2,11) steht in der Nähe von Röm 2,29; aber es handelt sich um eine auch sonst belegte Terminologie (vgl. Jub 1,23; O Sal 11,1–3), so daß nicht anzunehmen ist, der Vf des Kol habe hier unmittelbar Röm 2,29 vor sich gehabt.

Ein entsprechendes Urteil gilt schließlich auch für den paränetischen Abschnitt Kol 3,5–11: Die Eingangsaussage (3,5) erinnert zwar nicht im Wortlaut, aber in der Tendenz und auch im Bild an Gal 5,24; doch es handelt sich, wie E. Lohse m.R. feststellt, um einen traditionellen Topos ethischer Weisung[29]. Auch die Fortsetzung entspricht trotz zahlreicher Berührungen mit paulinischen Aussagen[30] traditionellen paränetischen Texten, so daß eine unmittelbare Abhängigkeit von Paulus hier aller Wahrscheinlichkeit nach nicht besteht[31].

Paulinischer Einfluß wird im Kol jedoch an einigen Stellen sichtbar, wo zwar keine direkte Vorlage zu erkennen ist, wo sich aber deutlich Aspekte paulinischen Denkens und Argumentierens finden. Wohl fehlen in dem Brief mehrere spezifisch paulinische theologische Begriffe[32]; aber andererseits

---

[25] Paulus fügte in Phil 2,8 θανάτου δὲ σταυροῦ ein; der Vf des Kol interpretiert σῶμα in 1,18 durch den Zusatz τῆς ἐκκλησίας. Nach LUDWIG, Verfasser, 81 hat der Vf die Möglichkeit, Tradition zu verändern, bei Paulus kennengelernt.

[26] Vgl. dazu LINDEMANN, Aufhebung, 74.

[27] S. dazu o. S. 27.

[28] SANDERS, JBL 85, 1966, 39f sieht auch hier wieder eine Verknüpfung von 1 Kor 2,7; Röm 16,25f und Röm 9,23f "on the wellknown principle of Stichwörter". Aber eine literarische Beziehung besteht wohl nicht (vgl. LOHSE, Kol, 119 A 1).

[29] LOHSE, Kol, 198–201.

[30] So ist z.B. der Begriff des παλαιὸς ἄνθρωπος (3,9) in Röm 6,6 belegt, das Bild vom Anziehen in Gal 3,27. Die Nähe zu Gal 3 wird auch noch unterstrichen durch die Parallele Kol 3,11/Gal 3,28 (im Kol unter Voranstellung von Ἕλλην statt Ἰουδαῖος), d.h. der Vf formuliert aus „griechischer" Perspektive. Aber alle diese Vorstellungen sind weit verbreitet (vgl. LOHSE, Kol, 204).

[31] Demgegenüber hält es SANDERS, JBL 85, 1966, 42f für wahrscheinlich, "that Col 3,5–10 has been built around Rom 13,12ff and Gal 5,19, with two- and three-word phrases from other Pauline letters inserted". Sanders räumt allerdings ein, daß in der Paränese traditionelles Material von großer Bedeutung ist.

[32] LUDWIG, Verfasser, 26 nennt u.a. ἁμαρτία (im Sing.; die traditionelle unpaulinische Wendung ἄφεσις τῶν ἁμαρτιῶν begegnet in 1,14; vgl. Röm 3,25), ἐλευθερία, νόμος, πιστεύειν (dagegen ist πίστις häufig gebraucht), σῴζειν und die gesamte Rechtfertigungsterminologie. Man wird freilich aus diesem Befund keine allzu weitreichenden Schlüsse ziehen dürfen: Kol ist ein in eine aktuelle Situation hineinge-

begegnet z.B. die paulinische Trias *πίστις / ἀγάπη / ἐλπίς,* eingefügt in den Kontext des Proömiums (1,4f), was sicherlich kein Zufall ist. Das paulinische Verständnis des Glaubens wird in 1,23 sichtbar, wo *πίστις* das Ganze der christlichen Existenz bezeichnet: Die Angeredeten sollen im Glauben „bleiben" (vgl. dazu Röm 11,23). Daß *πίστις* für den Vf des Kol kein formaler Lehr- (und Leer-)Begriff ist, zeigt besonders deutlich 2,12: Die Christen sind in der Taufe auferweckt *διὰ τῆς πίστεως*. Der Gebrauch von *πίστις* fällt hier besonders deshalb ins Gewicht, weil dieses Stichwort in Röm 6 fehlt – d.h. der Vf des Kol hat es also der ihm vorgegebenen Tradition (s.o.) bewußt beigefügt. Theologisch bedeutsam ist an dieser Stelle auch die inhaltliche Ausfüllung der *πίστις:* Sie ist Glaube an Gottes Wirken, das sich in der Auferweckung Jesu realisiert hat. Diese christologische Akzentuierung der *πίστις* kann ohne weiteres „paulinisch" genannt werden.

Umso auffälliger ist allerdings das bereits erwähnte völlige Fehlen der Rechtfertigungsterminologie: Der Vf des Kol verwendet die Begriffe *δικαιοσύνη* und *δικαιοῦν* gar nicht; das Stichwort *χάρις* – und das ist besonders wichtig – begegnet jedenfalls nicht im vollen theologischen Sinn[33]. Der Gegenbegriff zu *πίστις* bzw. *χάρις,* nämlich *νόμος,* fehlt ganz. Mit anderen Worten: Der polemische Akzent, den gerade der *πίστις*-Begriff für Paulus besitzt, ist im Kol nicht mehr erhalten. Dies hängt gewiß nicht damit zusammen, daß Paulus, wie oft erklärt wird, sein Glaubensverständnis in Antithese zu jüdischen Vorstellungen entwickelt hätte, während der Vf des Kol gegen synkretistisch-gnostische Ideen kämpfte; vielmehr ist die paulinische Theologie in ihrem eigentlichen Kern Entfaltung der Kreuzeschristologie, aus der die Aussagen über das Verhältnis zwischen Gott und Mensch *(πίστις, χάρις* usw.) abgeleitet werden. Von diesem Zusammenhang ist Kol offenkundig nicht berührt[34].

Eine charakteristische Umdeutung erfährt im Kol die paulinische Ekklesiologie. Abgesehen von dem (ursprünglich kosmologischen) Gebrauch von *σῶμα* im Lied (1,18), wo der Vf den Begriff sekundär im Blick auf die Kirche uminterpretierte, findet sich der ekklesiologische Gebrauch von *σῶμα (Χριστοῦ)* noch in 1,24; 2,19; 3,15 und wohl auch an der im übrigen dunklen Stelle 2,17. Der Gedanke, die Kirche sei zu verstehen als *σῶμα Χριστοῦ,* ist natürlich von Paulus übernommen (vgl. 1 Kor 12,12ff); aber indem der Vf

schriebener Brief von 4 Kapiteln; das Fehlen einzelner Theologumena sagt noch nicht unbedingt, daß der Vf hier bewußt von Paulus abweichen will.

[33] *χάρις* begegnet lediglich formelhaft in 1,2.6; 3,16; 4,6.18. Nur in 3,13 verwendet der Vf *χαρίζεσθαι* in der christologisch begründeten Paränese, was an 2 Kor 2,7.10 erinnert.

[34] Aus dem Vorkommen von *σταυρός* in 1,20; 2,14 wird man deshalb nicht schließen dürfen, daß der Vf "reveals himself as a Pauline schooled theologian" (so LOHSE, NTS 15, 1968/69, 220). Für die Kreuzestheologie gilt dieses Urteil gerade nicht.

Christus zur $\kappa\varepsilon\varphi\alpha\lambda\acute{\eta}$ dieses $\sigma\tilde{\omega}\mu\alpha$ erklärt, setzt er einen veränderten Akzent. Aus dem an der konkreten Gemeindestruktur orientierten Bild bei Paulus wird im Kol die in hohem Maße mythologische Idee des weltweiten Leibes der Kirche, dessen $\kappa\varepsilon\varphi\alpha\lambda\acute{\eta}$ Christus ist.

Welches Fazit läßt sich aus dem Gesagten ziehen? Der Eindruck ist zwiespältig: Einerseits ist deutlich, daß der Vf des Kol sehr bewußt an das paulinische Erbe anknüpft. Er hat paulinische Briefe gekannt, auch wenn die Analyse ergab, daß die Vermutung eines unmittelbaren literarischen Zusammenhangs nur im Fall des Phm unabweisbar ist[35]. Wichtiger dürfte sein, daß der Vf theologische paulinische Traditionen gekannt und benutzt hat. Insofern kann man mit Ph. Vielhauer sagen: „Der Autor schreibt, was und wie nach seiner Meinung Paulus geschrieben hätte."[36] Er hat nicht nur das paulinische Briefformular übernommen; er hat nicht nur durch Übernahme der Grußliste des Phm seinem Brief gewisse Echtheitszeichen geben wollen; sondern er hat auch das theologische Konzept des Paulus, insbesondere die strenge Beziehung des Imperativs auf den Indikativ, festgehalten. Der Vf hat in einer schwierigen kirchen- und theologiegeschichtlichen Situation darauf insistiert, daß Heilszusage und Paränese eine Einheit bilden, und daß dabei der Heilszusage, dem „Indikativ", der Vorrang gebührt[37].

Aber der Vf ist den Gefahren der von ihm bekämpften kolossischen „Häresie" auch ein Stück weit erlegen: Christologie und Ekklesiologie haben (jedenfalls teilweise) im Kol ihren Bezug zur Geschichte verloren. Die futurische Eschatologie ist zwar nicht preisgegeben; aber sie steht in einer nicht voll ausgeglichenen Spannung zu der Aussage, die Christen seien bereits „mitauferweckt". Dies und die Umgestaltung des $\sigma\tilde{\omega}\mu\alpha$-$X\rho\iota\sigma\tau o\tilde{v}$-Gedankens bestätigen Vielhauers Urteil, Kol dokumentiere „auch eine zunehmende Mythologisierung der paulinischen ‚Schultradition'"[38].

Die unübersehbaren Differenzen zur paulinischen Theologie schließen m.E. die Möglichkeit aus, daß Kol das Produkt einer „Schultheologie" sei, „die sich bereits zu Lebzeiten des Apostels in seiner unmittelbaren Umgebung entfaltet"[39] hat. Noch unwahrscheinlicher ist die neuerdings zunehmend vertretene Annahme, Kol sei (etwa von Timotheus) im Beisein des Paulus geschrieben und mit seiner ausdrücklichen Zustimmung und „Unterschrift"

---

[35] Vgl. Lohse, Kol, 256; gegen Ollrog, Paulus, 206f (vgl. aaO., 422f A 62).

[36] Vielhauer, Geschichte, 200. Vgl. auch Sanders, JBL 85, 1966, 44: "He wished to say nothing other than what Paul himself would have said."

[37] Ich würde deshalb nicht sagen, daß Kol eine ausgesprochene „Schülerarbeit" ist (so Ludwig, Verfasser, 51), deren selbständiger Beitrag im wesentlichen darin bestehe, „das Überkommene in der veränderten Situation zu aktualisieren" (aaO., 196).

[38] Vielhauer, Geschichte, 201.

[39] So Ernst, Kol, 152.

nach Kolossä geschickt worden[40]. Kol ist vielmehr das erste Zeugnis eines „Paulinismus", der nach dem Tode des Apostels dessen Erbe vor allem in Kleinasien bewahren wollte, und der gleichzeitig mit Hilfe paulinischer Theologie der Herausforderung der kirchlichen Entwicklung zu begegnen versuchte[41].

Die Front, gegen die Kol sich richtet, ist im einzelnen schwer zu bestimmen[42]. Möglicherweise ist die Tatsache, daß die „kolossische Häresie" im Kol nur so undeutliche Konturen besitzt, darauf zurückzuführen, daß sowohl der Vf wie auch die Empfänger des Briefes denjenigen Kreisen nahestehen, die im Begriff sind, sich mit Tendenzen einer judenchristlichen Gnosis zu verbinden, so daß „Rechtgläubigkeit" und „Häresie" für den Vf schwer zu trennen sind.

Die Tatsache, daß im Kol „Paulus" Einfluß auf eine Gemeinde nimmt, die jedenfalls nicht unmittelbar eine paulinische Gründung war, zeigt, daß der Apostel im letzten Viertel des 1. Jahrhunderts zumindest in Kleinasien hohes Ansehen besaß – und zwar nicht nur sein „Bild" als vorbildlicher Missionar und Märtyrer, sondern auch sein theologisches Denken. Zwar wissen wir nichts darüber, welche Wirkung Kol in der Gemeinde unmittelbar ausgeübt hat; aber die Entstehung des Eph zeigt immerhin, daß der Einfluß des Kol nicht vollkommen bedeutungslos gewesen sein kann.

Ph. Vielhauer hat dem Kol eine für die Entwicklung des „Paulinismus" entscheidende Schlüsselrolle zugewiesen: Er bereite einerseits „die spekulative Ekklesiologie des Eph [vor], der die Christologie des Kol ausbaut"; er sei aber andererseits auch ein Wegbereiter für „die auf Amt und Tradition sich gründende orthodoxe Kirchlichkeit der Past, die das spekulative Moment des Kol ausschalten"[43]. Diese Feststellung ist m.E. nur modifiziert richtig. Zwar trifft es zu, daß sich Kol – jedenfalls stärker als dann Eph – noch an Grundpositionen paulinischer Theologie orientiert[44]; aber den ersten Schritt in Richtung auf Eph und die weitere christliche Gnosis ist der Vf des Kol

---

[40] LÄHNEMANN, Kolosserbrief, 182 A 82. Sollte Paulus gar nicht gelesen haben, was er „unterschrieb"?

[41] Vgl. SCHULZ, Mitte, 92: Im Kol beruft sich „ein uns unbekannter paulinisch geschulter Theologe auf die überragende Autorität des Apostels Paulus, um die drohende Gnostisierung nachpaulinischer Gemeinden in Kleinasien zu bekämpfen. Der Kolosserbrief stellt unmittelbar das beginnende Stadium einer radikalen Neuinterpretation der paulinischen Botschaft und Verkündigung dar." Diese Betrachtungsweise wird dann freilich abgelöst durch das Urteil (aaO., 93), Kol sei weder paulinisch noch gnostisch, sondern „frühkatholisch".

[42] S. dazu LOHSE, Kol, 186–191.

[43] VIELHAUER, Geschichte, 202f.

[44] M.E. liegt diese Aufnahme des paulinischen Erbes allerdings nicht im „Rekurs auf die normativen Größen der Liturgie und des Apostolats", wie VIELHAUER, Geschichte, 202 meint, sondern vor allem im Festhalten an der wichtigen theologischen Funktion der Christologie und der systematischen Vorordnung des „Indikativs" vor den „Imperativ".

bereits selbst gegangen – er hat ihn nicht nur vorbereitet. Deshalb vermochte der Vf der Past nicht positiv an Kol anzuknüpfen – sein Rekurs auf Paulus und die Paulus-Tradition hat andere Grundlagen[45].

Kol nimmt aber in anderer Hinsicht eine Schlüsselstellung ein: Der Brief ist die erste pseudepigraphische Schrift des ältesten Christentums und insofern Wegbereiter eines literarischen Genus, das die weitere theologische Entwicklung wesentlich geprägt hat: Das Ansehen des Apostels wird in Anspruch genommen, um aktuelle Vorstellungen durchzusetzen.

b) Epheserbrief

Eph ist, wie in der Forschung überwiegend m.R. festgestellt wird, eine überarbeitete und erweiterte Fassung des Kol, d.h. er ist von diesem literarisch abhängig. Eine wichtige Frage ist aber, ob der Vf daneben auch echte paulinische Briefe gekannt hat. Oder muß man sich mit der Annahme begnügen, daß er außer dem Kol keine weiteren Briefe, sondern nur paulinische Tradition benutzt hat[46]?

Die Parallelen zwischen Eph und Kol sind sehr häufig untersucht und dargestellt worden[47]. Da es in der vorliegenden Arbeit nicht im eigentlichen Sinne um Literarkritik geht, sondern um die Frage nach der Wirksamkeit der paulinischen Theologie in nachpaulinischer Zeit, beschränke ich mich auf die Analyse der auf Paulus selbst zurückgehenden „Zitate" und Anspielungen im Eph[48].

Das Proömium des Eph umfaßt neben der bei Paulus üblichen „Eucharistie" (1,15–23) auch eine „Eulogie" (1,3–11), wie sie bei Paulus nur im 2 Kor begegnet; da die Segensformel Eph 1,3a mit der von 2 Kor 1,3a wörtlich übereinstimmt, ist es jedenfalls nicht auszuschließen, daß der Vf des Eph 2 Kor gekannt hat. Von daher ließe sich dann vielleicht das Vorhandensein des doppelten Proömiums erklären: Der Vf wollte es besonders „richtig" machen[49]. Da aber 1 Petr 1 ebenfalls die Eulogie zeigt, erscheint es zumindest auch als möglich, daß diese Form des Proömiums in nachpaulinischer Zeit die übliche wurde, ohne daß unbedingt eine direkte Beziehung zum 2 Kor bestehen müßte[50].

---

[45] S. u. S. 142f.

[46] Das Problem wird deutlich in der im Grunde paradoxen Aussage von KÜMMEL, Einleitung, 321: Eph ist mit Kol und den übrigen paulinischen Briefen „gut vertraut, muß aber nur für 6,21f den Wortlaut des Kol direkt vor sich gehabt haben". Vgl. VIELHAUER, Geschichte, 214: „Eph zeigt Berührungen mit allen früheren Paulusbriefen."

[47] Vgl. LINDEMANN, Aufhebung, 44–48.

[48] Zur Frage, ob der Vf des Eph sich der Unechtheit des Kol bewußt war, s.o. S. 41.

[49] GNILKA, Eph, 58: „Man kann damit rechnen", daß Eph sich hier an 2 Kor anschließt.

[50] Es ist zu beachten: Die Eucharistie des paulinischen Proömiums bezieht sich auf die konkrete Situation der angeredeten Gemeinde (*εὐχαριστῶ* bzw. *εὐχαριστοῦμεν* ...

Indiz für eine Kenntnis des 2 Kor könnte freilich noch das Verb *πρεσβεύω* in Eph 6,20 sein, das Paulus in 2 Kor 5,20 verwendet, um sich als „Botschafter an Christi Statt" darzustellen[51]. Aber der Gedanke ist im Eph ein ganz anderer als bei Paulus[52], so daß die Übereinstimmung auf Zufall beruhen wird.

Am Anfang der „Eucharistie" in 1,15 hat der Vf Kol 1,4 übernommen. Eine deutliche Parallele findet sich außerdem in Phm 4f; aber diese Übereinstimmung reicht nicht aus für die Annahme, der Vf des Eph habe Phm unmittelbar gekannt[53].

Eine auch theologisch bedeutsame Frage ist, ob der Abschnitt Eph 1,20–23, insbesondere V. 21, einen Bezug zu Phil 2,9–11 enthält. Zwar handelt es sich bei Eph 1,20–23 nicht um einen Hymnus[54], aber doch um ein in gehobener Sprache formuliertes Stück, das gattungsmäßig und auch in der Wortwahl nahe beim Schluß des Phil-Hymnus steht. Da im Kol keine echte Parallele vorhanden ist, darf eine Berührung mit Phil bzw. mit dem Hymnus in seiner vorpaulinischen Form nicht ausgeschlossen werden; jedenfalls kann man M. Dibelius / H. Greeven zustimmen, die die Übereinstimmung dieser „Schilderung des Sieges über die Geisterwelt" mit jener in Phil 2,9–11 „auffallend" nennen[55]. Möglicherweise greift der Vf des Eph auf theologische Aussageformen zurück, die aus der vorpaulinischen hellenistischen Gemeinde auch dem Apostel bekannt gewesen waren. Dabei wäre dann nur bemerkenswert, wie konsequent der Vf des Eph hier (und auch sonst in seiner Schrift) die paulinische eschatologische Hoffnung auf den endgültigen Sieg Christi umgemünzt hat in den Gedanken des bereits erfolgten Machtantritts[56].

Eine der wichtigsten Stellen für das Paulus-Verständnis des Eph ist 2,8f (dazu 2,5b) – der Kernsatz der paulinischen Rechtfertigungslehre. Zwar fehlt die eigentliche Rechtfertigungsterminologie *(δικαιοσύνη, δικαιοῦσθαι)*; aber in der Struktur der Aussage ist das paulinische Vorbild unübersehbar.

U. Luz hat in einer ausführlichen Analyse des Textes die Vermutung geäußert, der ganze Abschnitt 2,1–10 gehöre in den Rahmen einer liturgi-

---

ὑπέρ bzw. *περὶ ὑμῶν ...)*; in der Eulogie besteht ein solcher Zusammenhang nicht – m. a. W.: Dies war die geeignete Eingangsformel für Briefe wie Eph und auch 1 Petr.

[51] Direkten Einfluß von 2 Kor sehen Barnett, Paul, 37; Mitton, Epistle, 137 und Gnilka, Eph, 22.

[52] Vgl. dazu Bornkamm, Art. *πρέσβυς κτλ.*, ThWNT VI, 682,35–40.

[53] Anders Gnilka, Eph, 88: Die Stelle „lehnt sich deutlich an Kol 1,4; Phm 5 an".

[54] S. dazu Lindemann, Aufhebung, 210f.

[55] Dib-Greeven, Eph, 64.

[56] Das gilt insbesondere auch für das Zitat in 1,22, das ja auch Paulus in 1 Kor 15,27 benutzt hat. Bei Paulus wird Ps 8,7 LXX (trotz des Aor.) futurisch verstanden; im Eph dagegen ist Christus tatsächlich schon der Herr über *τὰ πάντα*. Wenn hier tatsächlich, wie Gnilka, Eph, 22 (vgl. auch Barnett, Paul, 11) annimmt, direkte literarische Abhängigkeit von Paulus vorliegt, dann wäre Eph 1,22 eine ganz bewußte Korrektur von 1 Kor 15,27. – Dib-Greeven, Eph, 65: 1,22 ist „wohl kaum" ein Paulus-Zitat.

schen Tauftradition. Die „paulinisch“ wirkenden Sätze gingen nicht auf Paulus zurück, sondern seien Bestandteil der außerpaulinischen Tradition, wie vor allem das Fehlen des *νόμος*-Begriffs zeige[57]. Der Vf des Eph habe also „die paulinische Rechtfertigungsbotschaft primär als Taufrechtfertigung und nicht im Lichte der paulinischen Kreuzestheologie“ verstanden, und die Rechtfertigungslehre sei so zum „Teilaspekt der dominierenden Christus-Ekklesiologie“ geworden[58].

M.E. ist aber der Abschnitt Eph 2,1–10 nicht von der Taufe her zu interpretieren[59]. Vielmehr hat der Vf hier seine Vorlage aus Kol 2,10–12 erweitert und in Richtung auf die „aoristische Eschatologie“ radikalisiert. Im jetzigen Kontext sind 2,5b.8f – schon aus sprachlichen Gründen – „Glossen“, mit deren Hilfe der Vf die Vereinbarkeit seiner Eschatologie mit dem paulinischen Rechtfertigungs- (d.h. Gnaden-)Verständnis demonstrieren will[60]. Keinesfalls kann man sagen, 2,8f sei “the most effective summary we have of the Pauline doctrine of salvation by grace through faith”[61]; vielmehr wird J. Gnilka recht haben mit der Feststellung: „Die Nähe zu Paulus besteht (sc. allein) in der Wahrung des Primates der Gnade.“[62]

Schwer zu entscheiden ist, ob in Eph 2,12 der Hinweis auf die *διαθῆκαι τῆς ἐπαγγελίας* auf Röm 9,4 zurückweist. Eine Verbindung von *διαθήκη* (im Plural!)[63] und *ἐπαγγελία* begegnet zwar sonst nicht; die Tendenz der Aussage ist aber so vollkommen verschieden[64], daß die Annahme einer literarischen Beziehung jedenfalls nicht wahrscheinlich ist.

Höchst bemerkenswert ist die Übereinstimmung zwischen Eph 2,18; 3,12 auf der einen Seite und Röm 5,2 auf der anderen: Der Gedanke einer durch Christus geschaffenen *προσαγωγή* zu Gott begegnet nur hier[65]. Freilich hat

---

[57] Vgl. Luz, in: Festschrift Käsemann, 369–375. Weitere Quellen für diese Tradition seien Ex An (NHC II/6); 2 Clem 1,6–8; 1 Petr 1,3f und 1 Kor 6,9–11: „Rechtfertigung ist ein Interpretament der Taufe“ (aaO., 371).

[58] Luz, in: Festschrift Käsemann, 375.

[59] Vgl. Lindemann, Aufhebung, 140f.

[60] Das Fehlen der Rechtfertigungsbegrifflichkeit bleibt natürlich auffällig, entspricht aber dem Befund im Kol. Die drei Eph-Stellen, wo *δικαιοσύνη* begegnet (4,24; 5,9; 6,14), sind theologisch ohne Gewicht.

[61] So Mitton, Epistle, 155.

[62] Gnilka, Eph, 130. Anders Mussner, Petrus, 94, der meint, im Eph sei die paulinische Rechtfertigungslehre „treu“ festgehalten; 2,8f seien sprachlich gesehen völlig paulinisch. Mußner übersieht, in welchen Kontext der Vf des Eph die soteriologische Aussage gestellt hat.

[63] Nach Gnilka, Eph, 136 A 1 ist der Plural in Röm 9,4 textkritisch nicht gesichert. Vgl. aber Metzger, Textual Commentary, 519.

[64] In Röm 9,4 liegt eine positive Aussage über Israel vor, in Eph 2,12 dagegen nur eine negative über die Heiden vor der „Folie“ Israel. (Insoweit sind meine Ausführungen Aufhebung, 149 A 26 zumindest mißverständlich.)

[65] Die Parallele zwischen Röm 5,2 und Eph 3,12 wäre noch stärker, wenn man in Röm 5,2 tatsächlich mit ℵ, *C*, 𝔎 und vielen anderen *τῇ πίστει* lesen dürfte (gegen B,

sich die Tendenz verschoben: Was bei Paulus bildlich gemeint war *(προσαγωγὴ εἰς τὴν χάριν)*, ist im Eph durchaus räumlich real vorgestellt (vgl. in 2,17 *μακράν* und *ἐγγύς*). Dennoch könnte die Stelle ein Indiz dafür sein, daß der Vf des Eph den paulinischen Röm gekannt hat[66].

Nimmt der Vf des Eph bei der Aufzählung der Ämter in 4,11f[67] auf 1 Kor 12,28–31 Bezug? Beide Texte stimmen im Formalen überein, unterscheiden sich aber im einzelnen deutlich voneinander[68]. Es läßt sich daher kaum sagen, ob „bei der Konzipierung des Abschnitts“ wirklich, wie J. Gnilka meint, „die paulinischen Charismentafeln ... Pate gestanden haben“[69]. Die Nennung unterschiedlicher Gemeindeämter ist jedenfalls nicht ungewöhnlich[70].

In Eph 4,19 sehen A. E. Barnett und J. Gnilka eine deutliche Beziehung zu Röm 1,18–32 bzw. 1,21–24: “The description in Ephesians of the way the heathen live sounds like a summary of the more elaborate description in Romans.“[71] Gnilka meint, der bei Paulus ursprünglich theologische Gedanke sei vom Vf des Eph bewußt in einen moralischen umgemünzt worden: Nicht mehr Gott, sondern die Heiden selbst liefern sich den Lastern aus[72]. Es handelt sich aber an beiden Stellen um feste Bestandteile der Heidenpolemik, wie sie auch im Judentum begegnet[73], so daß ebenso wie beim Bild von der geistlichen Waffenrüstung (Eph 6,11/Röm 13,12)[74] eher mit Verwendung gleichen vorgegebenen Materials als mit direkter Abhängigkeit des Eph vom Röm zu rechnen sein wird[75].

Interessant ist Eph 5,5[76]: Der Vf hat sich insgesamt sicher an Kol 3,5f orientiert, doch erinnert der Ausdruck *ἔχειν κληρονομίαν ἐν τῇ βασιλείᾳ τοῦ*

D, G). Das Greek NT läßt die Entscheidung offen (vgl. Metzger, Textual Commentary, 511f).

[66] Vorsichtig Gnilka, Eph, 178; eindeutig Mitton, Epistle, 136; Barnett, Paul, 21. Mein eigenes Urteil (Aufhebung, 229 A 138) wird wohl zu revidieren sein.

[67] Vgl. dazu Lindemann, Aufhebung, 221 A 97.

[68] Eine klare Übereinstimmung besteht nur bei der Vorordnung der Apostel und Propheten; *εὐαγγελιστής* begegnet in (nach)paulinischer Tradition nur noch in 2 Tim 4,5; *ποιμήν* als Gemeindeamt ist hapax legomenon im NT.

[69] Gnilka, Eph, 205, vgl. aaO., 22. Vage das Urteil bei Dib-Greeven, Eph, 80: „Ein Seitenstück zu 1 Cor 12“.

[70] Vgl. Conzelmann, 1 Kor, 253f.

[71] Barnett, Paul, 27. Ähnlich Gnilka, Eph, 22: Der Vf des Eph „schwächt einen Gedanken aus Röm 1,21–24 ab“.

[72] Gnilka, Eph, 225, vgl. aaO., 22.

[73] Vgl. dazu Käsemann, Röm, 40f. Zahlreiche Belege bei Bill III, 62–64.

[74] Barnett, Paul, 36f führt Eph 6,14–17 auf Einfluß von 1 Thess 5,8 (und Lk 11,18–26) zurück. Vgl. dazu Lindemann, Aufhebung, 64f.

[75] Barnett, Paul, 28 und Gnilka, Eph, 230 sehen weitere Abhängigkeiten in Eph 4,23/Röm 12,2; Eph 4,25/Röm 12,5; darüberhinaus ließe sich nennen Eph 5,10.17/Röm 12,2. Aber trotz sachlicher Übereinstimmung sind die Unterschiede im Wortlaut für die Annahme einer literarischen Beziehung zu groß.

[76] Vgl. zu dieser Stelle Lindemann, Aufhebung, 199f.

Χριστοῦ καὶ θεοῦ stark an paulinische Aussagen (1 Kor 6,9f; 15,50; Gal 5,21)[77]. Aber „die Ausdrucksweise ... ist gemeinchristlich, nicht paulinisch"[78], so daß sichere Indizien für eine literarische Beziehung nicht vorhanden sind. Ähnliches gilt für Eph 1,7, wo einerseits Übernahme von Kol 1,14 vorliegt, andererseits aber auch eine deutliche Nähe zu Röm 3,25 (Stichwort αἷμα) besteht. Da jedoch der Gedanke der heilschaffenden Kraft des Blutes Christi eher im außerpaulinischen Raum zu Hause ist (auch Röm 3,25 ist ja eine vorpaulinische Formel), wird man kaum mit einer direkten literarischen Beziehung zu rechnen haben[79].

In Eph 5,9 findet sich eine auffallende Parallele zu Gal 5,22 in der Kombination von καρπὸς τοῦ φωτός und ἀγαθωσύνη. P 46 und ℜ haben tatsächlich einen direkten Zusammenhang gesehen und deshalb die Korrektur von φωτός in πνεύματος vorgenommen. Aber für die These, der Vf des Eph habe den paulinischen Gal gekannt, reicht dieser Befund nicht aus.

Überaus wichtig ist die Übereinstimmung zwischen Eph 3,8 und 1 Kor 15,9 bzw. Eph 5,23 und 1 Kor 11,3, deren Formulierungen dem Sinn wie dem Wortlaut nach miteinander verwandt sind. Parallel zu 1 Kor 15,9 zeichnet Eph 3,8 das Bild des Paulus als das des „allergeringsten" der Heiligen; ob dabei jedoch wirklich literarische Abhängigkeit vorliegt, bleibt unsicher[80], denn die wörtliche Übereinstimmung ist im Grunde gering und beschränkt sich letztlich auf das Stichwort ἐλάχιστος[81]. Deutlicher erkennbar ist die Beziehung zwischen Eph 5,23 und 1 Kor 11,3. Eine wörtliche Übereinstimmung liegt zwar auch hier nicht vor, doch läßt sich die andere Stellung der einzelnen Satzglieder im Eph als eine aus stilistischen Gründen erfolgte bewußte Korrektur erklären – der Text von 1 Kor 11,3 wirkt in der Tat etwas ungeordnet. Man müßte annehmen, daß der Vf des Eph die Aussage im Sinne seiner Ekklesiologie umgeformt hat; denn daß Christus die κεφαλὴ τῆς ἐκκλησίας ist, hatte Paulus nicht gesagt. Aber gerade diese Abweichung entspräche den Interessen des Eph, d.h. sie kann nicht als Indiz für die Unabhängigkeit von 1 Kor 11,3 gewertet werden. Eph 5,23 ist mithin ein einigermaßen sicherer Beleg dafür, daß der Vf des Eph den paulinischen 1 Kor vermutlich gekannt hat[82].

Ein grundsätzliches methodisches Problem bleibt: Wenn der Vf sich in 5,23 tatsächlich auf 1 Kor 11,3 beziehen sollte, so heißt das noch nicht unbedingt, daß er den paulinischen 1 Kor insgesamt gekannt haben muß. Es fällt z.B. auf, daß sich die Sklavenparänese in Eph 6,5–8.9 zwar – mit charakteristischen Abweichungen[83] – an

[77] Von der βασιλεία τοῦ Χριστοῦ spricht Paulus freilich nicht.
[78] Conzelmann, 1 Kor, 128.
[79] Vgl. Lührmann, ZThK 67, 1970, 441.443.
[80] Mit einem unmittelbaren Zitat rechnen z.B. Gnilka, Eph, 22.170 und Merklein, Amt, 335f.
[81] S. o. S. 41f.
[82] Vgl. Barnett, Paul, 33; Gnilka, Eph, 22.
[83] Vgl. Lindemann, Aufhebung, 88 und ders., ZNW 67, 1976, 243.

Kol 3,22–25; 4,1 orientiert, daß aber eine Verbindung mit 1 Kor 7 nicht erkennbar ist. Das könnte für die Vermutung sprechen, daß der Vf des Eph dieses Kap. des 1 Kor möglicherweise nicht gekannt hat.

Man wird es jedenfalls nicht ausschließen können, daß bestimmte Teile paulinischer Briefe auch unabhängig von ihrem „Rahmen" tradiert wurden. Zwar ist eine entsprechende handschriftliche Überlieferung nicht nachweisbar; aber man kann aus der Art mancher Zitate in nachpaulinischer Literatur vielleicht doch den Schluß ziehen, daß der zitierende Autor zwar ein bestimmtes Argumentationsstück aus einem Brief gekannt hat, aber nicht unbedingt den ganzen Brief.

Eph ist offenbar kein Gelegenheitsschreiben, sondern die thetische Entfaltung eines theologischen Entwurfs. Es ist daher nicht unsachgemäß, nach der Verwendung einzelner bei Paulus wichtiger theologischer Begriffe zu fragen; ihr Vorhandensein bzw. ihr Fehlen wird hier weniger auf Zufall beruhen als etwa beim Kol oder auch beim 2 Thess.

Einer der wichtigsten theologischen Begriffe des Paulus, nämlich *πίστις*, begegnet im Eph insgesamt achtmal, d.h. etwa ebenso häufig wie jeweils in 1 Thess, Phil und den beiden Kor. Dabei findet sich in 1,15 die paulinische Trias *πίστις / ἀγάπη / ἐλπίς* mit der Wendung *πίστις ἐν τῷ κυρίῳ*. Es läßt sich nicht entscheiden, ob damit „Glaube in dem Herrn" (im Sinne des *ἐν Χριστῷ*) gemeint ist oder einfach „Glaube an den Herrn"[84]; jedenfalls ist die christologische Fundierung der *πίστις* zu beachten. In dieselbe Richtung weist auch die „paulinistische" Glosse des Vf in 2,8: Das Reden von *πίστις* ist Bestandteil der als paulinisch ausgegebenen Soteriologie. Auch in 3,12.17 ist, trotz des formelhaften Gebrauchs, die christologische Verankerung unübersehbar. Und die in Eph 4,5 verwendete Formel zeigt, daß der *eine* Glaube als Konstituens der Existenz in der Kirche gilt – d.h. diese Stelle bestätigt, daß *πίστις* auch für die Ekklesiologie des Eph fundamentale Bedeutung hat (vgl. auch die Parallelisierung von *ἑνότης τῆς πίστεως* und *ἐπίγνωσις τοῦ υἱοῦ τοῦ θεοῦ* in 4,13). Besonders auffällig ist schließlich das Vorkommen von *πίστις* im „Brief"-Schluß 6,23, das bei Paulus (und im Kol) ohne Analogie ist[85]. Man kann also sagen, daß der Vf des Eph nicht nur ausgesprochen häufig vom Glauben redet, sondern daß er den Begriff auch inhaltlich gefüllt versteht.

Ganz anders verhält es sich mit der Wortgruppe *δικ-;* hier begegnet im Eph lediglich das Substantiv *δικαιοσύνη* (4,24; 5,9; 6,14), jedoch ohne theologische Funktion.

Dagegen gebraucht der Vf des Eph das Wort *χάρις* sehr häufig[86], wenn auch überwiegend in Formeln (1,2; 6,24) bzw. in formelhafter Bedeutung (1,6f; 2,5–8); in 3,2.7f; 4,7 meint *χάρις* nahezu dasselbe wie *χάρισμα*. Dieser

---

[84] Zur grammatischen Möglichkeit s. B-D-R §§ 206.218.

[85] *πίστις* in 6,16 gehört zum traditionellen Bild.

[86] Es ist 12mal belegt, also etwa ebenso oft wie im 1 Kor und ungleich häufiger als in Gal, Phil oder 1 Thess.

Befund zeigt zusammen mit dem faktischen Fehlen von *νόμος*[87], daß die paulinische Gnadenlehre im Eph nur in ganz abgeblaßter Form vorhanden ist; insbesondere der polemische Charakter ist verloren gegangen[88]. Die Stichworte der paulinischen Anthropologie begegnen im Eph entweder in unpaulinischem Sinn (*σάρξ*[89] und *ἁμαρτία*[90]) oder gar nicht (*σῶμα*[91]). Das ekklesiologische Verständnis von *σῶμα* orientiert sich, wie der Zusammenhang von *σῶμα* und *κεφαλή* zeigt, nicht an Paulus, sondern am Kol[92]. Daß die Ekklesiologie des Eph „ganz aus der Kreuzeschristologie heraus entwickelt" sei, wie F. Mußner unter Hinweis auf 2,13.16 meint[93], kann man nicht sagen. Der Vf hat hier überhaupt keinen theologisch begründeten Zusammenhang hergestellt, was sich ja auch schon daran zeigt, daß das Kirchenverständnis des Eph die „aoristische" Eschatologie voraussetzt. Der Hinweis auf den *σταυρός* in 2,16 ist für die Christologie des Eph ohne Bedeutung.

In der Nähe paulinischer Aussagen steht dagegen das *πνεῦμα*-Verständnis des Eph. Das Wort begegnet, abgesehen von 4,23, wo es anthropologisch und 2,2, wo es „dämonologisch" gebraucht ist, 12mal. In 2,18.22; 4,3f wird die Einheit des Geistes betont, was der spezifischen Ekklesiologie des Eph entspricht. An allen anderen Stellen liegt der durchschnittliche christliche Sprachgebrauch vor: *πνεῦμα* als der von Gott gegebene (heilige) Geist. Da aber *πνεῦμα* im Kol nur zweimal belegt ist, liegt es doch nahe, den Gebrauch im Eph auf paulinischen Einfluß zurückzuführen[94].

Das bedeutet: Die uns als tragend erscheinenden Begriffe der paulinischen Theologie, sowohl die anthropologischen als auch die soteriologischen, sind im Eph deutlich in den Hintergrund getreten bzw. ganz verschwunden.

---

[87] Das Wort begegnet nur in 2,15 in deutlich überspitzter Form (*νόμος τῶν ἐντολῶν ἐν δόγμασιν;* vgl. dazu LINDEMANN, Aufhebung, 171–176). MUSSNER, Petrus, 92: Das Fehlen des Genitivattributs *νόμου* in 2,9 „radikalisiert ... die pln. Gesetzestheologie, indem nun jeglichen ‚Werken' die rettende Kraft abgesprochen wird". Will Mußner damit andeuten, daß es bei Paulus rechtfertigende Werke gebe – nur gerade die *ἔργα τ. νόμου* nicht (vgl. Mußner, aaO., 98 A 228)?

[88] MUSSNER, Petrus, 93f erklärt das Fehlen von *δικαιοῦσθαι* damit, daß den kleinasiatischen Heidenchristen „die juridisch gefärbte Heilssprache des Judentums nicht mehr sonderlich zugänglich" gewesen sei; außerdem bevorzuge der Vf des Eph „liturgische Begrifflichkeit". Zum Stichwort „kleinasiatische Heidenchristen" sei die Frage erlaubt: Hat sich die Lage seit Abfassung des Gal so grundlegend geändert? Paulus setzt jedenfalls voraus, daß die galatischen Heidenchristen mit seiner Sprache etwas anfangen konnten – und der Erfolg der judaistischen Agitatoren weist in dieselbe Richtung.

[89] Vgl. SCHWEIZER, Art. *σάρξ*, ThWNT VII, 137, 12–16.

[90] Nur in 2,1 im Plural.

[91] Vgl. freilich Gal und 1 Thess, wo *σῶμα* (anthropologisch) auch nur jeweils einmal vorkommt.

[92] S. dazu das o. S. 119f Gesagte.

[93] MUSSNER, Petrus, 94; vgl. aaO., 105f A 254.

[94] Auch wenn das Verständnis im Verhältnis zum paulinischen „schon etwas abgeblaßt" sein mag (SCHWEIZER, Art. *πνεῦμα*, ThWNT VI, 443, 8f).

Auffällig bleibt aber die häufige Verwendung von *πίστις, χάρις* und *πνεῦμα*, denn darin zeigt sich, daß der Vf des Eph den Zusammenhang der paulinischen Tradition bewußt zu bewahren versucht hat.

Ist es auf das Fehlen einer aktuellen theologischen Kontroverse zurückzuführen, daß die jeweiligen paulinischen Gegenbegriffe *νόμος, ἁμαρτία* und *σάρξ* im Eph nahezu unwichtig geworden sind? In der Tat wird oft darauf verwiesen, daß die Gesetzesproblematik zur Zeit der Abfassung des Eph nicht mehr akut gewesen sei[95]; aber das reicht zur Begründung nicht aus: Auch bei Paulus war die Gesetzesproblematik nicht in allen Briefen „akut" (vgl. Röm und vor allem 1 Kor)[96]; sie hatte für ihn deshalb eine grundlegende theologische Bedeutung, weil er das richtige Verständnis der Gnade allein vor dem Hintergrund der richtigen Bestimmung der Funktion des Gesetzes sichtbar machen konnte bzw. wollte[97]. Der Vf des Eph hat diesen Zusammenhang so nicht gesehen; das zeigt sich auch daran, daß er die im Kol deutlich erkennbare Beziehung des ethischen „Imperativs" auf den „Indikativ" der Heilszusage in starkem Maße formalisiert hat. Der Vergleich von Eph 4,1 mit Kol 3,1 macht sichtbar, daß der christologische Horizont der ethischen Forderung im Eph zurückgetreten ist.

Die Frage, ob der Vf des Eph paulinische Briefe – abgesehen natürlich vom Kol – gekannt hat, wird in der Literatur überwiegend bejaht. Ph. Vielhauer sieht „Berührungen mit allen früheren Paulusbriefen"[98], J. Gnilka will nur bei 2 Thess eine Ausnahme machen[99]. Doch leider läßt sich, auch nach der jetzt gegebenen Einzelanalyse, diese Frage im Grunde nicht befriedigend beantworten. Wohl kann man Berührungen mit Röm, 1 und 2 Kor sowie Phil erkennen; aber lediglich im Fall des 1 Kor sind die Indizien so stark, daß mit einiger Wahrscheinlichkeit eine literarische Abhängigkeit behauptet werden kann (s.S. 126f).

Die Theologie des Eph ist ohne Zweifel paulinisch beeinflußt. Aber der Vf hat nicht beabsichtigt, einen möglichst „paulinischen" Brief bzw. Traktat zu entwerfen[100]. Er hat sich vielmehr darum bemüht, eine theologische Synthese

---

95 Vgl. etwa nur VIELHAUER, Geschichte, 214.

96 Paulus kennt die Lage der römischen Gemeinde nicht; dennoch entfaltet er gerade im Röm sein Gesetzesverständnis besonders breit, d.h. es ist ihm offenbar um die prinzipielle Bedeutung des Verhältnisses von *νόμος* und *χάρις* bzw. *δικαιοσύνη* gegangen. Vgl. dazu BORNKAMM, Ges. Aufs. IV, 120–140; anders WILCKENS, Ges. Aufs., 110–170.

97 Das zeigt besonders nachdrücklich die nur scheinbar so deplazierte (vgl. WEISS, 1 Kor, 380: „eine völlig aus dem begeisterten [!] Ton fallende theologische Glosse") Schlußbemerkung von 1 Kor 15 (V. 56). Zur Interpretation vgl. CONZELMANN, 1 Kor, 350.

98 VIELHAUER, Geschichte, 214.

99 GNILKA, Eph, 22.

100 MITTON, Epistle, 268f behauptet: Eph "faithfully represents the Pauline message, edited a little to make it immediately intelligible and applicable to the time for

zwischen der paulinischen Tradition einerseits und den Vorstellungen der sich entwickelnden Gnosis andererseits herzustellen[101]. Dabei ist Paulus für den Vf des Eph offenbar die entscheidende Gestalt der christlichen Kirche, deren Einfluß es zu nutzen gilt. Das heißt: Eph zeigt, daß das Ansehen des Paulus zur Zeit der Abfassung dieser Schrift zumindest in Kleinasien ungebrochen ist. Eph ist nicht der Versuch, Paulus durch Aktualisierung zu „retten"[102], sondern Entstehung und Gestaltung des Eph sind eine Folge der fortdauernden Wirkung des Paulus[103].

3. Der Einfluß paulinischer Theologie auf die späteren pseudopaulinischen Schriften

a) 2. Thessalonicherbrief

Der Vf des 2 Thess hat bei der Abfassung seines Textes zweifellos den paulinischen 1 Thess benutzt. G. Dautzenberg vermutet, er habe nur diesen einen Paulusbrief gekannt und deshalb den Wert der mündlichen Paulus-Überlieferung so stark betont (vgl. z.B. 2 Thess 2,5)[1]. Ist diese Annahme zutreffend?

2 Thess 1,1.2a stimmen mit 1 Thess 1,1 praktisch wörtlich überein[2]; die Fortsetzung der *χάρις*-Formel schießt über die Vorlage hinaus, erinnert aber an andere paulinische Briefeingänge, so an Röm 1,7[3]. Der Vf des 2 Thess scheint also das „normale" (spätere) paulinische Briefformular gekannt zu haben, ohne daß sich jedoch von daher schon Sicheres über die Kenntnis eines bestimmten Briefes sagen ließe.

Das Proömium zeigt am Anfang *(τῷ θεῷ πάντοτε περὶ ὑμῶν)* und am Schluß *τοῦ κυρίου ἡμῶν Ἰησοῦ)* ganz blaße Übereinstimmungen mit 1 Thess 1,2f, ist aber im übrigen sachlich von paulinischer Theologie nicht beeinflußt[4].

---

which it was prepared, but so true to the spirit of Paul and his insight into the Gospel that it has deservedly been regarded as the quintessence of Paulinism". Das ist m.E. eine Verzeichnung des Befundes (vgl. LINDEMANN, Aufhebung, 248–259).

[101] Vgl. FISCHER, Tendenz, 196: Eph „gibt der Gnosis einen Raum in der Kirche, indem er ihre zentralen Anschauungen umdeutend aufnimmt".

[102] Dieser Einwand gilt auch gegenüber der Annahme von FISCHER, Tendenz, 38f, der Vf des Eph habe gegen neue ekklesiologische Tendenzen die alte „Struktur des paulinischen Missionsverbandes" bewahren wollen. Eph ist nicht nur nicht polemisch, er enthält auch keine Apologetik.

[103] Vgl. PFLEIDERER, Paulinismus, 433: „Unter den Übergangsformen des Paulinismus zum Katholizismus ist der Epheserbrief die entwickeltste und dogmatisch reifste."

[1] DAUTZENBERG, in: Gestalt, 104f.

[2] Einziger Unterschied ist in 1,1 das zusätzliche *ἡμῶν*.

[3] Diese *χάρις*-Formel fehlt bei Paulus nur im Gal!

[4] Vgl. im Gegenteil den unpaulinischen Ausdruck *δίκαια κρίσις τοῦ θεοῦ* in 1,5. Die Wortbildung *δικαιοκρισία* in Röm 2,5 ist ebenfalls unpaulinisch.

Ohne jede Parallele bei Paulus ist der Abschnitt 2,1–12, das theologische Zentrum des Briefes, in dem der Vf – wie ich zu zeigen versucht habe[5] – gegen eine auf 1 Thess 4,13–5,11 sich stützende schwärmerische Naherwartung polemisiert. Die Tendenz dieses Teils des 2 Thess besteht darin, den Gedanken der Parusieverzögerung zu propagieren und spekulativ abzusichern. Alle hier aufgezählten Ereignisse haben die Funktion, zwischen die Gegenwart und die Parusie einen möglichst breiten Graben zu legen. Im Unterschied zu 1 Thess 4f oder auch zu 1 Kor 15 werden dabei die Darstellung der apokalyptischen Gestalten und die Schilderung des Handlungsablaufs selbst zum theologischen Thema. Die entscheidende Differenz zu Paulus liegt also darin, daß in 2 Thess 2,1–12 die Ereignisse, die *vor* der Parusie liegen, im Zentrum stehen. Für Paulus besteht die Eschatologie nicht in der Festlegung von apokalyptischen Abläufen und „Terminen", sondern ihm geht es um die Auferweckung der Christen – von der in 2 Thess nicht die Rede ist. M. a. W.: 2 Thess 2,1–12 ist der Versuch des Vf, primär apokalyptische Kategorien in die paulinische Tradition einzutragen. Es wird kaum Zufall sein, daß er sich dabei weder paulinischer Aussagen und Denkformen bedient, noch der Christologie ein sachliches Gewicht beigemessen hat.

Der Abschnitt 2 Thess 2,1–12 ist „apokalyptisch" nicht in dem Sinne, daß er etwa eine Naherwartung propagieren würde – das Gegenteil ist ja der Fall. Aber der Vf des 2 Thess argumentiert hier „apokalyptisch", indem er den Ablauf eines endzeitlichen Dramas einschließlich der entsprechenden mythologischen Figuren konstruiert; er macht sich das ihm vorgegebene (nichtpaulinische) apokalyptische Material zunutze, ohne selbst Apokalyptiker zu sein[6], wie vor allem die uneschatologische Paränese in 2 Thess 3 zeigt.

Im weiteren Text seines Briefes verwendet der Vf immer wieder Formulierungen aus 1 Thess; aber es handelt sich überwiegend um Redewendungen und Formeln. Eine Ausnahme ist allenfalls 3,8, wo in wörtlicher Übernahme von 1 Thess 2,9 das Bild des von der Handarbeit lebenden Apostels eingeprägt wird[7].

In 3,3 begegnet die Wendung *πιστὸς δέ ἐστιν ὁ κύριος*, die an 1 Thess 5,24, vor allem aber an 1 Kor 1,9; 10,13; 2 Kor 1,18 erinnert. Der Wechsel von *θεός* bei Paulus zu *κύριος* im 2 Thess kennzeichnet die theologische Entwicklung: Gottesprädikate werden auf Christus übertragen. Es gibt aber kein Indiz dafür, daß eine der genannten Textstellen unmittelbar benutzt worden wäre;

---

[5] ZNW 68, 1977, 35–47.

[6] Dasselbe gilt ja auch für 2 Petr, der sich zur Propagierung der Parusieverzögerung apokalyptischer Motive bedient.

[7] S. o. S. 43f. – 2 Thess 3,9 erinnert in der sachlichen Aussage an 1 Kor 9,6 bzw. 1 Kor 11,1; Phil 3,17. Da aber die Formulierungen ganz unterschiedlich sind, wird es sich nicht um literarische Anspielungen, sondern um Aufnahme traditioneller Topoi der Paulusbiographie handeln.

die *πιστός*-Formel dürfte vielmehr traditionell geworden sein (vgl. Hebr 10,23)[8].

Ein Parallelfall ist 2 Thess 3,16: Die Wendung *ὁ κύριος τῆς εἰρήνης* erinnert an Röm 15,33 (vgl. 16,20); 1 Kor 14,33; 2 Kor 13,11; Phil 4,9, wobei wieder auffällt, daß an die Stelle Gottes der *κύριος* getreten ist[9].

Diese eher formalen Übereinstimmungen mit paulinischen Aussagen bestätigen zwar den Eindruck, daß der Vf des 2 Thess mit der paulinischen Briefliteratur offenbar vertraut war; aber die Kenntnis eines bestimmten Briefes (über 1 Thess hinaus) läßt sich an keiner Stelle nachweisen.

Auch ein Einfluß paulinischen theologischen Denkens auf 2 Thess läßt sich allenfalls ganz allgemein vermuten, ohne daß sichere Berührungspunkte erkennbar wären.

So ist auffällig, daß die Wortgruppe *πίστις/πιστεύειν* in 2 Thess zwar durchaus nicht selten ist, daß sich das paulinische Glaubensverständnis damit aber nicht verbindet. Das zeigt der passivische Gebrauch des Verbs in 1,10[10] und vor allem sein „neutraler" Gebrauch in 2,11 f: Die parallelen Formulierungen *πιστεῦσαι ... τῷ ψεύδει* und *πιστεύσαντες τῇ ἀληθείᾳ* wären bei Paulus undenkbar. Bestätigt wird dies durch den rein formelhaften Gebrauch des Substantivs *πίστις:* Lediglich in 2,13 tritt neben *πίστις* eine nähere Bestimmung; an den vier anderen Stellen (1,3.4.11; 3,2) meint *πίστις* wie selbstverständlich „den" christlichen Glauben.

Besonders wichtig ist der negative Befund bei der Wortgruppe *δικαιοσύνη, δικαιοῦν:* Zwar fehlen diese Stichworte auch in 1 Thess[11], aber zur Zeit der Abfassung des 2 Thess gehörte die Rechtfertigungslehre jedenfalls formal zum Bestandteil der kirchlichen Paulus-Tradition (vgl. vor allem Eph 2,8f; Apg 13,38f und die Past; s.u.); ihr Fehlen in 2 Thess ist also auffällig. Man darf dahinter aber wohl keine spezifisch theologischen Gründe vermuten; der Befund wird eher darauf zurückzuführen sein, daß der Vf sich ganz an seiner Vorlage (1 Thess) orientierte und neben der Eschatologie kein zusätzliches theologisches Thema einfügen wollte[12]. Die Verwendung von *δίκαιος* in 1,5f entspricht der Vorstellung eines jenseitigen Vergeltungsprinzips[13]; der Aus-

---

[8] Vgl. OSTEN-SACKEN, ZNW 68, 1977, 176–199.

[9] Vgl. dazu 3,15: *εἰρήνη τοῦ Χριστοῦ*. Anders DOBSCHÜTZ, Thess, 46: „Das stärkere Hervortreten des *κύριος* ... kann und wird Stimmungssache sein."

[10] *ἐπιστεύθη τὸ μαρτύριον*. Das Passiv von *πιστεύειν* begegnet bei Paulus allein in der Bedeutung „anvertraut werden" (Röm 3,2; 1 Kor 9,17; Gal 2,7; 1 Thess 2,4; vgl. dazu BAUER, Wb sv *πιστεύω* 3, 1313 und B-D-R § 312.1).

[11] Dasselbe gilt für Begriffe wie *νόμος, σάρξ, σῶμα, ἁμαρτία,* die im 1 Thess ebenso fehlen wie im 2 Thess *(σῶμα* in 1 Thess 5,23 im Sinne trichotomischer Anthropologie; *ἁμαρτία* nur in 1 Thess 2,16).

[12] Dieser Befund ist m.E. ein weiteres Indiz für die Annahme, daß 2 Thess nach dem Willen seines Vf den paulinischen Thess ersetzen sollte.

[13] Vgl. zur Sache Röm 12,17–21.

druck *δίκαια κρίσις* ist in nachpaulinischer Zeit nicht ungebräuchlich (2 Tim 4,8; vgl. im übrigen Joh 5,30; 7,24; Apk 16,7; 19,2; 22,11). Zusammen mit der Beobachtung, daß *χάρις* nur formelhaft begegnet[14], ergibt sich der Schluß, daß die tragenden Elemente der paulinischen Theologie in 2 Thess nicht zur Geltung gekommen sind.

Offensichtlich hängt dies mit dem besonderen und in dieser Form einmaligen Charakter des 2 Thess zusammen: Der Brief ist – anders als Kol und im Gegensatz zu Eph – kein Versuch, paulinische Theologie zu aktualisieren; hinter 2 Thess steht auch nicht die Tendenz, paulinisches Erbe zu wahren und zu fördern. Vielmehr beschränkt sich der Vf ganz auf das Ziel, die Eschatologie des 1 Thess „zurückzunehmen", und d.h. zugleich: 1 Thess durch 2 Thess zu ersetzen. Deswegen hat er sich nicht darum bemüht, über 1 Thess hinausgehende Themen in seine Schrift einzufügen. Sein „Brief" soll als der eigentliche Thess erscheinen, 1 Thess hingegen als gut gemachte Fälschung (2 Thess 2,2; 3,17)[15].

2 Thess ist von allen deuteropaulinischen Schriften die literarisch und theologisch unselbständigste (s. S. 42)[16]; aber das ist kein Urteil über die Leistung des unbekannten Vf – die „Unselbständigkeit" hängt in erster Linie mit der aktuellen Situation zusammen, die ihn veranlaßte, sich auf das Thema der Eschatologie (neben der Paränese) zu beschränken[17].

2 Thess belegt, daß in der Zeit um 90/100[18] der paulinische 1 Thess zumindest in bestimmten christlichen Kreisen in hoher Geltung stand, denn er setzt ja einen erheblichen Einfluß der Eschatologie des 1 Thess voraus[19]. Wahrscheinlich handelte es sich um schwärmerische Kreise, die aus 1 Thess 4,15 den Schluß zogen, die von Paulus einst als „nahe" angekündigte Parusie müsse nun unmittelbar bevorstehen. Ihnen gegenüber versucht der Vf des 2 Thess den Gedanken durchzusetzen, daß nicht die Erwartung der Nähe der Parusie entscheidend sei, sondern das angemessene ethische Verhalten angesichts der nicht terminierbaren Parusie. Ob sich dahinter jedoch eine Auseinandersetzung zwischen „Rechtgläubigkeit" und „Häresie" ankündigt, ob man gar sagen kann, 2 Thess sei geschrieben worden, um „Paulus den Schwärmern zu entreißen, ihn zeitgemäß zu interpretieren und dadurch

---

[14] Der Gebrauch in 1,2 und 3,18 entspricht 1 Thess 1,1; 5,28; in 1,12; 2,16 ist der Begriff ohne inhaltliches Gewicht. Freilich kann solch formelhafter Gebrauch auch bei Paulus selbst begegnen.

[15] Schulz, Mitte, 115 liest aus 2 Thess 2,2 eine Unterordnung des Paulus unter die Zwölf heraus.

[16] Vgl. Vielhauer, Geschichte, 102: 2 Thess ist „recht zurückhaltend und anspruchslos". Er zieht daraus den m.E. allerdings unbegründeten Schluß, 2 Thess sei relativ früh entstanden.

[17] Vgl. dazu Trilling, Untersuchungen, 130.

[18] Zur Datierung s. Lindemann, ZNW 68, 1977, 44f.

[19] Dies betont m.R. Vielhauer, Geschichte, 101.

kirchenfähig zu erhalten"[20], ist m. E. sehr zweifelhaft; denn 2 Thess trägt im Grunde überhaupt keine polemischen Züge. Der Brief macht eher den Eindruck, als wolle sein Vf die angeredeten Christen einfach vor einer wörtlichen Übernahme von 1 Thess 4,15 warnen. Daß es „Irrlehrer" sind, die sich des 1 Thess für ihre speziellen Zwecke bemächtigten, könnte man allenfalls aus 2 Thess 2,3 schließen; wahrscheinlicher ist es jedoch, daß der in 2,3 zitierte *τίς* der Vf des 1 Thess – also de facto Paulus selbst – ist, der vom Vf des 2 Thess als „Fälscher" hingestellt wird. Das Ansehen des Paulus wird dadurch nicht gefährdet: 1 Thess stammt ja – dem Vf des 2 Thess zufolge – gar nicht von ihm).

2 Thess ist einerseits ein typisches Produkt der nachpaulinischen Theologie – ein fingierter Brief „als literarisches Mittel innerkirchlicher Auseinandersetzung, nämlich Ausspielen des Paulus als *der* Autorität"[21]. Andererseits aber hat die Entwicklung gegenüber Kol und Eph ein neues Stadium erreicht: Der Vf ist bereit, zugunsten der Bewahrung des paulinischen Ansehens (wie er es verstanden wissen möchte) Paulus selbst preiszugeben. Damit beginnt Paulus eine nur noch formale Autorität zu sein, deren theologische Position austauschbar wird.

Die nächste und zugleich auch letzte Stufe in dieser Entwicklung sind die Past, die jüngsten Exemplare der Gattung der pseudopaulinischen Briefe[22].

b) Pastoralbriefe

Die drei Past sind vermutlich von vornherein als Corpus konzipiert worden[23], d. h. sie richten sich geschlossen an die nachpaulinische Kirche und wollen dieser die apostolische Tradition vermitteln.

In der Forschung wird intensiv diskutiert, ob die Past in einer antimarcionitischen Front stehen. Wäre das der Fall, so hätte man diese Briefe nicht nur zeitlich spät anzusetzen (um 130/150)[24], sondern man müßte sie zugleich verstehen als Zeugnis für eine antimarcionitische „reaktionäre" Paulusrezeption, die sich des Paulus nur dadurch zu versichern gewußt hätte, daß sie ihn in

---

[20] So VIELHAUER, Geschichte, 101.

[21] So VIELHAUER, Geschichte, 102.

[22] Der sog. Laodicenerbrief und 3 Kor (in den Act Pl) sind nichts weiter als Florilegien aus Paulusbriefen ohne jeden theologischen Anspruch und ohne Substanz.

[23] So m. R. BARNETT, Paul, 251, der freilich voraussetzt, der Vf habe das schon vorhandene Corpus Paulinum vor marcionitischem Mißbrauch retten wollen.

[24] Man kann natürlich erwägen, ob die Past in Kleinasien entstanden sind und sich gegen den dann noch dort agierenden Marcion richten. Aber ob Marcion tatsächlich schon in seiner Heimat seine Theologie fertig entworfen hatte (deutet man 1 Tim 6,20 auf Marcion, so müßten seine „Antithesen" schon veröffentlicht gewesen sein, bevor er nach Rom kam), ist sehr fraglich. Im übrigen deutet nichts darauf, daß die Past in Kleinasien verfaßt wurden.

„domestizierter“ Form gleichsam neu schuf[25]. Besonders umstritten ist in diesem Zusammenhang die Auslegung von 1 Tim 6,20: In der Bezugnahme auf die *ἀντιθέσεις τῆς ψευδωνύμου γνώσεως* sehen viele Forscher eine unmittelbare Reaktion auf Marcions „Antithesen“[26]. Aber das ist schon deshalb unwahrscheinlich, weil sich die vom Vf der Past bekämpfte Lehre positiv des Alten Testaments bedient (vgl. vor allem Tit 1,14; 1 Tim 1,7), also kaum mit Marcion in Zusammenhang stehen kann[27]. Außerdem meint der Ausdruck *γνῶσις* an dieser Stelle vermutlich gar nicht „die Gnosis“ im religionsgeschichtlichen Sinn; wahrscheinlicher ist, daß *γνῶσις* hier wie an allen anderen Stellen des Neuen Testaments einfach „Erkenntnis“ meint, daß der Vf des 1 Tim also gegen die antichristlichen „Widersprüche“ derer polemisiert, die die *γνῶσις* zu besitzen behaupten[28]. Wenn das richtig ist, dann trägt die Stelle zur Datierung und zur näheren Bestimmung der Front der Past gar nichts aus.

Das Urteil darüber, ob und in welchem Umfang die Past Kenntnis der paulinischen Briefe zeigen, fällt in der Literatur überaus unterschiedlich aus. Für P. N. Harrison sind die Anspielungen auf paulinische Briefe so zahlreich, daß Paulus selbst schon von daher als Vf nicht in Frage komme – es sei denn, er hätte Kopien aller seiner Briefe aufbewahrt und hier ausschnittweise zitiert[29]. Auch W. Stenger bescheinigt dem Vf der Past eine „intime Kenntnis der echten Paulinen“[30], während A. T. Hanson lediglich Zitate aus Röm, den Kor und Phil findet[31]. A. E. Barnett stellt fest, es gebe “no direct and formal quotations from Paul’s letters, but the language and ideas of Paul’s authentic writings are unmistakably used in many instances”[32]. U. Luz hingegen sieht nur in 2 Tim eine sichere literarische Beziehung zum Röm[33].

---

[25] S.o. S. 44f.

[26] So CAMPENHAUSEN, Ges. Aufs., 206; VIELHAUER, Geschichte, 237; vgl. auch KNOX, Marcion, 73f. Schon HARNACK hielt die Stelle für eine Anspielung auf Marcion, sah sie aber als nachträgliche Interpolation an (Chronologie, 482; Dogmengeschichte I, 296 A 3).

[27] Darauf hat SCHENKE, Kairos NF 7, 1965, 131 m.R. hingewiesen; er sieht in 1 Tim 6,20 deshalb eine Anspielung auf judenchristliche Gnosis. Vgl. auch HAUFE, in: Gnosis und NT, 330–333.

[28] Zur Sache vgl. vor allem 1 Kor 8.

[29] HARRISON, Problem, 89. Harrison nimmt vor allem an, daß die Past über weite Strecken auf echte Paulusbriefe zurückgehen (Analyse aaO., 115–127; vgl. DERS., Paulines, 117). Ein Beispiel (Problem, 126f): 2 Tim 1,16–18; 3,10f; 4,1.2a.5b.6–8; 4,18b.19.21b.22a ist der letzte echte Paulusbrief, kurz vor dem Martyrium in Rom verfaßt (ca. 62); Past selbst wurden zur Zeit Trajans und/oder Hadrians verfaßt (aaO., 8). Ähnliches vertrat schon HARNACK, Chronologie, 480–485.

[30] STENGER, Kairos NF 16, 1974, 261.

[31] HANSON, Studies, 118.

[32] BARNETT, Paul, 277. Nach Barnett hat der Vf der Past praktisch mit Sicherheit Röm (6 Anspielungen), sowie 1 Kor und Phil (je 2 Anspielungen) benutzt. „Mögliche“ Berührungen findet er zu allen paulinischen bzw. deuteropaulinischen Briefen.

[33] LUZ, in: Festschrift Käsemann, 378 mit A 39.

Ohne Frage kennt der Vf der Past[34] paulinische Personaltradition[35]. Viele der in den drei Briefen, vor allem im 2 Tim, erwähnten Namen sind aus den Paulusbriefen und aus der Apg bekannt[36]; aber in keinem Fall (auch nicht bei Titus, der außer in den Past nur noch in echten Paulusbriefen genannt wird) ist die Annahme zwingend geboten, daß einer der Namen aus einem bestimmten Paulusbrief übernommen wurde. Dasselbe gilt für die geographischen Angaben: Keiner der in den Past erwähnten Städte- oder Ländernamen beweist mit Sicherheit die Kenntnis eines bestimmten paulinischen Briefes[37].

Es ist nun zu prüfen, ob sich andere Indizien dafür finden lassen, daß der Vf paulinische Briefe gekannt und verarbeitet hat.

Die erste, theologisch sehr interessante Parallele zu Paulus findet sich in *1 Tim* 1,8: Der Satz *καλὸς ὁ νόμος* wird regelrecht „zitiert", wie das einleitende *οἴδαμεν δὲ ὅτι* andeutet; jedenfalls ist die Nähe zu Röm 7,12.16 kaum zu übersehen, auch wenn die Argumentation der des Paulus geradezu diametral widerspricht[38]. Und da die Bezeichnung des Gesetzes als *καλός* sonst ungewöhnlich ist, wird man damit zu rechnen haben, daß dem Vf des 1 Tim die Röm-Stelle in der Tat bekannt war[39].

Auffällig ist auch die Wendung *παρέδωκα τῷ σατανᾷ* in 1 Tim 1,20, die stark an 1 Kor 5,5 erinnert; da der Ausdruck sonst in frühchristlicher Literatur nicht begegnet, ist eine literarische Beziehung zu 1 Kor wahrscheinlich[40]. Die mit dem Ausdruck verbundenen inhaltlichen Konsequenzen sind aber bei Paulus offenbar schärfer als im 1 Tim: Dort ist das Ziel der „Übergabe" an den Satan das „Verderben des Fleisches"[41], hier dagegen die „Erziehung, nicht zu lästern".

Eigenartig ist in 1 Tim 2,7 der Gebrauch der paulinischen Formel *ἀλήθειαν λέγω, οὐ ψεύδομαι*. Paulus gebraucht diese Schwurformel in Röm 9,1 (vgl. außerdem 2 Kor 11,31; Gal 1,20)[42], um den Wahrheitsgehalt einer Aussage

---

[34] Über den Namen des Vf soll hier nicht spekuliert werden; CAMPENHAUSEN hatte Polykarp vorgeschlagen (Ges. Aufs., 250); MOULE, BJRL 47, 1965, 434 plädiert für Lukas (zu Lebzeiten des Paulus); STROBEL, NTS 15, 1968/69, 197 spricht von einer „paulinisch-lukanischen Färbung des Wortschatzes".

[35] S.o. S. 44–49.

[36] S.o. S. 48f. HARRISON, Problem, 93–115 hat gezeigt, daß sich die „Personalia" vor allem in 2 Tim mit der Theorie der zweiten Gefangenschaft stoßen.

[37] Eine Ausnahme wären allenfalls „Galatia" (2 Tim 4,10), das in dieser Form nur in den Paulusbriefen genannt wird (vgl. jedoch auch 1 Petr 1,1), während es in Apg 16,6; 18,23 *Γαλατικὴ χώρα* heißt.

[38] Vgl. LUZ, in: Festschrift Käsemann, 376: „Ein größeres Mißverständnis der paulinischen These von Röm 7,12.16 ist kaum denkbar." Dennoch besteht sicherlich eine literarische Beziehung.

[39] Zur Interpretation von *νόμος* in den Past s.u. S. 145f.

[40] DIB-CONZELMANN, Past, 28.

[41] Vgl. zur Interpretation CONZELMANN, 1 Kor, 117f.

[42] BARNETT, Paul, 257 und DIB-CONZELMANN, Past, 35 rechnen mit Übernahme von Röm 9,1. Aber es ist m. E. wahrscheinlicher, daß dem Vf die Wendung generell als

zu bekräftigen. Im Hintergrund stehen jeweils Konfliktsituationen: Der Apostel setzt sich gegen ungerechtfertigte Vorwürfe zur Wehr. In 1 Tim 2,7 ist davon nichts zu sehen; hier ist die Eidesformel zur bloßen Floskel geworden. Jedenfalls gibt es kein Anzeichen dafür, daß die Past etwa den paulinischen Apostolat gegen Angriffe verteidigen müßten[43]. So belegt die Stelle letztlich nur, daß sich der Vf um die Nachahmung paulinischen Argumentationsstils bemüht hat.

Ähnlich ist vielleicht auch 1 Tim 5,18a zu erklären, wo der Vf Dtn 25,4 zitiert; er versteht das alttestamentliche Wort in demselben übertragenen Sinn wie Paulus in 1 Kor 9,9[44]. In V. 18b folgt ein Zitat aus Mt 10,10 – offenbar ebenfalls als *γραφή* verstanden. Das Zitat in V. 19 schließlich (Dtn 19,15) findet sich auch in 2 Kor 13,1 – freilich in ganz anderer Bedeutung – und in Mt 18,16. Offenbar hat sich der Vf darum bemüht, die Struktur der Gemeindeleitung aus der Schrift herzuleiten, wobei er möglicherweise auch Mt schon autoritativen Charakter beimaß[45]. Die Übereinstimmung von 1 Tim 5,18a mit 1 Kor 9,9 ist frappierend: Dtn 25,4 wird im NT nur an diesen beiden Stellen – und dann auch noch in derselben Tendenz – zitiert; trotzdem läßt es sich nicht sicher entscheiden, ob wirklich ein Zitat direkt aus 1 Kor 9,9 vorliegt. Vielleicht war dem Vf die Verwendung der Dtn-Stelle einfach als Teil der Paulus-Tradition bekannt; der Sprichwortcharakter ist jedenfalls nicht zu übersehen.

Überaus kompliziert ist der Befund in 1 Tim 2,11–14, wo der Vf im Rahmen der Haus- und Gemeindetafel auf die Rolle der Frau eingeht und betont dekretiert: *διδάσκειν δὲ γυναικὶ οὐκ ἐπιτρέπω* (V. 12). Hier besteht in der Sache eine deutliche Parallele zu 1 Kor 14,33b–36, in 1 Tim freilich stärker ins Grundsätzliche gewendet. Ein ähnlicher Zusammenhang besteht zwischen V. 14 und 2 Kor 11,3; an beiden Stellen wird gesagt, daß Eva von der Schlange verführt wurde. Dennoch scheint der Vf des 1 Tim sich hier nicht – jedenfalls nicht unmittelbar – auf die beiden Kor zu beziehen. Denn zwischen 2,12 und 1 Kor 14,33–36 bestehen in der Terminologie erhebliche Unterschiede; außerdem handelt es sich bei dem Text im 1 Kor vermutlich um eine nachpaulinische Glosse, die möglicherweise aus dem theologischen Umkreis des Vf der Past selbst stammt[46]. Die Nähe von 1 Tim 2,14 zu 2 Kor 11,3 besteht prak-

---

paulinisch geläufig war, so daß die wörtliche Übereinstimmung mit Röm 9,1 Zufall wäre.

[43] Auf die im Grunde unpassende Verwendung der Formel macht auch HARRISON, Problem, 90f aufmerksam.

[44] In 1 Kor 9,9 argumentiert Paulus freilich für seine eigene Person; in 1 Tim 5,18 ist die Aussage grundsätzlich auf das Amt bezogen, wie es dem Charakter des Briefes entspricht.

[45] Es ist freilich nicht sicher zu erkennen, ob das Zitat in V. 18b dem Vf als „neutestamentlich“ bewußt war. Es wird jedenfalls nicht als Wort des *κύριος* o.ä. eingeführt.

[46] S.o. S. 25f. BARTSCH, Anfänge, 68f hält 1 Kor 14,33ff nicht für interpoliert und

tisch nur in der Parallelität des Motivs; Wortlaut und Tendenz sind dagegen vollkommen verschieden. Während nämlich Paulus den paradiesischen Sündenfall mit der Verfehlung der Korinther vergleicht, wobei der Name der Eva eher zufällig durch die Anspielung auf Gen 3 in den Text einfließt, behauptet der Vf des 1 Tim ausdrücklich, die Frau müsse dem Manne untergeordnet sein, weil sie (V. 13) nach dem Manne geschaffen[47] und weil sie (V. 14) zur Sünde verführt worden sei, während es von Adam ausdrücklich heißt: *οὐκ ἠπατήθη*. Eine solche Tendenz, den Mann „Adam" von der Schuld am „Sündenfall" freizusprechen, ist für das paulinische Verständnis von Sünde undenkbar. Deshalb spricht letztlich doch wenig dafür, zwischen 1 Tim 2,14 und 2 Kor 11,3 eine direkte literarische Beziehung zu vermuten[48].

Intensiv diskutiert wird die Beziehung des Proömiums des *2 Tim* (1,3–14) zu Paulus, insbesondere zu Röm. Nach P.N. Harrison besteht dieser Abschnitt ausschließlich aus paulinischen Worten, "and only the arrangement, and an occasional touch of foreign colour, betrays the later mind"[49]. Andere Exegeten sehen eine direkte literarische Abhängigkeit von Röm 1,8–11[50]. Nach Meinung von U. Luz stehen 2 Tim 1,9–11 „an der Stelle der paulinischen Summe des Evangeliums Röm 1,17"[51].

In der Tat bestehen in den Formulierungen einige Übereinstimmungen[52]; diese sind in erster Linie auf das in 2 Tim tradierte Paulusbild zurückzuführen, das seinerseits im Kern tatsächlich auf paulinische Texte, insbesondere Röm, zurückgeht. Ein literarischer Zusammenhang besteht jedenfalls zwischen 2 Tim 1,7 und Röm 8,15 sowie zwischen 2 Tim 1,8 und Röm 1,16: Offensichtlich wollte der Vf „den Traditionsgedanken von [V.] 6 mit einem echten Paulusgedanken stützen"[53]. Das eigentliche Ziel des Abschnitts in 1,9–11 ist das Revelationsschema, in dessen Struktur – ebenso wie in Eph 3,5–7 – Paulus selbst mit einbezogen wird: Er ist der die in Christus geoffenbarte Gnade Gottes verkündigende Apostel. In der Tat hat, wie U. Luz m.R. feststellt (s.o), diese Aussage für 2 Tim den gleichen sachlichen Stellenwert wie Röm 1,17 für den Röm insgesamt; aber es ist doch zu beachten, daß an die Stelle der Offenbarung der *δικαιοσύνη* das Sichtbarmachen der *ζωή* und der

sieht 1 Tim 2,10 auch nicht von 1 Kor 14,35 abhängig; vielmehr werde an beiden Stellen dieselbe Tradition zitiert.

[47] Das begegnet ähnlich bei Paulus in 1 Kor 11,8 (vgl. dann aber sofort 11,12).

[48] Anders HANSON, Studies, 71: "Whoever wrote this passage knew of 2 Corinthians 11.1–3." HANSON hält (aaO., 72) 1 Tim 2,14 für die älteste Bezeugung des 2 Kor überhaupt.

[49] HARRISON, Problem, 92.

[50] BARNETT, Paul, 263; DIB-CONZELMANN, Past, 72. LUZ, in: Festschrift Käsemann, 378: Der Vf des 2 Tim habe die Eucharistie des Röm „paränetisch moduliert".

[51] LUZ, in: Festschrift Käsemann, 379. Vgl. schon ALEITH, Paulusverständnis, 15: Die hier „betonte freie Gnade Gottes ist paulinisch".

[52] Vgl. LUZ, in: Festschrift Käsemann, 378 A 39.

[53] DIB-CONZELMANN, Past, 73.

ἀφθαρσία im Rahmen des Revelationsschemas getreten ist. Luz' Urteil, man könne „nicht sagen, daß mit unserem Text paulinische Theologie verfälscht wird, auch wenn die Formulierungen im einzelnen nicht nur paulinisch sind“[54], ist deshalb m.E. nur eingeschränkt richtig: Der Vf des 2Tim propagiert hier im Grunde das deuteropaulinische Paulusbild, und indem er seinem Text sehr bewußt eine paulinische Färbung gibt, benutzt er die „paulinische Theologie“ als eine Art Mittel zum Zweck.

Die These, daß der Vf der Past den paulinischen Röm gekannt habe, wird durch 2Tim 2,8 bestätigt: Die hier angeführte christologische Formel ist deutlich aus Textstücken zusammengesetzt, die im Röm begegnen[55]. Das einleitende *μνημόνευε* erweckt überdies den Anschein, als wolle „Paulus“ den „Timotheus“ an diese bekannte Christologie erinnern – d.h. die Anspielung auf Röm als Quelle erfolgt offenbar bewußt. Auch diese Stelle zeigt im übrigen, daß der Vf der Past die paulinische Theologie nicht so sehr in der Sache festhalten will, sondern daß sie für ihn in erster Linie ein Signum christlicher Tradition ist.

Das wird unterstrichen durch 2Tim 2,11–13: Das einleitende *πιστὸς ὁ λόγος* läßt den nachfolgenden Text als autoritatives Traditionsgut erscheinen; diese Tradition aber ist eine Mischung vor allem aus Röm 6,3f.8 und Röm 3,3[56]. Die Auseinanderlegung der Tempora in 2,11 *(συναπεθάνομεν – συζήσομεν)* entspricht der paulinischen Argumentation in Röm 6, und sie widerspricht vor allem Kol 2,12. Man könnte deshalb sogar erwägen, ob der Vf hier möglicherweise direkt gegen Kol (und auch Eph) polemisiert (vgl. dann 2Tim 2,18); die Wendung in 2,11 ist aber letztlich doch so unbetont, daß Abhängigkeit von Röm 6 wohl wahrscheinlicher ist als eine bewußte Korrektur des Kol. Das durch die deuteropaulinischen Briefe markierte Problem der „aoristischen“ Eschatologie steht an dieser Stelle gar nicht zur Debatte; der Vf des 2Tim will vielmehr zeigen, daß der christlichen Existenz die Verheißung gewiß ist (2,10) – und zur Bekräftigung wird ein Satz paulinischer Tradition angeführt. Das „Mit-sterben“ meint im Sinne des 2Tim wahrscheinlich den Märtyrertod[57] und ist nicht wie in Röm 6 christologisch auf die

---

[54] Luz, in: Festschrift Käsemann, 378. Vgl. schon Stuhlmacher, EvTh 28, 1968, 181.

[55] *ἐκ σπέρματος Δαυίδ* Röm 1,3; zu *ἐγηγερμένον ἐκ νεκρῶν* vgl. Röm 7,4; *κατὰ τὸ εὐαγγέλιόν μου* Röm 2,16 (vgl. 16,25). In Röm 1,3f zitiert Paulus zwar ältere Tradition; aber daß diese dem Vf des 2Tim unabhängig von Röm bekannt gewesen wäre, ist angesichts der anderen Parallelen zum Röm unwahrscheinlich.

[56] Zu beachten ist darüberhinaus, daß 2Tim 2,12 jedenfalls stilistisch deutlich an Röm 8,17 erinnert *(εἰ – καί)*. Das Verb *συμβασιλεύειν* begegnet im NT sonst nur noch 1Kor 4,8.

[57] Nach Harrison, Problem, 91f ist die Wendung *συναπεθάνομεν* in 2,11 ein Indiz für die Unechtheit des Textes: Paulus selbst würde von seinem physischen Tod als Märtyrer doch kaum im Aor. gesprochen haben. Aber dieser Hinweis ist wenig überzeugend (vgl. B-D-R § 333.3).

Taufe zu beziehen. Überhaupt ist der Gedanke von Röm 6, schon wegen des fehlenden Zusammenhanges mit *ἁμαρτία,* nicht erfaßt; der paulinische Text wird aus seinem theologischen Kontext gerissen und erhält im Grunde den Charakter einer „Belegstelle". Der diesen Komplex abschließende V. 13 entspricht in der Sache und in der Formulierung weitgehend Röm 3,3: Unser Unglaube[58], so heißt es bei Paulus, vermag Gottes *πίστις* nicht aufzuheben; in 2 Tim 2,13 tritt wieder die schon mehrfach beobachtete charakteristische Verschiebung ein: *εἰ ἀπιστοῦμεν, ἐκεῖνος* (sc. Christus; vgl. V. 10) *πιστὸς μένει*[59]. Dennoch ist die Übereinstimmung mit Röm 3,3 so deutlich, daß auch hier mit einer absichtlichen Anspielung zu rechnen ist[60].

Sehr eigenartig ist die Beziehung zwischen 2 Tim 2,20 und Röm 9,21: Die paulinische auf die Prädestination bezogene Wendung *ὃ μὲν εἰς τιμὴν σκεῦος, ὃ δὲ εἰς ἀτιμίαν* ist hier lediglich in den Plural gesetzt und auf Rechtgläubige und Ketzer in der Kirche *(ἐν μεγάλῃ δὲ οἰκίᾳ)* bezogen worden. Das Bild ist zwar auch im Judentum belegt (Weish 15,7); aber die Beziehung zu Röm 9,21 liegt doch näher als die zur Weish[61]. A. T. Hanson meint, der Abschnitt 2,20–22 sei unmittelbar von Paulus formuliert worden, während der Vf den Satz von 2,19 aus 1 Joh 2,18f genommen habe; er folgert daraus: "This is as clear an indication as we can demand that the author of the Pastorals is not one of the creative theologians of the New Testament."[62] Aber ein solches Urteil geht erheblich über das sicher Erkennbare hinaus. Wohl ist das in 2 Tim 2,19 angesprochene Problem in der Tat dasselbe wie in 1 Joh 2,18f; aber ein literarischer Zusammenhang besteht keinesfalls. Und abgesehen von dem Zitat von Röm 9,21 läßt sich auch nicht belegen, daß 2,20–22 ein vom Vf übernommener authentischer Paulus-Text ist[63]. Die Stelle bestätigt lediglich das bereits zu 2,11–13 gewonnene Urteil, daß der Vf des 2 Tim sich darum bemüht hat, die aktuelle kirchliche Situation mit Hilfe paulinischer Sätze zu interpretieren, ohne diese ihrerseits theologisch aktuell umzusetzen.

Tit weist an zumindest zwei Stellen eine signifikante Übereinstimmung mit paulinischen Texten auf. Tit 1,15 polemisiert gegen – offenbar jüdische – Reinheitsvorschriften, wobei sich der Vf eines Arguments bedient, das Paulus in Röm 14,14.20 ebenfalls verwendet hatte[64]. Da die Formulierungen aber im

[58] *ἀπιστεῖν* begegnet im Corpus Paulinum nur an diesen beiden Stellen (vgl. noch 1 Petr 2,7).

[59] Vgl. auch 2 Tim 4,14 (Zitat aus Ps 61,13 LXX) mit Röm 2,6: Wieder ist Christus *(=κύριος)* an die Stelle Gottes getreten.

[60] Eine literarische Beziehung erwägt LUZ, in: Festschrift Käsemann, 378 A 39.

[61] Ein sicheres Zitat sieht HANSON, Studies, 29f; LUZ, in: Festschrift Käsemann, 378 A 39 ist „vorsichtig". Vgl. zur Stelle auch DIB-CONZELMANN, Past, 85; HAMMER, ZNW 67, 1976, 86.

[62] HANSON, Studies, 32.

[63] Der Tugendkatalog in 2,22 ist mit dem von Gal 5,22 verwandt; aber ein literarischer Zusammenhang – geschweige denn Abhängigkeit – besteht nicht.

[64] Nach JEREMIAS, Past, 63 geht der Gedanke sachlich auf Jesus zurück (Mk 7,15). Aber die Beziehung zu Röm 14,14.20 liegt doch näher.

einzelnen doch sehr verschieden sind, kann von einem unmittelbaren Zitat wohl nicht gesprochen werden. Berücksichtigt man freilich andererseits, daß der Vf der Past Röm höchstwahrscheinlich gekannt hat[65], so ist immerhin zu vermuten, daß ihm die paulinische Argumentation angesichts der Speisegebote gegenwärtig war. In diesem Fall hätte er die Position des Paulus jedoch mit einem scharfen polemischen Akzent versehen: Paulus ging es darum, die Ablehnung der Speisevorschriften theologisch zu begründen, ohne zugleich die Gegenseite zu bekämpfen; der Vf des Tit dagegen erhebt den Vorwurf, daß, wer Reinheitsforderungen aufstellt, selbst unrein sein. Paulus schrieb: *πάντα μὲν καθαρά* – in Tit 1,15 dagegen heißt es polemisch: *πάντα καθαρὰ τοῖς καθαροῖς*[66].

Theologisch gewichtiger ist die zweite Stelle im Tit, die eine unmittelbare Verbindung mit paulinischen Texten erkennen läßt.

Der Abschnitt 3,3–7 zeigt nicht nur in der Terminologie, sondern auch inhaltlich eine deutliche Nähe zur paulinischen Theologie. Die Aussage ist bestimmt vom Einst-Jetzt-Schema: Das „Einst" (3,3) wird mit Hilfe eines Lasterkatalogs erklärt, die Interpretation des „Jetzt" (3,4–7) trägt deutliche Züge der paulinischen Rechtfertigungslehre. Der Vf stellt in V. 5 *τὰ ἔργα* auf der einen und *τὸ ἔλεος* Christi auf der anderen Seite einander gegenüber, wobei als Ziel in V. 7 die Rechtfertigung *(δικαιωθέντες τῇ χάριτι)* erscheint. Zwar ist es richtig, daß in diesem Zusammenhang anders als bei Paulus nicht von der *πίστις* die Rede ist, sondern von der Taufe[67] *(λουτρὸν παλιγγενεσίας)*[68]; aber dies ändert nichts daran, daß der Vf hier in aller Breite die paulinische Theologie entfaltet und als autoritativ zitiert *(πιστὸς ὁ λόγος* in V. 8 bezieht sich wohl auf die ganze Aussage)[69]. Zwar ist es richtig, daß das Stichwort *δικαιοσύνη* in 3,5 unpaulinisch als „Tugend" oder als moralische

[65] S.o. S. 138f.

[66] Was bei Paulus paränetisch gemeint war, wird im Tit zu einem Topos der Ketzerbekämpfung.

[67] Vgl. HAHN, in: Festschrift Käsemann, 96; LUZ, aaO., 376 (mit A 33). Zwar begegnet in V. 8 der Ausdruck *οἱ πεπιστευκότες θεῷ;* aber dabei handelt es sich wohl nur um einen Terminus für „Christ werden" und nicht um eine unmittelbare Anspielung auf die Taufe.

[68] Nach ROBINSON, Entwicklungslinien, 35 zeigt sich hier eine auf den in 2 Tim 2,18 kritisierten Gedanken zulaufende Tendenz, die freilich „die zukünftige Auferstehung nicht zu gefährden scheint". Die Vorstellung der Wiedergeburt stellt in der Tat eine gegenüber Röm 6 deutliche Änderung dar.

[69] Kritisch zur theologischen Substanz der Stelle äußert sich LUZ, in: Festschrift Käsemann, 377f: Von 3,8–11 her werde klar, daß die Aussagen in „V. 3–7 offenbar einfach die Basis der Kirche darstellen, auf der man steht und die man gegenüber den Häretikern nicht mehr zur Diskussion stellt". Aber es ist doch bedeutsam, daß für Tit diese „Basis" eben die paulinische Rechtfertigungslehre ist (vgl. das nachpaulinisch so seltene *δικαιοῦσθαι)*, die im übrigen auch von Paulus selbst niemals „zur Diskussion" gestellt wurde.

Qualität gefaßt ist[70]; aber es fällt immerhin auf, daß der polemische Zug der Rechtfertigungslehre nicht verlorengegangen ist[71].

Von Tit 3,3–7 her läßt sich sagen, daß der Vf der Past nicht nur unmittelbar paulinische Texte benutzt hat, sondern daß ihm auch paulinische theologische Begriffe und Kategorien bekannt und bewußt waren. Teilweise sind sie in den Past freilich zu einer eigenen Begrifflichkeit fortentwickelt worden, wobei eine auffällige Tendenz besteht, ursprünglich evidente Stichworte wie *πίστις* oder *συνείδησις* durch Attribute näher zu bestimmen. Charakteristisch ist auch das starke Hervortreten des bei Paulus nur zweimal belegten Wortes *διδασκαλία,* vor allem in der Verbindung *ὑγιαινούσῃ διδασκαλία*. Ph. Vielhauer vertritt die These, die „gesunde Lehre" habe bei den Past denselben Stellenwert wie *εὐαγγέλιον* bei Paulus[72]. In der Tat zeigen die vier Belegstellen für *εὐαγγέλιον* in den Past eine überwiegend formale Bedeutung dieses Wortes – vom Inhalt des *εὐαγγέλιον* ist nicht die Rede. Andererseits besteht aber eine starke Bindung des *εὐαγγέλιον* an die apostolische Verkündigung des Paulus[73] – freilich mit einer Exklusivität, für die es bei Paulus selbst keine Parallele gibt. Vielhauer kritisiert, daß in den Past „das Bewußtsein von der Paradoxie des Evangeliums – paulinisch gesprochen von der Torheit der Kreuzespredigt 1 Kor 1,18ff – ... verschwunden" sei und „einem ‚weltförmigen' Bewußtsein von der christlichen Botschaft Platz gemacht" habe[74]. Aber es ist m.E. unsachgemäß, die Elle einer paulinischen „Normaltheologie"[75] an die Past (oder an andere urchristliche Schriften) anzulegen und dann das Fehlen bestimmter theologischer Begriffe oder Tendenzen zu konstatieren und zu kritisieren[76]. Die Absicht der Past war ja eine ganz andere als die der paulinischen Briefe. Paulus sah (ausgenommen der Fall des Röm) stets die Notwendigkeit, in aktuellen Konfliktsituationen jungen Gemeinden theologische Weisung zu geben; der Vf der Past dagegen beabsichtigt, seiner kirchlichen Gegenwart das „Vermächtnis" des Paulus nahezubringen. Mit

---

[70] Paulus würde statt von *ἔργων ... ἐν δικαιοσύνῃ* von den *ἔργα τοῦ νόμου* o.ä. gesprochen haben.

[71] Vgl. KÄSEMANN, Ges. Aufs. I, 299f.

[72] VIELHAUER, Geschichte, 232.

[73] Diese Tendenz zeigt sich in 2 Tim 1,8 und vor allem in 2 Tim 1,10f; 2,8.

[74] VIELHAUER, Geschichte, 233.

[75] „Normaltheologie" soll in diesem Zusammenhang besagen: Eine aus allen sieben paulinischen Briefen gewonnene „Theologie des Paulus". Es ist für die systematische Rekonstruktion der paulinischen Theologie sicherlich notwendig, vom rein historischen Standpunkt aus freilich nicht unproblematisch, die Briefe des Paulus sich gegenseitig ergänzen zu lassen. Würden wir beispielsweise 1 Kor nicht kennen, so würden wir auch Texte aus Röm und Gal anders interpretieren, als wir es jetzt tun; und wie würden wir Paulus verstehen, wenn wir nur 1 Thess, Phil und Phm kennten? Andererseits: Je mehr Texte eines Autors wir kennen, umso genauer können wir ihn verstehen, auch und gerade, wenn diese Texte nicht zur selben Zeit entstanden sind.

[76] Dieses Verfahren wendet mit geradezu monotoner Konstanz SCHULZ, Mitte, passim an.

andern Worten: Die „Dogmatisierung" des theologischen Denkens in den Past ist zumindest auch eine Folge des „Sitz im Leben" bzw. einfach der Gattung der Past.

Der „paulinische" Charakter der Past kommt immerhin auch im Gebrauch der Wortgruppe *πιστεύειν* / *πίστις* zum Ausdruck[77]. Zwar überwiegt der formale Gebrauch sowohl bei *πιστός*[78] wie auch bei *πιστεύειν*[79] und *πίστις*[80]. Zwar würde Paulus weder von der *πίστις ἀνυπόκριτος* (1 Tim 1,5; 2 Tim 1,5) gesprochen haben[81], als könne es auch einen anderen Glauben geben, noch würde er *πίστις* und *συνείδησις* (*καλή* bzw. *καθάρη*; 1 Tim 1,19; 3,9)[82] miteinander verbunden haben[83]. Aber die Häufigkeit, mit der diese wichtigen paulinischen Stichworte begegnen, zeigt doch, daß der Vf der Past hier sehr bewußt formuliert hat. Er hat – und das sollte nicht übersehen werden – das Stichwort „Glaube" keineswegs nur formal aufgenommen; sondern er hat es mit zentralen Elementen seines eigenen Denkens verbunden, es also in seine Theologie integriert.

Der statistische Befund ist an dieser Stelle m.E. durchaus einmal von Interesse: *πιστεύειν* / *πίστις* sind im Kol –/5mal belegt, im Eph 2/9mal, in 2 Thess 4/5mal (1 Thess: 5/8mal), in den Past dagegen 6/33mal. Auch wenn man berücksichtigt, daß das paulinische Glaubensverständnis nicht voll reproduziert ist, kann diese starke Betonung des Glaubens in der Theologie der Past doch als Indiz für die bewußte Bindung des Vf an die Paulus-Tradition angesehen werden.

---

[77] *πιστεύειν* ist 6mal belegt, *πίστις* 33mal, *πιστός* 16mal; *πιστοῦν* („gläubig aufnehmen") im NT nur in 2 Tim 3,14, sonst aber öfter.

[78] *πιστός* ist geradezu terminus technicus für „Christ" (vgl. 1 Tim 4,3.10.12; 5,16 usw.); diese Bedeutung fehlt bei Paulus. – Vgl. ferner die charakteristische Wendung *πιστὸς ὁ λόγος* (1 Tim 1,15; 2 Tim 2,11; Tit 3,8 u.ö.), die die Zuverlässigkeit der christlichen (=paulinischen) Tradition unterstreichen soll.

[79] Nur an 3 der 6 Belegstellen ist *πιστεύειν* mit einem Objekt gebraucht (1 Tim 1,16; 2 Tim 1,12; Tit 3,8). Bultmann, Theologie, 533 hebt hervor, daß das paulinische *πιστεύειν εἰς* fehlt.

[80] 1 Tim 1,2.4.14; 2,17; Tit 1,1 usw. Ebenso wie bei Paulus auch ist *πίστις* in der Regel absolut gebraucht, d.h. die sachliche Bedeutung ist als dem Leser bekannt vorausgesetzt.

[81] Vgl. aber *ἀγάπη ἀνυπόκριτος* Röm 12,9; 2 Kor 6,6.

[82] Die inhaltliche Funktion von *συνείδησις* hat sich ohnehin völlig verschoben: Bei Paulus steht ganz die „objektiv"-anthropologische Bedeutung im Vordergrund (vgl. dazu Bultmann, Theologie, 216–221), in den Past die „subjektiv"-psychologische („gutes Gewissen").

[83] Besonders charakteristisch für das Denken der Past in diesem Zusammenhang ist 1 Tim 4,6, wo *πίστις* und *ἡ καλὴ διδασκαλία* parallelisiert werden. Diese Stelle zeigt deutlich, daß *πίστις* in den Past im Grunde mehr die Gesinnung oder „Haltung" des Glaubens meint, der einer näheren inhaltlichen Bestimmung (eben der „gesunden Lehre") bedarf. Aleith, Paulusverständnis, 16 schließt aus der Parallelisierung von *πίστις* und *ἀγάπη* (1 Tim 1,14; 2,15 usw.), daß der Glaube für die Past der Ergänzung durch die Liebe bedürfe, wodurch diese Theologie sich dem Verdienstgedanken wieder nähere. Aber das ist vom Vf zumindest nicht bewußt reflektiert worden.

Ähnliches gilt, wie schon bei der Auslegung von Tit 3,3–7 angedeutet, für die Rezeption der paulinischen Rechtfertigungslehre in den Past: Die Begrifflichkeit *(δικαιοσύνη κτλ.* und *χάρις)* ist relativ häufig belegt, auch wenn die theologische Substanz nicht in vollem Umfang festgehalten ist. Die Wortgruppe *δικ-* begegnet in den Past oft, freilich kaum in derselben Bedeutung wie bei Paulus. Zwar fällt vor allem der Gebrauch von *δικαιοῦν* in Tit 3,7 auf [84]; aber *δίκαιος* und *δικαιοσύνη* sind durchweg als Tugendbegriffe[85] verstanden. Dagegen ist der Gebrauch von *χάρις*[86] zumindest an einigen Stellen theologisch in besonderer Weise qualifiziert[87]: Nach 1 Tim 1,14 war die *χάρις τοῦ κυρίου ἡμῶν* stärker als die Sünde des Christenverfolgers Paulus[88] – eine Aussage, die in V. 15 dann generalisiert wird[89]. Im Rahmen des Revelationsschemas begegnet in 2 Tim 1,9f eine der in der nachpaulinischen Literatur seltenen Aussagen, wo *χάρις* und *ἔργα* einander gegenübergestellt werden: Gottes Heilshandeln in Christus geschah nicht aufgrund unserer Werke, sondern aufgrund seiner eigenen *πρόθεσις* und *χάρις* vor aller Zeit. Deutlicher noch als hier wird die Bedeutung der *χάρις* in Tit 2,11 unterstrichen: In feierlicher Wendung ist von der Offenbarung der Gnade die Rede, d.h. *χάρις* erscheint geradezu als Hypostase. Der Kontext, vor allem auch die Bindung an die Christologie, zeigt, welches Gewicht *χάρις* an dieser Stelle auch sachlich hat[90]. Wenn dann in Tit 2,11f von der *χάρις* gesagt wird, daß sie uns „erzieht“, wenn also – wie R. Bultmann erklärt – „die Gnade als eine das alltäglich-bürgerliche Leben formende Kraft verstanden wird“[91], so ist dies zweifellos unpaulinisch. Die Frage ist nur, ob ein solches Verständnis von *χάρις* dem paulinischen gegenüber wirklich einen radikalen

---

[84] *δικαιοῦσθαι* (neben *πιστεύεσθαι!)* auch in dem Hymnus 1 Tim 3,16 als Aussage über Christus.

[85] Vgl. 1 Tim 1,9; 6,11; 2 Tim 2,22; 3,16.

[86] Das paulinische Stichwort *χάρισμα* ist in 1 Tim 4,14; 2 Tim 1,6 gebraucht; es bezeichnet die „Gnadengabe“, die freilich unpaulinisch durch Handauflegung, d.h. durch einen auch „kirchenrechtlichen“ Akt vermittelt wird.

[87] *χάρις* begegnet in den Past 13mal, darunter auch im Zusammenhang des in diesem Punkt von Paulus abweichenden Briefformulars, und in dem Ausdruck *χάριν ἔχειν* in der Bedeutung des nicht belegten *εὐχαριστεῖν*.

[88] V. 14 steht in deutlicher Nähe zu Röm 5,20 (s.u.). V. 13 zeigt eine signifikante Abschwächung der Aussage, die so bei Paulus undenkbar wäre: *ἠλεήθην, ὅτι ἀγνοῶν ἐποίησα ἐν ἀπιστίᾳ.* „Unglaube“ ist hier nicht theologisch negativ qualifiziert, sondern faktisch mit (unverschuldeter?) Unwissenheit identisch. Man kann fragen, ob dahinter ein apologetisches Motiv steckt.

[89] Vgl. Klein, Apostel, 133.135. Eine literarische Beziehung zu Gal 1,13–16 besteht wohl nicht.

[90] Tit 2,11–13; 3,4–7 sind offenbar bewußt parallel formuliert; in 3,7 heißt es, daß wir durch die *χάρις* (Gottes oder Christi?) gerechtfertigt seien; zuvor war in V. 5 der Gegensatz Werke – Gnade *(ἔλεος)* betont worden. Vgl. zur Sache noch Campenhausen, Amt, 120.

[91] Bultmann, Theologie, 536.

Bruch darstellt, wie U. Luz meint[92], oder ob es sich, wie Bultmann sagt[93], um eine eher legitime Fortentwicklung handelt. Man darf die Alternative freilich nicht überspitzen, denn der Zusammenhang von Gnade und Ethik war schon für Paulus ein theologisches Problem (Röm 6,1.15). Der entscheidende Unterschied liegt darin, daß Ethik für die Past ganz reduziert ist auf die Inhalte der Paränese, während für Paulus hier der Sündenbegriff grundlegend wichtig war (Röm 6,1.15f)[94]. Mit andern Worten: Erst das Fehlen eines Gegenbegriffs zu *χάρις* schränkt den „paulinischen" Charakter des Gnadenverständnisses in den Past tatsächlich prinzipiell ein.

Das wird bestätigt durch den Gebrauch von *νόμος* in den Past. Vom Gesetz heißt es in 1 Tim 1,8f, es sei dazu da, *νομίμως* angewandt zu werden, als Gegenmittel gegen bestimmte menschliche Laster. Dieser geradezu antipaulinische Gedanke wird eingeführt mit einem paulinischen Zitat: *καλὸς ὁ νόμος*[95]. Man kann diese Stelle als einen – Paulus allerdings verfehlenden – Kommentar zu Röm 7,12.16 verstehen: Der Vf hat es einerseits mit dem paulinischen Satz zu tun, daß das Gesetz „gut" sei; und er weiß andererseits, daß die paulinische Rechtfertigungslehre vom „Ende des Gesetzes" spricht. Indem er sich hier um einen Ausgleich bemüht, kommt er zu dem Ergebnis: Das Gesetz ist „gut", sofern man es „angemessen" *(νομίμως)* gebraucht.

Es ist wenig sinnvoll, den Vf wegen dieses Urteils theologisch zu kritisieren[96]. Seine Deutung von Röm 7,12.16 entspricht der auch heute in der Kirche landläufigen Interpretation (vgl. die Funktion des Dekalogs im Katechismus). Vor allem ist der aktuelle Kontext zu berücksichtigen, in dem der Vf steht: Nach 1 Tim 1,7 kämpft er ja gegen (vorgebliche) *νομοδιδάσκα-*

---

[92] LUZ, in: Festschrift Käsemann, 379 A 42. Vgl. schon das Urteil von ALEITH, Paulusverständnis, 16: *χάρις* werde in den Past zu einer „in dieser Zeitlichkeit sich manifestierenden Erziehungsmaßnahme Gottes". Luz will Bultmanns positives Urteil auf dessen individualisierende Interpretation des paulinischen Rechtfertigungsgedankens zurückführen.

[93] BULTMANN, Theologie, 536.

[94] *ἁμαρτία* im Sing. fehlt in den Past ebenso wie *σάρξ* im anthropologischen Sinn. Daß „Sünde" das Verhältnis Gott/Mensch betrifft, ist in den Past nicht im Blick.

[95] S.o. S. 136.

[96] Das geschieht in der Literatur überwiegend. PFLEIDERER, Lectures, 257f; DERS., Paulinismus, 485: „Entschiedene Abschwächung des echten Paulinismus"; vgl. auch ALEITH, Paulusverständnis, 16; KÖSTER, Entwicklungslinien, 145: „Ausverkauf der paulinischen Theologie unter ungünstigen Bedingungen"; LUZ, in: Festschrift Käsemann, 379: Die paulinische Tradition habe in den Past mehr dekorative als konstitutive Funktion. Zur Kritik an solchen Urteilen vgl. DIB-CONZELMANN, Past, 7. Ferner BROX, in: Gestalt, 123: In der aktuellen Uminterpretation war Paulus „besser verstanden und seiner Theologie grundsätzlich eher entsprochen als in jedem bloß historisierenden Umgang mit Paulus, von dem aus in der Exegese die Pastoralbriefe und ihre Theologie bisweilen gering geschätzt werden". Freilich räumt auch BROX m.R. ein (aaO., 130), man könne bei den Past nicht von einer profilierten Theologie sprechen.

λοι[97], und er möchte gegen sie theologische Argumente ins Feld führen. Seine Position lautet: Die *νομοδιδάσκαλοι* haben prinzipiell recht, das Gesetz ist in der Tat „gut". Aber: Ihm eignet allein eine moralisch normierende Qualität; es stellt inhaltlich keine anderen Forderungen auf als die christliche Lehre auch (1,10b.11)[98]. Zusammen mit Tit 3,9, wo Titus vor den *μαχαὶ νομικαί* gewarnt wird, zeigt diese Stelle, daß es auch in der nachpaulinischen Zeit Auseinandersetzungen um das Gesetzesverständnis gab. Der Vf der Past bemühte sich freilich, diese Auseinandersetzungen zurückzudrängen: Weil das Gesetz „gut" ist, braucht es nicht Gegenstand von Kontroversen zu sein. Der Gedanke, daß das Gesetz – gerade weil es „gut" ist – in das Sündigen führt, ist dem Vf der Past aber nicht mehr nachvollziehbar gewesen[99].

F. Mußner sieht in den Past die paulinische Rechtfertigungslehre in vollem Umfang rezipiert. Das Fehlen des Genitivattributs *νόμου* im Zusammenhang der Werke (Tit 3,5) sei mit der veränderten Situation zu erklären: Die gegnerische Front fehle, Jerusalem sei zerstört, „die Adressenschaft ist eine rein heidenchristliche, die mit der Tora nicht mehr befaßt ist"[100]. Und wie erklärt sich dann der positive Gebrauch von *νόμος*?

Die Analyse der Past hat gezeigt, daß der Vf wohl mit Sicherheit den paulinischen Röm und aller Wahrscheinlichkeit nach auch 1 Kor gekannt hat[101]. Seine Anspielungen und „Zitate" beschränken sich nicht auf einzelne Sätze; vielmehr zeigt sich das theologische Denken der Past weithin von paulinischer Begrifflichkeit bestimmt[102], auch wenn die paulinischen Inhalte

---

[97] Es handelt sich um christliche „Gesetzeslehrer", deren Rolle in der Kirche offenbar nicht a limine verworfen wird (in Tit 3,13 wird Zenon als *νομικός* bezeichnet).

[98] Der „Fehler" (wenn man davon sprechen will) liegt also darin, daß der Zusammenhang von *νόμος* und Heilsverständnis in den Past nicht im Blick ist. Daß die Normen des Gesetzes inhaltlich auch für Christen Geltung besitzen, sagt auch Paulus (Röm 13,8f).

[99] Vgl. das Verständnis der „Werke": *τὰ ἔργα* sind für die Past „gute" oder „schlechte" Werke, die die Christen zu erbringen bzw. zu meiden haben. Lediglich in 2 Tim 1,9; Tit 3,5 schimmert das paulinische Verständnis noch durch. – Dasselbe gilt für die Verschiebung des *πνεῦμα*-Verständnisses; vgl. dazu SCHWEIZER, Art. *πνεῦμα*, ThWNT VI, 443f.

[100] MUSSNER, Petrus, 97.

[101] Weitergehende Annahmen, insbesondere die These von HARRISON, Problem, 8 ("He knew and had studied deeply every one of our ten Paulines."), ließen sich nicht bestätigen.

[102] Das zeigen z.B. auch 1 Tim 2,2; Tit 3,1, wo eine sachliche (keine literarische) Nähe zu Röm 13,1–7 besteht; vgl. DIB-CONZELMANN, Past, 30f (Exkurs). Ferner die doppelte *εἷς*-Formel 1 Tim 2,5 (nach BARNETT, Paul, 255f "a basic dependance on Ephesians"; aber es handelt sich um eine traditionell gewordene Formel) und vor allem die Sklavenparänese 1 Tim 6,2, die an Phm 16; 1 Kor 7,21 erinnert, ohne daß ein literarischer Zusammenhang besteht. Vgl. schließlich das Bild vom Wettkampf 2 Tim 2,5; 4,8, das auch Paulus verwendet hat (1 Kor 9,7.25; Phil 3,14).

überwiegend nicht festgehalten sind[103]. Bei den Past handelt es sich also nicht nur um Literatur, die sich pseudepigraphisch des Namens des Apostels bedient, um eigene Tendenzen durchzusetzen; sondern der Vf will durchaus die Paulus-Tradition bewahren und sie darüberhinaus auch gegen (vermeintliche) Fehlinterpretationen absichern[104].

Das zeigt offenbar auch 2 Tim 2,18, wo der Vf die Lehre des Hymenaios und Philetos zurückweist *λέγοντες ἀνάστασιν ἤδη γεγονέναι*. Der von diesen „Ketzern" offenbar vertretene Standpunkt entspricht der These von Eph 2,5–7, daß die Christen bereits auferweckt und in die Himmel versetzt seien. Die Stelle könnte insofern also ein Beleg dafür sein, daß der Vf nicht nur gegen von „außen" kommende Irrlehrer polemisiert, sondern daß es ihm auch um die Bewahrung der „rechtgläubigen" Theologie innerhalb der unmittelbaren Paulus-Tradition geht[105]. Allerdings ist nicht zu beweisen, daß der Vf sich hier direkt gegen den Eph wendet[106]; lediglich die Nennung der Namen, die der Vf als dem Timotheus bekannt voraussetzt, scheint anzudeuten, daß die „Irrlehrer" möglicherweise als aus der Umgebung des Paulus stammend gedacht sind[107].

2 Tim 2,18 ist wohl tatsächlich ein Beleg für die These, daß es im 2. Jahrhundert „eine klare Spaltung im Paulus-Verständnis" gegeben hat[108] (s. aber unten). Zu fragen ist allerdings, ob diese Spaltung wirklich entlang der Grenze zwischen „Rechtgläubigen" und „Gnostikern" verlief[109]. Immerhin zeigen Act Pl et Thecl 14, daß der Gedanke einer bereits geschehenen Auferstehung auch ohne einen Zusammenhang mit gnostischen Vorstellungen vertreten werden konnte. Keinesfalls kann also 2 Tim 2,18 für sich genommen schon

---

[103] Haufe, in: Gnosis und NT, 338: Der Vf sei seinen Gegnern „weder theologisch noch denkerisch wirklich gewachsen", und es falle auf, „daß die Tradition lediglich zitiert, nicht aber interpretiert wird". Dieses Urteil geht m.E. zu weit.

[104] Insoweit ist Schmithals, Apostelamt, 223 zuzustimmen: Die Bedeutung der Past liegt nicht in erster Linie da, wo sie „paulinische Gedanken leidlich korrekt tradieren, sondern überall da, wo sie neue Linien, zum Teil im Anschluß an Paulus, ausziehen". Vgl. auch Brox, in: Gestalt, 122f.

[105] Vgl. Stuhlmacher, EvTh 28, 1968, 181. Campenhausen, Ges. Aufs., 210f: Kein anderes Dokument des 2. Jahrhunderts stehe Paulus so nahe und bringe „bestimmte Tendenzen seiner Theologie so verhältnismäßig rein zum Ausdruck" wie die Past.

[106] Vgl. zum Problem Lindemann, Aufhebung, 255. – Hat der Vf der Past Eph überhaupt gekannt? 2 Tim 4,12 ist ein Indiz dafür, daß diese Frage zu bejahen sein wird. Der Satz, „Paulus" habe Tychikos nach *Ephesus* geschickt, setzt offenbar Eph 6,21f (nicht dagegen Kol 4,7f) voraus (dann hätte der Vf den Eph tatsächlich als „Epheserbrief" gekannt). – Hanson, Studies, 118f hält 2 Tim 4,12 wieder für das Fragment eines echten Paulusbriefes.

[107] Die Namen sind wohl literarische Fiktion; es geht ja nur um den Anschein, den der Vf erwecken will.

[108] Vgl. Robinson, Entwicklungslinien, 34.

[109] Diese Tendenz sehen Schmithals, Apostelamt, 223 und Robinson, Entwicklungslinien, 34f.

die These begründen, der Vf der Past kämpfe gegen einen gnostische Paulusdeutung.

Damit ist jedoch noch nicht darüber entschieden, ob die Past nicht insgesamt aus dem Widerspruch gegen die gnostische (bzw. gegen die marcionitische) Paulusrezeption entstanden und von daher zu erklären sein könnten. Wenn auch 1 Tim 6,20 (s. S. 135) und 2 Tim 2,18 zur Bestimmung der Front der Past wenig austragen, so könnte doch der Gesamtcharakter der Briefe für die Annahme sprechen, sie seien in Abwehr gegen ketzerische „Pauliner" verfaßt worden, um so den echten Paulus „kirchlich erträglich und ‚kanonisch'" zu machen, wie H. v. Campenhausen meint[110]. Dafür könnte sprechen, daß Marcions Bibel die Past nicht enthielt – und zwar wohl nicht aus „dogmatischen" Gründen[111], sondern einfach deshalb, weil ihm diese Briefe nicht bekannt waren[112]. Daraus ist aber nicht zu schließen, daß sie zur Zeit Marcions noch gar nicht existierten[113]; vielmehr dürfte die handschriftliche Überlieferung der Past von Anfang an schmaler als die der anderen Briefe gewesen sein[114], und sie sind deshalb von Marcion vielleicht einfach „übersehen" worden.

Ergeben sich aus den Past selbst Hinweise darauf, daß Paulus durch sie vor seinen gnostischen Anhängern „geschützt" werden sollte? Abgesehen allenfalls von 2 Tim 2,18 gibt es solche Hinweise nicht. Der Vf der Past läßt sich auf eine Debatte über die „richtige" Paulus-Interpretation nicht ein[115] (vgl. dagegen 2 Petr 3,15f; 2 Thess 2,2); und selbst in 2 Tim 2,18 wird nicht gesagt, daß sich die „Irrlehrer" auf Aussagen des Paulus stützten. An keiner Stelle wird angedeutet, daß etwa in bestimmten Kreisen Mißbrauch mit dem paulinischen Erbe getrieben würde[116]. Dergleichen aber müßte sehr deutlich zutage treten, wenn der Vf wirklich die Absicht gehabt hätte, gegenüber einem „ketzerischen" Paulusverständnis ein „rechtgläubiges" zu etablieren. Die Past scheinen im Gegenteil einem kirchlichen Milieu zu entstammen, in dem die überragende Rolle des Paulus unbestritten in Geltung stand und in dem

---

110 Campenhausen, Entstehung, 213.

111 Spätere Marcioniten haben den Kanon erweitert.

112 Die von Zahn, Geschichte I/2, 634 geäußerte Vermutung, Marcion habe die Past wegen ihres „privaten" Charakters nicht kanonisieren wollen, stößt sich mit dem Befund beim Phm (vgl. Harnack, Marcion, 171*f).

113 Nichts in den drei Briefen weist in die kirchliche Situation der nachmarcionischen Zeit.

114 P 46 und Codex B enthalten die Past nicht.

115 Der Vf hat auch Paulus selbst korrigiert; jedenfalls widerspricht 1 Tim 5,14 eindeutig der Tendenz von 1 Kor 7,1 ff. 8 ff, wenn auch der Hinweis auf die „Jugend" den Widerspruch abzumildern scheint.

116 Diese Beobachtung spricht auch gegen die Vermutung von Köster, Entwicklungslinien, 145f, Kosmologie und Eschatologie fehlten in den Past deshalb, weil inzwischen „dieses Denken zu den Vorrechten der gnostischen Schüler des Paulus" gehörte. Gerade wenn dem so gewesen wäre, hätte der Vf doch zumindest ansatzweise versucht, die „richtige" Eschatologie bzw. Kosmologie festzuhalten.

Theologie identisch war mit der Tradierung paulinischer Theologie[117]. Da der Vf Röm und 1 Kor gekannt hat, kann man es für möglich halten, daß die Past in Rom entstanden sind[118]; sie würden dann als Zeugnis römischer Paulusrezeption neben dem vielleicht etwas früher entstandenen 1 Clem stehen. Aber Sicherheit ist hier natürlich nicht zu gewinnen[119].

4. Die Evangelien, die Apostelgeschichte und die paulinische Tradition

a) Das Problem des Einflusses paulinischer Theologie auf die Evangelien des Markus und des Matthäus

1. Vorbemerkung

Eine Untersuchung des möglichen paulinischen Einflusses auf die synoptischen Evangelien[1] muß in besonderer Weise das Verhältnis von Tradition und Redaktion berücksichtigen. Sofern sich beispielsweise zwischen traditionellen Stücken etwa des Mk oder der Logienquelle Q einerseits und paulinischen Aussagen andererseits sachliche oder formale Übereinstimmungen finden, wird man diese als wahrscheinlich zufällig oder als Abhängigkeit von gemeinsamer (in der Regel dann jüdischer) Tradition zu erklären haben. Denn daß die paulinische Theologie die synoptische Tradition in ihrem vorredaktionellen Stadium unmittelbar beeinflußt haben sollte, ist relativ unwahrscheinlich und wegen der chronologischen und geographischen Probleme beinahe auszuschließen (s. aber S. 155). Anders steht es mit der Redaktion: Zwar sind drei der vier kanonischen Evangelien vermutlich in einem Gebiet entstanden, das von der paulinischen Mission nicht berührt war[2]; aber sie wurden jedenfalls in nachpaulinischer Zeit verfaßt, so daß von daher ein paulinischer Einfluß auf das Denken der Evangelisten nicht von vornherein als unmöglich angesehen werden kann.

Angesichts des Charakters der Evangelien ist es natürlich unwahrscheinlich, daß sie Anspielungen oder gar explizite Bezugnahmen auf die paulinischen Briefe bzw. auf Aussagen der paulinischen Theologie enthalten. Daß Paulus namentlich erwähnt

---

117 Vgl. ROLOFF, Apostolat, 238: In den Past herrscht der „programmatische Paulinismus", d.h. sie stammen aus einer Kirche, „in der die Herkunft aller Lehre und Tradition von Paulus keinen Augenblick lang einem Zweifel unterworfen ist".

118 Dazu würde dann auch die fiktive Abfassungssituation des 2 Tim passen. M.R. erklärt jedenfalls KÜMMEL, Einleitung, 341: „Die oft vermutete Entstehung in Kleinasien ist nicht beweisbar."

119 Das Fehlen der Past in Marcions Kanon ist z.B. ein Argument gegen die Rom-Hypothese.

1 Die Forderung, auch die Synoptiker auf Paulus-Tradition zu untersuchen, wird von BARRETT, NTS 20, 1974, 243 (mit A 1) erhoben: Die positive Paulus-Legende zeige sich nicht nur in Eph, Apg, Past und 1 Clem; vielmehr gelte, daß "a full discussion would seek traces of it elsewhere, e.g. in the gospels".

2 S.u. S. 154.

würde, ist auszuschließen, da eine Verbindung des Paulus mit dem Leben Jesu aller Paulus-Tradition widerspräche.

Es ist auffällig, daß zwei Evangelien von der kirchlichen Überlieferung Paulusbegleitern zugeschrieben werden: Als Vf des zweiten Evangeliums gilt nach Angaben des Papias (bei Eus Hist Eccl III 39,14–17) Johannes Markus, der sowohl bei Paulus selbst (Phm 24) als auch in den Deuteropaulinen und in der Apg als Mitarbeiter des Apostels erwähnt wird[3]; und als Vf des dritten Evangeliums (und der Apg) wird im Canon Muratori Lukas genannt, der ebenfalls aus Phm 24; Kol 4,14; 2 Tim 4,11 bekannt ist[4]. Der Vf der Apg hat in der Tat von Paulus gewußt, er hat jedenfalls Paulus-Tradition in seinem Buch verarbeitet[5]. Von daher wäre es immerhin denkbar, daß neben der Apg auch das Evangelium des „Lukas" Spuren einer unmittelbaren Kenntnis der paulinischen Theologie enthalten könnte[6]. Aber läßt sich ähnliches auch über Mk sagen? Oder ist der von Papias hergestellte Zusammenhang zwischen dem Vf des (nach unserer Erkenntnis) ältesten Evangeliums und dem (Paulus- bzw.) Petrus-Begleiter Markus reiner Zufall[7]?

Das Problem eines möglichen Zusammenhangs mit paulinischer Tradition stellt sich aus sachlich-theologischen Gründen auch im Falle des Mt. Die Propagierung der fortdauernden Gültigkeit des Gesetzes (vor allem Mt 5,17–20) wirft ja die Frage auf, ob hier nicht eine Reaktion auf das paulinische Gesetzesverständnis vorliegen könnte.

O. Pfleiderer fand in den drei synoptischen Evangelien sein an Hegelschen Kategorien orientiertes Geschichtsbild bestätigt: Dem dezidiert „paulinischen" Mk sei das „anti-paulinische" Mt gegenübergetreten; am Schluß stehe der gemäßigte „Paulinismus" des Lk[8]. Eine formal ähnliche Überlegung findet sich bei H. Köster: Mk repräsentiere paulinische Tradition (auch wenn das außerhalb der Passionserzählung verwendete Material, das Jesus in der Gestalt des θεῖος ἀνήρ zeichne, der Christologie der Gegner des 2 Kor entspreche); Mt habe die eschatologische Tendenz des Mk übernommen, aber sachlich umgestaltet. Dagegen habe Lk „in den eigentlichen paulinischen Missionsgebieten Kleinasiens und Griechenlands ... die paulinische Theologie des Markus" aufgehoben, indem im Evangelium und in der Apg Jesus und

[3] Papias nennt Markus freilich deshalb, weil er nach 1 Petr 5,13 ein Mitarbeiter des Petrus war.

[4] Zu beachten ist das besonders positive Urteil über Lukas in 2 Tim 4,11: Er ist der einzige, der beim gefangenen Paulus ausharrt.

[5] S. o. S. 66–68.

[6] Immerhin hat Marcion Lk als das „paulinische Evangelium" angesehen und es als ersten Teil seiner Bibel kanonisiert. S. dazu u. S. 379 f.

[7] Köster, Entwicklungslinien, 142 meint, es sei „wohl auch kein Zufall, daß ein ‚Markus' in der Gesellschaft des Paulus mehrfach bezeugt ist". Die Frage ist freilich umgekehrt zu stellen: Ist es „Zufall", daß man den Vf des Mk „Markus" genannt hat?

[8] Pfleiderer, Lectures, 170–198.

seine Missionare als θεῖοι ἄνδρες erschienen; hier werde der „Sieg der Paulusgegner des 2. Korintherbriefes nur allzu offenkundig“[9].

2. Markusevangelium

Das Problem des „Paulinismus“ beim ältesten Evangelisten ist seit langem kontrovers diskutiert worden[10]. Auf der einen Seite stand beispielsweise A. Loisy, der erklärte, Mk sei «une interprétation paulinienne ... de la tradition primitive»[11]; die Gegenthese vertrat besonders M. Werner, der jeden Einfluß paulinischer Theologie auf Mk bestritt[12]. Die Debatte muß berücksichtigen, daß der Hinweis auf den angeblichen Mk-Vf Johannes Markus natürlich überhaupt nichts austrägt; denn die Angabe des Papias ist ohne historischen Wert[13]. Welche Gründe auch immer ihn veranlaßt haben mögen, den in 1 Petr 5,13 genannten Markus als Vf des Mk zu nennen – eine Analyse der Theologie des Mk ist sicher nicht der Anlaß gewesen. Damit aber werden alle Versuche hinfällig, aufgrund des „Markus“-Namens nach einer Beziehung des Evangelisten zu Paulus (oder auch zu Petrus) zu suchen.

Auch Wortschatzuntersuchungen, Vergleiche zwischen dem Vokabular des Paulus und dem des Mk[14], bleiben unergiebig[15]. Zum einen ist der literarische Charakter der beiden Schriftengruppen zu verschieden, als daß ein Vergleich der verwendeten Terminologie sinnvoll wäre; zum andern ist es nahezu unmöglich, den Sprachgebrauch des Evangelisten, abgesehen vielleicht von einigen Kernbegriffen, überhaupt exakt zu bestimmen[16].

Die Argumente, die für die Hypothese paulinischen Einflusses auf Mk ins Feld geführt werden, gründen sich deshalb zumeist auf sehr allgemeine

---

[9] Köster, Entwicklungslinien, 142.

[10] Vgl. den knappen Forschungsüberblick bei Romaniuk, NTS 23, 1976/77, 267–271 und die Übersicht bei Fenton, in: Studies, 91.

[11] Loisy, Evangiles I, 116. Vgl. schon Pfleiderer, Lectures, 177, der Mk "the Pauline Evangelist" nannte, welcher Jesus selbst zum "apologist of the greatly reviled Apostle Paul" gemacht habe.

[12] Werner, Einfluß, passim. Vgl. auch Bultmann, Theologie, 494: Auf die Redaktion der Synoptiker hatte der Paulinismus keinen Einfluß.

[13] Vgl. Kümmel, Einleitung, 68f.

[14] Im großen Stil findet sich dieser methodische Ansatz bei Resch, Paulinismus, der alle sprachlichen Parallelen schon als Indizien für unmittelbare Abhängigkeiten wertet. Resch nimmt an, Paulus sei von einer „Grundschrift“ der Logia Jesu *(Λ)* abhängig gewesen, die dann auch von den Evangelisten benutzt worden sei.

[15] Romaniuk, NTS 23, 1976/77, 270–274 prüft entsprechende Hypothesen und kommt zu dem Ergebnis, daß allenfalls Mk 3,28f; 4,11 so stark mit paulinischer Begrifflichkeit übereinstimmten, daß «il est difficile de nier les traits vraiment pauliniens» (aaO., 274 zu Mk 3,28f). Aber: «Il ne nous semble pas que ces deux textes puisse suffire pour construire une théorie affirmant une influence paulinienne sur la rédaction ultime de l'Evangile de Marc» (ebenda).

[16] Der Evangelist hat ja nicht nur die redaktionellen Abschnitte selbst formuliert; vielmehr ist nicht auszuschließen, daß seine Redaktion auch die sprachliche Gestalt der traditionellen Stücke beeinflußt hat. Vgl. zu diesem Problem Güttgemanns, Fragen, 86–91.

Beobachtungen. S.G.F. Brandon weist die (von M. Werner m.E. zu Recht erhobene) methodische Forderung nach dem Aufweis literarischer Beziehungen des Mk zu den Paulusbriefen sogar ausdrücklich zurück, und er erklärt: "Werner ignores the obvious conditioning influence of Mark's circumstances and the changes in expression and concept which must inevitably arise in the course of some twenty or thirty years."[17] Seine These lautet lapidar: Mk war "clearly inspired by the theology of Paul"[18], ja, mit ihm beginne "the rehabilitation of Paul's teaching"[19]. Sehr viel differenzierter urteilt W. Marxsen; er sieht in der bei Markus erfolgten Aufnahme des *εὐαγγέλιον*-Begriffes in die synoptische Tradition eine – wenn auch wohl indirekte – Wirkung des Paulus[20]; was Paulus theologisch-begrifflich zum Ausdruck gebracht habe, das stelle Mk traditionell-anschaulich dar[21]. Der Entwurf des Mk-‚Evangeliums' sei „im Grundansatz paulinisch", meint H. Köster[22]; er geht aber auf das Problem einer möglichen literarischen Beziehung nicht weiter ein.

In der Tat ist zuzugeben, daß sich die Theologie des Mk und hier insbesondere die Christologie mit der paulinischen Lehre eng berührt[23]. Aber auch wenn die Betonung des Leidens Jesu bei Mk[24] der paulinischen Kreuzestheologie[25] entspricht, so heißt das noch nicht, daß eine literarische Beziehung bestehen müßte. Hinweise auf das Kreuz Jesu sind bei Mk außerordentlich selten[26], d.h. die Kreuzestheologie hebt sich „bei Markus –

---

[17] Brandon, Fall, 200 A 1 gegen Werner.

[18] Brandon, Fall, 200. Seine Begründung: Ursprüngliche Paulus-Gegner hätten die Katastrophe des Jahres 70 als "divine confirmation of Paul's message" angesehen. Aber für diese Konstruktion gibt es kein unmittelbares Indiz.

[19] Brandon, Fall, 204.

[20] Marxsen, Evangelist, 98: Das paulinische *εὐαγγέλιον*-Verständnis „ist für Markus vorauszusetzen, wenngleich nicht an eine unmittelbare Übernahme gedacht zu werden braucht", sondern eher an eine „wenigstens mittelbare Abhängigkeit vom Apostel" (ebenda A 4).

[21] Marxsen, Evangelist, 99. Die Übereinstimmungen zwischen beiden bestehen darüberhinaus in der Christologie (aaO., 145–147). Ähnlich Müller, ZNW 64, 1973, 193: „Ohne die in den korinthischen Auseinandersetzungen profilierte theologia crucis des Paulus ist die christologische Intention des Evangelisten kaum denkbar; sie scheint seine Basis zu sein." Indem Mk das Kreuz als „Vorzeichen aller Theologie" verstehe, scheine bei ihm „Paulus nachzuwirken".

[22] Köster, Entwicklungslinien, 142.

[23] Man darf freilich nicht so weit gehen wie Goguel, Jésus, 363f, der schon darin paulinischen Einfluß sieht, daß Jesus bei Mk als Erlöser und Heilbringer beschrieben ist, der als dem Satan überlegen gilt (Goguel vergleicht Mk 3,22–30 mit 1 Kor 2,6–8). Die bloße Tatsache, daß der Vf des Mk ein christlicher Theologe ist, macht ihn nicht von Paulus abhängig.

[24] Man denke an das Gewicht, das die Passionsgeschichte und darüberhinaus die Leidensankündigungen im Ganzen des Mk besitzen.

[25] Vgl. nur 1 Kor 1,18ff; 2,1ff.

[26] Die – m.E. redaktionellen – Leidensankündigungen verwenden *σταυρός, σταυροῦν* nicht!

anders als bei Paulus ... – nicht als eigenständiger Sachzusammenhang von seiner Passionstheologie ab", wie H.-W. Kuhn zutreffend festgestellt hat[27]. Die sachliche Nähe zu Paulus beruht also letztlich auf Zufall, oder richtiger gesagt: Mk hat unabhängig von Paulus das christliche Bekenntnis zur Auferweckung des Gekreuzigten prinzipiell ebenso wie der Apostel interpretiert[28].

Das gilt nicht nur für die Christologie, sondern etwa auch für das Gesetzesverständnis des Mk. Der Evangelist kommt der paulinischen Interpretation des *νόμος* im Rahmen der Rechtfertigungslehre immerhin sehr nahe, wenn er die Perikopen über die gesetzeskritische Haltung Jesu offenbar ganz bewußt ziemlich an den Anfang seines Evangeliums setzt (vgl. 2,23–28; 3,1–6 und zuvor schon die Berufung des Zöllners Levi 2,13–17 und die Fastenfrage 2,17–22)[29]. Dennoch kann auch hier nicht von paulinischem Einfluß gesprochen werden, denn das Stichwort *νόμος* fehlt bei Mk ganz[30].

Damit aber stellt sich nun eine ganz andere Frage: Wenn Mk tatsächlich von Paulus und von paulinischer Tradition nicht beeinflußt ist, muß dies dann nicht als ein Indiz dafür gewertet werden, daß Paulus bereits in der Zeit um 70 seinen Einfluß jedenfalls in bestimmten kirchlichen Kreisen verloren hatte? Muß man nicht feststellen, daß die nachpaulinische heidenchristliche Kirche in Syrien[31] zwar durchaus eine Notwendigkeit sah, Tradition über den irdischen Jesus (im Widerspruch zu 2 Kor 5,16?) zu sammeln und weiterzugeben, daß sie aber auf der anderen Seite ihr paulinisches Erbe bewußt geleugnet hat[32]?

---

[27] KUHN, ZThK 72, 1975, 23. Vgl. KLEIN, ZNW 62, 1971, 18f: Zwar bestehe zwischen beiden christologischen Entwürfen eine „sachliche Affinität"; dennoch sei angesichts des unterschiedlichen Materials „eine historische Verbindung zwischen der Hinterlassenschaft des Apostels und der Konzeption des ersten Evangelisten äußerst unwahrscheinlich".

[28] Man wird deshalb über die These von BULTMANN, Theologie, 494 hinausgehen müssen, der erklärt, der angebliche Paulinismus des Mk beschränke sich „auf Gedanken, die gemeinsames Gut des hellenistischen Christentums sind". Es verhält sich m.E. gerade umgekehrt: Die entscheidende Übereinstimmung liegt gerade auf einem theologischen Gebiet, auf dem Mk und Paulus von der üblichen hellenistisch-christlichen Überlieferung abweichen.

[29] Vgl. FENTON, in: Studies, 95f. – Bei Mt stehen diese Erzählungen und Logien unter dem grundsätzlichen Vorzeichen von 5,17–20.

[30] SCHULZ, Stunde, 94 wirft Mk vor, sein Gesetzesverständnis führe in den „Frühkatholizismus", da hier die paulinische Beziehung von Glaubens- und Werkgerechtigkeit fehle. Mk habe es nicht vermocht, „auch nur annähernd die theologische Tiefe und Weite der paulinischen Gesetzesdialektik zu erreichen". Aber derartige Werturteile tragen in der Sache nichts aus, sondern sind eher geeignet, den Blick für die Textaussagen selbst zu verstellen.

[31] Dort ist Mk vermutlich entstanden; vgl. KÜMMEL, Einleitung, 70; VIELHAUER, Geschichte, 347.

[32] Für SCHULZ, Mitte, 209 ist Markus „der erste, der das paulinische Evangelium katholisiert hat. Sein Leben Jesu ist der frühkatholische Kommentar zum paulini-

Es ist aber zu beachten, daß Syrien nicht zum unmittelbaren Missionsgebiet des Paulus gehört hat[33]; der erste sichere Zeuge dafür, daß paulinische Briefe in Syrien, genauer: in Antiochia bekannt waren, ist Ignatius (um 110). Zur Zeit der Abfassung des Mk stand die syrische Kirche vermutlich überhaupt nicht unter paulinischem Einfluß. Die Nichtberücksichtigung der paulinischen Theologie durch Mk ist also wahrscheinlich kein Indiz für eine definitive Ablehnung des Apostels[34].

Anders verhielte es sich, wenn Mk – wie einige Forscher vor allem aufgrund einiger Latinismen bei Mk annehmen – nicht in Syrien, sondern in Rom verfaßt worden wäre[35]. Dann wäre paulinischer Einfluß naheliegend – und sein Fehlen schwerwiegend. Aber für die Rom-Hypothese spricht so gut wie nichts.

3. Matthäusevangelium

Ebenso wie Mk dürfte das von ihm abhängige Mt in Syrien entstanden sein[36]. Umstritten ist die Frage, ob der Vf des Mt Heidenchrist[37] oder Judenchrist[38] war. Für die vorliegende Untersuchung ist dieses Problem nicht ganz so „belanglos", wie Ph. Vielhauer generell meint[39]; denn wenn Mt ein Zeugnis des am Zeremonialgesetz festhaltenden Judenchristentums wäre, also in die Nähe der Kerygmata Petrou gehörte[40], dann wäre die Frage nach einer (womöglich indirekten und versteckten) Ablehnung der paulinischen Theologie sehr viel brisanter als im Fall des Mk. Umgekehrt wäre das Fehlen von antipaulinischer Polemik in einem betont judenchristlichen Evangelium jedenfalls auffällig.

M. E. ist Mt wahrscheinlich ebensowenig wie Mk als judenchristlich im eigentlichen

---

schen Evangelium." AaO., 219: „An Paulus gemessen, ist das Markusevangelium ein Gesetzbuch, sind Jesu Worte gesetzliche Belehrung und seine Werke Exempel für fromme Selbstrechtfertigung." AaO., 226: „Von Paulus her geurteilt, ist die Leben-Jesu-Schreibung [sc. der Synoptiker] eine überflüssige, letztlich unbegreifliche und vor allem theologisch überholte Spielart der Evangeliumsverkündigung." Ein Kommentar erübrigt sich wohl.

[33] Paulus erwähnt Syrien bzw. Antiochia nur in Gal 1,21; 2,11, d.h. im Zusammenhang der Darstellung der Anfänge seiner Mission.

[34] Auch das Interesse an einer Zusammenstellung der Jesus-Tradition wird keinerlei antipaulinischen Affekt enthalten; vielmehr dürfte dieses Interesse in den in Frage kommenden Gemeinden von Anfang an bestanden haben und durch Mk nur zu einem ersten Abschluß gebracht worden sein.

[35] Vgl. dazu Kümmel, Einleitung, 69f.

[36] Kümmel, Einleitung, 89f. Mt und Mk sind sicher nicht in derselben Gemeinde entstanden, aber doch wohl auch nicht zu weit voneinander entfernt. – Nach Brandon, Fall, 226f entstand Mt in Alexandria, wie Mt 2,13–15 zeige. Aber das ist ganz unbegründet.

[37] So Strecker, Weg, 15–35.

[38] Kümmel, Einleitung, 87–89.

[39] Vielhauer, Geschichte, 365.

[40] S.o. S. 104–108.

Sinne zu bezeichnen (vgl. S. 101 f). Denn Mt fordert nicht das Festhalten am jüdischen Zeremonialgesetz.

In der Forschung wird die Frage nach einer möglichen Berührung zwischen Mt und Paulus vor allem im Zusammenhang des Gesetzesverständnisses gestellt: Läßt sich die zweifellos von Paulus abweichende Gesetzeslehre des Mt damit erklären, daß hier bewußt gegen Paulus polemisiert wird[41]? Oder muß man annehmen, daß Mt einfach von Paulus unabhängige Tradition verwendete, daß er also von Paulus bzw. von der Differenz zur paulinischen Theologie gar nichts wußte[42]?

Einige Exegeten verweisen darauf, daß Paulus und Mt ja eine gemeinsame Traditionsbasis hätten, nämlich das Judenchristentum (im weiteren Sinne)[43] bzw. das Alte Testament[44]. Aber ein solcher Hinweis trägt natürlich wenig aus.

An drei Stellen des Mt gibt es gewisse Indizien für einen möglichen kontroversen Zusammenhang mit Paulus: 15,17–19; 7,22f und in 13,24–28[45].

Dabei kommt dem Abschnitt 5,17–19[46] eine besondere Bedeutung zu; denn hier wird in geradezu programmatischer Weise Jesu Stellung zum Gesetz dargelegt und erklärt, der *νόμος* sei dauernd gültig und werde selbst nach dem Ende des *κόσμος* noch in Geltung stehen. In V. 19 bekommt die Aussage eine deutlich polemische Spitze, denn der Satz *ὃς ἐὰν οὖν λύσῃ μίαν τῶν ἐντολῶν ... καὶ διδάξῃ οὕτως τοὺς ἀνθρώπους* setzt offenbar voraus, daß innerhalb der Kirche die These vertreten wird, das Kommen Jesu bedeute die Auflösung des Gesetzes[47]. Genau diese These findet sich bei Paulus tatsächlich: In Röm 10,4 wird Christus explizit *τέλος νόμου* genannt. Ist es denkbar,

---

[41] So argumentiert vor allem BRANDON, Fall, 232: "To combat the rising reputation of Paul [sc. durch Mk] Matthew adroitly used the unrivalled claims of Peter, who had been so closely connected with Alexandrian Christianity." Aber für diese Konstruktion gibt es keinen positiven Beleg. – Eingehende Kritik an Brandon übt DAVIES, Setting, 316–334.

[42] Vgl. etwa HOENNICKE, Judenchristentum, 197.

[43] DODD, Studies, 65. Dodd erklärt damit die "significant agreements between them in eschatological teaching, in the idea of the Church and Church-order, and in the controversy with Pharisaic Judaism".

[44] SAND, BZ NF 14, 1970, 124f.

[45] TROCMÉ, «Livre», 54 will Mt 5,17–19; 13,24–30 als Belege dafür ansehen, daß bereits die vormatthäische Tradition Sammlungen von Paulusbriefen gekannt habe.

[46] Der Abschnitt 5,17–20 stammt jedenfalls in der vorliegenden Form von Mt. Die Frage, wie weit der Evangelist traditionelles Material verwendet hat, ist hier nur für V. 19 von Belang. – Zur Analyse und Interpretation vgl. im übrigen STRECKER, Weg, 143–147; meine Position deckt sich hinsichtlich V. 19 mit der dort von Strecker vorgetragenen. – Ganz anders jetzt BETZ, ZThK 75, 1978, 3–19, der annimmt, die Bergpredigt insgesamt sei ein von Mt übernommenes intaktes Quellenstück mit antiheidenchristlichen, und d.h. eben: antipaulinischen Zügen (vgl. vor allem aaO., 3–7). Betz rechnet mit einem vor-mt Redaktor, dessen Vorlage der Evangelist unverändert übernommen habe.

[47] Erklärt sich von daher auch das *μὴ νομίσητε* in 5,17?

daß Mt 5,19 im Namen Jesu gegen eine solche Christologie protestiert[48]? Das wird in der Tat die einfachste Deutung sein, zumal die Formulierung *ἐλάχιστος*[49] *κληθήσεται κτλ.* anzudeuten scheint, daß der bekämpfte Lehrer[50] im „Himmelreich" zwar einen sehr schlechten Platz erhalten, aber nicht aus der *βασιλεία τῶν οὐρανῶν* ausgeschlossen bzw. „exkommuniziert" werden wird[51].

Wer ist der Vf der Aussage von V. 19: Der Evangelist oder die ihm vorliegende Tradition[52]? Sollte V. 19 tatsächlich vom Vf selbst formuliert worden sein, so müßten sich bei Mt noch weitere (redaktionelle oder auch traditionelle) antipaulinische Aussagen finden lassen, die den Schluß nahelegen, der Evangelist habe seine Gesetzeslehre im Widerspruch zu Paulus entwickelt.

Eine mit 5,19 vergleichbare Aussage enthält 7,22f: Im Endgericht werden vor dem Stuhl Christi Irrlehrer erscheinen, die im Namen Jesu gepredigt und Wunder vollbracht haben – er aber wird ihnen *ἀνομία* vorwerfen und sie verurteilen. Der Text stammt aus Q und findet sich auch in Lk 13,26f im Rahmen eines allegorischen Gleichnisses. Mt hat ihn erheblich geändert[53]: V. 22 bezieht sich deutlicher als Lk 13,26 auf christliche Propheten; und auch das matthäische *ἐργαζόμενοι τὴν ἀνομίαν* dürfte gegenüber dem lukanischen *ἐργάται ἀδικίας* sekundäre Korrektur (nach Ps 6,9 LXX) sein. Mt wirft hier also bestimmten Gruppen in der Kirche vor, daß sie zwar im Namen Jesu predigen und handeln, in Wahrheit aber Gesetzesübertreter[54] sind und deshalb *ἐν ἐκείνῃ τῇ ἡμέρᾳ* von Christus zurückgestoßen werden. Ist hier an Prediger aus dem Umkreis des Paulus gedacht? Das ist weder auszuschließen noch zu beweisen.

---

[48] Man kann außer an Röm 10,4 vor allem auch an Eph 2,15 denken.

[49] Dieser Begriff wird sicher nicht mit 1 Kor 15,9 in Verbindung gebracht werden müssen. Betz, ZThK 75, 1978, 5 fragt, ob der Gebrauch des Stichworts *ἐλάχιστος* „Zufall" ist. M.E.: Ja. Vgl. dazu auch Davies, Setting, 335f.

[50] Geht der Ausdruck *ὃς ... λύσῃ* auf einen einzelnen, oder hat der Sing. hier wie dann in V. 19b summierende Bedeutung? Es ist immerhin auffällig, daß die Sätze von V. 17f.20 im Plural formuliert sind – sie wenden sich an alle Christen. V. 19 dagegen scheint zunächst einen einzelnen im Blick zu haben (dafür spricht auch der Hinweis auf das Lehren); V. 19b mit seiner verallgemeinernden Tendenz wäre demgegenüber sekundär.

[51] Der Ausdruck *ἐλάχιστος κληθήσεται* läßt sich kaum anders deuten (vgl. Mt 11,11: *ὁ μικρότερος ἐν τ. βασιλείᾳ).* Man würde andernfalls eher eine Formulierung ähnlich der von V. 20 erwarten. Vgl. dazu H. D. Betz (brieflich): „Diese Milde ist doch ein Zeichen für das hohe Alter der Quelle."

[52] Zur Literatur vgl. Bultmann, Geschichte (Erg. Heft), 56.

[53] Wenn man nicht annehmen will, daß Q in zwei unterschiedlichen Rezensionen vorlag (damit rechnet z.B. Betz, ZThK 75, 1978, 3f).

[54] Zum Gesetzesverständnis des Mt vgl. Sand, Gesetz, 32–45; ders., BZ NF 14, 1970, 112–125, besonders 123f. Mt polemisiere gegen das „falsche" Gesetzesverständnis des Judentums.

Wichtig ist schließlich das Gleichnis Mt 13,24–30 mit der Deutung 13,37–43. M.E. bezieht sich das Gleichnis allegorisch auf die Kirche, in der „Unkraut“ und „Weizen“ miteinander wachsen sollen bis zum Tag der Scheidung im Gericht. Die Frage ist, ob es sich beim *ἐχθρός* bzw. *ἐχθρὸς ἄνθρωπος* um eine innerkirchliche Gestalt handelt, oder ob von vornherein, wie es dann in der Deutung V. 39 heißt, der *διάβολος* gemeint ist.

Der Text des Gleichnisses ist zunächst unabhängig von der zweifellos sekundären allegorischen Deutung zu interpretieren. Wenn der Vorgang des Säens die kirchliche Verkündigung meint, so ist klar, daß auch das Säen des Unkrauts ein innerkirchlicher Vorgang ist; der *ἄνθρωπος* von V. 24 ist dann ursprünglich nicht Christus (vgl. dagegen V. 37), sondern bezeichnet den Verkündiger. Das Gleichnis stellt also in allegorischer Form die Tatsache dar, daß sich in der Kirche „rechte“ und „falsche“ Christen befinden, wobei letzteres auf die Wirksamkeit eines *ἐχθρός* zurückgeführt wird, der zur Verdeutlichung dann nochmals ausdrücklich *ἐχθρὸς ἄνθρωπος* genannt ist. Das Gleichnis hat mithin innerkirchliche Gegner, d.h. Irrlehrer, im Visier; es soll einerseits vor deren Wirken warnen, andererseits aber auch begründen, warum eine erfolgreiche Bekämpfung jetzt nicht möglich ist (V. 29).

Für die Annahme, daß mit dem „feindlichen Menschen“ Paulus gemeint ist, gibt es freilich keine zwingenden Gründe[55]. Auch der Evangelist selbst hat eine solche Beziehung nicht hergestellt, im Gegenteil: Durch 13,39 wird das Gleichnis auf den Kampf zwischen Christus und dem Teufel um die Welt gedeutet und damit dem Kontext der aktuellen Ketzerbekämpfung entzogen.

Dieser Befund bedeutet für die Interpretation von 5,19: Es läßt sich kaum bestreiten, daß hier eine Lehre bekämpft wird, die in der frühchristlichen Tradition allein Paulus zugeschrieben werden kann. Wenn es aber richtig ist, daß Mt an keiner anderen Stelle die Tendenz zeigt, Paulus bzw. paulinische Theologie zu bekämpfen, dann ist es wahrscheinlich, daß der Evangelist 5,19 nicht selbst formuliert, sondern aus antipaulinischer judenchristlicher Tradition übernommen hat, wahrscheinlich ohne die ursprüngliche Spitze zu kennen[56].

---

[55] BARTH, in: Bornkamm usw., Überlieferung, 149 lehnt eine antipaulinische Deutung von 13,25.28 unter Hinweis auf V. 39 ab. – In der Epistula Petri der Pseudoclementinen ist der *ἐχθρὸς ἄνθρωπος* eindeutig der Apostel Paulus (s. o. S. 105).

[56] Vgl. GOGUEL, Jésus, 360: «Matthieu peut fort bien avoir reproduit cette parole d'une manière un peu mécanique, peut-être sans voir sa pointe antipaulinienne.» BARTH (s. die vorige Anm), 150 A 1 will mit dem Hinweis, daß 5,19 Mt bereits vorgelegen habe, die These BULTMANNS (Theologie, 58) zurückweisen, die Stelle sei „offenbar im Blick auf die Hellenisten, vielleicht auf Paulus selbst, gesprochen“. Bultmann hat m.E. durchaus recht – für die vor-mt Tradition. Gegen diese Annahme wendet sich DAVIES, Setting, 336: "It is hardly credible that Matthew was unaware of a motif in his source which we can now detect after he himself has used it in innocence." Vgl. zur Sache jetzt auch BETZ, ZThK 75, 1978, 5–7, dem ich in diesem Punkt zustimmen würde. Vgl. zur Sache außerdem LUZ, ZThK 75, 1978, 411.

Die Theologie des Mt ist, im Gegensatz zum Judenchristentum der Kerygmata Petrou, nicht antipaulinisch, sondern in wesentlichen Punkten einfach unpaulinisch. Das gilt neben der Gesetzesinterpretation auch für sein Verständnis der *δικαιοσύνη:* Zwar redet der Vf des Mt häufiger als jeder andere Theologe außer Paulus von der *δικαιοσύνη;* aber er versteht darunter die vom Menschen zu leistende Gerechtigkeit (vgl. vor allem 5,20; 6,1)[57]. Mit der paulinischen Rechtfertigungslehre hat das nichts zu tun[58].

Die kurze Untersuchung des Mk und des Mt hat ergeben, daß beide Evangelisten von paulinischer Theologie offenbar nicht beeinflußt sind. Zwar finden sich gewisse Berührungspunkte; aber diese sind im Fall des Mk durch die Annahme „zufälliger" theologischer Übereinstimmung zu erklären und bei Mt durch die Vermutung, seine Tradition habe möglicherweise antipaulinische Züge besessen. Aus dem Fehlen paulinischer Elemente in der Theologie der beiden ersten Evangelien darf aber nicht geschlossen werden, paulinischer Einfluß sei bewußt zurückgedrängt worden. Vielmehr kommen offenbar zwei Komponenten zusammen: 1. Syrien als mutmaßlicher Entstehungsort war zu diesem Zeitpunkt von paulinischer Tradition kaum oder gar nicht berührt. 2. Die Gattung des Evangeliums legte es nicht nahe, daß die Vf überhaupt nach nicht-„synoptischer" Tradition suchten.

b) Die johanneischen Schriften und Paulus

Die Frage nach dem Verhältnis des Joh zu Paulus hat die Forschung immer wieder fasziniert. Sollte es denkbar sein, daß das „pneumatische" Evangelium von der paulinischen Theologie nicht berührt ist? Kann man sich vorstellen, daß der in Ephesus wirkende greise Johannes von Paulus und der an ihn anknüpfenden Tradition nichts wußte? Muß man Joh womöglich gar zu den pauluskritischen Schriften rechnen? Oder steht Joh tatsächlich außerhalb jedes Zusammenhangs mit Paulus, wie H. Conzelmann[59] annimmt?

F.C. Baur war der Auffassung, der johanneische „Lehrbegriff" stehe jenseits von Judaismus und Paulinismus[60]. J. Wagenmann meinte, eine „johanneische Welle" in Ephesus habe die Erinnerung an Paulus beseitigt,

[57] Das ist nicht im Sinne einer „Werkgerechtigkeit" gemeint; auch nach Mt verschafft sich der Mensch die Gerechtigkeit, die vor Gott gilt, nicht durch gute Werke. Aber er begreift *δικαιοσύνη* als ethische Norm, die es zu erreichen gilt (vgl. Strecker, Weg, 153–158).

[58] Schrenk, ThWNT II, 200,30–35 meint, in Mt 5,6; 6,33 liege das paulinische Verständnis der *δικαιοσύνη* vor. Aber das Fehlen einer „Werkgerechtigkeit" bedeutet noch nicht Übereinstimmung mit der paulinischen Rechtfertigungslehre; vgl. Strekker, Weg, 149–158 und Luz, ZThK 75, 1978, 433 (wie überhaupt den ganzen Abschnitt 431–435).

[59] Conzelmann, Theologie, 356. Vgl. Preiss, EvTh 16, 1956, 293.

[60] Baur, Vorlesungen, 401.

ohne daß sich damit eine bewußte Paulusfeindschaft verbunden hätte[61]. Auf der anderen Seite vertraten E. Aleith und nach ihr M. Werner die These, Joh stehe nicht nur in Abhängigkeit von Paulus, sondern das vierte Evangelium sei auch theologisch ein Produkt des „Paulinismus": „Der Gottessohn und Erlöser des Paulus ist es, den Johannes nun auf Erden redend und handelnd auftreten läßt."[62] A. E. Barnett sah sogar an mehreren Stellen eine unmittelbare literarische Beziehung zu paulinischen Briefen: In 1,17; 8,34f und 10,16 zeige sich eine klare literarische und vor allem auch sachlich-theologische Abhängigkeit von Röm, Gal und Eph[63]. Aber mögliche Parallelen bestehen allenfalls in 1,17 und 8,34f[64].

Die in Joh 1,17 zum Ausdruck gebrachte Antithese von *νόμος* und *χάρις* ist nach Barnett „so characteristically Pauline and is so nearly expressed in terms of its presentation in Romans as to make literary relationship a matter of practical certainty"[65]. Aber die von ihm genannten Parallelstellen zeigen nur, daß die genannte Antithese auch in der paulinischen Theologie begegnet, wo sie ja eine fundamentale Bedeutung besitzt (vgl. Röm 4,16; 5,20f; 6,14; 10,4–6); eine auffällige literarische Übereinstimmung besteht jedoch nicht. Es ist darüberhinaus zu beachten, daß das johanneische Verständnis des *νόμος* ein ganz anderes ist als das paulinische: Für Joh ist das Gesetz eine eindeutig vergangene Größe; es gehört ausschließlich in den Rahmen des Judentums[66], *νόμος* und *χάρις* folgen einander im „heilsgeschichtlichen" Ablauf der Zeit[67]. Für Paulus ist dagegen der *νόμος* zwar als Heilsweg abgetan; aber er bleibt als *δύναμις τῆς ἁμαρτίας* (1 Kor 15,56) wirksam[68]. Es gibt also weder literarisch noch sachlich eine Parallele zwischen Joh 1,17 und Paulus.

---

[61] WAGENMANN, Stellung, 100f. Er sieht in Jak und in der Apk eine deutliche Betonung der Rolle der Zwölf.

[62] ALEITH, Paulusverständnis, 18. Vgl. WERNER, Entstehung (UB 38), 41: Die Theologie des Joh „ist eine eigentümlich gnostisierende Umwandlung des Paulinismus", dadurch legitimiert, daß diese Umformung als Leben Jesu dargestellt wurde (aaO., 143).

[63] BARNETT, Paul, 142. Er zählt die genannten Stellen zu seiner Kategorie „A" (sichere Belege). Insgesamt rechnet er mit 131 (!) möglichen Anspielungen auf alle paulinischen Briefe (mit Ausnahme von Phm).

[64] BARNETT, Paul, 127f,136 sieht in Joh 10,36; 11,52; 17,11.21.23 eine direkte Abhängigkeit von Eph 2,14–17. Aber die Übereinstimmung beschränkt sich ganz auf den Gedanken der „Einheit".

[65] BARNETT, Paul, 109. Schon RESCH, Paulinismus, 540 sah eine literarische Beziehung zu Röm 6,14 (bei gemeinsamer Abhängigkeit von der Quelle *Λ*; s. dazu o. Anm 14). – MUSSNER, Petrus, 110 betrachtet Joh 1,17 als „ein bedeutendes Echo auf die paulinische Rechtfertigungslehre und ihre Thematik". Es bleibt unklar, ob er mit einem literarischen oder traditionsgeschichtlichen Zusammenhang rechnet.

[66] Daher die häufige Formulierung *ὁ νόμος τοῦ Μωϋσέως* (1,17; 1,45; 7,19 u. ö.).

[67] *χάρις* begegnet außer in 1,14.16f im ganzen Evangelium nicht mehr. Zur Sache vgl. BULTMANN, Joh, 53 (mit A 4).

[68] Die Aussage von Röm 10,4 hat nicht „heilsgeschichtliche", sondern systematisch-theologische Bedeutung.

Ähnlich zu erklären ist der Befund in Joh 8,34f: Nach A. E. Barnett ist V. 34 (*πᾶς ὁ ποιῶν τὴν ἁμαρτίαν δοῦλός ἐστιν τῆς ἁμαρτίας*) direkt von Röm 6,16–18 abhängig, während in V. 35 (Gegensatz von *δοῦλος* und *υἱός*) Einfluß von Gal 4,30 sichtbar sei[69]. Aber das ist ganz unwahrscheinlich; die Aussagen von Joh 8,34f entwickeln sich unmittelbar aus dem Gedankengang des ganzen Abschnitts 8,30–36 heraus, und ihr Thema ist im Grunde nicht die *ἁμαρτία*, sondern die Freiheit. Die Übereinstimmung mit Röm 6 besteht letztlich allein in dem Ausdruck *δοῦλος τῆς ἁμαρτίας*[70], d.h. der scheinbare Zusammenhang zwischen 8,35(f) und Gal 4,30 beschränkt sich praktisch auf die Stichworte *ἐλεύθερος* und *υἱός* – Tendenz und Wortlaut sind im übrigen völlig verschieden.

Da auch die Joh-Briefe keinerlei Beziehung zu Paulus aufweisen[71], ist der Schluß zu ziehen, daß die johanneische Theologie und Tradition außerhalb des paulinischen Einflusses entstanden sein und sich entwickelt haben muß. Das wäre freilich nur dann auffällig, wenn Joh – wie es die Tradition will – in Kleinasien, speziell in Ephesus, enstanden wäre. Wurde Joh aber in Syrien verfaßt, wie heute überwiegend vermutet wird[72], dann bestätigt sich nur die schon zu Mk und Mt gemachte Beobachtung, daß paulinische Überlieferung dort bis zum Ende des 1. Jahrhunderts[73] offenbar nicht bekannt war[74].

Ist die Frage völlig abwegig, ob zwischen der Entstehung der Evangelien, also der Ausbildung einer auf den irdischen Jesus bezugnehmenden Tradition und dem Fehlen der paulinischen Überlieferung ein enger Zusammenhang besteht? Sollte dies der Fall sein, dann wäre die johanneische Theologie trotz aller Differenzen doch näher an die Synoptiker zu rücken. Und dann würden „die Evangelien" auf der einen Seite und „die Paulus-Tradition" auf der anderen Seite zwei voneinander sachlich und geographisch getrennte Überlieferungsstränge des Urchristentums darstellen. Sollte sich dann weiter zeigen, daß die lukanischen Schriften von Paulus beeinflußt sind (s.u.), so wäre vielleicht der Schluß erlaubt, daß zumindest die Apg, aber möglicherweise sogar schon Lk, aus der Absicht heraus geschaffen wurden, diese beiden Überlieferungsstränge miteinander zu verbinden[75].

---

[69] BARNETT, Paul, 123f. Auch ALEITH, Paulusverständnis, 22 meint, die Stelle setze das paulinische Verständnis des Alten Testaments voraus; der Vf des Joh sei der größte Schüler des Paulus.

[70] Nach BULTMANN, Joh, 335 A 7 ist *τῆς ἁμαρτίας* in 8,34 eine, sachlich nicht falsche, „interpretierende Glosse".

[71] BARNETT, Paul, 142–152 sieht mögliche Anspielungen auf Röm und 1 Kor (Kategorie „B"). Aber nicht einmal das Formular der Joh steht in einem Zusammenhang mit Paulus.

[72] So mit m.E. sehr guten Gründen KÜMMEL, Einleitung, 211f; VIELHAUER, Geschichte, 460.

[73] Zu Ignatius von Antiochia s.u. S. 221.

[74] Dieser Befund mag ein weiteres Indiz dafür sein, daß man Joh nicht zu spät datieren sollte (vgl. im übrigen KÜMMEL, Einleitung, 211).

[75] Zum positiven Paulusbild der Apg s.o. S. 66–68.

c) Die Rezeption paulinischer Theologie in den lukanischen Schriften

Es ist aus methodischen Gründen notwendig, Lk und Apg getrennt zu analysieren. Sachlicher Einfluß paulinischer Theologie ist in der Apg von vornherein eher zu erwarten als im Evangelium; es wäre daher falsch, mögliche „Paulinismen" aus der Apg ins Evangelium zu transponieren, zumal Lk und Apg sicher nicht in einem Zuge verfaßt worden sind[76]. Überdies ist zu fragen, ob die Redaktion des Lk paulinische Züge aufweist, oder ob über Mk und Q hinaus (Sondergut-)Tradition in das Evangelium eingeflossen ist, die mit Paulus bzw. mit paulinischer Überlieferung in Zusammenhang stand.

1. Lukasevangelium

F.C. Baur und nach ihm O. Pfleiderer haben nicht nur in der Apg, sondern schon im Lk eine paulinische Tendenz gesehen: Das dritte Evangelium sei in dem Bestreben entstanden, „die prinzipielle Berechtigung des paulinischen Universalismus dadurch nachzuweisen, daß die evangelische Geschichte schon in der Person Jesu selbst aus diesem Gesichtspunkt aufgefaßt wurde", erklärte Baur[77]; und Pfleiderer nannte den Vf des Lk aufgrund von Stellen wie 10,40f einen „irenical Paulinist"[78].

Ähnlich, wenn auch sehr viel vorsichtiger, äußert sich U. Luz, der darauf hinweist, daß Lk an mehreren eindeutig redaktionellen Stellen die Terminologie der Rechtfertigungslehre verwende: „Will Lk mit Hilfe der Rechtfertigungsterminologie die Kontinuität zwischen Jesus und der Verkündigung der pln Kirche betonen?"[79]

Die Gegenthese vertreten H. Köster[80] und besonders W.G. Kümmel: Der Vf des Lk stehe „der paulinischen Theologie völlig fremd gegenüber"; bei den rein zufälligen Parallelen handele es sich „um allgemein heidenchristliche Vorstellungen und Worte", während die eigentlich paulinischen Theologumena fehlten[81].

„Lukas" hat sich, nach allem, was wir wissen, im Evangelium weitgehend derselben Tradition bedient wie Mt, d.h. der größte Teil des von ihm übernommenen Materials stand außerhalb des Einflusses der Paulus-Überlieferung. Schon deshalb wird man von vornherein keinen massiven

---

[76] Dabei kommt dem Evangelium die Priorität zu (KÜMMEL, Einleitung, 153; anders BOUWMAN, Evangelium, 67).

[77] BAUR, Geschichte I, 77; vgl. DERS., Vorlesungen, 328–331.

[78] PFLEIDERER, Lectures, 192.194. In Lk 10,40f findet er sachlich den Gedanken der Rechtfertigungslehre, daß der Mensch ohne Werke gerechtfertigt wird – so wie Maria.

[79] LUZ, in: Festschrift Käsemann, 366 A 6 unter Hinweis auf Lk 10,29; 16,15; 18,9.14; 20,20.

[80] KÖSTER, Entwicklungslinien, 142f. Lukas sei nicht bei Paulus, sondern bei dessen Gegnern „in die Schule gegangen" (aaO., 143) – offenbar ohne das bemerkt zu haben ...

[81] KÜMMEL, Einleitung, 118. – RESCH, Paulinismus, 581–583 sah bei Lk sogar antipaulinische Korrekturen der gemeinsamen Quelle *Λ*.

Paulinismus erwarten dürfen; man wird daher andererseits auf mögliche „paulinische“ Tendenzen[82] besonders zu achten haben.

G. Bouwman sieht zwischen der Hervorhebung der Frauen als Begleiterinnen der Jünger (Lk 8,2f) und der Aussage des Paulus in 1 Kor 9,5 einen direkten Zusammenhang: Offenbar wolle Lukas „die Ansprüche des Paulus ... unterstützen“[83]. Aber da Paulus nach 1 Kor 7,1–7 gar nicht verheiratet war, ist der von ihm in 1 Kor 9,5 erhobene Anspruch ein theoretischer. Außerdem wirkt die Bemerkung in Lk 8,3 ja recht absichtslos – Jesus sei eben auch von Frauen begleitet worden; irgendwelche „kirchenrechtlichen“ Folgerungen scheint der Erzähler nicht beabsichtigt zu haben[84].

Anders verhält es sich mit den von U. Luz genannten Texten, die den lukanischen Gebrauch des Stichworts *δικαιοῦν* zeigen. Außerhalb paulinischer Tradition[85] begegnet dieses Verb nur noch einmal in einem Weisheitslogion in Q (Mt 11,19/Lk 7,35) und einmal bei Mt in einem Gerichtswort (12,37); Lukas gebraucht es zweimal in „paulinischer“ Bedeutung (Lk 16,15; 18,14, vgl. 18,9)[86]. Zwar geht das Logion Lk 16,15 wohl auf Q zurück (vgl. Mt 23,28), aber die Verwendung von *δικαιοῦν* ist lukanische Redaktion[87]; vor allem hat Lukas den Gegensatz *ἐνώπιον τῶν ἀνθρώπων, ὁ δὲ θεός* eingefügt[88] und damit den Sinn der ganzen Aussage von der eher moralischen zur theologischen Ebene verschoben. Besonders deutlich ist der theologische Aspekt des Verbs *δικαιοῦν* in der Beispielerzählung vom Pharisäer und Zöllner (18,9–14). Man könnte diese bei Lk *παραβολή* genannte Erzählung geradezu als Illustration der paulinischen Theologie verstehen: Wer sich für *δίκαιος* hält, dem wird gesagt, daß Gott allein den (reuigen[89]) Sünder „gerechtspricht“ (*δεδικαιωμένος*). Das Stichwort *δίκαιος* in 18,9 hat also von Anfang an theologische und nicht ethisch-moralische[90] Bedeutung: Es geht

---

[82] Der „Universalismus“ des Lk ist nicht tendenziell paulinisch, sondern einfach heidenchristlich (gegen BORGEN, StTh 20, 1966, 146, der Lk 21,24 „als Weiterführung des paulinischen Gedankens“ von Röm 11,25 verstehen will). Die Verwendung des Stichworts *δικαιοῦν* dagegen läßt sich damit nicht erklären.

[83] BOUWMAN, Evangelium, 100.

[84] Dasselbe wird für Lk 12,13f.58f gelten. Nach BOUWMAN, Evangelium, 100 sind diese Aussagen vor dem Hintergrund von 1 Kor 6,1–11 zu sehen. Aber hier besteht keine literarische Beziehung; das Problem des Rechtsstreits unter Christen wird nicht nur in Korinth virulent gewesen sein.

[85] Einschließlich Jak 2, wo Berührung mit paulinischer Tradition wahrscheinlich ist (s.u. S. 243–252).

[86] Anders Lk 10,29: Der Ausdruck *θέλων δικαιῶσαι ἑαυτόν* ist nicht theologisch gemeint; vgl. auch 20,20.

[87] Mt 23,28: *ἔξωθεν ... φαίνεσθε ... δίκαιοι.*

[88] Das matthäische *ἔξωθεν – ἔσωθεν* ist m.E. ursprünglicher.

[89] Die „Reue“ besteht dabei nicht in seelischer Zerknirschung, sondern einfach in der Erkenntnis des Sünder-Seins. Das entspricht ganz der paulinischen Theologie (vgl. Röm 7).

[90] So wohl in Lk 20,20.

um das Gerecht-sein vor Gott. Die Tatsache, daß Lk diese Erzählung enthält, ist m. E. ein sehr deutlicher Hinweis darauf, daß der Vf zumindest den Versuch gemacht hat, Tendenzen der paulinischen Theologie auch im Evangelium zu verankern und die Übereinstimmung der Lehre Jesu mit der Rechtfertigungslehre des Paulus zu behaupten[91].

Dies bedeutet keinesfalls, daß die Theologie des Lk „paulinisch" genannt werden dürfte; die Unterschiede zu Paulus sind insbesondere in der Christologie und in der Eschatologie beträchtlich. Aber der Vf des dritten Evangeliums hat die paulinische Rechtfertigungslehre gekannt (vgl. auch den Befund in der Apg) und sie an jedenfalls einer Stelle seinem Evangelium bewußt eingefügt[92].

2. Apostelgeschichte

Es war im vierten Kapitel gezeigt worden, daß das in der Apg entworfene Paulusbild von der Absicht bestimmt ist, Paulus als die entscheidende Gestalt der frühen Kirche zu erweisen[93]. In Apg 13,38f erschien Paulus betont als der Prediger der Rechtfertigungslehre, wobei sich jedoch ein Beweis für die Benutzung eines bestimmten Paulusbriefes (Gal oder Röm) nicht erbringen ließ[94].

Die Frage, ob der Vf der Apg Paulusbriefe gekannt, ja, ob er überhaupt von der „literarischen" Tätigkeit des Apostels gewußt hat, wird in der Forschung überwiegend verneint. A. v. Harnack sah in der Apg keinerlei Benutzung der paulinischen Briefe, und er plädierte von daher für eine relativ frühe Datierung des Buches; überdies sei die Nicht-Benutzung der Briefe „unbegreiflich ..., wenn der Verf. in Kleinasien, Griechenland, Macedonien oder Rom geschrieben hat"[95]. Ähnlich urteilen W. Schmithals[96], G. Schulze[97], W. Radl[98] und K. Obermeier[99]. Die Übereinstimmungen zwischen der Apg und den Paulusbriefen führt man oft darauf zurück, daß Lukas Paulus-

---

[91] Das Gleichnis von den beiden Söhnen (15,11–32) ist in der Sache ebenso zu deuten; freilich fehlt hier jede „theologische" Terminologie.

[92] Man kann von hier aus allerdings noch nicht sagen, ob er einen bestimmten paulinischen Brief gekannt hat; die Rechtfertigungsterminologie war ja ein Teil der Paulus-Tradition (vgl. Apg 13,38f). – Zum Problem, ob Lukas paulinische Briefe gekannt hat, s. u. S. 171f.

[93] S. o. S. 67f.

[94] Vgl. o. S. 58f.

[95] HARNACK, Chronologie, 249: „Wie genau kennen und wie intensiv benutzen (Clemens), Barnabas, Ignatius und Polykarp die paulinischen Briefe!" Vgl. auch ZAHN, Geschichte I/2, 833.

[96] SCHMITHALS, Apostelamt, 236 A 82.

[97] SCHULZE, Paulusbild, 118.

[98] RADL, Paulus, 358 A 1.

[99] OBERMEIER, Gestalt, 87. Abwegig O'NEILL, Theology, 21, der die Apg in die Zeit 115/130 verlegen möchte: Erst nach Marcion habe das Corpus Paulinum nicht mehr unbekannt sein können (aaO., 11).

Tradition gekannt habe[100] – darunter auch solche, die in paulus-feindlichen Kreisen entstanden sei und gegen die sich schon Paulus selbst (etwa im Gal) zur Wehr gesetzt habe[101].

Aber auch die Gegenthese wird vertreten. M.S. Enslin schloß aus der „Parallelität" von Apg 7,53 mit Gal 3,19f und Apg 9,23–25 mit 2 Kor 11,32f, Lukas habe die paulinischen Briefe sehr wohl gekannt und auch benutzt[102]. Er vermeide es jedoch, die Briefe ausdrücklich zu erwähnen, weil sie von nicht-orthodoxen Predigern – vielleicht Marcion – für ihre Zwecke verwendet worden seien[103]. Noch erheblich weiter ging C.F.D. Moule, der behauptete, Lukas habe die Paulusbriefe nicht nur gekannt, sondern sogar deren erste Sammlung veranstaltet[104]. Andere Exegeten vermuten, Lukas habe allenfalls einige Paulusbriefe gekannt, sie aber als für seine Arbeit jedenfalls nicht wesentlich angesehen[105].

In steigendem Umfang wird neuerdings der – von Harnack einst als unhaltbar abgewiesene[106] – Vorschlag vertreten, Lukas habe die paulinischen Briefe zwar gekannt, sie aber nicht benutzen wollen. J. Knox, der die Apg weit ins 2. Jahrhundert hinein datierte, nahm an, die Paulusbriefe würden von Lukas deshalb negiert, weil sie sich in den Händen der Ketzer befunden hätten[107]. H. Conzelmann hält es für denkbar, daß Lukas die Briefe überging, weil sie seinem Geschichtsbild, insbesondere seiner Sicht der Urapostel als Träger der Tradition, widersprachen[108]. G. Klein spricht von einer „reflektierten Befangenheit"[109] des Vf der Apg und meint: „Die Unterdrückung des paulinischen Schrifttums neutralisiert die dem orthodoxen Denken unheimliche Theologie des Paulus."[110]

---

[100] Sabatier, BEHE.R 1, 1889, 226 rechnet dazu u.a. die Wir-Quelle. Vgl. ferner Lake, Beginnings V, 188–195.

[101] Linton, StTh 3, 1950/51, 95 (zu Gal 2); vgl. ferner Sanders, JBL 85, 1966, 335–343.

[102] Enslin, JAOS 58, 1938, 81–91 (87f).

[103] Enslin, ZNW 61, 1970, 258.

[104] Moule, BJRL 47, 1965, 436. Lukas sei außerdem der Vf der Past; deshalb habe er sie dem ersten Corpus Paulinum nicht eingefügt – und aus diesem Grunde fehlten sie bei Marcion und in P 46.

[105] Trocmé, «Livre», 153; Borgen, StTh 20, 1966, 156. Das ist im Grunde auch die Position von Burchard, Zeuge, 157f: Lukas habe keinen historisch ergiebigen Paulusbrief besessen. Überdies gelte (aaO., 158): „Paulus' Briefe gehören in den Bereich des Wachstums der Gemeinden, über das Lukas nicht schreibt." Diese Konstruktion nennt Grässer m.R. eine „Verlegenheitsauskunft" (ThR NF 41, 1976, 278 A 1).

[106] Harnack, Chronologie, 249.

[107] Knox, Marcion, 135.

[108] Conzelmann, in: Lukas-Evangelium, 238.255–257; vgl. freilich aaO., 257 A 102.

[109] Klein, Apostel, 202.

[110] Klein, Apostel, 215.

Läßt sich überhaupt eine Entscheidung fällen? Hat es einen Sinn, nach Indizien zu suchen, die für die Benutzung jedenfalls eines oder einiger Paulusbriefe durch Lukas sprechen[111]? Oder muß man sich mit dem salomonischen Urteil E. Gräßers begnügen, der erklärt: „Eindeutige Hinweise dafür, daß Lukas die Paulusbriefe nicht (!) gekannt hat, gibt die Apg nicht"?[112]

Es ist von zwei grundsätzlichen methodischen Voraussetzungen auszugehen: 1. Die Frage, ob Lukas paulinische Briefe gekannt hat, läßt sich positiv nur beantworten, wenn sich tatsächlich Spuren einer Benutzung finden. Die These, er habe sie zwar gekannt, sie aber nicht verwendet, ist naturgemäß unbeweisbar; denn wenn sich keine Anzeichen für eine Benutzung der Briefe finden, dann gibt es auch keine Anzeichen dafür, daß Lukas sie gekannt hat. (Davon unabhängig wäre dann zu fragen, warum denn die Existenz der paulinischen Briefe in der Apg nicht erwähnt wird.) 2. Die Frage, ob Lukas paulinische Briefe gekannt und benutzt hat, ist nicht gleichzusetzen mit der Frage, ob er bereits eine Sammlung der Briefe besessen hat. Sollte die Apg beispielsweise wirklich in der Gegend um die Ägäis geschrieben worden sein[113], dann wäre es durchaus denkbar, daß der Vf Phil oder die Kor, aber nicht unbedingt auch Röm oder Gal gekannt hat.

Erste Aufschlüsse gibt ein Vergleich zwischen den geographischen Angaben der Apg und denen der paulinischen Briefe. Übereinstimmend wird Damaskus als Ort der Bekehrung des Paulus genannt[114]; mit Ausnahme von Caesarea, Tarsus (!), Zypern und Beröa werden alle in der Apg als Stationen der paulinischen Wirksamkeit genannten Orte und Landschaften auch im Corpus Paulinum erwähnt[115]. Sämtliche Orte, an deren Gemeinden paulinische Briefe gerichtet sind, erscheinen in der Apg als Missionsorte des Paulus. Der aus den paulinischen Briefen rekonstruierbare Ablauf der Mission stimmt zwar nicht immer mit den Angaben der Apg überein[116]; aber es gibt doch beachtliche Analogien[117]. So ist trotz aller Differenzen deutlich erkennbar, daß der in Apg 15,1f geschilderte Vorgang mit dem in Gal 2,12ff berichteten Ereignis identisch ist[118]; und die Angaben über den Ablauf der Ereignisse nach dem Aufenthalt in Thessalonich (Apg 17) entsprechen im-

---

[111] Nach Bauernfeind, Apg, 11 wäre eine solche Suche „ein schwerer Fehler"; vgl. ders., ZSTh 23, 1954, 74; ders., EvTh 13, 1953, 347. Auch Obermeier, Gestalt, 88 hält einen Vergleich der Apg mit Paulus für methodisch sinnlos, schließt aber aus, daß Lukas die Briefe bewußt negiert haben könnte.

[112] Grässer, ThR NF 41, 1976, 278 A 1. Allerdings: Wie sollten solche Hinweise auch aussehen?

[113] S.o.S. 51 Anm 14.

[114] Damaskus wird sonst im NT niemals erwähnt.

[115] Antiochia Pisidiae, Ikonium, Lystra und Milet freilich nur in den Past, die ihre Kenntnis vielleicht schon selbst aus der Apg beziehen.

[116] Vgl. dazu jetzt vor allem Lüdemann, Paulus, 27–36.

[117] Vgl. Lüdemann, Paulus, 114–160; vgl. die Zusammenfassung aaO., 166f.

[118] Vgl. S. 63. 168.

merhin weitgehend den paulinischen Aussagen in 1 Thess[119]. Bemerkenswert ist schließlich die teilweise sogar in der Formulierung übereinstimmende Ankündigung der von Paulus geplanten Romreise (Apg 19,21) mit Röm 15,23.25f[120].

Die in der Apg genannten Namen der Mitarbeiter des Paulus entsprechen größtenteils den Angaben der paulinischen Briefe[121], teilweise sogar in den dort vorausgesetzten geographischen Zusammenhängen[122]. Ein besonderes zusätzliches Gewicht erhalten diese Beobachtungen, wenn man berücksichtigt, daß die legendarischen Erzählungen der Apg, etwa die Wundergeschichten, durchweg Namen von Personen nennen, die aus den Paulusbriefen nicht bekannt sind[123].

Kann man alle diese Beobachtungen allein damit erklären, daß Lukas entsprechende zuverlässige Lokal- bzw. Personal-Traditionen gekannt habe? Oder zwingen sie zu der Annahme, er habe bestimmte Informationen zumindest über Personen und Orte auch den Paulusbriefen entnommen? Diese Frage läßt sich erst beantworten, wenn darüber entschieden ist, ob sich eine Abhängigkeit der Apg von Paulusbriefen auch dort zeigen läßt, wo mit unabhängiger Tradition keinesfalls zu rechnen ist.

Die erste Textstelle der Apg, die eine auffallende Nähe zu einer paulinischen Aussage zeigt, ist der Schluß der Stephanus-Rede. In 7,53 wird gesagt, die Juden hätten das Gesetz empfangen *εἰς διαταγὰς ἀγγέλων;* dieser Gedanke entspricht zwar jüdischer Tradition[124], aber die sprachlich am nächsten liegende Parallele ist zweifellos Gal 3,19 *(διαταγεὶς δι' ἀγγέλων)*, so daß man fragen kann, ob Lukas die Gal-Stelle gekannt hat[125]? Die Entscheidung hierüber wird jedoch davon abhängen, ob sich weitere Beispiele für eine Beziehung zwischen Apg und Gal finden lassen. Tatsächlich besteht bei der Nennung von Damaskus als dem Ort der Bekehrung des Paulus (Apg 9,1–25) Übereinstimmung mit den eigenen Angaben des Apostels in Gal 1,15–17; aber ein literarischer Zusammenhang läßt sich hier nicht erkennen[126].

---

[119] Nach Apg 17,15f ist Paulus ohne Begleitung in Athen, was 1 Thess 3,1 entspricht.

[120] STOLLE, Zeuge, 269–271 bestreitet einen Zusammenhang, da in der Apg die Reise anders motiviert werde als bei Paulus. Aber dieser Unterschied geht darauf zurück, daß Lukas in seine Darstellung schon einfließen lassen kann, in welcher Weise Paulus „Rom sehen muß" *(δεῖ)*.

[121] Die berühmte Ausnahme ist der in der Apg nicht erwähnte Titus.

[122] Apollos in Korinth, Barnabas in Antiochia, Aquila und Priskilla in Ephesus.

[123] Das muß nicht unbedingt heißen, daß alle diese Namen fiktiv sind. Vgl. daß Gallio in den Kor und auch sonst nicht erwähnt wird.

[124] LIETZMANN, Gal, 21 verweist auf Hebr 2,2; Jos Ant XV 5,3. Engel werden als Publikum bei der Gesetzgebung genannt (vgl. Bill III, 554ff).

[125] ENSLIN, JAOS 58, 1938, 88: Ja. HAENCHEN, Apg, 237: Nein, denn der Sinn sei ein ganz anderer.

[126] M.E. nicht zu begründen ist die These, Paulus zitiere in Gal 1,13–17 eine seine

Vermutlich hat Lukas lediglich eine knappe Nachricht in breiter Form legendarisch ausgeschmückt[127].

Eine deutliche Beziehung zu 2 Kor zeigt der knappe Bericht über die Flucht des Paulus aus Damaskus (Apg 9,23–25). Paulus selbst erzählt in 2 Kor 11,32f, er sei bei seinem Aufenthalt in Damaskus[128] vom Ethnarch des nabatäischen Königs Aretas verfolgt worden; er fährt dann fort: *ἐν σαργάνῃ ἐχαλάσθην διὰ τοῦ τείχους*, was sich in auffallender Weise mit dem Text der Apg deckt (9,25: *διὰ τοῦ τείχους καθῆκαν αὐτὸν χαλάσαντες ἐν σπυρίδι*). Zwar hat Lukas das Ereignis vorverlegt und deshalb auch andere Verfolger nennen müssen[129]; aber davon abgesehen ist die Übereinstimmung m. E. so deutlich, daß mit einem unmittelbaren literarischen Zusammenhang gerechnet werden kann[130].

Die bereits analysierte theologisch und für das Paulusbild der Apg wichtige Stelle Apg 13,38f weist keine literarische Nähe zu einem der Paulusbriefe auf[131].

Auffällig ist der schon mehrfach erwähnte Zusammenhang zwischen Apg 15,1f und Gal 2,12f[132]; die lukanische Formulierung *τινὲς κατελθόντες ἀπὸ τῆς Ἰουδαίας* erinnert jedenfalls deutlich an das paulinische ... *ἐλθεῖν τινας ἀπὸ Ἰακώβου*. Zwar gibt es auch beträchtliche Unterschiede[133], doch diese lassen sich durchweg als durch spezifisch lukanische Interessen bedingt erklären[134].

---

eigene Person betreffende Tradition, die unabhängig vom Gal auch dem Vf der Apg bekannt gewesen sei (so STOLLE, Zeuge, 201f).

[127] S. o. S. 54f.

[128] Es handelt sich dabei offensichtlich um den zweiten Besuch in der Stadt nach der Rückkehr aus Arabia (Gal 1,17).

[129] Daß jetzt an die Stelle des Ethnarchen *οἱ Ἰουδαῖοι* getreten sind, war um der Logik der Erzählung willen notwendig: Welchen Anlaß hätte der Nabatäerkönig gehabt haben sollen, den soeben erst bekehrten Saulus in Damaskus zu verfolgen?

[130] Natürlich ist es möglich, daß Lukas die Aussage von 2 Kor 11,32f unabhängig von ihrem jetzigen Zusammenhang gelesen hat, d.h. die Parallele beweist noch nicht, daß er den ganzen 2 Kor (oder auch nur den damals vielleicht noch selbständigen Teil 2 Kor 10–13) gekannt hat. Aber die Annahme, er benutze hier eine von 2 Kor 11 gänzlich unabhängige Tradition, ist angesichts der wörtlichen Übereinstimmungen wohl auszuschließen (so auch BURCHARD, Zeuge, 158). Vgl. auch MASSON, ThZ 18, 1962, 161–166, der sowohl bei Apg 9, 19b–22/Gal als auch bei Apg 9,24f/2 Kor 11,32f mit direkter literarischer Abhängigkeit rechnet.

[131] Zur Sache s. o. S. 59f.

[132] Üblicherweise vergleicht man Apg 15,1ff mit Gal 2,1–10 (vgl. etwa SCHLIER, Gal, 115f); aber deren Übereinstimmung beschränkt sich auf die Thematik: Das Apostelkonzil.

[133] 1. Das von Paulus in Gal 2,11ff erzählte Ereignis hat sich *nach* dem Apostelkonzil (2,1–10) zugetragen (gegen Lüdemann, s.u.), die Szene von Apg 15,1f gibt den Anstoß zu diesem Konzil. 2. Die Judaisten kommen nach Gal 2 von Jakobus, nach Apg 15 einfach aus Judäa. 3. In Gal 2 geht es um das gemeinsame Essen von Juden- und Heidenchristen, in Apg 15 um die Beschneidung.

[134] Vgl. die vorige Anm: 1. Lukas braucht als Anlaß für das Konzil einen Konflikt; die in Gal 2,11ff geschilderte Szene war dazu gut geeignet. 2. Es ist klar, daß Lukas

Immerhin stimmen beide Texte darin überein, daß „einige"[135] aus Jerusalem nach Antiochia kommen und durch judaistische Forderungen die Gemeinde verwirren. Sollte hier tatsächlich ein literarischer Zusammenhang bestehen[136], so müßte Lukas seine Gal-Vorlage freilich erheblich korrigiert haben (was an sich denkbar ist, vgl. das Verhältnis des Lk zu Mk).

Nach G. Lüdemann schildert Paulus in Gal 2,11 ff den Anlaß des Apostelkonzils; das in Gal 2,1–10 Erzählte habe sich chronologisch nach dem antiochenischen Zwischenfall ereignet[137]. Lüdemann meint, Apg 15,1–4 seien von Lukas selbst formuliert worden[138]; die Frage, ob Lukas Gal 2 direkt gekannt habe, erörtert er jedoch nicht.

In 15,41 heißt es, Paulus habe nach seiner Trennung von Barnabas zu Beginn der „zweiten Missionsreise" die Gemeinden in Syrien und Kilikien „gestärkt"; Lukas setzt also voraus, daß in beiden Gebieten (paulinische?) Gemeinden existierten, obwohl im vorangegangenen Teil der Apg von einer entsprechenden Mission überhaupt nicht die Rede gewesen war. Es ist zumindest denkbar, daß sich Lukas an dieser Stelle auf Gal 1,21 bezieht.[139]

Sehr merkwürdig ist die Einführung des Timotheus in die Darstellung der paulinischen Mission (Apg 16,1–3). Paulus wählt ihn als Begleiter und beschneidet ihn *διὰ τοὺς Ἰουδαίους*. Lukas will damit offenbar demonstrieren, daß die paulinische Mission nach wie vor in der Synagoge beginnt; man kann darüber hinaus fragen, ob hier der – allerdings kaum als geglückt zu bezeichnende – Versuch gemacht wird, den paulinischen (Grund-)Satz von 1 Kor 9,20 zu illustrieren[140].

---

nicht eine Auseinandersetzung zwischen Paulus einerseits und Petrus bzw. Jakobus andererseits darstellen kann und will; deshalb spricht er statt von *τινὲς ἀπὸ Ἰακώβου* von *τινὲς ἀπὸ τῆς Ἰουδαίας*. 3. Da es auf dem Konzil um die gesetzesfreie Heidenmission geht, muß das Problem der gemeinsamen Mahlzeit durch das der Beschneidung ersetzt werden.

135 *τινές* ist ein Topos der Polemik: Gegner sind immer „einige".

136 Ein solcher Zusammenhang wird von STOLLE, Zeuge, 269–271 wegen der unterschiedlichen vorausgesetzten Motivationen entschieden verneint.

137 LÜDEMANN, Paulus, 76, der mit der Anwendung eines rhetorischen Kunstmittels durch Paulus rechnet.

138 LÜDEMANN, Paulus, 126f.

139 CONZELMANN, Apg, 97: „Die Notiz über ‚Syrien und Kilikien' kann redaktionell sein. Lk wußte natürlich, daß es in diesen Gegenden Gemeinden gab, hatte aber offenbar keine weiteren Nachrichten." Immerhin ist es doch auffällig, daß diese Gemeinden nach lk Darstellung in der Frühphase der paulinischen Mission entstanden sind – und dies entspricht Gal 1,21.

140 Nach HAENCHEN, Apg, 80.422f hat Lukas damit eine Tradition übernommen, gegen die sich Paulus selbst in Gal 5,11 entschieden gewehrt habe. Aber in Apg 16,3 wird ja nicht einmal angedeutet, Paulus habe in Bezug auf Timotheus Beschneidung „gepredigt". Im Gegenteil: Die Bedeutung der Beschneidung ist hier stark heruntergespielt – und eben dies widerspricht paulinischen Aussagen (vgl. 1 Kor 7,18; Gal 5,3).

Die Areopagrede Apg 17,22–31 ist sachlich nicht von paulinischer Theologie berührt und zeigt an keiner Stelle eine literarische Nähe zu einem der Paulusbriefe[141].

Die (S. 166) schon erwähnte Parallele zwischen Apg 19,21 und Röm 15,22–28 ist ein starkes Indiz dafür, daß Lukas zumindest diese Röm-Stelle gekannt hat. Nicht nur stimmen die geographischen Angaben weitgehend überein[142], auch die Formulierung am Anfang *(ἔθετο ἐν τῷ πνεύματι)* korrespondiert sachlich dem paulinischen *ἐλπίζω* (Röm 15,24). Vor allem aber ist zu beachten, daß Lukas[143] nur an dieser Stelle auf einen detaillierten Reiseplan des Paulus hinweist; die Annahme, er beziehe sich dabei auf den von Paulus selbst genannten Plan, ist m. E. durchaus wahrscheinlich.

In der Miletrede (Apg 20,17–35) betont Paulus, er sei den Gemeinden finanziell nicht zur Last gefallen (V. 33f). Diese Aussage entspricht in der Tendenz und teilweise auch im Wortlaut 1 Thess 2,9; 1 Kor 4,12; 9,12; 2 Kor 7,2[144]. Kann man annehmen, daß Lukas eine oder sogar mehrere dieser Stellen gekannt hat[145]? Das ist unwahrscheinlich, denn der Hinweis auf die Handarbeit des Apostels ist offenbar ein Bestandteil der Paulus-Tradition (vgl. vor allem 2 Thess 3,7f)[146]. Dennoch bleibt die Nähe zu den paulinischen Aussagen auffällig.

Besonders wichtig für die Untersuchung des Zusammenhangs zwischen der Apg und den Paulusbriefen ist der Abschnitt Apg 21,18–26. Bei der Begegnung des Paulus mit Jakobus taucht ein Problem auf, das an dieser Stelle völlig sinnlos zu sein scheint: Die Jerusalemer Judenchristen, die als *ζηλωταὶ τοῦ νόμου* bezeichnet werden, haben gehört, Paulus predige den Juden in der Diaspora Abfall vom Gesetz (21,21). Dergleichen ist aber in der Apg nicht einmal andeutend erwähnt worden[147]. Apg 21,21 setzt also die Kenntnis der paulinischen Haltung zum Gesetz voraus – und zwar beim Vf selbst ebenso wie bei seinen Lesern. Offenbar wurden Aussagen wie Gal 5,6; 6,15; 1 Kor 7,19 als rigorose Abwertung der Beschneidung aufgefaßt; man kann

---

[141] So m. R. Vielhauer, Ges. Aufs., 14. Nauck, ZThK 53, 1956, 45 sieht „wenig Anlaß daran zu zweifeln, daß der Areopagrede eine wirklich gehaltene Predigt des Apostels Paulus in Athen zugrunde liegt. Nur war diese anders akzentuiert." Auch Nauck nimmt jedoch an, daß zu Röm 1 kein literarischer Zusammenhang bestehe.

[142] Die Veränderungen lassen sich leicht erklären: Der Hinweis auf Spanien wurde gestrichen, weil Paulus dieses nicht mehr erreichte; die Kollekte übergeht Lukas hier wie sonst auch.

[143] Apg 19,21 ist redaktionell. Radl, Paulus, 117–126 vergleicht die Stelle mit Lk 9,51.

[144] Der emphatische Hinweis auf *αἱ χεῖρες αὗται* entspricht vor allem 1 Kor 4,12.

[145] Schulze, ThStKr 73, 1900, 119–125 meint, der Hinweis auf die Handarbeit und überhaupt die ganze Miletrede orientierten sich am 1 Thess.

[146] 2 Thess 3,7f ist hier zwar von 1 Thess 2,9 abhängig; aber die Betonung zeigt, daß es sich um einen inzwischen fest gewordenen Topos handelt.

[147] Eine Ausnahme ist allenfalls 13,38f; aber auch dort wird weder direkt noch indirekt gesagt, daß Paulus die *ἀποστασία ἀπὸ Μωϋσέως* fordere.

auch erwägen, ob die in V. 26 geschilderte Reaktion des Paulus auf die gegen ihn erhobenen Vorwürfe eine Illustration von Aussagen wie 1 Kor 7,18; Röm 3,1 ff ist. Jedenfalls zeichnet Apg 21,18–26 die Gesetzesproblematik als eines der zentralen Themen paulinischer Theologie, ohne daß dies in der vorangegangenen lukanischen Darstellung der Paulusmission jemals angesprochen worden wäre. Auch dieser Text ist natürlich kein zwingender Beleg dafür, daß Lukas die erwähnten paulinischen Aussagen in Gal und 1 Kor unmittelbar gekannt hat. Und doch ist der (zweifellos apologetische[148]) Abschnitt dem Leser nur verständlich, wenn er die paulinische Gesetzeslehre kennt; man muß es deshalb jedenfalls für möglich halten, daß die Quelle des Lukas hier tatsächlich die Paulusbriefe selbst waren.

Lukas hat einzelne Motive der paulinischen Theologie, insbesondere die Rechtfertigungslehre und die Gesetzeslehre, offensichtlich gekannt. Allerdings ist die Rechtfertigungsbegrifflichkeit nur in Apg 13,38f (vgl. Lk 18,14) belegt[149]; und auch das paulinische Gesetzesverständnis klingt allenfalls an (Apg 13,39; 15,5; 21,20f)[150]. Aber es finden sich weitere theologische Begriffe und Motive, die eine gewisse spezifische Nähe zu Paulus erkennen lassen[151]. So hat das Stichwort *εὐαγγέλιον,* obwohl es nur zweimal begegnet (Apg 15,7; 20,24)[152] an beiden Stellen volle inhaltliche Bedeutung. Der in 20,24 gebrauchte Ausdruck *εὐαγγέλιον τῆς χάριτος τοῦ θεοῦ* ist zwar in dieser Form nicht paulinisch, bezeichnet aber das Wesen des Evangeliums in durchaus paulinischer Weise[153]. Verhältnismäßig oft begegnet in der Apg der bei Paulus so wichtige Begriff der *πίστις*. Zwar überwiegt das formale Verständnis[154]; aber immerhin wird an drei Stellen auch der sachliche Inhalt des Glaubens zum Ausdruck gebracht: In der wichtigen „Rechtfertigungsaussa-

---

[148] Zwei Deutungen sind möglich: Entweder soll Paulus den Judenchristen als besonders gesetzestreu empfohlen werden (das ist unwahrscheinlich, weil die Apg es wohl nicht aktuell mit Judenchristen zu tun hat); oder es soll generell eingeschärft werden, daß der Vorwurf des Antinomismus Paulus zu Unrecht trifft.

[149] *δικαιοσύνη* hat durchweg moralische bzw. formale Bedeutung. Allenfalls zu Apg 24,25 könnte man fragen, ob es Zufall ist, daß Paulus von der *δικαιοσύνη* predigt; aber der Zusammenhang *(περὶ δικαιοσύνης καὶ ἐγκρατείας κτλ.)* legt auch hier eher die moralische Bedeutung nahe.

[150] Das Gesetz ist überwiegend als positive Norm verstanden. Auch wenn Lukas den Zusammenhang zwischen paulinischer Predigt und Gesetzesthematik noch gekannt zu haben scheint, ist für ihn die Frage, ob das Gesetz Heilsweg sein könne, kein Problem mehr (vgl. vor allem die völlig unpaulinische Aussage Apg 15,10). Zur Sache s. Vielhauer, Ges. Aufs., 19. Schulze, Paulusbild, 116: Der paulinischen Antithese von *νόμος* und *χάρις* fehle bei Lukas „die Tiefe".

[151] Vgl. Burchard, ThLZ 100, 1975, 889.

[152] *εὐαγγελίζεσθαι* ist dagegen oft gebraucht.

[153] Conzelmann, Mitte, 206 fragt, ob es sich „um eine gewollte Anpassung" an den paulinischen Sprachgebrauch handelt. Michel, Abschiedsrede, 86 verneint das.

[154] Dasselbe gilt für den Gebrauch von *πιστεύειν*.

ge" Apg 13,39 *(ἐν τούτῳ* [sc. Christus][155] *πᾶς ὁ πιστεύων δικαιοῦται)* ist paulinischer Einfluß deutlich; in 15,11 *(διὰ τῆς χάριτος τοῦ κυρίου Ἰησοῦ πιστεύομεν σωθῆναι)* und 16,31 *(πίστευσον ἐπὶ τὸν κύριον Ἰησοῦν, καὶ σωθήσῃ κτλ.)* könnte die Tradition der deuteropaulinischen Soteriologie aufgenommen sein[156], auch wenn man von einer bewußten Übernahme des paulinischen Glaubensverständnisses kaum wird sprechen können[157]. In Apg 5,30; 10,39 ist von der Kreuzigung Jesu die Rede, wobei die Wendung, die Juden hätten Jesus „ans Holz geheftet" *(κρέμασαντες ἐπὶ ξύλον)* auf Dt 21,22f LXX Bezug zu nehmen scheint. Da eine auf den Tod Jesu bezogene Deutung dieses Textes sonst nur bei Paulus belegt ist (Gal 3,13)[158], kann man fragen, ob Lukas sie von ihm übernommen hat; Wortlaut und vor allem theologische Tendenz sind allerdings recht unterschiedlich, so daß zumindest eine direkte literarische Abhängigkeit nicht wahrscheinlich ist.

Die Frage, ob Lukas paulinische Briefe gekannt hat, läßt sich m.E. mit einem vorsichtigen Ja beantworten. Wie die Untersuchung ergeben hat, liegen einige biographische Angaben so nahe bei paulinischen Texten, daß literarischer Einfluß denkbar ist. Überdies zeigen die in der Apg erwähnten Orts- und Personennamen eine deutliche Nähe zu den Paulusbriefen.

Lukas scheint also paulinische Briefe, vermutlich Röm und 2 Kor (10–13?), vielleicht auch Gal, als „historische" Quellen für seine Darstellung benutzt zu haben. Er hat Aussagen aus diesen Briefen übernommen, wo ihm das sinnvoll zu sein schien; und er hat sie korrigiert bzw. negiert, wo das um der Tendenz der Apg willen notwendig war.

Nicht anders, und das sollte bei der Frage nach der Pauluskenntnis des Lukas nicht übersehen werden, ist er ja auch bei der Abfassung seines Evangeliums verfahren. Die ihm vorliegenden Quellen hat er seinen Absichten entsprechend übernommen, umgestaltet oder gekürzt, wie sich im Verhältnis zu Mk nachweisen, im Verhältnis zu Q jedenfalls vermuten läßt.

---

[155] Steckt hierin womöglich das paulinische *ἐν Χριστῷ* (das sonst in der Apg nicht begegnet), oder handelt es sich um ein instrumental gebrauchtes *ἐν?*

[156] Die Verbindung von *πίστις, χάρις* und *σῴζειν* begegnet in Eph 2,5b.8f als ausdrücklicher „Paulinismus". Vgl. auch Apg 14,9, wo möglicherweise nicht nur an die körperliche Heilung des Gelähmten gedacht ist (vgl. andererseits aber Mk 5,34; 10,52).

[157] Vgl. Apg 20,21, wo *μετάνοια* und *πίστις* parallelisiert sind (s. dazu MICHEL, Abschiedsrede, 85). – CONZELMANN, Apg, 85 stellt fest, in 13,39 sei *πιστεύειν* „im gemeinkirchlichen Sinn gebraucht", wogegen MUSSNER, Petrus, 107 protestiert: Für Lukas sei „das Objekt des Glaubens genau wie für Paulus der gekreuzigte und auferweckte Kyrios Jesus", wofür Mußner acht Belegstellen aus der Apg bietet. Vom Kreuz ist freilich an keiner der genannten Stellen die Rede; außerdem ist das von Mußner angeführte Bekenntnis ja nun in der Tat das gemeinkirchliche.

[158] CONZELMANN, Apg, 47, fragt, ob Dt 21,22f „zum traditionellen Material der christlichen Argumentation" gehört. Für diese Annahme reichen die Belege m.E. nicht aus.

Allerdings hat Lukas die Paulusbriefe nur in äußerst geringem Umfang benutzt; ihren theologischen Gehalt hat er ganz überwiegend nicht berücksichtigt. Vielleicht hängt dies mit der Gattung der Apg (*πράξεις*[159]) zusammen, der die paulinischen Briefe offenbar nur wenig Illustrationsmaterial bieten konnten. Die paulinischen Briefe werfen nämlich vor allem Licht auf die Geschichte der einzelnen Gemeinden, während sich Lukas ganz bewußt darauf beschränkt, deren Gründungszeit darzustellen. Lukas mußte aber insbesondere auch darauf verzichten, die zahlreichen Hinweise auf innerkirchliche Konflikte (Kor, Gal, usw) aufzunehmen und erzählend zu verarbeiten; denn diese Berichte widersprachen seiner Tendenz, die frühe Kirche als unverbrüchliche Einheit darzustellen[160].

Lukas erwähnt mit keinem Wort, daß Paulus an seine Gemeinden Briefe geschrieben hat. Aber auch das ist zu erklären. Denn im Grunde ließ das Missionsbild der Apg für eine solche Art des Umgangs mit den Gemeinden gar keine Möglichkeit: Paulus tritt überall selbst auf; allenfalls schickt er Mitarbeiter, oder er läßt solche in den Gemeinden zurück, wenn er weiterzieht. Briefe erwähnt die Apg (mit einer Ausnahme) nur in „offiziellen" Zusammenhängen: Das Ergebnis des Apostelkonzils wird in einer *ἐπιστολή* veröffentlicht; Saulus empfängt „Briefe" vom Hohenpriester zur Christenverfolgung in Damaskus; die Statthalter schreiben Briefe mit Erklärungen, die den gefangenen Paulus betreffen (die Ausnahme ist in 18,27 ein Empfehlungsschreiben, das Apollos in Ephesus erhält, bevor er nach Achaja geht[161]. Für eine Erwähnung der Briefe, die Paulus den Gemeinden schrieb, war in diesem Konzept also offenbar kein Platz[162].

Das bedeutet: Die überwiegend kritischen Urteile über das Paulusverständnis des Lukas[163] sind grundsätzlich durchaus berechtigt; der Paulus der Apg hat mit dem „historischen" Paulus in der Tat verhältnismäßig wenig zu

[159] Vgl. CONZELMANN, Apg, 7 (anders VIELHAUER, Geschichte, 399).

[160] Diese Teile der Paulusbriefe wären im Grunde natürlich für die Apg sehr geeignet gewesen, wenn sie in das lukanische Kirchenbild gepaßt hätten.

[161] In gewisser Hinsicht besitzt auch dieser Brief „offiziellen" Charakter. Es ist zu beachten, daß das Wort *ἐπιστολή* fehlt.

[162] Allenfalls hätte man sich in Apg 19,21 eine Erwähnung des Röm vorstellen können. Aber die lukanische Wendung *δεῖ καὶ Ῥώμην ἰδεῖν* hat einen Unterton, den Lukas bei der Erwähnung eines Ankündigungsbriefes nach Rom vielleicht gefährdet sah. – Im übrigen bleibt dies natürlich reine Spekulation.

[163] Beispiele: PFLEIDERER, Paulinismus, 529 stellt fest, die Paulus-Theologie der Apg sei „mehr ein christianisierter Hellenismus als echter Paulinismus". VIELHAUER, Ges. Aufs., 25: Die Apg stehe näher bei Euseb als bei Paulus, sie sei „Symptom eines uneschatologisch und weltförmig gewordenen Christentums". Am schärfsten SCHULZE, Paulusbild, 118: „Aus der theologia crucis des Paulus ist bei Lukas eine theologia gloriae geworden." AaO., 253 fragt er dann: „Lassen sich theologia crucis und theologia gloriae nicht als verschiedene Akzentsetzungen auf das gleiche Evangelium verstehen?" Nein! Aber die Frage ist, ob Schulzes Vorwurf die Apg wirklich trifft.

tun (was freilich mutatis mutandis für den Jesus des Lk ebenso gelten dürfte). E. Gräßer hat aber m. E. zutreffend festgestellt: „Daß Lukas über Paulus schreibt, ohne Pauliner zu sein, muß ihn theologisch nicht mehr disqualifizieren.“[164]

In der Apg hat Lukas das Paulusbild der Kirche (zumindest das Paulusbild „seiner“ Kirche) zusammengefaßt und fixiert. Er wendet sich weder gegen einen Mißbrauch des Paulus durch „Häretiker“, noch will er gar einen schon halb vergessenen Paulus wieder in die Erinnerung rufen[165]. Die Autorität des Apostels ist zum Zeitpunkt der Abfassung der Apg nicht bedroht.

Allerdings ist die Apg auch ein Beleg dafür, daß die selbständige Verarbeitung der paulinischen Theologie inzwischen stark in den Hintergrund getreten ist. Lukas setzt bei seiner Darstellung nur an ganz wenigen Stellen „paulinische“ Akzente; im übrigen läßt er Paulus diejenige Theologie vertreten, die in der lukanischen Gegenwart aktuell und (in seinen Augen jedenfalls) notwendig war. Allerdings scheint Lukas damit gerechnet zu haben, daß die Leser der Apg paulinische Briefe kannten (s.o. S. 169f zu Apg 21,18–26)[166]. D.h. die Apg wollte und sollte weder eine Zusammenfassung der paulinischen Theologie bieten, noch wollte der Vf die Theologie des Apostels um-schreiben. Vielmehr scheint Lukas bestrebt gewesen zu sein, mit Hilfe der Apg die paulinischen Briefe zu illustrieren und zu ergänzen[167]. Und er hat, falls diese Deutung richtig ist, seine Absicht m. E. durchaus erfolgreich verwirklicht[168].

5. *Das Verhältnis der ältesten Schriften der „Apostolischen Väter“ zu den Paulusbriefen*

Die Schriften der „Apostolischen Väter“ (zum Begriff s. S. 71) stellen die Forschung vor erhebliche Datierungsprobleme. Zwar läßt sich die Abfassungszeit von 1 Clem und Ign einigermaßen genau bestimmen; aber die Datierung von Did, Barn, Pol 2 Phil und 2 Clem ist kaum möglich. Der Versuch, im folgenden eine gewisse chronologische Ordnung festzuhalten, ist daher naturgemäß mit Unsicherheiten behaftet.

---

164 Grässer, ThR NF 42, 1977, 67.

165 S.o. S. 67f.

166 Damit ist nicht vorausgesetzt, daß es bereits ein Corpus Paulinum gab.

167 Diese Bestimmung des Abfassungszwecks der Apg will natürlich nicht erschöpfend sein; sie beschränkt sich auf die mit Paulus zusammenhängenden Fragen.

168 Die Feststellung, daß zahlreiche Angaben der Apg unhistorisch sind, sagt also nichts über ihren Wert aus.

a) Didache

Die herkömmlich als Didache[1] bezeichnete Schrift ist vermutlich im geographischen Umkreis der Evangelien, also wahrscheinlich in Syrien[2], entstanden; denn die Berührung mit der synoptischen Tradition, insbesondere mit Mt, ist sehr eng. Die vorausgesetzte Kirchenstruktur macht die Annahme wahrscheinlich, daß Did – ganz unabhängig vom Alter der in ihr verarbeiteten Tradition – spätestens gegen Ende des 1. Jahrhunderts entstanden ist[3].

Das Problem des Verhältnisses der Did zu Paulus ist insofern von Interesse, als eine „Lehre der zwölf Apostel" genannte Schrift implizit den apostolischen Anspruch des Paulus zurückzuweisen scheint. J. Wagenmann meinte sogar, für Did gehöre Paulus zu den Empfängern und nicht zur Quelle der Tradition[4]. Das läßt sich zwar dem Text so nicht entnehmen; aber richtig ist, daß Did keine Kenntnis der paulinischen Briefe zeigt und jedenfalls den Heidenapostel niemals erwähnt.

Die Untersuchungen über die Beziehungen der Did zu den Schriften des Neuen Testaments, insbesondere zu Paulus, führen zu dem im wesentlichen einhelligen Ergebnis, daß äußerstenfalls eine gewisse Nähe zu 1 Kor erkennbar sei[5], und zwar im Verhältnis von Did 6,3 zu 1 Kor 8–10 (s.u.).

---

[1] Der ursprüngliche Titel ist in der Forschung umstritten. FUNK-BIHLMEYER, Väter, p XIII sehen den langen Titel *(Διδαχὴ κυρίου διὰ τῶν δώδεκα ἀποστόλων τοῖς ἔθνεσιν)* als ursprünglich an; AUDET, Didaché, 102 plädiert für *Διδαχαὶ τῶν ἀποστόλων;* lediglich die Zwei-Wege-Lehre (Did 1–6) habe den Titel *Διδαχὴ κυρίου τοῖς ἔθνεσιν* getragen. VIELHAUER, Geschichte, 722f hält die Überschrift *Διδαχὴ τῶν δώδεκα ἀποστόλων* für ursprünglich; allerdings stamme sie nicht vom Vf selbst, denn die Schrift erhebe ja keinerlei apostolische Autorität (vgl. dazu SPEYER, JAC 8/9, 1965/66, 122).

[2] So FUNK-BIHLMEYER, Väter, p XIV; vgl. ADAM, ZKG 68, 1957, 37–43 (der Pella als Entstehungsort vermutet); AUDET, Didaché, 210 hält Antiochia für wahrscheinlich.

[3] AUDET, Didaché, 197: Did ist «contemporaine des premiers écrits évangeliques»; Audet meint, Did sei nicht von Mt abhängig, sondern von vormatthäischer Tradition. Aber dagegen spricht der Gebrauch des Stichworts *εὐαγγέλιον,* womit in 8,2; 11,3; 15,3f offenbar schon ein Buch gemeint ist. – ADAM, ZKG 68, 1957, 37–43 vermutet als späteste Entstehungszeit (des von ihm angenommenen syrischen Originals) das Jahr 90. Dagegen meinte HARNACK, Chronologie, 432–435, Did könne wegen der abgeschwächten Eschatologie und wegen des in Kap. 7 dargestellten Taufrituals nicht vor 130 verfaßt sein; außerdem sei Did in der Zwei-Wege-Lehre von Barn abhängig (aaO., 437; für noch spätere Datierung plädiert HARNACK, TU 2, 1884, 167: 140/165 in Ägypten). Aber Did 1–6 und Barn 18–20 gehen wohl unabhängig voneinander auf dieselbe Vorlage zurück (vgl. WENGST, Tradition, 58–67); und die beiden anderen Argumente Harnacks reichen für eine Spätdatierung nicht aus.

[4] WAGENMANN, Stellung, 93. Vgl. schon HARNACK, TU 2, 1884, 115 A 26: „Die Urapostel unterscheidet der Verf. von den übrigen lediglich dadurch, daß er sie die Zwölf Apostel nennt." Zur Zeit der Abfassung der Did (s.die vorige Anm) seien die *ἀπόστολοι* als Wandermissionare noch eine Gruppe in der Kirche gewesen.

[5] So NTAF, 137 (möglicherweise sei in der Zwei-Wege-Lehre Röm benutzt

Innerhalb der „Zwei-Wege-Lehre" (Did 1–6) finden sich an wenigen Stellen Parallelen zu paulinischen Aussagen (Did 3,9/Röm 12,16[6]; Did 4,10f/Eph 6,5.9[7]; Did 5,1/Röm 1,29f[8]; Did 5,2/Röm 12,9[9]), ohne daß jedoch von einem direkten literarischen Zusammenhang gesprochen werden kann. Interessant ist dagegen Did 6,3, denn hier besteht eine deutliche sachliche Nähe zu Aussagen des 1 Kor. Im ersten Teil *(περὶ δὲ τῆς βρώσεως*[10]*)* wird zunächst eine sehr allgemeine Vorschrift gegeben: *ὃ δύνασαι βάσταζε;* hierzu enthält 1 Kor keine Parallele, allerdings kann man für die Tendenz der Aussage 1 Kor 7,7 vergleichen[11]. Anders verhält es sich jedoch mit 6,3b *(ἀπὸ δὲ τοῦ εἰδωλοθύτου λίαν πρόσεχε);* zu diesem Problem hat sich Paulus in 1 Kor 8–10 ausführlich geäußert, und man kann zumindest fragen, ob Did (eine Parallele bei Barn gibt es nicht) diese paulinische Stellungnahme kennt. R. Knopf stellt einen Zusammenhang jedenfalls indirekt her, indem er erklärt, das nachpaulinische Christentum habe „in dieser Frage im allgemeinen längst nicht so frei gedacht wie Paulus"[12]. Aber damit ist der Befund m.E. nicht richtig erfaßt: Paulus hat ja in der Frage der *εἰδωλόθυτα* keineswegs „frei gedacht", sondern er hat das Verhalten der Christen an das Gewissen des Bruders gebunden. Dieser Aspekt fehlt zwar in Did 6,3b; aber die grundsätzliche Haltung ist dieselbe wie bei Paulus: Die Dämonen sind „nichts", also „tot"; aber gerade deshalb kommt eine ihnen gezollte Verehrung für Christen nicht in Betracht[13]. Ein Indiz für eine Beziehung zu

---

worden); Barnett, Paul, 212. Dagegen Wohlenberg, Lehre, 87–90: Did kenne 2 Thess und Röm, vielleicht auch 1 Thess, Eph, Kol, jedenfalls nicht Phm und die Kor. Jede literarische Berührung wird verneint von Harnack, TU 2, 1884, 161; Jacquier, N.T., 70; vgl. Hagner, Use, 284f.

[6] Es handelt sich um einen festen Topos, der sich ähnlich in den unterschiedlichsten Schichten des NT findet: Mt 23,12; 2 Kor 11,7; Jak 4,10; vgl. Kol 3,12. Vgl. zur Sache Grundmann, Art. *ταπεινός*, ThWNT VIII, 6–11. 26,42–46.

[7] Die Aussage gegenüber den *κύριοι*, daß Gott die Person *(πρόσωπον)* nicht ansieht, entspricht Eph 6,9; die Anweisung an die Sklaven, sie sollten die Herren betrachten *ὡς τύπῳ θεοῦ*, entspricht Eph 6,5. Auffällig ist, daß die Zwei-Wege-Lehre (vgl. Barn 19,7) nur das Verhältnis von Christen untereinander im Blick hat. Die Übereinstimmungen zwischen dieser Sklavenparänese und der Haustafel des Eph sind interessant, gehen aber wohl auf gemeinsames Traditionsgut zurück (vgl. Audet, Didaché, 340–343).

[8] Es handelt sich um vorgegebene Lasterkataloge mit jeweils 22 Gliedern (zu Barn 20,1f bestehen Differenzen). Barnett, Paul, 209: "Thoroughly conventional."

[9] Wohlenberg, Lehre, 88f: Did 5,2 *(... κολλώμενοι ἀγαθῷ)* klinge „wie eine Entlehnung aus Röm. 12,9"; aber die Berührung ist schwach und wohl "an ethical commonplace" (NTAF, 25). Nach Wohlenberg, aaO., 88 erinnert auch Did 4,8b *(εἰ γὰρ ... θνητοῖς)* an Röm 15,27.

[10] *βρῶσις* meint wohl noch nicht speziell das Götzenopfer.

[11] Beide Texte vermeiden eine rigoristische Ethik.

[12] Knopf, Did, 21, der auf Apg 15,29; Apk 2,14.20; Justin Dial 34,8; 35,1ff, andererseits auf Hebr 13,9; Tit 1,14f; 1 Tim 4,4 verweist.

[13] Der Duktus von 6,3 ist also: In Sachen christlicher Speisegebote gebt euch Mühe; in Sachen Götzenopferfleisch seid kompromißlos.

1 Kor ist diese Übereinstimmung freilich nicht – die Haltung der Did findet sich ähnlich auch bei den Rabbinen[14] und im Grunde schon im Alten Testament (vgl. Ps 105,28 LXX)[15].

Im zweiten Teil der Did finden sich in Kap. 11–15 Anweisungen zur Gemeindeorganisation, die sich in mehreren Punkten mit paulinischen Aussagen berühren. So fragt G. Saß, ob das in Did 11,1–6 zum Ausdruck kommende Verständnis des Apostolats (V. 4: *πᾶς δὲ ἀπόστολος ... δεχθήτω ὡς κύριος*) „bereits von Paulus beeinflußt ist oder vor ihm und unabhängig von ihm sich gebildet hat"[16]. Aber im Grunde lassen sich diese und die paulinische Interpretation des Apostelamts gar nicht miteinander vergleichen: Die Anweisungen von Did 11,5f beziehen sich auf Verhältnisse, die mit den Methoden der paulinischen Mission nichts zu tun haben[17]; das wird noch deutlicher, wenn man Did 11,7–12 mit 1 Kor 14 vergleicht[18]. Hingegen findet sich bei den Anweisungen über das Verhalten gegenüber fremden Neuankömmlingen in der Gemeinde (12,3–5) eine deutlich an 2 Thess 3,10 erinnernde Formulierung[19]; sicher besteht hier keine literarische Abhängigkeit, aber es ist doch interessant, daß in den beiden etwa gleichzeitig an

---

[14] Bill III, 34f.

[15] Audet, Didaché, 198f hält Did 6,3 für das Werk eines Interpolators, der das der Did völlig fernliegende Problem der Heidenmission ins Spiel bringe (aaO., 353f). Zum sachlichen Verhältnis zu 1 Kor erklärt Audet (aaO., 356): «Le moins qu'on puisse dire, c'est que l'instruction de Paul ressemble étrangement à un effort délibéré pour enrayer les conséquences d'une autre instruction qui aurait pu aussi bien être celle de l'interpolateur de la Did.»

[16] Sass, in: Gedenkschrift Lohmeyer, 235f unter Hinweis auf Röm 15,19; 1 Kor 2,1–5; 2 Kor 12,12. Sass meint (aaO., 236), es habe für Did keine unbegrenzte Zahl autorisierter Apostel gegeben; sie müßten vielmehr „ähnlich wie Paulus durch freie Wahl des Heiligen Geistes ihren Sonderauftrag zur Mission empfangen haben". Einen solchen Zusammenhang sehe ich nicht.

[17] Es ist auffällig, daß es in Did 11,5f nur darum geht, einem sehr vordergründigen Mißbrauch des Apostolats zu wehren. Der Vorwurf, er nehme Geld, ist nach 1 Kor 9; 2 Kor 11,8f zwar schon gegen Paulus erhoben worden; aber Did 11 scheint in erster Linie an „Apostel" zu denken, die aus Bequemlichkeit betteln gehen.

[18] Die Bindung des Propheten an den Geist entspricht paulinischem Denken. Aber Kriterium für die Beurteilung sind für die Did die *τρόποι κυρίου*, die recht handgreiflicher Natur sind (11,9.12). Inhaltliche Kriterien für die Lehre der Propheten werden nicht genannt, weshalb das *διακρίνειν* bzw. *πειράζειν* von Did 11,7 mit der *διάκρισις πνευμάτων* von 1 Kor 12,10 wenig zu tun hat. Man hat den Eindruck, Did 11,7–12 sei in erster Linie eine Anleitung für die Gemeinden zur Entlarvung von Betrügern. Ein Zusammenhang mit 1 Kor 14 besteht nicht. – Das Problem scheint in ähnlicher Weise auch später und an anderem Ort aktuell gewesen zu sein, wie Herm Mand XI zeigt.

[19] Did 12,3: *εἰ δὲ θέλει πρὸς ὑμᾶς καθῆσθαι, τεχνίτης ὤν, ἐργαζέσθω καὶ φαγέτω.* 2 Thess 3,10b: *εἴ τις οὐ θέλει ἐργάζεσθαι, μηδὲ ἐσθιέτω* (Wohlenberg, Lehre, 87f sieht hier einen literarischen Zusammenhang). Die Feststellung in 13,1f, „wahre" Propheten seien Arbeiter und deshalb von der Gemeinde zu versorgen, stimmt mit 1 Kor 9,9.13 (vgl. 1 Tim 5,18) überein. 1 Tim wie Did scheinen sich hier auf die synoptische Tradition zu beziehen (Mt 10,10/Lk 10,7 Q).

vermutlich sehr weit voneinander entfernten Orten entstandenen Schriften die Dringlichkeit derartiger Rechtsnormen gesehen wurde.

Zu erwähnen ist noch die Parallele zwischen Did 16,6 und 1 Kor 15,51 ff; 1 Thess 4,16: Die Reihenfolge der erwähnten Endereignisse stimmt teilweise überein[20], aber es handelt sich um allgemeine apokalyptische Tradition[21].

Did ist von paulinischer Theologie nicht berührt. Zwar zeigen sich an einigen Stellen schwache Parallelen; aber diese sind entweder auf die Ähnlichkeit des verhandelten Themas oder, wie im Fall des Lasterkatalogs Did 5,1, auf Benutzung verwandter Tradition zurückzuführen[22].

Ob der Vf bzw. Redaktor der Did Paulus-Tradition bzw. Paulusbriefe gekannt hat, läßt sich natürlich nicht sicher entscheiden. Es ist aber doch wahrscheinlich, daß Did tatsächlich von Paulus (und von seiner Mission) nichts weiß; für diese Annahme spricht das Fehlen von Parallelen bei verwandten oder identischen Themen[23]. Die Annahme, Paulus werde von der Did bewußt totgeschwiegen[24], läßt sich jedenfalls nicht begründen. Vielmehr bestätigt sich die schon bei den Evangelien erwogene Annahme, daß die Paulus-Tradition gegen Ende des 1. Jahrhunderts in Syrien offenbar absolut unbekannt war[25].

Der Versuch einer Erklärung und Bewertung dieses Sachverhalts kann freilich erst erfolgen, wenn das gesamte Material geprüft worden ist[26]. Jedenfalls wäre es falsch, wollte man der Did das Fehlen paulinischer Elemente zum Vorwurf machen[27] oder sie als Repräsentantin eines antipaulinischen Kirchentums sehen.

b) 1. Clemensbrief

Das Problem der Abfassungsverhältnisse des 1 Clem ist bereits im vierten Kapitel erörtert worden[28]. Dieses kurz vor der Jahrhundertwende in Rom verfaßte Schreiben versucht, in die Situation in der korinthischen Kirche

---

[20] Bei Paulus fehlt das *σημεῖον ἐκπετάσεως ἐν οὐρανῷ*, aber bei den beiden anderen *σημεία* besteht Übereinstimmung.

[21] Vgl. CONZELMANN, 1 Kor, 347. Zur Sache VIELHAUER, in: Hennecke II, 442–444.

[22] Das Fehlen eigentlich theologischer Parallelen wird damit zusammenhängen, daß Did sich gar nicht als Entfaltung theologischer Lehre, sondern als Buch ethischer bzw. kirchenorganisatorischer Weisung versteht.

[23] Besonders auffällig ist das bei Did 9f: Der Vf scheint 1 Kor 11 nicht zu kennen. Das Fehlen der Abendmahlsworte erklärt sich vielleicht als Arkandisziplin. Außerdem wird JEREMIAS, Abendmahlsworte, 111.127f recht haben mit der These, es gehe in Did 9,1–10,5 nicht um die Gebete der Abendmahlsfeier, sondern um die einer Agape.

[24] HAGNER, Use, 285 meint, Paulus werde nicht erwähnt, weil die Did aus dem Judenchristentum stamme.

[25] S.o. S. 154.

[26] S.u. S. 397.

[27] Diese Tendenz zeigt sich bei ALEITH, Paulusverständnis, 5.

[28] S.o. S. 72f.

einzugreifen, wobei der Vf auf die Autorität des Paulus Bezug nimmt[29]. Zumindest an einer Stelle wird gesagt, daß der Vf des 1 Clem einen paulinischen Brief, nämlich 1 Kor, gekannt hat (47,1–3). Besitzt er darüberhinaus noch weitere Kenntnis von Paulusbriefen und/oder von paulinischer Theologie, oder geht sein Wissen über Paulus ausschließlich auf vage Tradition zurück?[30]

Diese Frage wird in der Forschung höchst unterschiedlich beantwortet. J.B. Lightfoot nahm an, 1 Clem setze nicht allein die Kenntnis der Paulusbriefe voraus, sondern sein Vf biete geradezu eine integrierende Zusammenfassung von Paulus, Jak, Hebr und Petrus(-Tradition bzw. 1 Petr) – Joh sei entweder noch nicht geschrieben oder aber zumindest noch nicht verbreitet gewesen[31]. W. Schmithals vermutet, der Vf des 1 Clem habe ein sieben Briefe umfassendes Corpus Paulinum gekannt und benutzt[32], während D.A. Hagner Indizien für die Benutzung aller als paulinisch geltenden Briefe (mit Ausnahme der beiden Thess und Phm) findet[33].

Wäre Hagners Analyse richtig, so hätte das erhebliche Auswirkungen für den weiteren Fortgang der vorliegenden Untersuchung. Hagners These bedeutet, daß spätestens um 95, d.h. also wahrscheinlich früher, sämtliche Schriften des Corpus Paulinum einschließlich der Past nicht nur verfaßt, sondern auch bereits gesammelt und in Rom bekannt waren. Das würde weiter bedeuten, daß jede Nichterwähnung der Paulusbriefe in der späteren Literatur des römischen und dann wohl auch des östlichen Christentums auf eine bewußte Reserve Paulus gegenüber hinweisen würde. Hagner selbst nimmt allerdings an, daß alle Schriften der „Apostolischen Väter" (mit

---

[29] 1 Clem zeigt, daß die korinthische Gemeinde ein erhebliches Ansehen besaß (vgl. vor allem 47,5f). Sie galt offenbar keineswegs als Opfer des Enthusiasmus, wie bisweilen behauptet wird. Es fehlt in 1 Clem jeder Hinweis darauf, daß die Vorgänge in Korinth (47,6) von Pneumatikern angestiftet worden seien, die sich auf Paulus berufen hätten (gegen MEINHOLD, ZKG 58, 1939, 99).

[30] Letzteres gilt sicher für 1 Clem 5,5–7 (s.o. S. 79).

[31] LIGHTFOOT, Fathers I/1, 96: "We have thus a full recognition of four out of the five types of Apostolic teaching, which confront us in the Canonical writings." Vgl. aaO., 396. Kritisch gegenüber dem Versuch, 1 Clem als Kompromiß zwischen verschiedenen „Lehrbegriffen" zu sehen, äußert sich HARNACK, Einführung, 55–57.

[32] SCHMITHALS, Paulus, 191f unter Berufung auf 1 Clem 47,1ff; 35,5f; 49,5 (zu allen Stellen s.u.). Diese älteste Briefsammlung müsse also bereits um 80 existiert haben (schon erwogen von LIETZMANN, Einführung [HNT 8],3: „Aber beweisen läßt sich das nicht."); sie sei vermutlich in Korinth entstanden. Kenntnis des gesamten Corpus Paulinum vermutet auch FINEGAN, HThR 49, 1956, 35.

[33] HAGNER, Use, 237. "The greater part, if not the whole, of the Pauline corpus was probably known to him and was present to his mind." Die Thess und Phm fehlten deshalb, weil sie wegen ihrer Kürze bzw. wegen ihrer besonderen Themen zum Zitieren nicht geeignet gewesen seien. Hagner hebt aber hervor, daß sich keinerlei wörtliche Zitate (auch nicht aus 1 Kor) finden (aaO., 283; vgl. auch KNOCH, Eigenart, 83–87).

Ausnahme der „judenchristlichen" Did) deutliche Anspielungen auf das Corpus Paulinum enthalten[34].

Kritischer beurteilten das Oxford Committee (NTAF), R. Knopf und auch A. E. Barnett den Befund: Der Vf des 1 Clem habe mit Sicherheit 1 Kor und Röm benutzt; bei allen anderen Paulusbriefen bestehe dagegen nur eine sehr geringe Wahrscheinlichkeit dafür, daß sie dem Vf bekannt waren[35].

Ähnlich umstritten wie das Problem der literarischen Nähe des 1 Clem zu den Paulusbriefen ist auch das Urteil über den theologischen Abstand dieses Briefes zu Paulus. O. Pfleiderer vertrat die These, das Denken des Vf sei ganz an Paulus geschult; das Gesetzesproblem fehle nur deshalb, weil es nicht mehr aktuell gewesen sei[36]. Pfleiderers Annahme ist aber sofort auf Ablehnung gestoßen[37]; und die neuere Forschung vertritt ganz überwiegend den Standpunkt, 1 Clem stehe „in eklatantem Widerspruch zum Zentrum der paulinischen Theologie"[38].

Der Vf des 1 Clem hat offenbar das paulinische Briefformular gekannt. Denn trotz einiger Abweichungen erinnert das Präskript deutlich an den Eingangsgruß des 1 Kor[39]; darüberhinaus ist zu beachten, daß das Stichwort *ἐκκλησία τοῦ θεοῦ* im Präskript bei Paulus nur in den beiden Kor begegnet. Der Briefschluß (65,2) entspricht im ersten Teil wörtlich 1 Kor 16,23, die Schlußdoxologie erinnert an Röm 11,36. Zweifellos sprechen diese Parallelen für sich genommen noch nicht für literarische Abhängigkeit; aber die Aufnahme des paulinischen Briefformulars scheint im 1 Clem doch bewußt erfolgt zu sein[40]. Wenn das richtig ist, dann fällt natürlich auf, daß im 1 Clem ein Proömium fehlt: Zwar enthält der Eingangsteil 1,1–3,4 auch einige Freundlichkeiten für die Korinther; aber diese stehen durchweg unter dem

---

[34] Hagner, Use, 283–286. Er sieht schwache begriffliche Parallelen in der Regel bereits als Indizien für unmittelbare literarische Abhängigkeit an.

[35] NTAF, 137; Knopf, in: Handbuch zu den Apokryphen, 174; Barnett, Paul, 104.

[36] Pfleiderer, Urchristentum II, 578. Vgl. aaO., 579: „Dieser ‚zweite Paulinismus' ist die herrschende Richtung des Heidenchristentums des zweiten Jahrhunderts geworden." Vgl. ders., Paulinismus, 408f: 1 Clem repräsentiert eine kirchengeschichtliche Stufe, „in welcher die praktisch werthvollen Eigenschaften des Paulinismus ohne seine dogmatischen Spitzen und Eigenthümlichkeiten erhalten und mit der das Zeitalter beherrschenden Denkweise des Hellenismus verwoben wurden".

[37] Vgl. etwa Lemme, NJDTh 1, 1892, 388–390.

[38] So Aland, Taufe, 42; vgl. Benoit, Baptême, 94; Verweijs, Evangelium, 145f.

[39] Zur Erweiterung am Schluß *(πληθυνθείη)* vgl. 1 Petr 1,2. Der Wechsel von *τῇ οὔσῃ* zu *τῇ παροικούσῃ* ist m. E. kein Indiz für eine veränderte Gattung (s. die nächste Anm), sondern Zeichen des veränderten Selbstverständnisses der Kirche.

[40] Anders Peterson, Ges. Aufs., 129ff, der eine deutlichere Parallele zum jüdischen Briefgruß sieht (zum Ausdruck *παροικοῦσα* vergleicht er den Prolog zu Sir, Z 34f). Ähnlich auch Andresen, ZNW 56, 1965, 241: 1 Clem sei „in die Gattung christlicher Diasporasendschreiben einzuordnen, formgeschichtlich aber dem synagogalen Sendschreiben unterzuordnen".

Vorzeichen „früher", d.h. der Vf sieht offenbar keine Möglichkeit und keinen Anlaß, der Gemeinde in Korinth unter den gegenwärtig dort herrschenden Bedingungen Lob zuteil werden zu lassen.

Der Ausdruck *ἐκλεκτοὶ τοῦ θεοῦ* in 1,1 meint nicht speziell die Korinther; es dürfte sich um eine Selbstbezeichnung der Christen handeln, die in paulinischer Tradition nicht unüblich war[41]. In 2,1–8 wird die Vergangenheit der korinthischen Christen im Übermaß gelobt; dabei scheint es Berührungen mit paulinischen Aussagen zu geben, die freilich in keinem Fall auf literarische Abhängigkeit schließen lassen[42].

K. Beyschlag erklärt, 1 Clem 2,8f seien nicht von Paulus, sondern vom „Frühkatholizismus" bestimmt[43]. Das zeige vor allem der Terminus *εἰρήνη βαθεῖα*, der „schon früh als Beurteilungskanon für alle möglichen innergemeindlichen Auseinandersetzungen und Zwistigkeiten benutzt werden konnte"[44]. Auch die systematische Nachordnung des *πνεῦμα* in 2,2 gilt bisweilen als Zeichen einer unpaulinischen Tendenz des 1 Clem: Der Geist erscheine hier „als eine Belohnung des ethischen Handelns" und nicht wie bei Paulus als „das Erste, Grundlegende, aus dem alles wächst"[45]. Aber mit solcher Kritik ist der Charakter der Aussage m.E. verzeichnet: 2,2 stellt eine vorläufige sachliche Zusammenfassung des bisher Gesagten dar *(οὕτως);* der „tiefe Friede" rückt in den unmittelbaren, auch sachlichen Zusammenhang mit der *ἔκχυσις* des Geistes – und damit erscheint der Zustand der Gemeinde doch als Folge der Wirksamkeit des *πνεῦμα*[46].

Angesichts der Tatsache, daß der Vf des 1 Clem den paulinischen 1 Kor kennt, ist die Aussage von 2,6 besonders auffällig: Daß *πᾶσα στάσις* und *πᾶν σχίσμα* den Korinthern ein Greuel gewesen sei, deckt sich kaum mit 1 Kor 1,10ff. Offenbar verfolgt der Vf die Absicht, die korinthische Vergangenheit als untadelig hinzustellen, um die Kritik dann umso schärfer hervortreten zu lassen[47].

---

41 Vgl. Röm 8,33; Kol 3,12; Tit 1,1. Von einer Anspielung auf diese Stellen ist natürlich nicht zu sprechen. Dasselbe gilt für die Parallele 1 Clem 2,7/Tit 3,1 (vgl. 2 Kor 9,8; 2 Tim 2,21; 3,17): Der Ausdruck *ἕτοιμοι εἰς πᾶν ἔργον ἀγαθόν* ist sicher nicht bewußte Anspielung (gegen LIGHTFOOT, Fathers I/2, 19), aber offenbar doch Aufnahme eines paulinischen Topos; vgl. KNOCH, Eigenart, 87f.

42 Man vergleicht bisweilen 2,1 *(τὰ παθήματα αὐτοῦ* [sc. Christi] *ἦν πρὸ ὀφθαλμῶν ὑμῶν)* mit Gal 3,1, vgl. LIGHTFOOT, Fathers I/2, 16; HAGNER, Use, 221; sehr zurückhaltend dagegen NTAF, 52. Zweifellos ist die Sprache von 2,1 vor allem im ersten Teil traditionell (vgl. die bei FISCHER, Väter, 27 genannten Parallelen); aber auf literarische Abhängigkeit läßt das nicht schließen.

43 BEYSCHLAG, Clemens, 200f.

44 BEYSCHLAG, VigChr 26, 1972, 22. Zur Ableitung des Ausdrucks aus dem griechischen Staatsdenken vgl. VAN UNNIK, VigChr 24, 1970, 278f.

45 KNOPF, 1 Clem, 46. Vgl. auch BEYSCHLAG, Clemens, 202.

46 Vgl. OPITZ, Ursprünge, 23, der die Differenz zu Paulus m.R. darin sieht, daß 1 Clem „die Eigenschaften, die sich bei Paulus auf Grund des in Christus wirkenden Geistes frei entfalten, als feste Begriffe ... verbindlich macht".

47 BEYSCHLAG, Clemens, 193f nimmt an, daß sich der Vf in Kap. 1f einer vorgege-

Auf dem Höhepunkt der positiven Beschreibung Korinths *(πᾶσα δόξα καὶ πλατυσμός)* folgt in 3,1b (Zitat von Dtn 32,15) die Katastrophe; die in 3,2 aufgezählten Untugenden begegnen zum Teil auch in 1 Kor *(ζῆλος* und *ἔρις* in 1 Kor 3,3 im Zusammenhang der „Parteien"; *ἀκαταστασία* in 14,33 zur abgrenzenden Darstellung des Friedenswillens Gottes). K. Beyschlag vermutet, 1 Clem orientiere sich nicht an 1 Kor, sondern an einer älteren Überlieferung, „in welcher ursprünglich vom Ungehorsam (bzw. Unglauben) Israels und seiner Bestrafung durch ‚Krieg und Gefangenschaft' die Rede war"[48]; erst von dieser apokalyptischen Tradition her würden „die maßlosen Übertreibungen und blutigen Bilder ... voll verständlich"[49], auch wenn der Vf des 1 Clem natürlich kein Apokalyptiker gewesen sei. Sein „Frühkatholizismus", so meint Beyschlag, war vielmehr „die Überwältigung der Apokalyptik (ebenso auch der Gnosis) durch ein am Gedanken der Schöpfung orientiertes kirchliches Weltbewußtsein"[50]. M.E. ist es aber unwahrscheinlich, daß der Vf des 1 Clem hier auf eine in der Sache immerhin recht fern liegende apokalyptische Tradition Bezug genommen haben sollte und nicht auf 1 Kor, der ihm doch unmittelbar zur Hand war. Es wäre ein gewaltiger Denkprozeß, hätte er apokalyptische Tradition bewußt aufgenommen, um damit gegenwärtige bzw. z. T. schon länger andauernde Mißstände absolut unapokalyptisch zu interpretieren[51].

Die Nähe zu 1 Kor wird in 1 Clem 3,3 besonders deutlich sichtbar: Jeweils ein Stichwort der drei ersten Begriffspaare findet sich auch in 1 Kor 4,10 in entgegengesetzter Reihenfolge *(φρόνιμος, ἔνδοξος, ἄτιμος);* lediglich das auf die aktuelle kornthische Problematik bezogene Begriffspaar *νέοι – πρεσβύτεροι* ist ohne Parallele bei Paulus. Man kann also erwägen, ob der Vf hier zunächst die schon von Paulus selbst geäußerte Kritik gegenüber den Korinthern übernahm[52], um dann gleichsam als Höhepunkt den Vorwurf „Junge[53] gegen Alte" anzufügen.

benen Tradition bediene. In 1,1–3 habe er „mit seiner Darstellung von ‚Krieg und Verfolgung' lediglich traditionelle Schemata der Beurteilung auf Korinth" übertragen und keineswegs Tatsachen wiedergeben wollen; in 2,3–6 folge er einer älteren katechetischen Überlieferung. Aber beides – aktueller Bezug und vorgegebenes Schema – muß sich nicht ausschließen. Richtig ist allerdings, daß man beim Vf keine zu detaillierten Kenntnisse der Lage in Korinth voraussetzen sollte (vgl. dagegen FISCHER, Väter, 29 A 26).

[48] BEYSCHLAG, Clemens, 143. Vgl. aaO., 205. In 1 Clem 1,1; 3,2f; 5,7 sei „eine apokalyptische Schau der Endzeit aufgenommen, die sich aus Apc (syr) Baruch 70, Lk 21,9ff und verwandten Quellen so gut wie vollständig nachweisen läßt".

[49] BEYSCHLAG, Clemens, 205.

[50] BEYSCHLAG, Clemens, 206.

[51] Damit ist die prinzipielle Richtigkeit der motivgeschichtlichen Analyse Beyschlags nicht bestritten; es wird nur bezweifelt, daß der Vf unmittelbar aus dieser Tradition geschöpft hätte.

[52] Die Tendenz in 1 Kor 4,10 ist die Gegenüberstellung der paradoxen Unehre (Unverstand) des Apostels zur Ehre (Verstand) der Gemeinde.

[53] Das Stichwort *νέος* ist wohl einfach auf das Lebensalter zu beziehen (vgl. 1,3;

In Kap. 4–6 schildert der Vf die furchtbaren Folgen von *ζῆλος*, *φθόνος* und *ἔρις* anhand von Beispielen aus dem Alten Testament und der christlichen Tradition – besonders herausgehoben das Beispiel des Paulus in 5,5–7[54].

Der folgende Abschnitt Kap. 7–12 über Buße und Umkehr weist keine auffälligen Parallelen zu Paulus auf[55], wenn sich auch Begriffe und Bilder finden, die Paulus in ähnlicher Weise verwendet[56].

In 13,1 setzt nach der langen Reihe der Beispiele die Paränese im eigentlichen Sinne ein. Als Worte des *πνεῦμα ἅγιον* werden dabei Jer 9,22f und 1 Reg 2,10 LXX zitiert, wobei die zweite Hälfte des Zitats sich so in keiner der Vorlagen findet. Der Satz *ἀλλ' ὁ καυχώμενος ἐν κυρίῳ καυχάσθω*, der so nirgends im Alten Testament steht, wird von Paulus in 1 Kor 1,31 (vgl. 2 Kor 10,17) als Schriftzitat bezeichnet[57]. Ist der Vf des 1 Clem hier also von Paulus abhängig[58]? Für diese Annahme spricht die Übereinstimmung im Wortlaut; dagegen spräche eigentlich nur die Beobachtung, daß das für Paulus grundlegend wichtige *ἐν κυρίῳ* im 1 Clem eine völlig andere Bedeutung besitzt[59]. Offenbar hat der Vf beim Stichwort *καυχᾶσθαι* an das „Zitat" in 1 Kor 1,31 gedacht[60] und es in seinen Text eingefügt, weil es in der Sache paßte; jedenfalls ist hier die Annahme unwahrscheinlich, der Vf habe den AT-Text unabhängig von 1 Kor 1,31 in derselben Weise wie Paulus verändert[61].

21,6). Anders Opitz, Ursprünge, 17–19, der aus 1 Clem 4 herauslesen will, die *νέοι* seien „Neuerer im Sinne von Restauratoren" (aaO., 19); sie hätten das ursprüngliche korinthische Pneumatikertum wiederherstellen wollen, das in Rom natürlich nur als geistlicher Übermut erscheinen konnte. Aber diese zweifellos interessante These läßt sich nicht belegen.

[54] S. o. S. 75–80.

[55] Zu 10,6; 12,7 s. u. S. 194f.

[56] Vgl. etwa 7,1a mit 1 Kor 4,14; 1 Clem 7,1b mit Phil 1,30; Eph 6,14ff. Das Kampfmotiv beispielsweise ist aber weit verbreitet (vgl. Lindemann, Aufhebung, 64–66). An römische Märtyrertradition (so Beyschlag, Clemens, 304f unter Hinweis auf Hippolyt und Tertullian) braucht nicht gedacht zu sein.

[57] Die von Paulus gegenüber 1 Reg 2,10 LXX vorgenommene Textänderung ist minimal; das *ἐν κυρίῳ* ist überdies als Wiedergabe des Zusammenhangs in 1 Reg 2,10 durchaus sachgerecht.

[58] Das fragt auch Conzelmann, 1 Kor, 69 A 33. Vgl. zur Diskussion Hagner, Use, 203.

[59] Der *κύριος Ἰησοῦς* erscheint im folgenden völlig unpaulinisch als *διδάσκων ἐπιείκειαν καὶ μακροθυμίαν* (mit frei zusammengestellten Zitaten aus der synoptischen Tradition). Meinhold, ZKG 58, 1939, 105 meint, mit diesen Herrenworten (vgl. vor allem *ὡς κρίνετε οὕτως κριθήσεσθε)* wende sich der Vf gegen die korinthischen Pneumatiker, die sich wohl auf 1 Kor 2,15 berufen hätten. Aber dann müßte man schon annehmen, daß sich 13,2 gegenPaulus selbst richtet.

[60] So vermutete schon Holtzmann, ZwTh 20, 1877, 393. Die Annahme eines Bezugs auf 1 Kor 1,31 legt sich schon aufgrund der vorangegangenen Indizien näher als die Annahme eines Bezugs auf 2 Kor 10,17.

[61] Als Gegenbeispiel vgl. 1 Clem 16,3 (vgl. Röm 10,17): Das Zitat aus Jes 53 ist von Paulus nicht beeinflußt.

Eine formale Parallele zur Paulus-Tradition scheint sich auf den ersten Blick in 21,6–8 zu finden. Der Vf verwendet hier anscheinend ein Stück einer Haustafel, wie sie ähnlich in den Deuteropaulinen begegnet[62]. Umso auffälliger ist es, daß sich die in 1 Clem 21,6–8 erhobenen Forderungen an keiner Stelle mit einem der deuteropaulinischen Texte decken: Die Weisung richtet sich fast ausschließlich an Frauen und Kinder und übergeht andere für Haustafeln charakteristische Themen ganz (vgl. vor allem Kol 3,18–4,1). Möglicherweise hat der Vf des 1 Clem das Haustafelschema gar nicht im Blick gehabt[63].

Der theologische („dogmatische“) Teil[64] des 1 Clem beginnt in 23,1. Der rote Faden in Kap. 23–27 ist die Auferstehungslehre, deren eigentliche Tendenz freilich das Reden von Gottes Allmacht ist (26,1; 27,7). R. Knopf meint, es sei „nicht leicht einzusehen“, warum das Thema „in diesem Zusammenhange so breit behandelt wird“; denn daß „die Gegner (sic!) in Korinth die überkommene Eschatologie bekämpften“, sei ja durch nichts angedeutet[65]. Offenbar habe der Vf dieses besonders wichtige Thema nicht übergehen wollen, zumal ja die Aussagen der urchristlichen Eschatologie, und vor allem die Parusieerwartung, in dieser Zeit starken Zweifeln ausgesetzt gewesen seien; überdies habe sich der Vf wohl an das Vorbild des 1 Kor gehalten[66]. In der Tat scheint sich der Abschnitt 23,2–5 gegen die Kritik an der Parusieverzögerung zu wenden, wobei Parallelen zur Argumentation des 2 Petr ins Auge fallen[67]. Zwar haben beide Texte literarisch wohl nichts miteinander zu tun; aber es ist doch bemerkenswert, daß der Vf des 2 Petr, der einige Jahrzehnte später als 1 Clem schreibt, über die damaligen Lösungsversuche nicht wesentlich hinausgekommen ist.

Kap. 24 weist so deutliche Parallelen zu 1 Kor 15 auf, daß man zu der Annahme gezwungen ist, der Vf habe beim Schreiben diesen Text direkt vor sich gehabt. Die Bezeichnung Christi als ἀπαρχή entspricht 1 Kor 15,20.23[68]; das Bild vom Samenkorn in 24,4f stammt offenbar aus 1 Kor 15,36ff. Sachlich fällt in 24,1 auf, daß der Vf stark das Futurum der Auferstehung betont *(... τὴν μέλλουσαν ἀνάστασιν ἔσεσθαι)*. Ist das Zufall? Oder weiß der Vf des 1 Clem, daß die Gegner des Paulus in Korinth den Gedanken der künftigen Auferstehung abgelehnt hatten? Das ist doch recht unwahrschein-

---

[62] Vgl. FISCHER, Väter, 55 A 132.

[63] Man kann annehmen, daß der Vf sich hier desselben Tugendkatalogs wie in 1,3 bediente. Spezifisch christliche Elemente (abgesehen vom *ἐν Χριστῷ* in 21,8) enthalten beide Texte in geringerem Umfang als die Haustafeln der Deuteropaulinen oder des 1 Petr.

[64] Eine Gliederung des 1 Clem ist kaum möglich.

[65] KNOPF, 1 Clem, 85 (Exkurs).

[66] KNOPF, ebenda.

[67] Vgl. 2 Petr 3,1–10; insbesondere 1 Clem 23,3/2 Petr 3,4; 1 Clem 23,5/2 Petr 3,10; auch die Gegenargumente sind sehr ähnlich (1 Clem 24,3/2 Petr 3,5–7).

[68] Der Wechsel *ἐγείρειν* zu *ἀνιστάναι* ist sachlich bedeutungslos.

lich, zumal sonst wenig für die Annahme spricht, 1 Clem schreibe aus einer antienthusiastischen Haltung heraus. Das Stichwort *μέλλουσα* in 24,1 wird deshalb wohl doch keine besondere Bedeutung haben.

24,1 ist die einzige Stelle im 1 Clem, wo Tod und Auferstehung Jesu erwähnt werden. H. Lietzmann findet hier (sowie in 26,1; 42,3) einen „Anklang an paulinische Lehren"; es zeige sich aber zugleich, „wie Clemens dem eigentlichen Sinn und der tieferen Begründung der Auferstehung auf die Pneumalehre fernsteht"[69]. Die Bezugnahme auf das Auferstehungskerygma[70] ist aber nicht identisch mit einer Aufnahme paulinischer Theologie.

Überhaupt fällt in 1 Clem der relativ geringe Stellenwert der Christologie ins Auge. So wird in 36,5 das bei Paulus (1 Kor 15,25) und im Eph (1,20) so bedeutsame Zitat von Ps 109,1 LXX angeführt (offenbar in Anlehnung an Hebr 1,13). Aber wer sind die *ἐχθροί* Christi? Nicht „Mächte und Gewalten" wie im Eph, schon gar nicht „der Tod" wie bei Paulus; sondern diejenigen (Menschen), die „seinem Willen widerstehen". Mit andern Worten: Ein bei Paulus zutiefst theologischer Satz rückt hier im Grunde in den Kontext der kirchlichen „Tagespolitik"[71].

In 24,4f wird deutlich, daß der Vf die paulinische Argumentation von 1 Kor 15,36f kennt. Die Anspielung geht zwar über eine stichwortartige Reminiszenz kaum hinaus und der Vf deutet auch nicht an, daß er sich auf Tradition[72] bezieht; dennoch fällt auf, wie stark der Gedanke der „Auflösung" des gesäten Korns betont ist[73].

Bemerkenswert ist der Lasterkatalog in 1 Clem 30. Der Vf eröffnet die theologische Argumentation in V. 1 mit einer Aussage die deutlich dem paulinischen Verhältnis von Indikativ und Imperativ entspricht *(ἁγία οὖν μερὶς ὑπάρχοντες ποιήσωμεν τὰ τοῦ ἁγιασμοῦ πάντα)*, wie es geradezu „klassisch" in Gal 5,25 ausgesagt ist[74]. Das folgende paßt zunächst gut in diesen Zusammenhang[75]; doch umso überraschender ist nach diesem Einstieg dann 30,3: *ἔργοις δικαιούμενοι καὶ μὴ λόγοις*. Wird hier nicht die paulinische Rechtfertigungslehre geradezu explizit zurückgewiesen[76]? Rückt

[69] LIETZMANN, Geschichte I, 207.

[70] Lietzmanns Deutekategorien sind m.E. unsachgemäß.

[71] KNOPF, 1 Clem, 108 wird Recht haben mit der Annahme, dies sei „ein nicht undeutlicher Blick auf die Ungehorsamen in Korinth".

[72] Neben dem Bild von 1 Kor 15,36f sind noch Elemente des Säemannsgleichnisses aus der synoptischen Tradition eingeflossen, die das Bild im Grunde sprengen.

[73] Das zeigt auch das Beispiel des Vogels Phönix (25,1–5). Vgl. dazu die Monographie von VAN DEN BROEK, Myth, vor allem 146–232 (Belege aus dem 1. nachchristlichen Jahrhundert 393 A 2).

[74] FISCHER, Väter, 61 A 164 vergleicht 1 Petr 1,15f.

[75] Der Katalog bezieht sich nicht auf speziell korinthische Verfehlungen; gegen KNOPF, 1 Clem, 94.

[76] LOHSE, Ges. Aufs., 292 A 6: Der Vf zeigt, „wie weit er sich von Paulus – sicherlich ohne Absicht – entfernt hat". MEINHOLD, ZKG 58, 1939, 111 sieht in *μὴ λόγοις* (m.E. zu Unrecht) einen Beleg dafür, daß die Gegner des 1 Clem Anhänger der Glossolalie gewesen seien.

1 Clem damit möglicherweise in die Nähe von Jak 2,24[77]? Besteht nicht zumindest ein eklatanter Gegensatz zu der so paulinisch wirkenden Rechtfertigungsaussage in 32,3f[78]? M.E. ist das nicht der Fall. Denn 30,3 ist eine paränetische Aussage, d.h. die Wendung *ἔργοις δικαιούμενοι κτλ.* hat einen adhortativen Sinn[79] und enthält keine prinzipiell-theologische Feststellung[80]. Gemeint ist, daß die Christen ihrem Status als *ἁγία μερίς* (30,1) durch Werke und nicht durch Worte[81] gerecht werden sollen (was dann durch Hi 11,2f biblisch belegt wird). Das heißt also: Trotz der so unpaulinisch klingenden Ausdrucksweise liegt in 1 Clem 30,1–3 derselbe systematische Ansatz vor wie in der paulinischen Paränese[82]. Es ist deshalb mitnichten widersprüchlich, sondern im Gegenteil völlig sachgemäß, wenn der Vf in 32,3f ausdrücklich die paulinische Rechtfertigungslehre rezipiert[83].

Eigenartig ist die offenbar auf Einfluß von Röm 9,5 zurückgehende Aussage von 1 Clem 32,2. Die Wendung *ἐξ αὐτοῦ* (sc. Jakob) *ὁ κύριος Ἰησοῦς τὸ κατὰ σάρκα* entspricht nahezu wörtlich dem paulinischen *ἐξ ὧν* (sc. den Juden) *ὁ Χριστὸς τὸ κατὰ σάρκα*[84]. Aber während Paulus das Lob der Israeliten im Sinne einer Klimax darin gipfeln läßt, daß aus ihrem Geschlecht Christus stamme, ist diese Aussage in 1 Clem 32,2 an einer Stelle eingefügt, wo sie nicht nur nicht hervorgehoben, sondern im Gegenteil ganz unsystematisch plaziert ist: Zwischen Priestern und Fürsten[85]. Die Reihe wäre jedenfalls glatter, wenn der Hinweis auf Jesus fehlen würde. Man könnte daher erwägen, ob es sich hier nicht um eine spätere Glosse in Anlehnung an Röm 9,5 handelt[86]. Aber das muß eine vage Vermutung bleiben.

Von größter Bedeutung für die Untersuchung des paulinischen Einflusses auf 1 Clem ist die Textstelle 32,4 (mit der Fortsetzung in 33,1): Hier –

---

[77] Vgl. dazu u. S. 246f.

[78] Luz, in: Festschrift Käsemann, 367 weist auf diese Spannung hin. Vgl. auch Lietzmann, Geschichte I, 207f.

[79] Das Partizip setzt den adhortativen Konjunktiv des Hauptsatzes fort (vgl. B-D-R § 364).

[80] Zur Verwendung von *δικαιοῦν* in 1 Clem s.u. S. 195.

[81] Vgl. zu diesem Begriffspaar die Mahnung an die Weisen in 1 Clem 38,2.

[82] Unpaulinisch, wie Lohse (s.o. Anm. 76) meint, wäre 30,3 dann, wenn der Gegenbegriff zu *ἔργον* nicht *λόγος*, sondern *πίστις* wäre – wie es in Jak 2,24 tatsächlich der Fall ist.

[83] Gegen Lietzmann, Geschichte I, 207f: Die eigene Meinung des Vf stehe in 30,3; in 32,4 dagegen sehe man deutlich „den fremden Inhalt der von Paulus entlehnten Formel".

[84] Vgl. NTAF, 39; Massaux, Influence, 56; Hagner, Use, 216.

[85] Knopf, 1 Clem, 97. Diese Stellung gehe darauf zurück, daß Jesus zu beiden Gruppen gehöre. Aber das ist, trotz 36,1, recht unwahrscheinlich; denn der Vf zählt Jesus sicher nicht zu den *βασιλεῖς καὶ ἄρχοντες καὶ ἡγούμενοι.*

[86] Dafür würde sprechen, daß der Titel *ὁ κύριος Ἰησοῦς* in dieser Form nur hier begegnet (vgl. allerdings 13,1; 46,7), während der Vf sonst stattdessen stets den längeren Titel *ὁ κύριος Ἰησοῦς Χριστός* gebraucht. Zu beachten ist auch, daß die Aussage von 32,3 eigentlich nicht auf Christus paßt.

allerdings nur hier! – findet sich das Grundschema der paulinischen Rechtfertigungslehre: *δικαιούμεθα οὐδὲ διὰ … ἔργων … ἀλλὰ διὰ τῆς πίστεως*. Ist das lediglich eine höfliche Verbeugung vor Paulus, wie E. Aleith meint[87]? Ist *πίστις* hier womöglich sogar als menschliche Leistung verstanden, so daß die zweifellos paulinisch wirkende Aussage in Wahrheit im höchsten Grade unpaulinisch wäre[88]? Oder hat L. Sanders recht, wenn er meint, der Vf des 1 Clem wende sich hier gegen die pharisäische Rechtfertigungslehre mit einer Formulierung, die «incontestablement paulinienne» sei[89]? 32,4 ist natürlich in Anlehnung an die paulinische Rechtfertigungsterminologie formuliert worden; aber in der Sache bestehen doch deutliche Unterschiede. Insbesondere das Stichwort *ἔργον* besitzt an dieser Stelle keine theologische Qualität, weil der Vf keinen Zusammenhang zwischen „Werk“ und „Gesetz“ hergestellt hat[90]. Das Problem der „Rechtfertigung durch Werke“ erscheint so als ein in erster Linie ethisches. Zu beachten ist weiter, daß *πίστις* hier wie auch an anderen Stellen in 1 Clem nicht christologisch bestimmt ist; *πίστις* bezeichnet im Grunde das unbedingte „Vertrauen“ auf Gott, das Menschen zu allen Zeiten verwirklicht haben [91]. 1 Clem 32,4 formuliert die Rechtfertigungsaussage also primär theozentrisch: Gott und sein Wille (V. 3) stehen im Vordergrund, nicht wie bei Paulus der durch Christus bestimmte Glaube[92]. Dennoch muß eingeräumt werden, daß der Vf in 32,4 einen bewußten Paulinismus vertreten will. Das zeigt sich besonders deutlich in der Fortsetzung 33,1, die zwar nicht im Wortlaut, umso mehr aber in der Argumentationsstruktur an den Übergang von Röm 5,21 zu 6,1 erinnert[93]: Ähnlich wie Paulus, der nach Röm 5,12–21 in 6,1 f den Einwand eines fiktiven Gegners zurückweist, erwähnt der Vf des 1 Clem in 33,1 im Diatribenstil eine mögliche

---

[87] ALEITH, Paulusverständnis, 4. Sehr viel unfreundlicher LEMME, NJDTh 1, 1892, 427: Kein Paulinismus, sondern „hohle Phrase“.

[88] So WUSTMANN, Heilsbedeutung, 11.

[89] SANDERS, Hellénisme, 153f. Sanders sieht auf der Gegenseite s Bar 38,1f.

[90] *νόμος* ist in 1 Clem allenfalls in 1,3 gebraucht, und zwar positiv (vgl. BULTMANN, Theologie, 539). Allerdings ist die Stelle textkritisch nicht sicher; mE. ist aber die Lesart *νόμοις* als lectio difficilior (*νόμος* wäre hapax legomenon) gegenüber *νομίμοις* (vgl. 3,4; 40,4) vorzuziehen.

[91] *διὰ τῆς πίστεως, δι' ἧς πάντας τοὺς ἀπ' αἰῶνος ὁ παντοκράτωρ θεὸς ἐδικαίωσεν*. Natürlich wurde auch nach Paulus Abraham durch Glauben von Gott gerechtfertigt; aber er ist darin ein Typos für die Glaubensgerechtigkeit der Christen. Ein Gedanke wie der von 1 Clem 32,4fin ist bei Paulus so nicht belegt. Vgl. HARNACK, Einführung, 76.

[92] Vgl. LIETZMANN, Geschichte I, 208: Glaube ist hier verstanden als „unbedingtes Gottvertrauen“, als christliche Tugend. Vgl. auch KNOCH, Eigenart, 231: Trotz bewußter Anlehnung an Röm sei der Gedankengang „inhaltlich völlig unpaulinisch“, weil Glaube in 32,4 lediglich verstanden sei „als theoretisches Fürwahrhalten der christlichen Offenbarung und als Zugehörigkeit zur christlichen Kirche“.

[93] NTAF, 38: “Little verbal coincidence between the passages, but their thought is closely related.” Vgl. auch HAGNER, Use, 217.

falsche Konsequenz der Rechtfertigungsaussage, um sie sofort energisch abzuweisen[94]. Wieder ist freilich zu beachten, daß Paulus christologisch argumentiert, während der Vf des 1 Clem unter Verwendung weisheitlicher Redeweise zur Begründung für das Tun der guten Werke auf die Schöpfung abhebt[95].

Schwer zu bestimmen ist das Verhältnis von 34,8 zu 1 Kor 2,9. Der Satz entspricht praktisch wörtlich[96] der schon bei Paulus als (AT-?)Zitat angeführten Aussage; er wird aber offenbar nicht als paulinisches, sondern als alttestamentliches Wort eingeführt *(λέγει γάρ)*[97]. Besaß der Vf also dieselbe unbekannte Quelle wie Paulus[98]?

Das in 1 Kor 2,9; 1 Clem 34,8 angeführte Logion wird in den frühchrist-

---

[94] LIGHTFOOT, Fathers I/2, 100 hat den Zusammenhang mit Röm 6,1 nicht beachtet. Er sieht in dem Übergang von 32,4 zu 33,1 das Bemühen des Vf, zwischen paulinischer und judenchristlicher Tradition auszugleichen: Nach dem paulinischen Gedanken "he hastens to balance this statement by urging the importance of good works".

[95] KNOPF, 1 Clem 99: „Als unmittelbare Quelle für Clemens dürfte hier die Gemeindeliturgie anzusehen sein." Vgl. FISCHER, Väter, 67 A 190.

[96] Der einzige Unterschied besteht darin, daß es bei Paulus heißt ... *ὁ θεὸς τοῖς ἀγαπῶσιν αὐτόν*, in 1 Clem dagegen ... *τοῖς ὑπομένουσιν αὐτόν*.

[97] Die Änderung am Schluß (s. die vorige Anm) entspricht der Formulierung von Jes 64,3 LXX; im übrigen besteht freilich kein Zusammenhang mit dieser Stelle. Die Korrektur geht daher wohl nicht auf Jes-Einfluß zurück (gegen KNOPF, 1 Clem, 103); vielmehr entspricht *ὑπομένειν* dem unmittelbaren Kontext (35,3f) und der theologischen Tendenz des 1 Clem insgesamt viel besser als *ἀγαπᾶν*.

[98] So NTAF, 44: "It is probable that St. Paul, Clement and the other writers are quoting from some unknown source." Ebenso VAN UNNIK, VigChr 5, 1951, 239f. – Zur möglichen Herkunft des Zitats vgl. NORDHEIM, ZNW 65, 1974, 112–120. Er vertritt die These, das Ziel stamme aus dem christlich überarbeiteten, ursprünglich aber jüdischen Testament Jakobs (Test Jak); dagegen HOFIUS, ZNW 66, 1975, 140–142: Test Jak sei weithin vom Neuen Testament abhängig, was insbesondere auch für die Beziehung zu 1 Kor 2,9 gelte. Vgl. jedoch BERGER, NTS 24, 1977/78, 270f A 1: „Rahmen, Aufbau und die Masse des Traditionsmaterials [in Test Jak sind] keineswegs aus dem Neuen Testament zu erklären." Berger selbst nimmt an, das Zitat „entstamme einer in Apokalypsen häufig belegten Wandertradition" (aaO., 271). Insgesamt ist Bergers Argumentation einleuchtend; fraglich ist mir allerdings, ob die dritte Zeile von 1 Kor 2,9 auch dieser Tradition zuzurechnen ist. Berger verweist auf das Stichwort *ἑτοιμάζω*, das zeige, daß 1 Kor 2,9 zu jenen Texten gehöre, in denen es um den zukünftigen Lohn der Gerechten geht: Paulus habe „sichtbar Mühe, die *ἀγαπῶντες* aus V. 9 mit den *ἡμεῖς* in V. 10 zu verbinden" (aaO., 278f; Zitat 279). M.E. ist eher das Gegenteil der Fall: V. 9c *(ἡτοίμασεν ὁ θεὸς τοῖς ἀγαπῶσιν)* und V. 10a *(ἡμῖν γὰρ ἀπεκάλυψεν ὁ θεός)* interpretieren sich gegenseitig und machen gerade deutlich, daß die in V. 9a.b angesprochenen Heilsgüter für die Christen bereits Gegenwart sind (zur Struktur der Argumentation vgl. 1 Kor 2,11b.12a). Ich würde es von daher für möglich halten, daß V. 9c nicht mehr zum Zitat gehört, sondern ebenso wie V. 10 bereits paulinische Deutung ist. Das hieße freilich, daß die der jetzigen Fassung von 1 Kor 2,9 entsprechenden Parallelen direkt oder indirekt von Paulus abhängig wären.

lichen Schriften sehr häufig zitiert[99]; in vielen Fällen fehlt aber das in 1 Kor 2,9 begegnende dritte Satzglied *(ὅσα ἡτοίμασεν κτλ.)*[100], das möglicherweise gar nicht Bestandteil des Zitats, sondern schon paulinische Deutung ist[101]. Insofern scheint der Text von 1 Clem 34,8 ein Beleg für die Annahme zu sein, daß der Vf tatsächlich auf 1 Kor 2,9 und nicht auf dessen Quelle Bezug nimmt.

Das Logion von 1 Kor 2,9 war in christlich-gnostischen Kreisen besonders beliebt[102]; Stellen wie 1 Clem 34,8; 2 Clem 11,7; Mart Pt 10 und Mart Pol 2,3 zeigen aber, daß auch die „rechtgläubige" Kirche diesen Satz ohne weiteres akzeptieren konnte[103].

Vor ähnliche Probleme wie 34,8 stellt auch der Lasterkatalog 1 Clem 35,5f: Zwar ist bei derartigen stark durch Tradition stilisierten Aussagen größte Zurückhaltung geboten, aber es sieht doch ganz so aus, als bestehe zwischen 35,5f und Röm 1,29–32 ein unmittelbarer literarischer Zusammenhang. Nicht nur finden sich hier wie dort weithin dieselben Stichworte, auch ihre Reihenfolge ist im wesentlichen identisch. Die Absicht der Argumentation ist jedoch ganz unterschiedlich. Paulus gebraucht den Lasterkatalog als Beispiel für die von Gott den Sündern auferlegte Strafe; der Vf des 1 Clem benutzt ihn zur Kennzeichnung des den Christen verbotenen Verhaltens[104]. Unterschiedlich ist auch der Wortlaut der Schlußbemerkung (1 Clem 35,6/Röm 1,32b), doch lassen sich die Abweichungen aus der veränderten Situation heraus erklären[105]. Ebenso sind die über Röm hinausgehenden Glieder am Schluß von V. 5 *(κενοδοξίαν τε καὶ ἀφιλοξενίαν)* von der theologischen Tendenz des 1 Clem her verständlich und sprechen nicht für Unabhängigkeit von der Röm-Vorlage. Es spricht also eine erhebliche Wahrscheinlichkeit dafür, daß

---

[99] Vgl. die ausführliche Darstellung des Befundes bei CONZELMANN, 1 Kor, 81f; ferner EHRHARDT, Framework, 29–31.

[100] Vgl. CONZELMANN, 1 Kor, 82 A 79.

[101] Vgl. oben Anm. 98; s.u.S. 265ff.

[102] Vgl. u. S. 324f

[103] Mart Pol 2,3 gehört nach CAMPENHAUSEN, Ges. Aufs., 259 allerdings nicht zum ursprünglichen Text, sondern zur sog. „euangelion"-Redaktion (vgl. dazu CONZELMANN, NAWG. Philol.-hist. Kl., 1978, 48–50). Zur Bewertung von 1 Kor 2,9 durch Hegesipp s.u. S. 294ff.

[104] Von daher erklärt sich leicht das Fehlen der Wendung *οἵτινες τὸ δικαίωμα τοῦ θεοῦ ἐπιγνόντες*, das EGGENBERGER, Quellen, 71 darauf zurückführen will, daß „naturrechtliche Auffassungen sich schwerlich vertragen mit dem, was unserem Verfasser wichtig ist". Vgl. aaO., 139: 1 Clem strebe eine apologetisch motivierte Synthese von „Christus"-Glauben und Imperiums-„Religiosität" an und vertrete (aaO., 43) eine „staatsfreundliche Untertänigkeits-Ehtik".

[105] Es ist verständlich, daß der Vf des 1 Clem das Urteil … *ἄξιοι θανάτου εἰσίν* ersetzt hat durch das etwas zurückhaltendere *στυγητοὶ τῷ θεῷ ὑπάρχουσιν*. Im paulinischen Kontext ist der Hinweis auf den Tod ein theologisches Urteil; im Kontext des 1 Clem hätte er dagegen faktisch den Charakter eines irdischen Gerichtsurteils.

1 Clem 35,5f tatsächlich in unmittelbarem literarischem Zusammenhang mit Röm 1,29–32 steht[106].

Ähnlich zu beurteilen ist 1 Clem 37,5–38,2: Das Bild in 38,1 scheint sich auf den ersten Blick an der *σῶμα-Χριστοῦ*-Ekklesiologie von 1 Kor 12,12–21 zu orientieren[107]; der Argumentation von 37,5 erinnert an 1 Kor 12,15–17. In der Sache bestehen jedoch grundlegende Unterschiede: Die *σῶμα*-Ekklesiologie des Paulus ist ganz christologisch bestimmt, in 1 Clem orientiert sie sich an den aktuellen Bedürfnissen der Gemeinde (38,2)[108]. Der Vf bezeichnet die Kirche denn auch nicht als *σῶμα Χριστοῦ*, sondern als *σῶμα ἐν Χριστῷ Ἰησοῦ* – d.h. für ihn steht der bildliche Charakter dieser Ekklesiologie ganz im Vordergrund. Dennoch kann man kaum daran zweifeln, daß der Vf hier an 1 Kor 12 anknüpft; dafür spricht auch die Verwendung des in nachpaulinischer Literatur seltenen Stichworts *χάρισμα* (38,1; vgl. 1 Kor 12,28–31)[109]. Die Fortsetzung in 38,2a zum Thema „Starke und Schwache“ berührt sich mit 1 Kor 8 (vgl. Röm 14); doch wiederum hat sich der Sinn verschoben: Während Paulus an die Stärke des Glaubens bzw. des „Gewissens“ denkt, hat der Vf des 1 Clem das Problem ganz auf die materielle Seite verlagert *(ὁ ἰσχυρὸς τημελείτω τὸν ἀσθενῆ)*, wie die weitere Argumentation zeigt. Dennoch wird man in 38,2 Einfluß paulinischer Vorstellungen annehmen dürfen.

Der in 37,5–38,2 beobachteten Arbeitsweise des Vf entspricht auch 1 Clem 46,6f. Hier handelt es sich um eine Zusammenstellung paulinischen Gedankenguts und paulinischer Begrifflichkeit, die sich nicht an einer bestimmten Vorlage orientiert, sondern die eher nach freier assoziativer Anreihung aussieht. So findet sich die starke Betonung des *einen* Gottes (V. 6) – wenn auch nicht in dieser Ausdrucksweise – in 1 Kor 12,4 und ebenso – wenn auch mit anderer Zielsetzung – in 1 Kor 8,5; die Aussagen von 46,7 entsprechen den „Paulinismen“ in 37,5–38,1. Das Ganze erinnert an Eph 4,4–6, auch wenn man daraus nicht auf eine Bekanntschaft mit Eph

---

106 SANDERS, Hellénisme, 78 meint, der Vf des 1 Clem wolle mit seinen Modifikationen der paulinischen Vorlage den stoischen Charakter des Lasterkatalogs deutlicher betonen.

107 So NTAF, 40. FISCHER, Väter, 73 A 225: 38,1 rede „ganz paulinisch“.

108 Vgl. ANDRESEN, Kirchen, 38: 1 Clem unterscheidet sich sowohl von Paulus wie auch von den Deuteropaulinen dadurch, daß er „seine Soma-Ekklesiologie von dem empirischen Alltag der christlichen Gemeinden aus entwickelt und dabei zwangsläufig auf Maxime und Bilder einer zeitgenössischen Soziologie zurückgreift“. GOGUEL, Jésus, 417: «L'Eglise concrète et non plus idéale et eschatologique comme chez Paul, est vraiment devenue, avec Clément, une institution de salut.»

109 Demgegenüber meint SANDERS, Hellénisme, 82, die Verbindung mit 1 Kor sei nur weitläufig; die Aufnahme stoischer Tradition stehe ganz im Vordergrund, wie der Kontext (1 Clem 37.40f) zeige. Erwägenswert die Überlegung von BEYSCHLAG, Clemens, 169 A 3: Es sei „denkbar, daß die in I Clem 37 und 40f zugrundeliegende Tagma-Überlieferung ... auch das populäre Soma-Gleichnis bereits enthalten hat. Daraus ergab sich dann die Assimilation von I Kor 12.“

schließen darf. Die Tatsache, daß unmittelbar im Anschluß 1 Kor ausdrücklich erwähnt wird (47,1), läßt m.E. den Schluß zu, daß die „paulinische“ Redeweise in 46,6f kein Zufall ist.

Auch K. Beyschlag rechnet in 46,6f (und natürlich in 47,1ff) mit bewußten Anspielungen auf Paulus. Freilich sei dieser „Paulinismus“ „in Wahrheit aufgenommen und umschlossen von der (ganz unpaulinischen) römischen Gemeindetradition ... Nicht Paulus also trägt in c. 46f die Anklage gegen die Korinther, obwohl der Verfasser diesen Eindruck erwecken möchte, sondern er wird getragen, d.h. interpretiert, durch den jeweils beigegebenen Kontext der Anklage von c. 1,1!“[110] Selbst wenn diese Deutung zutreffend sein sollte, so wäre doch auch das ein Beleg dafür, daß der Vf des 1 Clem mit einer Anerkennung der besonderen Autorität des Paulus in Korinth rechnet und diese Tatsache aus römischer Sicht nicht etwa kritisiert, sondern positiv aufnimmt.

Der Abschnitt 47,1–4 ist für die vorliegende Untersuchung von besonderem Interesse. Er beweist, daß der Vf des 1 Clem den paulinischen 1 Kor nicht nur kannte, sondern ihn bei der Abfassung seines Briefes auch unmittelbar benutzte. Er zeigt weiter, daß Paulus als Apostel und sein 1 Kor vom Vf des 1 Clem überaus geschätzt wurde (47,3). Und er zeigt drittens, daß man in Rom voraussetzt, 1 Kor sei in Korinth ohne weiteres zur Hand. Überdies dient 1 Kor dem Vf dazu, die gegenwärtigen Verhältnisse in Korinth als (erheblich schlimmere) Wiederholung der Vorgänge zur Zeit des Paulus darzustellen.

Gerade wegen der verhältnismäßig detaillierten Angaben enthält dieser Abschnitt aber auch einige Probleme. So wird in der Forschung darüber debattiert, ob die Wendung *ἀναλάβετε τὴν ἐπιστολήν* bedeute, daß der Vf des 1 Clem 1) nur einen Kor (= 1 Kor) gekannt habe[111]; oder 2) 1 und 2 Kor als Einheit gesehen[112]; oder gar 3) das gesamte Corpus Paulinum als *ἡ ἐπιστολὴ Παύλου* angesehen habe[113]. Aber darauf läßt sich gar keine Antwort geben: Der Vf setzt offensichtlich voraus, daß die Leser sofort wissen, worauf er anspielt; wieviele paulinische Kor er selbst kennt bzw. als in Korinth vorhanden und bekannt voraussetzt, bleibt völlig offen.

Auch die Wendung *ἐν ἀρχῇ τοῦ εὐαγγελίου* (V. 2) lädt zu mancherlei Spekulationen ein. R. Knopf erwägt, *εὐαγγέλιον* könne – ebenso wie *ἐπιστολή* in V. 1 – das Corpus Paulinum als ganzes bezeichnen, das ursprünglich durch 1 Kor eröffnet worden sei [114]; und J. B. Lightfoot hält es für wahrscheinlich,

[110] Beyschlag, Clemens, 171f. Beyschlag vermutet, die unpaulinische römische Gemeindetradition habe auch den paulinischen Röm beeinflußt (s.u. S. 198).

[111] So Bauer, Rechtgläubigkeit, 222: Nur ein Teil des paulinischen Erbes sei nach Rom gekommen.

[112] So Carroll, JBL 72, 1953, 230f.

[113] Vgl. Knopf, 1 Clem, 123. Von einem solchen Sprachgebrauch ist freilich sonst nichts bekannt (vgl. 2 Petr 3,16).

[114] Knopf, ebenda. Vgl. schon Zahn, Geschichte I/2, 812f; ähnlich Knoch, Eigenart, 83.

daß der Vf hier an den Anfang der paulinischen Missionsarbeit in Korinth denke[115]. Sicher scheint mir aber nur zu sein, daß der Vf auch hier auf 1 Kor, und zwar vor allem auf dessen Anfangskapitel[116] Bezug nimmt, und daß er die dortigen Ausführungen des Paulus als *εὐαγγέλιον* bezeichnet[117]. Die Art des paulinischen Redens nennt er *ἐπ' ἀληθείας πνευματικῶς*[118], womit die besondere Qualität des damals von Paulus Geschriebenen zum Ausdruck gebracht ist; auf den eigentlichen Inhalt der apostolischen Weisung braucht der Vf gar nicht einzugehen – die Leser wissen sofort, was gemeint ist.

Auffällig ist, daß der Vf in V. 3f den paulinischen Begriff der *σχίσματα* vermeidet (vgl. dagegen 46,5.9) und stattdessen das mildere *προσκλίσεις* verwendet. Dahinter steht offenbar die in V. 4 besonders deutlich werdende Tendenz, die früheren Auseinandersetzungen in Korinth als vergleichsweise harmlos hinzustellen. Die *πρόσκλισις* zu Petrus und Paulus war ebenso wie die Parteiergreifung für den (zweitrangigen) Apollos verzeihlich – die gegenwärtigen Vorgänge (V. 5–7) sind es nicht mehr.

In 47,3 werden nur drei Parteien erwähnt, die „Christus-Partei" (1 Kor 1,12) fehlt. Entweder hat der Vf die Worte *ἐγὼ δε Χριστοῦ* nicht im Sinne einer eigenen Partei aufgefaßt; oder aber J. B. Lightfoot hat recht mit seiner einfachen Erklärung, daß "the mention of them would have complicated his argument"[119].

Die bisherige Untersuchung hat gezeigt, daß der Vf des 1 Clem bei der Abfassung seines Briefes den paulinischen 1 Kor zwar niemals wörtlich zitiert[120], ihn aber intensiv benutzt hat[121]. Außerdem ergaben sich Indizien

---

115 LIGHTFOOT, Fathers I/2, 143; vgl. FRIEDRICH, Art. *εὐαγγέλιον*, ThWNT II, 734, 15f; SANDERS, Hellénisme, 157 (*εὐαγγέλιον*=«evangélisation»); man vergleicht zur Formulierung Phil 4,15 (KNOCH, Eigenart, 85 und HAGNER, Use, 226 schließen daraus, der Vf des 1 Clem habe Phil gekannt).

116 Die Namen Kephas und Apollos (47,3) begegnen im 1 Kor erstmals in 1,12.

117 *πρῶτον* wäre dann ähnlich gebraucht wie in Röm 1,8 („vor allem, hauptsächlich"). – Die Stelle wäre leichter zu verstehen, wenn die Bedeutung von *εὐαγγέλιον* eindeutiger erkennbar wäre (s. o Anm 115). Muß sich das Wort auf mündliche, oder kann es sich auch auf schriftliche Verkündigung beziehen? Leider ist es in 1 Clem hapax legomenon.

118 KNOPF, 1 Clem, 123 meint, *πνευματικῶς* spiele auf die Tatsache an, daß Paulus in den Anfangskapiteln des 1 Kor häufig vom *πνεῦμα* spreche. Noch unwahrscheinlicher ist MEINHOLDS Vermutung (ZKG 58, 1939, 100), Clemens sei durch die korinthischen Pneumatiker zu dem Rekurs auf das *πνεῦμα* gezwungen worden; er mache ihnen klar, daß der paulinische Pneumatismus Streitigkeiten nicht hervorgerufen, sondern gerade bekämpft habe.

119 LIGHTFOOT, Fathers I/2, 143. Ganz unwahrscheinlich ist jedenfalls die (sehr zurückhaltend geäußerte) Vermutung von KNOPF, 1 Clem, 123, der Vf habe *ἐγὼ δὲ Χριστοῦ* in 1 Kor 1,12 noch nicht gelesen. Vgl. CONZELMANN, 1 Kor, 47 A 24.

120 KNOCH, Eigenart, 83 sucht nach einer Begründung für das Fehlen ausdrücklicher Zitate: Da die christliche Überlieferung unmittelbar auf die Apostel zurückging, brauchte auf deren schriftliche Zeugnisse nicht Bezug genommen zu werden. „Das gemeinsame Glaubensgut wird einfach als vorgegebene Größe hingestellt und auch

für die Annahme, daß er theologische Aussagen des Röm in seine Argumentation eingefügt hat. Von daher ist zu fragen, ob sich nicht weitere (für sich genommen weniger deutliche) Textbeispiele für die Abhängigkeit von 1 Kor und Röm finden.

W. Schmithals meint, „ganz sicher" sei der Ausdruck *ἀπαρχαί* in 1 Clem 42,4 aus 1 Kor 16,15; Röm 16,5 übernommen[122]. Falls der Vf tatsächlich an beide Stellen gedacht hat, müßte er sie freilich betont uminterpretiert haben: Während bei Paulus *ἀπαρχή* einfach die ersten Christen meint, ist in 1 Clem offenbar an eine hierarchische Spitzenstellung gedacht, die auf die Apostel zurückgehe *(καθίσταvov τὰς ἀπαρχὰς αὐτῶν)*.

1 Clem 48,5 zeigt sich in der Ausdrucksweise deutlich von 1 Kor 12,8f beeinflußt, ebenso 48,6 von 1 Kor 10,24.33. Zwar kann man nicht von bewußten Anspielungen sprechen; aber die Formulierungen des 1 Kor scheinen den Vf des 1 Clem zumindest mitbestimmt zu haben[123].

Besonders auffällig ist der Einfluß des 1 Kor in 1 Clem 49f: Es finden sich zwar keine direkten Anspielungen; aber dennoch kann kaum ein Zweifel daran bestehen, daß der Vf bei der Formulierung dieser beiden Kap. auch an 1 Kor 13 gedacht hat[124]. Im einzelnen läßt sich der paulinische Einfluß schwer bestimmen[125]; aber bemerkenswert ist immerhin die christologische Verankerung der *ἀγάπη* in 49,6; 50,7, die zwar nicht 1 Kor 13, wohl aber der sonstigen Tendenz der paulinischen Theologie entspricht[126].

In 49,5 *(ἀγάπη καλύπτει πλῆθος ἁμαρτιῶν)* sieht J.B. Lightfoot ein Zitat aus 1 Petr 4,8, im folgenden *ἀγάπη πάντα ἀνέχεται* eine Imitation von 1 Kor 13,4.7; hier zeige sich das Bemühen eines Autors, "who paid equal honour to both these great Apostles ..., though rival sectarians claimed them for their respective schools"[127]. Damit dürfte die Stelle überinterpretiert sein, obwohl die Parallele zu 1 Petr 4,8 in der

---

beim Angeredeten vorausgesetzt." Aber dem widerspricht augenscheinlich schon 47,1 ff.

[121] Der Vf des 1 Clem ist der erste Autor, bei dem man eindeutig sagen kann, er habe „den" 1 Kor – und nicht möglicherweise einzelne Stücke daraus – gekannt und benutzt. Wrede, Untersuchungen, 31 macht ihm gerade daraus einen Vorwurf und bezeichnet ihn als einen „Schriftsteller zweiten Ranges".

[122] Schmithals, Apostelamt, 232.

[123] Zu 48,5 vgl. NTAF, 42: "He groups together the same threee qualities or gifts, *πιστός – πίστις, γνῶσις – λόγος γνώσεως, σοφὸς ἐν διακρίσει λόγων – λόγος σοφίας*"; vgl. darüber hinaus noch *διάκρισις* in 1 Kor 12,10. Zu 48,6 vgl. NTAF, 44; Hagner, Use, 209.

[124] Hübsch formuliert Knopf, in: Handbuch zu den Apokryphen, 186: Der Vf habe seinen eigenen Ratschlag von 47,1 befolgt.

[125] Sanders, Hellénisme, 108 sieht pythagoreische und stoische Tendenzen am Werk; der Wechsel von *φιλία* zu *ἀγάπη* zeige aber, daß der Vf ein «disciple fidèle» des Paulus ist.

[126] Vgl. auch 49,1, wo das Halten der *παραγγέλματα* Christi zur Norm der Liebe gemacht wird. Das adhortative *ποιησάτω* hier ist freilich unpaulinisch.

[127] Lightfoot, Fathers I/2, 149.

Tat ungleich deutlicher ist als die zu Spr 10,12. Daß das Wort von „Petrus" stammt, ist nicht gesagt und den Korinthern vermutlich auch nicht bekannt.

Auch zu Röm gibt es im 1 Clem Berührungen, bei denen die Frage einer literarischen Abhängigkeit nicht sicher zu entscheiden ist. So könnte 1 Clem 30,6 von Röm 2,29b beeinflußt sein; denn trotz Unterschieden in der sachlichen Tendenz sind die Formulierungen einander ähnlich[128]. Bemerkenswert ist auch die Nähe von 1 Clem 61,1f zu Röm 13,1–7; aber das Gebet in Kap. 61 für die, denen die *ἐξουσία τῆς βασιλείας* gegeben ist, dürfte kaum auf Röm 13, sondern wohl eher (wie Röm 13 selbst) auf jüdischer Tradition basieren[129].

D.A. Hagner sieht über 1 Kor und Röm hinaus auch eine Benutzung von 2 Kor durch den Vf des 1 Clem; das zeige die Nähe von 1 Clem 36,2a zu 2 Kor 3,18[130]. In der Tat ist das Bild vom „Spiegel" zwar verbreitet, aber im frühen Christentum sonst nicht belegt[131]; sachlicher Kontext und Ausdrucksweise sind jedoch in 2 Kor und 1 Clem so verschieden, daß von hier aus nicht auf eine Bekanntschaft des Vf mit 2 Kor geschlossen werden kann[132].

Auch zwischen 1 Clem 56,1 und Gal 6,1 sieht Hagner einen literarischen Zusammenhang[133]; aber einziges Indiz dafür ist die Wendung *ἔν τινι παραπτώματι*.

Hagner meint schließlich, 1 Clem sei auch von Eph abhängig; denn in 27,5 sei innerhalb des Mischzitats aus Weish 12,12; 11,21 die Wendung *τῷ κράτει τῆς ἰσχύος αὐτοῦ* aus Eph 1,19; 6,10 in den 1 Clem-Text eingeflossen[134]. Aber der Vf hat hier lediglich die in Weish 11,21 enthaltene anthropomorphe Wendung *κράτει βραχίονος* durch die abstraktere Formulierung *κρ. τ. ἰσχύος* ersetzt – Einfluß des Eph dürfte dabei kaum im Spiel gewesen sein[135].

---

[128] Hagner, Use, 220 schließt aus dieser und anderen Parallelen, der Vf des 1 Clem sei mit Röm so vertraut gewesen, daß dessen Formulierungen ihm "automatically, almost unconsciously" in die Feder geflossen seien. Aber die von ihm genannten weiteren Belege (47,7/Röm 2,24; 60,1/Röm 1,20; 61,1/Röm 13,1) lassen sich durchweg leichter unter der Annahme erklären, daß gemeinsame Tradition benutzt wurde (z.B. 47,7/Röm 2,24: Jes 52,5). Vgl. ferner 1 Clem 50,6f/Röm 4,7–9: Hier wie dort wird Ps 31,1f LXX wörtlich zitiert; die einzige auffallende Übereinstimmung, die Bezeichnung des Zitats als *μακαρισμός*, geht wohl darauf zurück, daß es sich ja tatsächlich um „Makarismen" handelt.

[129] So schon NTAF, 54f. Zur Tradition von Röm 13,1–7 vgl. Schmithals, Römerbrief, 191–197.

[130] Hagner, Use, 211.

[131] Vgl. zum Befund und zur Sache Bultmann, 2 Kor, 93–99.

[132] Vgl. auch NTAF, 51f. Harnack, Einführung, 113 hält 36,2a für eine Glosse, die den Gedankengang von V. 1 zu V. 2b störe. Dagegen m.R. Conzelmann, Art. *χάρις*, ThWNT IX, 348 mit A 394.

[133] Hagner, Use, 221; ebenso Knoch, Eigenart, 85.

[134] Hagner, Use, 224f.

[135] Dasselbe gilt für die beiden anderen angeblichen Anspielungen (1 Clem 36,2b/Eph 4,18; 59,3/Eph 1,18). Anders Holtzmann, ZwTh 20, 1877, 395; Hagner, Use, 223f.

Das bedeutet: Es gibt zwar gewisse Indizien dafür, daß der Vf des 1 Clem neben 1 Kor und Röm auch andere paulinische bzw. deuteropaulinische Briefe benutzt haben könnte; aber diese Indizien reichen in keinem Fall für eine auch nur einigermaßen sichere positive These aus.

Das muß freilich nicht bedeuten, daß alle anderen Paulusbriefe zur Zeit der Abfassung des 1 Clem in Rom unbekannt gewesen wären; ein Urteil darüber ist einfach nicht möglich. Der Vf des 1 Clem jedenfalls hat sich nur der beiden umfangreichsten und seinem Thema auch am nächsten liegenden paulinischen Briefe bedient; warum er die anderen offensichtlich nicht verwendet hat, läßt sich nicht sagen.

Es ist bereits deutlich geworden, daß 1 Clem nicht nur formal oder nur in der Terminologie von Aussagen der paulinischen Briefe beeinflußt ist. Auch in der Sache zeigten sich gewisse Übereinstimmungen, die das Urteil zuließen, der Vf habe zumindest einige Aspekte der paulinischen Theologie rezipiert. So erwies sich vor allem der Abschnitt 32,4–33,1 als eine bewußte Aufnahme der paulinischen Rechtfertigungslehre (s. S. 185f). Derartige Reminiszenzen scheint der Brief auch an anderen Stellen zu enthalten, ohne daß unmittelbare literarische Beziehungen nachzuweisen wären.

In 1 Clem 10,6f wird unter Zitierung von Gen 15,5f von Abraham als dem Beispiel der Glaubensgerechtigkeit berichtet. Das AT-Zitat begegnet außer in Röm 4,3; Gal 3,6 auch in Jak 2,23, während sich an anderen Stellen, wo Abraham betont hervorgehoben wird, dieser Hinweis auf seine *δικαιοσύνη* nicht findet (vgl. etwa Sir 44,19–23; Hebr 11,5–10). 1 Clem 10,6 scheint also (ebenso wie Jak 2,23) in paulinischer Tradition zu stehen[136]. Allerdings kommt dem Abraham-Beispiel in 1 Clem keineswegs dieselbe Funktion zu, die es bei Paulus besitzt: Gen 15,6 bildet im Zusammenhang von 1 Clem 10,1ff einfach den sachgemäßen Abschluß der zitierten Tradition; theologische Konsequenzen im Blick auf die Rechtfertigungslehre zieht der Vf des 1 Clem jedenfalls an dieser Stelle aus dem Zitat nicht[137].

Das Abraham-Beispiel wird in 31,2 erneut, diesmal sehr kurz, angeführt. Wieder begegnen die Stichworte *δικαιοσύνη* und *πίστις*, allerdings in unpaulinischer Bedeutung (bei Paulus hat die Wendung *δικαιοσύνην* [bzw. *ἀλήθειαν*] *ποιεῖν* stets eine kritische Funktion, Röm 10,5; Gal 3,12)[138]. Auch *πίστις* ist in 31,2 (ebenso wie in 10,7) unpaulinisch gebraucht; das Wort steht parallel zu

---

[136] Zu Jak 2,23 s. u. S. 246. LIGHTFOOT, Fathers I/2, 97 meint, der Vf habe Röm 4,1f; Gal 3,6f und Jak 2,21f bewußt miteinander kombiniert, um die unterschiedlichen Traditionen auszugleichen.

[137] KNOPF, 1 Clem, 61 meint, der Vf des 1 Clem habe das Abraham-Beispiel möglicherweise aus Hebr 11 genommen, wie das in 1 Clem 12 genannte Beispiel der Rahab (vgl. Hebr 11,31) zeige. Das muß offen bleiben; denn die Abweichungen von Hebr 11,5–10 sind insgesamt erheblich. Indizien für eine mögliche Abhängigkeit des 1 Clem von Hebr sind 1 Clem 17,1/Hebr 11,37 und (deutlicher) 1 Clem 36/Hebr 1.

[138] Letztlich meint *δικαιοσύνην ποιεῖν* in 1 Clem 31,2 nicht mehr als „tun, was recht ist“, vgl. 3,4; 5,7; 13,1 usw. Vgl. MASSAUX, Influence, 51.

πεποίθησις und *ταπεινοφρωσύνη* (10,7: *φιλοξενία*), hat also eher die Bedeutung „Vertrauen". 1 Clem 31,2 ist also kaum als Beleg dafür anzusehen, daß der Vf "practically ... has caught the spirit of the Pauline teaching", wie J.B. Lightfoot gemeint hat[139].

Die eigene Theologie des Vf des 1 Clem kommt m.E. am deutlichsten in 12,7 zum Ausdruck: *διὰ τοῦ αἵματος τοῦ κυρίου λύτρωσις ἔσται πᾶσιν τοῖς πιστεύουσιν καὶ ἐλπίζουσιν ἐπὶ τὸν θεόν*. Auch wenn dieser Satz beinahe wie nebensächlich in den Kontext der Rahab-Geschichte eingefügt ist, scheint er doch einer der theologischen Grund-Sätze des 1 Clem zu sein. Sachlich und z.T. auch in der Begrifflichkeit zeigt er eine gewisse Nähe zu Röm 3,24f, d.h. zu einer vorpaulinischen soteriologischen Tradition, die der Theologie des Paulus selbst nicht voll entspricht (vgl. den paulinischen Kommentar in Röm 3,26). An dieser ursprünglich judenchristlichen Soteriologie scheint sich der Vf des 1 Clem in erster Linie zu orientieren[140]; man muß aber beachten, daß er sie durch Paulus selbst bestätigt fand[141], denn Röm 3,24f sah er natürlich als eine paulinische Aussage an.

Es war in der Analyse deutlich geworden, daß die Rechtfertigungsaussage des Vf in 30,3; 32,4–33,1 zwar nicht im eigentlichen Sinne paulinisch genannt werden kann, daß sich der Vf aber offensichtlich darum bemüht hat, der paulinischen Tradition gerecht zu werden. Daß das in der Forschung nicht immer erkannt worden ist, hängt mit dem eigenartigen Gebrauch von *δικαιοσύνη* und *δικαιοῦν* in 1 Clem zusammen. Der oft beobachtete Widerspruch zwischen 30,3 und 32,4 geht darauf zurück, daß das Verb *δικαιοῦσθαι* hier zunächst im ethischen Sinn gebraucht ist[142] und dann im theologisch-soteriologischen Sinn – der Umschlag liegt in 31,1. Berücksichtigt man diesen – vordergründig ohne Zweifel unpaulinischen – Sprachgebrauch, dann wird erkennbar, daß der Vf des 1 Clem die paulinische Rechtfertigungsaussage zwar nicht stringent festgehalten hat[143], daß er ihrer sachlichen Intention aber treu geblieben ist[144].

---

[139] Lightfoot, Fathers I/1, 398. Lightfoot räumt ein, daß auf dem Gebiet der „Dogmatik" ein „Defizit" bestehe.

[140] 12,7 ist eine der wenigen Stellen, wo in 1 Clem das Verhältnis Gott – Christus im Rahmen der Soteriologie ausdrücklich reflektiert ist.

[141] Stellen wie 12,7 sind offenbar der Anlaß für das Urteil Lietzmanns (Geschichte I, 211), in 1 Clem zeige sich „nicht abgeklungener Paulinismus, sondern hellenistisches Proselytenchristentum". Vgl. auch Bultmann, Theologie, 537, der fragt, ob die „Christlichkeit" des 1 Clem mehr sei als das „Selbstbewußtsein, dank des in Christus geschehenen Heilsereignisses Gottes Gnade sicher zu sein".

[142] Vgl. auch die Bedeutung von *δικαιοῦν* in den AT-Zitaten (8,4; 16,12; 18,4). Dieses „ethische" Verständnis von *δικαιοῦν* entspricht dem von *δικαιοσύνη* (vgl. o. Anm 138).

[143] Insoweit hat Harnack, Dogmengeschichte I, 192 durchaus recht, wenn er bei 1 Clem (ebenso Barn [!], Pol und Ign) zwar paulinische Formeln erkennt, aber auch die „Unsicherheit, mit welcher diese reproducirt werden".

[144] Andrén, Rättfärdighet, 102–105 meint, 1 Clem übernehme nicht die Rechtferti-

Daß dem Vf des 1 Clem die Kategorien dafür fehlten, das paulinische Rechtfertigungsverständnis nicht nur tradieren, sondern auch interpretieren zu können, zeigt das Fehlen der Korrelate. *νόμος* begegnet (so gut wie) gar nicht[145], dementsprechend auch nicht der bei Paulus so entscheidende Begriff der *ἔργα νόμου*[146]; *χάρις* ist zwar oft belegt, hat aber an keiner Stelle wirklich theologisches Gewicht[147]; *ἁμαρτία* im Sinne der paulinischen Theologie als Bezeichnung der „Sünde" (und nicht der einzelnen Verfehlung) fehlt ganz[148], was vor allem in 3,4 sehr auffällig ist[149].

Ist 1 Clem eine „paulinistische" Schrift? Kann man diesen umfangreichen Brief mit seinen verhältnismäßig zahlreichen Anspielungen auf paulinische Aussagen als Zeugen für einen in Rom am Ende des 1. Jahrhunderts in Blüte stehenden „Paulinismus" ansehen? A. Hilgenfeld hat diese Auffassung in der Tat vertreten: Die Grundlage der Theologie des 1 Clem sei paulinisch zu nennen; freilich handele es sich um eine „realistische Wendung des Paulinismus", der in dieser veränderten Form in Rom „schon volle kirchliche Geltung hatte"[150]. P. Meinhold versteht 1 Clem als Zeugnis für den Kampf um das rechte Paulusverständnis in der Kirche: Die korinthischen Pneumatiker hätten ihr Vorgehen gegen die Presbyter gerade von 1 Kor her begründet; der Vf des 1 Clem müsse sich deshalb darum bemühen, ihnen gerade dieses Argument aus der Hand zu winden[151]. So führe er die „Erhebung der Gottlosen gegen die Diener Gottes" auf den „Gegensatz des fleischlichen und

---

gungslehre, vielmehr sei *seine* auf die Situation in Korinth bezogene „Kampfeslehre" die Ethik der Tugend- und Lasterkataloge. Das ist m.E. eine Verzeichnung des Befundes.

[145] Zum Textbefund in 1,3 s.o. Anm 90. Lemme, NJDTh 1, 1892, 417f behauptet, 1 Clem sei ganz vom Gesetzesdenken beherrscht – nur der Begriff fehle. AaO., 422: Die antipaulinische Tendenz zeige sich in 40,4.

[146] *ἔργον* begegnet in „theologisch" kritischer Bedeutung nur in 32,4; sonst bezeichnet das Wort durchweg die „guten" bzw. „schlechten Werke" in ethischer Bedeutung.

[147] Das zeigt sich schon an den Verbindungen, in denen *χάρις* vorkommt (7,4: *μετανοίας χάρις;* 16,17: *ζυγὸς τῆς χάριτος;* 46,6: *πνεῦμα τῆς χάριτος)*. Besonders auffällig ist 23,1, wo der Plural *χάριτες* begegnet.

[148] *ἁμαρτία* ist in 1 Clem 24mal gebraucht, allerdings überwiegend innerhalb von AT-Zitaten. Durchweg ist die einzelne „Sündentat" gemeint, auch wenn der Plural (außerhalb der Zitate) nur in 50,5 vorliegt. Vgl. zur Sache Bultmann, Theologie, 540.

[149] Der Schlußteil von 3,4 ist in Anlehnung an Weish 2,24 (vgl. Röm 5,12) formuliert; aber während dort dann auf den Sündenfall Bezug genommen ist, greift 1 Clem die Kain-Erzählung auf. D.h. die in Weish und bei Paulus grundsätzliche Aussage über die Entstehung der *ἁμαρτία* und des Todes ist in 1 Clem ins Moralische umgebogen. Beyschlag, Clemens, 66f: „An die Stelle von Mythologie und Dualismus ist bei Clemens unverkennbar das Motiv der kirchlichen Disziplin und damit die Bußfrage getreten."

[150] Hilgenfeld, Väter, 91. Hinter diesem Urteil steht natürlich die Vorstellung, daß die Theologie des Paulus „spekulativ" gewesen sei und einer Wendung zum Realismus bedürftig gewesen sei.

[151] Meinhold, ZKG 58, 1939, 101. AaO., 107: Der Vf des 1 Clem könne „die sich auf die Autorität des Paulus berufenden Pneumatiker in Korinth nur mit dem nach seinen Idealen gedeuteten Paulus überwinden".

des pneumatischen Menschen" zurück, und „gerade hier erweist sich Clemens als ein Schüler des Paulus"[152]. Jedenfalls, so meint Meinhold, stehe im Zentrum des 1 Clem nicht Moralismus; es sei vielmehr zu beachten, daß in diesem Brief „viel stärker paulinisches Gedankengut erhalten ist, als man gemeinhin annimmt"[153].

Es ist prinzipiell zu berücksichtigen: Die Motive, die zur Absetzung der korinthischen Presbyter geführt haben, bleiben im 1 Clem völlig im Dunkel; ob die „Revolutionäre" in Korinth Pneumatiker[154] oder sogar christliche Gnostiker[155] waren, läßt sich 1 Clem nicht entnehmen[156]. Ob sie sich des 1 Kor bedienten, ist nicht zu entscheiden. Für die Annahme, es gehe bei der Auseinandersetzung zwischen den korinthischen „Revolutionären" und dem Vf des 1 Clem um die Auslegung des 1 Kor, fehlt jedes Indiz; 47,1 ist in dieser Hinsicht ganz unpolemisch formuliert.

H. Lietzmann und R. Bultmann haben die im 1 Clem sichtbar werdenden Bezugnahmen auf Paulus als bloßes Dekor angesehen. Die römische Christengemeinde sei von Paulus nur sehr oberflächlich berührt gewesen[157]; sie stehe im Gegenteil ganz unter dem Einfluß der Tradition der hellenistischen Synagoge, „so daß von echtem Paulinismus wenig, ja fast nichts übrig bleibt"[158]. In der Tat trifft es zu, daß „heidnische" und jüdisch-hellenistische Traditionen im 1 Clem häufiger begegnen als Anklänge an die paulinische Theologie. Umstritten ist im Grunde nur, welches Gewicht man diesen Traditionen jeweils beimißt.

L. Sanders und ähnlich auch E. Massaux kommen zu dem Ergebnis, zwar stehe hellenistischer, vor allem stoischer Einfluß im Vordergrund; aber der Vf bemühe sich, „Hellenismus" und „Paulinismus" zu einer sachlichen Einheit zu verbinden[159]. Insofern, so erklärt Sanders, sei der Vf des 1 Clem schon als ein Vorläufer der Apologeten anzusehen[160].

---

[152] MEINHOLD, ZKG 58, 1939, 90.

[153] MEINHOLD, ZKG 58, 1939, 91.

[154] So im Anschluß an Meinhold vor allem OPITZ, Ursprünge, 14 u.ö. ROHDE, NovTest 10, 1968, 226 bezeichnet die korinthischen Gegner als „Neocharismatiker".

[155] So SCHMITHALS, Paulus, 192f.

[156] Man kann zwar erwägen, ob der Vf vielleicht nicht hinreichend informiert ist oder aber (aus welchem Grund?) die Sachlage bewußt verschleiert; er bleibt aber unsere einzige Quelle für die Lage in Korinth.

[157] LIETZMANN, Geschichte I, 209.

[158] BULTMANN, Theologie, 537.

[159] Vgl. SANDERS, Hellénisme, vor allem 159–163. Zu den Theologumena, die der Vf von Paulus übernommen habe, rechnet Sanders neben der Rechtfertigungslehre auch den Gedanken der Totenauferstehung (1 Clem 24–26). Aber hier ist zu differenzieren: Zweifellos ist die Argumentation des Vf von 1 Kor 15 beeinflußt (s.o. S. 184); aber die Auferstehungsvorstellung selbst ist gemeinchristlich und als solche kein Kennzeichen eines „Paulinismus" im 1 Clem. – Vgl. ferner MASSAUX, Influence, 65: «Les textes de l'Apôtre n'ont été pour lui que le point de départ de développements plus fidèles à la diatribe et à la philosophie stoicienne: à travers les textes de Paul il a retrouvé les sources de l'Apôtre et il s'est inspiré directement d'elles.»

[160] SANDERS, Hellénisme, 163.

Scharf bestritten wird jeder „Paulinismus“ in 1 Clem von K. Beyschlag. Nicht Paulus sei die den Vf bestimmende Tradition, sondern die jüdische Apokalyptik: „Der Paulinismus gehört, trotz (oder vielleicht gerade ‚wegen‘) seiner theologischen Tiefe, nicht zum Kern, sondern zur Peripherie des frühkatholischen Ganzen. Schon die clementinische Interpretation bricht ihm sachlich das Genick“[161].

Beyschlags These hängt eng zusammen mit seinem Urteil über den paulinischen Röm. Er meint, 1 Clem vertrete dieselbe römische Gemeindetheologie, die schon Paulus veranlaßt habe, in Röm einige „unpaulinische“, jüdische bzw. judenchristliche Traditionen aufzunehmen[162]; insofern sei es falsch, 1 Clem überhaupt in einen unmittelbaren Zusammenhang mit Paulus bringen zu wollen. Nach Beyschlags Meinung ist die hier repräsentierte römische Gemeindetheologie „trotz ihrer lauten Berufung auf Paulus ... weder ‚paulinisch‘ noch ‚deuteropaulinisch‘, sondern unpaulinisch, d.h. synoptisch-frühkatholisch mit ausgesprochen apologetischem Akzent“[163].

Sollte diese Überlegung richtig sein, so ließe sich vielleicht von daher die erwähnte auffallende Nähe von 1 Clem 12,7 zu Röm 3,24f erklären[164]. Aber die Indizien insbesondere im paulinischen Röm[165] reichen keinesfalls aus, um Beyschlags Hypothese zu erhärten und wahrscheinlich zu machen.

Im Grunde läßt sich die Frage nach dem „Paulinismus“ des 1 Clem gar nicht eindeutig beantworten. Man mag vielleicht sagen, der Brief sei, wie es G.G. Blum formuliert hat, „ein Konglomerat von alttestamentlich-jüdischen Elementen und hellenistisch-stoischen Motiven, die von der römischen Gemeindetheologie mehr oder minder durchdrungen sind“[166]; aber das wäre doch nicht die ganze Wahrheit. 1 Clem ist ja keine zeitlos-dogmatische Schrift, in der die römische Gemeinde gleichsam katechismusartig ihr eigenes Lehrgebäude darzustellen versucht hätte. Der Brief ist vielmehr eine aktuelle Mahnung der römischen an die korinthischen Christen, sie möchten die Ordnung in der Kirche wahren. Dabei war die Aufgabe des Vf eine sehr delikate: Einerseits sollte die korinthische Kirche in die allgemeine[167]

---

161 Beyschlag, Clemens, 340.

162 Beyschlag, Clemens, 349. Er fragt, ob die Besonderheiten des Röm nicht Indizien einer „Akkommodation in bezug auf die theologischen Voraussetzungen einer Gemeinde“ sein könnten, „die eine andersartige, unpaulinische Tradition bewahrte“.

163 Beyschlag, in: Festschrift Maurer, 22.

164 S.o. S. 195.

165 Es ist richtig, daß Röm mehr Traditons- und Formelgut enthält als beispielsweise 1 Kor. Aber es ist ganz unwahrscheinlich, daß Paulus damit speziell auf die Verhältnisse der ihm unbekannten römischen Gemeinde Bezug nehmen will. Eher kann man annehmen, daß Paulus diese Aussagen verwendet, um die gemeinsamen Grundlagen betont herauszustellen (vgl. in der Sache 1 Kor 15,1 ff).

166 Blum, Tradition, 50. In der Tat überwiegen die AT-Zitate bei weitem die Anspielungen auf christliche Texte (Eggenberger, Quellen, 42 errechnet, freilich mit anfechtbaren Kriterien, ein Verhältnis von 88:12 Prozent).

167 Jedenfalls erweckt 1 Clem den Anschein, die von ihm dargestellte Kirchenstruktur sei die „allgemein“ anerkannte. Ob das Fiktion ist, wissen wir nicht.

Ordnung der Kirche zurückgeführt werden; andererseits durfte über sie aber auch kein Verdammungsurteil gefällt werden. Mit einem Wort: 1 Clem sollte in Korinth „Erfolg" haben[168]. Aus diesem Grunde mußten auch die Bezugnahmen auf den paulinischen 1 Kor sehr behutsam erfolgen: Einerseits sollte daran erinnert werden, daß schon Paulus die Einheit (und das hieß im Sinne des 1 Clem natürlich zugleich: die Ordnung) der Gemeinde als wesentliches Ziel betont hatte; andererseits durfte nicht zu deutlich darauf verwiesen werden, daß es in der korinthischen Kirche in dieser Hinsicht schon immer Schwierigkeiten gegeben hatte[169].

Erkennt man diese Absicht des Briefes als grundsätzlich legitim an und wertet sie nicht schon per se als Zeichen eines „Frühkatholizismus", dann ergibt sich, daß der Vf tatsächlich in paulinischen Kategorien zu denken und zu reden versucht hat, soweit das vom Thema her möglich war. So ist er, wie sich zu 32,4–33,1 gezeigt hat, kein Verfechter eines schalen Moralismus, sondern er hält an der paulinischen Zuordnung von Indikativ und Imperativ fest. Die *σῶμα-Χριστοῦ*-Ekklesiologie rezipiert er zwar nicht in vollem Umfang; aber er läßt die Kirche auch nicht durch Hierarchien konstituiert sein, sondern bleibt zumindest in der Nähe des paulinischen Gemeindeverständnisses (37,5–38,4)[170]. Er beruft sich für seine Argumentation weithin auf das Alte Testament; aber vom paulinischen Röm her kann er dies nicht für „unpaulinisch" gehalten haben, und er kann außerdem voraussetzen, daß auch die korinthische Gemeinde ein Altes Testament besitzt[171].

Der Vf des 1 Clem ist also kein Vertreter eines expliziten „Paulinismus"[172]; aber sein Brief ist ein wichtiges Zeugnis für den beachtlichen Einfluß, den Paulus und seine Briefe am Ende des 1. Jahrhunderts auf Theologie und Kirche in Rom ausgeübt haben.

c) *Paulus und die Briefe des Ignatius von Antiochia*

Die „Einleitungsfragen" der ignatianischen Briefe sind im vorigen Kapitel kurz angesprochen worden (s. o. S. 82f)[173]. Alle sieben Briefe dürften um 110

[168] Dieses Ziel hat der Brief, wenn die Angaben bei Eus Hist Eccl IV 23,11 richtig sind, in der Tat erreicht.

[169] Wie nahe hätte es gelegen, die Korinther mit Blick auf 1 Kor 5f daran zu erinnern, daß sie stets eine Neigung zur Ordnungslosigkeit gehabt hätten, die bereits von Paulus bekämpft worden sei.

[170] 1 Clem 42–44 enthält ein zweifellos unpaulinisches Amtsverständnis; aber 44,6 zeigt, daß dies mehr aus der aktuellen Situation heraus als von einer theoretischen Position her formuliert worden ist.

[171] 1 Kor dagegen ist zu diesem Zeitpunkt sicherlich weder in Rom noch in Korinth „kanonisiert".

[172] Es ist zu beachten, daß 1 Clem ja nicht als „paulinisch" gelten will; zur gleichen Zeit entstanden, möglicherweise sogar in Rom, die Past, die einen expliziten „Paulinismus" repräsentieren. Hat deren Vf Paulus besser verstanden?

[173] Zur Theologie des Ignatius vgl. jetzt die Untersuchung von PAULSEN, Studien zur

innerhalb einer kurzen Zeitspanne in Kleinasien verfaßt worden sein. Sie repräsentieren also einerseits die syrische bzw. jedenfalls die antiochenische Theologie des beginnenden 2. Jahrhunderts und sind andererseits durch Tendenzen des kleinasiatischen Christentums[174] dieser Zeit zumindest mitbeeinflußt.

Die Person des Paulus spielt in den Ign eine recht geringe Rolle (s. S. 84–87); aber damit ist noch nicht über die Frage entschieden, inwieweit die Paulusbriefe und die paulinische Theologie das Denken des Ignatius beeinflußt haben.

Es ist daran zu erinnnern, daß die mutmaßlich in Syrien entstandenen frühchristlichen Schriften keine Beeinflussung durch Paulusbriefe oder Paulus-Tradition aufweisen (s. S. 158.177)[175]. Da der Befund in den Ign offenkundig ein anderer ist, muß man entweder annehmen, daß die Paulus-Tradition und die paulinischen Briefe in der Zeit zwischen etwa 80 und 110 Eingang in die antiochenische Kirche fanden, oder man muß vermuten, daß es dort eine von Anfang an ungebrochene Paulus-Überlieferung gab, die sich lediglich nicht in das Entstehungsgebiet der Evangelien erstreckte[176].

Daß Ignatius paulinische Briefe gekannt hat, ist sicher, denn er erwähnt sie ausdrücklich in Ign Eph 12,2. Außerdem ist zu beachten: Indem er als einzelner Briefe an christliche Gemeinden richtet, folgt er offenbar bewußt dem Vorbild des Apostels[177]. Es fehlen bei Ignatius zwar alle direkten Pauluszitate[178]; aber es gibt deutliche Indizien, daß er jedenfalls 1 Kor genauer gekannt hat[179]. H. Rathke, der die Beziehungen zwischen den Ign

---

Theologie des Ignatius (zum literarischen Verhältnis zu den Schriften des NT aaO., 29–43 und besonders 45f).

[174] Johnson, in: Festschrift Smith, 88 konstatiert einen deutlichen Gegensatz des Stils der Ign zu dem der sonstigen kleinasiatischen frühchristlichen Literatur (zu der er Apk, Joh, Sib rechnet).

[175] Daß der Name des Paulus in den Evangelien nicht vorkommt, hängt natürlich auch mit der Gattung zusammen.

[176] Kann man annehmen, daß sich das Christentum im syrisch-palästinischen Grenzraum relativ isoliert von der Kirche in und um Antiochia entwickelte? Auffällig ist jedenfalls, in welch geringem Umfang die Ign Bekanntschaft mit der synoptischen Tradition zeigen.

[177] Vgl. jedoch Elze, Untersuchungen, 80, der darauf hinweist, daß Ignatius nicht das Formular der paulinischen Briefe verwendet, sondern sich des profanen hellenistischen Briefstils bedient; Ignatius beanspruche im Unterschied zum Vf des 1 Clem und zu Polykarp für seine Briefe auch keine besondere Autorität (aaO., 81). – Dennoch zeigt m. E. schon das Faktum der Ign als solches paulinischen Einfluß; außerdem fällt auf, daß das Präskript der an die Gemeinden gerichteten Briefe ein deutlich „offizielleres" Gepräge besitzt, als das des Ign Pol. – Vgl. zur Sache Paulsen, Studien, 34f.

[178] Rathke, Ignatius, 24f weist darauf hin, daß auch Zitate aus dem AT fast ganz fehlen.

[179] Vgl. NTAF, 67: "Ignatius must have known this Epistle almost by heart." Daneben sei mit großer Wahrscheinlichkeit auch Eph benutzt worden (aaO., 137). Meinhold, Saec. 14, 1963, 311f: Ignatius hat wohl nur 1 Kor gekannt; ebenso Corwin, St. Ignatius, 66.

und den Paulusbriefen im einzelnen untersucht hat, nimmt an, Ignatius habe über 1 Kor hinaus noch Eph und vielleicht die Thess benutzt[180] sowie Röm und die Past jedenfalls gekannt[181].

Der Einfluß der paulinischen Theologie auf das Denken des Ignatius ist in der Forschung sehr unterschiedlich bewertet worden. W. Bousset meinte, „die großen geistigen Konzeptionen des Paulus" seien in den Ign „beinahe ganz verschwunden oder völlig reduziert"[182]; und auch W. Bauer erklärte, man könne nicht behaupten, daß „sich Ignatius in Hauptsachen seiner Lehre spürbar an Sätze der paulinischen Briefe anlehnen würde"[183].

Allerdings zeigt sich hier, wie sehr eine Bestimmung des paulinischen Einflusses auf nachpaulinische Theologie vom Paulusverständnis selbst abhängt. Nach Bousset sind für Paulus charakteristisch „das stolze Selbstbewußtsein" und „der gespannte Individualismus des Pneumatikers"; das sakramentale Element der Theologie werde bei ihm „durch das sittlich persönliche niedergehalten", Ignatius sei im Gegensatz dazu ganz vom sakramentalen Denken bestimmt[184]. Bauer stützt sein kritisches Urteil vor allem auf die Tatsache, daß Ignatius im Grunde nur 1 Kor benutzt habe, also jenen Brief, der „für unser Verständnis des paulinischen Glaubens am allerwenigsten ergibt"[185].

Die Gegenposition vertritt H. Köster: Ignatius verkörpere „ein antiochenisches Heidenchristentum, das betont paulinischen Charakter hat"; Belege dafür seien die „offensichtliche Geringschätzung des theologischen Ertrags der Interpretation des Alten Testaments (Phld 8) und sein argwöhnisches Mißtrauen judaisierenden Christen gegenüber"[186].

Auch hier stellt sich die Frage, ob die von Köster genannten Gesichtspunkte – sollten sie tatsächlich zutreffen – Kriterien für einen ignatianischen „Paulinismus" sein können.

Die erste Textstelle, wo die Bekanntschaft mit einem Paulusbrief als wahrscheinlich angesehen werden kann, ist *Ign Eph* 8,2. Der ethisch-anthropologisch gewendete Dualismus dieser Aussage berührt sich so eng mit Pls Röm 8,5.8f, daß sich die Annahme eines literarischen Zusammen-

180 RATHKE, Ignatius, 39 A 3 und A 4.

181 RATHKE, Ignatius, 65: Röm „wird wegen seiner schwierigen theologischen Gedankengänge von Ignatius weniger verwertet sein", obwohl er ihn kennt; und „ob Ignatius die Pastoralbriefe bewußt benutzt hat, muß trotz vieler Anklänge unentschieden bleiben. Gekannt hat er sie sicher." – Methodisch ist festzuhalten: Wenn es keine sicheren Indizien dafür gibt, daß Ignatius Röm bzw. die Past benutzt hat, dann fehlen alle Kriterien für die Annahme, daß er sie gekannt habe. Man wird allerdings aus Eph 12,2 den Schluß ziehen dürfen, daß Ignatius jedenfalls von mehreren Paulusbriefen wußte.

182 BOUSSET, Kyrios, 281. Vgl. aaO., 218: Die „unpaulinische Grundanschauung" sei manifest.

183 BAUER, Rechtgläubigkeit, 221.

184 BOUSSET, Kyrios, 281.

185 BAUER, Rechtgläubigkeit, 221. Von Paulus her müsse in erster Linie die Zitierung von Röm und 2 Kor erwartet werden.

186 KÖSTER, Entwicklungslinien, 115.

hangs nahelegt[187]. Allerdings fallen sofort die Differenzen ins Auge: Paulus hat in Röm 8,5 positiv formuliert *(οἱ γὰρ κατὰ σάρκα ὄντες τὰ τῆς σαρκὸς φρονοῦσιν κτλ.)*, Ignatius macht eine negative Aussage; Paulus faßt die Wendung *κατὰ σάρκα* streng, Ignatius bricht dieser Schärfe die Spitze ab, indem er erklärt, auch das, was die Christen *κατὰ σάρκα* täten, sei *πνευματικά*, da sie es ja *ἐν Ἰησοῦ Χριστῷ* täten. Während also für Paulus *κατὰ σάρκα* und *κατὰ πνεῦμα* Existenzformen bezeichnen, die einander ausschließen[188], hat für Ignatius die Wendung *κατὰ σάρκα* diese Strenge eingebüßt[189]. Dennoch sprechen formale Indizien für die Vermutung, daß Ignatius hier auf Pls Röm 8 zurückgreift: Einmal der Zusammenhang zwischen den *πνευματικά* und Christus[190], ferner das in paulinischem Sinne gebrauchte *ἐν Ἰησοῦ Χριστῷ*, und schließlich die hier wie dort verwendete Formulierung *οὐ δύνανται*. Zwar wird man also kaum sagen können, die Aussage von Ign Eph 8,2 sei „unverkennbar paulinisch nach Inhalt und Ausdrucksweise"[191]; die Stelle zeigt aber doch, daß Ignatius sich um die Aktualisierung paulinischer Sätze bemüht hat[192].

Der erste Text, der zu 1 Kor eine deutliche Nähe aufweist, ist Ign Eph 16,1[193]. Der Satz *μὴ πλανᾶσθε ... οἱ οἰκοφθόροι βασιλείαν θεοῦ οὐ κληρονομήσουσιν* erinnert an 1 Kor 6,9f, wobei lediglich der Terminus *οἱ οἰκοφθόροι* an die Stelle der bei Paulus aufgezählten Kette von Übeltätern getreten wäre[194]. Daß die Aussage zum „Rüstzeug" des Ignatius zu rechnen ist, zeigt Phld 3,3.

H. Rathke nimmt an, *βασιλεία θεοῦ* habe hier nicht eschatologische Bedeutung; es gehe Ignatius vielmehr darum, „daß der Einzelne zu Christus gelangt und das wahrhafte Leben, die Unvergänglichkeit findet"[195]. Aber schon der Gegenbegriff *πῦρ τὸ ἄσβεστον* (16,2) weist auf den eschatologischen Zusammenhang.

---

[187] Vgl. NTAF, 69; BARNETT, Paul, 154. Beide verweisen auf die Verwendung von *σάρξ* in "ethical sense".

[188] Der Kommentar steht in Röm 8,12f.

[189] Vgl. SCHLIER, Untersuchungen, 134.

[190] Ign Eph 8,2: ... *ταῦτα πνευματικά ἐστιν· ἐν Ἰησοῦ γὰρ Χριστῷ πάντα πράσσετε;* Pls Röm 8,9f: ... *εἴπερ πνεῦμα θεοῦ οἰκεῖ ἐν ὑμῖν ... εἰ δὲ Χριστὸς ἐν ὑμῖν ...*

[191] So ALEITH, Paulusverständnis, 25.

[192] Ign Eph 8,2 wirkt ja wie eine Parenthese zwischen 8,1 und 9,1: Ignatius will das besondere Lob für den Zustand der ephesinischen Gemeinde gleichsam theologisch qualifizieren und bedient sich dazu paulinischer Redeweise und Begrifflichkeit.

[193] Vgl. schon Ign Eph 11,1 mit 1 Kor 7,29. Aber hier handelt es sich um eine allgemeine frühchristliche Überzeugung (vgl. selbst 1 Joh 2,18), ohne daß unmittelbarer paulinischer Einfluß vorliegen müßte. Vgl. ferner Ign Eph 12,1b mit 1 Kor 4,10. Der Stil ist derselbe, aber die Tendenz ist eine andere: Paulus argumentiert ironisch und polemisch, Ignatius meint ernst, was er sagt? Hat er 1 Kor 4 im Ohr?

[194] *οἰκοφθόρος* könnte kontextbedingt sein und an die Wendung *ὦμεν αὐτοῦ ναοί* (15,3) anknüpfen. Vgl. aber auch die von FISCHER, Väter, 155 A 71 erwogene Möglichkeit.

[195] RATHKE, Ignatius, 35.

Dennoch ist zu fragen, ob Ign Eph 16,1; Phld 3,3 wirklich zu der Annahme zwingen, Ignatius habe hier unmittelbar auf 1 Kor 6,9f Bezug genommen. Die Begrifflichkeit ist ja traditionell[196] und könnte dem Ignatius auch unabhängig von 1 Kor bekannt gewesen sein.

Der theologisch interessanteste Abschnitt der Ign Eph sind die drei Kap. 18–20, eingeleitet durch 17,2. Ignatius befaßt sich hier thematisch mit der *ϑεοῦ γνῶσις*, die mit Jesus Christus identisch ist[197]. Eph 18,1 erinnert deutlich an 1 Kor 1,18.20.23, und zwar nicht nur in der Tendenz, sondern auch im Wortlaut[198]. Da andererseits deutliche Abweichungen bestehen, die nicht als kontextbedingt zu erklären sind, kann man vermuten, Ignatius zitiere hier nicht nach einer schriftlichen Vorlage, sondern aus dem Gedächtnis[199]. Umstritten ist die sachliche Deutung: Meint *περίψημα* wirklich „Sühnopfer" (so die Übersetzung J.A. Fischers)? Dann wäre die Bemerkung H. Rathkes möglicherweise zutreffend, *περίψημα* sei für Ignatius die Voraussetzung der Rechtfertigung, für Paulus dagegen deren Folge (1 Kor 4,13)[200]. Es liegt m.E. näher, *περίψημα* hier als „geläufigen Ausdruck höfl[icher] Selbsterniedrigung" aufzufassen[201] und also anzunehmen, Ignatius wolle in 18,1a lediglich sagen: „Ich bin zutiefst verachtet um des Kreuzes willen"[202], wobei der betonte Hinweis auf das Kreuz paulinischen Einfluß zeigt[203].

---

196 Vgl. Conzelmann, 1 Kor, 128f. Paulsen, Studien, 33 äußert ähnliche Bedenken, meint aber, die „Annahme literarischer Abhängigkeit" erkläre „die bestehenden Beziehungen zwischen den Texten wohl am besten".

197 Dazu Rathke, Ignatius, 52f: Ignatius wende sich in Eph 17–20 zwar „gegen eine unchristliche Gnosis"; aber es sei doch zu fragen, „ob die gnostische Ausdrucksweise bei Ignatius nicht auch schon die Substanz der christlichen Botschaft verändert hat". In der Tat hat sich Ignatius hier Fragen und Aussagen geöffnet, die über das in der urchristlichen Theologie Gesagte hinausgehen. Aber das Verfahren, nichtchristliche Terminologien und Vorstellungen zur Darstellung und Deutung des christlichen Bekenntnisses zu benutzen, haben alle christlichen Autoren (einschließlich insbesondere Paulus) angewandt.

198 Zu beachten ist vor allem die nur 1 Kor 1,23; Gal 5,11 und hier begegnende Bezeichnung des Kreuzes als *σκάνδαλον*. Vgl. ferner die Ähnlichkeit der Aussagestruktur von 1 Kor 1,11/Ign Eph 18,1a. Die rhetorischen Fragen in 18,1b entsprechen 1 Kor 1,20 (mit Röm 3,27).

199 Für diese Art des Zitierens werden auch die äußeren Umstände der Reise des Ignatius sprechen.

200 Rathke, Ignatius, 32. Überhaupt setzt Rathke die Aussage von Eph 18,1 scharf von Paulus ab (aaO., 33: Der Hinweis auf den *σταυρός* sei gleichsam versehentlich in den Text geraten).

201 Bauer, Wb. sv *περίψημα*, 1296. Vgl. auch Conzelmann, 1 Kor, 109 A 49.

202 Das würde dann in der Sache durchaus 1 Kor 4,13 entsprechen, auch wenn es sich wohl nicht um eine bewußte Anspielung handeln wird (gegen Lawson, Introduction, 114).

203 Hinter der (relativ häufigen) Erwähnung des Kreuzes sehen Rathke, Ignatius, 84 und Kuhn, ZThK 72, 1975, 18 paulinischen Einfluß; Schlier, Untersuchungen, 68 bestreitet ihn. In der Tat begegnet die Betonung des *Kreuzes*todes fast ausschließlich im Umkreis paulinischer Theologie; andererseits ist zu beachten, daß bei Ignatius vom

Ignatius setzt den in 18,1 begonnenen Gedanken nicht fort, sondern führt in 18,2 ein neues Thema ein: Die Christologie[204]. Dabei wird Jesus als *θεὸς ἡμῶν* bezeichnet[205], worauf sich eine bekenntnisartige Formulierung anschließt. Die Hinweise auf die Taufe Jesu *(ἐβαπτίσθη)* und auf das Wasser zeigen, daß dieser Text offenbar in den Rahmen einer Taufliturgie gehört, ohne daß man jedoch schon von einem „Tauf liedchen" in Gestalt eines „Epiphanie-Hymnus"[206] sprechen müßte. Die christologischen Aussagen erinnern entfernt an NT Eph 3,9 *(κατ' οἰκονομίαν θεοῦ)* und vor allem an Röm 1,3f *(ἐκ σπέρματος μὲν Δαυίδ, πνεύματος δὲ ἁγίου/ἐκ σπέρματος Δαυὶδ κατὰ σάρκα ... κατὰ πνεῦμα ἁγιωσύνης)*. Beachtlich ist vor allem die Nähe zur Röm-Stelle[207]; aber da Paulus hier selbst eine bereits ältere judenchristliche Formel zitiert, ist nicht auszuschließen, daß Ignatius diese Christologie auch unabhängig vom paulinischen Röm kennt[208].

Bedeutsam ist, wie Ignatius die ihm vorgegebene Tradition ergänzt und dadurch interpretiert hat. Die Bezeichnung Jesu als *θεὸς ἡμῶν* auf der einen und der Hinweis auf sein reinigendes Leiden auf der anderen Seite setzen einen wichtigen soteriologischen Akzent, der der vorignatianischen Formel noch fehlte[209].

Ign Eph 19 ist in der Sache von paulinischer Theologie überhaupt nicht berührt[210]. Man kann allenfalls fragen, ob der Übergang von 19,1 zu 19,2 *(τρία μυστήρια ... ἐφανερώθη)* in Anlehnung an das deuteropaulinische Revelationsschema gestaltet ist; aber Sicheres läßt sich nicht erkennen[211].

Kreuz überwiegend bildhaft bzw. symbolisch die Rede ist (vgl. Ign Eph 9,1; Sm 1,1: vgl. auch Trall 11,2).

[204] Ist das *γάρ* am Anfang von 18,2 logisch streng zu fassen? Dann wäre gemeint, daß die Niedrigkeitsaussagen von V. 1 auf der Niedrigkeitschristologie (V. 2) basieren. Aber so deutlich ist dieser Gedanke in 18,2 nicht.

[205] Er bleibt jedoch von Gott unterschieden (vgl. ... *κατ' οἰκονομίαν θεοῦ)*.

[206] So SCHILLE, Hymnen, 119. DEICHGRÄBER, Gotteshymnus, 160: Ein Stück Taufliturgie in Prosa.

[207] Allerdings beschränkt sich diese Nähe auf die Terminologie. In der Sache enthält Röm 1,3f eine Art Zwei-Stufen-Christologie *(τοῦ γενομένου ... τοῦ ὁρισθέντος κτλ.)*, Ign Eph 18,2 dagegen die Vorstufe einer Art Zwei-Naturen-Lehre (vgl. dazu auch 7,2 und vor allem 20,2: *υἱῷ ἀνθρώπου καὶ υἱῷ θεοῦ)*.

[208] SCHNEEMELCHER, ZKG 75, 1964, 5 erklärt, es handle sich um „eine feste Formel, die in der Kirche weit verbreitet war". Man muß aber beachten, daß diese Christologie als Formel nur in Röm 1,3f; 2 Tim 2,8 und dann sehr häufig bei Ignatius (Eph 18,2; 20,2; Trall 9,1; Röm 7,3; Sm 1,1) belegt ist. In Joh 7,42 wird sie offenbar dezidiert zurückgewiesen.

[209] Zur Analyse vgl. ELZE, Untersuchungen, 4–9, der annimmt, die von Ignatius übernommene christologische Aussagenreihe sei bereits vorignatianisch ergänzt worden (durch die Hinweise auf *πνεῦμα* und *οἰκονομία)*.

[210] Zum religionsgeschichtlichen Hintergrund vgl. SCHLIER, Untersuchungen, 6–16.24–28. Zur formalen Analyse vgl. SCHILLE, Hymnen, 117f und DEICHGRÄBER, Gotteshymnus, 157–159.

[211] NTAF, 69: "The phrase *καινότης ζωῆς* [sc. in 19,3] ... is probably from St. Paul." Aber das Stichwort *καινότης* ist wohl kontextbedingt (vgl. 19,2) und wird kaum auf Röm 6,4 zurückgehen.

Ign Eph 20 enthält Wendungen und Begriffe, die an den neutestamentlichen Eph erinnern[212]; es handelt sich jedoch eher um ein ähnliches Sprach- und Denkmilieu und nicht um eine literarische Beziehung[213].

Ign Eph enthält viele Formulierungen, die deutlich an NT Eph erinnern, ohne daß sich auch nur in einem einzigen Fall literarische Abhängigkeit zeigen ließe. Schon zwischen der inscriptio des Ign Eph und der Eulogie des NT Eph (1,3ff) besteht eine starke Nähe sowohl im Stil wie auch in der Wortwahl; aber es gibt an keiner Stelle eine unmittelbare wörtliche Berührung[214]. Der Ausdruck *μιμηταὶ θεοῦ* in Ign Eph 1,1 ist nach J.B. Lightfoot "borrowed from S. Paul, Ephes. V. 1"[215]; aber der Gedanke der Nachahmung Gottes oder Christi[216] ist für Ignatius typisch (vgl. nur Eph 10,3; Trall 1,2) und braucht nicht aus NT Eph abgeleitet zu werden. Ähnliches gilt für den Ausdruck *ἄρχων τοῦ αἰῶνος τούτου* (Ign Eph 17,1) der ebenfalls nicht aus NT Eph 2,2 (vgl. 1 Kor 2,6.8) genommen zu sein braucht.

H. Schlier hat in seinen religionsgeschichtlichen Untersuchungen der Ign die These vertreten, Ignatius sei in keinem Fall vom NT Eph abhängig; er benutze vielmehr dasselbe gnostische Material wie der Vf des NT Eph. In der Tat ist dies, trotz mancher inzwischen notwendiger Korrekturen im einzelnen[217], die nach wie vor wahrscheinlichste Erklärung des Befundes. Es ist aber zu beachten, daß das theologische Konzept des NT Eph von imponierender Geschlossenheit ist, während bei Ignatius die z.T. sehr unterschiedlichen Aussagen etwa in der Christologie nahezu unverbunden (und unvereinbar) nebeneinander stehen.

Der gewissermaßen „schwebende“ Einfluß paulinischen Denkens und paulinischer Redeweise auf Ignatius wird im Eph noch an einigen bisher nicht erwähnten Textstellen sichtbar. So zeigen sich in 4,2; 9,1; 15,3 (vgl. auch Trall 11,2) Anklänge an die paulinische Ekklesiologie. Zwar fehlt hier das Stichwort *σῶμα*[218]; aber die Wendung *μέλη τοῦ υἱοῦ* und die Stichworte *ὁμόνοια* und *ἑνότης* (4,2) zeigen, in welcher Weise und mit welcher Betonung

[212] Zu *καινὸς ἄνθρωπος* vgl. Eph 2,15; 4,24; zu *ἐν μιᾷ πίστει* vgl. Eph 4,4f.13; vgl. ferner das Stichwort *οἰκονομία*.

[213] Anders RATHKE, Ignatius, 46, der zu *οἰκονομία* unmittelbar NT Eph 3,8ff vergleicht.

[214] In der Forschung wird der Befund unterschiedlich beurteilt. NTAF, 67 und RATHKE, Ignatius, 45f sehen literarische Abhängigkeit als gegeben an; ZAHN, Ignatius, 612f und BAUER, Ign, 193 bestreiten sie. – RATHKE, aaO., 21f sieht eine Bezugnahme auf das (zweite) Proömium des NT Eph (vor allem 1,16) auch in Ign Eph 12,2; das Verb *μνημονεύειν* meine das Gebet. Aber gerade das ist fraglich, wie die Parallele Ign Magn 14,1 zeigt.

[215] LIGHTFOOT, Fathers II/2, 29.

[216] Christus wird in Ign Eph 1,1 ebenso wie in 18,2 ausdrücklich als Gott bezeichnet (vgl. die Wendung *ἐν αἵματι θεοῦ*).

[217] SCHLIER muß überwiegend Material beiziehen, dessen Abfassung deutlich später liegt als NT Eph bzw. Ignatius (vgl. z.B. Untersuchungen, 88 zur „Urmensch“-Vorstellung).

[218] Vgl. jedoch Ign Sm 1,2 (s.u. S. 214).

der Kirchengedanke verstanden wird: Die Christlichkeit der Kirche realisiert sich in ihrer Einheit.

Dasselbe wird für 9,1 gelten, wo die Kirche als *ναός* und als *οἰκοδομή* verstanden ist[219].

In Ign Eph 3,2 wird Christus als *τὸ ἀδιάκριτον ἡμῶν ζῆν* bezeichnet – eine Wendung, die an Phil 1,21 (vgl. Kol 3,4) erinnert[220]. Das ist sicher kein Indiz für die Annahme, Ignatius habe Pls Phil unmittelbar gekannt; aber man kann doch fragen, ob die Formulierung ohne paulinischen Einfluß denkbar wäre.

Der zweite Brief des Ignatius, geschrieben von Smyrna aus an die *Magneten*[221], ist erheblich kürzer als Ign Eph; Zusammenhänge mit Paulus bestehen kaum. In Magn 8,1; 10,3 warnt Ignatius die Gemeinde vor allem vor dem *κατὰ Ἰουδαϊσμὸν ζῆν* bzw. dem *ἰουδαΐζειν*, wobei vor allem die Argumentation in 8,1 an Tit 1,14; 3,9 erinnert. Ignatius grenzt in 8,1–9,1 den christlichen Glauben und die christliche Lebensweise so scharf vom Judentum ab[222], daß man erwägen kann, an dieser Stelle liege eine etwa dem paulinischen Gal vergleichbare Frontstellung vor. Th. Zahn hat gefragt, ob Ignatius hier konkret die Unvereinbarkeit von Judentum und Christentum behaupte, also judenchristlichen Gemeinden das Existenzrecht abspreche, oder ob er lediglich „das Leben nach dem Gesetz als Verleugnung der Gnade" brandmarken wolle[223]. Offenbar setzt Ignatius voraus, daß es in der Gemeinde von Magnesia judaistische Tendenzen gibt[224], die er nicht nur für der Einheit der Kirche abträglich, sondern auch für theologisch gefährlich hält[225]. Die Übereinstimmungen mit Tit könnten aber einfach darauf zurückzuführen sein, daß solche Vorwürfe zum Topos antijüdischer Polemik zu werden beginnen[226]. Andererseits darf man nicht übersehen, daß Ignatius

---

[219] Vgl. dazu 1 Kor 3,10–17; NT Eph 2,20f. SCHLIER, Untersuchungen, 119–121 sieht eine Übereinstimmung mit gnostischen und manichäischen Vorstellungen (vor allem beim Stichwort *οἰκοδομή*); nur der Begriff des *ναός* stamme aus spezifisch jüdisch-christlicher Überlieferung. Aber wenn man annehmen kann, daß Ignatius den paulinischen 1 Kor gekannt hat, dann legt es sich doch nahe, hier mit paulinischem Einfluß zu rechnen, auch wenn man nicht nach einer direkten Textvorlage wird suchen dürfen. Vgl. auch 15,3 mit 1 Kor 3,16; 6,19: Der paulinische Hintergrund ist gegeben, aber von Ignatius nicht bewußt gemacht.

[220] Vgl. noch Ign Magn 1,2; Sm 4,1.

[221] Vgl. dazu BAUER, Wb. sv *Μαγνησία*, 958.

[222] Vgl. vor allem 8,1b: *εἰ … κατὰ Ἰουδ. ζῶμεν, ὁμολογοῦμεν χάριν μὴ εἰληφέναι.* Hinter diesem Ausdruck wird übrigens nicht der Gedanke der gratia infusa stehen (gegen TORRANCE, Doctrine, 80f).

[223] ZAHN, Ignatius, 459f.

[224] Darauf deutet auch Ign Magn 10,1b hin. Die ergänzende Erklärung in 11 kann briefstilistische Höflichkeit sein.

[225] RATHKE, Ignatius, 85–87 meint, verwerflich sei für Ignatius nicht die Lehre des *Ἰουδαϊσμός*, sondern die Tatsache, daß er die Einheit der Kirche störe. Dagegen sprechen aber sowohl 8,1b (s. o Anm 220) als auch die heilsgeschichtliche These in 10,3.

[226] Vgl. DIB-CONZELMANN, Past, 54.

nicht nur eine formale, sondern auch eine theologische Begründung für die Scheidung von Christentum und Judentum zu geben versucht: So tritt neben die deutliche Betonung der Christologie (8,1–10,2) der Gedanke, der *Ἰουδαϊσμός* sei *εἰς Χριστιανισμόν*, d.h. das Judentum erscheint als heilsgeschichtliche Vorstufe des Christentums, und es ist durch dieses abgelöst worden. Paulinischen Einfluß gibt es in diesem Zusammenhang aber wohl nicht, wie das Fehlen der Gesetzesproblematik zeigt[227].

Im übrigen finden sich in Ign Magn keine Anspielungen auf oder auch nur Berührungen mit paulinischen Aussagen. W. Bauer nimmt zwar an, das Bild vom Sauerteig in 10,2 sei dem Ignatius „von Paulus her bekannt"[228], aber er verweist dann selbst auf Mt 16,6.12[229]. Der Kontext (Stichwort „Salz") spricht tatsächlich eher für einen Zusammenhang mit der synoptischen Tradition (vgl. Mk 9,49f; Mt 5,13), sofern man überhaupt nach Vorlagen suchen will.

Anders verhält es sich mit dem ebenfalls in Smyrna geschriebenen Brief an die *Trallianer*. Im ersten Teil steht das Thema der Kirchenorganisation im Vordergrund, ohne daß paulinischer Einfluß zu erkennen ist[230]. In Kap. 9 geht Ignatius unmittelbar auf das Bekenntnis ein, und dabei gibt er diesem eine ergänzende Erläuterung, die in ihrer Tendenz deutlich paulinischer Theologie entspricht (9,2)[231].

In Trall 9,1.2a wird zunächst das Bekenntnis zitiert[232]; es heißt dann weiter: *ὃς καὶ κατὰ τὸ ὁμοίωμα ἡμᾶς τοὺς πιστεύοντας αὐτῷ οὕτως ἐγερεῖ ὁ πατὴρ αὐτοῦ ἐν Χριστῷ Ἰησοῦ* ... Man kann zur Struktur der Aussage 2 Kor 4,14 und vor allem 1 Thess 4,14 vergleichen, zur theologischen Tendenz Röm 6,4f[233]. Natürlich reichen diese Analogien nicht aus, um literarische Nähe oder gar direkte Abhängigkeit des Ignatius von einer der genannten Stellen behaupten zu können; aber es ist doch bemerkenswert, daß dieser sachliche Zusammenhang von Auferweckung Jesu und Auferweckung der Gläubigen außer in Pol 2 Phil 2,2 (vgl. 5,2)[234] sonst nur bei Paulus begegnet.

---

[227] Das gilt selbst dann, wenn man in 8,1 mit der griechischen Handschrift G *νόμον ἰουδαϊσμόν* (statt *Ἰουδαϊσμόν*, wie es die lateinische Übersetzung L voraussetzt) zu lesen hätte (zur Textkritik vgl. FISCHER, Väter, 140: „Bei Differenzen dürfte L häufig auf den richtigeren Text führen."). Denn das Stichwort *νόμος* hätte hier rein formale Bedeutung; vgl. Ign Magn 2,1.

[228] BAUER, Ign, 228 mit Hinweis auf 1 Kor 5,7f; so auch LIGHTFOOT, Fathers II/2, 133; NTAF, 65.

[229] SCHLIER, Untersuchungen, 64f zieht mandäische Texte als Parallelen heran.

[230] Allerdings zeigen sich in 5,1 (vgl. 1 Kor 3,1f) und 6,1 (vgl. 1 Kor 7,10) deutliche Übereinstimmungen mit paulinischer Argumentationsweise; Ignatius hat diese Aussagen aus 1 Kor offensichtlich gekannt.

[231] Vgl. zu Ign Trall 9 insgesamt ELZE, Untersuchungen, 9–13.

[232] Die Formel ist sehr breit ausgeführt; vgl. KELLY, Glaubensbekenntnisse, 72f.

[233] Vgl. ferner 1 Kor 6,14 und vor allem 1 Kor 15,12ff.

[234] S.u. S. 227.

Für paulinischen Einfluß spricht auch die Wendung *ἐν Χριστῷ Ἰησοῦ*, die allerdings von Paulus in der Regel anders gebraucht wird[235].

Daß Ignatius mit der paulinischen Argumentationsweise zum Thema Auferstehung vertraut ist, zeigt auch Trall 10. Zwar wendet er sich hier nicht gegen die Leugner einer künftigen Auferstehung, sondern polemisiert gegen Doketisten[236]; aber die Konsequenz, die Ignatius ziehen würde, wenn die Doketisten im Recht wären *(δωρεὰν οὖν ἀποθνήσκω. ἄρα οὖν καταψεύδομαι τοῦ κυρίου)*[237], entspricht der Aussage des Paulus in 1 Kor 15,12–20. Ebenso wie Paulus dort seine persönliche und darüberhinaus die christliche Existenz überhaupt an das Heilsgeschehen von Tod und Auferstehung Jesu bindet, verknüpft Ignatius hier sein persönliches Schicksal mit dem Leiden und Sterben Jesu[238]. Dabei weist er in ganz ähnlicher Weise wie Paulus seine Gegner auf die sie selbst betreffenden Konsequenzen ihres Denkens hin: Paulus führt die korinthische Position durch den in 1 Kor 15,29 gegebenen Hinweis auf die Vikariatstaufe ad absurdum; Ignatius betont, daß aus einem christologischen Doketismus eine doketische Anthropologie folgen müsse *(αὐτοὶ ὄντες τὸ δοκεῖν)*[239].

Trall 10 ist ein besonders instruktives Beispiel für den Einfluß paulinischen Denkens auf Ignatius. Zwar wird an keiner Stelle eine unmittelbare literarische Abhängigkeit von 1 Kor 15 sichtbar[240]; dennoch erweist sich dieser Text als deutliche Adaption paulinischer Redeweise und paulinischer theologischer Argumentation[241].

In Ign Eph (4,2; 9,1; 15,3) hatte sich der Einfluß der paulinischen Ekklesiologie auf Ignatius gezeigt. Diese Ekklesiologie klingt ähnlich auch in Trall 11,2 an, wo die Popularität des deuteropaulinischen Haupt-Glieder-Gedanken bei gleichzeitiger Preisgabe der *σῶμα-Χριστοῦ*-Vorstellung sicht-

---

[235] Paulus spricht vom Sein *ἐν Χριστῷ* in der Regel dann, wenn er sich auf die gegenwärtige Existenz der Christen bezieht (vgl. aber 1 Kor 15,22; Röm 6,23). Es ist immerhin bedeutsam, daß sich die Wendung *ἐν Χριστῷ* bei Ignatius häufig findet, „im Unterschied zu dem anderen außerneutestamentlichen Schrifttum" (GRUNDMANN, Art. *χρίω*, ThWNT IX, 570, 29f).

[236] *λέγουσιν, τὸ δοκεῖν πεποιθέναι αὐτόν;* vgl. schon das stark betonte *ἀληθῶς* in 9,1 f.

[237] Trotz der indikativischen Formulierung handelt es sich natürlich um irreale Aussagen.

[238] Dieser Wechsel wird nicht nur mit dem Martyriumsgedanken zusammenhängen, sondern auch mit der antidoketischen Front des Ignatius: Leiden und Sterben Jesu sind umstritten, nicht die Auferstehung.

[239] Vgl. auch Ign Sm 2. Die Wendung ist fraglos auch polemisch gemeint, aber eben: Nicht *nur* polemisch. – Zur Sache vgl. NIEDERWIMMER, Grundriß, 24f.

[240] LIGHTFOOT, Fathers II/2, 176 will eine solche in dem Stichwort *θηριομαχεῖν* (1 Kor 15,32) sehen; aber dieses Wort ist technischer Ausdruck für die Strafe ad bestias. (Daher besteht auch zwischen Ign Eph 1,2 und 1 Kor 15,32 kein Zusammenhang, gegen LAWSON, Introduction, 107.) Der bildliche Gebrauch von *θηριομαχεῖν* begegnet Ign Röm 5,1.

[241] Daß dies kein Zufall ist, zeigt Ign Sm 4,2.

bar wird. Das Bild ist einigermaßen verunglückt[242]; aber was Ignatius in der Sache meint, liegt durchaus auf der Linie paulinischer Theologie: Die Christen sind Glieder des gekreuzigten Christus[243].

In der Forschung gilt das hier gebrauchte Stichwort *ἕνωσις* als Indiz für den bedeutenden Einfluß der Gnosis auf Ignatius, da *ἕνωσις* im Neuen Testament gar nicht und innerhalb der „Apostolischen Väter" nur im Corpus Ignatianum belegt ist[244]. So erklärt H.-W. Bartsch, der Gedanke der Einheit Gottes habe bei Ignatius „nicht in der biblischen Aussage von der Einzigkeit Gottes seine Wurzel, sondern in dem Einheitsprinzip der Gnosis, das dort Theologie und Soteriologie umfaßt"[245]. Aber das ist zumindest überspitzt. Die Betonung der *ἕνωσις* Gottes kann ohne weiteres aus der Bindung an das Bekenntnis abgeleitet werden (vgl. Magn 8,2: *εἷς θεός ἐστιν ὁ φανερώσας ἑαυτὸν διὰ Ἰησοῦ Χριστοῦ τοῦ υἱοῦ αὐτοῦ)*; und in Trall 11,2 ist der Hinweis auf die *ἕνωσις* offensichtlich an die Ekklesiologie gebunden[246].

Der letzte von Smyrna aus geschriebene Brief des Ignatius ist an die *Römer* gerichtet. In der theologischen Substanz bietet dieses Schreiben relativ wenig; Hauptinhalt ist die ständig wiederholte Bitte des Ignatius, die römischen Christen möchten doch seinem Martyrium nichts in den Weg legen. Äußerlich zeichnet sich Ign Röm dadurch aus, daß das Präskript besonders ausführlich und sorgfältig formuliert ist; allenfalls in dieser Hinsicht läßt sich Ign Röm mit dem paulinischen Röm vergleichen.

Die für den Zusammenhang dieser Untersuchung interessanteste Stelle des Ign Röm ist der schon im vierten Kapitel[247] besprochene Text in 4,3, wo Petrus und Paulus erwähnt werden und wo sich Indizien für die Übernahme von Formulierungen des 1 Kor finden. In antithetischen Sätzen vergleicht sich Ignatius mit den Aposteln, wobei am Ende die Aussage steht: *ἐὰν πάθω, ἀπελεύθερος γενήσομαι Ἰησοῦ Χριστοῦ*. Das erinnert in der Formulierung deutlich an 1 Kor 7,22 (obwohl dort in der Sache ein ganz anderes Thema verhandelt ist). Der Hinweis, die Apostel seien *ἐλεύθεροι,* könnte durch 1 Kor 9,1 angeregt sein – freilich wieder mit einer deutlichen Verschiebung des Sinns der Aussage[248].

---

[242] Vgl. BAUER, Ign, 240.

[243] PIESIK, Bildersprache, 24f kritisiert den Satz *οὐ δύναται οὖν κεφαλὴ χωρὶς γεννηθῆναι ἄνευ μελῶν:* Daß das Haupt von den Gliedern abhängig sei, sei nicht paulinisch, sondern gnostisch (vgl. schon SCHLIER, Untersuchungen, 89f) – der gnostische Erlöser kann ohne die Erlösten nicht Eingang ins Pleroma finden. Man wird aber das Bild in Trall 11,2 nicht pressen dürfen: Ignatius sagt nicht, daß Christus von den Christen abhängig sei, sondern er will die unlösbare Einheit *(ἕνωσις)* beider zum Ausdruck bringen.

[244] Vgl. SCHLIER, Untersuchungen, 97–99.

[245] BARTSCH, Art. Ignatius von Antiochien, RGG III, 667.

[246] ROHDE, NovTest 10, 1968, 228f betont in diesem Zusammenhang die aktuelle Situation der Ign. Vgl. zur Sache vor allem PAULSEN, Studien, 132–144, insbesondere 135f.

[247] S.o. S. 85f.

[248] Vgl. dazu NIEDERWIMMER, Grundriß, 84f; RATHKE, Ignatius, 20.

Im übrigen scheint Ign Röm 4,3 ein Beleg dafür zu sein, daß Ignatius den paulinischen Röm nicht kennt; denn wenn überhaupt, so wäre ja hier ein Hinweis auf diesen Brief zu erwarten. Offenbar aber weiß Ignatius nichts von einem Röm des Paulus; die Wendung *οὐχ ... διατάσσομαι ὑμῖν* bezieht sich nicht auf Pls Röm[249], sondern nimmt lediglich 4,1 auf und schwächt die dortige Aussage *(ἐντέλλομαι)* äußerlich ab[250].

Eine zweite recht deutliche Anspielung auf 1 Kor ist in Ign Röm 9,2 zu erkennen. Nicht nur das in übertragener Bedeutung selten gebrauchte Stichwort *ἔκτρωμα*[251], sondern die ganze Formulierung *οὐδὲ γὰρ ἄξιός εἰμι, ὢν ἔσχατος αὐτῶν ... ἀλλ' ἠλέημαί τις εἶναι,* erinnert an die Selbstaussage des Paulus in 1 Kor 15,8–10. Es ist ganz unwahrscheinlich, daß Ignatius hier sagen will, auch er sei wie Paulus einst ein Verfolger der Kirche gewesen[252]; vielmehr scheint er sich hier der paulinischen Sätze bewußt als eines rhetorischen Stilmittels zu bedienen, um seinen geringen persönlichen Wert noch zu unterstreichen. Zugleich jedoch enthält die Bekundung seiner Selbsterniedrigung denselben paradoxen Aspekt wie die des Paulus in 1 Kor 15: Sagt Paulus dort, er habe mehr gearbeitet als alle anderen (15,10), so erklärt Ignatius sich in Röm 9,1 indirekt für nahezu unersetzlich: Die syrische Kirche habe nun statt seiner Gott zum Hirten und Christus zum Bischof bekommen[253].

J. A. Fischer sieht in dem Ausdruck *καλόν μοι ἀποθανεῖν* in Ign Röm 6,1 eine Anspielung auf 1 Kor 9,15[254]. Aber das ist wenig wahrscheinlich; die wörtliche Berührung ist zwar da, aber die Funktion der Aussagen ist geradezu entgegengesetzt. Eher wäre in der Sache Pls Phil 1,23 zu vergleichen; aber diesen Brief hat Ignatius wohl nicht gekannt[255].

Auch der in Troas geschriebene Brief an die *Philadelphier* zeigt sich an einigen Stellen durch paulinischen Stil und paulinische Redeweisen beeinflußt. So scheint in 5,1 die Wendung *οὐκ ἐγὼ δὲ ἀλλ' Ἰησοῦς Χριστός* auf

---

[249] Sonst wäre die Stelle ja auch ein Indiz dafür, daß Ignatius ebenfalls einen Römerbrief des Petrus kennt.

[250] Vgl. im übrigen das o. S. 85f Gesagte.

[251] Das Wort begegnet in christlicher Literatur offenbar erst wieder Hipp Ref VI 31,2. Vgl. Bauer, Wb. sv *ἔκτρωμα,* 489.

[252] Anders Zahn, Ignatius, 403f; Grant, Formation, 93. Löning, Saulustradition, 57 A 104 zieht die Stelle als Beleg für die These heran, daß der Topos von Paulus als dem Verfolger sich so weit verfestigt habe, daß er sich von dessen Person lösen konnte.

[253] Dahinter steht kein übersteigertes Selbstbewußtsein des antiochenischen Bischofs. Man muß, ebenso wie im Falle von 1 Kor 15,8–10, auch in Ign Röm 9,1f beide Aussagen zusammensehen. Vgl. im übrigen auch Ign Sm 11,1, wo sich dieselbe an 1 Kor 15,9f erinnernde paradoxe Selbstbescheidung findet.

[254] Fischer, Väter, 189 A 37.

[255] Vgl. noch Ign Röm 10,3 mit 2 Thess 3,5; nur an diesen beiden Stellen begegnet der (schwer zu übersetzende) Ausdruck *ὑπομονὴ ⟨Ἰησοῦ⟩ Χριστοῦ,* aber das ist natürlich noch kein Indiz für eine Kenntnis des 2 Thess durch Ignatius.

1 Kor 7,10 zurückzugehen[256]. Ebenso ist Phld 7,2b offensichtlich von Aussagen des 1 Kor beeinflußt: Der Satz *τὴν σάρκα ὑμῶν ὡς ναὸν θεοῦ τηρεῖτε* enthält das gleiche Bild, das Paulus in 1 Kor 3,16f; 6,19 benutzt[257]; und die Aufforderung *μιμηταὶ γίνεσθε Ἰησοῦ Χριστοῦ* scheint unmittelbar an 1 Kor 11,1 anzuknüpfen. Die Tendenz beider Aussagen geht auseinander: Paulus sagt *μιμηταί μου γίνεσθε* und fügt hinzu *καθὼς κἀγὼ Χριστοῦ*; Ignatius hingegen schließt an die Aufforderung, Christus nachzuahmen, die Bemerkung an *ὡς καὶ αὐτὸς τοῦ πατρὸς αὐτοῦ*. W. Schneemelcher hält es daher für „sehr unwahrscheinlich, daß Ignatius hier auf einen Paulusbrief zurückgreift"[258]; aber m. E. ist das Gegenteil der Fall: Das paulinische *μιμηταί μου γίνεσθε* konnte Ignatius nicht übernehmen; andererseits aber war ihm die Kette der aufeinander folgenden Aussagen offenbar so wichtig, daß er sogar ihre Satzstruktur übernahm. So deutet die Abweichung von 1 Kor 11,1 wohl nicht auf Unabhängigkeit von Paulus, sondern auf bewußte Veränderung der Vorlage.

In Phld 6,3 versichert Ignatius, er sei niemandem zur Last gefallen *(... ἐβάρησά τινα)*, was an 1 Thess 2,9 *(... ἐπιβαρῆσαί τινα)* sowie an 2 Kor 11,9; 12,16[259] erinnert; der Hinweis auf das gute Gewissen *(εὐσυνείδητός εἰμι)* entspricht in diesem Zusammenhang 2 Kor 1,12.

Das Problem, ob Ignatius hier tatsächlich Formulierungen bzw. Tendenzen des 2 Kor übernimmt[260], hängt m. E. eng mit der Antwort auf die Frage zusammen, ob er sich gegen konkrete Vorwürfe zur Wehr setzen muß oder nicht[261]. Sollte die Stelle einen realen Hintergrund haben, so müßte man jedenfalls annehmen, daß Ignatius selbst in Philadelphia war, wo dann derartige Anklagen gegen ihn vorgebracht wurden. Damit wird tatsächlich gerechnet[262], doch ist diese Annahme m. E. zumindest unbeweisbar. Für einen Aufenthalt des Ignatius in Philadelphia könnte Phld 7,1 sprechen *(ἐκραύγασα μεταξὺ ὢν κτλ.)*[263]; dagegen aber spricht vor allem das Fehlen von persönlichen Grüßen am Schluß des Briefes[264]. Denkbar wäre noch, daß die Boten

---

[256] Vgl. schon Trall 6,1. – Nach NIEDERWIMMER, Grundriß, 85f ist bereits Phld 1,1 trotz sachlicher Unterschiede „deutlich bestimmt von Gal 1,1"; aber diese Annahme ist in keiner Weise zwingend.

[257] Natürlich liegt keine bewußte „Anspielung" auf die Stelle vor.

[258] SCHNEEMELCHER, ZKG 75, 1964, 6.

[259] Paulus gebraucht hier von *βαρέω* abgeleitete Worte.

[260] So NTAF, 70: Alle Indizien zusammengenommen "make the use of the Epistle [sc. 2 Kor] by Ignatius fairly probable".

[261] LIGHTFOOT, Fathers II/2, 265 nimmt in der Tat an, Ignatius habe von derartigen in Philadelphia erhobenen Vorwürfen gegen seine Person gehört – etwa durch Philo und Agathopus (vgl. Ign Phld 11,1).

[262] Vgl. VIELHAUER, Geschichte, 544.

[263] Diese Aussage könnte allerdings auch emphatisch-übertreibend gemeint sein: Ignatius habe seine Mahnung *τῷ ἐπισκόπῳ προσέχετε* erhoben, als wäre er in Philadelphia. Jedenfalls reicht 7,1 nicht aus als Beleg für die Annahme, Ignatius sei in Philadelphia gewesen.

[264] Vgl. Ign Phld 11 mit Ign Sm 12f.

des Ignatius (vgl. 11,1) Anlaß zu den in 6,3 erwähnten Verdächtigungen gegeben haben[265]. Aber auch das ist wenig wahrscheinlich, denn 11, 1 ist im Gegenteil eher ein Beleg für das ungetrübte Verhältnis zwischen Ignatius und der philadelphischen Gemeinde.

Wenn also hinter Ign Phld 6,3 aller Wahrscheinlichkeit nach keine aktuellen Probleme stehen, dann muß es sich um einen literarischen Topos handeln; Ignatius bekundet seine Lauterkeit mit dem Hinweis, er erhebe gegen niemanden irgendwelche finanziellen Ansprüche. Daß er dabei die – ihrerseits allerdings durch sehr konkrete Vorwürfe hervorgerufenen – Beteuerungen des Paulus aufgenommen haben könnte, ist immerhin denkbar. Vorstellbar wäre aber auch, daß er sich an Normen orientiert, wie sie etwa in Did 11,12 niedergelegt sind[266]. Jedenfalls reicht Ign Phld 6,3 nicht als Beleg für die Annahme, Ignatius habe 2 Kor (und/oder 1 Thess) gekannt[267].

Theologisch interessant ist Ign Phld 8,2, wo Ignatius, wie schon in 6,1, in Auseinandersetzung mit judaistischen Tendenzen steht. Er zitiert dabei die von Gegnern aufgestellte These: *ἐὰν μὴ ἐν τοῖς ἀρχείοις εὕρω, ἐν τῷ εὐαγγελίῳ οὐ πιστεύω*. Diese Aussage und die ignatianische Antwort *(ἐμοὶ δὲ ἀρχεῖά ἐστιν Ἰησοῦς Χριστός)* sind deshalb von besonderer Bedeutung, weil sich hier der Stil der „Ketzerbekämpfung" des Ignatius sehr klar zeigt.

Umstritten ist zunächst einmal der Sinn des von den Gegnern[268] gesprochenen Satzes *ἐν τῷ εὐαγγελίῳ οὐ πιστεύω*. W. Bauer weist darauf hin, daß der Ausdruck *πιστεύειν ἐν τῷ εὐαγγελίῳ* selten ist, und er will die Aussage so verstehen: ‚Wenn ich es im Evangelium finde, so glaube ich es nicht, wenn ich es nicht auch in den Urkunden finde.'[269] Aber die Konstruktion *πιστεύειν ἐν τ.ε.* ist immerhin nicht unmöglich (vgl. Mk 1,15), so daß die Gegner durchaus gemeint haben können: ‚Wenn ich es nicht in den Urkunden finde, glaube ich nicht an das Evangelium.' Das würde heißen, daß sie an die christliche Verkündigung[270] nur glauben, soweit deren Aussagen mit den „Urkunden" (= Altes Testament[271]) übereinstimmen. Dann wären sie also gesetzestreue christliche Judaisten, die sich ausschließlich oder zumindest primär am Alten

[265] Wenn hinter 6,2 überhaupt ein konkreter Anlaß steht, dann muß dieser jedenfalls im Zusammenhang von Kontakten zwischen Ignatius und den Philadelphiern virulent geworden sein.

[266] Vgl. o. S. 176.

[267] Dasselbe gilt für Phld 1,1, wo LIGHTFOOT, Fathers II/2, 251 eine "obvious reflexion" von Gal 1,1 sehen will; er vergleicht ferner (aaO., 254.258) Phld 2,1/Eph 5,8 *(τέκνα φωτός)* und Phld 4/1 Kor 10,16f (Abendmahl). Aber an keiner dieser Stellen besteht eine literarische Abhängigkeit.

[268] Sie werden, charakteristisch für den Stil der Ketzerdiskussion, als *τινές* bezeichnet.

[269] BAUER, Ign, 260.

[270] *εὐαγγέλιον* ist hier wie in 9,2 nicht ein Buch, sondern die Heilsbotschaft selbst (vgl. dazu ELZE, Untersuchungen, 86–91).

[271] Dieser Sinn von *ἀρχεῖα* ist zwar sonst nicht belegt (vgl. BAUER, Wb. sv *ἀρχεῖον*, 221), bietet sich aber vom Kontext her an.

Testament (=LXX=„die Bibel") orientieren wollen[272]. Ignatius antwortet als erstes: *γέγραπται*, d.h. er beruft sich offenbar auf die christliche Hermeneutik des AT[273]. Diese wird jedoch von den Gegnern anscheinend angezweifelt: *πρόκειται*[274]. Daraufhin bekommt die „Debatte" eine grundsätzliche Wendung: Ignatius setzt an die Stelle der *ἀρχεῖα* Jesus Christus, d.h. das Heilsgeschehen *(σταυρός – θάνατος – ἀνάστασις)* und den durch Christus bewirkten Glauben. Der Nachsatz *ἐν οἷς θέλω ἐν τῇ προσευχῇ ὑμῶν δικαιωθῆναι* zeigt, daß Ignatius zwar nicht direkt die Rechtfertigungslehre ins Feld führt, daß er sich aber deutlich im Umkreis paulinischer Terminologie bewegt[275]. Auch die Betonung der *πίστις* und die Hervorhebung von Kreuz, Tod und Auferstehung kann man als „Nachklänge der paulinischen Sprache"[276] ansehen.

Es kommt hier nicht darauf an, ob diese Aussagen als volle und zutreffende Rezeption paulinischer Theologie bezeichnet werden können[277]; wichtig ist vielmehr, daß Ignatius im Zuge der Auseinandersetzung nicht einzelne Texte oder Formulierungen heranzieht[278], sondern daß er das christologisch bestimmte Bekenntnis als entscheidenden Maßstab ansieht. Eben darin aber zeigt sich Einfluß paulinischen Denkens: Ohne die Kenntnis der paulinischen Theologie hätte Ignatius seine antijudaistische Position zumindest nicht in dieser Weise formuliert haben können[279].

---

[272] Vgl. WENGST, Tradition, 114–118: Die Gegner des Ignatius würden dann zu den Gruppen gehören, aus denen Barn hervorgegangen ist. S. dazu u. S. 273f.

[273] *γέγραπται* wird ja in der Kirche zur festen Formel, wenn AT-Stellen angeführt werden (vgl. bei Ignatius: Eph 5,3; Magn 12,1).

[274] *πρόκειμαι* an sich „vorhanden sein"; hier mehr im Sinne von „zur Diskussion stehen" (vgl. BAUER, Wb. sv *πρόκειμαι* 2, 1403).

[275] *δικαιοῦν* bei Ignatius sonst nur Röm 5,1, wohl in „profaner" Bedeutung. S.u. S. 217f.

[276] BULTMANN, Theologie, 546; DERS., Exegetica, 403.

[277] Vgl. SCHLIER, Untersuchungen, 68: *σταυρός* steht hier „mit den überlieferten Heilsdaten des *θάνατος* und der *ἀνάστασις* zusammen und kann so nicht verbergen, daß Ignatius die paulinische Deutung des Kreuzestodes Jesu nicht kennt und auch nicht seine Formulierung."

[278] Diesen Aspekt verkennt RATHKE, Ignatius, 40, wenn er unter Hinweis auf Phld 8,2 erklärt, die neutestamentlichen Texte seien dem Ignatius „nicht in dem Sinne Autorität, daß er sie wörtlich zitieren müßte", was „allerdings noch keine Geringschätzung dieser neutestamentlichen Schriften durch Ignatius" bedeute. Der entgegengesetzte Irrtum findet sich bei HARNACK, Marcion, 203: Ignatius vertrete hier eine faktische Abrogation des Alten Testaments, das „durch das Evangelium ersetzt und daher überflüssig" geworden sei; freilich habe sich Marcion konsequenter verhalten, indem er aus Lk und Paulusbriefen wirklich *τὰ ἀρχεῖα* geschaffen habe, die Kreuzestod und Auferstehung enthielten. – Beide Überlegungen gehen an der Sache vorbei: Die *Texte* stehen für Ignatius doch gar nicht zur Debatte. Ihm geht es um die Sachkriterien, von denen her die Texte zu sehen sind. Überdies ist zu beachten, daß „neutestamentliche" Texte dem Ignatius so noch gar nicht vorliegen; 1 Kor ist für ihn noch nicht „Neues Testament".

[279] Es kann offen bleiben, ob Ign Phld 8,2 eine wirklich geführte oder eine fiktive

Der letzte an eine Gemeinde gerichtete Brief des Ignatius ist der an die *Smyrnäer,* der ebenso wie Phld in Troas geschrieben wurde. Von Bedeutung ist hier im wesentlichen der Anfang: Sm beginnt mit einer breit referierenden Entfaltung des Bekenntnisses (1,1f), dem sich eine soteriologische Wendung anschließt (2,1: *ἔπαθεν δέ ἡμᾶς, ἵνα σωθῶμεν).* Der Grundbestand der Aussagen in Kap. 1 dürfte aus dem hellenistischen Judenchristentum stammen[280], wie vor allem die deutlich erkennbare Übereinstimmung mit dem in Röm 1,3f zitierten Bekenntnissatz zeigt[281], auffällig ist daneben der Anklang an Mt 3,15[282]. Als Ziel des Heilsgeschehens wird die eine Kirche aus Juden und Heiden genannt[283], wobei die Wendung *ἐν ἑνὶ σώματι τῆς ἐκκλησίας αὐτοῦ* an die deuteropaulinische Ekklesiologie erinnert[284]. Der Gedanke ist aber nicht ausgeführt, so daß man von unmittelbarem paulinischem bzw. deuteropaulinischem Einfluß nicht sprechen kann[285].

Im übrigen finden sich in Ign Sm an paulinische Sätze erinnernde Aussagen und Tendenzen, die schon im Zusammenhang der vorangegangenen Briefe besprochen wurden[286].

Unmittelbar vor dem Weitertransport von Troas nach Neapolis[287]

Disputation wiedergibt. – Vgl. zur Sache noch PAULSEN, Studien, 57–59. Für Ignatius sei „das christologisch fixierte Evangelium entscheidend, dessen Einbindung in die Schrift subsidiäre Bedeutung besitzt" (aaO., 58f).

280 Vgl. ELZE, Untersuchungen, 26–28. Ursprünglich sei eine adoptianische Christologie ausgesagt worden.

281 ... *ὄντα ἐκ γένους Δαυὶδ κατὰ σάρκα, υἱὸν θεοῦ κατὰ θέλημα καὶ δύναμιν θεοῦ.* Allerdings bezieht sich der zweite Teil der Aussage nicht wie Röm 1,4 auf die Auferstehung, sondern impliziert wieder eine Art „Zwei-Naturen-Lehre" (vgl. schon Ign Eph 18,2; 20,2; s.o. Anm 207), wie sie auch Sm 3,3 anklingt. Vgl. dazu KÖSTER, ZThK 54, 1957, 69 (mit A 1).

282 *ἵνα πληρωθῇ πᾶσα δικαιοσύνη ὑπ' αὐτοῦ.*

283 Dieser Nachsatz *εἴτε – εἴτε ... ἐν ἑνὶ σώματι* wird zur vorignatianischen Tradition gehören; *Ἰουδαῖοι* und *ἔθνη* werden sonst bei Ignatius nicht erwähnt. SCHLIER, Untersuchungen, 88f hält gerade aus demselben Grunde das *εἴτε – εἴτε* für „Reminiszenz an 1. Kor 1,23".

284 LIGHTFOOT, Fathers II/2, 293 sieht hier unmittelbare Anspielungen auf Eph 2,16; Kol 1,18. – Das Bild von der Kirche als „Leib" hat sich von der *σῶμα-Χριστοῦ*-Vorstellung weithin gelöst (vgl. *σωματεῖον* in Sm 11,2). Daher ist die Kritik von BARTSCH, Gut, 25 mE. unberechtigt, der zu Sm 1,2 erklärt, bei Paulus weise der *σῶμα*-Gedanke auf „die bestehende Einheit im Sakrament" hin, während Ignatius meine, daß „die Einheit im Sakrament immer wieder neu zu konstituieren" sei; Paulus stehe hier „in direktem Gegensatz zur Intention des Ignatius". Trall 11,2 zeigt aber, daß der Gedanke der Einheit der Kirche für Ignatius durchaus vorgegeben ist.

285 Es ist daher auch fraglich, ob man wirklich sagen kann, hier werde „wieder jene Theol[ogie] sichtbar, die in der Auferstehung Jesu die kosmische Vereinigung vollzogen u[nd] diese in der Versöhnung der Völker durchgeführt sieht" (so SCHWEIZER, Art. *σῶμα,* ThWNT VII, 1081, 7ff). Ignatius hat das so wohl nicht gesehen.

286 Ign Sm 2,1; 4,2/1 Kor 15,12ff (s.o. S. 208 zu Trall 10); Sm 11,1/1 Kor 15,9f (s.o. S. 210 zu Ign Röm 9,2).

287 Vgl. Apg 16,11.

schreibt Ignatius noch einen persönlichen Brief an *Polykarp,* den Bischof der smyrnäischen Kirche[288].

Dieser kürzeste der Ign enthält an zwei Stellen Anklänge an Aussagen des NT Eph, nämlich in 5,1 und 6,2[289]. In Pol 5 erinnert Ignatius an die Normen der christlichen Ehe und fordert dabei die Männer auf *ἀγαπᾶν τὰς συμβίους ὡς ὁ κύριος τὴν ἐκκλησίαν*. Diese Wendung liegt nahe bei NT Eph 5,25.29[290]; aber reicht sie aus, um eine Abhängigkeit des Ignatius von diesem deuteropaulinischen Brief nun doch (s. S. 205) behaupten zu können[291]? Es ist nicht auszuschließen, daß Ignatius und der Vf des NT Eph unabhängig voneinander denselben Gedanken geformt haben könnten[292]; vor allem ist auch zu beachten, daß die Idee bei Ignatius nur anklingt, während sie in NT Eph 5,22–33 sehr breit ausgeführt ist. *Dieser* Kontext scheint dem Ignatius jedenfalls nicht bewußt gewesen zu sein.

Die Fortsetzung Ign Pol 5,2 berührt sich thematisch mit 1 Kor 7; die Tendenz ist allerdings nahezu entgegengesetzt: Paulus lobt die *ἐγκράτεια* (7,7–9), Ignatius warnt vor einer Überschätzung der *ἅγνεια*. Es ist daher zweifelhaft, ob Ignatius hier wirklich die paulinische Ethik rezipiert[293].

Die zweite Parallele besteht zwischen Ign Pol 6,2 und NT Eph 6,13–17. Allerdings ist das Bild von der geistlichen Waffenrüstung sehr verschieden ausgeführt: Der Vf des NT Eph redet von Gottes eigener Waffenrüstung, die die Christen anziehen sollen, Ignatius dagegen entwirft das Bild von den theologischen Begriffen her *(βάπτισμα, πίστις, ἀγάπη, ὑπομονή* – nicht *ἐλπίς*!); außerdem ist das militärische Element bei ihm stärker ausgeprägt *(καὶ δεπόσιτα ὑμῶν κτλ.)*. Da das aus weisheitlicher Rede stammende Bild in der Predigt beliebt gewesen zu sein scheint[294], wird man Ign Pol 6,2 kaum von NT Eph 6 ableiten können[295].

Aufgrund der bisherigen Untersuchung läßt sich sagen, daß Ignatius von der paulinischen Theologie beeinflußt ist, auch wenn man nicht behaupten kann, er stehe direkt in paulinischer Tradition. Mit Sicherheit hat er 1 Kor gekannt. Er zeigt darüberhinaus aber auch Berührung mit paulinischem Denken, wie es etwa im Gal oder im Röm begegnet, ohne daß eine literarische

---

[288] Freilich ist auch dieser Brief kein „Privatbrief"; die angesprochenen Themen sind im wesentlichen dieselben wie in den Gemeindebriefen, und in Kap. 6 wendet sich Ignatius über Polykarp an die gesamte Gemeinde.

[289] LIGHTFOOT, Fathers II/2, 334 und NTAF, 68 sehen außerdem in dem Ausdruck *ἀνέχειν ἐν ἀγάπῃ* in 1,2 eine Anspielung auf NT Eph 4,2 – sicher zu Unrecht.

[290] In NT Eph 5,29 liest 𝔎 *ὁ κύριος* statt *ὁ Χριστός*.

[291] LIGHTFOOT, Fathers II/2, 348 und NTAF, 67: Ja.

[292] Zur religionsgeschichtlichen Ableitung vgl. GNILKA, Eph, 290–294.

[293] Gegen MEINHOLD, HJ 77, 1957, 60.

[294] Vgl. GNILKA, Eph, 309–314; LINDEMANN, Aufhebung, 65.

[295] Vgl. auch NTAF, 68. Abhängigkeit von Eph 6,13–17 wird hingegen behauptet von LIGHTFOOT, Fathers II/2, 353 und erwogen von RATHKE, Ignatius, 51.

Abhängigkeit von diesen paulinischen Briefen auch nur wahrscheinlich zu machen ist.

Man kann die Briefe des Ignatius insgesamt mit denen des Paulus nicht vergleichen. Die Paulinen sind Ergebnisse eines intensiven theologischen Denkprozesses und erweisen sich durchweg als überaus sorgfältig konzipiert und formuliert. Die Ignatianen sind in viel stärkerem Maße Produkte des Augenblicks, geschrieben aus einer besonderen Stimmung heraus und in einer unwiederholbaren Situation. Ignatius hat – mit Ausnahme des Röm, wo die Erwartung des Martyriums ins Zentrum rückt – nur ein wirkliches Thema: Die Einheit der Kirche, die in Lehre und Organisation sichtbar werden soll. So ist es zu erklären, daß „dogmatische" wie „ethische" Distinktionen und breiter ausgeführte Gedankengänge praktisch ganz fehlen; ein Urteil über die denkerischen Qualitäten des Theologen und Bischofs Ignatius ist damit noch nicht verbunden[296].

Angesichts dieses Charakters der Ign ist es methodisch sicher nicht unproblematisch, die Briefe daraufhin zu befragen, inwieweit in ihnen unabhängig von möglichen literarischen Beziehungen zu den Paulusbriefen ein spezifisch paulinischer Sprachgebrauch sichtbar wird. Der Gebrauch von Worten wie *εὐαγγέλιον, πίστις, δικαιοσύνη* usw. geschah hier sicherlich weitaus weniger reflektiert als in den Past, NT Eph oder auch 1 Clem. Dennoch kann eine Begriffsuntersuchung[297] vielleicht dazu beitragen, das bisher gewonnene Ergebnis abzurunden.

Die Wortgruppe *πιστεύειν/πίστις* ist in den Ign überaus häufig belegt[298]. Natürlich sind für unseren Zusammenhang alle Stellen bedeutungslos, wo *πιστεύειν* im Sinne von „vertrauen"[299] bzw. *πίστις* lediglich formelhaft gebraucht[300] ist. Aber das Verb wird von Ignatius nicht selten auch im „paulinischen" Sinn mit einem Objekt gebraucht[301]; dabei ragen Trall 2,1; Sm 6,1 heraus, weil hier „glauben" auf den Tod Jesu bezogen ist: Dieser Glaube rettet die Menschen vor dem Sterben[302]. Derselbe theologische Zusammenhang wird in Ign Eph 16,2 hergestellt, wo es heißt, die Irrlehrer würden die *πίστις θεοῦ* verderben *ὑπὲρ ἧς Ἰησοῦς Χριστὸς ἐσταυρώθη:* Der Gottesglaube steht also im Horizont des Kreuzes.

Auffällig ist Trall 8,1, wo die *πίστις* mit der *σάρξ τοῦ κυρίου* und die *ἀγάπη*

296 Das bedeutet noch nicht eine Überschätzung der intellektuellen Fähigkeiten des Ignatius; zu einer solchen besteht von den Briefen her nicht unbedingt Anlaß.

297 Eine detaillierte Wortbestandsuntersuchung der Ign, insbesondere im Vergleich zu Paulus, hat RATHKE, Ignatius, 58–64 vorgelegt.

298 Vgl. NIEDERWIMMER, Grundriß, 64–66; RATHKE, Ignatius, 63.

299 Vgl. Ign Magn 6,1; Trall 6,2 usw.

300 Vgl. Ign Eph 1,1; Magn 1,1f; Phld 8,2 usw.

301 Ign Magn 10,3: *εἰς θεόν;* Trall 9,2: *αὐτῷ* (sc. Gott); Phld 8,2: *ἐν τῷ εὐαγγελίῳ.*

302 Ign Sm 6,1 verbindet diesen Gedanken allerdings mit dem unpaulinischen Begriff des *αἷμα Χριστοῦ.*

mit dem *αἷμα Ἰησοῦ Χριστοῦ* identifiziert wird[303]. Wie in Phld 5,1f das *εὐαγγέλιον* als *σάρξ* Jesu bezeichnet werden kann, womit die Gegenwart Christi in der Verkündigung gemeint ist, so will Ignatius in Trall 8,1 offenbar die Präsenz Christi in Glaube und Liebe der Christen darstellen: In dem „neu geschaffenen" Menschen *(ἀνακτίσασθε)* ist Christus gegenwärtig; d.h. Ignatius schließt implizit aus, daß *πίστις* und *ἀγάπη* Leistungen des Menschen sein könnten. Seine Gedanken sind also zwar nicht in der Terminologie, wohl aber in der Sache durchaus paulinisch.

Trotz des oft nur formelhaften Gebrauchs von *πίστις/πιστεύειν* ist bei Ignatius das paulinische Verständnis des auf Christus bezogenen Glaubens durchaus gegenwärtig, auch wenn man vielleicht bezweifeln mag, daß es sich hier wirklich um ein Stück bewußt rezipierten Paulinismus' handelt[304].

Ignatius hat die paulinische Rechtfertigungslehre offenbar überhaupt nicht aufgenommen[305]. Lediglich in Phld 8,2 ist ein Gebrauch des Verbs *δικαιοῦν* zu erkennen, der dem paulinischen Verständnis nahezukommen scheint. Ignatius erklärt hier, er wolle durch das Heilsgeschehen „gerechtfertigt" werden *ἐν τῇ προσευχῇ ὑμῶν;* aber eine genaue theologische Analyse dieser Aussage ist letztlich unmöglich[306].

Das Fehlen der Rechtfertigungsaussage bei Ignatius wird in der Forschung oft negativ bewertet. E. von der Goltz erklärte, bestimmend seien für Ignatius „der wesentlich griechische Charakter seiner Heilsauffassung" und „das Fehlen der jüdisch-alttestamentlichen Grundlage", und die Folge sei „die Unfähigkeit, den Paulus zu verstehen und zu reproducieren"[307]. R. Bultmann verwies darauf, daß die „heilsgeschichtlichen Begriffe" der paulinischen Theologie (*νόμος* usw.) bei Ignatius ganz ausfallen[308]; der Begriff der *δικαιοσύνη* werde meist im moralischen Sinn gebraucht, und „die Folge ist, daß ein Perfektionismus erwächst"[309]. H. Rathke schließlich

303 Ein ähnlicher Sprachgebrauch begegnet Ign Sm 10,2: Jesus ist der vollkommene Glaube (nicht: „Treue", gegen FISCHER, Väter, 213 A 57).

304 WUSTMANN, Heilsbedeutung, 109 anerkennt „die Höhe des Glaubensbegriffes", meint aber, man dürfe „die Tiefe des paulinischen Glaubens an die den Sünder rettende Gnade bei Ign nicht zu finden erwarten"; SCHLIER, Untersuchungen, 179 konstatiert bei Ignatius die „Auflösung des *πίστις*-Begriffes". Dagegen m R. BULTMANN, Theologie, 547: Ignatius hat „von Paulus gelernt, den christlichen Glauben wirklich als eine existentielle Haltung zu verstehen". Vgl. DERS., Exegetica, 400f und überhaupt den ganzen Aufsatz (aaO., 400–411).

305 *δικαιοσύνη* begegnet nur Sm 1,1 (nach Mt 3,15), *δικαιοῦν* nur Röm 5,1; Phld 8,2 (s.o. S. 212f).

306 Wie verhalten sich *ἐν οἷς (=σταυρός, θάνατος, ἀνάστασις, πίστις)* und *ἐν τῇ προσευχῇ* zueinander? Eindeutig erkennbar scheint nur, daß Ignatius hier die Rechtfertigung als Geschenk begreift.

307 GOLTZ, Ignatius, 166.

308 BULTMANN, Exegetica, 403f. Dazu RIESENFELD, TU 79, 318f: Dem vom Hellenismus bestimmten Ignatius sei das aus dem Judentum kommende Gesetzesproblem im Grunde unbekannt gewesen.

309 BULTMANN, Exegetica, 402.

meint, die Rechtfertigung werde „bei Ignatius ähnlich umgebogen wie in den Pastoralbriefen. Die Rechtfertigung im echt paulinischen Sinn tritt zurück und der Gedanke der Erlösung drängt sich ganz vor“[310]. Diese Kritik aber wäre allenfalls dann berechtigt, wenn man sicher sein könnte, daß Ignatius die paulinische Rechtfertigungsaussage gekannt hat; denn nur dann hätte er sie durch sein Schweigen implizit abgelehnt oder jedenfalls erheblich modifiziert. Doch wenn Ignatius, wie es wahrscheinlich ist, weder Gal noch Röm gekannt hat, dann hat er die „klassischen“ Formulierungen des Paulus über die Rechtfertigung niemals gelesen. Die Unterschiede zwischen seiner und der paulinischen Theologie sind dann nicht als Abweichungen, schon gar nicht als „Abfall“ von der Höhe paulinischen Denkens zu verstehen; sie zeigen lediglich, wie eine Paulusrezeption aussah, die nur einen relativ begrenzten Ausschnitt der paulinischen Überlieferung kannte[311].

Bestätigt wird dieser Eindruck, wenn man das ignatianische Verständnis der *χάρις* mit einbezieht: In Magn 8,1 werden *Ἰουδαϊσμός* und *χάρις* einander gegenübergestellt; in Magn 2 (vgl. Phld 5,1) dagegen werden *χάρις θεοῦ* und *νόμος Ἰησοῦ Χριστοῦ* parallelisiert. Dahinter scheint eine ungewisse Kenntnis des paulinischen Verständnisses von Gesetz und Gnade zu stehen, ohne daß jedoch die theologische Begrifflichkeit exakt übernommen worden wäre. Der paulinische Gegenbegriff zu *χάρις* fehlt: Von den *ἔργα νόμου* ist nicht einmal implizit die Rede[312]. Ign Sm 6,2 zeigt aber, daß das Reden von *χάρις* bei Ignatius nicht zu einer bloß formalen Selbstverständlichkeit geworden ist: *καταμάθετε δὲ τοὺς ἑτεροδοξοῦντας εἰς τὴν χάριν Ἰ. Χ.* Kann man annehmen, daß *χάρις* hier inhaltlich streng gefaßt ist? Oder handelt es sich um eine rein formale Bezeichnung des christlichen Glaubens (wie bisweilen *πίστις*)? Letzteres ist zumindest unwahrscheinlich, da ein solches Verständnis von *χάρις* sonst nicht belegt ist. Dann aber erhält Sm 6,2 erhebliche Bedeutung: Ignatius wehrt sich gegen die These, daß die Gnade Christi die Werke der Liebe überflüssig mache. Er mahnt die Smyrnäer, sie sollten die „Häretiker“ nicht nach deren dogmatischem Urteil über die *χάρις* einschätzen, sondern nach den Konsequenzen in ihrem Handeln. Das ist ein in der Sache durchaus nicht unpaulinisches Argument (vgl. etwa Röm 6,1f und überhaupt das

---

[310] RATHKE, Ignatius, 30. AaO., 70: „An die Stelle der Rechtfertigung tritt für Ignatius der Tod selbst als Erlösung“, wobei Rathke auf den ignatianischen Martyriumsgedanken hinweist. Aber damit ist das *οὐ παρὰ τοῦτο δεδικαίωμαι* von Ign Röm 5,1 m.E. überinterpretiert. Daß der Martyriumsgedanke die Rechtfertigungsaussage ersetze, kann man nicht behaupten. – PAULSEN, Studien, 33 meint, die literarische Abhängigkeit dieser Stelle von 1 Kor 4,4 lasse sich „kaum bezweifeln“.

[311] Es ist zu beachten: Auch 1 Kor enthält die Rechtfertigungslehre, implizit und explizit. Aber ihr Stellenwert für die paulinische Theologie wird erst sichtbar, wenn man daneben Röm und Gal kennt.

[312] *ἔργον* ist in den Ign durchweg positiv gefaßt. Vgl. zur Sache CONZELMANN, Art. *χάρις*, ThWNT IX, 391.

Verhältnis von Indikativ und Imperativ), auch wenn eine theologische Bestimmung des Verhältnisses von Gnade und Handeln bei Ignatius fehlt.

Eigenartig ist die Aussage Ign Pol 1,2, Polykarp habe die *χάρις* „angezogen". Da dieses Bild bei Ignatius sonst fehlt, läßt sich die Stelle kaum sicher interpretieren. Im Hintergrund scheint aber dasselbe Denken wie in Röm 13,14; Gal 3,27 (vgl. auch 1 Kor 15,53f) zu stehen. Dieses Denken (nicht die paulinischen Textstellen) könnte dem Ignatius möglicherweise bekannt gewesen sein[313].

Letztes Indiz dafür, daß Ignatius die Substanz der paulinischen Soteriologie nicht kennt, ist das Fehlen der die Geschöpflichkeit bzw. Sündhaftigkeit des Menschen bezeichnenden anthropologischen Begriffe. *ἁμαρτία*[314] begegnet nur in der christologischen Formel Ign Sm 7,1; *σάρξ* ist zwar oft belegt, besitzt aber die vielfältigsten Bedeutungen[315]. Auffällig ist, daß die Wendung *κατὰ σάρκα* mehrfach vorkommt, ohne daß ein Zusammenhang mit dem Thema Sünde hergestellt würde[316].

Dieser Befund bedeutet: Sicher ist P. Meinholds Urteil nicht zu halten, Ignatius habe fast alle paulinischen Briefe gelesen und verarbeitet, und er sei deshalb als „ein wirklicher Schüler des Paulus" anzusehen[317]. Aber ebenso unhaltbar ist auch die Gegenthese, wie sie etwa W. Schneemelcher vertritt: Die Theologie des Ignatius habe „mit Paulus nichts zu tun", sondern komme „aus völlig anderen Traditionen"[318]. Es haben sich so viele Indizien für eine unmittelbare literarische Beziehung zu 1 Kor gezeigt, daß der Schluß zwingend ist, Ignatius habe diesen Paulusbrief gekannt. Wahrscheinlich hat er auf dem Transport von Antiochia nach Troas keine Abschrift dieses Briefes bei sich getragen[319]; schon deshalb fehlen alle Zitate und genaueren Anspielun-

---

[313] Im Hintergrund steht sicher die Vorstellung vom Himmelsgewand (vgl. dazu Conzelmann, 1 Kor, 348). Aber bezieht sich Ignatius direkt darauf, oder schon auf die paulinische Variante?

[314] *ἁμαρτάνειν* nur in Ign Eph 14,2, wohl in moralischem Sinn.

[315] *σάρξ* bezeichnet die menschliche Sphäre (Ign Magn 3,2; Röm 2,1; Phld 7,2); es steht im Sinne einer Dichotomie neben *πνεῦμα* (Magn 13,1; Trall inscr; Trall 12,1; vgl. dazu Schlier, Untersuchungen, 131–135; Schweizer, Art. *σάρξ*, ThWNT VII, 146f); es bezeichnet stark betont das Menschsein Jesu in der Inkarnation (Eph 7,2; Magn 13,2), im Abendmahl (Röm 7,3; Sm 7,1, nicht auf die Elemente bezogen, sondern auf die *εὐχαριστία* als ganze) und nach der Erhöhung (Sm 3,1 in Abwehr des Doketismus). Vgl. zur Sache Bultmann, Exegetica, 407f.

[316] Vgl. ferner *κατὰ ἄνθρωπον* bzw. *κατὰ ἀνθρώπους* (Ign Trall 2,1; Röm 8,1, vgl. 8,3); die Gegenbegriffe *κατὰ Ἰησ. Χριστόν* bzw. *κατὰ γνώμην θεοῦ* sind zwar in dieser Form unpaulinisch, sie sind aber doch Indizien dafür, daß Einfluß paulinischer Anthropologie vorhanden ist. Vgl. zum Ganzen Bultmann, Exegetica, 410.

[317] Meinhold, HJ 77, 1957, 62. Er gehöre formal in die Nähe der Gnosis, in der Sache aber ganz auf die Seite des Paulus.

[318] Schneemelcher, ZKG 75, 1964, 16. Schneemelcher bezweifelt (aaO., 6), daß Ignatius auch nur 1 Kor benutzt habe; jedenfalls habe er keine paulinische Briefsammlung gekannt und die paulinischen Briefe keinesfalls als heilige Schrift angesehen.

[319] Das der Gemeinde gehörende Exemplar wird in Antiochia geblieben sein.

gen. Aber er hat sich teilweise bewußt und teilweise wohl auch unbewußt paulinischer Formulierungen und Bilder (insbesondere aus 1 Kor) bedient, so daß man sagen kann, sein Denken sei jedenfalls auch von paulinischer Tradition bestimmt gewesen[320].

Paulinisch beeinflußt ist auch seine Christologie und vor allem deren polemische Betonung in der Auseinandersetzung mit den „Häretikern". Paulinischer Einfluß wird auch sichtbar, wenn Ignatius das christliche Handeln an die von Gott geschenkte Gnade bindet, obwohl seine Aussagen dann im einzelnen in eine teilweise andere Richtung weisen[321]. Sicher auf den Einfluß paulinischer Überlieferung geht die starke Betonung der Bedeutung des Glaubens zurück, auch wenn die ignatianischen Aussagen hier insgesamt stark im Formalen bleiben. Paulinischer Einfluß ist sogar im Bereich der Aussagen über die Auferstehung erkennbar (Trall 10), obschon sich Ignatius aus seiner antidoketischen Front heraus im Widerspruch zu 1 Kor 15,50 befindet (vgl. zum Problem dann später Iren Haer V 9,4).

Es fehlen bei Ignatius der gesamte Bereich der Rechtfertigungsbegrifflichkeit, die Anthropologie und das Gesetzesverständnis des Paulus.

„Paulinischer Einfluß" heißt im übrigen nicht, daß Ignatius im Bereich der Ekklesiologie, Christologie usw. die paulinischen Aussagen umfassend rezipiert und allenfalls weiterentwickelt hätte. Er hat sie vielmehr oft nur sehr formal aufgenommen und sie sehr häufig mit Tendenzen aus anderen Traditionen verknüpft, ohne sich um eine sachliche Integration zu bemühen.

Die anderen Traditionen, die auf das ignatianische Denken eingewirkt haben, scheinen in erster Linie das hellenistische Judenchristentum und dann vor allem Strömungen der christlichen Gnosis gewesen zu sein. Das zeigen vor allem die Übereinstimmungen mit NT Eph und Joh, die nicht den Schluß zulassen, Ignatius habe beide Schriften gekannt, sondern die eher auf Abhängigkeit von gemeinsamen Quellen schließen lassen[322].

---

[320] Vgl. KÖSTER, Entwicklungslinien, 115: „Der paulinische Schwerpunkt der Theologie des Ignatius liegt klar zutage, aber es ist nicht ratsam, ihn etwa allein als getreue Fortsetzung paulinischer (und somit ‚apostolischer' oder ‚kanonischer') Lehre zu verstehen." – M. E. zu weit geht NIEDERWIMMER, Grundriß, 7, der die These aufstellt, „daß die Ignatianen eine theologische Anschauung vertreten, die in allen wesentlichen Stücken eine legitime Explizierung der im Neuen Testament – und zwar insbesonders bei Paulus und Johannes – angeschlagenen theologoumena darstellt" (vgl. auch aaO., 88).

[321] Die Sklavenparänese in Ign Pol 4,3 (innerhalb einer „Gemeindetafel", die jedenfalls nicht unmittelbar nach dem Vorbild der deuteropaulinischen Haustafeln gebildet ist, gegen RATHKE, Ignatius, 77) unterscheidet sich in der Tendenz deutlich von dem in NT Eph 6,5–9 vertretenen Standpunkt. Vgl. dazu MEINHOLD, HJ 77, 1957, 61 f.

[322] Zum Verhältnis zwischen Ignatius und Joh vgl. LIETZMANN, Geschichte I, 252f; LOEWENICH, Johannesverständnis, 27; BULTMANN, Theologie, 541 A 1; zum Verhältnis des Ignatius zur Gnosis vgl. vor allem SCHLIER, Untersuchungen, passim. Denkt SCHNEEMELCHER, ZKG 75, 1964, 16 an die Gnosis, wenn er erklärt, die ignatianische Theologie sei „vom griechisch-syrischen Heidenchristentum geprägt"?

Nicht zuletzt ist zu beachten, daß die Erwähnung des Apostels und seiner Briefe zeigt, daß Ignatius sich bewußt als in einem Zusammenhang mit dem Heidenapostel stehend begriffen hat; in dieselbe Richtung weisen gerade auch die mehrfachen Beteuerungen, er wolle sich nicht mit „den Aposteln" vergleichen.

Hat es in Antiochia eine ungebrochene Paulus-Tradition gegeben? War die Großstadt am Orontes, nach Apg 11,19–21 Sitz der ersten Gemeinde aus Juden und Heiden, Trägerin paulinischer Überlieferung, während zur gleichen Zeit im übrigen Syrien die synoptische und die johanneische Tradition in der Gestalt der Evangelien ihren Ausdruck fand, ohne daß Paulinisches auch nur am Rande eine Rolle spielte[323]? W. Bauer bestreitet das[324], und wahrscheinlich zu Recht. Es ist zu vermuten, daß die Paulus-Überlieferung zusammen mit paulinischen Briefen (jedenfalls 1 Kor) von außen nach Antiochia (zurück-)kam, vielleicht erst zu einem Zeitpunkt, als die Evangelien bereits verfaßt waren. Möglicherweise war es Ignatius selbst, der diese „Rückkehr" des Paulus nach Antiochia gefördert hat. Unbestreitbar ist jedenfalls: Als der Bischof seine Gemeinde verlassen mußte, gab es dort eine anerkannte Paulus- Überlieferung; und nichts deutet darauf hin, daß die „Rechtgläubigkeit" dieser Überlieferung irgendeinem Zweifel ausgesetzt gewesen wäre.

d) Die Paulusrezeption Polykarps

Die „Einleitungsfragen" zu den vermutlich zwei Polykarpbriefen sind bereits in Kürze erörtert worden[325]. Es hatte sich gezeigt, daß in Pol 2 Phil Paulus an drei Stellen rühmend erwähnt wird, ohne daß Polykarp deshalb schon als besonderer Verfechter der Paulus-Tradition (etwa im Widerspruch zu möglichen entgegengesetzten Tendenzen) hätte bezeichnet werden können[326]. 2 Phil 3,2 zeigte, daß Polykarp paulinische Briefe kennt, darunter jedenfalls auch den an die Philipper. Die Frage ist nun, ob Polykarp darüberhinaus weitere Paulusbriefe gekannt und im Rahmen der Abfassung seiner beiden Phil in irgendeiner Weise benutzt hat.

Pol 1 Phil, das kurze Begleitschreiben zum Corpus Ignatianum, enthält keinerlei Bezugnahmen auf paulinische Briefe[327]. Dagegen zeigen sich in 2 Phil nach Auffasung der meisten Forscher zahlreiche Anspielungen auf paulinische Briefe, die das Urteil zulassen, Polykarp habe jedenfalls den größten Teil des Corpus Paulinum bereits gekannt[328]. Freilich handle es sich,

---

[323] NIEDERWIMMER, Grundriß, 90 behauptet eine gemeinsame Abhängigkeit des Paulus, des Joh und des Ignatius von der „alten syrischen Kirche des apostolischen Zeitalters".

[324] BAUER, Rechtgläubigkeit, 221.

[325] S. o. S. 87.

[326] S. o. S. 91.

[327] Mit solchen Berührungen ist angesichts des Charakters des im übrigen ja auch nur unvollständig erhaltenen 1 Phil nicht zu rechnen.

[328] Vgl. HARNACK, Chronologie, 385: Die Paulusbriefe einschließlich 1 Tim gelten

wie das Oxford Committee (NTAF) feststellte, um Zitate "from memory; rarely, if ever, from a book"[329]. Noch zurückhaltender äußerten sich W. Bauer und A.E. Barnett, die sich auf die Feststellung beschränkten, Polykarp habe drei paulinische Briefe gekannt, wobei über die genaue Bestimmung keine Einigkeit besteht[330].

Die Urteile gehen z.T. auch deshalb auseinander, weil Polykarp über weite Strecken seines Briefes recht unselbständig in traditionellen Wendungen redet; dabei läßt es sich dann im einzelnen oft schwer entscheiden, ob er bewußt auf paulinische Aussagen Bezug nimmt, oder ob die Übereinstimmungen auf gemeinsamer Tradition bzw. einfach auf Zufall beruhen. Das Präskript des 2 Phil erinnert eigenartig an das des 1 Clem[331], wobei vermutlich keine literarische Abhängigkeit behauptet werden kann. Die christologische Formel am Ende von 1,2 klingt aus in einer Wendung, die aus Apg 2,24 stammen kann[332]. In 1,3a zitiert Polykarp zunächst 1 Petr 1,8, in 1,3b dann anscheinend Eph 2,8f[333]. Die einführende Wendung *εἰδότες ὅτι* bestätigt den Zitatcharakter und scheint darüberhinaus anzudeuten, daß Polykarp die Kenntnis dieses Satzes in Philippi voraussetzt[334]. Der zitierte Satz stimmt nicht wörtlich mit Eph 2,8f überein; es ist also zu vermuten, daß Polykarp sich hier nicht auf eine schriftliche Vorlage bezieht. Bei der Aussage *χάριτί ἐστε σεσωσμένοι* handelt es sich um einen Spitzensatz der Paulus-Tradition, der möglicherweise gar nicht im neutestamentlichen Eph seinen Ursprung hat, sondern dort bereits „zitiert" wird[335]. Wenn Polykarp diese offenbar als

dem Polykarp „als Quellen der christlichen Erkenntnisse und der christlichen Lebensregeln", auch wenn er sie nicht als *γραφαί* zitiert; ähnlich NTAF, 137. HARRISON, Polycarp, 294: Polykarp hat mindestens sieben paulinische Briefe benutzt; FISCHER, Väter, 239: Die Briefsammlung des Paulus war „so gut wie abgeschlossen" und auch in Philippi schon zur Hand; KÜMMEL, Art. Paulusbriefe, RGG V, 197: „Polykarp kennt zweifellos die Mehrheit der kanonischen Paulusbriefe." HAGNER, Use, 284: Polykarp kennt praktisch alle Paulinen; RATHKE, Ignatius, 18: Polykarp „bietet aus fast allen Paulusbriefen mehr oder weniger deutliche Zitate".

329 NTAF, 84.

330 BAUER, Rechtgläubigkeit, 219: 1 Kor, Röm und mehrere Phil. BARNETT, Paul, 184: Polykarp kannte mit Sicherheit 1 Kor, Eph und Phil.

331 Nur hier begegnet *παντοκράτωρ* als Gottesprädikat im Briefpräskript. Der Friedensgruß entspricht sonst auch dem der Deuteropaulinen (beachte allerdings *εἰρήνη παρὰ θεοῦ* anstelle von *ἀπό*).

332 *λύσας τὰς ὠδῖνας τοῦ ᾅδου;* vgl. Ps 17,6 LXX.

333 LIGHTFOOT, Fathers II/3, 324: "A broken quotation from Ephes. II.5,8,9." Vgl. STUHLMACHER, Gerechtigkeit, 12; LUZ, in: Festschrift Käsemann, 367 sieht eine „deutliche Reminiszenz".

334 CONZELMANN, 1 Kor, 126 weist zu 1 Kor 6,2 darauf hin, daß man die „lockere Diatribenwendung" *οὐκ οἴδατε* ... „nicht auszupressen" brauche, „als setze sie überall erfolgte Belehrung voraus". In der Tat ist die Wendung auch bei Polykarp kein schlüssiger Beweis, daß ein Zitat vorliegt. Es ist aber doch auffällig, daß Polykarp die Wendung nur an den Stellen gebraucht, wo auch andere Indizien für Zitatcharakter sprechen.

335 Vgl. LINDEMANN, Aufhebung, 134f.

charakteristisch paulinisch geltende Aussage[336] hier anführt, so signalisiert er damit, daß er als in paulinischer Tradition stehend verstanden werden will. Jedenfalls stellt er in 1,3 betont die Begriffe *πιστεύειν, χάρις* und *ἔργον* zusammen und schafft mit der Schlußbemerkung *θελήματι θεοῦ διὰ Ἰησοῦ Χριστοῦ* einen christologischen Rahmen (vgl. Eph 2,10)[337].

Sachlicher Einfluß paulinischer Theologie wird auch in 3,2f sichtbar. Polykarp erwähnt die paulinischen Briefe[338] und verwendet dabei in gehobener Redeweise die typisch paulinische Trias *πίστις/ἐλπίς/ἀγάπη*. Dabei erinnert die Bezeichnung der *πίστις* als *μήτηρ πάντων ἡμῶν* an Gal 4,26[339]; sollte Polykarp sich tatsächlich auf diese Stelle beziehen, so hätte er die paulinische Allegorie (Sara = *ἡ ἐλευέρα* = *ἡ ἄνω Ἰηρουσαλήμ, ἥτις ἐστὶν μήτηρ ἡμῶν*) gleichsam rückwärts aufgeschlüsselt: Als Kinder der Sara sind die Christen Kinder des Glaubens[340]. Die Bemerkung, daß die *ἐλπίς* „folge", während die *ἀγάπη* vorausgehe, ist am einfachsten zu erklären, wenn man sie als Deutung von 1 Kor 13,13 interpretiert: Paulus erklärt dort, die von ihm zuletzt genannte *ἀγάπη* sei *μείζων τούτων;* Pol 2 Phil 3,3a könnte der Versuch Polykarps sein, diese Paradoxie aufzulösen und gleichzeitig die drei Größen *πίστις, ἐλπίς* und *ἀγάπη* in eine sachgemäße Beziehung zueinander zu setzen.

An paulinische Aussagen erinnert auch der Schluß von 3,3: *ἐὰν γάρ τις τούτων ἔντος ᾖ, πεπλήρωκεν ἐντολὴν δικαιοσύνης*. J.A. Fischer verweist als Parallelen auf Röm 13,8–10; Gal 5,14; 6,2[341]; es ist aber zu beachten, daß Polykarp gerade nicht die *ἀγάπη* allein zum Kriterium der Gebotserfüllung macht, sondern offenbar die drei Größen *πίστις, ἐλπίς* und *ἀγάπη* zusammen[342]. Er hat also den vor allem in Gal 6,2 ausgesprochenen Gedanken weitergeführt[343].

Auf Aussagen nachpaulinischer Briefe nimmt Polykarp in 4,1 Bezug. Der Eingangssatz über die *φιλαργυρία*[344] scheint ein freies Zitat von 1 Tim 6,10a zu sein[345]. Dafür spricht auch die Fortsetzung 4,1b, wo, eingeleitet mit dem charakteristischen *εἰδότες ... ὅτι,* ohne Zweifel 1 Tim 6,7 zitiert ist[346]. Das

---

336 Vgl. Apg 15,11; Tit 3,5.

337 Vgl. dazu WUSTMANN, Heilsbedeutung, 125.

338 S.o. S. 88f.

339 Das *πάντων* schießt über; aber Polykarp kann durchaus die jetzt von A, 𝔎 usw. vertretene Lesart vor sich gehabt haben.

340 Das ergäbe einen sehr guten Sinn und würde zeigen, daß die Anknüpfung an Gal 4,26 nicht, wie BAUER, Pol, 287 meint, „lediglich die Form" betrifft, sondern durchaus die Sache.

341 FISCHER, Väter, 253 A 40.

342 Jedenfalls wird man *τούτων ἔντος* kaum auf *ἀγάπη* allein beziehen können.

343 *ἐντολὴ δικαιοσύνης* würde dann den Begriff des *νόμος τοῦ Χριστοῦ* ersetzen.

344 Das Thema ist bei Polykarp beliebt; vgl. 2,2; 4,3; 6,1.

345 Die beiden Sätze stimmen freilich nicht wörtlich, wohl aber in der Tendenz überein.

346 1 Tim 6,7: *οὐδὲν γὰρ εἰσηνέγκαμεν εἰς τὸν κόσμον, ὅτι οὐδὲ εἰσενεγκεῖν τι δυνάμεθα.* 2 Phil 4,1: *οὐδὲν εἰσηνέγκαμεν εἰς τὸν κόσμον, ἀλλ' οὐδὲ εἰσενεγκεῖν τι ἔχομεν.*

folgende Bild der Waffenrüstung knüpft hingegen nicht an entsprechende paulinische oder deuteropaulinische Aussagen an[347]; Polykarp nimmt dieses Motiv vielmehr in freier Form auf. Die ganze Stelle 2 Phil 4,1 ist ein charakteristisches Beispiel für den Stil Polykarps: Sein Brief besteht überwiegend aus freien Verbindungen fremder Texte, ohne daß er versucht, die verschiedenen Anspielungen und Zitate wirklich zu einer Einheit zusammenzufügen.

In 4,2–6,2 folgt die Gemeinde- und Haustafel des 2 Phil, die sich natürlich mit den entsprechenden Texten der Deuteropaulinen und vor allem der Past berührt, ohne daß deutliche literarische Übereinstimmungen erkennbar wären[348]. Auffällig ist die Vermischung des Haustafelschemas mit Elementen aus Tugend- und Lasterkatalogen (4,3; 5,2).

In 5,1 wird die Gemeindetafel unterbrochen; Polykarp führt erneut ein Zitat *(εἰδότες ... ὅτι)* an: *θεὸς οὐ μυκτηρίζεται.* Es könnte sich um eine wörtliche Übernahme von Gal 6,7 handeln; nur scheint das Wort schon von Paulus selbst als eine Art Sprichwort angeführt worden zu sein[349]. Da sich aber andererseits bereits Indizien für eine unmittelbare Benutzung des Gal durch Polykarp ergeben haben, kann man doch annehmen, daß hier an Gal 6,7 gedacht ist[350].

Die Mahnung an die *νεώτεροι* in 5,3 beschränkt sich ganz auf das Gebiet der Sexualität; dabei verwendet Polykarp anscheinend wieder Aussagen aus paulinischen Briefen. Jedenfalls meint J.A. Fischer, der Satz *καλὸν ... ἀνακόπτεσθαι ἀπὸ τῶν ἐπιθυμιῶν ..., ὅτι πᾶσα ἐπιθυμία κατὰ τοῦ πνεύματος στρατεύεται* sei „aus 1 Petr 2,11 und Gal 5,17 zusammengemischt"[351]. Das würde bedeuten, daß die bei Paulus prinzipiell theologische Aussage über *σάρξ* und *πνεῦμα* von Polykarp in eine rein moralische umgeformt worden wäre[352]. Näher liegt m.E. die Annahme, daß Polykarp sich hier allein auf

Die einzige wirkliche Änderung betrifft das letzte Wort; die anderen Abweichungen sind kontextbedingt. M.E. kann hier sogar mit einem Zitat nach schriftlicher Vorlage gerechnet werden. Man kann die Stelle geradezu als Beweis dafür ansehen, daß Polykarp nicht der Vf der Past sein kann – es sei denn, man würde annehmen, er zitiere hier absichtlich sich selbst.

347 Gegen NTAF, 90: "Certainly influenced by Pauline metaphors."

348 Vgl. dagegen die Nähe zu 1 Clem 21,6–8, die freilich ebenfalls kaum auf literarische Abhängigkeit weist.

349 *μὴ πλανᾶσθε,* 1 Kor 6,9; 15,33; vgl. NTAF, 92: "The probability cannot be excluded that the words may be a quotation in Galatians also ..., and that Polycarp may be dependent on the lost source" – die freilich keineswegs eine schriftliche gewesen sein müßte.

350 Dagegen scheint 5,1 b *(ὀφείλομεν ἀξίως ... περιπατεῖν)* kaum von einer Vorlage (etwa 1 Thess 2,12) abhängig zu sein.

351 Fischer, Väter, 255 A 69.

352 Das in Gal 5,17 entscheidende anthropologische Stichwort *σάρξ* ist bei Polykarp

1 Petr 2,11 bezieht[353] und lediglich das Stichwort ψυχή durch πνεῦμα ersetzt hat; ein sicheres Urteil ist allerdings unmöglich, weil sich über den Gebrauch von πνεῦμα bzw. ψυχή bei Polykarp nichts sagen läßt[354].

Die Fortsetzung *οὔτε πόρνοι κτλ.* stellt vor dasselbe Problem wie das Zitat in 5,1: Zwar scheint Polykarp unmittelbar auf 1 Kor 6,9f Bezug zu nehmen; aber dort benutzt Paulus selbst ihm schon vorgegebenes Material[355], so daß nicht auszuschließen ist, Polykarp beziehe sich auf diese vorpaulinische Tradition. Andererseits fällt aber auf, daß die Reihenfolge der erwähnten Laster mit der in 1 Kor 6,9f gegebenen identisch ist – es fehlen nur alle Verirrungen, die nicht speziell auf die Adressaten *(νεώτεροι)* zu münzen waren[356]. Und von daher ist es vermutlich doch naheliegend, daß Polykarp hier 1 Kor 6,9f zitiert, und zwar offenbar in einer gezielten Auswahl und möglicherweise sogar nach schriftlicher Vorlage[357]. Mit dem Nachsatz *οὔτε οἱ ποιοῦντες τὰ ἄτοπα* will Polykarp offenbar dem Mißverständnis vorbeugen, er halte die bei Paulus sonst noch genannten Laster für weniger gravierend[358].

Merkwürdig ist der Schluß von 6,1: Der Mahnung an die Presbyter, sie sollten nicht sein *ἀπότομοι ἐν κρίσει,* folgt als Begründung anscheinend wieder ein Zitat – *εἰδότες, ὅτι πάντες ὀφειλέται ἐσμὲν ἁμαρτίας.* Dieser Satz erinnert stark an das paulinische Verständnis der Sünde; aber bei Paulus gibt es keine auch nur annähernd ähnliche Aussage. Ist es denkbar, daß etwa Formulierungen wie Röm 7,14b zu zitierfähigen Logien umgestaltet wurden? Jedenfalls scheint Polykarp den Satz nicht ad hoc gebildet zu haben; und er setzt überdies voraus, daß die Philipper diese Aussage bereits kennen[359].

6,2 erinnert zunächst an Aussagen aus der Bergpredigt (Mt 6,12.14). Der Hinweis auf das Endgericht aber scheint dann wiederum in Anlehnung an paulinische Sätze formuliert zu sein. Hat Polykarp hier tatsächlich 2 Kor 5,10 und Röm 14,10.12 zu einer Einheit zusammengefügt? Oder bezieht er sich

---

nur in der antidoketischen Aussage 7,1 und im Zitat 7,2 (Mt 26,41) belegt, also in nichtpaulinischem Sinn.

[353] Polykarp hat 1 Petr zweifellos gekannt, wie 8,1 zeigt, wo er 1 Petr 2,24.22 zitiert (nicht Jes 53; das zeigt der Ausdruck *τῷ ἰδίῳ σώματι ἐπὶ τὸ ξύλον).*

[354] ψυχή fehlt bei Polykarp ganz; πνεῦμα begegnet nur hier und in 7,1.

[355] Das zeigt, wie in Gal 6,7, das einleitende *μὴ πλανᾶσθε;* vgl. CONZELMANN, 1 Kor, 128.

[356] Besonders charakteristisch ist dabei das Fehlen des Stichworts *μοιχοί.* Polykarp rechnet nicht damit, daß die *νεώτεροι* bereits Ehebrecher sein könnten. Jedenfalls ist es ein Irrtum anzunehmen, daß "these omissions do not appear to proceed on any fixed principle" (so NTAF, 85); Polykarp geht es um einen ganz fest begrenzten Bereich.

[357] NTAF, 85: Polykarp zitiere "from memory" wegen der Auslassungen; vgl. dazu die vorige Anm.

[358] Polykarp setzt also voraus, daß man in Philippi 1 Kor kennt.

[359] Für den gnomischen Charakter spricht schon die Verwendung der 1. Pers. Plural. Vgl. zur Stelle LIGHTFOOT, Fathers II/3, 333.

allein auf Röm 14 und "has unconsciously been influenced by 2 Cor 5,10 also"[360]? Der erste Teil (*πάντας δεῖ παραστῆναι τῷ βήματι τοῦ Χριστοῦ*) entspricht fast wörtlich 2 Kor 5,10[361], der zweite Teil (*ἕκαστον ὑπὲρ αὐτοῦ λόγον δοῦναι*) erinnert jedenfalls schwächer an Röm 14,12, wobei die Abweichungen kaum als bewußte Korrekturen zu erklären sind[362]. Daher liegt die Annahme nahe, Polykarp zitiere hier tatsächlich 2 Kor 5 und sei von Röm 14 allenfalls beeinflußt[363].

Die Wendung *ἀρραβὼν τῆς δικαιοσύνης*[364] in 8,1 klingt paulinisch, obwohl Paulus (und Eph) in diesem Zusammenhang stets vom *πνεῦμα* und nicht von Christus redet. Die Verbindung von *δικαιοσύνη* und *Χριστός*[365] weist aber auf paulinisch beeinflußtes Denken, ebenso die Wendung *ἵνα ζήσωμεν ἐν αὐτῷ* am Schluß von 8,1[366]. A. Bovon-Thurneysen sieht in 8,1 gerade einen Beleg dafür, daß Polykarp das paulinische Verhältnis von Indikativ und Imperativ nicht mehr kenne: „Der Gehorsam erst berechtigt den Gläubigen zur Hoffnung."[367] Aber dieses Urteil wird der Tendenz der Stelle nicht gerecht. In der Bezeichnung Christi als *ἀρραβὼν τῆς δικαιοσύνης* steckt ja bereits der Indikativ der Heilszusage[368], was Polykarp durch das Zitat von 1 Petr 2,24 noch bestätigt. Außerdem ist der Ausdruck *προσκαρτερῶμεν τῇ ἐλπίδι* wohl mißverstanden, wenn man ihn im Sinne einer paränetischen Mahnung auffaßt: Im Grunde ist die Aussage identisch mit einem Aufruf zum Glauben.

Daß Polykarp die paulinische Beziehung zwischen Indikativ und Imperativ kennt, scheint auch der Übergang von 1,3 zu 2,1 zu beweisen[369]: Der

---

360 So NTAF, 91.

361 Die einzige Korrektur ist der Ersatz des dem Polykarp offenbar befremdlich erschienenen Ausdrucks *φανερωθῆναι ἔμπροσθεν* durch das geläufigere *παραστῆναι*; das wird kaum auf Röm 14,10 (*πάντες ... παραστησόμεθα τῷ βήματι τοῦ θεοῦ*) zurückgehen.

362 Polykarp hätte *ἡμῶν* gestrichen und *περὶ ἑαυτοῦ λόγον* ... durch *ὑπὲρ αὐτοῦ λόγον* ersetzt; die anderen Abweichungen wären kontextbedingt.

363 Der Ausdruck *λόγον δοῦναι* „Rechenschaft leisten" ist ganz gebräuchlich; vgl. Bauer, WB. sv *λόγος* 2a), 946.

364 *ἀρραβών* ist in frühchristlicher Literatur nur 2 Kor 1,22; 5,5; Eph 1,14 und hier belegt.

365 Zu *Χριστὸς Ἰησοῦς* und *ἐλπὶς ἡμῶν* verweist NTAF, 96 auf 1 Tim 1,1. Aber diese Übereinstimmungen werden Zufall sein; jedenfalls sind sie kein Indiz für ein bewußtes Zitat. Die zur Zeit Polykarps zweifellos ungewöhnliche Wortfolge beim Christusnamen darf kaum so aufgefaßt werden, als sei *Χριστός* hier noch rein als Titel verstanden.

366 Vgl. dazu in der Sache Röm 6,11. Natürlich hat Polykarp hier nicht bewußt „paulinisch" formuliert; 8,1 zeigt aber die Vertrautheit mit paulinischem Stil.

367 Bovon-Thurneysen, ThZ 29, 1973, 250.

368 Bovon-Thurneysen, ThZ 29,1973, 251 versteht *ἀρραβών* so, hier werde Christus „nur" als erste Anzahlung angesehen. Aber es ist gemeint, daß Christus unsere *δικαιοσύνη* „garantiert".

369 Vgl. dazu Bultmann, Theologie, 523f, der Polykarp im übrigen aber deutlich von Paulus absetzt.

Heilsaussage in 1,3 über die durch Christus gewirkte Rettung folgt in 2,1 der Aufruf *δουλεύσατε τῷ θεῷ*[370].

Anders verhält es sich möglicherweise in 2,2: Zwar bezieht Polykarp die Auferwekkung Jesu in paulinischer Weise auf die bevorstehende Auferweckung der Christen[371]; aber er fügt eine Bedingung hinzu, nämlich das Tun des Willens Gottes[372]. A. Bovon-Thurneysen meint deshalb, hier habe Polykarp 1 Kor 6,14; 2 Kor 4,14 bewußt gekürzt, so daß die künftige Auferstehung der Christen nicht mehr als Auferweckung *σὺν Χριστῷ* erscheine und darüber hinaus abhängig gemacht werde von der Gebotserfüllung[373]. Aber es ist äußerst unwahrscheinlich, daß sich Polykarp bewußt von Paulus absetzen will. Die Aussage *ὁ ἐγείρας αὐτὸν καὶ ἡμᾶς ἐγερεῖ* ist ein Satz des christlichen Bekenntnisses geworden[374]; und daß Polykarp diese Aussage im Rahmen der Paränese mit einer Bedingung verknüpft, ist kaum unpaulinischer als etwa 1 Kor 6,9f. Eine ähnliche Argumentation benutzt Polykarp auch in 5,2[375].

Zwei ausdrücklich eingeleitete Zitate finden sich in dem nur lateinisch überlieferten Briefteil (Kap. 10–12). In 11,2 wird 1 Kor 6,2 unter Nennung des Namens Paulus fast wörtlich[376] übernommen; aut nescimus ist dabei wohl Bestandteil des Zitats (1 Kor 6,2: *ἢ οὐκ οἴδατε*) und nicht Zitateinleitung. Der Kontext entspricht freilich 1 Kor 6 nicht. Das zweite Zitat findet sich in 12,1: Polykarp bescheinigt den Philippern Übung im Umgang mit sacris literis, und er erinnert sie dann an die Aussagen von Eph 4,26 (vgl. Ps 4,5 LXX) unter ausdrücklicher Verwendung der Formulierung his scripturis dictum est[377]. Die Interpretation dieser Stelle ist umstritten. Das Oxford Committee (NTAF) meint, der Plural beim Stichwort scriptura sowie das ‚et' zwischen den beiden Aussagen legten die Annahme nahe, daß Polykarp aus zwei „Schriften" zu zitieren glaubte[378]. A. v. Harnack hält es dagegen für „unglaublich", daß Polykarp im Zusammenhang des Eph überhaupt den Ausdruck scriptura (= *ἡ γραφή*) verwendet haben würde; vielmehr gehe die Zitateinleitung wahrscheinlich auf das Konto des Übersetzers, der ja schon in 2,3 ein ‚dictum est' eingeschoben habe[379]. Auch W. Bauer hält es aus

---

[370] Lightfoot, Fathers II/3, 325 und NTAF, 94 sehen in den christologischen Hoheitsaussagen in 2,1 Anspielungen auf Phil 2,10; 3,21 sowie 1 Kor 15,28. Aber diese Sätze sind inzwischen wohl feste christliche Tradition geworden.

[371] *ὁ δὲ ἐγείρας αὐτὸν ... καὶ ἡμᾶς ἐγερεῖ.*

[372] *ἐὰν ποιῶμεν θεοῦ τὸ θέλημα καὶ πορευώμεθα.*

[373] Bovon-Thurneysen, ThZ 29, 1973, 246f mit A 13.

[374] Vgl. NTAF, 91.

[375] Bovon-Thurneysen, ThZ 29, 1973, 247 sieht in der Formulierung *εἴγε πιστεύομεν* die Behauptung einer weiteren Bedingung für die Auferweckung. Polykarp erinnere sich „mit diesem Anhängsel plötzlich der Lehre des Paulus".

[376] Soweit man das bei der lateinischen Übersetzung sagen kann.

[377] Fischer, Väter, 263 übersetzt „irascimini et nolite peccare" mit „zürnt, doch sündigt nicht"; aber nolite bezieht sich in der Sache auf beide Verben (vgl. Conzelmann, Eph, 113f).

[378] NTAF, 93.

[379] Harnack, Chronologie, 386.

kanonsgeschichtlichen Gründen für „nicht eben wahrscheinlich", daß Polykarp den neutestamentlichen Eph bereits als „Schrift" zitiere; und er nimmt deshalb an, Polykarp habe beide Sätze als Aussagen des Alten Testaments angesehen[380]. Auf der anderen Seite vertritt C.M. Nielsen die Ansicht, Polykarp habe den Zusammenhang von Eph 4,26 mit Ps 4,5 LXX überhaupt nicht erkannt, vielmehr beziehe er sich in 12,1 allein auf Eph[381].

Man wird aus 2 Phil 12,1 keine allzu weit reichende Konsequenzen ziehen dürfen. Die lateinische Übersetzung des Pol gilt überwiegend als sehr frei und unzuverlässig[382]; es ist deshalb durchaus möglich, daß sowohl die Zitateinleitung wie auch die Wörtlichkeit der Übereinstimmung mit Eph 4,26[383] gar nicht auf Polykarp selbst zurückgehen, sondern auf den Übersetzer bzw. auf die Vf der Handschriften. Andererseits ist aber auch nicht von vornherein auszuschließen, daß Polykarp Sätze aus dem paulinischen Eph als „Schriftzitat" angeführt haben könnte[384]; denn immerhin gibt es in 2 Phil eine Fülle von mehr oder weniger wörtlichen Zitaten aus „neutestamentlichen" Schriften, von denen Polykarp annimmt, sie seien auch in Philippi bekannt.

Es darf jedoch mit Blick auf 2 Phil 12,1 keinesfalls behauptet werden, Polykarp betrachte die paulinischen Briefe bereits als „kanonisch". Für derartige Schlüsse ist die Textüberlieferung zu unsicher.

Über die bisher besprochenen Textstellen hinaus gibt es bei Polykarp Formulierungen, die an paulinische Sätze erinnern, sich aber kaum als wirkliche Zitate oder Anspielungen erweisen lassen. So ist einerseits die Bemerkung *χαίρω μεγάλως* in 1,1 wohl kaum mit Pls Phil 2,17; 4,10 in Zusammenhang zu bringen[385], während andererseits der Satz *πάντες οὐκ εἰς κενὸν ἔδραμον* in 9,2 an Pls Phil 2,16 anzuknüpfen scheint (es ist aber auch denkbar, daß Polykarp einfach das Bild aus paulinischen Briefen kennt, vgl. Gal 2,2, und nicht an eine bestimmte Textstelle denkt).

Überhaupt bedient sich Polykarp in 9,2 in starkem Umfang traditioneller Wendungen (vgl. vor allem 1 Clem 5), ohne daß man von „Anspielungen" sprechen könnte.

Ähnliches gilt schließlich auch für das Bild vom Leib und den Gliedern in 11,4: Im Hintergrund steht sicherlich die paulinische Ekklesiologie; aber man kann nicht sagen, daß Polykarp hier einen bestimmten Text im Auge gehabt hätte[386].

---

380 Bauer, Pol, 296f.

381 Nielsen, TS 35, 1974, 531f.

382 Funk-Bihlmeyer, Väter, p XL.

383 Vulgata.

384 Der Plural würde dann auf *γραφαί* zurückgehen, was ja durchaus „die Schrift" meint (vgl. 1 Kor 15,3; dazu Conzelmann, 1 Kor, 300f).

385 Gnilka, Phil, 6 spricht hier von einem „Zitat".

386 NTAF, 95.97: Die Wendungen „quibus det dominus paenitentiam veram" und „non sicut inimicos tales existimetis" sind Zitate aus 2 Tim 2,25 bzw. 2 Thess 3,15. Aber

Die bisherige Untersuchung hat wahrscheinlich gemacht, daß Polykarp die beiden Kor, sowie Gal, Eph und die Past (jedenfalls 1 Tim) gekannt und benutzt hat. Zweifellos hat er darüber hinaus von der Existenz des paulinischen Phil gewußt; da er diesen aber nicht zitiert, kann man es für möglich halten, daß er ihn nicht unmittelbar gekannt hat.

Daneben finden sich bei Polykarp auch deutliche Spuren der synoptischen Evangelien (jedenfalls Mt) und Anspielungen auf 1 Petr und 1 Joh. Polykarp hat also einen erheblichen Teil der im Neuen Testament zusammengestellten Schriften gekannt.

Zeigen sich sachliche Indizien, daß er der paulinischen Tradition und damit der paulinischen Theologie näher stand als den anderen Traditionen? Immerhin erwähnt er von allen Gestalten des Urchristentums allein den Heidenapostel; immerhin machen Pauluszitate und -anspielungen den weitaus größten Teil des von Polykarp bewußt aufgenommenen Materials aus.

Man kann nicht sagen, daß die paulinische Theologie das Denken Polykarps entscheidend geprägt hätte. Es ist nicht zu übersehen, daß, abgesehen von 1,3, Anklänge an die Rechtfertigungslehre ganz fehlen. Das Stichwort *δικαιοσύνη* ist in 3,3; 4,1; 9,1 offenbar nichts anderes als eine Kurzbezeichnung für den christlichen Glauben insgesamt; und wenn Polykarp 3,1 zufolge den Philippern *περὶ τῆς δικαιοσύνης* schreibt, so ist damit eben das Ganze des christlichen Glaubens gemeint, nicht etwa speziell das Thema Rechtfertigung. Lediglich in 8,1, wo Christus als *ἀρραβὼν τῆς δικαιοσύνης ἡμῶν* bezeichnet wird, scheint ein paulinischer Aspekt ins Spiel zu kommen: Hier ist *δικαιοσύνη* das eschatologische Heilsgut, dessen Garant in der Gegenwart Christus ist. Zwar fehlt auch hier der paulinische Gedanke der in Christus geschehenen Rechtfertigung; aber 8,1 enthält immerhin einen Nachklang des paulinisch bestimmten Verhältnisses von Gegenwart und Zukunft („schon jetzt – noch nicht")[387].

Das Fehlen der eigentlichen Rechtfertigungsbegrifflichkeit[388] ist aber nicht mit der Annahme zu erklären, daß Polykarp sich etwa bewußt von der Theologie des Paulus habe entfernen wollen. Er hat das Zitat in 1,3 offensichtlich als in der Sache vollkommen paulinisch angesehen, und er hat andererseits den Zusammenhang der Rechtfertigungsaussage mit dem Thema Gesetz überhaupt nicht erkannt[389].

---

beide Stellen zeigen nur, daß Polykarp von paulinischer bzw. pseudopaulinischer Sprache auch dort beeinflußt ist, wo er gar nicht zitieren will. Eine ähnliche Zusammenstellung paulinisch klingender Sätze und Begriffe ist auch 12,3.

[387] STUHLMACHER, Gerechtigkeit, 12 meint, *δικαιοσύνη* sei auch in 8,1 im ethischen Sinn zu deuten: Hier zeige sich, „daß Polykarp in Christus den Anfänger unserer eigenen, durch unseren Gehorsam zu vervollständigenden Gerechtigkeit sieht, daß er also nicht mehr genuin paulinisch zu denken vermag". Dieses Urteil wird dem Befund m.E. nicht gerecht.

[388] *δικαιοῦν* fehlt; *χάρις* fehlt ebenfalls; *νόμος* und *ἔργον* begegnen nur in 1,3.

[389] Polykarp redet in 3,3; 4,1; 5,1 von der *ἐντολή* Gottes (Singular!, 2,2 ist die

Sehr viel deutlicher ist der Einfluß der paulinischen Theologie auf Polykarp im Zusammenhang seines Glaubensverständnisses zu spüren: In 3,2; 4,2 kommt der Geschenkcharakter der *πίστις* zum Ausdruck; in 2,1f findet sich eine deutlich an Paulus erinnernde inhaltliche Bestimmung des Glaubens[390]; und in 5,2 wird der Glaube durchaus paulinisch zur Bedingung des Heils erklärt[391]. Auch diese Textstellen besagen nicht, daß die Theologie Polykarps „paulinisch" im eigentlichen Sinne genannt werden kann. Aber das hängt unter anderem auch damit zusammen, daß sich von einer „Theologie des Polykarp" im Grunde überhaupt nicht sprechen läßt. Pol 2Phil enthält keinen wirklich durchgeführten theologischen Gedankengang und letztlich ja auch kein Thema. Eine tatsächlich als „Rezeption" zu bezeichnende Aufnahme paulinischen Denkens oder auch nur einzelner paulinischer Theologumena kann man deshalb nicht erwarten.

Das zeigt sich besonders deutlich in Kap. 7, wo Polykarp gegen bestimmte Irrlehren polemisiert. Zunächst protestiert er hier gegen die Vertreter einer doketischen Christologie, wobei er sich der Terminologie vor allem des 1 Joh bedient[392]; die Erwähnung des Kreuzes in diesem Zusammenhang dürfte kaum als bewußte Übernahme der paulinischen theologia crucis zu verstehen sein, vielmehr ist der *σταυρός* Zeuge „für die wahre Leiblichkeit Christi"[393]. Die danach erwähnten „Häretiker", die „weder Auferstehung noch Gericht lehren", müssen nicht mit den zuerst genannten identisch sein; gegen eine ähnliche Häresie kämpft schon 2Tim 2,18. Möglicherweise handelt es sich um christliche Gnostiker; aber Details lassen sich nicht erkennen, da Polykarp die Gegner nicht im einzelnen würdigt, sondern sie pauschal verflucht[394].

Jedenfalls fehlt jeder Hinweis darauf, daß die Gegner etwa aus dem Umkreis paulinischer Tradition kommen[395] – im Gegenteil: Die Bemerkung *ὃς ἂν μεθοδεύῃ τὰ λόγια τοῦ κυρίου* macht es eher wahrscheinlich, daß sie sich

---

Ausnahme), und zwar stets positiv: Sie ist das von Christen zu erfüllende Gebot.

[390] S.o. S. 226f. Der christologische Horizont des Glaubens wird auch in 8,2; 10,1; 12,2b sichtbar.

[391] S.o. S. 227 (mit Anm 375).

[392] Vgl. die von Fischer, Väter, 257 A 86.88 genannten Parallelen.

[393] So m.R. Schneider, Art. *σταυρός*, ThWNT VII, 580, 22f.

[394] Harnack, Chronologie, 387f hält einen Zusammenhang mit Marcion für nicht ausgeschlossen; Weigandt, Doketismus, 116 meint, Polykarp habe möglicherweise Cerdon im Visier. Nach Köster, Entwicklungslinien, 146 ist 7,1 eine sorgfältige Sammlung häretischer Lehrsätze; auf der anderen Seite sei der wahre Christ angehalten, „ein bescheidenes Mindestmaß rechter Lehren zu bewahren, die aus paulinischen und apokalyptischen Sätzen zusammengestellt sind". Beides vermag ich bei Polykarp so nicht zu sehen.

[395] Polykarp hat also auch nicht Eph 2,5–7 im Blick; er zitiert diese Schrift ja durchaus positiv in 12,1.

Aussagen der Evangelien, d.h. also der Jesus-Tradition zunutze machen[396]. Die paulinische Theologie spielt im Zusammenhang dieser Ketzerkritik überhaupt keine Rolle[397].

Welche Konsequenzen ergeben sich aus diesem Befund? W. Bauers These (s.S. 88), Polykarp habe mit seinem Brief die Absicht verfolgt, einer kirchlichen Minderheit den Rücken zu stärken[398], ist von der theologischen Tendenz des 2 Phil her ebensowenig zu bestätigen wie die Annahme H. v. Campenhausens (s.S.91), es sei für Polykarp ein besonderes Wagnis gewesen, daß er sich in dieser Weise auf Paulus berief[399]. Vielmehr zeigt der Brief, daß es in Smyrna (und wohl ebenso in Philippi) eine anerkannte Paulus-Tradition gab, die man zitieren konnte, ohne sich damit irgendwelchen Verdächtigungen auszusetzen. Das heißt freilich noch nicht, daß Paulus bei Polykarp als „ der eigentliche Vater des werdenden Katholizismus" erscheint, wie Campenhausen meint[400]. Denn Polykarp bemüht sich, anders als der Vf der Past, weder um die Propagierung eines bestimmten Paulusbildes, noch um die explizite Weitergabe paulinischer bzw. als paulinisch angesehener Theologie[401].

Heißt das aber, daß die Paulus-Überlieferung für Polykarp ohne Gewicht ist? Diese These vertritt W. Schneemelcher mit dem Hinweis darauf, daß sich unter den Anspielungen auf paulinische Texte keine einzige Stelle befinde, „die theologisch – sei es für Paulus, sei es für Polykarp – irgendwie relevant wäre"[402]. In der Tat: Paulus ist für Polykarp weniger das Subjekt einer spezifischen Theologie, die es zu tradieren und fortzuentwickeln gälte; er ist vielmehr Mittel der eigenen Argumentation. Paulus und die Paulus-Tradition sind für Polykarp nur insoweit bedeutsam, als sie sein kirchliches Anliegen zu tragen vermögen – nur: Insoweit sind sie tatsächlich bedeutsam. Polykarp sieht seinen Brief an die philippische Gemeinde nicht als reines Gelegenheitsschreiben an. Er schreibt ja auf Bitten der Philipper (3,1); und er vergleicht

[396] Das bleibt selbstverständlich Vermutung. Denkbar wäre auch, daß Polykarp jede Häresie als „Verdrehung der Worte des Herrn" ansieht.

[397] Dabei enthalten z.B. Gal und 1 Kor Aussagen, die Polykarp hier durchaus hätte zitieren können.

[398] Bauer, Rechtgläubigkeit, 219. Bauer stützt seine These auf Polykarps Warnung vor dem „Irrtum der Menge" (2,1; 7,2; vgl. aaO., 76f); aber damit dürfte Polykarp nicht eine innerchristliche Mehrheit, sondern die heidnische Umwelt gemeint haben.

[399] Campenhausen, Art. Polykarp, RGG V, 448; ders., Ges. Aufs., 240f.

[400] So Campenhausen, Ges. Aufs., 242.

[401] Vielhauer, Geschichte, 566: Polykarp habe „Paulus als Autorität der Kirche proklamiert in einer Zeit, in der der Apostel auch in rechtgläubigen Kreisen suspekt war"; nur auf diese Weise sei er der Kirche erhalten geblieben. Diese These wird durch den Textbefund des 2 Phil geradezu widerlegt: Polykarp setzt Paulus als anerkannte Autorität voraus und „proklamiert" diese keineswegs.

[402] Schneemelcher, ZKG 75, 1964, 7. Vgl. schon Wagenmann, Stellung, 91: Paulus sei für Polykarp in erster Linie „Sittenlehrer" und „Vorbild", die paulinischen Zitate bezögen sich „fast alle auf das sittliche Verhalten der Christen"; ähnlich Massaux, Influence, 183 und Brändle, Ethik, 204.

sich dabei durchaus mit dem Briefschreiber Paulus (3,2). Sein Brief besitzt also – jedenfalls in seinen eigenen Augen – theologische Substanz[403]. Wenn ein solcher Brief von teils offenen teils indirekten Anspielungen auf paulinische Überlieferung durchzogen ist, wenn in einem solchen Brief bereits nach wenigen Sätzen die Tradition der paulinischen Gnadenlehre zitiert wird (1,3), dann ist doch der Schluß erlaubt, daß Paulus für Polykarp eine autoritative Norm darstellt – nicht die einzige, aber offenbar die wichtigste. Wenn andererseits im Zusammenhang der Erwähnungen des Paulus und der paulinischen Zitate jedes Wort der Apologetik oder Polemik fehlt, dann muß es als zumindest sehr unwahrscheinlich gelten, daß die Autorität des Paulus in Smyrna oder in Philippi bedroht war.

Pol 2 Phil bestätigt also den durch die Ign bereits gewonnenen Eindruck, daß in der ersten Hälfte des 2. Jahrhunderts die Paulus-Überlieferung in Kleinasien voll anerkannt war, daß Paulusbriefe bekannt waren und gelesen wurden, und daß der Streit um bestimmte Irrlehren jedenfalls nichts mit der Überlieferung der paulinischen Theologie zu tun hatte. Pol 2 Phil legt darüberhinaus die Annahme nahe, daß auch in Philippi, in der vermutlich ältesten paulinischen Gemeinde Makedoniens die Paulus-Tradition in Geltung stand. Jedenfalls läßt sich dem Brief Polykarps nicht entnehmen, daß der Bischof von Smyrna in Philippi die Erinnerung an Paulus habe wieder wachrufen oder dort lediglich eine Minderheit (s. o.) stärken wollen. Polykarps Aussagen über Paulus scheinen im Gegenteil eher den Zweck zu haben, den Philippern gegenüber die Gemeinsamkeit der hier wie dort anerkannten Überlieferung zum Ausdruck zu bringen.

Hat Polykarp die paulinische Theologie „verstanden"? Vermutlich nicht. Aber es wäre unsachgemäß[404], von ihm zu verlangen, daß er gleichsam die Paulusrezeption Augustins oder Luthers hätte vorwegnehmen sollen. Die Frage kann im Grunde gar nicht sein, ob Paulus von Polykarp „verstanden" wurde – ein Urteil hierüber hängt ja ganz vom eigenen Paulus-Verständnis ab. Man kann nur fragen, ob Paulus für Polykarp eine wesentliche Rolle spielt, ob die von Paulus geprägten theologischen Traditionen für ihn Gültigkeit besaßen[405]. Diese Frage aber ist eindeutig zu bejahen.

---

[403] Sehr zu Recht urteilt STEINMETZ, Hermes 100, 1972, 75, Polykarp unternehme in seinem Phil den Versuch, „christliche Lehre in den allmählich verfestigten Verhältnissen" des 2. Jahrhunderts darzustellen. – Es ist deshalb m. E. unsachgemäß, zu behaupten, Polykarp übernehme von Paulus (BRÄNDLE, Ethik, 204) „beinahe ausschließlich unwichtige Einzelheiten und nie theologisch relevante Stellen". Es kommt doch darauf an, was Polykarp für „relevant" hielt.

[404] Vgl. SCHULZ, Mitte, 381: „Polykarp scheut sich nicht, gerade auf den von den Gnostikern beanspruchten Paulus zurückzugreifen (3,2; 9,1), auch wenn er wie der gesamte Frühkatholizismus und Katholizismus aller Zeiten von seiner Apokalyptik, seiner Rechtfertigungsbotschaft und Charismenlehre so gut wie nichts mehr verstanden hat."

[405] Vgl. u. S. 401 ff.

6. Die übrigen neutestamentlichen Schriften und die Paulus-Tradition

a) Vorbemerkung

In den Abschnitten 2–4 dieses Kapitels wurden die pseudopaulinischen Briefe, ferner die synoptischen Evangelien und die Apg sowie die Schriften der johanneischen Tradition (Evangelium und Briefe) untersucht. Es zeigte sich, daß weder die synoptischen Evangelien (mit Ausnahme von Lk) noch das johanneische Schrifttum von paulinischer Theologie berührt sind. Dasselbe gilt, ohne daß dies näher ausgeführt werden müßte, für Jud. Auch bei der Apk ist Einfluß paulinischer Tradition nicht nachzuweisen – und zwar weder positiv noch negativ[1].

Dies wird in erster Linie mit der Gattung der „Apokalypse“ zusammenhängen, die natürlich von vornherein nicht darauf angelegt war, paulinische (und überhaupt kirchliche) Tradition aufzunehmen und zu verarbeiten. Denkbar wäre aber auch, daß die Apk in einer Gemeinde entstand, die von der Paulus-Tradition kaum oder gar nicht berührt war. Solche Gemeinden hat es, wie 1 Petr. zeigt (s. S. 252–261), auch in Kleinasien gegeben.

Mehr oder weniger deutliche Berührungen mit Paulus zeigen hingegen Hebr, Jak und die beiden Petr.

b) Hebräerbrief

Hebr wurde von Clemens Alexandrinus zu den Paulusbriefen gezählt, obwohl das Fehlen des Verfassernamens ihm durchaus aufgefallen war[2]. Origenes bestritt die paulinische Verfasserschaft unter Hinweis auf den Stil des Hebr, auch wenn *τὰ μὲν νοήματα τοῦ ἀποστόλου ἐστίν*[3].

Der Vf des 1 Clem scheint Hebr gekannt zu haben; denn die Nähe von 1 Clem 36,2–5 zu Hebr 1 läßt sich kaum anders als durch literarische Abhän-

[1] In der Forschung wird bisweilen versucht, die sieben Briefe in Apk 2f mit Paulus in Verbindung zu bringen (so GOODSPEED, Formation, 22f; DERS., Solutions, 21–28; BARNETT, Paul, 41). BAUR, Christenthum, 76 (der die Apk für eine der ältesten Schriften des NT hielt) sah in Apk 2,1–7 „judaistische Reaktion auf das paulinische Christenthum“ in Ephesus. Auch BAUER, Rechtgläubigkeit, 87f will aus dem nach Ephesus gerichteten „Sendschreiben“ schließen, daß die Johannes-Tradition in Ephesus die Paulus-Tradition verdrängt habe. Zum Brief nach Thyatira vgl. MÜLLER, Theologiegeschichte, 25f: Die angesprochenen Gegner seien „nicht ganz unabhängig von den Nachwirkungen paulinischer Theologie“ (unter Hinweis vor allem auf 2,20.24); ähnlich schon BAUR, Geschichte I, 81. – MUNCK, Petrus hat darüberhinaus in den beiden „Zeugen“ von Apk 11,3–13 Petrus und Paulus zu sehen versucht. Vgl. dazu KRAFT, Apk, 156.

[2] Euseb meint (Hist Eccl VI 14,2–4), Paulus habe seinen Namen nicht genannt, um die Hebräer nicht von vornherein abzustoßen und *διά τε τὴν πρὸς τὸν κύριον τιμὴν διά τε τὸ ἐκ περιουσίας καὶ τοῖς Ἑβραίοις ἐπιστέλλειν*.

[3] Eus Hist Eccl VI 25,11–14. Origenes erwähnt, bisweilen würden Clemens Romanus oder Lukas als Verfasser des Hebr genannt.

gigkeit erklären[4]. Das würde bedeuten, daß Hebr jedenfalls um 90 in Rom bekannt gewesen ist; Näheres über Abfassungszeit und -ort läßt sich aber nicht ausmachen[5].

Hebr ist kein Brief, sondern eine Homilie, die durch die Aufnahme des Briefformulars in 13,22–25 brieflichen Charakter erhalten hat. Dieses Eschatokoll vor allem gibt Anlaß, nach dem Verhältnis des Hebr zu Paulus zu fragen. Die Erwähnung des Timotheus in 13,23 erweckt nämlich den Anschein, der „Brief" sei von einem Christen aus der Umgebung des Timotheus geschrieben worden; und der abschließende Gruß derer *ἀπὸ τῆς Ἰταλίας* soll offenbar andeuten, daß der Schreiber sich in Italien befinde[6]. Da überdies von Timotheus gesagt wird, er sei aus der Gefangenschaft entlassen worden *(ἀπολελυμένος)*, kann man vielleicht annehmen, Hebr wolle sich als Schreiben des Paulus aus Italien ausgeben: Der Apostel hoffe, in Kürze zu den Empfängern reisen zu können; er warte nur noch darauf, daß sein Mitarbeiter Timotheus bald bei ihm eintreffen werde[7]. Aber selbstverständlich bleibt diese Überlegung reine Vermutung[8].

Über die Beziehungen des Hebr zur paulinischen Theologie bestehen in der Forschung sehr unterschiedliche Auffassungen. F.C. Baur hielt Hebr für ein

---

4 Anders THEISSEN, Untersuchungen, 34–37. Es fehlt jedes Indiz dafür, daß der Vf des 1 Clem den Hebr für paulinisch gehalten hätte (zur Beurteilung des Hebr in der westlichen Kirche vgl. KÜMMEL, Einleitung, 346f). MONTEFIORE, Hebr, 9–28 meint zeigen zu können, daß Apollos der Vf des Hebr sei, der den Brief noch vor der Abfassung des 1 Kor an die Judenchristen in Korinth geschrieben habe; 1 Clem zitiere Hebr deshalb, weil ihm diese Adresse noch bekannt gewesen sei (aaO., 28f).

5 Vgl. KÜMMEL, Einleitung, 353–355.

6 KÜMMEL, Einleitung, 354 hält es für die natürlichste Erklärung, daß hier Italiener *(οἱ ἀπὸ τῆς Ἰταλίας)* ihre Landsleute zu Hause grüßen. Vgl. aber Ign Trall 12,1 *(ἀσπάζονται ὑμᾶς ἀπὸ Σμύρνης)* und Ign Magn 15 *(ἀσπάζονται ὑμᾶς Ἐφέσιοι ἀπὸ Σμύρνης)*. KÜMMEL nimmt an (aaO., 355) Timotheus sei tatsächlich noch am Leben; aber das Eschatokoll wird insgesamt Fiktion sein, denn es enthält wenig Konkretes. Ein sicheres Urteil ist freilich nicht möglich.

7 KÜMMEL, Einleitung, 350 hält m.E. zu Recht daran fest, daß der Briefschluß nicht sekundär angefügt wurde, sondern von vornherein Bestandteil des Hebr war. Er erklärt jedoch: Die Erwähnung des Timotheus in 13,23 hätte „schwerlich ausgereicht, um bei den ursprünglichen Lesern den Eindruck eines Paulusbriefes zu erwecken", vielmehr habe der Vf „die für eine bestimmte Gemeinde niedergeschriebene Predigt ihr mit einem brieflichen Schluß zugesandt" (aaO., 351). Damit bleibt aber unerklärt, warum die Gemeinde, wenn sie schon die nichtssagenden Schlußgrüße abschrieb, nicht auch die ohne Zweifel einst vorhandene Adresse mitüberlieferte (1,1 ist jedenfalls als Beginn einer *brieflich* übersandten Predigt unmöglich). Hebr verdankt seine Erhaltung doch offenbar der Tatsache, daß man ihn für einen Brief hielt; in Wirklichkeit ist er, wie Eph, ein theologischer Traktat, der – vermutlich durch den Vf selbst – den nur angedeuteten Charakter eines paulinischen Briefes erhielt (vgl. auch CAMPENHAUSEN, Entstehung, 169 A 181; VIELHAUER, Geschichte, 241). Es ist zu beachten, daß auch im Jak die Briefform nicht vollständig ist.

8 HARNACK, Chronologie, 478 meint, Form und Inhalt von 13,23 „wären für einen Fälscher, der den Apostel Paulus als Verfasser insinuieren wollte, merkwürdig zahm". Immerhin hat dieser Fälscher sein Ziel ja zumindest zeitweise durchaus erreicht.

Produkt des (antipaulinischen) Judenchristentums[9], O. Pfleiderer dagegen sah in ihm das Zeugnis eines (stark vom Denken Philos bestimmten) alexandrinischen Paulinismus[10]. E. Aleith meinte, der Vf habe sich als echter Paulus-Schüler gefühlt[11]; und daß er dies Gefühl zu Recht gehabt habe, wird ihm von H. J. Schoeps bescheinigt[12]. Oft beschränkt man sich aber einfach auf die Aussage, der Vf des Hebr stehe „irgendwie" in einer Abhängigkeit von Paulus[13]; er kenne und benutze paulinische Briefe, weiche aber im Detail des theologischen Denkens von Paulus ab[14]. Dabei wird insbesondere auf die Ablehnung der „zweiten Buße" (Hebr 6,4–8) hingewiesen, die mit der paulinischen Gnadenlehre nicht zu vereinbaren sei[15]. Andere Exegeten halten es für wahrscheinlicher, daß der Vf des Hebr überhaupt keine Kenntnis der paulinischen Briefe besaß; die vorhandenen Übereinstimmungen seien leicht als Übernahme gemeinsamer Tradition zu erklären[16].

Hebr enthält in der Tat keine Aussagen, die die Annahme nahelegen, der Vf habe paulinische Briefe gekannt oder gar bei der Abfassung seiner Schrift unmittelbar benutzt. Zwar erinnert das in Hebr 5,12–14 gebrauchte Bild von der unterschiedlichen Nahrung in Tendenz und Wortwahl an 1 Kor 3,1–3[17]; aber es handelt sich um den geläufigen Stil der diatribischen Paränese[18], so daß nichts die Annahme rechtfertigt, der Vf des Hebr beziehe sich hier auf 1 Kor[19].

Immerhin auffällig ist die wörtliche Übereinstimmung der christologischen Aussage in Hebr 7,25 *(πάντοτε ζῶν εἰς τὸ ἐντυγχάνειν ὑπὲρ αὐτῶν)* mit Röm 8,34 *(ὅς καὶ ἐντυγχάνει ὑπὲρ ἡμῶν)*. Aber der Gedanke des stellvertre-

---

[9] BAUR, Geschichte I, 109.

[10] PFLEIDERER, Lectures, 212f; DERS., Urchristentum II, 198.

[11] ALEITH, Paulusverständnis, 7. Der freiere Umgang mit der paulinischen Überlieferung sei „als Zeichen von Gewissenhaftigkeit und Selbständigkeit zu rühmen"; vgl. auch LIETZMANN, Geschichte I, 217f.

[12] SCHOEPS, Paulus, 281: „Er hat paulinisches Gedankengut mit Mitteln hellenistischer Exegese bearbeitet und vorgetragen".

[13] STRATHMANN, Hebr, 71: „Irgendeine Beziehung wird in der Tat bestehen. Die Gedankenwelt des Hebr ist schwerlich ohne die Einwirkung des Paulus ausgebildet." KÜMMEL, Einleitung, 348: „Irgendwie muß die Gedankenwelt des Hb vom Geiste des Paulus berührt sein, aber in ihrer ausgebildeten Gestalt unterscheidet sie sich bestimmt von der des Apostels."

[14] SODEN, Hebr, 3: Der Vf kenne jedenfalls Röm, 1 Kor und Gal des Paulus, aber (aaO., 7): „Seine Theologie steht ihm völlig fern." BARNETT, Paul, 70: "Pauline influence on Hebrews is clear, and it is literary rather than personal."

[15] So schon Luthers Vorrede zum Hebr von 1545. Vgl. WINDISCH, Taufe, 311f.

[16] GRÄSSER, Glaube, 148. Vgl. ebenda A 9: Die Annahme, Hebr sei von Paulusbriefen abhängig, ist „kaum begründet". Ferner VIELHAUER, Geschichte, 249.

[17] Paulus spricht allerdings von *βρῶμα* statt von *στερεὰ τροφή;* aber gemeint ist in der Sache dasselbe.

[18] Vgl. CONZELMANN, 1 Kor, 90.

[19] BARNETT, Paul, 76 hält diese Abhängigkeit für wahrscheinlich, verweist aber m. R. auch auf "current Hellenistic usage" des Bildes.

tenden Gebets Christi entspricht so sehr der grundsätzlichen Christologie des Hebr[20], daß die Röm 8,34 analoge Formulierung auf reinem Zufall beruhen dürfte[21].

Besonders wichtig ist Hebr 10,38; hier wird Hab 2,4 LXX zitiert, jenes Prophetenwort, das in frühchristlicher Literatur sonst nur bei Paulus begegnet (Röm 1,17; Gal 3,11) und das dort eine fundamentale Bedeutung besitzt. Kennt der Vf des Hebr die Bedeutung des Logions möglicherweise aus der paulinischen Überlieferung?

Bei der Analyse ist zu beachten, daß in Hebr 10,37f ein Mischzitat vorliegt: Die erste Zeile *μίκρον ὅσον ὅσον* spielt auf Jes 26,20 LXX an; die zweite Zeile *ὁ ἐρχόμενος ἥξει καὶ οὐ χρονίσει* übernimmt praktisch wörtlich Hab 2,3 LXX[22], worauf dann Hab 2,4 LXX folgt unter Umkehrung der beiden Vershälften: V. 4b wird dabei unter Umstellung des Pronomens wörtlich nach LXX zitiert *(ὁ δὲ δίκαιός μου κτλ.)*[23]. Da Paulus sowohl im Röm als auch im Gal das *μοῦ* wegläßt[24], spricht der äußere Befund gegen die Annahme, Hebr 10,38 zeige Einfluß der paulinischen Überlieferung. Die deutlichen theologischen Differenzen bestätigen dieses Urteil: Paulus kommt es darauf an, im Lichte von Hab 2,4 das Verhältnis von *δικαιοσύνη* und *πίστις* zu bestimmen; der Vf des Hebr dagegen will allein das Wesen der *πίστις* zum Ausdruck bringen (11,1– 3), wobei ihm das Hab-Zitat dazu dient, den vorwärtsweisenden Charakter des Glaubens auszusagen[25]: „Sein Thema ist nicht die Rechtfertigung der Gottlosen, sondern die Vollendung der Gerechten.“[26]

Dennoch ist durch 10,37f die Frage aufgeworfen, ob Hebr nicht möglicherweise von paulinischer Theologie beeinflußt ist, ohne daß dieser Einfluß sich in unmittelbaren Anspielungen niedergeschlagen hätte. Zeigen sich charakteristische Übereinstimmungen (oder absichtliche Widersprüche) zwischen dem theologischen Denken des Paulus und den Aussagen des Hebr?

Der Abschnitt 10,37–11,3 ließ erkennen, daß das Thema der *δικαιοσύνη* für den Vf des Hebr theologisch offenbar nicht von Bedeutung ist. Das wird

---

[20] Vgl. die übrigen *ὑπέρ*-Aussagen im Hebr (2,9; 7,27; 10,12 u. ö.).

[21] Barnett, Paul, 78 hält literarische Abhängigkeit für wahrscheinlich.

[22] Lediglich das verstärkte *οὐ μή* in LXX ist ersetzt.

[23] Die handschriftliche Überlieferung von Hebr 10,38a ist verständlicherweise uneinheitlich; der ägyptische Text, der sowohl von Paulus als auch von LXX abweicht, dürfte ursprünglich sein (der „westliche“ Text gleicht an LXX an, P 13 an Paulus).

[24] Auch die LXX-Überlieferung in Hab 2,4b ist nicht einheitlich; die Lesart *ἐκ πίστεως μου* wird von B und ℵ bezeugt, die Lesart *δίκαιος* (Hebr 10,38) von A und C. In dem sehr alten Codex W (3. Jahrhundert) fehlt *μου*. Geht das auf paulinischen Einfluß zurück, oder hat Paulus diese Lesart gekannt?

[25] Das ist der Grund für die Umstellung der beiden Vershälften. Zum hermeneutischen Verfahren des Vf des Hebr vgl. Schröger, Verfasser, 186f (mit A 4), der die Nähe zu 1 QpHab 7,5–8,3 herausstellt (s. auch aaO., 278–282).

[26] Grässer, in: Festschrift Käsemann, 83. Vgl. auch ders., Glaube, 44; Dautzenberg, BZ NF 17, 1973, 168; Lührmann, Glaube, 75.

durch den sonstigen Befund bestätigt: Das Stichwort *δικαιοσύνη* (einschließlich des Adjektivs *δίκαιος)*[27] ist zwar relativ häufig gebraucht; aber nur in 11,7 begegnet eine an paulinisches Denken erinnernde Redeweise, wenn von Noah gesagt wird, er sei ein Erbe der *δικαιοσύνη κατὰ πίστιν*. Die sachliche Bedeutung von *δικαιοσύνη* bleibt offen; erkennbar wird aber immerhin ihr Geschenkcharakter[28]. Es ist dem Urteil E. Gräßers zuzustimmen, daß „Gerechtigkeit" im Hebr stets „ohne Rücksicht auf den Paulinismus [zu] interpretieren" sei[29].

Dasselbe gilt für das Gesetzesverständnis: *νόμος* kann im Hebr rein formal das alttestamentliche Gesetz bezeichnen[30]; aber daneben gibt es auch eine Tendenz, das Gesetz deutlich abzuwerten (vgl. 7,16: *κατὰ νόμον ἐντολῆς σαρκίνης*)[31]. Besonders eigenartig ist die Aussage von 10,1, daß das Gesetz nur „einen Schatten der zukünftigen (Heils-)Güter" besitze. Vom Kontext her ist klar, daß allein an die kultischen Gebote des Alten Testaments gedacht ist, die die Opfernden nicht zur Vollendung zu führen vermögen. H. v. Campenhausen meint, der Vf des Hebr sehe also im Unterschied zu Paulus zwischen dem Gesetz und dem Christusgeschehen keinen Gegensatz, sondern „eine echte, obschon unvollkommene Analogie"[32]. Aber diese Sicht wird dem Gesetzesverständnis des Hebr nicht voll gerecht: Im Hebr verhält sich der *νόμος* zum Christusgeschehen wie die Priester des Alten Bundes zu Christus, dem neuen Hohenpriester (vgl. vor allem 7,11)[33]; d.h. es gibt hier keine Analogie, sondern einen qualitativen Umschlag. Insofern bestehen zwischen dem paulinischen Gesetzesverständnis und den Aussagen des Hebr gewisse Parallelen: Beide gehen davon aus, daß das Gesetz Heilsweg sein will, das Heil aber nicht zu schaffen vermag; beide gehen davon aus, daß Christus die Unmöglichkeit des Gesetzes als Heilsweg offenbar gemacht hat[34]. Da aber der Vf des Hebr das Gesetz wesentlich nur als Kultgesetz versteht, fehlt bei ihm der paulinische Zusammenhang von Gesetz und Selbstrechtfertigung[35].

---

[27] Vgl. die Analyse von GRÄSSER, in: Festschrift Käsemann, 81–86.

[28] Thematisch geht es in 11,7 um das Wesen der *πίστις*.

[29] GRÄSSER, in: Festschrift Käsemann, 85. In der Sache sieht Gräßer aber eine erhebliche Übereinstimmung; der eigentliche Unterschied bestehe darin, „daß der Akzent der ganzen Hebr-Theologie im Gegensatz zu Pls nicht auf der Rechtfertigung des einzelnen, sondern auf der eschatologischen ‚Heiligung' der Gemeinschaft liegt" (aaO., 91).

[30] Z.B. in der Wendung *κατὰ τὸν νόμον* (7,5; 8,4; 9,19 usw.).

[31] Weitere Belege für dieses ganz unpaulinische Verständnis sind 7,19.28.

[32] CAMPENHAUSEN, Entstehung, 84; ähnlich schon ALEITH, Paulusverständnis, 8, die konstatiert: „Man kann eben in dieser Zeit schon ruhig über derartige Dinge nachdenken."

[33] Zur theologischen (und sprachlichen) Struktur von Hebr 7,11 vgl. Gal 2,21.

[34] Auch VIELHAUER, Geschichte, 250 sieht hier „zwei parallele Interpretationen" des Todes Jesu.

[35] Der Vf des Hebr redet in 6,10; 10,24 von „guten Werken", in 6,1; 9,14 dagegen von „toten Werken", womit offenbar die Opfer gemeint sind (jedenfalls liegt dieser Sinn in 9,14 nahe). Das paulinische Problem der *ἔργα τοῦ νόμου* ist nicht im Blick.

Das Gesetzesverständnis des Hebr ist also vom paulinischen nicht beeinflußt[36], auch wenn es in der Sache Berührungspunkte gibt[37].

Eine ähnliche Parallelität zwischen Paulus und dem Hebr zeigt sich im Bereich der anthropologischen Aussagen. Zwar fehlt im Hebr das paulinische Verständnis von *σάρξ* und *σῶμα*[38]; aber es finden sich Aussagen über die Sünde, wie sie sonst nur bei Paulus vorkommen. Der Vf des Hebr scheint, ähnlich wie Paulus, die *ἁμαρτία* als eine den Menschen betreffende Macht anzusehen. Die Aussage über die *ἀπάτη τῆς ἁμαρτίας* (3,13) erinnert deutlich an Röm 7,11 *(ἡ ἁμαρτία ...ἐξηπάτησέν με);* und der christologische Satz, Christus sei in seinem Opfer offenbar geworden *εἰς ἀθέτησιν τῆς ἁμαρτίας* (9,26), berührt sich in der Sache jedenfalls eng mit paulinischen Aussagen wie Röm 8,3; 6,17–22[39]. Dagegen scheint in 12,1.4, trotz des Singulars, das moralische Verständnis der Sünde vorzuherrschen. Man kann sicherlich sagen, daß die Absolutheit des paulinischen Sündenbegriffs im Hebr fehlt[40]; aber es wäre doch falsch, die zweifellos vorhandene sachliche Nähe einfach zu übersehen.

Der wichtigste theologische Begriff im Hebr ist für die vorliegende Untersuchung der Begriff der *πίστις*[41]. In 4,2 ist *πίστις* die Reaktion des Menschen auf das gepredigte Wort (vgl. V. 3: *πιστεύσαντες*); nach 6,1 ist *πίστις ἐπὶ θεόν* das Anfangsthema christlicher Verkündigung. In 6,12 erweist sich *πίστις* (neben *μακροθυμία*) als christliche „Tugend" oder „Eigenschaft"[42], deren besonderer Charakter dann in 10,38f zum Ausdruck gebracht wird: *πίστις* ist das Festhalten an dem begonnenen Weg, Unglaube das Zurückweichen in der *ὑποστολή*. Es ist konsequent, wenn sich hieran in 11,1 die Definition der *πίστις* (vgl. 11,2f)[43] sowie im folgenden die Aufzählung von Beispielen anschließt: *Ἔστιν δὲ πίστις ἐλπιζομένων ὑπόστασις πραγμάτων ἔλεγχος οὐ βλεπομένων.*

---

36 Spicq, Hebr II, 228–230.

37 Vgl. auch Gutbrod, Art. *νόμος,* ThWNT IV, 1072f.

38 Grässer, in: Festschrift Käsemann, 92 sieht im Zusammenhang des Verständnisses von *σάρξ* sogar einen tiefen Gegensatz zwischen Paulus und dem Hebr. *σάρξ* ist im Hebr einfach der irdische Bereich im Gegensatz zur Welt Gottes; eine Verbindung mit dem Gedanken der Sündhaftigkeit des Menschen fehlt.

39 Gerade Röm 6,17ff zeigt jedoch auch die Differenz: Basis der paulinischen Aussage ist die Rechtfertigungslehre.

40 So Lietzmann, Geschichte I, 221.

41 Das Subst. ist im Hebr 33mal gebraucht, davon 8mal außerhalb von Hebr 11; das Verb ist lediglich in 4,3; 11,6 belegt. – Vgl. zur Sache den knappen Überblick bei Lührmann, Glaube, 70–77.

42 Vgl. 10,22 *πληροφορία πίστεως*. Gemeint ist aber wohl nicht ein jeweils unterschiedliches Glaubensmaß, sondern der Glaube in seiner Fülle (vgl. Hebr 6,11: *πληροφορία τῆς ἐλπίδος).* Klingt in Hebr 10,22–24 die paulinische Trias *πίστις/ἐλπίς/ἀγάπη* an? Angesichts von 11,1 scheint dieser Zusammenhang kaum bewußt gewesen zu sein.

43 Eine derartige Definition des Glaubens ist im NT ohne Parallele. – Gewiße Bedenken gegen die Bezeichnung „Definition" äußert Lührmann, Glaube, 75f.

In dieser Definition fehlt der Zusammenhang mit der *ἀγάπη*, so daß man fast von einer „intellektualistischen" Verengung des Glaubensbegriffs sprechen könnte[44].

Der Vf formuliert also zunächst eine Bestimmung der *πίστις*, die von allen Inhalten des Glaubens ganz unabhängig ist; als Inhalte dessen, was zu glauben sei, nennt er dann in V. 3.6 die Schöpfung durch das Wort und das Dasein Gottes[45]. Eine christologische Bestimmung des Glaubens gibt der Vf nicht – ja, in 12,2 bezeichnet er Jesus als *τῆς πίστεως ἀρχηγὸς καὶ τελειωτής*, d.h. er versteht den am Kreuz[46] um der künftigen Freude willen leidenden Jesus als krönenden Höhepunkt der Glaubensvorbilder, wobei jeder soteriologische Aspekt der Christologie in diesem Zusammenhang fehlt[47].

Das heißt nicht, daß im Hebr Jesus ausschließlich als Vorbild verstanden wäre. Das Bild von dem sich selbst zum Opfer darbringenden Hohenpriester hat im Gegenteil eine zutiefst soteriologische Funktion; aber diese Christologie steht in keinerlei Zusammenhang mit dem Glauben[48]. Und das bedeutet: Das Verständnis der *πίστις* im Hebr hat mit dem Glaubensverständnis des Paulus nicht das geringste zu tun. Für den Vf des Hebr gehört, wie E. Gräßer zutreffend festgestellt hat, das Reden von der *πίστις* in den Zusammenhang der Paränese[49].

In welchem Verhältnis steht also die Theologie des Hebr zur Paulus-Tradition[50]? Es gibt, abgesehen von dem seltsamen Schluß der Schrift, keinerlei Indiz dafür, daß der Vf des Hebr paulinische Briefe oder paulinische Überlieferung gekannt hat; die bisweilen genannten Parallelen zu Paulus sind

---

[44] Vgl. allerdings Hebr 10,22–24; 13,1. Es fällt aber auf, daß die Mahnung zur Liebe im Hebr kaum erhoben wird.

[45] Hier wird also jenes Glaubensverständnis vertreten, das der Vf des Jak in 2,14–26 so scharf bekämpft. Ein unmittelbarer Zusammenhang besteht aber wohl nicht.

[46] Nur hier wird das Kreuz erwähnt.

[47] Der christologische Aspekt des Glaubens kommt vielleicht in 13,8 in den Blick, sofern man die Aussage über die dauernde Selbstidentität Christi als Inhalt des in 13,7 erwähnten Glaubens aufzufassen hat.

[48] Dautzenberg, BZ NF 17, 1973, 174–177 meint, der Vf des Hebr habe das in der synoptischen Tradition noch sichtbar werdende nicht-christologische Glaubensverständnis aufgenommen, obwohl er den christologisch orientierten Glaubensbegriff wohl gekannt habe; dessen Rezipierung wäre ihm aber nur unter Preisgabe der eigenen Traditionen, insbesondere der gesamten Opferterminologie, möglich gewesen. – Die sachliche Differenz ist von Dautzenberg m.E. zutreffend dargestellt; kaum begründen läßt sich jedoch die Annahme, der Vf des Hebr habe das christologische (paulinische?) Glaubensverständnis gekannt.

[49] Grässer, Glaube, 71.

[50] Vgl. Michel, Hebr, 40f: Hebr ist „theologisch selbständig", aber „mit der paulinischen Theologie verbunden, im Gesamtaufriß seines Denkens in mancher Beziehung sogar mit ihm verwandt". M.R. zurückhaltender Vielhauer, Geschichte, 250: Der Vf sei „theologiegeschichtlich kein Schüler des Paulus, wohl aber ein in der Grundkonzeption dem Paulus verwandter Theologe".

als gemeinchristliche Tradition zu erklären[51]. Der im Hebr vertretene Typ von Theologie scheint sich völlig unabhängig vom „Paulinismus", aber auch praktisch unabhängig von der synoptischen Überlieferung[52], entwickelt zu haben.

Das bedeutet, daß sich Hebr in den Rahmen einer Geschichte der Paulusrezeption nicht einordnen läßt. Denn auch eine bewußte Abgrenzung von der paulinischen Theologie wird in ihm nicht sichtbar. Warum der Vf in 13,22–25 seiner Schrift einen scheinbar paulinischen Anstrich gegeben hat, bleibt vollkommen im Dunkel[53]. Hebr gehört am ehesten in den Kontext eines aus der hellenistisch-jüdischen Religionsphilosophie gespeisten Christentums[54]; von daher ließen sich vielleicht auch die an die Gnosis erinnernden Züge erklären. Aber wann und wo es ein solches Christentum gegeben hat, bleibt völlig unklar[55].

c) *Jakobusbrief*

Jak will nach seinem kurzen Präskript ein christliches Diaspora-Sendschreiben sein; das dabei benutzte griechische Briefformular weist keinerlei Bekanntschaft mit den paulinischen Briefen auf. Ein Briefschluß fehlt. Hauptinhalt des Jak ist die Paränese; verschiedene ethische Themen werden – im wesentlichen ganz unpolemisch – nacheinander abgehandelt. Das theologische Zentrum der Schrift ist in 2,14–26 die relativ breite Darlegung des Glaubensbegriffs, und in diesem Abschnitt liegt auch das für die vorliegende

---

51 Vgl. die Feststellung bei KÜMMEL, Einleitung, 348, manches erinnere an Paulus: Christus als Sohn und Schöpfungsmittler; der Sühnetod als zentrale Aussage der Soteriologie; der Gedanke der *καινὴ διαθήκη;* die herausgehobene Funktion der *πίστις;* die Benutzung z.T. derselben AT-Texte. Das alles sind keine spezifischen Parallelen (vgl. VIELHAUER, Geschichte, 249); und die hier wie dort benutzten AT-Texte (Ps 8: Hebr 2,6–8/1 Kor 15,27; Ps 110: Hebr 1,13/1 Kor 15,25; Hab 2,4: Hebr 10/Röm 1,17 und Gal 3,11) weisen gerade auf erhebliche Differenzen hin.

52 Berührungspunkte mit Aussagen der Synoptiker zeigen sich allenfalls in 5,5–7 (Taufe Jesu, Gethsemane?).

53 GRÄSSER, Glaube, 148 fragt, ob der Vf des Hebr durch den an Paulus erinnernden Schluß vielleicht versucht habe, Paulus den Gnostikern zu entwinden. Dafür fehlt nun jedes Indiz.

54 Vgl. KÜMMEL, Einleitung, 349f; VIELHAUER, Geschichte, 248 und die dort genannte Literatur.

55 Gegen die Vermutung VIELHAUERS (Geschichte, 251), Rom sei der wahrscheinlichste Abfassungsort, spricht das Fehlen jeglichen paulinischen Einflusses bzw. jeglicher antipaulinischer Tendenz. Hebr kann kaum in derselben Gemeinde entstanden sein, in der 1 Clem verfaßt wurde. Deshalb würde es sich im Grunde nahelegen, Hebr möglichst außerhalb jedes Paulus-Einflusses entstanden zu denken (etwa Alexandria wegen der Nähe zum hellenistischen Judentum, Philo?; immerhin entstand dort die Tradition, Hebr sei ein Paulusbrief); aber dann ist wieder der Schluß nicht zu erklären. Woher kennt der Vf den Namen des Timotheus, wenn er sonst von Paulus nichts weiß?

Untersuchung entscheidende Problem des Jak: Setzt sein Vf die paulinische Rechtfertigungslehre voraus? Muß man vielleicht sogar annehmen, daß er sie unmittelbar bekämpft, wenn er in 2,24 erklärt, nicht der Glaube rechtfertige den Menschen, sondern die Werke?

In der Forschung wurde bisweilen angenommen, Jak sei zeitlich vor den paulinischen Briefen verfaßt worden; die Verfasserangabe sei nicht Fiktion, sondern weise tatsächlich auf den Herrenbruder Jakobus, den Leiter der Urgemeinde[56]. F. Mußner meint, Jakobus habe den Brief etwa um 60 geschrieben, als die von Paulus heraufgeführte Auseinandersetzung um das Verhältnis von Glaube und Werken von brennender Aktualität gewesen sei; später könne der Brief schon deshalb nicht verfaßt worden sein, weil es später ja gar kein repräsentatives Judenchristentum mehr gegeben habe, auf das die Adresse in 1,1 gepaßt hätte[57]. Außerdem sei bei einer späteren Abfassung kaum zu erklären, warum Jak nicht auf die paulinischen Briefe eingehe[58]. Aber abgesehen von der Nennung des Namens Jakobus in 1,1 weist gar nichts auf die Verfasserschaft des Jerusalemer Gemeindeleiters[59]. Jak enthält insbesondere keinerlei spezifisch judenchristliche Züge[60], was am deutlichsten daran zu erkennen ist, daß das Stichwort „Gesetz" im Zusammenhang der Debatte um Glaube und Werke nicht erwähnt wird. Die Adresse ist leicht als Fiktion, die Nichterwähnung der paulinischen Briefe entweder mit der Annahme tatsächlicher Unkenntnis oder aber als taktische Vorsicht zu erklären (s.u.).

A.v. Harnack hat aufgrund von 2,6f gemeint, Jak sei nicht vor 100/120 entstanden[61]; aber es läßt sich so wenig Konkretes erkennen, daß die Datierung in jeder Hinsicht unsicher bleibt (die nachpaulinische Entstehung selbstverständlich vorausgesetzt)[62].

Jak berührt sich in 1,3 inhaltlich deutlich mit Röm 5,3, die „Kettenreihe" Jak 1,3f entspricht formal Röm 5,3–5. A.E. Barnett meint deshalb, der Vf habe Röm 5 gekannt[63]. Aber dieses Argument reicht nicht aus; die Ketten-

---

[56] Vgl. SPITTA, Geschichte II, 215; KITTEL, ZNW 43, 1950/51, 64f; GOGUEL, Jésus, 406.

[57] MUSSNER, Jak, 8.18f. Denkbar sei, daß ein griechischsprechender Mitarbeiter die griechische Fassung des Jak hergestellt habe; es dürfe aber auch nicht vergessen werden, daß Palästina zweisprachig war. – In der Tat ist die griechische Sprache des Jak das schwächste Argument gegen seine Echtheit.

[58] MUSSNER, Jak, 21 A 4.

[59] Die Argumente gegen die Echtheit sind bei KÜMMEL, Einleitung, 364 zusammengestellt.

[60] VIELHAUER, Geschichte, 569; vgl. schon PFLEIDERER, Urchristentum II, 552f. Das schließt nicht aus, daß der Vf ein Christ mit jüdischer Tradition war; aber er fordert jedenfalls nicht die Einhaltung des Kultgesetzes.

[61] HARNACK, Chronologie, 486; die Rahmung als „Jakobusbrief" sei sogar noch jünger, denn der Brief sei in judenchristlichen Kreisen unbekannt gewesen (aaO., 489).

[62] Vgl. KÜMMEL, Einleitung, 365.

[63] BARNETT, Paul, 187.

reihe ist ein verbreitetes Stilmittel[64], und die inhaltliche Aussage, daß die Erprobung des Glaubens bzw. des Leidens Geduld wirke, ist dem Judentum geläufig. Da überdies die theologische Tendenz in Jak 1 von der in Röm 5 ganz verschieden ist, spricht nichts für die Annahme einer unmittelbaren literarischen Beziehung zwischen beiden Texten[65].

Eine zweite „Kette“ verwendet der Vf in 1,15; sie berührt sich in der Terminologie deutlich mit Röm 7,7–10 (Zusammenhang von *ἐπιθυμία, ἁμαρτία* und *θάνατος),* in der Sache auch mit Röm 5,12. Auffällig ist der absolute und in dieser Form stark an Paulus erinnernde singularische Gebrauch von *ἁμαρτία,* der so im Jak sonst nicht begegnet. In Röm 7 und in Röm 5 geht es jedoch im „mythologischen“ Sinn um die Entstehung der Sünde, in Jak 1,15 dagegen, wie der Kontext zeigt, um das Wirksamwerden der Sünde in der konkreten Situation. Es ist deshalb höchst unwahrscheinlich, daß der Vf hier an Aussagen des Röm gedacht hat.

Auffällig ist die rhetorische Frage in Jak 2,5: *οὐχ ὁ θεὸς ἐξελέξατο τοὺς πτωχοὺς τῷ κόσμῳ κτλ.* Das ist zweifellos eine aus der jüdischen Armenfrömmigkeit abgeleitete Aussage[66], die man weder auf 1 Kor 1,26f noch etwa auf die synoptische Tradition (Lk 6,20 Q) zurückführen muß; aber die stilistische Nähe zu 1 Kor 1,26f ist doch überraschend: Hier wie dort die Anrede *ἀκούσατε ἀδελφοί/βλέπετε ... ἀδελφοί;* hier wie dort Verwendung des nicht sehr häufigen Verbs *ἐκλέγεσθαι;* und hier wie dort der Hinweis auf das Gegenüber, auf den *κόσμος* (der Menschen)[67]. Dennoch ist die Annahme einer literarischen Beziehung wohl auszuschließen[68]: Die Anrede hängt einfach mit dem Diatribenstil zusammen, dessen sich der Vf des Jak auch sonst viel stärker bedient, als Paulus das in 1 Kor tut; die beiden anderen Parallelen ergeben sich aus der hier wie dort tatsächlich gleichen Tendenz der Aussage: Gott hat erwählt, was vor der Welt gering geachtet wird. Die entscheidende Differenz liegt darin, daß Jak unmittelbar an Arme denkt, die in der Gemeinde offenbar eine zweitrangige Rolle spielen, während es Paulus in 1 Kor 1 weniger um den rein finanziellen als vielmehr um den sozialen Status geht[69]. Die damit verbundenen theologischen Konsequenzen sind gänzlich verschieden: Paulus argumentiert von der Christologie her (1 Kor 1,18.30f), der Vf des Jak dagegen von den Normen des Gesetzes (2,8–13).

---

[64] DIBELIUS, Jak, 104.125–129 (auch zu 1,15).

[65] Vgl. die Analyse bei DIBELIUS, Jak, 104f (mit jüdischem Material); ferner LOHSE, Ges. Aufs., 298.

[66] Vgl. DIBELIUS, Jak, 58–66.

[67] Die Abschreiber haben diese Parallele gesehen; 𝔎 liest deshalb in Jak 2,5 *τοὺς πτωχοὺς τοῦ κόσμου* analog 1 Kor 1,27 *τὰ μωρά* bzw. *τὰ ἀσθενῆ τοῦ κόσμου.*

[68] BARNETT, Paul, 189 hält einen literarischen Zusammenhang für denkbar.

[69] Es ist zu beachten, daß das für Jak entscheidende Stichwort *πτωχός* in 1 Kor überhaupt nicht vorkommt.

Der für die vorliegende Untersuchung bei weitem wichtigste Abschnitt des Jak befaßt sich mit dem Thema „Glaube und Werke"; 2,14–26 sehen wie eine bewußt antipaulinische Polemik aus.

Für einen solchen Zusammenhang sprechen drei Indizien:

a) Die sonst in nachpaulinischer Literatur selten begegnende Verbindung von *πίστις* und *ἔργον* bzw. *ἔργα*.

b) Die Anführung von Gen 15,6 zur Illustration des Verhältnisses von Glaube und Gerechtigkeit.

c) Die Verwendung des Stichworts *δικαιοῦσθαι* in theologischem, d.h. nicht-moralischem Sinn.

Wie ist dieser Befund zu erklären?

Prinzipiell bestehen drei (bzw. vier, s. u.) Möglichkeiten, die in der Literatur auch vertreten werden:

1. Die Berührungen mit der paulinischen Rechtfertigungslehre sind ganz zufällig zustandegekommen[70].
2. Jak wendet sich gegen eine „entartete" paulinische Tradition, wobei er entweder a) die paulinischen Briefe selbst nicht kennt[71], oder b) sie zwar kennt, aber außerstande oder nicht bereit ist, offen auf sie Bezug zu nehmen[72].
3. Jak wendet sich unmittelbar gegen die paulinische Theologie selbst[73] in der Absicht, das „sola fide" durch eine Art „Synergismus" zu ersetzen.

---

[70] So etwa Ropes, Jak, 35f.204f; Walker, ZThK 61, 1964, 192; ähnlich auch Lohse, Ges. Aufs., 290 (vgl. aber aaO., 291).

[71] Das ist die in der Forschung überwiegend vertretene Annahme, vgl. etwa Harnack, Chronologie, 486; Kümmel, Einleitung, 362; Vielhauer, Geschichte, 575; Hahn, in: Festschrift Käsemann, 97. Bisweilen wird noch einmal spezifiziert: aa) Jak kämpfe gegen auf Paulus sich berufende Gnostiker (so massiv Schammberger, Einheitlichkeit, 89f; vgl. Stuhlmacher, Gerechtigkeit, 193 A 1; Schrage, Jak, 35); bb) Jak wende sich gegen ein indifferent gewordenes Christentum, das sich quasi zum Schein der paulinischen Formeln bedient (so Soden, Hebr, 192; ähnlich Dibelius, Jak, 219; vgl. Klein, ZNW 62, 1971, 18); cc) Jak kenne lediglich einen „orthodoxen Paulinismus", der sich auf eine theologische Sachdebatte gar nicht habe einlassen wollen (so Lührmann, Glaube, 83).

[72] So Pfleiderer, Urchristentum II, 541: Jak habe mindestens Gal und Röm gekannt; er kämpfe aktuell gegen einen Intellektualismus gnostischer Prägung (aaO., 546f). Luck, ThGl 61, 1971, 178 nimmt an, Paulus und Jak seien gemeinsam von weisheitlicher Tradition abhängig; Paulus zerbreche sie durch seine Christologie und Soteriologie, Jak dagegen bleibe in ihrem Rahmen und wende sich von hier aus gegen Paulus und gegen dessen Schüler.

[73] So Lietzmann, Geschichte I, 213; freilich habe der Vf des Jak die paulinischen Aussagen nicht verstanden, denn sie seien im Grunde nicht mehr aktuell gewesen. Ferner Trocmé, TU 87, 660–669. – Ähnlich, wenn auch von ganz anderen Voraussetzungen aus, Brandon, Fall, 238f: Jak sei in Alexandria entstanden und wehre sich Ende des 1. Jahrhunderts gegen "the rising of Paulinism" und gegen den Niedergang "of Jewish predominance in the Church of Alexandria" (vgl. o.S. 155 Anm 41 zu Mt).

Sollte die unter (1) genannte Lösung des Problems zutreffend sein, so wäre Jak für das Thema der vorliegenden Untersuchung ohne besonderes Interesse; er wäre dann eine der frühchristlichen Schriften, die, ähnlich wie Apk oder Hebr, völlig außerhalb des paulinischen Einflußbereichs entstanden sind. Sollte These (2) zutreffend sein, dann wäre Jak der erste sichere Zeuge für die Behauptung, es habe in nachpaulinischer Zeit eine offene Ablehnung der paulinischen Theologie (und sogar eine Verleugnung der Paulus-Tradition, These 2b) gegeben, weil gnostische Christen sich des paulinischen Erbes bemächtigt hatten[74]. Wäre die unter (3) angesprochene Möglichkeit wahrscheinlich zu machen, so wäre Jak ein indirekter Zeuge für eine zur Zeit der Abfassung des Jak noch wirksame Kraft der paulinischen Rechtfertigungslehre, die es den Vertretern eines expliziten Antipaulinismus (der dann also auf das Judenchristentum nicht beschränkt gewesen wäre)[75] nicht erlaubte, offen gegen Paulus aufzutreten, sondern sie vielmehr dazu zwang, in der Maske des „klassischen" Paulus-Gegners Jakobus (vgl. Gal 2,11f) gleichsam abstrakt und theoretisch gewisse Lehren anzugreifen, wobei den Eingeweihten natürlich klar war, um wessen Lehre es hier ging.

Ein begründetes Urteil ist nur aufgrund einer genauen Exegese von Jak 2,14–26 möglich. Diese Exegese soll deshalb im folgenden gegeben werden, allerdings unter bewußter Konzentration auf das Problem des Verhältnisses zu Paulus.

V. 14 knüpft in der Sache an den vorangegangenen Abschnitt an[76]: Die Frage, ob der Glaube „rette", bezieht sich offenbar auf die Gerichtsaussage in V. 13; im Gericht, so sagt der Vf, kommt es nicht auf Glauben, sondern auf Werke an[77]. Die Formulierung *μὴ δύναται κτλ.* legt die Vermutung nahe, daß hier eine anderslautende Meinung zurückgewiesen werden soll. Und in der Tat sagt ja Paulus in Röm 10,9; 1 Kor 1,21 ausdrücklich, Gott „rette" die Glaubenden – d.h. hier erscheint der Glaube tatsächlich als das Kriterium der Rettung[78]. Aber diese Beobachtung reicht natürlich nicht aus zu der Annahme, Jak wende sich unmittelbar gegen die erwähnten paulinischen Sätze.

In V. 15f wird die paränetische Abzweckung der Aussage deutlich: Schöne Worte sind unnütz, wenn ihnen keine Taten folgen. V. 17 zieht die Konsequenz *(οὕτως)*: Glaube ohne Werke ist ebenso „tot" wie gute Worte ohne konkrete Hilfe. Man darf dabei nicht annehmen, in V. 17 werde ein Gegensatz zwischen *πίστις* und *ἔργα* konstruiert; es handelt sich nicht um eine Definition von Wesen und Inhalt des Glaubens, sondern um eine paränetische Warnung

---

[74] Das würde insbesondere dann gelten, wenn sich nachweisen ließe, daß der Vf des Jak paulinische Briefe zwar gekannt, diese Kenntnis aber bewußt verschwiegen hat.

[75] In diesem Fall könnte man Jak etwa mit dem judenchristlichen Antipaulinismus der *KΠ* vergleichen.

[76] So auch LÜHRMANN, Glaube, 81; anders DIBELIUS, Jak. 184. Dibelius bezieht aber selbst das *σῶσαι* in V. 14b auf das Endgericht (aaO., 188); besteht dann wirklich Anlaß, jeden Zusammenhang der beiden Abschnitte zu bestreiten?

[77] Der Gedanke des Gerichts nach den Werken gehört auch zur paulinischen Theologie, vgl. Röm 2,5–8.

[78] Noch deutlicher erscheint dieser Zusammenhang in Eph 2,8.

vor Lippenbekenntnissen. Das bedeutet: Der Glaubensbegriff von V. 14–17 hat mit dem paulinischen Verständnis von *πίστις* im Grunde nichts zu tun[79].

V. 18 unterstreicht das; auch hier wird nicht etwa ein Gegensatz zwischen Glaube und Werk behauptet, sondern es wird eine *πίστις* proklamiert, die man *ἐκ τῶν ἔργων* zeigen und erkennen kann[80].

V. 19 bestätigt die Feststellung, daß *πίστις* im Sinne des Jak mit Aussagen der paulinischen Theologie offenbar kaum in einem Zusammenhang steht: Daß Gott „einer" ist, sagt in Übereinstimmung mit dem Judentum auch Paulus[81]; aber diese Aussage ist für ihn niemals ein Satz der *πίστις*.

Mit V. 20 und vor allem V. 21a ändert sich das Bild in grundlegender Weise: Der rein paränetische Horizont, wie er in V. 14–17 vorherrschend war, wird abgelöst durch den theologischen Horizont[82]. Erstmals taucht das Stichwort *δικαιοῦσθαι* auf in der vom Vf gestellten rhetorischen Frage: *Ἀβραὰμ ὁ πατὴρ ἡμῶν οὐκ ἐξ ἔργων ἐδικαιώθη κτλ;* Das ist wörtlich die These, die Paulus in Röm 4,2 zurückgewiesen hat: *εἰ γὰρ Ἀβραὰμ ἐξ ἔργων ἐδικαιώθη, ἔχει καύχημα· ἀλλ' οὐ πρὸς θεόν*. Hier legt sich erstmals die Annahme nahe, der Vf des Jak könne sich tatsächlich gegen Paulus wenden. M. Dibelius stellt zwar fest, *δικαιοῦσθαι* sei vom jüdischen Verständnis von *δικαιοσύνη* her zu interpretieren: Abraham gelte hier nicht als „gerechtfertigt", sondern als „Gerechter, der von Gott anerkannt und belohnt wird"[83]; aber das ändert ja nichts an der wörtlichen Übereinstimmung von Jak 2,21a mit Röm 4,2. Selbst wenn der Vf des Jak ein von Paulus abweichendes Verständnis der *δικαιοσύνη* hätte[84], so wäre die Vermutung, daß er sich hier auf die paulinische Formulierung bezieht, dadurch noch nicht widerlegt[85].

In V. 21b zitiert der Vf Gen 22,9 LXX (nicht ganz wörtlich); Paulus zieht diese Textstelle niemals heran, weil sie ja die Grundthese, die er aus dem Abraham-Beispiel gewinnt, gefährdet.

In V. 22 formuliert der Vf eine Zwischenbilanz: *ἡ πίστις συνήργει τοῖς ἔργοις*. Dieser Satz ist aber im Duktus des Ganzen doch sehr überraschend: Von der *πίστις* Abrahams war ja noch gar nicht die Rede gewesen. Der Vf scheint mithin implizit vorauszusetzen, daß seine Leser die (in V. 23 dann tatsächlich zitierte) Aussage von Gen 15,6 kennen. Oder anders gesagt: Er scheint zu wissen und anzudeuten, daß der „klassische" Abraham-Text eigentlich nicht Gen 22, sondern Gen 15 ist; das aber gilt gerade für Paulus,

---

[79] Eine Erörterung der Frage, ob der Glaube unter bestimmten Umständen „tot" sein könne, verbietet sich für Paulus von selbst.

[80] Zu den Problemen dieser Stelle s. DIBELIUS, Jak, 190–195.

[81] Röm 3,30; 1 Kor 8,6; Gal 3,20; vgl. Eph 4,6; 1 Tim 2,5.

[82] Gegen DIBELIUS, Jak, 197.

[83] DIBELIUS, Jak, 199.

[84] Es wird sich noch zu zeigen haben, ob das wirklich der Fall ist.

[85] Keine der von DIBELIUS, Jak, 206–214 genannten Parallelstellen zur Interpretation des Abraham-Beispiels enthält das Stichwort *δικαιοῦν*.

nur in sehr viel geringerem Maße für das Judentum[86]. Jak 2,21 f setzt also offenbar bei den Lesern das paulinische Verständnis des Abraham-Beispiels voraus; der Vf scheint ihnen zeigen zu wollen, daß dieses Verständnis falsch ist[87].

Diese Interpretation wird durch V. 23 bestätigt, wenn Gen 15,6, eingeführt mit der Bemerkung *ἐπληρώθη ἡ γραφή*, zitiert wird.

ἐπληρώθη bereitet für das Verständnis Schwierigkeiten. M. Dibelius will so deuten: „Was Gott über Abraham ausgesagt hat (und was des Moses Niederschrift den Menschen übermittelte), das hat Abraham durch die Tat ‚erfüllt'."[88] Aber es liegt näher, *ἐπληρώθη* ähnlich wie bei Mt[89] im Sinne des „Schriftbeweises" aufzufassen: Die Schrift hat gesagt *ἐπίστευσεν κτλ.*, und dieses Wort hat in dem in V. 21 Erzählten seine Bestätigung gefunden[90].

V. 23 gibt also den Schriftbeweis für die Aussage von V. 22[91]. Damit wird deutlich, daß der Vf das Wort aus Gen 15,6 im Sinne *seiner* Rechtfertigungslehre aufgefaßt hat, denn andernfalls wäre der Schriftbeweis sinnlos. Seine These lautet: Das Werk tritt zum Glauben hinzu[92]. Das Zitat von Gen 15,6[93] entspricht wörtlich dem Zitat-Text in Röm 4,3 – mit zwei gemeinsamen (allerdings geringfügigen) Abweichungen gegen LXX![94] Das ist ein weiteres Indiz für die Vermutung, daß die paulinische Interpretation von Gen 15,6 mit der These von der Rechtfertigung ohne Werke der eigentliche Anlaß für die ganze Darlegung im Jak gewesen ist.

Durch V. 24 schließlich wird diese Annahme noch wahrscheinlicher gemacht, wenn der Vf die prinzipielle Konsequenz zieht: *ἐξ ἔργων δικαιοῦται ἄνθρωπος καὶ οὐκ ἐκ πίστεως μόνον*. Dieser Satz, und das zu sehen ist überaus wichtig, enthält nämlich gar nicht die Folge des bisher Gesagten[95]; V. 24 ist vielmehr im Grunde nur verständlich vor dem Hintergrund jener Aussage,

---

[86] Das zeigt auch die Darstellung bei DIBELIUS, Jak, 209f. Die starke Betonung des Verbs *πιστεύειν* in Gen 15,6 ist im Grunde ganz auf Paulus beschränkt. Vgl. MICHEL, Paulus, 197f.

[87] PFLEIDERER, Urchristentum II, 548: Jak will „dem Paulus bzw. seiner Schule ihren eigentümlichen Schriftbeweis entwinden."

[88] DIBELIUS, Jak, 202.

[89] Mt 1,22; 2,15.17 usw.

[90] Das *καί* am Anfang von V. 23 ist also ein epexegetisches: „Und so wurde die Schrift erfüllt ..."

[91] Der Zitatcharakter von V. 21 war nicht ausdrücklich hervorgehoben worden – offenbar bewußt, um die besondere Funktion von V. 23 noch zu unterstreichen.

[92] Das betont DIBELIUS, Jak, 203f mit Recht.

[93] DIBELIUS, Jak, 202f stellt zutreffend fest, daß *καὶ φίλος θεοῦ ἐκλήθη* für den Vf des Jak Teil des Schriftworts ist.

[94] Jak 2,23 und Röm 4,3 lesen übereinstimmend *ἐπίστευσεν δὲ Ἀβραάμ*, Gen 15,6 LXX liest *ἐπίστευσεν Ἀβραμ*. Vgl. allerdings Gal 3,6.

[95] Dem würde eher eine Aussage wie V. 22 entsprechen, etwa: *ὁρᾶτε ὅτι ἐξ ἔργων σὺν τῇ πίστει δικαιοῦται ἄνθρωπος* o. ä.

gegen die er m.E. unmittelbar polemisiert[96]: *λογιζόμεθα γὰρ δικαιοῦσθαι πίστει ἄνθρωπον χωρὶς ἔργων νόμου* (Röm 3,28) bzw. *οὐ δικαιοῦται ἄνθρωπος ἐξ ἔργων νόμου* (Gal 2,16)[97]. Man muß nicht unbedingt annehmen, der Vf des Jak habe Röm oder Gal direkt gekannt; es ist durchaus denkbar, daß jene paulinischen Sätze einen gewissen Parole-Charakter erhalten hatten und unabhängig von den Briefen, in denen sie standen, überliefert wurden. Wahrscheinlicher ist mir allerdings, daß der Vf des Jak sich auf eine schriftliche Vorlage bezieht; der Abschnitt Jak 2,21–24 berührt sich jedenfalls so eng mit Röm 3.4, daß eine literarische Beziehung doch zu vermuten ist[98].

V. 25f runden das Bild ab, enthalten aber für das hier zur Diskussion stehende Problem keine neuen Aspekte.

Sollte diese Auslegung im wesentlichen zutreffend sein, so wäre damit die These zurückgewiesen, daß Jak mit der paulinischen Theologie in keinem Zusammenhang stehe[99]. Es bliebe aber zu fragen, ob der Vf in 2,14–24 (26) gegen die paulinische Theologie selbst polemisiert, oder ob er sich lediglich gegen einen nachpaulinischen Gebrauch (oder Mißbrauch) der paulinischen Rechtfertigungsaussagen wendet.

Es ist zweifellos richtig, daß der Vf in 2,14–26 in erster Linie nicht theologisch, sondern paränetisch argumentiert[100]. Im Unterschied zu Paulus spricht er nämlich nicht von den *ἔργα νόμου,* sondern einfach von den „Werken“, d.h. das paulinische Problem der *δικαιοσύνη ἐκ νόμου* als eines Gott gegenüber zu erhebenden Anspruchs scheint für ihn nicht im Blick zu sein[101]. Das könnte bedeuten, daß Jak sich zwar paulinischer Begrifflichkeit bedient, daß er sich aber nicht im eigentlichen Sinne gegen Paulus wendet. Er würde offenbar lediglich gegen ein Christentum protestieren, das theoretische Rechtgläubigkeit mit moralischer Laxheit oder ethischer Indifferenz verbinden zu können glaubte[102].

Aber diese Deutung ist m. E. ganz unwahrscheinlich. Jak ist zwar in der Tat eine rein paränetische Schrift; aber der Vf wendet sich keineswegs dezidiert gegen bestimmte Mißstände, sondern er entwirft prinzipiell und ohne konkreten Anlaß die Grundzüge christlicher Ethik[103].

---

96 DIBELIUS, Jak, 204: „Es muß also die Losung ‚Glaube, nicht Werke‘ schon ausgesprochen sein.“ Vgl. auch LÜHRMANN, Glaube, 82.

97 Das einleitende *εἰδότες δέ* macht deutlich, daß Paulus den angeführten Satz als feste Formel verstanden wissen will.

98 So auch HAHN, in: Probleme, 92.

99 S.o. S. 243f (These 1).

100 HAHN, in: Festschrift Käsemann, 98: Das Problem des Verhältnisses von Glaube und Werken sei „zu einem ausschließlich paränetischen Thema depraviert worden“.

101 Das ist ein weiteres Indiz für die Annahme, daß der Vf nicht „Judenchrist“ gewesen ist.

102 So die These von HARNACK, Dogmengeschichte I, 193.

103 Vgl. dazu den Exkurs bei DIBELIUS, Jak, 161–163.

Dann aber kann man nicht mehr sagen, Jak kämpfe in 2,14–26 gegen einen genau bestimmbaren aktuellen Gegner, etwa gegen ein (gnostisierendes) Christentum, das die Orthodoxie über alles schätzte und die Nächstenliebe darüber vergaß[104]. Das Thema „Glaube und Werke" ist für Jak vielmehr ein ebenso prinzipielles Problem wie „Arm und Reich" oder „Mißbrauch der Zunge". Dies aber läßt sich nur erklären vor dem Hintergrund der paulinischen Theologie. Die Rechtfertigungslehre des Paulus, zusammengefaßt in Sätzen wie Röm 3,28 oder Gal 2,16, ist die Folie, vor der Jak seine eigene Rechtfertigungslehre entwirft. Jak 2,14–26 ist insofern zu verstehen als expliziter Widerspruch gegen Paulus. Jak wendet sich nicht gegen einen „entarteten" Paulinismus, er wendet sich überhaupt nicht gegen ein „entartetes" Christentum[105]; er wendet sich einfach gegen die Behauptung, daß der Mensch aus Glauben allein gerechtgesprochen werde. Er wendet sich also gegen jene Behauptung, die Paulus aufgestellt hatte und die, wie Eph, Apg, die Past und 1 Clem zeigen, gegen Ende des 1. Jahrhunderts in der kirchlichen Tradition mit dem Namen des Paulus fest verbunden war. Und zwar offenbar so fest, daß der Vf des Jak es nicht wagen zu können glaubte, Paulus offen anzugreifen oder auch nur indirekt auf seine Briefe Bezug zu nehmen[106]. Er mußte vielmehr zunächst in 2,15f.19 eine Karikatur des „paulinischen" Glaubens zeichnen, um dann sein Verständnis des Glaubens dagegenstellen zu können.

Warum aber spricht Jak anders als Paulus nicht von den *ἔργα νόμου?* Denkbar wäre, daß der Vf seine antipaulinische Position nicht im Rahmen der Kategorien des Judentums vorträgt, sondern im Rahmen eines zwar nicht theoretisch, wohl aber faktisch gesetzlich verfaßten Christentums. Möglich wäre aber auch, daß der Vf des Jak die entscheidende Funktion des Gesetzesbegriffs im Rahmen der paulinischen Rechtfertigungslehre nicht

---

[104] SCHAMMBERGER, Einheitlichkeit, 89: Jak ist „eine Kampfschrift gegen einen radikalen gnostischen Paulinismus", die „klare, kraftvolle Bekämpfung einer verderblichen Übersteigerung der paulinischen Erlösungsgedanken ins Gnostisch-Dualistische auf dem Hintergrund eines Gottesglaubens, der dem Monotheismus des allein guten Gottes verderblich werden mußte". Einen solchen gnostischen Paulinismus hat es nicht gegeben; und davon, daß etwa Marcion (auf den Schammbergers Beschreibung der Gegner des Jak noch am ehesten passen würde) die Werke verworfen hätte, weiß nicht einmal Tertullian zu berichten. Auch „libertinistische Gnostiker" (aaO., 44) gab es vermutlich nur in der Phantasie der Kirchenväter, vor allem des Epiphanius.

[105] Vgl. etwa STUHLMACHER, Gerechtigkeit, 193 A 1: Die von Jak bekämpfte Losung könne in dieser Radikalität „eigentlich nur von enthusiastischen, also doch wohl gnostisierenden Paulusschülern vertreten worden sein". Aber die von Jak kritisierte Lehre ist so „radikal" wie die gesamte paulinische Rechtfertigungslehre.

[106] MUSSNER, Jak, 19 meint, der Vf (= Jakobus) habe die paulinischen Briefe nicht gekannt, denn „sonst hätte er die Pseudopaulinisten doch wohl mit Hilfe ihres eigenen, angeblichen Meisters geschlagen". Eben nicht.

verstand, und daß er deshalb zwischen „Werken" und „Gesetzeswerken" keinen Unterschied sah[107].

Dazu würde die Tatsache passen, daß auch in der „positiven" nachpaulinischen Rezeption der Rechtfertigungslehre der Zusammenhang von *ἔργα* und *νόμος* (mit einer Ausnahme) durchweg nicht gesehen worden ist[108].

Jak hat zweifellos ein von Paulus abweichendes Verständnis der *πίστις*. Insofern haben jene Exegeten durchaus recht, die erklären, Jak rede im Grunde an der paulinischen Position vorbei und treffe sie gar nicht. Es kommt aber weniger darauf an festzustellen, was der Vf tatsächlich erreicht hat; entscheidend ist, was er erreichen wollte. Und hier kann m.E. kein Zweifel bestehen: Der Vf des Jak wollte die paulinische Theologie treffen und widerlegen, und zwar mit ihren eigenen Mitteln. Deshalb wählte er das Pseudonym des Jakobus, um eine Gegenautorität ins Feld führen zu können (vgl. Gal 2,11 f)[109]; deshalb bedient er sich des Abraham-Beispiels, um dessen paulinische Auslegung zu zerbrechen[110]. Und selbst die Tatsache, daß er die *πίστις* als ein bloßes Für-wahr-halten bestimmter Sätze hinstellt (2,19), ist schon ein Teil der antipaulinischen Polemik[111].

M. Dibelius hat die hier vorgetragene Vermutung zurückgewiesen. Auch er erwog zwar die Möglichkeit, Jak könne „Leute im Auge haben, die echte Gedanken des Paulus vertreten, und die er, der Autor mißversteht", aber er antwortete sofort: „Die Existenz solcher wahren Paulus-Jünger ist sehr zweifelhaft; es war ja das Schicksal des Paulus, in der Kirche mißverstanden zu werden."[112]

Aber diese Argumentation ist methodisch fragwürdig: Sie setzt voraus, was doch eigentlich erst zu beweisen wäre, daß es nämlich in der Kirche keinen wirklichen „Paulinismus" gegeben habe und daß es aus diesem Grunde auch

---

[107] Das zeigt auf andere Weise 1,25: Wer in den *νόμος τέλειος τῆς ἐλευθερίας* (vgl. dazu Dibelius, Jak, 148–152) „hineingeblickt" hat und ihn tut, ist *μακάριος*. Vgl. auch 2,8–12, wo das alttestamentliche Gesetz *νόμος ἐλευθερίας* genannt wird. – Das Fehlen des Gesetzesbegriffes in 2,14–26 wird von Lührmann, Glaube, 80 f in seiner Bedeutung m. E. unterschätzt.

[108] Vgl. Eph 2,8f; 2 Tim 1,9; Tit 3,5–7; 1 Clem 32,4; Pol 2 Phil 1,3; die einzige Ausnahme ist Apg 13,38f.

[109] Schon diese Tatsache weist auf die antipaulinische Tendenz des Jak. Denn warum sonst hätte der nicht-judenchristliche Autor des Jak ausgerechnet dieses Pseudonym gewählt.

[110] Vielleicht gehört in diesen Kontext sogar Jak 2,10: Die Aussage, man müsse „das ganze Gesetz" halten, entspricht Gal 3,10; 5,3, verfolgt aber die entgegengesetzte Absicht. Vgl. jedoch zur jüdischen Herkunft des Satzes Dibelius, Jak, 179–182.

[111] Insofern trägt der häufig gegebene Hinweis, Paulus und der Vf des Jak bedienten sich einer völlig verschiedenen Terminologie (so etwa Jeremias, ET 66, 1954/55, 368–371; Walker, ZThK 61, 1964, 192; Vielhauer, Geschichte, 575), gar nichts aus. Das *πίστις*-Verständnis des Jak ist bereits als solches antipaulinisch.

[112] Dibelius, Jak, 221.

keinen unmittelbaren „Anti-Paulinismus" gegeben haben könne. Schriften wie Apg, Past und 1 Clem, auch Eph sowie die einfache Tatsache der Tradierung der Paulusbriefe beweisen aber, daß es im Raum der Kirche eine Anerkennung der Tradition der paulinischen Theologie gab, die mit einem „entarteten Hyperpaulinismus" nicht das geringste zu tun hatte. Der Vf des Jak braucht also weder Gegner vor sich zu haben, die Paulus mißbrauchten, noch muß er selbst die paulinischen Aussagen mißverstanden haben[113]. Im Gegenteil: Der Vf des Jak hat Paulus durchaus verstanden. Gerade deshalb protestiert er gegen die paulinische Theologie[114]. Er tut dies nicht im Namen des Judenchristentums, nicht im Namen einer „Gesetzesfrömmigkeit". Sondern er tut es im Namen einer weisheitlich orientierten christlichen „Religion"[115]. Der Vf vertritt mit großer Schärfe die Ansicht, es komme nicht auf die Überzeugung, die Meinung, den „bloßen Glauben" an, sondern auf die Tat – für ihn die selbstverständliche Voraussetzung jeder ethischen Forderung. Von dieser Basis aus wendet er sich gegen die paulinische Rechtfertigungslehre, die die unmittelbare theologische Qualifizierung der Ethik, d.h. die rechtfertigende Wirkung der Werke, ja gerade beseitigt hatte[116]. Auf diese Unterscheidung kommt es hier an: Für Paulus sind die „Werke" des Christen Frucht des Glaubens (vgl. etwa nur Gal 5,13–6,10); sie rechtfertigen nicht, sondern sind Folge und Konsequenz der allein dem Glauben geschenkten Rechtfertigung[117] (vgl. Gal 5,1.25). Der Vf des Jak dagegen fordert die

---

[113] Es ist charakteristisch, daß HARNACK, Chronologie, 487 genau dieses Problem gesehen hat („libertinistische Gnostiker" seien ebensowenig im Blick wie die „hyperpaulinische Häresie"), was ihn im Grunde gegen seinen Willen dazu zwingt, Jak nicht zu spät zu datieren.

[114] DIBELIUS, Jak, 219: Er hätte Paulus nicht bekämpft, „wenn er ihn gründlich gelesen und verstanden hätte". Nein: Er bekämpft ihn gerade, weil er ihn gelesen hat. (Man kann Dibelius' Aussage vergleichen mit der häufig vertretenen Behauptung, die paulinische Gesetzeslehre basiere auf einem Mißverständnis des alttestamentlichen Judentums. Nein: Paulus kennt die von ihm abgelehnte Position genau so gut, wie der Vf des Jak seinen Gegner kennt.)

[115] Das Wort „Religion" ist hier im Sinne der dialektischen Theologie gebraucht und nicht mit dem zu verwechseln, wie DIBELIUS, Jak, 69–73 diesen Begriff faßt. M.E. gibt Dibelius das paulus-kritische Element der Theologie des Jak mit dem Stichwort „Ethos" zutreffend wieder.

[116] Vgl. zu diesem fundamentalen Gegensatz LUCK, ThGl 61, 1971, 178.

[117] MUSSNER, Jak, 18, der mit der Echtheit des Jak rechnet, stellt fest, die paulinische Rechtfertigungslehre könne sich schon deshalb nicht gegen Jak richten, weil dieser nicht die Alternative (Glaube oder Werke) vertrete, sondern „eine lebendige Synthese": Jak lehne „nicht die Rechtfertigung aus dem Glauben ab, sondern ‚aus dem Glauben allein'". Vgl. DERS., Petrus, 117: Jak behaupte nicht, „daß der Glaube keine rechtfertigende Kraft besitzt, vielmehr nur, daß die Rechtfertigung nicht ‚aus Glauben allein' erfolgt". „‚Aus Glauben allein' war vielleicht ein Schlagwort des von Jakobus bekämpften Pseudopaulinismus." Nein! Das ist die Substanz der paulinischen Rechtfertigungslehre nach Röm 3,28. Vgl. SCHLIER, Röm, 117: „Der Glaube allein führt die wirksame Gerechtsprechung durch Gott herbei." Schlier sagt dann weiter: „Nicht das

Werke, die überhaupt erst zur Rechtfertigung führen, ohne die es gar keine Rechtfertigung gibt[118].

Berührt sich das Verständnis von *δικαιοσύνη/δικαιοῦσθαι* im Jak auch außerhalb von 2,21–24 mit der paulinischen Rechtfertigungslehre? Das Verb begegnet nur in diesem knappen Abschnitt; umgekehrt ist das Stichwort *δίκαιος* im Sinne des alttestamentlichen „Gerechten" (Jak 5,6.16) bei Paulus nicht belegt[119]. Das Substantiv *δικαιοσύνη* wird vom Vf außer in 2,23 nur zweimal gebraucht: In 1,20 heißt es, daß der Zorn des Menschen *δικαιοσύνην θεοῦ οὐκ ἐργάζεται,* und wie immer man das im einzelnen übersetzen will – gemeint ist jedenfalls, daß die *δικαιοσύνη θεοῦ* etwas ist, „was durch des Menschen Tun zustande kommen soll"[120]. In 3,18 hat *δικαιοσύνη* keine theologische Bedeutung.

Jak berührt sich also lediglich in 2,14–26 mit Aussagen der paulinischen Theologie. Er ist eine von weisheitlicher Paränese bestimmte Schrift, die nur ein einziges *theologisches* Thema behandelt: Die Rechtfertigungslehre. Das bedeutet, daß es zur Zeit der Abfassung des Jak ganz offensichtlich kirchliche Kreise gab, in denen die paulinische Theologie im wesentlichen unumstritten war. Der Vf des Jak hielt es aus prinzipiellen theologischen Erwägungen heraus für notwendig, gegen diese Theologie zu protestieren[121].

Leider läßt sich Jak weder geographisch[122] noch zeitlich[123] einordnen, was insbesondere für die Frage nach der Paulusrezeption in der alten Kirche höchst bedauerlich ist. Wüßten wir, wann und vor allem wo Jak entstand, dann hätten wir einen Fixpunkt für

---

Tun als solches ist zur Rechtfertigung unbrauchbar, sondern eine bestimmte Art von Tun", nämlich das mit dem *καυχᾶσθαι* verbundene Tun, das freilich „jeder Mensch von seiner Herkunft mitbringt". Eben diesen Gedanken bekämpft der Vf des Jak.

[118] LÜHRMANN, Glaube, 83 nimmt an, die Gegenfront des Jak sei vielleicht ein „‚orthodoxer Paulinismus'" gewesen. Demgegenüber meint SCHRAGE, Jak, 35f, der Vf habe einen „verwilderten oder doch vergröberten Paulinismus im Visier"; seine Angriffe aber träfen auch Paulus selbst, „wenn er die Werke in die Rechtfertigung einbezieht und diese damit nomistisch korrumpiert" (vgl. DERS., in: Festschrift Käsemann, 427). Aber der Vf „bezieht" die Werke ja gar nicht „mit ein" – er macht sie vielmehr zum Kriterium der Rechtfertigung überhaupt. KLEIN, ZNW 62, 1971, 18 spricht deshalb m.R. von einem „Gegensatz der theologischen Grundentscheidung".

[119] Die einzige mögliche Ausnahme ist Röm 5,7. Vgl. zu Jak 5,6 DIBELIUS, Jak, 285f.

[120] DIBELIUS, Jak, 142; anders SCHRENK, Art. *δικαιοσύνη,* ThWNT II, 202,38–40: Auch nach Jak 1,20 wirke der Mensch nicht seine Gerechtigkeit. Doch – ebenso wie nach 2,24.

[121] Vgl. HAHN, in: Festschrift Käsemann, 104f.

[122] Zum Problem des Entstehungsorts vgl. KÜMMEL, Einleitung, 365 und VIELHAUER, Geschichte, 580; Vielhauer verzichtet m.R. ganz darauf, irgendwelche Vermutungen zu äußern.

[123] In der Regel wird behauptet, Jak müsse wegen des sachlichen Abstands zu Paulus erheblich später als die Paulusbriefe verfaßt sein (KÜMMEL, Einleitung, 365; VIELHAUER, Geschichte, 580). Aber eine antipaulinische Theologie hat es natürlich auch und gerade schon zu Lebzeiten des Paulus gegeben (womit keine Frühdatierung des Jak behauptet werden soll); der Widerspruch gegen Paulus ist überhaupt kein Anhaltspunkt für die Datierung.

den sich formierenden Antipaulinismus in der Kirche[124] und umgekehrt einen – unfreiwilligen – Zeugen für die fortwirkende Kraft der Rechtfertigungslehre. Leider läßt uns Jak hier im Stich[125].

d) 1. Petrusbrief

1 Petr ist, wie schon das Formular zeigt, nach dem Vorbild der paulinischen Briefe gestaltet worden[126]. Die Berührungen mit paulinischer Tradition sind auch sonst eng, so daß K.M. Fischer vorgeschlagen hat, in 1,1 sei statt „Petrus" ursprünglich der Name des Paulus zu lesen[127]. Aber das ist recht unwahrscheinlich. Denn einmal ist kein rechter Grund zu erkennen, warum aus einem pseudo-paulinischen ein pseudo-petrinischer Brief gemacht worden sein sollte[128]; und außerdem spricht die Liste der Adressaten in 1,1 gegen Fischers Erwägung: Welcher deuteropaulinische Autor wäre wohl auf die Idee gekommen, einen fiktiven Paulusbrief außer nach Pontus, Kappadozien usw. auch noch ganz nebenbei ausgerechnet nach Galatien geschrieben sein zu lassen, ohne den im Gal sichtbaren Konflikt auch nur andeutungsweise zu erwähnen?

Deutlicher als die geographischen Angaben in 1,1 führen die in 5,12f genannten Personen in den Umkreis der Paulus-Tradition[129]. Silvanus wird in 1 Thess 1,1; 2 Kor 1,19 (vgl. 2 Thess 1,1) erwähnt; unter der Kurzform Silas wird er in Apg 15–18 relativ häufig genannt. Von Markus ist in Phm 24, in den deuteropaulinischen Briefen und auch in der Apg die Rede. Dieser Befund würde dafür sprechen, daß 1 Petr offenbar bewußt einen Zusammenhang mit paulinischer Tradition herstellen will; aber sicher ist das nicht[130]. Konkrete

[124] „Antipaulinismus" zeigt natürlich auch schon zumindest Gal; aber von einer literarischen Produktion der Gegner ist jedenfalls nichts bekannt.

[125] SCHULZ, Mitte, 287 sieht Jak offenbar als in Rom entstanden an; der Vf habe als einziger im NT „die Selbstrechtfertigung mit einmaliger, eben römischer Klarheit, Konsequenz und vor allem Radikalität programmiert".

[126] Nicht nur Präskript und Proömium erinnern an die paulinischen Briefe; auch der Schlußgruß *(ἀσπάσασθε ἀλλήλους ἐν φιλήματι ἀγάπης)* entspricht nahezu wörtlich (Paulus sagt *φιλήματι ἁγίῳ)* Röm 16,16a; 1 Kor 16,20; 2 Kor 13,12a; vgl. 1 Thess 5,26. Dagegen meint GOPPELT, 1 Petr, der Vf knüpfe nicht direkt an die Paulusbriefe an (vgl. aaO., 44f.75f.345f).

[127] FISCHER, Tendenz, 15 A 3. „Alles in dem Brief weist auf Paulus als den fiktiven Absender, außer dem ersten Wort." Vgl. auch SCHENKE, NTS 21, 1975, 517. Schon HARNACK, Chronologie, 454f.461 hielt übrigens die Rahmung des 1 Petr für sekundär.

[128] Immerhin kennt 2 Petr 3,1 den 1 Petr bereits unter seiner jetzigen Bezeichnung. Schenke (s. die vorige Anm) meint, die Korrektur der Vf-Angabe sei vor der Entstehung des Corpus Paulinum erfolgt, und zwar im Zuge der Einflußnahme der römischen Kirche auf den Paulinismus. Aber derartige Konstruktionen tragen wenig aus.

[129] Zwar waren „Galatia" und „Asia" paulinisches Missionsgebiet; die drei anderen genannten Gebiete stehen aber in keinem Zusammenhang mit paulinischer Tradition (zu Bithynien vgl. die seltsame Angabe in Apg 16,7).

[130] BROX, BZ NF 19, 1975, 89f weist darauf hin, daß von der Apg her auch eine Verbindung zwischen Petrus und Silvanus (15,22) bzw. Markus (12,12; 13,13) denkbar wäre.

Information steht jedenfalls nicht dahinter; die Nennung der Namen ist ein „Mittel der fingierenden Schriftstellerei“[131].

Der Abschnitt 4,12–19 legt die Vermutung nahe, daß 1 Petr in einer Zeit der Verfolgung geschrieben wurde, was zusammen mit der nach Kleinasien weisenden Adresse dafür spricht, daß 1 Petr um 90 irgendwo in dem durch 1,1 bezeichneten Gebiet entstanden ist[132].

Der „paulinische“ Charakter des 1 Petr hat die Forschung oft veranlaßt, nach dem Zusammenhang mit der Paulus-Überlieferung zu fragen. A. v. Harnack sah 1 Petr „vom Geist des paulinischen Christenthums durchweg bestimmt“, und er erwog hypothetisch, „Paulus selbst sei der Verfasser des Schriftstücks“[133]. Auch H. Lietzmann meinte, Grundlage des 1 Petr sei Paulus; freilich fehle ihm dessen „Tiefe“[134].

Angesichts solcher Urteile ist es verständlich, daß immer wieder nach den literarischen Beziehungen zwischen 1 Petr und den Paulusbriefen gefragt worden ist. O. Pfleiderer nahm an, 1 Petr setze bereits eine Sammlung von Paulusbriefen voraus und orientiere sich dabei vor allem am Röm[135]. H. v. Soden sah auffällige Berührungen besonders mit dem Gal[136]; A. E. Barnett vermutete, der Vf habe jedenfalls Röm und Eph gekannt[137]. Sehr viel zurückhaltender äußern sich J. N. D. Kelly, K.-H. Schelkle und vor allem L. Goppelt: Viele Parallelen, so vermuten sie, gehen auf Benutzung verwandter Tradition zurück[138]. Warum aber trägt dieser so deutlich an Paulus erinnernde Brief den Namen des Petrus als Verfasser? F. C. Baur sah darin (wie auch in 2 Petr) eine bewußte Synthese von Paulinismus und

---

[131] Brox, BZ NF 19, 1975, 85. Anders Goppelt, 1 Petr, 353.

[132] Vgl. Schelkle, 1 Petr, 11. Aufgrund von 5,13 und z. T. auch 2,14 (so Harnack, Chronologie, 454f) wird bisweilen für Rom als Abfassungsort plädiert (z. B. Goppelt, 1 Petr, 65f, der den Brief in der Zeit zwischen 65 und 80 geschrieben denkt). Aber der Hinweis auf „Babylon“ (= Rom) gehört zur fiktiven Situation: „Petrus“ hat natürlich aus Rom geschrieben (vgl. auch Vielhauer, Geschichte, 587f).

[133] Harnack, Chronologie, 452. Er schwärmt geradezu von der „geistigen Selbständigkeit und Freiheit der religiösen Gedankenbildung und Admonition innerhalb des Paulinismus“. Die Erwähnung der Verfolgungen mache freilich paulinische Verfasserschaft ganz unwahrscheinlich (aaO., 453).

[134] Vgl. Lietzmann, Geschichte I, 223–225.

[135] Pfleiderer, Urchristentum II, 504f. Die Anlehnung an Röm sei so eng, daß 1 Petr streckenweise nur von dorther zu verstehen sei.

[136] Soden, Hebr, 116.

[137] Barnett, Paul, 69. Ähnlich schon Knopf, 1 Petr, 8, der allerdings zugleich betont, die Nähe des 1 Petr zu Paulus gehe weniger auf „unmittelbare Benützung“ und „bewußtes Erinnern“ zurück, als vielmehr auf „eine allgemeine Abhängigkeit vom Paulinismus“ (aaO., 7).

[138] Kelly, 1 Petr, 13; Schelkle, 1 Petr, 6f; Goppelt, 1 Petr, 48–51. Vgl. auch Beyschlag, Clemens, 201, der in der Christologie des 1 Petr eine größere Verwandtschaft mit 1 Clem 16 als mit Paulus sieht, und Lohse, Ges. Aufs., 322, der vorsichtig von „einer gewissen Nähe zur paulinischen Theologie“ spricht.

Judenchristentum[139]; und diese Antwort wird in modifizierter Form bis heute gegeben[140].

Die Frage nach möglicher literarischer Abhängigkeit des 1 Petr von Paulus stellt sich bereits bei der Eulogie 1,3–12. Barnett meinte, dieser Abschnitt sei unmittelbar von Eph 1,3–20(!) abhängig[141]; aber zu einem so weit gehenden Urteil reichen die Ähnlichkeiten keinesfalls aus[142]. Auch die wörtliche Übereinstimmung von 1,3a mit 2 Kor 1,3 ist wohl nicht Folge direkter Abhängigkeit; vielmehr wird der Vf hier eine inzwischen feste Formulierung aufgenommen haben (vgl. Eph 1,3). Andererseits aber weist schon die Tatsache, daß 1 Petr überhaupt ein deutlich abgegrenztes Proömium enthält, auf paulinischen Einfluß[143].

K.-H. Schelkle meint, der christologische Satz in 1,3b dürfe „vielleicht gemäß, wenn nicht als Wirkung, paulinischer Theologie verstanden werden"[144]: Hier wie dort werde gesagt, daß „das Mitsterben mit Christus das Mitauferstehen verbürgt … und Christus der Erstgeborene aus den Toten ist"[145]. Aber 1 Petr 1,3b steht doch eher in einem sachlichen (und auch begrifflichen) Zusammenhang mit Aussagen wie Tit 3,5; der Gedanke der Wiedergeburt (vgl. 1 Petr 1,23) gehört in den Rahmen der Taufaussagen, die nur noch sehr vermittelt an Röm 6,4–11 anknüpfen.

Die Aussage in 1,18f über den Sühnetod und über das „Blut" Christi berührt sich mit der in Röm 3,25 zitierten vorpaulinischen Tradition, wie sie in Kol 1,20; Eph 1,7 wieder anklingt; spezifisch paulinische Theologie ist hier nicht wirksam[146].

Bewußte Aufnahme nachpaulinischer Tradition sind offenbar 1 Petr 1,14f (das „Einst-Jetz-Schema") und 1,20 (das Revelationsschema). Zwar hat auch Paulus selbst das Einst-Jetzt-Schema schon verwendet[147]; aber wahrscheinlich knüpft der Vf des 1 Petr hier nicht unmittelbar daran an. Vor allem die Verwendung des charakteristisch deuteropaulinischen Revelationsschemas

---

139 BAUR, Vorlesungen, 291–297.

140 Vgl. GOLDSTEIN, Gemeinde, 12: Der Vf wolle zwischen der paulinisch und der petrinisch orientierten kirchlichen Autorität vermitteln. DERS., Gemeindeverständnis, 352: 1 Petr liege „im Schnittpunkt paulinisch-charismatischer und jüdisch-presbyteraler Tradition". Einen etwas anderen Akzent setzt VIELHAUER, Geschichte, 589: Die Tendenz des Briefrahmens jedenfalls sei „die Aufrichtung der Autorität Petri auch über die paulinischen Missionsgebiete" (vgl. dazu jedoch o. Anm 129).

141 BARNETT, Paul, 54.

142 Vgl. dazu COUTTS, NTS 3, 1956/57, 115–127.

143 Vgl. GOPPELT, 1 Petr, 90 A 2.

144 SCHELKLE, 1 Petr, 28; GOLDSTEIN, Gemeinde, 61 spricht von einem „Nachklang paulinischer Theologie".

145 SCHELKLE, 1 Petr, 28 unter Hinweis auf Röm 6,4–11; Gal 2,20; Eph 2,1.5; Kol 2,12f und Kol 1,18.

146 Gegen VIELHAUER, Geschichte, 584; GOLDSTEIN, Gemeinde, 61.

147 Näheres LINDEMANN, Aufhebung, 67f (mit Literatur).

in 1,20 zeigt, daß er vermutlich nachpaulinische Tradition selbständig aufgenommen hat[148].

Eigenartig ist der in 2,5 begegnende Gedanke des *οἶκος πνευματικός* und der *πνευματικὴ θυσία*. Das erste Bild erinnert an Eph 2,11f, das zweite an Röm 12,1[149]. Dennoch fällt es schwer, eine unmittelbare literarische Beziehung zu vermuten[150]. Die bildhafte Sprache hat sich weiterentwickelt, möglicherweise auch aus dem Gebrauch von Jes 28,16 LXX heraus (vgl. 1 Petr 2,4.6).

Die Analyse von 1 Petr 2,4–8, insbesondere des Jes-Zitats, bereitet erhebliche Schwierigkeiten: In V. 6a entspricht die Zitierweise zunächst der des Paulus in Röm 9,33[151]; danach aber stimmt der Text gegen Paulus weitgehend mit LXX überein[152]. Die zweite Zeile wird von Paulus und von 1 Petr praktisch wörtlich nach LXX angeführt[153]. In 2,7b folgt das nicht eingeleitete Zitat von Ps 117,22 LXX, das auch in Mk 12,10 par gebraucht ist, bei Paulus dagegen gar nicht begegnet. In 2,8 scheint sich der Vf aber dann unmittelbar auf Röm 9,33a zu beziehen; denn die Worte *λίθος προσκόμματος καὶ πέτρα σκανδάλου* sind in LXX nicht belegt[154]. Wie ist dieser Befund zu erklären? H. v. Soden hat gemeint, Paulus und der Vf des 1 Petr hätten unterschiedliche LXX-Textformen vor sich gehabt[155]; G. Delling vermutet, 1 Petr 2,6–8 gehe nicht auf Paulus selbst zurück, sondern auf vorpaulinische Tradition[156]. Eine sichere Lösung des Problems wird es kaum geben; aber einige Beobachtungen sind doch möglich. Der Vf spielt bereits in 2,4 auf Jes 28,16 an, d. h. dieses Zitat ist für ihn offenbar die Ausgangsbasis seiner Argumentation. In V. 5 folgt die Aussage, die an Eph 2,21f; Röm 12,1 erinnert; und das Zitat in V. 6 entspricht am Anfang eindeutig Röm 9,33 und nicht der LXX-Vorlage. Das Zitat in V. 7 ist hauptsächlich wegen des Stichworts *λίθος* gewählt, ebenso V. 8. Da die Fassung von V. 8 wörtlich Röm 9,33 entspricht, in LXX dagegen ohne Parallele ist, liegt der Schluß nahe, daß der Vf des 1 Petr den paulinischen Text von Röm 9,33 gekannt und dessen LXX-Gebrauch selbständig weitergeführt hat[157].

---

[148] Vgl. vor allem Eph 1,4 und Röm 16,25f. Zur Sache vgl. LINDEMANN, Aufhebung, 74–77.

[149] *εὐάρεστος* und *εὐπρόσδεκτος* sind nahezu Synonyme.

[150] 1 Petr 2,5 ist im ganzen eine ekklesiologische Aussage, anders als Röm 12,1.

[151] Jes 28,16 LXX: *ἐμβαλῶ εἰς τὰ θεμέλια Σιων λίθον*; Röm 9,33/1 Petr 2,6: *τίθημι ἐν Σιὼν λίθον*.

[152] LXX: *πολυτελῆ ἐκλεκτὸν ἀκρογωνιαῖον ἔντιμον εἰς τὰ θεμέλια αὐτῆς*; 1 Petr: *ἐκλεκτὸν ἀκρογωνιαῖον ἔντιμον*; Röm: *προσκόμματος καὶ πέτραν σκανδάλου* (hier spielt Jes 8,14 LXX hinein).

[153] 1 Petr 2,6b entspricht wörtlich Jes 28,16b; Paulus hat in Röm 9,33b die doppelte Verneinung aufgelöst und den Aor. der LXX durch das Futur ersetzt.

[154] Vgl. Jes 8,14 LXX: … *οὐχ ὡς λίθου προσκόμματι* … *οὐδὲ ὡς πέτρας πτώματι*. Vgl. zur Stelle STÄHLIN, Art. *σκάνδαλον* ThWNT VII, 353.

[155] SODEN, Hebr, 142.

[156] DELLING, in: Festschrift Braun, 104.

[157] Anders GOPPELT, 1 Petr, 140; vgl. jedoch MICHEL, Paulus, 194f. – Es ist zu beachten, daß sich etwa Barn 6,2, wo ebenfalls Jes 28,16 LXX zitiert wird, von Paulus unbeeinflußt zeigt.

Ein Indiz für zumindest indirekte Beziehungen zwischen 1 Petr und paulinischen Aussagen ist 2,16. Die Parallelisierung von *ἐλεύθεροι* und *θεοῦ δοῦλοι* erinnert jedenfalls an 1 Kor 9,19, und die Warnung vor dem Mißbrauch der Freiheit berührt sich eng mit Aussagen wie Gal 5,13[158]. Diese Nähe zu Paulus ist umso auffälliger, als mit 2,13 ja das – hier besonders breit ausgeführte – Haustafelschema begonnen hat[159]; V. 16 deutet insofern an, daß der Vf diese ihm vorgegebene Redekategorie auch mit Hilfe theologischer Begrifflichkeit aus der paulinischen Überlieferung auffüllen und interpretieren konnte. Man wird sicherlich keine literarische Abhängigkeit behaupten können, obwohl eine solche auch nicht auszuschließen ist. Auf jeden Fall zeigt die Stelle deutlich, daß die paulinische Theologie nicht nur formal, sondern auch in der Substanz das Denken des Vf des 1 Petr beeinflußt hat[160].

Eine ähnliche Beobachtung zeigt sich bei der Sklavenparänese 2,18–25: Die paränetische Weisung geht in V. 21 über in einen christologischen Exkurs, der in seinem soteriologischen Bezug in V. 24 an entsprechende paulinische Aussagen erinnert[161], ohne sich jedoch mit einem der Paulusbriefe literarisch zu berühren. Vor allem Röm 6,18 liegt zwar auch begrifflich nahe bei 1 Petr 2,24[162]; aber eine unmittelbare Abhängigkeit besteht sicher nicht[163].

1 Petr enthält eine Reihe weiterer Formulierungen, die an paulinische bzw. deuteropaulinische Sätze erinnern, ohne von diesen abhängig zu sein[164]. So ist der Satz über die Vergeltung in 3,9 fast wörtlich identisch mit Röm 12,17; dennoch wird man vermuten dürfen, daß die Übereinstimmung auf die gemeinsame Benutzung vorgegebener katechetischer Sätze zurückgeht[165]. Die christologische Aussage in 1 Petr 3,18b *(θανατωθεὶς μὲν σαρκὶ ζωοποιηθεὶς δὲ πνεύματι)* erinnert in der Struktur und z.T. auch in der Sache an

[158] Vgl. SCHRAGE, 1 Petr, 89; SCHELKLE, 1 Petr, 76.

[159] Vgl. zum Ganzen den umfangreichen Exkurs bei GOPPELT, 1 Petr, 163–179. – Es zeigt sich, daß dieses Schema nicht nur auf die inneren Verhältnisse in Familie und allenfalls Gemeinde bezogen ist, sondern auch die „Außenbeziehungen" einschließt. Die sachliche Nähe zu Röm 13,1–7 ist auffällig; eine literarische Verbindung läßt sich aber nicht erkennen (BARNETT, Paul, 62 hält eine solche dagegen für "highly probable").

[160] Anders GOPPELT, 1 Petr, 187: Der Vf knüpfe „weder terminologisch noch in der Ausrichtung unmittelbar an Paulus an".

[161] Vgl. z.B. Röm 6,10.18; 2 Kor 5,15.21.

[162] Der *δικαιοσύνη* wird an beiden Stellen die *ἁμαρτία* entgegengestellt (im 1 Petr allerdings Plural!). Vgl. auch 2 Kor 5,21.

[163] Der Vf des 1 Petr hätte das Wortspiel des Paulus *(ἐλευθερωθέντες ... ἐδουλώθητε ...)* sicher übernommen, wenn er es gekannt hätte.

[164] BARNETT, Paul, 53 meint, 1 Petr 1,2 sei "made up almost entirely of ideas and expressions that seem to be taken directly from Pauline letters", vor allem Röm 8,28–30. Man kann ferner einen Zusammenhang sehen zwischen 3,22 und Eph 1,20f. Beide Stellen reichen aber zur Annahme einer wirklich literarischen Beziehung nicht aus (vgl. jedoch MITTON, JThS NS 1, 1950, 71).

[165] Vgl. 1 Thess 5,15, in der Sache auch Mt 5,39.44. – Zum Ganzen GOPPELT, 1 Petr, 224–226.

Röm 1,3f und 1 Tim 3,16; im Hintergrund steht hier wie dort die judenchristliche Christologie[166].

Andererseits finden sich Sätze, die trotz scheinbar paulinischer Terminologie eine durchaus nicht-paulinische Tendenz aufweisen[167]. Besonders auffällig ist in diesem Zusammenhang die Aussage über die Taufe in 3,21: Sie sei *συνειδήσεως ἀγαθῆς ἐπερώτημα εἰς θεόν, δι' ἀναστάσεως Ἰησοῦ Χριστοῦ*. Nach Meinung H. Goldsteins ist dies „eine legitime Explizierung eines Sachverhalts paulinischer Theologie", formuliert in Anlehnung an Röm 6,1–11; doch es fällt schwer, 3,21 direkt mit Röm 6 in Verbindung zu bringen, zumal der nachpaulinische Begriff des „guten Gewissens" eher auf einen Zusammenhang mit den Past als auf Röm 6 weist[168].

Die bisherigen Beobachtungen dürften die These bestätigt haben, daß 1 Petr in der Tat unter paulinischem Einfluß steht; direkte literarische Anspielungen ließen sich freilich allenfalls wahrscheinlich machen, nicht aber nachweisen. In dieselbe Richtung weist das besondere Gewicht, das die Christologie im 1 Petr besitzt (2,4–8; 2,21–24; 3,18–22)[169]; dabei fällt vor allem auf, daß der Vf an drei Stellen die typisch paulinische *ἐν-Χριστῷ*-Formel gebraucht (3,16; 5,10.14). In 3,16 ist von der *ἀγαθὴ ἐν Χριστῷ ἀναστροφή* die Rede, wobei *ἐν Χριστῷ* kaum mehr meint als einfach „christlich"[170]; der paulinische Sprachgebrauch ist also vorausgesetzt, das paulinische Verständnis aber nicht gegenwärtig[171]. Etwas anders ist der Befund in 5,10: *ὁ καλέσας ὑμᾶς εἰς τὴν ... δόξαν ἐν Χριστῷ*. Ist hier *ἐν Χριστῷ* auf *καλέσας* zu beziehen, so daß Christus gleichsam der Rahmen der Berufung wäre[172]? Oder ist, wie es die

---

[166] SCHELKLE, 1 Petr, 104 erklärt die Stelle von einer dichotomischen Anthropologie her: Christus „bestand nicht nur aus Fleisch, sondern auch aus Geist". „Dieser Geist konnte nicht sterben." Aber von einer Unsterblichkeit des *πνεῦμα* steht gerade nichts da (so auch GOPPELT, 1 Petr, 245). Vielmehr heißt es: Christus ist lebendiggemacht *πνεύματι* (vgl. Röm 1,4, aber auch 1 Petr 4,6).

[167] So erklärt etwa BULTMANN, Theologie, 532 zu 1 Petr 4,13, die Aussage sei „an sich nicht unpaulinisch"; nur binde der Vf das Leiden nicht an den Glauben, sondern gehe davon aus, daß die Nachfolge Christi die Leiden der Verfolgung nach sich ziehe. Vgl. auch 1 Petr 4,18, dessen Aussage nahe bei Röm 5,7 liegt, aber nicht soteriologisch gemeint ist, sondern sich auf die Verfolgungssituation bezieht.

[168] GOLDSTEIN, Gemeinde, 62. Die *συνείδησις ἀγαθή* in 3,16.21 (vgl. 2,19: *συνείδησις θεοῦ)* ist allerdings nicht im psychologischen Sinne aufzufassen; denn sonst wäre die paränetische Mahnung in 3,16 unverständlich. Gemeint ist offenbar die eigene Zustimmung des Menschen zu seinem Handeln, während in 2,19 offenbar an den Willen (das „Mitwissen") Gottes gedacht ist.

[169] Auf den Kreuzestod Jesu ist indirekt in 2,24 angespielt; das Stichwort *σταυρός* begegnet in 1 Petr nicht.

[170] Gegen GOPPELT, 1 Petr, 238. Wie wenig der ganze Ausdruck begrifflich scharf gefaßt ist, zeigt 2,12, wo die *ἀναστροφὴ ἐν τοῖς ἔθνεσιν* den Wandel der Angeredeten „unter" oder „zwischen" den Heiden meint, nicht etwa „heidnischen" Wandel.

[171] Vgl. SCHRAGE, 1 Petr, 59; GOLDSTEIN, Gemeinde, 61. M.E. zu nahe an Paulus rückt SCHELKLE, 1 Petr, 101f das Verständnis von *ἐν Χριστῷ* in 3,16.

[172] So nachdrücklich GOPPELT, 1 Petr, 343 (mit A 29).

Wortstellung allerdings nahelegt, *ἐν Χριστῷ* einfach auf *δόξα* zu beziehen? In diesem Fall würde auch hier (ebenso wie dann sicher in 5,14) ein im Grunde rein formelhafter Gebrauch vorliegen[173].

Es gibt eine Reihe weiterer Indizien, die dafür sprechen, daß der „Paulinismus" die Theologie des 1 Petr nur teilweise bestimmt. So fällt einerseits auf, daß die Aussagen über den Glauben durchaus an paulinische Sätze anzuknüpfen scheinen[174], während andererseits die Begrifflichkeit der Rechtfertigungslehre im 1 Petr vollkommen fehlt[175]. O. Pfleiderer hat dies mit dem Hinweis zu erklären versucht, die Rechtfertigungslehre sei zur Zeit der Abfassung des 1 Petr zu einem Schlagwort des expliziten Paulinismus geworden, und sie werde deshalb in dem gemäßigt paulinischen 1 Petr bewußt ausgeklammert[176]. In der Tat spricht das Fehlen der Rechtfertigungslehre dafür, den „Paulinismus" dieses Briefes nicht zu überschätzen. In den vorangegangenen Abschnitten der vorliegenden Untersuchung hatte es sich gezeigt, daß für die Pseudo-Paulinen (mit Ausnahme von Kol)[177], aber ebenso auch für die Apg, 1 Clem und – via negationis – auch für Jak die Rechtfertigungslehre ein entscheidendes Signum der Paulus-Tradition war.

Man konnte gewiß nicht sagen, daß die Vf der genannten Schriften die Rechtfertigungslehre in ihr eigenes theologisches Denken integriert hätten[178]. Aber sie hatten auf die Rechtfertigungsaussagen Bezug genommen und damit zumindest indirekt ihren Bezug zur Paulus-Überlieferung und deren Veran-

---

[173] Auch Paulus kann *ἐν Χριστῷ* oder *ἐν κυρίῳ* formelhaft gebrauchen (vgl. die Schlußgrüße seiner Briefe). Aber diese Verwendung ist bei Paulus aus dem eigentlichen Gebrauch der Formel abgeleitet.

[174] Vgl. etwa 1 Petr 1,8 mit 2 Kor 5,7; 1 Petr 1,21 mit Röm 4,24 (vgl. Eph 1,19f); 1 Petr 2,7 mit 1 Kor 1,18 (nicht in der Begrifflichkeit, aber in der Aussagestruktur!). Besonders wichtig ist die Beobachtung, daß der formale Gebrauch von *πίστις/πιστεύειν* im Sinne von „Christsein" oder „Christlichkeit" in 1 Petr fehlt.

[175] *δικαιοῦν* fehlt; *δικαιοσύνη* ist in 2,24 offenbar im alttestamentlichen Sinn gebraucht, ebenso in 3,14 (unter Anspielung auf Mt 5,10); jedenfalls ist an beiden Stellen der Sinn des paulinischen Ausdrucks *δικαιοσύνη θεοῦ* nicht vorausgesetzt. *δίκαιος* steht in 3,18 mit Bezug auf Christus (im Hintergrund der alttestamentliche Gedanke des stellvertretend leidenden Gerechten), sonst nur noch innerhalb alttestamentlicher Zitate (3,12; 4,18). *χάρις* begegnet im 1 Petr relativ oft, hat aber keine polemische Funktion, wie das völlige Fehlen des Gesetzesbegriffes zeigt. – Vielhauer, Geschichte, 584 erwägt, ob in 4,1 ein „Nachklang" der Rechtfertigungslehre zu hören sei. Das wäre denkbar, wenn der Hinweis auf das Leiden Christi eine Art Kurzfassung des Bekenntnisses wäre (dafür spräche der Zusammenhang mit 3,22); ebenso denkbar ist aber, daß in 4,1 die imitatio-Vorstellung bestimmend ist (vgl. 2,21), wofür jedenfalls der Wortlaut der Stelle spricht.

[176] Pfleiderer, Paulinismus, 432f. Dem 1 Petr fehle die „Parteifarbe".

[177] Der Befund im 2 Thess hängt ausschließlich mit seiner Vorlage (1 Thess) zusammen.

[178] Eine Ausnahme bildet Jak, dessen theologisches Denken (außerhalb der reinen Paränese) durch den Widerstand gegen die Rechtfertigungslehre bestimmt zu sein scheint (s. o. S. 251).

kerung in der kirchlichen Tradition bestätigt. Für 1 Petr gilt dies nicht. Sein Vf scheint überhaupt nicht die Absicht zu haben, die Paulus-Tradition bewußt weiterzugeben[179]. Oder anders gesagt: 1 Petr zeigt, in welchem Ausmaß paulinisches Reden und paulinische Theologie auch diejenigen kirchlichen Kreise beeinflußte, die sich keineswegs als bewußt in paulinischer Tradition stehend empfanden.

Von hier aus erklärt sich auch, daß als Vf des Briefes „Petrus" genannt wird: Offenbar hat das nicht-paulinische Christentum einen Mangel an eigener „apostolischer" Tradition empfunden. Es hat deshalb den Versuch gemacht, seine eigene Theologie in Gestalt eines „Petrus-Briefes" darzulegen, wobei die in Kleinasien latent vorhandene bzw. auch offen sichtbare Paulus-Überlieferung selbst diesen Brief beeinflußte und beeinflussen mußte[180].

1 Petr ist also kein Zeuge für einen angestrebten Ausgleich zwischen paulinischer und petrinischer Tradition, sondern eher Zeuge des Versuchs einer Selbstfindung des nichtpaulinischen Christentums in Kleinasien. Dabei wird man sich dieses nichtpaulinische kleinasiatische Christentum durchaus nicht als antipaulinisch vorzustellen haben. Es ist denkbar, daß Christen, die aus dem syrischen Raum[181] nach Kleinasien gekommen waren, sich dort nicht ohne weiteres in die bereits bestehenden paulinischen Gemeinden einfügen mochten[182]. In diesen Kreisen könnten 1 Petr und etwa auch die von paulinischem Denken nicht berührte, aber keineswegs paulus-feindliche Apk entstanden sein.

Ein weiteres Indiz für die Richtigkeit dieser Überlegung könnte das in 1 Petr sichtbar werdende Gemeindeverständnis sein. H. Goldstein meint zwar, die Ekklesiologie des 1 Petr sei „primär aus paulinischem Geist entworfen"[183]; aber abgesehen vom Gedanken des *οἶκος πνευματικός* in 2,5[184] erinnert kaum etwas in 1 Petr an die paulinischen Aussagen über die Kirche[185]. Die gesamte Ekklesiologie des *σῶμα Χριστοῦ* einschließ-

---

[179] Das würde umso mehr gelten, wenn man annehmen könnte, daß der Vf des 1 Petr den Röm unmittelbar gekannt hat.

[180] So ist m.E. das paulinische Briefformular des 1 Petr erklärbar: Der Vf kannte kein anderes christliches Briefformular.

[181] Die Frage, ob diese aus Syrien gekommenen Leute „Judenchristen" waren, stellt sich von 1 Petr her im Grunde gar nicht. Dieses Problem war längst erledigt, während das Problem der unterschiedlichen Traditionen höchst aktuell war bzw. erst aktuell wurde. Insofern ist auch die Frage, ob der Vf „Judenchrist" war, gegenstandslos. Er war jedenfalls kein Judaist (wie der Vf des Jak ja auch kein Judaist war).

[182] Diese – zugegeben hypothetische – Erwägung stellt schon CAMPENHAUSEN, Amt, 81 A 2 an: In 1 Petr spiegele sich das Eindringen palästinischer Christen nach Kleinasien gegen Ende des 1. Jahrhunderts.

[183] GOLDSTEIN, Gemeindeverständnis, 349.

[184] GOLDSTEIN, Gemeindeverständnis, 350 hält es sogar für ganz unsicher, ob das Bild in 2,5 wirklich aus paulinischer Überlieferung kommt.

[185] Bemerkenswert ist allerdings, daß in 1 Petr 4,10 das typisch paulinische Wort *χάρισμα* gebraucht ist, das im NT außerhalb des Corpus Paulinum nicht begegnet (vgl. jedoch 1 Clem 38,1, vielleicht auch Ign Pol 2,2).

lich der damit verwandten Bilder klingt nicht einmal von ferne an[186]. Im Gegenteil: Die in 5,1ff verfochtene presbyteriale Gemeindeordnung berührt sich allenfalls mit den Past (bei denen das episkopale Element aber offenbar im Vordergrund steht), die jedoch möglicherweise nicht in Kleinasien geschrieben worden sind (s.o. S. 149).

Ziehen wir ein Fazit: 1 Petr hat sich als ein von paulinischer Überlieferung, vielleicht sogar von paulinischen Briefen unmittelbar beeinflußter Zeuge eines grundsätzlich nicht paulinisch orientierten Christentums erwiesen. Der Brief ist also nicht der Versuch, Paulus- und Petrus-Tradition miteinander zu verknüpfen[187]; er ist vielmehr der Versuch, nichtpaulinische apostolische Brief-Tradition zu schaffen. Die aus Syrien nach Kleinasien eingewanderten Christen sahen hierfür in der Gestalt des Petrus den gegebenen Ausgangspunkt[188]. Dabei handelten sie keineswegs in der Absicht, eine hierarchische Überordnung des Petrus über Paulus und auf diese Weise womöglich sogar die „Autorität Petri auch über die paulinischen Missionsgebiete"[189] zu proklamieren; eine derartige Tendenz zeigt sich weder im eigentlichen Briefcorpus, noch in dessen Rahmen[190]. Es ging ihnen auch nicht, wie Ph. Vielhauer meint, um die Betonung der Verbundenheit mit Rom[191]. Erst recht zeigt 1 Petr keinerlei Anzeichen dafür, daß sein Vf „durch Aufweis der theologischen Verwandtschaft von Petrus und Paulus die Petrusgemeinden in den kritischen Zeiten der Verfolgung und der gnostischen Gefahr an die Paulusgemeinden heranzuführen" suchte, wie W. Schmithals annimmt[192]; eine solche Tendenz müßte ja, sofern ihr eine Wirkung hätte beschieden sein sollen, sehr deutlich und vor allem offen ausgesprochen worden sein (vgl. 2 Petr). Es ging jenen aus Syrien nach Kleinasien gekommenen Christen darum, eine der dort vorhandenen Paulus-Überlieferung entsprechende

[186] Das wäre noch erstaunlicher, wenn man annehmen dürfte, daß der Vf des 1 Petr den Eph gekannt hat.

[187] Als einen derartigen Versuch kann man viel eher 2 Petr 3,15f ansehen. Es wäre ja auch ganz seltsam, wenn der Vf eine solche Verknüpfung durch die beiläufige Erwähnung des Silvanus und des Markus hätte erreichen wollen (gegen VIELHAUER, Geschichte, 589).

[188] So würde sich erklären, warum der pseudonyme 1 Petr keine Petrus-Tradition im eigentlichen Sinne enthält: Die Gemeinden hatten ihre eigene Petrus-Tradition in den Synoptikern ja mitgebracht.

[189] So VIELHAUER, Geschichte, 589.

[190] Es ist daran zu erinnern, daß in 1,1 nicht „die paulinischen Missionsgebiete" Kleinasiens aufgezählt werden (s.o. Anm 129). Entweder sind die geographischen Angaben reine Fiktion; oder der Vf weiß bzw. vermutet, daß es in diesen fünf Regionen eingewanderte syrische Christen gibt.

[191] Um diese zum Ausdruck zu bringen, hätte der Vf vermutlich nicht den Decknamen „Babylon" gewählt. Frühchristliche Schriften vermeiden den Namen „Rom" durchaus nicht, wenn es konkret um die römischen Christen geht. 1 Petr 5,13 soll einfach besagen, daß Petrus diesen Brief aus einer Verfolgungssituation heraus in Rom geschrieben habe.

[192] SCHMITHALS, Apostelamt, 229 A 50. Von einer Bedrohung der Lehre aus den eigenen Reihen heraus ist doch in diesem Brief nichts zu spüren.

eigene Tradition zu schaffen; die eigene Lebens- und Gemeindeordnung sowie der Trost in der Erfahrung der Verfolgung sollte aus dieser eigenen apostolischen Tradition abgeleitet werden. Einen „missionarischen" Anspruch, Christen anderer Tradition gleichsam zu „bekehren", erhebt 1 Petr an keiner Stelle[193]. 1 Petr, so könnte man zugespitzt vielleicht sagen, war der zweite Teil des „Kanons" der syrischen Christen in Kleinasien neben der von ihnen bereits mitgebrachten Evangelien-Tradition[194].

e) 2. Petrusbrief

Im vierten Kapitel war festgestellt worden, daß der Vf des 2 Petr Paulus nicht nur positiv erwähnt, sondern daß er offenbar auch eine positive Paulusrezeption bei seinen Lesern voraussetzt[195]. Die Bezugnahme auf 1 Petr und die Abhängigkeit von Jud[196] legen die Vermutung nahe, daß 2 Petr in Kleinasien verfaßt wurde; aber 2 Petr kann im Grunde natürlich überall entstanden sein, wo 1 Petr, Jud und die Paulus-Briefe bekannt waren.

Der Vf des 2 Petr hat paulinische Briefe zwar gekannt, sie aber offensichtlich wenig oder gar nicht benutzt. A. E. Barnett hält es für möglich, daß der Vf Röm und Eph verwendete, doch einen hohen Grad an Wahrscheinlichkeit sieht er dafür nicht[197]. Barnett erwägt, ob das Präskript 2 Petr 1,1 f vielleicht auf Eph 1,1 f zurückgehe[198]; aber dafür fehlen m. E. hinreichende Indizien. Überhaupt zeigt das Briefformular des 2 Petr keine signifikante Ähnlichkeit mit dem der Paulusbriefe[198].

Interessant ist die Argumentation in 2,18 f: Der Vf wirft den Irrlehrern vor, daß sie hohle Worte reden und den soeben erst dem Irrtum Entkommenen „Freiheit" verheißen, obwohl sie selbst Sklaven des Verderbens seien. Der Nachsatz *ᾧ γάρ τις ἥττηται, τούτῳ δεδούλωται* (2,19) erinnert an Röm 6,16[200];

---

[193] Wie anders stellt sich in dieser Hinsicht Jak dar!

[194] Zum Verhältnis von „paulinischer" und „synoptischer" Tradition in 1 Petr vgl. GOPPELT, 1 Petr, 50 f. Gerade auch diese Beobachtungen sprechen gegen die Annahme, 1 Petr sei in Rom entstanden. – Zur theologischen Tendenz des 1 Petr vgl. jetzt noch BROX, Kairos NF 20, 1978, 110–120. Brox verweist mit Nachdruck darauf, in 1 Petr werde „der Paulinismus überhaupt nicht demonstrativ vorgetragen", es sei nicht einmal sicher, „daß der Verfasser sich zum paulinischen Erbe als solchem bekennen wollte" (aaO., 118). Brox meint, zwischen dem an Paulus erinnernden Inhalt und der petrinischen Rahmung habe der Vf vermutlich gar keine Spannung gesehen, „sondern beides war apostolisch und paßte darum nahtlos zusammen" (aaO., 120).

[195] S. o. S. 95 ff.

[196] Vgl. KÜMMEL, Einleitung, 379 f.

[197] Vgl. BARNETT, Paul, 228.

[198] BARNETT, Paul, 223.

[199] Das Präskript ist im Grunde völlig analogielos; es besteht auch keine auffallende Nähe zu 1 Petr und Jak.

[200] Darauf verweisen auch KNOPF, 2 Petr, 254; BARNETT, Paul, 225 (der eine Anspielung für möglich hält). – Der Gedanke geht zwar über die unmittelbare Vorlage Jud 16 hinaus; er begegnet aber in der Sache in Joh 8,34, ist also relativ weit verbreitet.

aber die Begrifflichkeit ist doch eine andere. Die bisweilen geäußerte Vermutung, die hier bekämpften Irrlehrer kämen aus paulinischer Tradition, läßt sich kaum begründen[201]. Allenfalls der Hinweis auf das Stichwort *ἐλευθερία* könnte in diese Richtung weisen. Eine genaue Bestimmung der „Irrlehrer" und der von ihnen vertretenen Anschauungen ist aber nicht möglich. 2 Petr 2 ist einfach von einigermaßen flacher Polemik bestimmt, deren Massivität auch über die Vorlage Jud 5–16 noch erheblich hinausgeht[202].

Man kann fragen, ob die Aussage *ἥξει δὲ ἡμέρα κυρίου ὡς κλέπτης* in 2 Petr 3,10 mit 1 Thess 5,2f in Zusammenhang steht[203]. Aber das Bild vom Dieb begegnet auch in den Synoptikern (Mt 24,43 par). Indiz dafür, daß der Vf des 2 Petr den paulinischen 1 Thess gekannt hat, ist die Stelle nicht.

2 Petr enthält also in der Sache keine Bezugnahme auf paulinische Briefe[204]. Auch sonst ist das Denken des Vf von paulinischer Theologie nicht berührt. Er kennt Paulusbriefe, macht von ihnen aber keinen Gebrauch[205]. Läßt sich dieser eigenartige Befund erklären?

Am einfachsten wäre zweifellos, die Worte von 3,16 auf den Vf selbst anzuwenden: Er hat die Paulusbriefe nicht verstanden und also nicht benutzt. Aber diese Vermutung ist schon aus psychologischen Gründen recht unwahrscheinlich: Der Vf würde sich ja auf diese Weise mit seinen Gegnern praktisch in eine Reihe stellen[206]. Daß er die Aussagen der paulinischen Briefe für „häretisch" oder zumindest für gefährlich hielt und er deshalb nicht auch noch zu ihrer Verbreitung beitragen wollte, ist ebenfalls ganz unwahrscheinlich; denn in 3,15f fordert er ja geradezu zur Lektüre der Paulusbriefe auf *(... ἔγραψεν ὑμῖν)*.

Vermutlich hängt die Nichtbenutzung der Paulusbriefe damit zusammen, daß der Vf zwischen seiner aktuellen Situation und den paulinischen Briefen

---

201 Anders MÜLLER, Theologiegeschichte, 84, der hinter 2,19 „libertinistische Tendenzen im Umkreis der Paulusanhänger" vermutet. SCHRAGE, 2 Petr, 121 nimmt zwar an, die Gegner hätten Paulus für ihre Zwecke benutzt, seien aber „keineswegs radikale Hyperpauliner".

202 Es ist daher auch fraglich, ob man die in 2 Petr 2 bekämpften Gruppen wirklich mit 3,15f in Verbindung bringen darf (so SCHELKLE, 2 Petr, 217). Näher liegt doch, den Mißbrauch der Paulusbriefe (und der „übrigen Schriften") mit dem Thema von 2 Petr 3, der Eschatologie, in Verbindung zu bringen.

203 So vermutet KNOPF, 2 Petr, 254.

204 Anders FORNBERG, Church, 24–27. Er sieht in 2 Petr 3,16f einen Zusammenhang mit 1 Thess 3,13; in 3,15 *(κατὰ τὴν δοθεῖσαν αὐτῷ σοφίαν)* sei der Vf offenbar von 1 Kor 3,10 abhängig; und in 1,5–7 *(... ἐν τῇ πίστει ... ἐν δὲ τῇ φιλαδελφίᾳ τὴν ἀγάπην)* bestehe möglicherweise ebenfalls Abhängigkeit von Paulus.

205 Insoweit stimme ich auch mit FORNBERG, Church, 27 überein: "Indeed the author of 2 Peter represents an orthodoxy which derives authority from St Paul without thereby being profoundly influenced by him." "The reference to Paul does not involve a distinctly Pauline theme. This demonstrates that Paul was also regarded as an authority by those who were not strongly influenced by the teaching of the historical Paul."

206 Zum Verständnis der Stelle vgl. o. S. 93ff.

keinen sinnvollen Zusammenhang herzustellen vermochte oder einen solchen Zusammenhang nicht herstellen wollte. Befriedigend kann freilich auch dieser Erklärungsversuch nicht genannt werden.

7. Der Befund in den übrigen Schriften der „Apostolischen Väter“ sowie bei Papias und Hegesipp

Die in diesem Abschnitt zu behandelnden Schriften bzw. Autoren zeigen sich von Paulus bzw. von der paulinischen Theologie weitgehend oder völlig unberührt. Dennoch sind die Texte im Detail zu analysieren, da in der Forschung häufig einerseits (2 Clem, Barn) eine auffällige Nähe zu Paulus, andererseits (Papias, Hegesipp) eine dezidierte Ablehnung des Paulus behauptet wird. Daß beide Sehweisen den Sachverhalt m. E. nicht treffen, muß sorgfältig begründet werden.

a) 2. Clemensbrief

2 Clem ist kein Brief; er gilt in der Forschung vielmehr überwiegend als schriftlich ausgearbeitete Bußpredigt[1]. Seinen Namen verdankt er der Tatsache, daß er in der handschriftlichen Überlieferung stets mit 1 Clem verbunden ist. Das Problem, wann und wo 2 Clem entstand, wird denn auch überwiegend von diesem Zusammenhang her zu lösen versucht. A. v. Harnack meinte, 2 Clem sei eine in Rom verfaßte Predigt, die nach Korinth geschickt und dort an 1 Clem angefügt worden sei[2]. K. P. Donfried vermutet, 2 Clem sei, wie die handschriftliche Anbindung an 1 Clem zeige, wenig später als 1 Clem verfaßt worden[3]; das in 2 Clem 7,1 absolut gebrauchte Verb *καταπλέω* in Verbindung mit dem Motiv des Wettkampfs mache es wahrscheinlich, daß 2 Clem in Korinth entstand[4]. Chr. Stegemann und Ph. Vielhauer vermuten hingegen, daß 2 Clem in Ägypten oder in Syrien entstand; dort sei ja die handschriftliche Verbindung zwischen 1 Clem und 2 Clem hergestellt wor-

[1] VIELHAUER, Geschichte, 740.

[2] HARNACK, Chronologie, 442–446. Harnack rechnet mit Rom als Entstehungsort, weil in 2 Clem 11,2f dasselbe apokryphe Zitat verwendet ist wie in 1 Clem 23,3f, ohne daß s. E. eine literarische Abhängigkeit bestehe (s. u. Anm 30). Offenbar sei 2 Clem der bei Eus Hist Eccl IV 23,11 erwähnte Brief des Bischofs Soter an die Korinther. Dann wäre 2 Clem erst um 160 verfaßt worden (nach Eus Hist Eccl V pr 1 starb Soter im 17. Regierungsjahr des Mark Aurel, also 167).

[3] DONFRIED argumentiert nicht ganz einheitlich: HThR 66, 1973, 499 plädiert er für die Zeit 98/100; Setting, 25 erklärt er: “First half of the second century, or earlier.”

[4] DONFRIED, Setting, 3. Der Vf denke an die Isthmien. Dagegen schon HARNACK, Chronologie, 441f A 4; STREETER, Church, 240f. Für Korinth als Entstehungsort bereits FUNK, ThQ 84, 1902, 356–381.

den[5]. Als Abfassungszeit komme die Mitte des 2. Jahrhunderts in Betracht[6]. Der Vf des 2 Clem ist unbekannt[7].

Chr. Stegemann hat die seit langem vertretene These, 2 Clem sei eine Bußpredigt und sei eher zufällig mit 1 Clem kombiniert worden, mit m. E. guten Gründen zurückgewiesen. Sie meint, der Vf habe 2 Clem 1–18 bewußt als Anhang zu 1 Clem, und Kap. 19f als Abschluß für beide Schriften konzipiert[8]. 2 Clem sei in Wahrheit keine Homilie; vielmehr habe der Vf die predigtartig formulierten Stücke (15,2; 17,3; 19,1) absichtlich so gestaltet, daß der Text wie eine mündliche Rede wirkt[9]. Seine eigentliche Absicht sei es gewesen, für eine Verbreitung des 1 Clem in Syrien zu sorgen[10].

In 2 Clem wird Paulus nicht erwähnt[11]. Ob sich ein sachlicher Einfluß paulinischer Überlieferung zeigt oder nicht, ist umstritten. H. Hagemann hatte erklärt, 2 Clem gehöre zur pro-paulinischen pseudoclementinischen Literatur[12]; O. Pfleiderer dagegen bestritt jede Nähe zu Paulus[13].

Ausdrücklich gekennzeichnete Zitate oder Anspielungen auf paulinische Briefe fehlen. Dennoch wird in der Forschung überwiegend die Auffassung vertreten, der Vf des 2 Clem habe vermutlich 1 Kor und Eph benutzt[14]. Vielfach wird aber auch ein sehr viel geringerer paulinischer Einfluß angenommen[15].

Nach Ph. Vielhauer zeigt der Aufbau des 2 Clem dasselbe Schema wie Eph und 1 Petr: Im ersten Teil würden „die Größe des Heils", im zweiten Teil „die Pflichten der Christen" dargelegt[16]. Aber die beiden Teile sind von so unterschiedlicher Länge (I: 1–2; II: 3–20), daß man kaum von einer bewußten

[5] Stegemann, Herkunft, 133; Vielhauer, Geschichte, 744 (zum Handschriftenbefund aaO., 738). An Alexandria als Abfassungsort dachte Streeter, Church, 243–247, wegen der Nähe zum s. E. ebenfalls dort entstandenen Barn.

[6] Vielhauer, Geschichte, 744; Stegemann, Herkunft, 139: Irgendwann zwischen 120 und 160.

[7] Harris, ZNW 23, 1924, 193–200 meinte, der Enkratit Julius Cassianus habe 2 Clem verfaßt; dagegen Windisch, ZNW 25, 1926, 258–262, der auf den geradezu antignostischen Charakter des 2 Clem aufmerksam macht, während Julius Cassianus doch Gnostiker gewesen sei (aaO., 261 unter Berufung auf 9,4; 11).

[8] Stegemann, Herkunft, 105.

[9] Stegemann, Herkunft, 115–117.

[10] Stegemann, Herkunft, 133.

[11] Hingegen wird Petrus in 5,3f erwähnt.

[12] Hagemann, ThQ 43, 1861, 530.

[13] Pfleiderer, Urchristentum II, 590.

[14] So NTAF, 137; Jacquier, N.T., 82f; Barnett, Paul, 217. Windisch, in: Harnack-Ehrung, 126f.129f sieht bei einigen Themen eine gewisse Weiterführung paulinischer und deuteropaulinischer Gedanken.

[15] Vgl. Massaux, Influence, 155: «Les lettres de saint Paul ne paraissent pas avoir fortement influencé la II^{a} Clementis: on y rencontre très peu de textes dénotant une référence à un parallèle paulinien. Par contre, on relève, dans cette œuvre, de nombreuses images et expressions rappelent celles de l'Apôtre.» Stegemann, Herkunft, 121 sieht keine wirklich sichere Bezugnahme auf einen Paulusbrief.

[16] Vielhauer, Geschichte, 740f.

Anwendung des in einigen neutestamentlichen Schriften tatsächlich vorhandenen Schemas sprechen kann.

Finden sich unmittelbare Bezugnahmen auf paulinische Briefe? R. Knopf meint, in 2 Clem 7 scheine dem Vf 1 Kor 9,24–27 „vorzuschweben“[17]; und in der Tat stimmen sowohl das Kampfmotiv[18] als auch der Hinweis auf den Gegensatz *φθαρτός – ἄφθαρτος* an beiden Stellen überein. Dennoch ist eine direkte literarische Berührung wenig wahrscheinlich, weil das Bild hier einen anderen Akzent als bei Paulus besitzt: Paulus redet vom Lauf, an dessen Ziel den Christen der *στεφανὸς ἄφθαρτος* winkt; der Vf des 2 Clem dagegen spricht vom *ἀγὼν ἄφθαρτος*. Überdies bezieht sich das Bild bei Paulus auf das ganze Leben der Christen, während im 2 Clem eine stärker moralische Tendenz besteht[19]. Zu beachten ist schließlich auch, daß in 2 Clem 7 der eschatologische Aspekt fehlt[20]. Mit anderen Worten: Es ist zwar nicht absolut auszuschließen, daß der Vf des 2 Clem das Kampfmotiv aus 1 Kor 9 übernommen und dabei zugleich stark modifiziert hat; sehr viel wahrscheinlicher ist aber, daß er das Bild aus der Diatribe übernahm. Jedenfalls reicht 2 Clem 7 nicht als Indiz dafür, daß der Vf den paulinischen 1 Kor gekannt hat[21].

Ein Zusammenhang zwischen 1 Kor und 2 Clem könnte in 9,3 bestehen. Der Satz, daß die Christen die *σάρξ* zu bewahren hätten *ὡς ναὸν θεοῦ*, erinnert deutlich an 1 Kor 6,19, auch wenn Paulus dort nicht von der *σάρξ*, sondern vom *σῶμα* redet. Hat der Vf diese paulinische Aussage gekannt[22]? Oder nimmt er unabhängig von Paulus auf einen auch sonst verbreiteten Gedanken[23] Bezug[24]? Der Kontext von 2 Clem 9 schließt die Möglichkeit einer direkten Bezugnahme auf 1 Kor jedenfalls nicht aus[25]; aber ein sicheres Urteil ist kaum möglich.

Interessant ist 2 Clem 11,7; 14,5: In 11,7 zitiert der Vf eindeutig den ersten Teil und in 14,5 offenbar den zweiten Teil des von Paulus in 1 Kor 2,9 angeführten Logions unbekannter Herkunft. Das Wort begegnet u.a. in 1 Clem 34,8[26], in gnostischen

---

[17] KNOPF, 2 Clem, 163.

[18] Das Motiv als solches ist natürlich verbreitet (vgl. CONZELMANN, 1 Kor, 191–193). Vgl. 1 Clem 7,1; 35,4.

[19] Vgl. vor allem 7,4f. Dafür spricht vielleicht auch, daß der Vf nicht vom „Lauf“, sondern vom „Kampf“ spricht (vgl. 1 Clem 7,1).

[20] In 1 Kor 9,25 ist der *στεφανὸς ἄφθαρτος* deutlich das eschatologische Heilsgut; das ist in 2 Clem 7 so nicht der Fall, wie 7,3b zeigt *(… ἐγγὺς τοῦ στεφάνου γενώμεθα)*.

[21] So m.R. auch STEGEMANN, Herkunft, 130 (mit A 438).

[22] Vgl. JACQUIER, N.T., 82f.

[23] S. CONZELMANN, 1 Kor, 136.

[24] NTAF, 126: Abhängigkeit von Paulus sei nicht auszuschließen, aber “we cannot assert a necessary dependence upon any particular passage”. Vgl. Ign Phld 7,2.

[25] S.u. S. 269f.

[26] S.o. S. 187f.

Schriften (Baruchbuch Justins, Hipp Ref V 24.26.27[27]; Gebet des Apostels Paulus NHC I p 143,23–27[28]; Ev Thom 17), aber auch in Mart Pt 10; Mart Pol 2,3. Dabei fehlt fast durchweg die letzte Zeile *ὅσα ἡτοίμασεν κτλ.*, die m. E. wahrscheinlich auf Paulus selbst zurückgeht (s. S. 187). 2 Clem bietet in 11,7 zusammen mit 14,5 anscheinend das ganze Zitat, jedoch in freier Wiedergabe; dabei hat der Vf in 11,7 einen eschatologischen Aspekt eingefügt[29], den das Wort von Haus aus so nicht enthält. Offenbar stammt das Zitat aus 1 Clem 34,8; hier wie dort besteht nämlich ein Zusammenhang mit den *ἐπαγγελίαι*, und außerdem hat der Vf schon in 11,2f offenbar auf 1 Clem 23,3f Bezug genommen[30]. In 11,7 hat der Vf den ausdrücklichen Zitatcharakter beseitigt; zugleich hat er die Formulierung seinem Kontext angepaßt[31] und die Schlußbemerkung *ὅσα ἡτοίμασεν κτλ.* gestrichen, weil sie der Tendenz und der Struktur seiner Aussage (vgl. V. 7a: *εἰσήξομεν ... καὶ ληψόμεθα ...*) widersprach. In 14,5 kommt er aber offensichtlich auf das Zitat zurück, indem er am Ende des ekklesiologischen Abschnitts (s. u.) *ζωὴν καὶ ἀφθαρσίαν* für die *σάρξ* (!)[32] verheißt und abschließend sagt: *οὔτε ἐξειπεῖν τις δύναται οὔτε λαλῆσαι, ἃ ἡτοίμασεν ὁ κύριος τοῖς ἐκλεκτοῖς αὐτοῦ.* Es ist klar, daß er hier nicht 1 Kor 2,9 vor Augen gehabt haben kann[33]. Aber auch die Vermutung, er habe nochmals bewußt 1 Clem 34,8 aufgegriffen, läßt sich nicht sicher belegen; denn

---

27 S. u. S. 310.

28 S. u. S. 324f.

29 *ἐὰν οὖν ποιήσωμεν τὴν δικαιοσύνην ... ληψόμεθα τὰς ἐπαγγελίας, ἃς οὖς οὐκ ἤκουσεν κτλ.*

30 HARNACK, Chronologie, 442–446 meint, die Vf von 1 Clem und 2 Clem hätten unabhängig voneinander dieselbe apokryphe Schrift benutzt (vgl. auch MASSAUX, Influence, 31). Aber das ist zumindest nicht sicher; die Unterschiede zwischen 1 Clem 23,3f und 2 Clem 11,2f lassen sich auch als bewußte Korrekturen verstehen: Daß 2 Clem das Zitat als *προφητικὸς λόγος* einführt, ist eine angesichts des Inhalts verständliche Weiterführung des Hinweises auf *ἡ γραφή* in 1 Clem; der Ausdruck *οἱ διστάζοντες τῇ καρδίᾳ* ist stilistische Verbesserung von *οἱ διστ. τῇ ψυχῇ* (wegen der Nähe zu *οἱ δίψυχοι*); *ταῦτα πάλαι ἠκ.* ist eine Verstärkung der Aussage; die Formulierung *ἡμεῖς δὲ ἡμέραν ἐξ ἡμέρας προσδεχόμενοι κτλ.* bezieht den Text deutlicher auf die eschatologische Hoffnung (diese Tendenz besteht natürlich auch in 1 Clem 23); derselben Absicht entspringt die Streichung der Worte *εἶτα φύλλον, εἶτα ἄνθος*: Der Vf des 2 Clem strebt offenbar eine stärkere Konzentration auf die eschatologische Aussage an. Und bei V. 4 handelt es sich offenbar nicht um die Fortsetzung des vorangegangenen Zitats, sondern um ein vom Vf angehängtes zusätzliches Zitat; während nämlich in V. 2f das Gewicht der Aussage darauf liegt, daß das eschatologische Ziel mit Sicherheit erreicht wird, stehen in V. 4 *ἀκαταστασίαι* und *θλίψεις* im Vordergrund – d. h. dieses Zitat bereitet V. 5 (*ὑπομείνωμεν*) vor.

31 Die Voranstellung von *οὖς οὐκ ἤκουσεν* entspricht dem Bezug auf die *ἐπαγγελίαι*, die der Vf primär mit dem Hören in Verbindung bringt. Diese Stelle bestätigt im übrigen den Eindruck (s. Anm 30), daß der Vf des 2 Clem Zitate abwandelt, um sie dem Kontext anzupassen. Das gilt auch dann, wenn man annimmt, hier liege 1 Kor 2,9 unmittelbar zugrunde.

32 Vgl. zur Sache u. S. 270.

33 Darauf weist weniger der Wechsel von *τοῖς ἀγαπῶσιν* zu *τοῖς ἐκλεκτοῖς* als vielmehr *ὁ κύριος* anstelle von *ὁ θεός*. Für eine solche Korrektur gibt es keinen einleuchtenden Grund, d. h. der Vf hat in der möglicherweise benutzten Vorlage vermutlich entweder schon *ὁ κύριος* gelesen oder gar kein ausdrücklich genanntes Subjekt.

abgesehen von der Verbform ἡτοίμασεν mit folgendem dat. pl. bestehen zwischen beiden Texten keine direkten Übereinstimmungen[34]. Jedenfalls kann 2 Clem 11,7; 14,5 nicht als Beweis dafür angesehen werden, daß der Vf das Zitat aus 1 Kor 2,9 gekannt hat.

2 Clem 14 enthält die Darlegung der Ekklesiologie. Dabei wird die Kirche als *ἐκκλησία πνευματική* und als präexistent bezeichnet; die Zugehörigkeit zu dieser Kirche ist Bedingung für die Rettung (14,1). In V. 2 folgt die Begründung: *ἐκκλησία ζῶσα σῶμά ἐστιν Χριστοῦ* mit Hinweis auf Gen 1,27[35]. Steht hier die paulinische Ekklesiologie oder Eph 5,22–33 im Hintergrund[36]? Liegt der Einfluß einer gnostischen Syzygienvorstellung zugrunde[37]? Oder handelt es sich um Gedanken der judenchristlichen Apokalyptik[38]? Es darf nicht übersehen werden, daß die *σῶμα*-Ekklesiologie bereits in 1 Clem 37,5–38,1 anklang. Sie war dort allerdings nicht so ausgeführt wie in 2 Clem 14; die Zuordnung von Christus als dem männlichen zur Ekklesia als dem weiblichen Prinzip läßt sich jedenfalls von 1 Clem her nicht ableiten. Eher wäre denkbar, daß der Vf an Eph 5,31 f anknüpft und dabei das Zitat von Gen 2,24 durch das von Gen 1,27 ersetzt. Am wahrscheinlichsten ist aber doch die Annahme, daß er die bereits traditionell gewordene *σῶμα*-Ekklesiologie aufgenommen und mit Hilfe gnostischer Kategorien (etwa der Syzygienvorstellung, vgl. Ex An NHC II p 133) interpretiert hat. Der gnostische Charakter dieser Vorstellung muß dem Vf dabei keineswegs bewußt gewesen sein – angesichts des sonstigen Charakters des 2 Clem ist sogar eher mit dem Gegenteil zu rechnen. Da aber der paulinische Gedanke des *σῶμα Χριστοῦ* bereits in Kol und Eph durch die Ausbildung der *κεφαλή-σῶμα*-Vorstellung eine grundsätzliche Veränderung erfahren hatte, war es prinzipiell möglich, daß in dieser Konsequenz der präexistente Christus und die präexistente Kirche so aufeinander bezogen wurden, wie es in 2 Clem 14 tatsächlich geschieht[39]. Der ursprünglich paulinische Charakter der in 2 Clem 14 enthaltenen Ekklesiologie ist also kaum zu bestreiten; er ist aber dem Vf nicht bewußt[40].

---

[34] Daß der Vf 1 Clem 34,8 gekannt hat, ist angesichts von 11,7 m. E. sicher.

[35] Gegenüber LXX gekürzt. Vgl. dagegen 1 Clem 32,5.

[36] Vgl. SCHWEIZER, Art. *σῶμα*, ThWNT VII, 1081, 9–15.

[37] So SCHLIER, Untersuchungen, 91 f; 2 Clem 14 sei von Eph 5,28 ff nicht direkt abhängig.

[38] So DANIÉLOU, Judéo-Christianisme, 331–334.337.

[39] Vgl. ANDRESEN, Kirchen, 31: Es handle sich um eine „Kombinierung paulinischer Soma-Ekklesiologie, deren mythische Urmenschspekulation dadurch aus ihrer ethischen Neutralität wieder entlassen wird, mit der Präexistenzchristologie". Vgl. ferner MASSAUX, Influence, 156.

[40] So auch NTAF, 127. Man kann allenfalls fragen, ob hinter der Wendung *τὰ βιβλία καὶ οἱ ἀπόστολοι* noch eine Erinnerung daran wach ist, daß die hier vertretene Ekklesiologie „apostolischen" Ursprungs ist. Wahrscheinlicher ist allerdings, daß der Vf damit lediglich die Bindung an die Tradition im allgemeinen zum Ausdruck bringen will.

Bisher hat sich trotz gewisser Anzeichen (9,3) kein wirklicher Beleg dafür ergeben, daß der Vf des 2 Clem auf paulinische Sätze oder paulinische Theologie direkt Bezug genommen hat. Es gibt jedoch drei Textstellen, wo alttestamentliche Zitate verwendet werden, die sich auch bei Paulus finden. Lassen sich hier womöglich signifikante Analogien aufweisen?

In 2 Clem 2,1 a findet sich ein wörtliches Zitat von Jes 54,1 LXX, dem sich in 2,1 b–3 eine midrasch-artige Auslegung anschließt. Paulus verwendet dasselbe Zitat in Gal 4,27 und gibt ihm eine allegorische Deutung. Ist 2 Clem 2,1–3 von Gal 4,27 beeinflußt? Der Wortlaut des Zitats zeigt dafür keinerlei Indizien; denn die Übereinstimmung mit Jes 54,1 LXX ist in beiden Fällen vollständig. H. Schlier erklärt jedoch, Paulus verstehe Jes 54,1 dahin, daß „das obere Jerusalem die Mutter der Christen ist, die also in der Kirche aus dem Himmel geboren werden"[41], und wenn das zuträfe, dann bestünde zwischen Gal 4 und 2 Clem 2,1 *(στεῖρα γὰρ ἦν ἡ ἐκκλησία ἡμῶν)* jedenfalls eine Übereinstimmung in der angewandten Hermeneutik. Aber *ἡ ἄνω Ἰερουσαλήμ* in Gal 4,26 ist nicht, wie Schlier meint, Ausdruck für den „schon gegenwärtig in der christlichen Kirche" anwesenden „neuen Äon"[42], sondern Symbol der durch Gott geschenkten Freiheit vom Gesetz[43], d.h. zwischen 2 Clem 2,1 bzw. 2,2f und der paulinischen Interpretation von Jes 54,1 besteht im übrigen keinerlei Zusammenhang[44].

K.P. Donfried meint, der Vf des 2 Clem bediene sich derselben exegetischen Methode, die die galatischen Gegner des Paulus verwendet hätten und die der Apostel in Gal 4,21ff aus aktuellen Gründen von ihnen übernommen habe[45]. Für diese Hypothese läßt sich m.E. keine Begründung anführen.

In 2 Clem 8,2 scheint der Vf das Bild von Jer 18,4–6 zu verwenden, auf das Paulus in Röm 9,21 anspielt. Es hat sich aber gegenüber Jer 18[46] ganz verselbständigt: Dem Vf des 2 Clem geht es nicht um die Arbeit des *κεραμεύς*, sondern um das Schicksal des Tons, der nach dem Brennen nicht mehr verändert werden kann. Er verwendet das Bild also als Bußaufruf: *ἕως ἔχομεν καιρὸν μετανοίας*, d.h. mit dem in Röm 9,19–21 angedeuteten Prädestinationsgedanken hat 2 Clem 8,2 nicht das geringste zu tun.

Eine gewisse formale und auch sachliche Verwandtschaft besteht schließlich zwischen 2 Clem 11,6 und Röm 2,6 – beide Textstellen vertreten den

[41] SCHLIER, Gal, 225.

[42] SCHLIER, Gal, 223. Gegen diese Deutung spricht schon *ἡ νῦν Ἰερουσαλήμ* in Gal 4,25.

[43] M.E. ist das Bild vom Kontext her zu erklären, auch wenn im Hintergrund zweifellos der Gedanke des „himmlischen Jerusalem" steht.

[44] Paulus führt das Zitat vor allem ein, um den Verheißungscharakter der christlichen Freiheit herauszustellen.

[45] DONFRIED, Setting, 199 (mit A 1).

[46] Wenn diese Stelle überhaupt im Blick ist.

Gedanken des Gerichts nach den Werken[47]. Paulus bezieht sich dabei mit hoher Wahrscheinlichkeit auf Ps 61,13b LXX, der Vf des 2 Clem dagegen übernimmt einfach den jüdischen Vergeltungsgedanken, ohne an eine bestimmte Vorlage zu denken[48].

In der Literatur wird auf weitere „Parallelen" zwischen 2 Clem und Paulus verwiesen[49]. Keine dieser Stellen bietet jedoch einen auch nur einigermaßen sicheren Beleg dafür, daß der Vf Paulusbriefe unmittelbar gekannt oder paulinische Überlieferung bewußt aufgenommen hat.

Ein schwieriges dogmengeschichtliches Problem wird durch 2 Clem 9,1–6 aufgeworfen. In seiner Eingangsthese *μὴ λεγέτω τις ὑμῶν, ὅτι αὕτη ἡ σάρξ οὐ κρίνεται οὐδὲ ἀνίσταται,* die sich auf die auch in Pol 2 Phil 7,1 bekämpfte Lehre zu beziehen scheint, behauptet der Vf nachdrücklich die *ἀνάστασις* der *σάρξ* und macht sie geradezu zum Kriterium der Rechtgläubigkeit. Wendet er sich damit etwa unmittelbar gegen 1 Kor 15,50? Für eine solche Vermutung könnte der zwischen 9,3 und 1 Kor 6,19 bestehende Zusammenhang sprechen[50], obwohl man dann annehmen müßte, daß der Vf die eine paulinische Aussage im wesentlichen positiv rezipierte[51], die andere hingegen ablehnte[52]. Ist das tatsächlich wahrscheinlich?

Der Vf kämpft in 9,1–6 gegen eine grundsätzlich doketische Theologie[53]. Seine Gegner vertreten aber offenbar nicht die Vorstellung, daß die Auferstehung bereits geschehen sei, d.h. 9,1 wendet sich wohl nicht gegen eine enthusiastische oder gnostische Eschatologie[54]; sie scheinen vielmehr eine Art (künftiger) Auferstehung des *πνεῦμα* oder auch den Gedanken einer

---

[47] Die Formulierungen sind durchaus ähnlich. Röm 2,6: *ἀποδώσει ἑκάστῳ κατὰ τὰ ἔργα αὐτοῦ;* 2 Clem 11,6: ... *ὁ ἐπαγγειλάμενος τὰς ἀντιμισθίας ἀποδιδόναι ἑκάστῳ τῶν ἔργων αὐτοῦ.*

[48] Vgl. dazu 2 Clem 1,3.5; 9,7. Zur Formulierung *πιστὸς γάρ ἐστιν ὁ ἐπαγγειλάμενος* vgl. Hebr 10,23. Es handelt sich um eine gebräuchliche Gottesprädikation (MICHEL, Hebr, 347f).

[49] Vgl. 2 Clem 1,8 mit Röm 4,17; ferner 13,1/Eph 6,6; 17,3/Röm 12,16; Phil 2,2; 2 Clem 19,2/Eph 4,18; 20,5/1 Tim 1,17. Die Berührungen an allen genannten Stellen sind ganz oberflächlich.

[50] S.o. S. 265.

[51] Es ist ja zu beachten, daß 2 Clem 9,3 von der *σάρξ* statt wie Paulus vom *σῶμα* spricht.

[52] 2 Clem 9 wäre also keinesfalls ein Indiz für einen „Paulinismus" des Vf, sondern lediglich ein Beleg dafür, daß er 1 Kor (oder einzelne Aussagen daraus) gekannt und benutzt hätte.

[53] Dabei setzt er die Rechtgläubigkeit der Leser voraus, d.h. die Argumentation ist nicht von aktueller Polemik getragen. Das zeigt besonders 9,5, wo der Inkarnationsgedanke als selbstverständlich akzeptiertes Argument ins Feld geführt wird.

[54] Gegen DONFRIED, Setting, 145, der meint, der Vf des 2 Clem habe es mit ähnlichen Gegnern zu tun wie Paulus in 1 Kor 15 oder der Vf des 2 Tim (2,18); sie hätten die Credo-Aussagen von 2 Clem 1,7 *(ἠλέησεν γὰρ ἡμᾶς καὶ ... ἔσωσεν)* radikalisiert "to its ultimate limit – 'we have been saved', and thus the future is of no consequence".

Unsterblichkeit der Seele zu vertreten[55]. Der Vf des 2 Clem jedenfalls betont, anders als Paulus in 1 Kor 15, weder die Zukünftigkeit der Auferweckung noch auch nur die Auferweckung als solche; sondern ihm geht es ausschließlich um die Auferstehung *ἐν σαρκί* (vgl. vor allem 9,5b.6). K.P. Donfried meint, die Position des 2 Clem entspreche grundsätzlich durchaus derjenigen des Paulus in 1 Kor 15; nur habe der Vf den paulinischen Gedanken nicht voll verstanden: Im Widerspruch gegen eine gnostisierende Paulus-Interpretation habe er das paulinische Reden vom *σῶμα* durch den Begriff der *σάρξ* ersetzt und damit die eigentliche Intention der paulinischen Auferstehungsaussage verfehlt[56]. Tatsächlich dürfte die in 2 Clem 9 sichtbar werdende positive Einschätzung der *σάρξ* aus deren gnostischer (und enkratitischer) Abwertung resultieren, wobei der Vf gleichzeitig die doketische Christologie abwehren konnte[57]. Daß sich dieser Prozeß im 2 Clem explizit unter dem Einfluß paulinischer Tradition vollzogen haben sollte, ist kaum vorstellbar. Die Argumentation in Kap. 9 ist weder anti-paulinisch, noch nimmt sie umgekehrt paulinische Aussagen und Motive positiv auf[58]. 2 Clem 9 scheint im Gegenteil von der Auferstehungsaussage des Paulus in 1 Kor 15 überhaupt nicht berührt zu sein[59]; es fehlt zugleich aber auch jeder Hinweis darauf, daß sich die Gegner für ihre Lehre auf Paulus berufen hätten[60].

Die Untersuchung hat ergeben, daß 2 Clem keine unmittelbaren Anspielungen oder Zitate paulinischer Briefe enthält; es ließ sich auch nicht zeigen, daß der Vf es in irgendeiner Form mit paulinischer Tradition zu tun hat.

Diese Beobachtungen werden dadurch bestätigt, daß 2 Clem keinerlei signifikante Übereinstimmungen mit der paulinischen Theologie aufweist. Weder berührt sich sein Glaubensverständnis mit Aussagen des Paulus[61], noch findet sich eine auch nur entfernte Bezugnahme auf die Rechtfertigungsbegrifflichkeit[62]. Man könnte im Gegen-

---

[55] Leider wird in 9,1 der Charakter der bekämpften Lehre kaum sichtbar.

[56] Donfried, Setting, 145f.

[57] Vgl. 9,5: *Χριστὸς ὁ κύριος ... ἐγένετο σάρξ* (Joh 1,14 ist aber wohl nicht bewußt im Blick). Zur Sache vgl. Kelly, Glaubensbekenntnisse, 163–165.

[58] Den Abstand zwischen Paulus und 2 Clem betont auch Windisch, in: Harnack-Ehrung, 131 (in der damals üblichen Begrifflichkeit: In 2 Clem sei das Christentum eine „wieder überwiegend eschatologische Religion geworden", der „die hinreißende Gewalt des paulinischen Enthusiasmus" fehle).

[59] Vgl. Massaux, Influence, 157: «On peut simplement dire que notre auteur doit répondre à des difficultés sur la résurrection connues déjà du temps de l'Apôtre.»

[60] Natürlich kann nicht ausgeschlossen werden, daß die in 2 Clem 9,1 anvisierten Gegner Gedanken wie der Vf des Rheg (NHC I p 45,39–46,3) vertreten haben; nur läßt 2 Clem davon nichts erkennen. Die *Möglichkeit* einer solchen Konstruktion ist noch kein Beweis für ihre Richtigkeit. – Vgl. zur Sache im übrigen später Iren Haer V 9,1.3.

[61] Lediglich die Formulierung *πιστεύειν τῇ ἐπαγγελίᾳ τοῦ θεοῦ* in 11,1 enthält eine Aussage über den Gegenstand des Glaubens; an allen anderen Stellen sind das Verb und das Substantiv *πίστις* (nur 15,2) in rein formalem Sinne gebraucht.

[62] *δικαιοσύνη* ist für 2 Clem der erstrebte Zustand der menschlichen Existenz. Charakteristisch ist 18,2: Der Satz *δικαιοσύνην διώκειν* erinnert durchaus an Phil 3,12f

teil sogar sagen, daß eine These wie die von 2 Clem 6,9 *(τίς ἡμῶν παράκλητος ἔσται, ἐὰν μὴ εὑρεθῶμεν ἔργα ἔχοντες ὅσια καὶ δίκαια)* ausgesprochen antipaulinisch ist; sie ist es aber zweifellos nicht, weil der Vf des 2 Clem diese Frontstellung gar nicht kennt[63].

Die 2 Clem bestimmende Tradition ist fraglos in erster Linie die synoptische Überlieferung, und zwar überwiegend auf einer vorliterarischen Stufe[64]. Daneben finden sich zahlreiche Zitate aus LXX.

Folgt hieraus, daß der Vf des 2 Clem die Paulus-Tradition überhaupt nicht gekannt hat? Das ist zumindest dann auszuschließen, wenn man annimmt, daß er 1 Clem gelesen hat. Offenbar hat er aber mit den Aussagen über Paulus und mit den Anspielungen auf paulinische Briefe, die er in 1 Clem fand, wenig anfangen können[65].

Daraus sollte nun aber nicht der Schluß gezogen werden, 2 Clem stelle „ein in mancher Hinsicht verflachtes Christentum dar", das sich „mit dieser Veräußerlichung ... mit dem Geist des Spätjudentums" berühre[66]. Hiergegen hat K.P. Donfried m.R. Einspruch erhoben: "A comparison with Paul serves only to illumine the differences between these two early Christian authors."[67]

2 Clem erhebt ja gar nicht den Anspruch, ein bedeutendes theologisches Dokument zu sein. Die Schrift gibt sich als Bußpredigt und ist, wenn Chr. Stegemanns Annahme zutrifft, im gemeinsamen Rahmen mit 1 Clem zu sehen, an den der Vf anknüpfen will. Wenn es richtig ist, daß 2 Clem in Syrien (oder in Ägypten) entstand, dann ist das Fehlen jeglicher Bezugnahme auf Paulus freilich nicht, wie Chr. Stegemann meint, „ein Exempel für die in Teilen des syrischen (Juden-?) Christentums gängige Ablehnung des Pau-

---

oder Röm 9,30f; in der Sache aber geht es nicht um die eschatologische *δικαιοσύνη θεοῦ*, sondern es handelt sich, wie der ganze Kontext zeigt, um eine ethische Aussage. – *νόμος* fehlt, *χάρις* (nur in 13,4 im Zitat von Lk 6,32) hat keine theologische Bedeutung.

[63] Vgl. das von Paulus nicht berührte Verständnis von *δίκαιος* bzw. *δικαιοσύνη* in 6,9a.

[64] In 2,4 zitiert der Vf wörtlich Mt 9,13, im Anschluß an die Auslegung von Jes 54,1 eingeleitet mit dem Satz *καὶ ἑτέρα δὲ γραφὴ λέγει*. Man kann zwar fragen, ob er dieses Wort als alttestamentlich ansah (V.7 kann so aussehen, als folge erst hier die Anwendung des bisher Gesagten auf Christus); aber das ist doch wenig wahrscheinlich. 8,5b *(λέγει ... ὁ κύριος ἐν τῷ εὐαγγελίῳ)* entspricht wörtlich Lk 16,10; die Herkunft von V. 5a ist allerdings unbekannt (vgl. dazu Knopf, 2 Clem, 166; er hält das ganze Zitat für „apokryph"). Alle übrigen Anspielungen bzw. Zitate aus den Synoptikern sind z.T. recht ungenau.

[65] Was erfährt ein Leser, der von Paulus nichts weiß, aus 1 Clem über Werk und Theologie des Apostels? Praktisch nichts. In dieser Lage befand sich offensichtlich der Vf des 2 Clem. (Die römische bzw. die korinthische Kirche sah die Paulus-Bezüge in 1 Clem natürlich mit ganz anderen Augen.)

[66] So das Verdikt Windischs, in: Harnack-Ehrung, 124. Vgl. aaO., 133: „Sein Christentum ist in der Hauptsache als primitiv urchristlich und als vorpaulinisch zu bezeichnen."

[67] Donfried, HThR 66, 1973, 497. Vgl. ders., Setting, 180.

lus"[68]; vielmehr ist 2 Clem entweder ein weiterer Zeuge für das Fehlen einer definitiven Paulus-Überlieferung in Syrien, oder er zeigt, daß es in Ägypten in der ersten Hälfte des 2. Jahrhundert (noch) keine eigentliche Paulus-Tradition gab. Ein genaueres Urteil ist nicht möglich, solange sich Entstehungszeit und vor allem Entstehungsort des 2 Clem nicht bestimmen lassen.

b) Barnabasbrief

Barn stellt die Untersuchung im Grunde vor noch größere Probleme als 2 Clem. Es fehlen nicht nur praktisch alle Indizien dafür, wann und wo diese Schrift (um einen „Brief" handelt es sich nicht) entstand; es ist auch völlig unbekannt, wer der Vf ist und warum Barn gerade unter dem Namen des Paulusbegleiters Barnabas in der Kirche überliefert wurde. Barn erhebt jedenfalls nicht den Anspruch, von Barnabas verfaßt zu sein; er will auch nicht als Dokument der ersten oder zweiten christlichen Generation gelten[69].

Es wird immer wieder vermutet, Barn sei in Alexandria verfaßt worden. Diese These knüpft vor allem an die Beobachtung an, daß Barn sich bei der Auslegung des Alten Testaments der allegorischen Methode bedient, woraus man auf eine besondere Nähe zu Philo schließt[70]. Aber das ist kein ausreichendes Argument; Allegorese wurde praktisch überall im frühen Christentum (und im hellenistischen Judentum) geübt. Außerdem ist die unzutreffende Aussage in 9,6 über die Beschneidung bei den Ägyptern wohl ein Indiz dafür, daß Barn jedenfalls nicht in Ägypten bzw. Alexandria entstand[71].

Die Datierung des Barn wird dadurch erschwert, daß er traditionsgeschichtlich nicht einheitlich ist[72]. Bereits seit langem ist erkannt, daß Barn 18–20 auf dieselbe Tradition zurückgehen wie Did 1–6 („Zwei-Wege-Lehre")[73]. K. Wengst hat darüber hinaus gezeigt, daß auch der erste Teil des Barn zahlreiche traditionelle Stücke enthält, die den Vf weitgehend als Redaktor erscheinen lassen[74].

Wengst stellt fest, der Vf des Barn unterscheide sich „in seinem theologischen Standort nicht von dem seiner Tradition"; deshalb sei bei der Bestimmung der Theologie des Vf die Tradition ohne weiteres mit einzubeziehen[75].

---

68 STEGEMANN, Herkunft, 122f. Wie würde sich diese „Ablehnung des Paulus" mit der von Stegemann vermuteten Propagierung des 1 Clem vertragen?

69 M.R. erklärt VIELHAUER, Geschichte, 612: „Der Barn ist wohl das seltsamste Dokument der urchristlichen Literatur."

70 Vgl. ALTANER-STUIBER, Patrologie, 54; mit großem Nachdruck BARNARD, Studies, 46f.

71 So WENGST, Tradition, 113f. Vgl. allerdings Philo Leg All I 2.

72 Diesem Problem widmet sich die Untersuchung von Wengst. Vgl. die knappe Übersicht bei VIELHAUER, Geschichte, 607–610.

73 Zur Rekonstruktion der Überlieferung vgl. z.B. BARNARD, Studies, 107.

74 WENGST, Tradition, 54f. Er rechnet mit einer „Schule", in der der Vf des Barn einer der „Lehrer" gewesen sei.

75 WENGST, Tradition, 69f.

Aber als Belege für die Datierung des Barn kommen die traditionellen Stücke natürlich nicht in Betracht[76].

Barn verrät „keine Kenntnis des jüdischen Krieges von 132–135“[77]; 16,3f scheint im Gegenteil anzudeuten, daß der Tempel in Jerusalem sich augenblicklich im Wiederaufbau befinde. Da Hadrian im Jahre 130 den Befehl zum Bau eines Jupitertempels in Jerusalem gegeben hatte, könnte Barn also zwischen 130 und 132 verfaßt worden sein[78]. Aber ein ganz sicherer Beleg ist die Stelle m.E. nicht; denn die zeitgeschichtliche Deutung derartiger Aussagen ist stets problematisch[79].

Etwas einfacher ist die theologiegeschichtliche Einordnung des Barn. Der Text setzt voraus, daß die Scheidung zwischen Christentum und Judentum vollständig ist, das Alte Testament erscheint als eine rein christliche Schrift. Die radikal judenfeindliche Einstellung hat mithin keinen aktuellen Anlaß mehr, sondern ist nur noch theoretischer Natur[80]; anders wäre ja auch die scharfe Ablehnung des Judentums bei gleichzeitiger unbedingter Anerkennung des Alten Testaments gar nicht zu erklären[81].

H. Lietzmann meint, Zweck des Barn sei „der durchgehende Nachweis, daß das ganze Christentum im Alten Testament bereits von den Propheten vorausgesagt ist“[82]; K. Wengst schließt sich diesem Urteil im wesentlichen an und meint, der Vf des Barn sei ein Vertreter jener Theologie, die Ignatius in Phld 8,2 bekämpft habe: Ein ausschließlich am Alten Testament sich orientierendes Christentum[83]. Er äußert von daher die

---

[76] In der Regel wurde etwa darüber gestritten, ob man 4,3–5 zeitgeschichtlich auf Vespasian deuten könne. Wengst, Tradition, 105f bejaht das; nur sei dieser Abschnitt traditionell und besage deshalb nichts für die Datierung des Barn insgesamt.

[77] Wengst, Tradition, 112f.

[78] Vgl. zum Problem Windisch, Barn, 412 sowie den Exkurs zu 16,4 (aaO., 388–390). Auch Harnack, Chronologie, 426f deutet 16,4 auf den Bau des Jupitertempels in Jerusalem, obwohl er andererseits meint, die Abwertung des AT sei in der Zeit des antignostischen Kampfes so nicht mehr möglich gewesen, Barn müsse deshalb früher als 130 entstanden sein (aaO., 414f).

[79] Der Vf deutet nicht an, daß es sich um einen heidnischen Tempel handelt, sondern sagt im Gegenteil, er werde „wieder“ aufgebaut. Und wer sind die „Diener der Feinde“? – Barnard, CQR 159, 1958, 211–215 (vgl. ders., JEA 44, 1958, 101–107) nimmt an, Barn 1–17 stammten in der Tat aus der Zeit Hadrians, Kap. 18–20 seien später vom Vf selbst angefügt worden.

[80] Vgl. Wengst, Tradition, 100–102.

[81] Barnard, Studies, 47 will den Befund psychologisch mit der Annahme erklären, der Vf des Barn sei ein konvertierter Rabbi gewesen; dazu Wengst, Tradition, 67: „An traditionellen Teilen gemachte Beobachtungen erlauben keinen Schluß auf die Person des Redaktors“; die Traditionsstücke in Barn 7f stammten aus jüdischem Schulbetrieb. Vielhauer, Geschichte, 611 meint, der Vf habe in 14,5; 16,7 Heidenchristen vor Augen, sei also wohl einer von ihnen. Aber das muß letztlich wohl offen bleiben: Auch ein konvertierter Rabbi könnte ja Heidenchristen als Adressaten gewählt haben.

[82] Lietzmann, Geschichte I, 230.

[83] Wengst, Tradition, 114–118. Zwar sei Barn etwa 20 Jahre später als die Ign

Vermutung, Barn sei möglicherweise im westlichen Kleinasien in einem ursprünglich judenchristlichen, dann heidenchristlichen Milieu entstanden, für das es in der sonstigen Entwicklung des frühen Christentums keine Parallele gebe[84].

Die Frage, ob Barn von paulinischer Theologie beeinflußt sei, wurde vor allem in der älteren Forschung weithin bejaht. O. Pfleiderer sah in dieser Schrift denselben „gnostisierende[n] Deuteropaulinismus" wie im Hebr, Kol, Eph und den Ign[85]; sie sei allerdings ein „Wendepunkt in der Geschichte des Paulinismus" hin zum „Gemisch des katholisch-kirchlichen Lehrbegriffs"[86]. Auch J. Leipoldt und H. Lietzmann verstanden den Vf des Barn als einen überzeugten Vertreter der paulinischen Theologie[87]. P. Meinhold machte ihn sogar zu einem Vorläufer Marcions: Die Theologie des Barn sei „einseitiger radikaler, auf die Geschichte bezogener Paulinismus ..., wie ihn wenig später Marcion mit ungleich stärkeren sowie mit gnostischen Elementen durchsetzten Konzeptionen durchgeführt hat"[88].

Dagegen erklärte L. Lemme, was sich dem Leser als „übersteigerter Paulinismus" des Barn darstelle, sei in Wirklichkeit nichts „als der Ausdruck einer in der Missionskirche des Barnabas verbreiteten Grundanschauung"[89].

Hinter den positiven Urteilen über den „Paulinismus" des Barn standen im allgemeinen keine Detailanalysen des Textes. Überwiegend wurde einfach die Ablehnung des Judentums im Barn mit der paulinischen Gesetzeskritik identifiziert. Die genaueren Textuntersuchungen durch das Oxford Committee und durch A.E. Barnett führten denn auch zu wesentlich anderen Urteilen. In der NTAF-Untersuchung wurde festgestellt, der Vf des Barn habe lediglich mit hoher Wahrscheinlichkeit Röm gekannt, darüber hinaus allenfalls noch Eph[90]. Noch kritischer war Barnett, der meinte, es gebe "no instances that require explanation in terms of literary indebtedness to Paul's letters"[91]. Diese Meinung wird heute überwiegend vertreten[92]: Barn zeige

---

verfaßt, aber angesichts der starken Traditionsgebundenheit des Barn könne die Tendenz seines Denkens ohne weiteres in ignatianische Zeit zurückreichen.

[84] Wengst, Tradition, 119f.

[85] Pfleiderer, Urchristentum II, 561f.

[86] Pfleiderer, Paulinismus, 393. Vgl. auch Holtzmann, ZwTh 20, 1877, 403.

[87] Leipoldt, Entstehung, 189: Der Vf des Barn tat „tiefere Blicke in die Gedankenwelt des Apostels, als irgend einer seiner Zeitgenossen"; Lietzmann, Geschichte I, 230: Die paulinische Lehre sei als theologischer „Oberbau auf die jüdisch-moralisierende Grundlage gesetzt" und werde, stärker als im 1 Clem, „als wesenhafter Teil der christlichen Theologie empfunden und dargelegt".

[88] Meinhold, ZKG 59, 1940, 257. Insbesondere das typologische Schriftverständnis des Barn führt Meinhold (aaO., 293) auf paulinischen Einfluß zurück.

[89] Lemme, NJDTh 1, 1892, 329.

[90] NTAF, 137.

[91] Barnett, Paul, 207.

[92] Anders lediglich Hagner, Use, 285.

zwar bisweilen Anklänge an paulinische Aussagen; aber das sei eher Zufall, denn theologisch sei Barn von paulinischem Einfluß nicht berührt[93].

Eine erste auffällige Parallele zu Paulus zeigt sich in Barn 1,4: *μεγάλη πίστις καὶ ἀγάπη ἐγκατοικεῖ ἐν ὑμῖν ἐπ' ἐλπίδι ζωῆς αὐτοῦ.* Zwar ist es ganz unwahrscheinlich, daß der Ausdruck *ἐλπὶς ζωῆς* etwa an Tit 1,2; 3,7 anknüpft; es ist aber höchst bemerkenswert, daß der Vf hier die im Neuen Testament nur im Corpus Paulinum begegnende Formel *πίστις/ἀγάπη/ἐλπίς* offenbar bewußt aufnimmt und in V. 6 dann noch im einzelnen deutet[94]. Kennt der Vf den paulinischen Ursprung dieser Formel[95]? Damit ist kaum zu rechnen; der Gebrauch des Stichworts *δικαιοσύνη* in V. 6 ist jedenfalls von paulinischer Theologie nicht beeinflußt[96]. Aber immerhin deutet sich hier doch die Möglichkeit an, daß der Vf von paulinischer Überlieferung zumindest indirekt beeinflußt sein könnte[97].

Umgekehrt zeigt 1,5, daß Barn keinesfalls direkt in paulinische Tradition hineingehört, denn der Vf begründet die Abfassung seiner Schrift damit, daß *μετὰ τῆς πίστεως ὑμῶν τελείαν ἔχητε τὴν γνῶσιν.* Ganz sicher will er sich mit dieser Überschrift nicht als Pneumatiker geben[98], denn er stellt sich hier ja im Gegenteil bewußt in eine Tradition *(... μεταδοῦναι ἀφ' οὗ ἔλαβον)*[99]. Aber seine Aussage enthält eine deutliche Einschränkung des Werts der *πίστις:* Daß Glaube der Ergänzung durch die vollkommene *γνῶσις* bedarf, ist ein durchaus unpaulinischer Gedanke.

Ein Zusammenhang mit paulinischem Denken scheint in 4,9–12 zu bestehen. Hier finden sich Begriffe und Vorstellungen, die aus dem Umkreis der Theologie des Paulus stammen könnten, ohne daß freilich eine literarische Beziehung zu einem der Briefe des Apostels bestehen muß. Der Vf beginnt seine Darlegung in 4,9a mit der Bekundung seiner Absicht, zwar nicht *ὡς διδάσκαλος,* aber doch möglichst umfassend zu schreiben *(πολλὰ δὲ θέλων γράφειν ... ἀφ' ὧν ἔχομεν μὴ ἐλλείπειν);* in V. 9b–13 folgt dann offensichtlich ein Traditionsstück[100], das nicht vom Vf selbst formuliert, wohl aber in der Sache von ihm akzeptiert wurde. Die Christen werden gemahnt, *ἐν ταῖς ἐσχάταις ἡμέραις* auszuharren; denn *ὁ πᾶς χρόνος τῆς ζωῆς καὶ τῆς πίστεως ἡμῶν* wird nichts „nützen" (gedacht ist zweifellos an das Endgericht), wenn die Christen nicht den gegenwärtigen und den bevorstehenden Gefahren

---

[93] Vgl. etwa BULTMANN, Theologie, 515; MASSAUX, Influence, 88. SCHMITHALS, Apostelamt, 239 bemerkt, der Vf des Barn gehöre jedenfalls wohl nicht zu den Gegnern der paulinischen Theologie.

[94] Daran, daß die Verwendung der drci Begriffe Formelcharakter trägt, kann kein Zweifel bestehen (anders Hebr 10,22–24).

[95] Paulus hat diese Trias geschaffen; vgl. CONZELMANN, 1 Kor, 270f.

[96] Darauf verweist m.R. auch ALEITH, Paulusverständnis, 17.

[97] Die Trias klingt auch in 11,8 an (vgl. ferner 4,8).

[98] Gegen WINDISCH, Barn, 305.

[99] Zum Inhalt bzw. zur Tendenz der hier tradierten Gnosis vgl. etwa Barn 13,7.

[100] WENGST, Tradition, 22.

Widerstand entgegensetzen. In V. 10 folgen zunächst der Aufruf, die „Werke des bösen Weges" zu hassen, und dann die eigenartige Aufforderung: *μὴ καθ' ἑαυτοὺς ἐνδύνοντες μονάζετε ὡς ἤδη δεδικαιωμένοι, ἀλλ' ἐπὶ τὸ αὐτὸ συνερχόμενοι συνζητεῖτε κτλ.* Was steht hinter dieser Mahnung? Handelt es sich um eine rein theoretische Erwägung? Oder haben möglicherweise bestimmte Kreise unter Berufung auf die paulinische Rechtfertigungslehre die gemeinsamen gottesdienstlichen Versammlungen gemieden? Darauf scheint in der Tat alles hinzudeuten; denn der Text antwortet in V. 11 mit Jes 5,21 LXX[101] und mit dem Aufruf *γενώμεθα πνευματικοί, γενώμεθα ναὸς τέλειος τῷ θεῷ*. Das ist eine auf den ersten Blick überraschende Wendung. Eigentlich muß man doch annehmen, daß sich die in V. 10 kritisierten Gruppen selbst als *πνευματικοί* und *τέλειοι* bezeichnet haben. Aber gerade wenn das tatsächlich der Fall sein sollte, wird die Tendenz von V. 11a verständlich: Der Text wirft den kritisierten Gruppen vor, sie seien gar nicht die, als die sie sich bezeichnen; sie müßten vielmehr erst noch *πνευματικοί* und *ναὸς τέλειος θεοῦ* werden[102]. Wenn diese Deutung richtig ist, dann würde die Polemik also in der Verbform *γενώμεθα* stecken[103]. Die Fortsetzung V. 11b.12 greift den Gedanken der Gebotserfüllung und des Gerichts nach den Werken auf und unterstreicht damit die Tendenz von V. 9b. Enthält V. 10 also eine antipaulinische Tendenz? Hat man sich jedenfalls vorzustellen, daß die hier anvisierten Gegner paulinische Parolen (etwa: *δεδικαιωμένοι ἐσμέν*) verwendeten, um damit ihr pneumatisches Christentum zu rechtfertigen? Es müßte sich dabei keineswegs um Gnostiker gehandelt haben[104]; man kann vielmehr auch an Enthusiasten denken, wie sie Paulus in 1 Kor bekämpft. In der Tat liegt die Annahme nahe, daß die vom Vf des Barn hier aufgenommene Tradition ursprünglich eine antienthusiastische Tendenz gehabt hat, während die Gegner sich zumindest paulinisch klingender Parolen bedient zu haben scheinen[105]. Die Mahnung in 4,11, die *ἐντολαί* Gottes zu erfüllen, enthielte dann eine implizite Ablehnung der Gesetzeslehre des Paulus[106].

Das bedeutet noch nicht, daß der Vf des Barn selbst diese antipaulinische Tendenz befürwortet haben müßte. Der ursprüngliche „Sitz im Leben" der in 4,9b–13 aufgenommenen Tradition braucht dem Redaktor nicht bekannt bzw. nicht bewußt gewesen zu sein. Aber immerhin spricht doch vieles für die Vermutung, daß diese Tradition ihren Widerspruch gegen pneumatischen

---

[101] In der Tendenz der Argumentation erinnert die Stelle an 1 Kor 3,18–20.

[102] Zu beachten ist der Singular *ναός*! *πνευματικοί* können sie nur sein in der Einheit des „vollkommenen Tempels" (= Gemeinde; vgl. V. 10b). In 6,15 ist *ναὸς ἅγιος* freilich auf den einzelnen bezogen.

[103] Zur ironischen Tendenz vgl. 1 Kor 4,8.

[104] Die Verwendung der Rechtfertigungsbegrifflichkeit spricht sogar eher dagegen.

[105] Man könnte sich im Hintergrund Aussagen wie die von 1 Kor 2,15; 3,16 vorstellen.

[106] Dazu würde in 4,9b die relative Einschränkung des Werts der *πίστις* passen.

Enthusiasmus mit einem Widerspruch zumindest gegen Tendenzen der paulinischen Theologie (Glaube, Rechtfertigung) verbunden hat. Leider läßt sich gar nichts darüber sagen, wann und wo diese Tradition ihren Ursprung hat. Es wird aber sorgfältig zu prüfen sein, ob sich ähnliche Aussagen auch sonst innerhalb des (Traditionsgutes des) Barn finden.

Tatsächlich kann auch Barn 5,9 als – freilich sehr indirekte – Kritik an Paulus verstanden werden. Es heißt dort[107], Christus habe die Tatsache, daß er Sünder und nicht Gerechte zu berufen gekommen sei[108], dadurch unterstrichen, daß er Menschen zu Aposteln machte *ὄντας ὑπὲρ πᾶσαν ἁμαρτίαν ἀνομωτέρους*. H. Windisch und H. Veil meinen, dieser Satz sei einfach aus der Erzählung Mt 9,9–13 herausgesponnen worden[109]; aber dagegen spricht schon die Verwendung des Apostelbegriffs (von Mt 9 her hätte *μαθητής* näher gelegen). Man kann deshalb fragen, ob hier nicht ein Satz der Paulus-Tradition anklingt (vgl. 1 Tim 1,15f)[110] – der dann freilich im Unterschied zu dem in 1 Tim 1 gezeichneten Bild in der Tat „keineswegs aus paulinischem Parteiinteresse geflossen sein“ kann[111]. Der Vf würde andeuten wollen, daß Paulus keine rundweg vorbildliche Persönlichkeit war. Er würde damit weder den paulinischen Apostolat anzweifeln noch die paulinische Theologie offen kritisieren; er könnte aber durchaus eine Warnung vor allzu großer Paulusverehrung beabsichtigt haben. Natürlich bleibt unsicher, ob Barn 5,9 wirklich Paulus im Blick hat[112]; es ist aber zu berücksichtigen, daß sich bei keiner anderen Gestalt des Urchristentums der betonte Hinweis findet, sie habe vor ihrer Berufung eine (in christlichen Augen) überaus sündige Vergangenheit gehabt. Bei Paulus dagegen ist dies ein ganz fester Topos (vgl. 1 Kor 15,8f; Eph 3,8; 1 Tim 1,15f; Apg 8,3; 9,1f usw.)[113].

Die Frage, ob im Barn der paulinische Apostolat in Zweifel gezogen wird, muß noch einmal von 8,3 her gestellt werden; denn hier begegnet im Rahmen einer sehr merkwürdigen Allegorese des Opferritus von Num 19 der Gedanke des Zwölfer-Apostolats. Die das Volk rituell entsündigenden Knaben (V. 1) sind die Vorbilder derer, die „uns“ die *ἄφεσις τῶν ἁμαρτιῶν* verkündigen, *οἷς ἔδωκεν* (sc. Christus) *τοῦ εὐαγγελίου τὴν ἐξουσίαν, οὖσιν δεκαδύο εἰς μαρτύριον τῶν φυλῶν* (sc. Israels). Wird Paulus hier bewußt ausgeschlossen? Oder nimmt die Stelle lediglich den Gedanken auf, daß „die Zwölf“ zur Israel-

---

[107] Nach WENGST, Tradition, 25 ist Barn 5,8–10 ein jedenfalls nicht ad hoc formuliertes Textstück, das allerdings durchaus vom Vf des Barn selbst stammen könne.

[108] Wörtliches Zitat von Mt 9,13 (vgl. 2 Clem 2,4). Offenbar hat der Vf des Barn das Mt gekannt, denn in 4,14 wird Mt 20,16 mit der Formel *ὡς γέγραπται* eingeführt.

[109] WINDISCH, Barn, 329; VEIL, in: Handbuch zu den Apokryphen, 219.

[110] In NTAF, 12 wird direkte Abhängigkeit erwogen; aber darauf deutet nichts hin.

[111] Darin hat WINDISCH, Barn, 329 sicher recht.

[112] Immerhin spricht der Vf pauschal von *οἱ ἀπόστολοι*. Andererseits: Die Aussage paßt nur auf einen; und bei dem ist sie fester Bestandteil der Tradition.

[113] Vgl. LÖNING, Saulustradition, 57 A 104.

Mission berufen seien, so daß der „Heidenapostel" hier gar nicht im Blick wäre?

Die Antwort wird dadurch erschwert, daß zwischen 8,3 und 8,4 ein offenkundiger Widerspruch besteht: In V. 3 ist an zwölf Knaben gedacht, in V. 4 nur an drei *εἰς μαρτύριον Ἀβραάμ, Ἰσαάκ, Ἰακώβ*. H. Windisch sieht in V. 4 eine Glosse oder jedenfalls eine „nachträglich beigefügte Deutung"[114]; G. Klein dagegen meint, 8,3b sei ein „unter dem Einfluß der im Barn sonst nicht bezeugten Zwölfapostelidee" zustandegekommener sekundärer Einschub[115]. V. 3 fügt sich aber in die Reihe der sonstigen Deutungen gut ein (vgl. V. 2.5), während V. 4 mit seiner Deutung der Knaben auf Abraham, Isaak und Jakob die sonst durchweg christologische bzw. christliche Typologie durchbricht[116]. Vermutlich ist also V. 4 sekundär.

Barn 8,3 ist wahrscheinlich ein Indiz dafür, daß der Vf den Gedanken des Zwölfer-Apostolats aufgenommen hat, ohne ihn freilich polemisch oder gar anti-paulinisch zu vertreten. 8,3 enthält, wie J. Wagenmann m. R. festgestellt hat, „keine Ablehnung oder Zurücksetzung" des Paulus[117], sondern zeigt sich von diesem Problem überhaupt nicht berührt.

Zur Deutung von 5,9 trägt 8,3 deshalb im Grunde nichts aus[118].

In Barn 9–12 finden sich breite allegorische Deutungen alttestamentlicher Texte. Erst in Kap. 13 gibt es wieder gewisse Parallelen zu paulinischen Aussagen. Der Vf[119] will zeigen, daß Gottes *διαθήκη* von Anfang an allein den Christen und nicht den Juden galt (V. 1); und er zitiert als Beleg Gen 25,21–23 LXX[120]. Auf dieselbe Textstelle nimmt Paulus in Röm 9,10–12 Bezug, und zwar mit einer Barn durchaus vergleichbaren theologischen Tendenz. Es fehlt aber jedes Indiz dafür, daß der Vf des Barn etwa Röm 9 als Vorlage benutzt hat[121].

Gilt das auch für 13,7? Hier führt der Vf das Abraham-Beispiel an, um zu zeigen, daß Gott nicht Israel, sondern die Christen von Anfang an erwählt hat. Nach der Analyse K. Wengsts ist die Eingangsaussage (V. 7a) vom Vf formuliert worden, während das Beispiel selbst (V. 7bc) aus der Tradition

114 Windisch, Barn, 349.

115 Klein, Apostel, 97.

116 Wengst, Tradition, 33f sieht 8,3b nicht als sekundäre Glosse, sondern als vom Vf eingefügte Ergänzung an.

117 Wagenmann, Stellung, 92. Wagenmann meint, der Vf des Barn wisse offenbar nichts mehr von Paulus.

118 Sowohl in 5,9 wie in 8,3f findet sich das Stichwort *εὐαγγέλιον*; an beiden Stellen meint es den unmittelbaren Vorgang der Verkündigung (d. h. in 5,9: Die Apostel sollen Jesu Verkündigung fortsetzen).

119 Nach Wengst, Tradition, 46 ist Barn 13 fast ganz das Werk des Redaktors.

120 Leicht gekürzt; V. 23 ist wörtlich angeführt.

121 Der Gedankengang von Röm 9,1–13 ist insgesamt ein ganz anderer als der in Barn 13: Paulus geht es um die Freiheit der Gnadenwahl Gottes; dem Vf des Barn geht es um eine Deutung der alttestamentlichen Heilsgeschichte auf die Christen.

stammt[122]. Innerhalb des Traditionsstücks wird Gen 17,5 LXX relativ frei zitiert[123] und mit einem den Text verdeutlichenden Zusatz versehen: ... *ἐθνῶν τῶν πιστευόντων δι' ἀκροβυστίας τῷ θεῷ*. Diese Formulierung entspricht nahezu wörtlich Röm 4,11 (Paulus zitiert Gen 17,5 dann in Röm 4,17 korrekt). Hat die Tradition also die Deutung des Abraham-Beispiels von Röm 4 gekannt? Dafür könnte V. 7b sprechen; denn in der Zitateinleitung findet sich eine zusätzliche Aussage über Abraham *μόνος πιστεύσας ἐτέθη εἰς δικαιοσύνην),* die an Gen 15,6 LXX erinnert, eben jene Stelle, die für Röm 4 geradezu konstitutive Bedeutung hat[124]. Sie ist zugleich der einzige Beleg im Barn für einen theologischen Gebrauch von *δικαιοσύνη*[125].

Wie ist dieser Befund zu erklären? Nichts weist darauf hin, daß der Vf selbst die Funktion des Abraham-Beispiels unmittelbar aus Röm oder überhaupt aus paulinischer Tradition übernommen hat. Vielmehr wird 13,7 derselben oder zumindest einer ähnlichen älteren Überlieferung zuzuweisen sein wie die anderen Stücke auch (s.o.)[126]. Es ist aber durchaus wahrscheinlich, daß diese Vor-Barn-Tradition mit Röm 4 in Verbindung gestanden, die paulinische Argumentation in Röm 4 jedenfalls gekannt hat. Schon die Tatsache, daß in der Einleitung Gen 15,6 anklingt, weist auf einen Zusammenhang mit der paulinischen Rechtfertigungslehre[127]. Und die in der Tat frappierende[128] Übereinstimmung der Zitat„verbesserung“ in V. 7c mit Röm 4,11 macht m.E. den Schluß nahezu unausweichlich, daß hier Röm 4 benutzt worden ist[129]. Der Vf des Barn hat das Abraham-Beispiel also offensichtlich einer christlichen Tradition entnommen, die von Paulus zumindest beeinflußt war; für ein Urteil darüber, ob man sie im eigentlichen Sinn als „paulinisch“ ansehen darf, reicht das Material leider nicht aus[130].

---

[122] Wengst, Tradition, 46.13,7a bestätigt im übrigen die nicht-pneumatische Tendenz des Stichworts *γνῶσις* in Barn 1,5 (vgl. auch die übrigen Belegstellen 2,3; 5,4; 6,9 usw.).

[123] *τεθεικά σε πατέρα ἐθνῶν* entspricht (in veränderter Wortstellung) Gen 17,5 LXX, *ἰδού* und *Ἀβραάμ* sind Verdeutlichungen.

[124] In der Wendung *μόνος πιστεύσας* steckt natürlich nicht das sola fide; gemeint ist, daß allein Abraham geglaubt habe.

[125] Vgl. Wengst, Tradition, 46; Bultmann, Theologie, 515.

[126] Wengst, Tradition, 91 meint, die in 13,7bc aufgenommene Tradition stehe in Spannung sowohl zum Denken des Vf als auch zur sonstigen von ihm rezipierten Tradition; dem Vf liege ja allein daran, daß Abraham als Vater der Heiden erscheine – seine Rechtfertigung sei für ihn unwesentlich.

[127] S. dazu o. S. 245f.

[128] Jacquier, N.T., 73.

[129] NTAF, 3f; Windisch, Barn, 378; Barnett, Paul, 206. (Diese Forscher gehen natürlich von der Annahme aus, der Vf des Barn selbst habe hier Röm 4 benutzt.) Zurückhaltend urteilen Prigent-Kraft, SC 172, 178f A 5: Es sei auch Abhängigkeit von gemeinsamer Tradition möglich.

[130] In der Forschung wird intensiv die Frage diskutiert, ob in Barn „Testimoniensammlungen“ verarbeitet seien; dann wären die Textkorrekturen möglicherweise nicht auf den Vf oder auf die Tradition zurückzuführen, sondern auf eine solche Sammlung.

Zu den Traditionsstücken, die der Vf des Barn verarbeitet habe, rechnet K. Wengst auch den Abschnitt 2,1.4–3,6 (möglicherweise ohne 2,9.10b)[131]. Innerhalb dieses Abschnitts begegnen einige Analogien zu Aussagen paulinischer Briefe. So erinnert Barn 2,1 *(ἡμερῶν οὖν οὐσῶν πονηρῶν καὶ αὐτοῦ τοῦ ἐνεργοῦντος ἔχοντος τὴν ἐξουσίαν)* an Eph 5,16; 2,2. Barn 2,6 *(ὁ καινὸς νόμος τοῦ κυρίου ἡμῶν Ἰησοῦ Χριστοῦ ζυγοῦ ἀνάγκης)* berührt sich mit Gal 6,2; 5,1. Und Barn 3,6 *(ὁ μακρόθυμος προβλέψας, ὡς ... πιστεύσει ὁ λαός, ὃν ἡτοίμασεν ἐν τῷ ἠγαπημένῳ αὐτοῦ, προεφανέρωσεν ἡμῖν περὶ πάντων κτλ.)* steht jedenfalls in der Nähe von Eph 1,4–6. Sicherlich liegt in keinem dieser Fälle eine literarische oder auch nur eine unmittelbare traditionsgeschichtliche Verbindung vor; aber offensichtlich ist die in Barn 2f verarbeitete Tradition von der Paulus-Überlieferung nicht vollkommen unberührt gewesen[132].

Dasselbe gilt noch deutlicher für die in Barn 16,6–10 übernommene Tradition[133]. Das Bild vom *πνευματικὸς ναός*, hier auf den einzelnen bezogen (V. 8: *ἐν τῷ κατοικητηρίῳ ἡμῶν ἀληθῶς ὁ θεὸς κατοικεῖ ἐν ἡμῖν)*[134] erinnert stark an 1 Kor 6,19; Eph 3,17. Unmittelbarer paulinischer Einfluß ist kaum anzunehmen; aber ein von paulinischer Überlieferung berührtes Milieu scheint offenbar im Hintergrund zu stehen[135].

Der Befund läßt den Schluß zu, daß die vom Vf des Barn in seiner Schrift verarbeitete Tradition von paulinischer Überlieferung beeinflußt war. In Barn 13,7 ist eine direkte Berührung der Vor-Barn-Tradition mit Röm 4 sogar als wahrscheinlich anzusehen. Paulinischer Einfluß zeigt sich auch in der vom Vf selbst verwendeten Trias *πίστις/ἀγάπη/ἐλπίς*[136] und möglicherweise in der Verwendung des Bildes, daß der Mensch ein „Tempel“ Gottes sei.

Andererseits finden sich im Barn Passagen, die eine deutlich von der paulinischen Theologie abweichende, ja nahezu eine paulus-kritische Tendenz enthalten. Eine solche wird sichtbar in 4,10[137] und möglicherweise in 5,9[138]; sie zeigt sich vielleicht auch in 15,7, wo die Rechtfertigung (Stichwort: *δικαιοῦσθαι*) ausdrücklich als Geschenk der eschatologischen Zukunft begriffen ist.

Und eine Übereinstimmung mit Paulus könnte dadurch hervorgerufen sein, daß auch Paulus diese Vorlage benutzte (vgl. Prigent, Testimonia, 171–177; Barnard, TU 88, 1964, 306–313; kritisch Stegemann, ZKG 73, 1962, 142–153; Kraft, JBL 79, 1960, 336–350). Wengst, Tradition, 8.57 schließt trotz gewisser Bedenken den Gebrauch von Testimonien durch den Vf nicht aus (9,1–3; 11,4f); auch die Tradition habe derartige Vorlagen benutzt.

[131] Wengst, Tradition, 18–20.

[132] In der Literatur werden weitere Parallelen genannt. So sieht O'Hagan, TU 100, 1968, 46 in 6,11 *(ἀνακαινίσας ἡμᾶς)* eine Anspielung auf die *καινὴ κτίσις* von Gal 6,15; in 12,7 *(ἐν αὐτῷ πάντα καὶ εἰς αὐτόν;* nach Wengst, Tradition, 43 redaktionelle Bildung) und in 21,9 *(... μετὰ τοῦ πνεύματος ὑμῶν)* werden Bezugnahmen auf Röm 11,36 bzw. Gal 6,18; Phil 4,23 gesehen. Aber es handelt sich um traditionelle Vorstellungen bzw. um fest gewordene (liturgische) Formeln.

[133] Wengst, Tradition, 53.

[134] Vgl. Barn 6,15: *κατοικητήριον τῆς οἰκίας.*

[135] Zu außerchristlichen Parallelen vgl. Conzelmann, 1 Kor, 97 A 90.

[136] Die Reihenfolge ist nicht fest.

[137] S.o. S. 276f.

[138] S.o. S. 277.

Im übrigen zeigt sich Barn, trotz häufiger Verwendung der Begriffe *δικαιοσύνη, δικαιοῦν*, von der paulinischen Rechtfertigungslehre nicht berührt[139]. Denn weder der Begriff der *χάρις* noch die Gesetzesproblematik besitzen innerhalb des Barn eine theologische Relevanz[140].

E. Aleith hat gemeint, in Barn 5,1 und vor allem 7,2f seien „die Grundgedanken der paulinischen Christologie aufgenommen“[141]. Tatsächlich ist im Barn häufiger als in jeder anderen nichtpaulinischen Schrift vom Kreuzestod Jesu die Rede; aber die charakteristischen Aussagen der paulinischen Christologie sind in ihm nicht zu finden. In 5,1 weisen die Begriffe *ἄφεσις τῶν ἁμαρτιῶν* und *ῥάντισμα τοῦ αἵματος* auf außerpaulinische Christologie bzw. Soteriologie; und in 7,2 (vgl. 5,6) handelt es sich einfach um die durchschnittliche frühchristliche Formelsprache des Bekenntnisses (vgl. etwa 2 Clem 1,1)[142]. Die häufige Bezugnahme auf das Kreuz besagt nicht, daß im Barn der Kreuzestod als Heilsereignis begriffen ist. Vielmehr kommt Jesu Kreuzigung in den Blick als historisches Ereignis (7,3.9), das allegorisch bzw. typologisch interpretiert werden kann (12,1f; vgl. 8,1; 9,8; 11,1.8). Das Kreuz ist im Barn zu einem reinen Symbol geworden, während über seine Bedeutung im Zusammenhang des Heilsgeschehens nichts ausgesagt wird[143].

Der unpaulinische Charakter der Christologie des Barn wird ferner in 4,13 sichtbar, wo von der *βασιλεία τοῦ κυρίου* die Rede ist (vgl. 2 Petr 1,11). Zwar ist auch in 1 Kor 15,24 diese Vorstellung vorausgesetzt; aber im Unterschied zu Barn 4,13 (vgl. auch 8,5) ist für Paulus das Reden von Christi Herrschaft ein Bestandteil seiner „subordinatianischen“ Christologie (vgl. 1 Kor 15,27f). Im Barn dagegen ist das „Reich des Herrn“ als endgültig gedacht.

Welche Konsequenzen lassen sich ziehen? Sicherlich kann man Barn weder „paulinisch“ noch „anti-paulinisch“ nennen. Die redaktionellen Abschnitte erweisen sich als von Paulus kaum berührt; in den traditionellen Stücken fanden sich Beispiele sowohl für die Übernahme paulinischer Gedanken als auch für eine gewisse paulus-kritische Tendenz. Insbesondere die aus der Tradition stammenden Aussagen in Barn 4,9–12 waren möglicherweise im

139 In der Regel bezeichnet *δικαιοσύνη* im Barn die ethische Qualität des Menschen. Interessant ist die Sinnverschiebung in 1,6: *δικαιοσύνη* ist zunächst formal die Gerechtigkeit des göttlichen Gerichts, dann die Gerechtigkeit des Menschen aus seinen Werken. Der Gedanke des Gerichts nach den Werken (vgl. 4,12) ist für sich genommen nicht unpaulinisch (vgl. Röm 2,6; 2 Kor 5,10). Erst aus dem Gesamtzusammenhang der Lehre des Barn ergibt sich, daß Barn „eine Theologie des Gesetzes treibt“ (Wengst, Tradition, 95), weil insbesondere der Gedanke des Gnadenhandelns Gottes ausfällt.

140 *νόμος* begegnet in 2,6; 3,6. In 3,6 ist das alttestamentliche Gesetz gemeint *(... ἐκείνων νόμῳ)*, das die Proselyten zum Scheitern bringe. Dahinter steht die Ablehnung des Judentums durch den Vf des Barn, nicht aber eine theologisch reflektierte Gesetzeskritik. Der positive Begriff im Barn zur Bezeichnung von Normen ist *ἐντολή*.

141 Aleith, Paulusverständnis, 17.

142 Wengst, Tradition, 29: 7,2 ist traditionell.

143 Vgl. Kuhn, ZThK 72, 1975, 16f.

Widerspruch gegen auf paulinische Formeln sich berufende Pneumatiker formuliert worden.

Dieser Befund läßt es als denkbar erscheinen, daß der Vf des Barn aus Kleinasien stammt und daß auch der Hauptteil der von ihm rezipierten Tradition dort entstanden ist, und zwar möglicherweise in demselben Milieu, in dem zuvor 1 Petr verfaßt worden war. Es ist jedoch unwahrscheinlich, daß Barn ein Zeuge der in Ign Phld 8,2 bekämpften Theologie ist, wie K. Wengst meint[144]. Denn jene Gegner des Ignatius waren eher Judaisten bzw. Judenchristen, die das Evangelium offenbar in alttestamentlichen Kategorien deuten wollten; das in Barn vertretene theologische Prinzip ist im Gegenteil gerade die damals von Ignatius den „Ketzern" gegenüber praktizierte Hermeneutik *(γέγραπται)*. Für Kleinasien als Entstehungsort spricht vor allem der eigenartig vielschichtige Einfluß der Paulus-Tradition, der so am ehesten in einer Umgebung vorstellbar ist, die sich der Auseinandersetzung mit der Paulus- Tradition nicht entziehen konnte, diese aber weder zurückweisen noch gar integrieren wollte. In Kleinasien wären auch Gruppen wie die in 4,9–12 bekämpften vorstellbar[145]. Allerdings bleibt auch hier das Problem, daß wir die wirkliche Position der dort bekämpften Gruppen nicht kennen; d.h. es läßt sich keine Sicherheit darüber gewinnen, ob es diese Gruppen so wirklich gegeben hat und ob ihre Lehre und ihr Selbstverständnis hier zutreffend wiedergegeben sind. Vermutlich kann aber Barn doch als indirekter Zeuge für ein auch auf Paulus sich berufendes christliches Pneumatikertum angesehen werden.

c) Der „Hirte" des Hermas

Die letzte hier zur Gruppe der „Apostolischen Väter" gerechnete Schrift ist Herm, eine als Apokalypse gestaltete Bußschrift[146], die nach überwiegender Forschungsmeinung in Rom verfaßt wurde[147]. Die literarkritischen und traditionsgeschichtlichen Probleme des Herm sind kompliziert; doch braucht darauf im Rahmen dieser Untersuchung nicht eingegangen zu werden[148]. Die zeitliche Einordnung bereitet Schwierigkeiten; denn Anspielungen auf aktuelle Ereignisse oder auch genauere Hinweise auf den Stand der innerkirchlichen Verfassungsentwicklung fehlen. Aus sim IX (vgl. vis III 5,1)[149] läßt sich ablesen, daß die Zeit der Apostel als lange zurückliegend

---

144 WENGST, Tradition, 114–118 (s. dazu o. S. 212f).

145 Daß diese Erwägungen hypothetischen Charakter tragen, braucht nicht hervorgehoben zu werden. Es handelt sich freilich um eine Annahme, die den erkennbaren Gegebenheiten des Textes soweit wie möglich Rechnung zu tragen versucht.

146 So VIELHAUER, in: Hennecke II, 445.448.451; MOLLAND, Art. Hermas, RGG III, 242. Anders KNORZ, Theologie, p XIV: Es handle sich um die in der Apokalyptik verbreitete Gattung der Visionserzählungen.

147 DIBELIUS, Herm, 422; CAMPENHAUSEN, Amt, 103; VIELHAUER, in: Hennecke II, 453f; MOLLAND, Art. Hermas, RGG III, 242. Anders PETERSON, Ges. Aufs., 282f (s.u.).

148 Vgl. die übersichtliche Darstellung bei VIELHAUER, in: Hennecke II, 447f.

149 Im folgenden wird an der herkömmlichen Zitierweise des Herm festgehalten.

gilt; andererseits ist der Gebrauch des Begriffs ἐπίσκοπος ganz unspezifisch und scheint einen monarchischen Episkopat nicht vorauszusetzen. Herm wird daher am ehesten in der ersten Hälfte des 2. Jahrhunderts entstanden sein, vermutlich nicht später als 140[150], auch wenn ein großes Maß an Unsicherheit bleibt[151].

Die geographische Einordnung des Herm ist für die Frage nach dem Einfluß paulinischer Tradition von wesentlicher Bedeutung. Denn falls Herm tatsächlich in Rom entstanden ist, so wäre entweder mit paulinischem Einfluß (zumindest mit Kenntnis des Röm) zu rechnen; oder es müßte eine Erklärung dafür gefunden werden, warum ein solcher Einfluß nicht besteht.

Die Annahme, Herm sei in Rom verfaßt worden, stützt sich auf vis I 1,1f (vgl. auch I 1,3; II 1,1): Der Vf (nach vis I 1,4 heißt er Hermas)[152] erwähnt Rom und erzählt von zwei Wanderungen nach Cumae, bei denen ihm Visionen zuteil geworden seien[153]. Sind diese Angaben zuverlässig, oder sind sie bereits Teil der literarischen Fiktion der ganzen Schrift? Da nicht zu erkennen ist, daß der Vf ein besonderes Interesse daran gehabt hätte, sein Buch und sich selbst Rom zuzuordnen, spricht nichts dagegen, die Angaben für zuverlässig zu halten. Zwar mag die Erwähnung von Cumae eine Anspielung auf die dort residierende Sibylle[154] sein, wodurch Herm vielleicht sogar als Produkt christlicher Sibyllistik erscheinen will; aber auch dann würde die Entstehung des Herm in oder bei Rom wahrscheinlich sein[155].

E. Peterson hat demgegenüber erklärt, Herm sei – ebenso wie die jüdischen Apokalypsen – ein Schulprodukt; deshalb sei es methodisch falsch, „in ihnen etwas für die Biographie des Apokalyptikers oder für die Geschichte einer konkreten Kirche, etwa Roms, zu suchen"[156]. Herm sei nicht in Rom entstanden, sondern in Palästina; das Buch gewähre einen „Einblick in die Entwicklung der Askese innerhalb des Judenchristentums"[157]. Aber Herm besitzt keine spezifisch judenchristlichen Züge; das Problem des Ritualgesetzes wird nicht einmal gestreift. Auch der Vergleich mit jüdischen (bzw. christlichen) Apokalypsen ist in dieser Form kaum gerechtfertigt. Denn anders als jene ist Herm ja nicht in der Substanz, sondern nur in der Form apokalyptisch konzipiert; im Grunde trägt das Buch fast ausschließlich paränetischen, teilweise sogar ausgesprochen katechetischen Charakter. Angesichts des weithin traditionellen Materials innerhalb der Schrift ist es methodisch auch problematisch, aus einzelnen Tendenzen auf eine Abfassung in Palästina zu schließen[158]. Denn sowohl

---

[150] Vgl. HARNACK, Chronologie, 266; VIELHAUER, in: Hennecke II, 454. Für Frühdatierung (um 100) plädierte ZAHN, Hermas, 97.391.

[151] Vgl. KNORZ, Theologie, p XI: „Eine sichere Datierung ist nicht möglich."

[152] Vgl. Eus Hist Eccl III 3,6.

[153] Die Visionen selbst finden nicht in Cumae statt; vielmehr trägt ihn ein Geist (*πνεῦμα;* ohne Art.) jeweils an einen sonst unzugänglichen Ort.

[154] Vgl. KURFESS, in: Hennecke II, 499f.

[155] Ein in Kleinasien oder Griechenland schreibender Vf hätte vermutlich einen anderen Offenbarungs-Ort gewählt.

[156] PETERSON, Ges. Aufs., 284.

[157] PETERSON, Ges. Aufs., 282.

[158] Vgl. VIELHAUER, in: Hennecke II, 454.

jüdisch-apokalyptische als auch hellenistisch-philosophische Traditionen konnten praktisch im gesamten Verbreitungsgebiet der Kirche aufgenommen werden. Man wird es deshalb als das Wahrscheinlichste anzusehen haben, daß Herm tatsächlich doch in oder bei Rom verfaßt wurde.

Paulus wird im Herm nicht namentlich erwähnt. Wenn von den *ἀπόστολοι* die Rede ist, so läßt sich nicht erkennen, ob dabei speziell auch an Paulus gedacht ist. Umgekehrt fehlt aber auch jedes Indiz dafür, daß im Herm der paulinische Apostolat etwa implizit bestritten würde[159].

In der Forschung gilt es im allgemeinen als wahrscheinlich, daß der Vf des Herm 1 Kor und Eph gekannt hat[160]. Aber schon eine oberflächliche Durchsicht des Textes zeigt, daß der Einfluß paulinischer Theologie kaum sehr bedeutend gewesen sein kann.

Eine erste Nähe zwischen Herm und einem paulinischen Text zeigt sich in den Vorschriften über die Ehe in mand IV 4,1f. In IV 1,1–11 wird zunächst die Frage der Ehescheidung im Falle von Unzucht erörtert[161], in IV 2f folgen Anweisungen über die Buße; in IV 4 geht es dann um das Problem der Wiederverheiratung, das Paulus in 1 Kor 7,39f erörtert hatte. Während zwischen IV 1 und 1 Kor 7 keine Übereinstimmung besteht[162], entspricht die Aussage von IV 4,1f inhaltlich der von Paulus in 1 Kor 7,39f gegebenen Weisung und im Wortlaut (!) 1 Kor 7,28[163]. Es fällt schwer, anzunehmen, der Vf habe hier nicht an 1 Kor 7 gedacht[164], obwohl es natürlich eine im ersten Augenblick überraschende Vorstellung ist, daß *ὁ ποίμην, ὁ ἄγγελος τῆς μετανοίας* (vis V 8) dem Hermas ein Stück paulinischer Paränese „offenbart". Es ist aber denkbar, daß der Vf damit eine Position verteidigen will, die nicht unangefochten in Geltung stand. Möglicherweise hatte sich in der Gemeinde des Herm im Gegensatz zu der von Paulus befürworteten Praxis ein gewisser Rigorismus durchgesetzt, so daß der Vf sich veranlaßt sah, der paulinischen

---

[159] Vgl. ZAHN, Hermas, 418.

[160] So schon ZAHN, Hermas, 410; NTAF, 137; BARNETT, Paul, 203. HAGNER, Use, 285 behauptet ohne nähere Begründung, der Vf des Herm habe auch Röm, 2 Kor, Phil, Kol, 1 Thess gekannt. Mit deutlichem paulinischem Einfluß rechnet auch MASSAUX, Influence, 302: «... non seulement de la pensée, mais aussi de certains textes de l'Apôtre».

[161] Es handelt sich anscheinend um eine kasuistische Auslegung von Mt 5,32; 19,9.

[162] Das in 1 Kor 7,12–16 erörterte Problem ist anders gelagert als die in Mand IV 1 dargestellten Fälle; das Problem der unterschiedlichen „Religionszugehörigkeit" spielt bei Herm keine Rolle.

[163] 1 Kor 7,28: *ἐὰν δὲ καὶ γαμήσης, οὐχ ἥμαρτες;* Mand IV 4,2: *ἐὰν δὲ καὶ γαμήσῃ, οὐχ ἁμαρτάνει.* Vgl. ferner die Satzstruktur in 1 Kor 7,40 *(μακαριωτέρα δέ ἐστιν ἐὰν οὕτως μείνῃ)* mit Mand IV 4,2: *ἐὰν δὲ ἐφ' ἑαυτῷ μείνῃ τις, περισσοτέραν ἑαυτῷ τιμὴν ... περιποιεῖται πρὸς τὸν κύριον.*

[164] Vgl. ZAHN, Hermas, 417: „Bei sachlicher Übereinstimmung sind solche Wortanklänge kaum zufällig; aber eine zuverlässige Behauptung läßt sich nicht darauf gründen." Ferner BARNETT, Paul, 200; MASSAUX, Influence, 302f.

Aussage wieder ein größeres Gewicht zu verleihen[165]. (Das muß freilich keineswegs bedeuten, daß es dem Vf gerade um den *paulinischen* Ursprung dieser Position ging.)

Herm sim IX 3–13 enthält eine breite Turm-Allegorese, in deren Hintergrund die Vorstellung von der Kirche als Bau *(οἰκοδομή* passim) bzw. als Haus Gottes (*οἶκος τοῦ θεοῦ*, sim IX 13,9) steht[166]. Das Bild ist verbreitet, eine Berührung mit paulinischer Tradition ist kaum wahrscheinlich[167]. Allerdings verwendet der Vf in 13,5 eine Formulierung, die stark an Eph 4,3–6 erinnert. Es heißt hier, der Turm sei *ein* Stein *(μονόλιθος)* geworden mit dem Felsen (= *ὁ υἱός τοῦ θεοῦ*, IX 12,1); und weiter: *οὕτω καὶ οἱ πιστεύσαντες ... ἔσονται εἰς ἓν πνεῦμα, ἓν σῶμα, καὶ μία χρόα τῶν ἱματι⟨σμ⟩ῶν αὐτῶν*. In V. 7 wird dann gesagt: *ἦν αὐτῶν ἓν πνεῦμα καὶ ἓν σῶμα καὶ ἓν ἔνδυμα· τὰ γὰρ αὐτὰ ἐφρόνουν καὶ δικαιοσύνην εἰργάζοντο.* Sprechen diese formelhaften Aussagen wirklich für „entscheidenden Einfluß“ des Eph auf Herm, wie Th. Zahn und andere meinen[168]? Tatsächlich begegnen ähnliche Formeln nochmals in IX 17,4[169] und vor allem 18,4[170]. Sicherlich wird die „Einheits“-Formel inzwischen liturgischen Charakter gewonnen haben; aber in sim IX ist sie keineswegs fest, ja nicht einmal durchweg dreigliedrig. Außerdem begegnet die *σῶμα*-Ekklesiologie sonst im Herm überhaupt nicht. Liegt also tatsächlich Einfluß des Eph vor?

Diese Frage läßt sich möglicherweise von sim IX 16,2–4 her beantworten. Das hier vorgetragene Taufverständnis erinnert an Röm 6[171], vor allem aber an Eph 2. Denn ebenso wie in Eph 2,1–5 wird hier gesagt, daß die Christen Leben aus dem Tode gewonnen haben[172].

Es laufen zwei Aussagenreihen parallel nebeneinander her: Nach sim IX 16,6f mußten die alttestamentlichen Gerechten, die bereits tot waren, getauft werden, um das (ewige) Leben zu erhalten; nach IX 16,3f gilt aber prinzipiell, daß alle Menschen vor der Taufe[173] „tot“ sind und in der Taufe das Leben empfangen (*καταβαίνουσι νεκροί, καὶ*

---

[165] Die Tendenz von Mand IV 4 scheint in dem zweimaligen *οὐχ ἁμαρτάνει* zu liegen.

[166] Vgl. Vis III 5,2–7 (s.u.).

[167] Anders freilich ZAHN, Hermas, 419. NTAF, 107: “The whole figure of the tower may have been suggested by Eph. 2,10 [sic! 20?]–22.”

[168] ZAHN, Hermas, 414; vgl. GRANT, Formation, 74. NTAF, 106: “It is the way of Hermas not to quote, but to take suggestions, and alter to suit his own purposes.”

[169] *λαβόντες οὖν τὴν σφραγῖδα μίαν φρόνησιν ἔσχον καὶ ἕνα νοῦν, καὶ μία πίστις αὐτῶν ἐγένετο καὶ μία ἀγάπη ...*

[170] *... ἔσται ἡ ἐκκλησία τοῦ θεοῦ ἓν σῶμα, μία φρόνησις, εἷς νοῦς, μία πίστις, μία ἀγάπη.*

[171] BENOIT, Baptême, 133 meint, es handle sich nur um eine äußerliche Ähnlichkeit, denn (aaO., 135): «La mystique de Paul en est totalement absente.» Dagegen sieht MASSAUX, Influence, 306 eine auch literarische Nähe zu Röm 6,3–5.

[172] In Eph 2 ist allerdings nicht von der Taufe die Rede.

[173] Herm Sim IX 16,3 ist der früheste eindeutige Beleg für das Verständnis der Taufe als *σφραγίς;* vgl. FITZER, Art. *σφραγίς*, ThWNT VII, 952f.

ἀναβαίνουσι ζῶντες, V. 4). M. E. ist der zuletzt genannte Aspekt traditionsgeschichtlich primär, die Übertragung auf die schon Verstorbenen sekundär[174].

Weiß der Vf des Herm, daß seine Interpretation der Taufe mit Kategorien des Eph arbeitet? Oder handelt es sich um eine inzwischen schon traditionell gewordene Vorstellung, deren Ausgangspunkt in Vergessenheit geraten ist? Man muß beachten, daß sich Eph 2,1–5 am christlichen Bekenntnis orientiert (vgl. Eph 1,21–23), d.h. der Gedanke, daß Gott die Christen „lebendig macht", ist aus dem Heilsgeschehen abgeleitet[175]. In Herm sim IX 16,2f fehlt der christologische Aspekt, was wohl dafür spricht, daß der traditionsgeschichtliche Zusammenhang mit Eph 2 nicht mehr bewußt ist.

An Aussagen der Paulusbriefe erinnert schließlich noch ein Bild im Zusammenhang der ersten Turm-Allegorese vis III. In 5,1 wird eine Deutung der Bausteine gegeben, die an 1 Kor 12,28 und Eph 4,11 (vgl. 1 Kor 15,6) erinnert: Die Steine sind *οἱ ἀπόστολοι καὶ ἐπίσκοποι καὶ διδάσκαλοι καὶ διάκονοι*[176] ... *οἱ μὲν κεκοιμημένοι, οἱ δὲ ἔτι ὄντες*[177]. Die Deutung der für den Bau (der Kirche) besonders gut passenden Steine auf die herausragenden Amtsträger[178] ist freilich naheliegend; und auch die hierarchische Rangfolge muß nicht unbedingt auf Abhängigkeit von 1 Kor oder Eph hinweisen. Eigenartig ist jedoch die Bemerkung, die einen seien gestorben, die anderen lebten noch. Da diese Bemerkung im Kontext überhaupt keinen Sinn hat, liegt m.E. die Vermutung nahe, daß es sich um einen Nachklang der paulinischen Formulierung von 1 Kor 15,6 handelt – d.h. der Vf des Herm scheint 1 Kor 15,3–7 gekannt zu haben[179]. Um ein „Zitat" oder auch nur um eine bewußte Anspielung handelt es sich aber wohl nicht.

Weitere Übereinstimmungen zwischen Herm und Paulus bestehen in vis III 9,10/1 Thess 5,13f; mand III 1/Eph 4,25.29; sim IX 12,1/1 Kor 10,4; sim IX 19,2/Phil 1,11. In allen diesen Fällen beruhen die z. T. wörtlichen Analogien aber wohl auf Zufall.

Es wurde bereits darauf hingewiesen, daß die *σῶμα*-Ekklesiologie im Herm ganz fehlt, während das Bild von der Kirche als Bau für sein Kirchenverständnis geradezu konstitutiv ist. Sollte der Vf bzw. seine Tradition dieses Bild aus urchristlicher Überlieferung und nicht aus der Umwelt genommen haben, so dürfte ihm der Ursprung aber kaum noch bewußt gewesen sein.

Wie stark sich die Theologie des Herm vom Urchristentum entfernt hat, zeigt auch mand X 2. Hier wird in einer relativ breiten Darstellung gezeigt, daß „Trauer" und

[174] Man kann fragen, ob es sich um eine Weiterentwicklung der in 1 Petr 3,19–21 angedeuteten Vorstellung handelt. Zur Sache erklärt DIBELIUS, Herm, 625 m.R., es handle sich hier um das ins Kirchlich-Sakramentale gesteigerte Theodizeeproblem.

[175] Vgl. LINDEMANN, Aufhebung, 121.

[176] *ἀπόστολοι* und *διδάσκαλοι* werden auch in Sim IX 15,4; 16,5; 25,2 genannt.

[177] Vgl. 1 Kor 15,6: ... *ἐξ ὧν οἱ πλείονες μένουσιν ἕως ἄρτι, τινὲς δὲ ἐκοιμήθησαν.*

[178] Das Fehlen der *προφῆται* ist angesichts von Mand XI eigentlich unverständlich.

[179] Immerhin ist hier wie dort von den Aposteln als der Basis der Kirche die Rede.

„Heiliger Geist“ einander ausschließen – ein Gedanke, der sich beinahe wörtlich ebenso in Eph 4,30 findet[180]. Daß diese Paränese (vgl. auch mand III 4; X 3,2) tatsächlich aus Eph 4,30 und/oder 2 Kor 7,10 herausentwickelt worden ist[181], kann man aber bezweifeln; entsprechende Mahnungen begegnen auch sonst in weisheitlicher Tradition[182]. Eigenartig ist in diesem Zusammenhang der in 2,5 ausgeführte Gedanke: *μὴ θλῖβε τὸ πνεῦμα τὸ ἅγιον ... μήποτε ἐντεύξηται κατὰ σοῦ τῷ θεῷ καὶ ἀποστῇ ἀπὸ σοῦ*. Die dahinterstehende Vorstellung ist vordergründig identisch mit der in Röm 8,26f formulierten Aussage: Der Geist ist das Medium der Verbindung des Menschen zu Gott. Inhaltlich aber widersprechen die beiden Aussagen einander diametral: In Röm 8 ist der Geist der Fürsprecher des Menschen bei Gott, der in gewisser Weise sogar an die Stelle des Menschen selber tritt *(... οὐκ οἴδαμεν, ἀλλὰ αὐτὸ τὸ πνεῦμα ὑπερεντυγχάνει ...)*. Hier dagegen hat der Geist die Funktion des Anklägers[183], der sich im Konfliktfall bei Gott gegen den Menschen stellt. Zwar spricht auch Paulus von der *κατὰ θεὸν λύπη* (2 Kor 7,10), aber er begreift sie positiv im Gegenüber zur *τοῦ κόσμου λύπη*[184]; Herm mand X dagegen sagt generell, daß die *λύπη* gegen das *πνεῦμα* gerichtet ist. M. Dibelius hat gezeigt, daß der Vf des Herm in mand X eine nicht-christliche (iranische?) Vorlage aufgenommen und lediglich geringfügig bearbeitet hat[185]. Offensichtlich scheint dem Vf das urchristliche, insbesondere das paulinische Verständnis des *πνεῦμα* nicht bekannt gewesen zu sein. Jedenfalls ist die urchristliche Pneuma-Vorstellung bis zur Unkenntlichkeit überlagert durch außerchristliche Aussagen.

Auch andere urchristliche Theologumena fehlen im Herm bzw. sind in ihrer Bedeutung stark verfremdet. So ist nicht an einer einzigen Stelle vom *εὐαγγέλιον* die Rede; ebenso fehlt der theologische Begriff der *χάρις*[186]. Vor allem aber scheint Herm von der gesamten urchristlichen Christologie praktisch nicht berührt zu sein: An keiner Stelle begegnet ein im eigentlichen Sinne christologischer Satz[187], so daß es durchaus verständlich ist, daß man

---

180 Eph 4,30a: *μὴ λυπεῖτε τὸ πνεῦμα τὸ ἅγιον τοῦ θεοῦ;* Mand X 2,2: *ἡ λύπη ... λυπεῖ τὸ πνεῦμα τὸ ἅγιον καὶ ἐκτρίβει αὐτό;* 2,5: ... *μὴ θλῖβε τὸ πνεῦμα τὸ ἅγιον τὸ ἐν σοι κατοικοῦν.*

181 Das nehmen NTAF, 106; Massaux, Influence, 303f an.

182 Vgl. Dibelius, Herm, 533f; Bultmann, 2 Kor, 60.

183 Vgl. Bauer, Wb. sv *ἐντυγχάνω* 1a), 535.

184 Vgl. Bultmann, Art. *λύπη*, ThWNT IV, 322f; ders., 2 Kor, 59f.

185 Dibelius, Herm, 531–535; vgl. auch den Exkurs aaO., 517–519. Als christliche Ergänzung sieht Dibelius z.B. in 1,2; 2,1 die Schlußformulierung *καὶ πάλιν σῴζει* an. In der Tat wird im folgenden Text dieser Teil der Ankündigung nicht interpretiert.

186 Unbegründet ist die These von Opitz, Ursprünge, 97, Herm habe „eine sehr lebendige, gemeindeverbundene, auch sein theologisches Zentrum direkt angehende Vorstellung von den Charismata“, wobei er auf Sim IX 15,2 verweist: Die *παρθένοι* seien die Trägerinnen der Gnadengaben. Aber *Πίστις, Ἐγκράτεια, Δύναμις* und *Μακροθυμία* sind doch eindeutig „Tugenden“, die als Voraussetzung für den Eingang ins Reich Gottes bezeichnet werden.

187 Bis auf *υἱὸς τοῦ θεοῦ* und *κύριος* fehlen alle christologischen Titel (auch der Name Jesus Christus); der Gebrauch von *κύριος* ist uneinheitlich: In Vis I 3,1 z.B. ist *κύριος* offenbar Gottesbezeichnung, in Vis III 7,3 christologischer Titel. In Sim IX 14,5 wird der *υἱὸς τοῦ θεοῦ* als Schöpfungsmittler bezeichnet; soteriologische Aussagen über ihn

Herm schon für eine ursprünglich jüdische Schrift mit christlichen Interpolationen gehalten hat[188].

Im Herm finden sich vereinzelt Formulierungen, die an Gedanken der paulinischen Theologie erinnern. So heißt es in vis IV 2,4, Hermas sei dem Ungeheuer (IV 1) entronnen, weil er „glaubte *(πιστεύσας)*, daß er durch nichts gerettet werden könne als durch den großen und berühmten Namen", was an das paulinische Glaubensverständnis erinnert. Aber andererseits ist die Glaubensforderung in mand I 1 f rein jüdisch formuliert *(πίστευσον ὅτι εἷς ἐστὶν ὁ θεός, ὁ τὰ πάντα κτίσας κτλ.)*[189]. Und in mand X 1,4 werden Menschen scharf kritisiert, *οἱ μήποτε ἐρευνήσαντες περὶ τῆς ἀληθείας … πιστεύσαντες δὲ μόνον, ἐμπεφυρμένοι δὲ πραγματείαις … τοῦ αἰῶνος τούτου*. Diese Abwertung des „nur" Glaubens erinnert geradezu an Jak 2 (s. S. 249). *πίστις* ist in mand VI 1,1 neben *φόβος* und *ἐγκράτεια* die Basis moralischer Qualitäten[190]; andererseits heißt es in vis III 8,3, daß der Glaube rettet *(διὰ ταύτης σώζονται οἱ ἐκλεκτοὶ τοῦ θεοῦ)* – freilich ein Glaube, der die Werke fordert (8,5). In diesem Punkt ist Herm ganz konsequent: Die Allegorie vom Weidenbaum zeigt (sim VIII), daß es verschiedene Stufen der *πίστις* gibt[191], die danach bemessen werden, wieweit die Menschen *τὰ ἔργα τῆς πίστεως* (VIII 9,1) getan haben.

Offenbar geht es hier um Christen, die sich „heidnisch" verhielten (vgl. mand X 1,4: „weltliche Geschäfte betreiben"), ohne daß sie die Gemeinde verließen[192]. Diesem aktuellen kirchlichen Problem will der Vf offenbar mit einer Theorie des Glaubens begegnen, die mit dem paulinischen Verständnis der *πίστις* nichts zu tun hat, durchaus aber an Jak 2,14–26 erinnert[193].

Bisweilen gebraucht der Vf das Bild vom „Anziehen" der *πίστις*, das in 1 Thess 5,8 anklingt (vgl. vis IV 1,8; mand IX 7.10; sim VI 1,2). Wahrschein-

---

enthält Herm jedoch nicht. Vom Heilsgeschehen (Kreuz, Tod, Auferweckung Jesu) ist nicht die Rede. Vgl. den Exkurs bei Dibelius, Herm, 572–576; Wustmann, Heilsbedeutung, 169.

[188] Spitta, Geschichte II, 243–437.

[189] Vgl. dagegen etwa 1 Kor 8,6: *εἷς θεός … καὶ εἷς κύριος Ἰησοῦς Χριστός*. Dennoch ist Mand I 1 nicht in der Substanz jüdisch; denn es fehlt jede Bezugnahme auf Israel.

[190] Vgl. Vis III 8,4–7, wo die *πίστις* als Mutter der *ἐγκράτεια* erscheint.

[191] Vgl. auch in Sim IX 19–29 die Deutung der Berge.

[192] Dibelius, Herm, 425 betrachtet Herm „als ein Dokument des Alltagschristentums der kleinen Leute und breiten Schichten, deren innere Nöte in einer Weltreligion niemals über den Erlebnissen der Propheten und den Gedankenkonzeptionen der Lehrer vergessen werden dürfen". Herm ist in der Tat der „Versuch des Ausgleichs zwischen dem, was der Christ ‚Leben' nennt und dem Leben der Welt", wie Dibelius sagt.

[193] Weder hätte der Vf des Herm eine Aussage wie Röm 10,9 akzeptieren, noch hätte Paulus den Satz formulieren können (Sim VIII 10,3): *οἱ πιστεύσαντες μέν, τὰ δὲ ἔργα τῆς ἀνομίας ἐργαζόμενοι*. Opitz, Ursprünge, 105: „Der Glaubensbegriff läßt durchaus urchristliche Fundamente erkennen." Wo?

lich geht diese ganze Terminologie[194] auf Einfluß der LXX-Sprache zurück[195].

Ähnlich stellt sich auch der Gebrauch der Rechtfertigungsterminologie im Herm dar. Von der *δικαιοσύνη* Gottes ist in vis III 9,1 die Rede, wenn es heißt, der *κύριος*[196] habe Gerechtigkeit (nicht: seine Gerechtigkeit) auf die Menschen „geträufelt“, damit sie gerechtfertigt und geheiligt (!) würden *(ἵνα δικαιωθῆτε καὶ ἁγιασθῆτε ἀπὸ πάσης πονηρίας κτλ.)*. Der Kontext zeigt, daß *δικαιοσύνη* hier ebenso moralisch verstanden ist wie an allen anderen Belegstellen auch[197]. In sim V 7,1 ist von der Rechtfertigung der *σάρξ* die Rede. Aber auch hier besteht eine klare Vorordnung moralischer Aspekte; Basis der „Rechtfertigung“ ist ja die Aufforderung: *τὴν σάρκα σου ταύτην φύλασσε καθαρὰν καὶ ἀμίαντον, ἵνα ... δικαιωθῇ σου ἡ σάρξ.*

Es paßt zu diesem Befund, daß das Gesetz im Herm stets eine positive Funktion besitzt. In der Auslegung des Gleichnisses vom fleißigen Arbeiter im Weinberg (sim V 2)[198] heißt es, der Sohn habe den Menschen die Wege des Lebens gezeigt, indem er ihnen gab *τὸν νόμον, ὃν ἔλαβε τοῦ πατρὸς αὐτοῦ*. Der Gedanke wird allerdings nicht weiter entfaltet, so daß der Sinn nicht voll deutlich wird[199]. In sim VIII 3 heißt es definitiv: *ὁ δὲ νόμος οὗτος υἱὸς θεοῦ ἐστί*. Auch hier bleibt das Folgende ganz unklar[200]; es läßt sich aber erkennen, daß das Gesetzesverständnis des Herm von der urchristlichen Debatte im Grunde nicht berührt ist.

Fazit: Der Vf des Herm wird paulinische Briefe, insbesondere 1 Kor, gekannt haben; zumindest legen einige Formulierungen diese Annahme nahe. Er hat die paulinischen Briefe – im Unterschied zu den Evangelien – aber bei der Abfassung seiner Schrift nicht wirklich „benutzt“; Herm trägt keine Spuren einer wirklichen Auseinandersetzung mit dem paulinischen Erbe. Sein Denken ist bestimmt von außerchristlichen, insbesondere jüdischen Traditionen und Vorstellungen. Das Gesetz ist als moralische und darin

---

[194] *ἐνδύω, ἐνδύομαι* ist oft belegt.

[195] Vgl. dazu Oepke, Art. *δύω κτλ.*, ThWNT II, 320,3–16.

[196] Gemeint ist wohl Gott, nicht Christus (vgl. o. Anm 187).

[197] Vgl. Vis II 2,6; Mand VI 2,3ff. Gegenbegriffe zu *δικαιοσύνη* sind *ἁμαρτία* (Vis III 1,6), *ἀνομία* (Vis III 6,4) und *πονηρία* (Mand VI 2,1). Besonders auffällig Vis III 6,4, wo von Glaubenden die Rede ist, die einen größeren Teil *ἐν τῇ δικαιοσύνῃ* und einen (kleineren) Teil *τῆς ἀνομίας* besitzen (vgl. auch Mand VI 2).

[198] Dieses Gleichnis, das eindeutig an Mk 12,1–9 anknüpft, zeigt die theologische Tendenz des Herm ganz deutlich: Aus der synoptischen Allegorie über die Beziehung zwischen Israel und Gott bzw. seinem Sohn wird eine geradezu idyllische Erzählung über den Lohn des Fleißes – aus der Darstellung der (Un-)Heilsgeschichte wird ein moralischer Appell.

[199] Soll wirklich gesagt werden, daß Jesus der Mittler des alttestamentlichen Gesetzes sei?

[200] Die Deutung der Weidenbaumallegorie (Sim VIII) enthält zahlreiche Brüche, die wohl literarkritisch zu erklären sind: Eine jüdische Vorlage wurde unvollständig „verchristlicht“ (s. Dibelius, Herm, 587–589; Beyschlag, Clemens, 282; zur Interpretation vgl. Knorz, Theologie, 59f).

vor Gott das Heil schaffende Norm in Kraft, ohne daß die Frage nach dem Verhältnis zwischen Judentum und Christentum aktuell zu sein scheint. Anzeichen für eine positive Paulusrezeption in der Theologie fehlen ebenso wie Indizien für eine paulus-kritische Einstellung des Vf.

H. Langerbeck hat die Auffassung vertreten, die Entwicklung der römischen Christengemeinde in den Jahren ca. 135/165 sei bestimmt gewesen vom „Widerstreit zwischen einem radikalen Paulinismus der Gebildeten und einem katholischen Gesetzeschristentum der naiv konservativen Gemeinde“ – einig sei man sich in der Abweisung Marcions gewesen[201]. Wäre diese Hypothese zutreffend, dann wäre Herm gewiß ein Produkt jenes katholisch-konservativen Gesetzeschristentums; und in der Tat ist eine derartige Charakterisierung des Herm angemessen und wird der Tendenz dieser Schrift durchaus gerecht. Nur vom Widerspruch gegen einen „radikalen Paulinismus der Gebildeten“ wird im Herm nichts sichtbar. Wohl finden sich Mahnungen an die Reichen innerhalb der Gemeinde (vis III 9; sim IX 20 u. ö.); aber einen *theologisch* begründeten Unterschied zwischen dem Vf bzw. der von ihm vertretenen Gruppe und jenen Reihen scheint es nicht zu geben.

Der Vf des Herm gründet seine Paränese auf wenige theologische Grundbegriffe wie Buße, „Glaube“ und „Gerechtigkeit“, daneben Vergebung und Gericht; und er mahnt die Christen, sich als Steine im Bau der Kirche zu verstehen. Es kommt ihm dabei offenbar nicht in den Sinn, daß er diese Normen auch im Rahmen einer im eigentlichen Sinn theologischen bzw. christologischen Argumentation hätte vertreten können. Die Nichtbenutzung der paulinischen Briefe und das Fehlen der paulinischen Theologie im Herm hat also nichts zu tun mit einer aktuellen Auseinandersetzung um das paulinische Erbe; noch viel weniger handelt es sich um eine Reaktion auf Marcion. Ursache ist vielmehr der Charakter des Herm als katechetische Bußschrift ohne theologischen Anspruch[202].

d) Papias von Hierapolis

Papias hat nach Iren Haer V 33,4 (vgl. Eus Hist Eccl III 39,1) fünf Bücher unter dem Titel *λογίων κυριακῶν ἐξήγησις* verfaßt. Ihm kam es also offensichtlich darauf an, die Verkündigung Jesu möglichst genau zu erfassen, wobei er mündlicher Tradition den Vorrang vor schriftlichen Belegen gab[203].

---

201 Langerbeck, Aufs., 175.

202 Zugespitzt ausgedrückt: Wäre das Fehlen paulinischer Theologie im Herm ein Zeichen des Antipaulinismus, dann könnte das Fehlen der Christologie kaum anders denn als Christusfeindlichkeit gedeutet werden.

203 Eus Hist Eccl III 39,3f: *ἔχαιρον … οὐδὲ τοῖς τὰς ἀλλοτρίας ἐντολὰς μνημονεύουσιν, ἀλλὰ τοῖς τὰς παρὰ τοῦ κυρίου τῇ πίστει δεδομένας καὶ ἀπ' αὐτῆς παραγινομένας τῆς ἀληθείας;* 39,4: *οὐ γὰρ τὰ ἐκ τῶν βιβλίων τοσοῦτόν με ὠφελεῖν ὑπελάμβανον ὅσον τὰ παρὰ ζώσης φωνῆς καὶ μενούσης*. Eine instruktive Übersicht über die erhaltenen Papias-Fragmente gibt Beyschlag, TU 79, 1961, 268–280.

Nach diesem Prinzip, das man vielleicht mit dem Programm von Lk 1,1–4 vergleichen kann[204], ist es ganz unwahrscheinlich, daß Paulus in dem Werk des Papias auch nur Erwähnung finden könnte: Der Heidenapostel war schlechterdings kein *μαθητὴς τοῦ κυρίου* (vgl. Eus Hist Eccl III 39,4).

Das eben genannte Zitat bei Euseb, wo Papias seine Gewährsleute aufzählt, ist nicht leicht zu verstehen. Einerseits werden Andreas, Petrus, Philippus usw. als *τοῦ κυρίου μαθηταί* bezeichnet, die Ausgangspunkt der Tradition seien; andererseits werden davon Aristion und der Presbyter Johannes unterschieden, die aber ebenfalls als *τοῦ κυρίου μαθηταί* gelten. Sofern man nicht mit einem unterschiedlichen Verständnis von *μαθητής* rechnen will, legt sich die Annahme nahe, daß Aristion und der Presbyter Johannes die beiden dem Papias unmittelbar bekannten *μαθηταί* sind, deren Zeugnis Papias durch weitere Tradition bestätigt sehen möchte. So deutet auch Euseb (III 39,7).

Die Fortsetzung des Berichts bei Euseb (39,7–14) zeigt, daß die mündliche Tradition, die Papias aufgenommen hat, ganz überwiegend apokryph ist (39,11); sie wird von Euseb mit höchster Skepsis betrachtet (39,13).

Papias hat sich bemüht, den Ursprung der kirchlichen Evangelien aufzudecken: Matthäus als Jünger des Herrn (39,4) habe das älteste Evangelium verfaßt (39,16); Markus habe gleichsam das „Evangelium nach Petrus“ aufgeschrieben (39,15). Was Papias über Joh „wußte“, berichtet Euseb nicht; aber sicherlich hat Papias dieses Evangelium eines Jüngers (39,4) wohl als Zeugnis der Worte Jesu anerkannt[205]. Daß Lk hierbei ausfällt, ist verständlich. Denn das dritte Evangelium ist ja explizit nicht von einem Jünger geschrieben worden, war also für Papias' Interessen nur zweitrangig.

Es ist erstaunlich, welche umfassenden Hypothesen im Zusammenhang unseres Themas auf Papias aufgebaut werden. W. Bauer erklärte, wenn Papias keinerlei Hinweise auf Paulus, Joh und Lk gebe, obwohl er doch Bischof einer ehedem paulinischen Gemeinde[206] gewesen sei, dann müsse das mit Marcions Häresie in Zusammenhang stehen; durch Marcion seien Lk und die paulinischen Briefe für Papias suspekt geworden[207]. C.M. Nielsen sieht hinter Papias' Position ein Element kirchlicher Machtpolitik: Papias polemisiere mit seinem Schweigen über Paulus gegen die These Polykarps, daß die paulinischen Briefe scriptura seien (Pol 2 Phil 12,1; s. S. 227f); "He may also have been anxious about Polycarp's relations with Rome and Antioch

---

[204] Vgl. die Bemerkung über den Evangelisten Markus (Eus Hist Eccl III 39, 15): *ἀκριβῶς ἔγραψεν, οὐ μέντοι τάξει* mit Lk 1,3. Dazu KÜRZINGER, BZ NF 21, 1977, 252f; zum Titel der Papiasschrift aaO., 254.

[205] Die Mitteilung, Papias habe sich auf 1 Joh berufen (39,17), bestätigt diese Vermutung (anders KÜMMEL, Einleitung, 206f A 201). Vgl. auch die bei FUNK-BIHLMEYER, Väter, 136–140 wiedergegebenen späteren Papias-Fragmente, die im übrigen keine wesentlichen zusätzlichen Informationen enthalten.

[206] Hierapolis wird in Kol 4,13 erwähnt.

[207] BAUER, Rechtgläubigkeit, 217; ebenso BAMMEL, Art. Papias, RGG V, 48.

and the use of Paul by these churches in post-Paulines power developments"[208].

Derartigen Überlegungen fehlt m. E. jede Grundlage. Daß Papias (ausweislich der erhaltenen Fragmente) die paulinische Überlieferung ebensowenig erwähnt wie das dritte Evangelium, geht auf sein grundsätzliches Interesse an der (in seinen Augen) ältesten Tradition der Herrenworte zurück. Die entscheidende Frage ist also im Grunde, warum Papias als Zeitgenosse des Polykarp ein so ausschließliches Interesse an der Jesusüberlieferung gehabt zu haben scheint, während er die sonstige schriftliche Tradition der Kirche darüber offenbar vernachlässigte. U. B. Müller erklärt dies damit, die Jesus-Tradition sei hier – wie im Judenchristentum überhaupt – als Alternative zu Paulus angesehen worden[209]. Wahrscheinlicher ist aber, daß Papias ein ähnliches Interesse hatte wie wenig später der Apologet Justin[210]: Der christliche Glaube sollte als Weitergabe der Verkündigung Jesu erscheinen; neben die Bibel (= LXX) sollte als Bestätigung die Botschaft Jesu treten, wie sie aus den Berichten seiner Jünger getreu rekonstruiert werden konnte[211]. Fraglos steckt darin implizit eine Tendenz, der Paulus-Überlieferung (ebenso wie der Tradition der Kirche und ihrer Geschichte überhaupt) eine nur zweitrangige Bedeutung zuzuweisen. Aber Ursache hierfür ist nicht ein – gar durch Marcion hervorgerufener – antipaulinischer Affekt; Ursache ist vielmehr der Gedanke des Theologen Papias, die Wahrheit des christlichen Glaubens sei zu messen an der Übereinstimmung der gegenwärtigen kirchlichen Lehre mit der Verkündigung Jesu, die ihrerseits als Bestätigung alttestamentlicher Verheißungen erschien.

Man kann erwägen, ob Papias zu jener Gruppe des kleinasiatischen Christentums gehörte, aus der 1 und 2 Petr hervorgingen. Dann wäre Papias ein Zeuge für das Bemühen dieser Christen, die Evangelientradition zu vervollständigen und sich von der übrigen kirchlichen Überlieferung unabhängig zu machen bzw. zu halten.

Denkbar ist aber auch, daß es sich bei der *λογίων κυριακῶν ἐξήγησις* um das ureigenste Interesse des Papias handelte, der eben einen möglichst vollständigen kommentierten Bericht über Jesus geben wollte.

Die über Papias berichtenden Quellen reichen nicht aus, um über seine Haltung zu Paulus etwas hinreichend Sicheres sagen zu können. Die Annahme, er sei ein Gegner speziell der paulinischen Überlieferung gewesen, ist jedenfalls nicht zu begründen.

---

208 Nielsen, TS 35, 1974, 529–535 (Zitat 535).

209 Müller, Theologiegeschichte, 85. Müller meint, Polykarp und Ignatius seien in dieser Hinsicht Ausnahmen.

210 S. u. S. 363–367.

211 Augenzeugenberichte wurden in der Antike überaus geschätzt (vgl. Plümacher, ZNW 68, 1977, 7).

e) Hegesipp

Über Hegesipp berichtet Euseb, er habe in seinen *ὑπομνήματα* überliefert *τὴν ἀπλανῆ παράδοσιν τοῦ ἀποστολικοῦ κηρύγματος ἁπλουστάτῃ συντάξει* (Hist Eccl IV 8,2); Hegesipp sei ein Zeitgenosse Justins gewesen[212]. Hegesipps Buch scheint einerseits ein Versuch gewesen zu sein, die Geschichte der Kirche möglichst vollständig zu erfassen[213]; andererseits sprechen aber auch starke Argumente für die These W. Telfers, daß die *ὑπομνήματα* keine „Kirchengeschichte“, sondern eine in erster Linie polemische Schrift gewesen seien; nur habe Euseb lediglich die nicht-polemischen historischen Stücke zitiert[214]. In der Tat scheint es, als habe Hegesipp beide Aspekte miteinander verbunden, indem er einen Zusammenhang zwischen Kirchengeschichte und Häresie herstellte (Hist Eccl IV 22,2–7). Aber leider lassen die erhaltenen Fragmente kein genaues Urteil über den Inhalt der *ὑπομνήματα* zu.

Wichtig sind für den Zusammenhang der vorliegenden Untersuchung die Angaben Hegesipps über die Entstehung der Häresien. Gibt es Indizien dafür, daß Hegesipp den Apostolat des Paulus bestritten, ja möglicherweise in ihm sogar einen Wegbereiter der Häresie gesehen hat?

Nach Euseb Hist Eccl III 32,7f schrieb Hegesipp, daß bis zur Zeit Trajans die Kirche *παρθένος καθαρὰ καὶ ἀδιάφθορος* gewesen sei; Ketzer hätten sich verborgen gehalten und seien erst nach dem Tode der Apostel ans Licht gekommen[215]. Eigenartig ist in diesem Zusammenhang der Satz: *ὡς … παρεληλύθει τε ἡ γενεὰ ἐκείνη τῶν αὐταῖς ἀκοαῖς τῆς ἐνθέου σοφίας ἐπακοῦσαι κατηξιωμένων*. Bezeichnet *ἡ ἔνθεος σοφία* die Verkündigung Jesu, so daß Hegesipp als Apostel im Grunde nur diejenigen ansehen würde, die Begleiter Jesu waren? Für diese Annahme würde Eus Hist Eccl III 32, 4–6 sprechen; Symeon, dessen Tod im Alter von 120 Jahren zum Auftreten der Häretiker führt, scheint zumindest implizit als Apostel bezeichnet zu werden. Denkbar ist aber auch, daß Hegesipp hier einfach die Theorie aufstellt, die Kirche sei rechtgläubig gewesen, solange überhaupt noch Augen- und Ohrenzeugen des Wirkens Jesu gelebt hätten; der Kreis der Apostel wäre dann nicht unbedingt auf diese Gruppe beschränkt[216].

Etwas anders ist die nach Eus Hist Eccl IV 22,4f von Hegesipp vertretene Theorie. Hier heißt es, bereits unmittelbar nach der Wahl Symeons zum Bischof (nach der

---

212 Nach Telfer, HThR 53, 1960. 145 schrieb Hegesipp um 180.

213 Nach Eus Hist Eccl IV 22,1 umfaßten die *ὑπομνήματα* fünf Bücher; nach II 23,3 wird im fünften Buch die Hinrichtung Jakobus des Gerechten erzählt. – Einen Überblick über die erhaltenen Fragmente gibt Hilgenfeld, ZwTh 19, 1876, 177–229.

214 Telfer, HThR 53, 1960, 144.

215 Als Ketzerei gilt pauschal *ἡ ψευδώνυμος γνῶσις*.

216 Baur, Christenthum, 78 meinte, die Formulierung in Hist Eccl III 32,7f schließe nicht aus, daß Hegesipp in Paulus einen Irrlehrer gesehen habe. Doch! Denn man wird kaum sagen können, daß Paulus sich „verborgen“ gehalten habe; der Vorwurf, es habe sehr früh *ψευδαπόστολοι* gegeben, wird nicht erhoben.

Hinrichtung des Jakobus) habe Thebutis als erster Irrlehren in der Kirche verbreitet. Hegesipps Häresie-Verständnis ist also nicht einheitlich, und das heißt andererseits: Auch seine Beurteilung der Tradenten der rechten Lehre scheint uneinheitlich zu sein.

Nach IV 22,2f stellte Hegesipp in Korinth fest, die dortige Kirche sei *ἐν τῷ ὀρθῷ λόγῳ* gewesen bis zum Bischof Primus und sie sei es jedenfalls auch in der Gegenwart *(συνανεπάημεν τῷ ὀρθῷ λόγῳ)*[217]. D.h. die von Paulus gegründete *ἐκκλησία* in Korinth ist ebenso rechtgläubig wie etwa die Jerusalemer Kirche und wie andere Kirchen auch.

W. Bauer meint aus diesem Bericht schließen zu können, Hegesipp habe wohl 1 Clem, nicht aber 1 Kor gekannt[218]. Aber darüber sagt der Text gar nichts aus[219]. Ebensowenig kann man schließen, Hegesipp habe Paulus nicht unter die apostolischen Autoritäten gerechnet[220].

Euseb behauptet (IV 22,8), Hegesipp sei Judenchrist gewesen, denn er habe Syrisch und Hebräisch verstanden. Aber ob die Angabe über Hegesipps Sprachkenntnis zutrifft und ob der von Euseb daraus gezogene Schluß richtig ist, vermögen wir nicht zu sagen. Jedenfalls behauptet Euseb nicht, Hegesipp sei ein Judenchrist im Sinne des Ebionitismus gewesen[221].

Hat Hegesipp paulinische Briefe gekannt? K.F. Nösgen erklärte, die Bezeichnung des Judentums als *περιτομή* (Eus Hist Eccl IV 22,7) und der Ausdruck, Judas sei Bruder Jesu *κατὰ σάρκα* gewesen (III 20,1) zeigten, daß Hegesipp paulinische Begrifflichkeit positiv rezipiert habe[222]. Aber diese Indizien sind in keiner Weise ausreichend.

Umgekehrt wird häufig die These vertreten, Hegesipp habe die paulinische Überlieferung und damit den Apostolat des Paulus abgelehnt. Als Beleg wird auf Stephan Gobarus (zitiert in der „Bibliothek" des byzantinischen Theologen Photius [cod 232]) verwiesen, wo es heißt, Hegesipp habe denen, die 1 Kor 2,9 positiv aufgenommen hätten, Mt 13,16 entgegengehalten[223]. Dieser Text hat zu weitreichenden Hypothesen Anlaß gegeben. F.C. Baur zog den

---

[217] Euseb erwähnt (Hist Eccl III 16), Hegesipp sei ein Zeuge dafür, daß es in Korinth tatsächlich eine *στάσις* gegeben habe.

[218] Bauer, Rechtgläubigkeit, 216.

[219] Man kann also auch nicht mit Zahn, Geschichte I/2, 792 A 2 sagen, Hegesipp habe von 1 Clem mit Hochachtung gesprochen.

[220] Das nimmt Brändle, Ethik, 203 unter Hinweis auf Eus Hist Eccl IV 22,3 an.

[221] Vgl. Telfer, HThR 53, 1960, 148f: Über Hegesipp lasse sich nur sagen, daß er ein griechischsprechender Christ gewesen sei.

[222] Nösgen, ZKG 2, 1878, 228. AaO., 231: Von einer Ablehnung des Paulus sei nichts zu sehen.

[223] Der Text lautet: *ὅτι τὰ ἡτοιμασμένα τοῖς δικαίοις ἀγαθὰ οὔτε ὀφθαλμὸς εἶδεν οὔτε οὖς ἤκουσεν οὔτε ἐπὶ καρδίαν ἀνθρώπου ἀνέβη. Ἡγησίππος μέντοι, ἀρχαῖός τε ἀνὴρ καὶ ἀποστολικός, ἐν τῷ πέμπτῳ τῶν ὑπομνημάτων, οὐκ οἶδ' ὅ τι καὶ παθών, μάτην μὲν εἰρῆσθαι ταῦτα λέγει, καὶ καταψεύδεσθαι τοὺς ταῦτα φαμένους τῶν τε θειῶν γραφῶν καὶ τοῦ Κυρίου λέγοντος· Μακάριοι οἱ ὀφθαλμοὶ ὑμῶν οἱ βλέποντες καὶ τὰ ὦτα ὑμῶν τὰ ἀκούοντα καὶ ἑξῆς.* (Text auch bei Zahn, FGNK VI, 1900, 247).

Schluß, Hegesipp sei ein erklärter Gegner des Paulus gewesen[224], und A. Hilgenfeld meinte gar, Hegesipp habe in Paulus den eigentlichen Urketzer des Christentums gesehen[225]. Zurückhaltender äußern sich J. Leipoldt[226], W. Bauer[227] und W. Schneemelcher[228]; aber auch sie deuten den Text als Beleg dafür, daß Paulus gegen Ende des 2. Jahrhunderts nur noch eine geringe Bedeutung gehabt habe.

Schon K. F. Nösgen hat diese Beurteilung jener Textstelle abgelehnt; er wies darauf hin, daß der sachliche Zusammenhang der Stelle ganz unbekannt sei und man deshalb nicht erkennen könne, ob Hegesipp sich hier wirklich gegen Paulus wende[229]. Eine ausführliche Deutung der Stelle gab dann Th. Zahn: Hegesipp wende sich mit seiner Aussage überhaupt nicht gegen einen einzelnen Schriftsteller, insbesondere nicht gegen Paulus, sondern er greife diejenigen an, die das zitierte Wort „gegen den Sinn und die Absicht dessen, der es zuerst geschrieben, und derer, die es richtig gebraucht haben, auf ihre nichtigen Geheimlehren anwenden"[230].

Ein weiteres wichtiges Argument hat schließlich H. Kemler genannt: Falls Hegesipp tatsächlich ein offener Kritiker des Paulus gewesen wäre, so sei nicht zu erklären, warum Euseb ihm in seiner Kirchengeschichte „eine derartige Bedeutung einräumen konnte[231]. Kemler nimmt deshalb an, Hegesipp habe von Paulus gar nichts gewußt, und in seinen Berichten hätten die Apostel überhaupt keine Rolle gespielt; wo sie erwähnt würden, da gehe dies auf Interpolationen Eusebs zurück[232].

Nun ist zunächst festzuhalten, daß die erhaltene Hegesipp-Überlieferung außerordentlich schmal ist und kaum ein Urteil darüber zuläßt, ob er paulinische Briefe und die Paulus-Überlieferung positiv aufgenommen hat oder nicht. Daß er von Paulus nichts gewußt haben sollte, kann man wohl

---

[224] Baur, Christenthum, 77.

[225] Hilgenfeld, Ketzergeschichte, 33f.69. Vgl. ders., ZwTh 19, 1876, 203–206: Hegesipp lehne Paulus ab, weil dieser kein Augenzeuge der Geschichte Jesu war.

[226] Leipoldt, Entstehung, 194: Die Kritik an 1 Kor 2,9 zeige, daß Hegesipp die Paulusbriefe noch nicht als heilige Schrift angesehen habe.

[227] Bauer, Rechtgläubigkeit, 216f: Hegesipp habe nicht gewußt, daß die von ihm bekämpfte Aussage im 1 Kor stand. „Ist aber sogar der erste Korintherbrief unbekannt, so ist damit ... Paulus überhaupt aus dem Spiel genommen".

[228] Schneemelcher, ZKG 75, 1964, 9: Hegesipp wende sich gegen Gnostiker, die sich auf Paulus beriefen; er verweise im Gegenzug auf ein Herrenwort und schalte damit Paulus aus. – Daß Hegesipp jedenfalls nicht Paulus selbst bekämpft, sah schon Zahn, Geschichte I/2, 792f.

[229] Nösgen, ZKG 2, 1878, 229.

[230] Zahn, Geschichte I/2, 793. Vgl. ders., FGNK VI, 1900, 247ff.

[231] Kemler, Herrenbruder, 4. Hätte Hegesipp in seinen *ὑπομνήματα* eine antipaulinische Haltung gezeigt, dann hätte Euseb ihn zweifellos „als einen Häretiker gebrandmarkt und für seine Kirchengeschichte keinen positiven Gebrauch von ihm gemacht" (aaO., 5).

[232] Kemler, Herrenbruder, 7.10–15.

ausschließen, wenn er tatsächlich in Korinth war. Die entscheidende Frage ist, ob der bei Photius erhaltene Text aus Stephan Gobarus wirklich ein Beleg dafür sein kann, daß Hegesipp die Aussage von 1 Kor 2,9 bzw. die sich auf diesen Text berufenden Gruppen abgelehnt habe.

An zwei Tatsachen ist zu erinnern: 1. Paulus selbst bezeichnet den von ihm in 1 Kor 2,9 überlieferten Text als Schriftzitat. 2. Der Text wird, oft ohne die (vielleicht von Paulus selbst formulierte) letzte Zeile, in frühchristlicher Literatur häufig zitiert, und zwar in christlich-gnostischen ebenso wie in „rechtgläubigen" Schriften[233]. Für den zur Debatte stehenden Hegesipp-Text gibt es also drei Deutungsmöglichkeiten: 1. Hegesipp bezieht sich unmittelbar auf 1 Kor 2,9, wendet sich also gegen Paulus selbst; 2. Hegesipp bezieht sich (bzw. glaubt sich zu beziehen) auf die Vorlage des Paulus; 3. Hegesipp bezieht sich gar nicht auf den Text des Zitats selbst, sondern wendet sich gegen Leute, die diese Aussage in einer bestimmten Weise gebrauchen bzw. mißbrauchen.

Das Buch des Stephan Gobarus, das Photius überliefert, ist so aufgebaut, daß durchweg These und Gegenthese einander gegenüberstehen. An unserer Stelle geht es um die von einigen Leuten vertretene These, die den Gerechten bereiteten Güter *(τὰ ἀγαθά)* seien unbekannt. Dagegen, so sagt Stephan, habe der Kirchenvater *(ἀποστολικός)* Hegesipp behauptet, dies sei irrtümlich und falsch *(μάτην)* und widerspreche den göttlichen Schriften und dem Wort des Herrn (folgt Mt 13,16). Hegesipp wendet sich also in erster Linie gegen eine Fehlinterpretation des genannten Satzes, gegen dessen offensichtliche Verfälschung. Das von ihm selbst dann als Beleg zitierte Jesuswort Mt 13,16 sagt im übrigen ja in der Sache dasselbe, was Paulus in 1 Kor 2,9 in der letzten Zeile erklärt: Gott hat den Christen *τὰ ἀγαθά* offenbart[234].

Es fällt auf, daß Hegesipp zwischen *αἱ θεῖαι γραφαί* und dem *λόγος κυρίου* unterscheidet. Denkt er bei ersteren womöglich an den vollständigen Text von 1 Kor 2,9? Oder hat er irgendein Wort des Alten Testaments im Sinn?

Zweifellos wäre es falsch, wollte man aus der fragmentarischen Überlieferung der Werke des Papias und des Hegesipp die Hypothese ableiten, sie hätten in den nicht erhaltenen Texten das in der Kirche sonst übliche positive Paulusbild überliefert. Aber ebenso ist es methodisch unzulässig, die Nichterwähnung des Paulus im erhaltenen schmalen Textbestand als Indiz für Pauluskritik oder gar Paulusfeindschaft[235] oder auch nur als Hinweis darauf anzusehen, daß Paulus beiden nicht bekannt gewesen sei.

---

[233] Vgl. den umfassenden Überblick bei BERGER, NTS 24, 1977/78, 277–279. Zur Sache s. o. S. 187f.

[234] Darauf hat schon NÖSGEN, ZKG 2, 1878, 230 hingewiesen.

[235] SCHULZ, Mitte, 115: „Weil die Gnostiker mit seinen ‚schwerverständlichen' Briefen Mißbrauch treiben, begegnen z.B. auch Hegesipp, Papias und Justin der paulinischen Theologie mit Mißtrauen." Diese Hypothese ist m.E. zumindest nicht belegbar.

8. Die Aufnahme paulinischer Theologie in der christlichen Gnosis des zweiten Jahrhunderts

a) Vorbemerkung

Es ist an dieser Stelle kurz die Frage zu erörtern, was unter „christlicher Gnosis" im folgenden verstanden werden soll[1]. Die Gnosis ist m.E. eine zunächst vor- bzw. jedenfalls außerchristliche[2] Erlösungsreligion, die vermutlich von Anfang an oder zumindest sehr früh Denkelemente eines heterodoxen Judentums enthielt. Verbunden mit anderen Vorstellungen entwickelte sich hieraus allmählich eine Art religionsphilosophisches System[3]. Eine geschlossene gnostische Religion hat es aber nicht gegeben; „die Gnosis ist bei einheitlicher Daseinshaltung, Weltanschauung und Weltbild in ihrem Mythus, d.h. in ihren mythologischen Objektivationen, von Anfang an vielfältig und variabel"[4].

Schon aufgrund ihrer Nähe zum Judentum wird die Gnosis sehr bald eine Affinität zum Urchristentum entwickelt haben; Kol und vor allem Eph sind Zeugnisse der ersten Begegnung dieser beiden Bewegungen[5].

Urchristentum und Gnosis scheinen auf diese Begegnung schon sehr früh ganz unterschiedlich reagiert zu haben: Während sich die Übernahme christlicher Motive (einschließlich insbesondere der Gestalt Jesu) im Denken der Gnostiker ohne Schwierigkeiten vollziehen konnte, weil es nicht einmal im Ansatz eine „gnostische Dogmatik" gab[6], scheint das Urchristentum nach anfänglichem Zögern[7] mit deutlicher Ablehnung reagiert zu haben. Zwar bedienten sich frühchristliche Autoren bestimmter auch in der Gnosis verwendeter Bilder; aber in der Sache wurden „Kompromisse" in steigendem Maße abgelehnt[8]. Die von U. Luz m.R. hervorgehobene Beobachtung, daß der antignostischen Haltung der „Großkirche" des 2. Jahrhunderts ein

[1] Vgl. zum Ganzen Haardt, in: Gnosis und NT, 183–202.

[2] Vgl. Lüdemann, Untersuchungen, 54.100–104.

[3] Vgl. Pokorný, in: Gnosis und NT, 79, der die Gnosis als in den „hellenisierten Schichten des Diasporajudentums" entstanden denkt. Zum jüdischen Ursprung der Gnosis auch Schenke, Kairos NF 7, 1965, 133.

[4] Schenke, in: Gnosis und NT, 211. Vgl. auch Wisse, Vig Chr 25, 1971, 222f.

[5] Dagegen vermag ich in den Kor keine Auseinandersetzung des Paulus mit Gnostikern zu erkennen; die Front, gegen die Paulus hier kämpft, ist ein Enthusiasmus ohne spezifisch gnostische Züge.

[6] Vgl. Koschorke, Polemik, 216: Gnosis, insbesondere die christliche Gnosis, „stellt keine eigene Religion und keine abgegrenzte Größe dar. Vielmehr konstituiert sie sich in der Deutung vorgegebener religiöser Traditionen". Dabei stehe die „Entweltlichungstendenz" ganz im Vordergrund, ja, sie sei wahrscheinlich „das einzige Band ..., das die unterschiedlichen Ausprägungen der Gnosis im christlichen wie im außerchristlichen Bereich zusammenhält" (aaO., 217).

[7] Der Vf des Eph bemüht sich um eine Integration.

[8] Das gilt vor allem für die johanneischen Schriften, die trotz der scheinbar gnostisierenden Tendenz tatsächlich in scharfem Widerspruch zur Gnosis stehen (vgl. die antignostische Fassung des Offenbarungsgedankens in Joh 1,14; 1 Joh 4,2).

entsprechendes Bemühen der Gnostiker nicht gegenübergestanden habe[9], wird nicht erst für die Zeit des „Frühkatholizismus"[10] gelten, sondern diese Tendenz dürfte die Begegnung des Urchristentums mit der Gnosis beinahe von Anfang an bestimmt haben[11].

Die christliche Gnosis hat sich nicht so sehr als gegen die Kirche stehend begriffen, als vielmehr über ihr stehend, d.h. auf ihren Lehren aufbauend und sie dabei freilich partiell auch übernehmend[12]. Dies hat die antihäretischen Bemühungen der traditionsgläubigen „katholischen" Kirche natürlich nicht erleichtert (vgl. Tertullian Val I 1 über die Valentinianer: nihil magis curant quam occultare quod praedicant und I 4: si subtiliter temptes, per ambiguitates bilingues communem fidem adfirmant)[13].

Im vierten Kapitel der vorliegenden Arbeit war versucht worden, diejenigen gnostischen Texte zu interpretieren, die Paulus ausdrücklich erwähnen[14], wobei es sich ergab, daß deren Zahl nicht allzu groß ist; auch in den Schriften aus Nag Hammadi fanden sich Erwähnungen des Paulus nur an relativ wenigen Stellen. Jetzt geht es um die Frage, ob und inwieweit es in der Gnosis eine inhaltliche Rezeption der paulinischen Theologie gegeben hat, d.h. inwieweit Bezugnahmen (Anspielungen und Zitate) auf paulinische Briefe in gnostischen Schriften begegnen und welches sachliche Gewicht ihnen dort zukommt.

b) Die Paulusrezeption der Gnostiker nach der Darstellung der Kirchenväter

1. Valentinianer

Die Valentinianer sind nicht die älteste „Schule" der christlichen Gnosis; aber sie sind aufgrund der breiten Bezeugung in den Schriften der Kirchenväter besonders gut faßbar[15].

---

[9] Luz, ZNW 65, 1974, 92f.

[10] Luz hält die Unterscheidung von Orthodoxie und Häresie für ein Spezifikum des „Frühkatholizismus". Aber schon Paulus kämpft ja gegen Häretiker. Der Unterschied zwischen ihm und etwa den Past liegt darin, daß er noch keine „kirchenrechtlichen" Mittel kennt und einsetzen kann.

[11] Kol und Eph markieren hier zwei unterschiedliche Antworten auf die „gnostische Herausforderung".

[12] Das ist ein wesentliches Ergebnis der Untersuchung von Koschorke, Polemik (vgl. vor allem 183–185 und den ganzen Abschnitt 185–203).

[13] Koschorke, Polemik, 204–211.224 neigt dazu, diese und ähnliche Äußerungen der altkirchlichen Häresiologen dahin zu deuten, als hätten sich diese erst um die Aufdeckung der Widersprüche zwischen Gnosis und Kirche bemühen müssen (vgl. vor allem aaO., 207). Man muß aber doch einräumen, daß auf beiden Seiten „Kirchenpolitik" getrieben wurde: Den Gnostikern mußte an der äußerlichen Einebnung der Differenzen zum kirchlichen Christentum, diesem aber ebenso an deren Vertiefung gelegen sein. Daß die Gnostiker bei der Darstellung dieses Prozesses „ehrlicher" gewesen seien als die Kirchenväter, ist nicht von vornherein ausgemacht.

[14] S.o. S.97–101.

[15] Auf das Problem, wieweit einzelne Schriften aus Nag Hammadi dem Valentinianismus zuzurechnen sind, wird in Teil c) jeweils eingegangen werden.

Die auf Valentin selbst zurückgehenden Fragmente weisen an keiner Stelle eine besondere Nähe zu Paulus oder zur paulinischen Theologie auf[16]. Anders verhält es sich mit den Texten, die von seinen Schülern (Herakleon, Theodot, Ptolemäus) verfaßt wurden. Hier zeigt sich eine z. T. intensive Benutzung der paulinischen Briefe.

Ein Referat der valentinianischen Lehre gibt *Hippolyt* in seiner Refutatio. Er berichtet in Ref VI 34f, daß die Valentinianer über das Verhältnis von *λόγος* und *ψυχή* im Kosmos und im Menschen spekulieren und daß sie dafür als Beleg Eph 3,14–18 anführen – eingeleitet mit der Zitatformel *τὸ γεγραμμένον ἐν τῇ γραφῇ*. Allerdings fallen gegenüber dem Eph-Text einige Änderungen ins Auge: V. 14 hat eine christologische Ergänzung erhalten[17]; V. 15 wird ausgelassen[18]; V. 16f werden stark gekürzt, der Hinweis auf die *πίστις* wird charakteristischerweise übergangen. Das Gewicht liegt ganz auf der Deutung von 3,18: Die Begriffe *βάθος, πλάτος* und *μῆκος*[19] werden im Sinne der valentinianischen Pleroma-Lehre interpretiert.

Dann folgt ein wörtliches Zitat aus 1 Kor 2,14; *μωρία* wird auf den Demiurgen bezogen, der das *πνεῦμα* Gottes nicht habe erkennen können.

Interessant ist der Anfang von Ref VI 35: Um ihr Verständnis des Alten Testaments zu begründen, verwenden die Valentinianer zunächst ein Wort des *σωτήρ* (Joh 10,8) und dann ein Wort des *ἀπόστολος* (Eph 3,5, nicht ganz wörtlich). Hier zeigt sich, wie das deuteropaulinische Revelationsschema im Rahmen der gnostischen Offenbarungslehre verstanden wurde; Eph 3,5 steht ja selbst in der Nähe gnostischen Denkens[20]. Auch der weitere Text ist mit paulinischen Anspielungen durchsetzt[21], deren Deutung stets auf spezifisch gnostischen Voraussetzungen beruht[22].

Zahlreiche, z. T. relativ ausführliche Fragmente von den Valentin-Schülern Herakleon, Theodot und Ptolemäus sind bei Irenäus, Origenes und Clemens Alexandrinus überliefert; Epiphanius zitiert außerdem den Brief des Ptolemäus an Flora.

In den *Herakleon*-Fragmenten[23] finden sich nur wenige Anspielungen auf Paulus-Texte[24]. In fr 20 (Völker 73,23–74,6) unterscheidet Herakleon zwischen dem *ὄρος* (= Satan, Schöpfung), dem die Heiden dienen und „Jerusa-

---

[16] Texte bei VÖLKER, Quellen, 57–60.

[17] Das entspricht freilich der überwiegenden Überlieferung des Eph-Textes (gegen den ägyptischen Text), paßt also wohl zum Zitatcharakter.

[18] Das wird keine „dogmatischen" Gründe haben; der Vers wird jedenfalls von den Naassenern verwendet (Hipp Ref V 7).

[19] *ὕψος* wird merkwürdigerweise übergangen.

[20] Vgl. dazu LINDEMANN, Aufhebung, 74–77.

[21] *ἀποκάλυψις τῶν υἱῶν τοῦ θεοῦ:* Röm 8,19; *κάλυμμα ἐπὶ τὴν καρδίαν:* 2 Kor 3,15; *ὁ ἐγείρας Χριστὸν ... ζωοποιήσει κτλ.:* Röm 8,11.

[22] Das zeigt besonders deutlich die Zitierung von Röm 8,11, die eine spekulative Inkarnationslehre begründen soll.

[23] Zitiert wird im folgenden nach VÖLKER, Quellen.

[24] Die „Biblia Patristica" verzeichnet 12 Zitate oder Anspielungen.

lem" (=Schöpfer), dem die Juden dienen; die Gnostiker dagegen dienten dem πατὴρ τῆς ἀληθείας – ein Ausdruck, der an Röm 1,25 erinnert[25]. In der Auslegung von Joh 4,24 (fr 24; Völker 75,23) zitiert Herakleon den Terminus *λογικὴ λατρεία* aus Röm 12,1, ausdrücklich eingeleitet mit der Formel *ὁ ἀπόστολος διδάσκει;* diese Verwendung des Zitats zur Deutung von Joh ist durchaus textgemäß und zeigt, daß in der Gnosis nicht nur spekulativ gedacht wurde.

Theologisch interessant sind auch zwei Aussagen in fr 40 (Völker 81,2–6.11–13): Origenes referiert, Herakleon halte die *ψυχή* nicht für unsterblich, sondern sage, daß sie *ἐπιτηδείως ... πρὸς σωτηρίαν* sei; zur Begründung verwende er 1 Kor 15,54. Zwar wird diese Textstelle nicht wörtlich übernommen, aber der Zitatcharakter ist nicht zu bestreiten; Herakleon beruft sich im übrigen durchaus zu Recht auf 1 Kor 15, wenn er den Gedanken einer Unsterblichkeit der *ψυχή* zurückweist. Anders verhält es sich mit einer zweiten Paulus-Anspielung in demselben Fragment: Herakleon nennt hier den Tod *τὸ τέλος ... τοῦ νόμου ... ἀναιροῦντος διὰ τῶν ἁμαρτιῶν*. Ganz zweifellos liegt hier Einfluß paulinischer Aussagen vor[26]; aber diese Anspielungen dienen in erster Linie der allegorisch-spekulativen Deutung von Joh 4,49, sind also eher ein Mittel zum Zweck als Kennzeichen eines spezifischen „Paulinismus".

Diese Stellen[27] zeigen, daß die valentinianische Schule sich paulinischer Aussagen durchaus zu bedienen wußte. Daß die Theologie des Paulus für ihr Denken aber konstitutiv gewesen wäre, kann man nicht behaupten. Man hat nirgends den Eindruck, daß der paulinische Text die Grundlage für die gnostische Aussage gewesen sei. Noch weniger kann man sagen, daß die Valentinianer sich um die „Auslegung" der Paulusbriefe bemüht hätten[28]. Die Briefe werden vielmehr nur herangezogen, um bestimmte, schon vorgegebene gnostisch-theologische Sätze zu bestätigen[29].

Eine zweite wichtige Quelle für die valentinianische Gnosis sind die von Clemens Alexandrinus zusammengestellten *Excerpta ex Theodoto*[30].

---

[25] Eine deutliche Anspielung auf Röm 1,25 findet sich in fr 22 (Völker 75,4f) bei der Auslegung von Joh 4,22. Als „wahrer Schöpfer" wird hier Christus genannt.

[26] Vgl. Röm 7,13; 10,4. Der Ausdruck *τέλος τοῦ νόμου,* bei Paulus ein Spitzensatz der Christologie, hat Herakleon nicht verstanden.

[27] Paulinische Wendungen könnten noch in fr 36 (Völker 79,11f; vielleicht Einfluß von Gal 3,19) und in fr 48 (Völker 84,32f; in der Formulierung deutliche Nähe zu Röm 13,4 aber sachlich eine ganz andere Bedeutung) vorliegen. Aber das muß offen bleiben.

[28] Immerhin ist zu beachten, daß es sich um einen Kommentar des Herakleon zu Joh handelt, zu dem Parallelen aus Paulusbriefen herangezogen werden.

[29] Jedenfalls ist dies der Eindruck, den die Kirchenväter-Referate hinterlassen.

[30] Nach SAGNARD (SC 23) sind Exc Theod 4f.8–15.18–20.27 von Clemens selbst formuliert, da sie z.T. deutliche Züge seiner Theologie tragen. Innerhalb dieser Stücke finden sich mehrere Bezugnahmen auf Paulus, die hier unberücksichtigt bleiben.

Exc Theod 22,1–4 enthält eine ausführliche Deutung der schwer verständlichen Aussage 1 Kor 15,29. Der Satz über die Vikariatstaufe wird dabei von der gnostischen Mythologie her interpretiert: Die *νεκροί* sind die Menschen; die, die sich taufen lassen, sind *οἱ ἄγγελοι... ὧν ἐσμὲν μέρη*. Die Tatsache, daß die Engel sich taufen ließen, ermöglicht den Menschen den von *Ὅρος* und *Σταυρός* nicht behinderten Aufstieg ins *πλήρωμα*[31]. Diese Interpretation zeigt bereits, daß bei aller formalen Wertschätzung des Paulus[32] von einem Verstehen seiner Theologie bei Theodot kaum gesprochen werden kann.

Interessant ist in diesem Zusammenhang die kurze Anspielung auf Phil 2,7 in Exc Theod 35,1. Das *κενώσας* des Liedes wird gedeutet: *ἐκτὸς τοῦ Ὅρου γενόμενος ... ἐπεὶ ἄγγελος ἦν τοῦ πληρώματος* ... – d.h. es wird eine Deutung gegeben, die wohl der gnostischen Mythologie entspricht, die aber weder mit Phil 2 noch mit der paulinischen Christologie im Zusammenhang steht.

In Exc Theod 67,1 wird Röm 7,5a angeführt; die Ergänzung *ὥσπερ ἔξω τοῦ σώματος ἤδη λαλῶν* zeigt jedoch, daß die sachliche Bedeutung des paulinischen *σάρξ*-Begriffs nicht erfaßt ist[33]. *σάρξ* wird dann mythologisch gedeutet als *ἀσθένεια*, als *ἀπὸ τῆς ἄνω γυναικὸς προβάλη*. In Exc Theod 80,3 wird 1 Kor 15,49 zitiert als abschließender Beleg für die Aussage, daß der von Christus Geborene *εἰς ζωὴν μετατίθεται, εἰς ὀγδοάδα* (80,1)[34]. Das Zitat ist nicht gekennzeichnet, paßt aber ausgezeichnet zur Argumentation[35]. Bemerkenswert ist schließlich auch Exc Theod 85,3: Der Satz aus der synoptischen Versuchungsgeschichte, Jesus sei *μετὰ θηρίων* gewesen (Mk 1,13), wird mit Hilfe von Eph 6,16[36] typologisch interpretiert: So wie Christus die Tiere überwunden hat *(κρατήσας τούτων)*, so können auch die Christen *τὰ βέλη τοῦ διαβόλου* überwinden.

Der Befund zeigt, daß – von wenigen eher zufälligen Ausnahmen abgesehen – Theodot sich in ähnlicher Weise wie Herakleon der paulinischen Briefe

---

[31] Vgl. zum Stichwort *πλήρωμα* Exc Theod 31,1; es wird Kol 2,9 angeführt, aber das Genitivattribut *τῆς θεότητος* wird gestrichen und damit der Sinn vollkommen verändert.

[32] In Exc Theod 23,2 heißt es: *ἐν τύπῳ δὲ Παρακλήτου ὁ Παῦλος ἀναστάσεως ἀποστολὴ γέγονεν* (s. dazu o. S. 98). Vgl. zur Sache WEISS, BZNW 37, 119: Paulus sei in der Gnosis geschätzt worden, weil sich vor allem mit seinen Aussagen über die Auferstehung „ein spiritualisierendes Auferstehungsverständnis verbinden ließ"; freilich (aaO., 120f): Die Geschichtlichkeit sei preisgegeben worden, und deshalb könne „nur mit Vorbehalt von einer speziellen Paulus-Nachfolge jener Gnostiker die Rede sein". In der Tat! – das zeigt Exc Theod 22,1–4.

[33] Vgl. dazu SCHWEIZER, Art *σῶμα*, ThWNT VII, 1085,20.

[34] Die Textänderung gegenüber 1 Kor 15,49 (3. Sing. statt 1. Plural) ist vom Kontext her verständlich und notwendig.

[35] Fragt FOERSTER, Gnosis I, 477 A 178 deshalb, ob hier schon Clemens selbst spreche? M.E. ist das ganz unwahrscheinlich; denn das Zitat ist ja geeignet, die Richtigkeit des zuvor Gesagten zu bestätigen.

[36] Die wörtlichen Übereinstimmungen sind gering; es handelt sich aber um eine absichtliche Anspielung *(ὥς φησιν ὁ ἀπόστολος)*.

nur bedient, sofern sie seine Vorstellungen zu bestätigen scheinen. Eine wirkliche Rezeption der paulinischen Theologie, d.h. eine Auseinandersetzung mit den Aussagen des Apostels, kann man das nicht nennen.

Das „System“ des *Ptolemäus* ist von allen gnostischen Entwürfen am besten bekannt. Älteste Quelle ist der Bericht des Irenäus (Haer I 1–8); hinzu kommen einige der Exc Theod und schließlich der Brief des Ptolemäus an Flora.

In Iren Haer I 3,1 (Harvey I, 25) wird darauf verwiesen, daß die Valentinianer ihre Äonenlehre u.a. aus Eph 3,21 belegen wollen: Auch Paulus beachte die τάξις der Äonen[37]. Aber der Kontext zeigt, daß auf der (angeblichen) Herkunft des Gedankens von Paulus kein Gewicht liegt; auch synoptische Texte und selbst die kirchliche Liturgie werden als Belege herangezogen[38].

Interessanter ist die zweite Stelle Haer I 3,4f (Harvey I, 28ff). Als Begründung für die These, daß Christus τὸ πᾶν sei, wird der Satz angeführt: *αὐτός ἐστι τὰ πάντα,* der relativ nahe bei Kol 3,11 *(πάντα καὶ ἐν πᾶσιν Χριστός)* steht[39]; möglicherweise handelt es sich aber auch um eine spekulative Erweiterung des unmittelbar danach frei zitierten Satzes Röm 11,36. Es folgen Zitate aus Kol 2,9 (ohne σωματικῶς) und Eph 1,10 (wörtlich).

Die Fortsetzung Haer I 3,5 zeigt, daß die Valentinianer für ihre spekulativen Interpretationen des Kreuzes zwar auch paulinische Belege anführen (1 Kor 1,18; Gal 6,14 praktisch wörtlich), ebenso aber und im selben Umfang Stellen aus den Synoptikern. Wieder zeigt sich, daß die Valentinianer ihre Lehren im Grunde in allen ihnen zur Verfügung stehenden Texten „wiederfinden“, sie aber nicht aus ihnen heraus entwickeln[40]. Von einem inhaltlichen „Paulinismus“ kann deshalb nicht die Rede sein.

In dem Abschnitt Exc Theod 43,2–65,2, der nicht auf Theodot, sondern auf Ptolemäus zurückgeht[41], ist gleich der erste Text Exc Theod 43f besonders interessant. Ptolemäus entfaltet den Gedanken der Sendung Christi zur Sophia, wobei ihm drei paulinische Texte als Belegstellen dienen: Kol 1,16[42],

---

[37] Der Eph-Text wird zu diesem Zweck verändert; aus εἰς πάσας τὰς γενεὰς τοῦ αἰῶνος τῶν αἰώνων wird εἰς πάσας τὰς γενεὰς τῶν αἰώνων τοῦ αἰῶνος.

[38] Die Tendenz ist also nicht: Paulus ist ein Kronzeuge für die valentinianische Äonenspekulation, sondern: Überall ist unsere, die valentinianische Lehre vorausgesetzt.

[39] Harvey I, 28f A 5 sieht eine besondere Nähe zum syrischen Text von Kol 3,2 (sic!, gemeint ist 3,11); das hängt aber wohl nur damit zusammen, daß *kul* im Syrischen ein Substantiv ist und insofern eher τὰ πάντα entspricht.

[40] Das ist auch sonst zu beobachten; vgl. etwa Iren Haer I 8, wo Irenäus allegorische oder symbolische Deutungen von Texten der Synoptiker, des Joh und des Paulus referiert. Eine innere Verbindung zwischen Text und Aussage besteht nicht. Vgl. dazu Heinrici, Gnosis, 60f; Wilson, Gnosis, 78–80.

[41] Zum literarischen Verhältnis zu Irenäus vgl. Foerster, Gnosis I, 193f.

[42] Leicht gekürzt.

Phil 2,9–11[43] und Eph 4,9f. Auf der paulinischen Herkunft dieser Sätze liegt aber kein Gewicht[44]. In Exc Theod 44 gibt Ptolemäus eine eigenartige Deutung von 1 Kor 11,10: Die Sophia habe den Anblick der den Heiland begleitenden Engel nicht ertragen und deshalb eine Decke *(κάλυμμα)*[45] aufgelegt; dieses *μυστήριον* habe Paulus dann zu der Anordnung veranlaßt, die Frauen sollten *διὰ τοὺς ἀγγέλους* eine „Macht" auf dem Kopf tragen[46].

Noch wichtiger ist der zweite Text Exc Theod 48,1f. Ptolemäus gibt hier eine Deutung des Schöpfungsberichts von Gen 1 und erklärt, der Demiurg habe aus dem Stofflichen *(ἐκ τῶν ὑλικῶν)* dreierlei geschaffen: Das eine *ἐκ τῆς λύπης* – nämlich die *πνευματικὰ τῆς πονηρίας;* das andere *ἐκ τοῦ φόβου* – nämlich *τὰ θηρία;* und das dritte *ἐκ τῆς πλήξεως καὶ ἀπορίας* – nämlich *τὰ στοιχεῖα τοῦ κόσμου*[47]. Die Anspielungen auf Eph 4,30; 6,12 scheinen an dieser Stelle ein größeres Gewicht zu haben, jedenfalls sind sie mehr als nur Belege für einen im übrigen vorgegebenen Gedanken. Der Ausdruck *ἐκ τῆς λύπης* ist offenbar aus Eph 4,30 heraus entwickelt worden, weil Ptolemäus dem *μὴ λυπεῖτε τὸ πνεῦμα τὸ ἅγιον* eine entsprechende *λύπη* auf der anderen Seite gegenüberstellen wollte – eben die *λύπη*, die die *πνευματικὰ τῆς πονηρίας* hervorgebracht hat (vgl. dazu 2 Kor 7,10). So kann man Exc Theod 48,1f geradezu als eine Art Kurzkommentar zur Theologie des Eph verstehen: Das unterschiedliche *πνεῦμα*-Verständnis in 4,30 und 6,12 sollte kosmologisch gedeutet werden.

In Exc Theod 49,1 findet sich ein schönes Beispiel für den gnostischen Umgang mit biblischen Schöpfungsaussagen: Im Zusammenhang des Hinweises auf die Erkenntnisfähigkeit des Demiurgen zitiert Ptolemäus ausdrücklich Röm 8,20f; er streicht jedoch das Subjekt des paulinischen Satzes *(ἡ κτίσις)*[48] und gewinnt damit die Aussage, daß der Schöpfer *ὑπετάγη τῇ ματαιότητι κτλ.*[49] Hier hat also das Paulus-Zitat zwar tragende Bedeutung; der Inhalt der paulinischen Aussage aber ist in sein Gegenteil verkehrt[50].

---

[43] Es fehlen: *ἐν τῷ ὀνόματι Ἰησοῦ*, ferner *ἐπουρανίων ... καταχθονίων* und *εἰς δόξαν θεοῦ πατρός!*

[44] SAGNARD, SC 23, 153 A 3 hält es für möglich, daß «toutes ces citations, au moins 43,4–5, représentent l'apport de Clément d'Alexandrie, touché par l'évocation du Christ, ‹Tête de toutes choses›». Aber hätte Clemens dem Ptolemäus wirklich die Belegstellen geliefert?

[45] Spielt auch 2 Kor 3,13 noch hinein?

[46] BARTH, Interpretation, 89 meint, hier werde „ein Brauch, der in der valentinianischen Gemeinde in Übung war, ... auf einen überweltlichen Vorgang gedeutet". Aber das ist wenig wahrscheinlich; die Anweisung von 1 Kor 11,10 wird in den christlichen Gemeinden überhaupt befolgt worden sein. Ptolemäus versucht, das rätselhafte *διὰ τοὺς ἀγγέλους* zu erklären.

[47] Wohl keine Anspielung auf Kol 2,8.20.

[48] Aus *ἑκοῦσα* wird deshalb *ἑκών*, aus *ἡ κτίσις ἐλευθερωθήσεται* wird *αὐτὸς ἐλευθερ.*

[49] Leider hat FOERSTER, Gnosis I, 196 das übersehen; seine Übersetzung orientiert sich nicht an Clemens, sondern am Paulustext.

[50] Weitere Beispiele für diese „Hermeneutik" finden sich in Exc Theod 52,1 wo

Ähnlich verhält es sich mit Exc Theod 56,4f: Ptolemäus erwähnt die Aufteilung der Menschen in *ὑλικοί, ψυχικοί* und *πνευματικοί* und macht deutlich: *τὸ ... πνευματικὸν φύσει σῳζόμενον – τὸ δὲ ὑλικὸν φύσει ἀπόλλυται*[51]. *τὸ ψυχικόν* aber, so heißt es weiter, kann gerettet werden, wenn es sich zur *πίστις* wendet *καὶ μετασχῇ τῆς πιότητος τῆς ἐλαίας*. Die Anspielung auf Röm 11,17ff ist deutlich; aber Ausgangspunkt ist die allegorische Deutung von *Ἰσραήλ* (56,5): *ὁ πνευματικὸς ὁ ὀψόμενος τὸν θεόν*[52]. Die Zitate aus Röm 11 dienen ebenso wie die folgenden Anspielungen auf Gal 4,22ff lediglich der Illustration (vgl. 58,2)[53].

Ganz unklar ist Exc Theod 53,2, wo Gal 3,19f wörtlich zitiert wird. Welche Funktion der *μεσίτης* hat, bleibt undeutlich[54]. Oder ist das Zitat nur wegen der Formulierung *δι' ἀγγέλων* aufgenommen worden, die dann in 53,3 wiederholt wird?

In dem bei Epiphanius (Haer 33,3–7) überlieferten *Brief an Flora* handelt Ptolemäus über den *νόμος* – ein Thema, bei dem die Zitierung paulinischer Aussagen geradezu zwangsläufig zu erwarten ist[55]. Um so überraschender ist es, daß zwischen dem Gesetzesverständnis des Ptolemäus und dem des Paulus so gut wie gar kein Zusammenhang besteht. Ptolemäus führt, trotz der Benutzung von Röm, 1 Kor und Eph, nur an einer einzigen Stelle, nämlich in 33,6,6, ein paulinischen Satz über den *νόμος* an[56].

Der Gedanke einer Dreiteilung des Gesetzes (von Gott[57], von Mose, von den Ältesten; 33,4,1f) lag Paulus vollkommen fern, auch wenn sich in Gal 3,19f der Hinweis findet, das Gesetz sei durch einen „Mittler" gegeben worden, stamme also nicht unmittelbar von Gott; aber auf diese Stelle gibt es im Brief an Flora keine Anspielung.

---

neben Jesusworten aus der synoptischen Tradition auch Röm 7,23 als Beleg dafür angeführt wird, daß die Christen *τοῦτο τὸ σάρκιον* bekämpfen sollen. Der Sinn ist gewaltsam hergestellt worden (vgl. auch Exc Theod 53,1).

[51] Ein schärferer Gegensatz zur paulinischen Theologie ist nicht denkbar.

[52] Diese Allegorese begegnet bei Philo Abr 39.54; Leg Gaj 4; vgl. Deus Imm 144.

[53] Das gilt auch für Exc Theod 54,3; der Ausdruck *πολίτευμα ἐν οὐρανῷ* wird aus Phil 3,20 stammen, hat aber keine inhaltliche Funktion.

[54] Vgl. allerdings Ptolemäus an Flora (Epiph Haer 33) 7,4, wo der Demiurg *μεσότης* genannt wird. Besteht hier ein Zusammenhang?

[55] VERWEIJS, Evangelium, 330: Ptolemäus ist „der einzige Gnostiker, der sich mit dem die Kirche bewegenden Problem von Gesetz und Evangelium thematisch beschäftigt hat". Allerdings wurde zur Zeit des Ptolemäus (bald nach 150) dieses Thema in der Kirche kaum mehr als brennend empfunden.

[56] In Epiph Haer 33,7,6 liegt wohl kein Bezug auf 1 Kor 8,6 vor (vgl. jedoch VÖLKER, Quellen, 92); es handelt sich um eine traditionelle Formel.

[57] Dieser Gott ist natürlich nicht der „vollkommene Gott" (33,3,4), sondern der *δημιουργός* (33,7,4), der aber nicht etwa ein *ἀντικείμενος* (33,3,5) oder ein *διάβολος* (33,7,3) ist. Das Gesetz dieses Gottes muß noch einmal dreigeteilt werden: 1. Das „reine", stets gültige Gesetz (=Dekalog); 2. das mit der Ungerechtigkeit verbundene und von Christus aufgehobene Gesetz (vgl. Antithesen der Bergpredigt; 33,5,4); 3. das „symbolische" (Zeremonial-)Gesetz, das der Heiland „verwandelt" hat (35,5,1f).

Der erste sichere Hinweis auf Paulus steht in 33,5,15, wo ausdrücklich auf 1 Kor 5,7f Bezug genommen wird. Das Zitat erfolgt am Ende des Abschnitts 33,5,8–15, in dem Ptolemäus das *μέρος τυπικόν* des Gesetzes darstellt, indem er die pneumatische Umwandlung des Zeremonialgesetzes (Opfer, Beschneidung[58], Sabbat) durch Christus schildert. Ptolemäus zieht zu den Stichworten *πάσχα* und *ἄζυμα* offenbar deshalb entsprechende Paulus-Stellen bei, weil ihm eine andere geeignete „pneumatische" Interpretation des Passa nicht zur Verfügung stand. Besonders wichtig war dabei die paulinische Aussage, daß der Sauerteig „Schlechtigkeit und Bosheit" repräsentiere (1 Kor 5,8); denn die „pneumatische" Interpretation der kultischen Weisungen besitzt bei Ptolemäus durchweg eine moralisch-ethische Tendenz[59].

Die für unseren Zusammenhang wichtigste Stelle im Brief an Flora ist 33,6,6: Ptolemäus zitiert die beiden formal gegensätzlichen Aussagen von Eph 2,15 und Röm 7,12 wörtlich, weil sie für ihn eine Möglichkeit darstellen, die bereits aus den Synoptikern belegte These hinsichtlich der unterschiedlichen Formen des Gesetzes auch von Paulus her zu bestätigen[60]. Dabei kam ihm der plerophore Stil des Eph zugute: Auf der einen Seite stehen *νόμος* und *ἐντολή*, auf der anderen *ὁ νόμος τῶν ἐντολῶν ἐν δόγμασι;* möglicherweise deutete Ptolemäus den Ausdruck *ἐν δόγμασι* auf die „Menschensatzungen" (33,4,2), die Christus beseitigt habe[61]. Eine inhaltliche Übereinstimmung mit dem paulinischen Gesetzesverständnis liegt aber nicht vor, denn das Problem des *νόμος* als Heilsweg ist bei Ptolemäus nicht im Blick[62].

Lassen diese knappen Beobachtungen zu valentinianischen Pauluszitaten einen einheitlichen Schluß zu? E. Pagels vertritt in ihrem Buch "The Gnostic Paul" durchgängig die These, für die Valentinianer hätten alle Aussagen des Paulus einen doppelten Sinn gehabt, nämlich sowohl eine „pneumatische" als auch eine „psychische" Bedeutung; Buchstabenexegese hätten sie zugunsten allegorischer und symbolischer Deutung abgelehnt[63]. Pagels betont, daß die

58 Man kann erwägen, ob in 33,5,11 (Herzensbeschneidung anstelle der körperlichen) an Röm 2,28f gedacht ist. Aber das Bild legt sich vom Kontext her ohne weiteres nahe.

59 In diese Argumentationskette paßt der Satz *τὸ δὲ πάσχα ἡμῶν ἐτύθη Χριστός* freilich überhaupt nicht.

60 Daß damit weder das paulinische Gesetzesverständnis noch auch nur der Sinn von Eph 2,15 bzw. Röm 7,12 erfaßt ist, braucht nicht betont zu werden.

61 Vgl. Quispel, SC 24, 96: «Il est probable que, dans sa pensée, *ἐν δόγμασιν* se rapporte aux commandements du sermon sur la montagne.»

62 Aleith, Paulusverständnis, 46 bescheinigt Ptolemäus m.R. „erstaunlich klare Gedankengänge". Nur mit paulinischer Theologie haben sie nichts zu tun.

63 Diese pauschale Deutung ist m.E. eine der Schwächen des Buches; Pagels orientiert sich am Corpus Paulinum und bietet jeweils gnostische, d.h. vor allem valentinianische Interpretationen (drucktechnisch nicht glücklich, weil der Text und die Belegstellen räumlich getrennt sind). Dabei zieht sie sehr häufig auch solche Texte heran, die keineswegs eine ausdrückliche Bezugnahme auf Paulus enthalten; außerdem verwendet sie dieselben gnostischen Texte mehrfach zu verschiedenen Paulus-Stellen,

Valentinianer – im Unterschied insbesondere zu Marcion – den Paulustext insgesamt akzeptiert und keine Textrevision durchgeführt hätten[64]. Aber die oben angeführten Beispiele der expliziten valentinianischen Paulusrezeption haben sichtbar gemacht, daß die Valentinianer durchaus Textänderungen wie auch dem Wortlaut diametral entgegengesetzte Deutungen vorgenommen haben. Vor allem aber zeigt sich, daß von einer Bevorzugung paulinischer Texte bei den Valentinianern nicht gesprochen werden kann. Als Belegstellen für ihre Thesen ziehen sie alttestamentliche und synoptische Texte ebenso heran wie paulinische oder johanneische. Ausgangspunkt ist dabei stets die spezifisch gnostische Lehre, insbesondere die Anthropologie und die Kosmologie, die dann bei Paulus, aber auch in allen anderen zitierten Schriften „wiedergefunden" wird[65].

Das bedeutet: Die Paulusbenutzung der Valentinianer kann nicht die Ursache einer (jedenfalls in der Forschung oft behaupteten) „kirchlichen" Zurückhaltung Paulus gegenüber gewesen sein. Hätte die Kirche wirklich so reagiert, dann hätte sie nicht nur Paulus, sondern praktisch alle ihre „Schriften" einschließlich des Alten Testaments preisgeben müssen.

Und eine zweite Beobachtung ist wichtig: Irenäus, der älteste „Ketzerbestreiter", dessen antihäretische Schrift erhalten ist, zeigt an keiner Stelle Verlegenheit angesichts der valentinianischen Benutzung der Paulusbriefe. Es fällt ihm im Gegenteil leicht, die gnostische Exegese zurückzuweisen; und er braucht dabei nicht einmal zu künstlich-apologetischen Konstruktionen Zuflucht zu nehmen[65].

2. Basilides

Die zweite christlich-gnostische Schule, die des Basilides, ist etwas älter als die der Valentinianer. Wir besitzen aber sehr viel weniger Quellenmaterial für ihre Lehre, so daß ihre Einordnung hinter den Valentinianern gerechtfertigt ist.

Nach dem Bericht des Irenäus (Haer I 24,3–7) war Basilides[67] Verfechter

---

wodurch der – m.E. unrichtige – Eindruck einer geschlossenen valentinianischen Paulus-Kommentierung entsteht. Kritik an diesem methodischen Vorgehen übt auch GRANT, RSRev 3, 1977, 33.

[64] PAGELS, Paul, 163. Vgl. DIES., JBL 93, 1974, 276–288. Diesen Sachverhalt hat schon ZAHN, Geschichte I/2, 754 hervorgehoben.

[65] M.E. zutreffend stellt VERWEIJS, Evangelium, 327 fest: Es sind „nur vereinzelte paulinische Motive, die in der valentinianischen Gnosis wieder zur Geltung kommen; eine entscheidende Bedeutung haben sie innerhalb des gnostischen Denkens jedenfalls nicht. Sie sind völlig von der gnostischen Religion absorbiert worden."

[66] Als Beispiel sei auf Iren Haer III 13,1 verwiesen; Irenäus argumentiert hier zwar wahrscheinlich nicht gegen Valentinianer, sondern gegen Marcioniten, aber sein exegetisches Verfahren wird sehr schön sichtbar: Eos autem qui dicunt, solum Paulum veritatem cognovisse, cui per revelationem manifestatum est mysterium, ipse Paulus convincat eos, nämlich in Gal 2,8.

[67] Eine Darstellung des basilidianischen Systems gibt FOERSTER, NTS 9, 1962/63, 233–255.

einer sehr breit und spekulativ angelegten Emanationslehre, d.h. Vertreter einer doketischen Christologie. Irgendwelche Bezugnahmen auf Paulus oder Anklänge an Gedanken der paulinischen Theologie werden von Irenäus nicht erwähnt[68]. In den basilidianischen Fragmenten bei Clemens Alexandrinus wird an einer Stelle (Strom III 2,1) 1 Kor 7,9b fast wörtlich zitiert; aber die Deutung ist, gegen den Text, scharf rigoristisch entsprechend der asketischen Lehre des Basilides[69]. Ein ähnliches Verfahren zeigt sich bei der von Origenes (In Rom V 1 [MPG 14, 1015 A–B]) überlieferten basilidianischen Interpretation von Röm 7,9b: Antequam in istud corpus venirem, in ea specie corporis vixi, quae sub lege non esset; pecudis scilicet, vel avis. D.h. der Paulustext gilt – völlig unabhängig vom eigentlichen Sinn – als Beleg für die Lehre der *μετενσωμάτωσις*.

Kaum anders ist der Befund beim relativ ausführlichen Basilides-Referat des Hippolyt (Ref VII 14–27). In Ref VII 25 werden Röm 8,22.19 zu einem Satz zusammengezogen[70], damit dann gesagt werden kann, wer die *υἱοὶ τοῦ θεοῦ* sind: *ἡμεῖς οἱ πνευματικοί*. Unmittelbar darauf folgt ein (stark gestrafftes)[71] Zitat aus Röm 5,13f; die Aussage *ἐβασίλευσεν ἡ ἁμαρτία* wird auf den *μέγας ἄρχων*, den Demiurgen, bezogen. Schließlich wird auf das Revelationsschema angespielt *(τοῦτο, φησίν* [sc. Basilides] *ἐστὶ τὸ μυστήριον, ὁ ταῖς προτέραις γενεαῖς οὐκ ἐγνωρίσθη)*; aber ein bewußter Zusammenhang mit Paulus wird nicht hergestellt[72]. In Hipp Ref VII 26 wird 1 Kor 2,13 praktisch wörtlich zitiert, ausdrücklich eingeleitet mit der Formel *ἡ γραφὴ λέγει*[73]. Im unmittelbaren Kontext begegnen freilich auch alttestamentliche Zitate (Spr 1,7; Ps 31,5 LXX), so daß nicht auszuschließen ist, daß die Bezeichnung des 1 Kor als *γραφή* von daher beeinflußt sein könnte. Inhaltlich wird der paulinische Satz spekulativ gedeutet: Christus belehre den *ἄρχων* über die *σοφία*.

Diese Textstellen erlauben den Schluß, daß die Lehre des Basilides als von Paulus nicht berührt bezeichnet werden muß; es ist lediglich festzuhalten, daß die Basilidianer paulinische Briefe gekannt und sie ebenso wie das Alte

---

[68] Vgl. ZAHN, Geschichte I/2, 773f.

[69] Vgl. dazu FOERSTER, NTS 9, 1962/63, 251. Clemens' andersgeartete eigene Deutung steht in Strom III 4,3.

[70] Offenbar wird auswendig zitiert. Aber auf wessen Konto geht die Textänderung – auf das des Basilides oder das des Hippolyt?

[71] Wieder ist anzunehmen, daß nicht nach unmittelbarer Textvorlage zitiert wird.

[72] Die Zitierung des deuteropaulinischen Revelationsschemas (Kol 1,26; Eph 3,5) begegnet nochmals in Hipp Ref VII 26, diesmal verbunden mit fast wörtlichen Übernahmen von Eph 3,3 und 2 Kor 12,4; das Revelationsschema benutzen auch die Naassener (Hipp Ref V 8) und die Valentinianer (s.o. S. 299).

[73] GRANT, Formation, 122ff hält diese Formel im Zusammenhang neutestamentlicher Texte für ein Kennzeichen früher alexandrinischer Theologie, da sie auch bei Barn und 2 Clem begegne. Aber die Annahme, Barn und 2 Clem gehörten nach Alexandria, ist nicht zu beweisen.

Testament und wie auch andere christliche Schriften hin und wieder benutzt haben[74].

3. Ophiten und Naassener

Im Zusammenhang der Darstellung der *Ophiten* erwähnt Irenäus (Haer I 30) nur an einer Stelle die Benutzung eines paulinischen Textes. Die ophitische Christologie besagte, daß sich der (himmlische) Christus nur zeitweilig mit dem (irdischen) Jesus verbunden habe und daß Jesus nach seinem Tode nicht in corpore mundiali auferstanden sein könne; die eine andere Lehre behaupteten, seien ignorantes quoniam caro et sanguis regnum Dei non apprehendunt. Es kann keinem Zweifel unterliegen, daß hier auf 1 Kor 15,50 Bezug genommen ist[75]; die Fortsetzung und auch der Kontext zeigen aber, daß sich diese gnostische Gruppe ebenso synoptischen Materials bedienen konnte. Eine besondere Wertschätzung des Paulus findet sich bei den Ophiten den vorhandenen Quellen zufolge jedenfalls nicht.

Die von Hippolyt (Ref V 6–11) mit sehr ausführlichen Zitaten wiedergegebene Lehre der *Naassener* (*οἱ ἑαυτοὺς γνωστικοὺς ἀποκαλοῦντες* Ref V 1) ist stark synkretistisch; Hippolyt will nachweisen, daß sie von heidnischen *μυστήρια* abhängig ist[76]. Er erwähnt in diesem Zusammenhang den auch bei anderen Völkern bekannten Urmenschen *(μέγας ἄνθρωπος ἄνωθεν)* Adamas, dem eine *ψυχή* gegeben wurde, damit er lebe. Dabei wird in Ref V 7 fast wörtlich Eph 3,15 zitiert. Die Naassener haben also den dort auf Gott bezogenen Text praktisch in sein Gegenteil verkehrt. Es fehlt jeder Hinweis darauf, daß die paulinische Herkunft des Satzes für die Naassener von Bedeutung gewesen wäre[77].

Das gilt auch für zwei mögliche Anspielungen auf Phil 2,10[78] und für die Beschreibung des mannweiblichen Menschen (Ref V 7,15) als *οὔτε θῆλυ οὔτε ἄρσεν, ἀλλὰ καινὴ κτίσις, καινὸς ἄνθρωπος*. Hier ist zwar die Nähe zu paulinischen Aussagen wie Gal 3,28; 2 Kor 5,17; vgl. Eph 2,15; 4,24 nicht zu übersehen, aber Zitatcharakter besitzt die Stelle nicht.

In Ref V 7,33 werden Eph 5,14, ferner ein Stück aus 1 Kor 15,27 und Röm 10,18 (=Ps 18,5 LXX) als von den Naassenern benutzte Belegstellen angeführt. Aber auch das spricht nicht für eine besondere Paulus-Vorliebe; denn nach Hippolyts Referat haben die Naassener von Jesaja bis Homer so gut wie alles zitiert, was ihrer Lehre zu entsprechen schien.

---

[74] Vgl. SCHNEEMELCHER, ZKG 75, 1964, 13: Es hat vielleicht früh eine basilidianische Evangelienexegese gegeben (vgl. Hennecke I, 257f), „aber über eine entsprechende Paulusexegese läßt sich nichts sagen".

[75] Auch wenn „apprehendunt" und *κληρονομῆσαι οὐ δύναται* nur schwer zusammenpassen (vgl. HARVEY I, 239 A 6).

[76] Die Rückführung der Ketzerlehren auf antike Lehren und Philosophien ist das von Hippolyt üblicherweise angewandte Mittel ihrer Bekämpfung.

[77] Allerdings scheint auch Hippolyt den Eph-Text nicht zu kennen, denn er führt ihn ein mit der Wendung *καθὼς λέγουσι*.

[78] Hipp Ref V 7,11; V 8,22.

Ganz anders verhält es sich mit Hipp Ref V 7,16f: Die Naassener erklären, in den Worten des Paulus in Röm 1,20–27 sei ihre eigene Lehre verborgen[79]. Zwar fehlen in dem Zitat V. 24 und V. 25[80], im übrigen aber ist der Text fast wörtlich übernommen. Warum die Naassener gerade diesen Text des Paulus für so wichtig hielten, läßt sich leider nicht erkennen; die polemischen Zwischenbemerkungen Hippolyts helfen jedenfalls nicht weiter.

Man mag aus der knappen Angabe ... *εἴρηκεν ὁ Παῦλος* auf eine gewisse Distanziertheit des Kirchenvaters dem Text gegenüber schließen[81]; aber in Ref V 8,25 (u.ö.) wird Paulus ohne weiteres *ὁ ἀπόστολος* genannt.

Ein schönes Beispiel gnostischer Exegese findet sich Hipp Ref V 8,22 zu Eph 2,17[82]: *οἱ μακράν* und *οἱ ἐγγύς*, denen Frieden verheißen ist, sind die Hyliker bzw. die Pneumatiker[83]. Die Anspielung ist aber flüchtig und besagt vor allem nichts für ein besonderes Interesse an Paulus.

Letztes Beispiel ist Hipp Ref V 8,25, wo gesagt wird, die Toten würden vergöttlicht, wenn sie durch die Himmelstür gehen. *ταύτην ... τὴν πύλην Παῦλος οἶδεν ὁ ἀπόστολος, παρανοίξας ἐν μυστηρίῳ καὶ εἰπών* (folgt 2 Kor 12,2–4[84], nicht genau). Es schließt sich ein wörtliches Zitat von 1 Kor 2,13f an – das jedoch in Joh 6,44; Mt 7,21 mündet[85]! Mit andern Worten: Hippolyts Darstellung enthält kein Indiz dafür, daß die Naassener speziell für die paulinische Theologie ein besonderes Interesse aufgebracht hätten, oder daß Paulus für sie eine entscheidende Rolle gespielt hätte.

4. Andere bei Hippolyt referierte gnostische Gruppen

Die *Peraten* (Ref V 12–18) vertreten den Gedanken einer prinzipiellen Dreiteilung der Welt; auch Christus sei „dreiteilig" gewesen, wofür als Belege Kol 2,9; 1,19 angeführt werden (Ref V 12)[86]. Wenn Paulus in 1 Kor 11,32 davon spreche, daß wir nicht *σὺν τῷ κόσμῳ* verurteilt werden sollten, dann beziehe sich das ebenso auf den „dritten Teil" der Welt wie das Wort Jesu in Joh 3,17 (wo das Wort *κόσμος* ja immerhin tatsächlich dreimal vorkommt). Diese Stellen zeigen, daß der grundsätzliche Inhalt der Lehre vorgegeben ist;

---

79 *ὅλον φασὶ συνέχεσθαι τὸ κρύφιον αὐτῶν καὶ ἄρρητον τῆς μακαρίας μυστήριον ἡδονῆς.*

80 Das ist aber offensichtlich ein bloßer Abschreibfehler aufgrund der übereinstimmenden Satzanfänge in V. 24.26. Denkbar wäre allerdings auch, daß V. 25 wegen des Hinweises auf den Schöpfer absichtlich gestrichen werden sollte (was Hippolyt dann nicht gemerkt hätte).

81 Auf eine inhaltliche Auseinandersetzung über den Text läßt er sich nicht ein.

82 An diese Stelle ist gedacht, nicht an deren Vorlage Jes 57,19.

83 Vgl. dazu SCHWEIZER, Art. *σῶμα*, ThWNT VII, 1085,2–6.

84 Dieser Text hat die Gnostiker natürlich zu Spekulationen herausgefordert. Vgl. aber etwa auch Iren Haer V 5,1; Eus Hist Eccl III 24,4.

85 Vgl. Hipp Ref V 8,28: Das Zitat von Mt 21,31 läuft in 1 Kor 10,11 aus – und es schließt sich das Säemannsgleichnis an.

86 Diese Kombination findet sich ähnlich auch bei Monoimos (Hipp Ref VIII 13).

in den christlichen Texten wird lediglich deren Bestätigung gesucht (und dann natürlich auch gefunden)[87].

Auch die *Sethianer* (Ref V 19–22) vertreten eine Drei-Prinzipien-Lehre. Sie begründen, warum der *λόγος* Gottes *εἰς μήτραν παρθένου* kommen mußte: Weil der unreine Mensch nichts anderes (an)erkennen könne. *θηρίου αὕτη ἐστὶν ἡ τοῦ δούλου μορφή* (V 19,20) – offensichtlich eine Aufnahme von Phil 2,7[88]. Es geht aber den Sethianern in Wahrheit darum, die Inkarnationschristologie mit der Idee der Identität von Erlöser und Erlösten zu verbinden: Wer das *ἔνδυμα οὐράνιον* anlegen will, der muß zuvor *τὴν δουλικὴν μορφήν* ablegen. Nicht Phil 2,7 ist also Gegenstand der Aussage, sondern die gnostische Soteriologie[89].

Das *Baruchbuch des Justin* wird von Hippolyt (Ref V 23–27) ausführlich referiert und zitiert; es zeigt, daß sich die christlichen Gnostiker in erheblichem Umfang alttestamentlicher Texte bedienten, und zwar nicht etwa nur negativ kritisch, sondern auch positiv an sie anknüpfend[90]. Das Buch begann offenbar mit einem freien Zitat des ersten Teils von 1 Kor 2,9 (Ref V 24): *ἃ ὀφθαλμὸς οὐκ εἶδε κτλ.*[91] Daß es sich um einen Paulustext handelt, wird anscheinend nicht gesagt; die Herkunft des Wortes bleibt offen[92]. Dasselbe Zitat findet sich noch zweimal (Ref V 26,16; 27,2), im Wortlaut zwar näher an 1 Kor 2,9, aber wieder ohne Bezug auf Paulus. Weitere Indizien dafür, daß der Gnostiker Justin sich paulinischer Briefe bedient hätte, gibt es nicht[93].

In Ref VIII 12–15 gibt Hippolyt eine Darstellung der Lehren des *Monoimos*[94], der im Zusammenhang einer Spekulation über den Buchstaben Jota (er enthalte in einem Punkt die Einheit aller Zahlen) Kol 1,19; 2,9 sehr frei zitiert (Ref VIII 13). Offenbar soll die Buchstaben/Zahlen-Spekulation Deutung dieses Paulussatzes sein (vgl. die Eingangsformel *τὸ εἰρημένον*); aber auch hier gilt, daß die vorausgesetzte Lehre im Kol-Text nur ihre Bestätigung findet und nicht etwa aus ihm heraus entwickelt wurde.

---

87 Vgl. dazu Wilson, Gnosis, 80.

88 In der Zusammenfassung (Ref X 11) gibt Hippolyt ein vollständiges Zitat der Stelle.

89 Die zweite Anspielung findet sich Ref V 21,6 in der Formulierung *πολίτευμα ἐν οὐρανοῖς ἄνω* (vgl. Phil 3,20); die Pneumatiker, für die das Wort gilt, sind natürlich die Sethianer. – Die in NHC VII/1 überlieferte «Paraphrase des Sêem» ist nach Auffassung von Wisse, in: NHL, 308 die nichtchristliche Version des sethianischen Hipp-Textes.

90 So finden sich Zitate aus Gen 1.2 sowie aus den Psalmen.

91 Zur Zitierung von 1 Kor 2,9 in gnostischen Texten vgl. Prigent, ThZ 14, 1958, 416–429.

92 Es ist keineswegs auszuschließen, daß auch Justin ein AT-Zitat vor sich zu haben glaubte (selbst wenn er es aus 1 Kor 2,9 genommen haben sollte).

93 Zu dem Satz *ἡ ψυχὴ κατὰ τοῦ πνεύματος τέτακται, καὶ τὸ πνεῦμα κατὰ τῆς ψυχῆς* (Ref V 26) wird in den Ausgaben Gal 5,17 als Parallele angeführt. Aber der Gedanke ist weit verbreitet, und die wörtlichen Übereinstimmungen sind gering. Beim Gnostiker Justin ist die Aussage von der Vorstellung abgeleitet, Edem und Elohim seien gemeinsam die Schöpfer des Menschen.

94 Von ihm ist sonst nichts bekannt.

5. Ergebnis

Kann man aufgrund dieser Beobachtungen ein erstes Fazit für den Gebrauch paulinischer Texte durch die Gnostiker ziehen? H. Langerbeck hat die Hypothese erwogen, „Gnosis" sei eine entstellte Form des Paulinismus, „der für eine Generation, der die urchristliche Eschatologie ferngerückt war, geradezu zwangsläufig in eine Theologie einmünden mußte, die das ‚geistliche' (pneumatische) Leben hier und jetzt und immer als den eigentlichen Kern der christlichen Botschaft verstand und eben damit in unversöhnlichen Gegensatz sowohl zur jüdischen Gesetzesreligion als auch zu jeder ‚natürlichen', d.h. philosophischen Gotteserkenntnis geriet". Diese Hypothese, so meint Langerbeck[95], gewinne ein hohes Maß an Wahrscheinlichkeit, wenn sich die christliche Überlieferung des 2. Jahrhunderts von ihr her erklären lasse.

Langerbecks Erwägungen sind m. E. aus religionsgeschichtlichen Gründen gegenstandslos, denn die Anfänge der Gnosis reichen in vorchristliche Zeit zurück[96]. Dennoch ist seine These hier von Interesse, weil sie besonders deutlich zeigt, wie nahe bisweilen in der Forschung die gnostische Theologie an Paulus herangerückt wird[97]. Von den Texten her ist diese Position aber nicht zu begründen.

Mag das Ketzerreferat der Kirchenväter stark subjektiv-polemisch gefärbt sein (mag vielleicht auch von mir selbst manches übersehen worden sein) – die genannten Texte beweisen jedenfalls, daß die bei den ältesten Kirchenvätern erwähnten frühen christlich-gnostischen Gruppen nicht als Beleg für einen frühchristlichen häretischen dezidierten Paulinismus angesehen werden können. Wohl spielen paulinische Texte bei ihnen eine gewisse Rolle als Unterstützung für bestimmte Lehrvorstellungen; aber daß sie die Argumentation tragen, wird man an keiner Stelle behaupten können.

Mehr noch: Eine explizite Auseinandersetzung mit paulinischer Theologie und Tradition ist bei den Gnostikern äußerst selten zu erkennen; für sie war Paulus – wenn das von Irenäus, Hippolyt und anderen gezeichnete Bild nicht völlig falsch ist – nicht mehr als eine der Quellen, in denen sie das wiederzufinden glaubten, was sie suchten und dabei ja längst gefunden hatten. Die gnostische „Hermeneutik" geht der gnostischen Paulusrezeption in jeder Hinsicht voraus.

Und schließlich: Für ein Interesse der Gnostiker speziell an paulinischen Texten gibt es im Grunde kein Indiz. In den gnostischen Schriften wird aus

---

[95] LANGERBECK, Aufs., 167. AaO., 81 hält er es für denkbar, „daß die Gnosis eine systematische Entfaltung der paulinischen Theologie ist" – womit sich die These verbindet, daß Paulus selbst keinesfalls von gnostischen Gedanken beeinflußt sei.

[96] S.o. S. 297.

[97] Dieselbe Tendenz – nur mit umgekehrtem Vorzeichen – zeigt sich bei SCHMITHALS, Apostelamt, 222, der das Interesse der Gnostiker an Paulus für verständlich hält „angesichts des starken gnostischen Beitrags zur theologischen Fachsprache des Paulus".

allen Traditionsbereichen Material beigezogen, gleichgültig, ob es sich um das Alte Testament[98], die Synoptiker [99] oder eben um die Paulusbriefe handelt.

Dabei wird W. Schmithals' These, „die Übernahme der paulinischen Autorität durch die Gnostiker" sei „nur dann zu verstehen, wenn abfallende Christen die Paulusüberlieferung in die gnostischen Gemeinden mitnahmen"[100], im Prinzip nicht falsch sein[101]; sie ist freilich zu ergänzen durch die Feststellung, daß nicht nur Paulus-Tradition, sondern jede Art christlicher Tradition „mitgenommen" wurde[102].

Wenn diese Feststellungen auch nur im wesentlichen zutreffend sein sollten, so ergibt sich als Konsequenz, daß die Haltung der „rechtgläubigen" Kirche Paulus und den paulinischen Briefen gegenüber keinesfalls eine verlegene Reaktion auf gnostische Paulusrezeption gewesen sein kann[103]; die Art der gnostischen Textinterpretation machte es im Gegenteil schon Irenäus verhältnismäßig leicht, die gnostischen Deutungen paulinischer Aussagen zurückzuweisen[104].

Falls aber wirklich – wofür es m. E. kaum ein Indiz gibt – die gnostische Paulusbenutzung bei den „Rechtgläubigen" Verlegenheit ausgelöst haben sollte, dann müßte diese Verlegenheit auch angesichts der gnostischen Benutzung der Synoptiker und des Alten Testaments sichtbar werden. Aber weder das eine noch das andere ist der Fall.

---

[98] Die Vorstellung, die Gnostiker hätten das AT abgelehnt, ist ja keineswegs zutreffend. Vgl. Campenhausen, Entstehung, 91; ders., Ges. Aufs., 172f.

[99] Damit ist nicht gemeint: Die Vf der synoptischen Evangelien. Die Evangelien kommen vielmehr als Zeugnisse für Leben und Lehre des *κύριος* in den Blick.

[100] Schmithals, Apostelamt, 223.

[101] Die hinter den Ausdrücken „Abfall" und „mitnehmen" stehende Vorstellung ist problematisch. Man wird sich den Übergang von „rechtgläubigen" Christen zu den „Häretikern" ursprünglich nicht als eine Art Konfessionswechsel vorstellen dürfen. Selbst bei den Kirchenvätern des 2./3. Jahrhunderts schimmert ja noch durch, daß einige Häresien lange Zeit „nicht erkannt" wurden. Vgl. dazu insbesondere Koschorke, Polemik, 204–255.

[102] Vgl. Haenchen, Apg, 678 (gegen Klein): Wie die Valentinianer sich auf Paulus berufen konnten, so Basilides auf Petrus. „Indem sie solche apostolischen Traditionen zu besitzen behaupteten, wollten offensichtlich gewisse gnostische Kreise ihre Rechtgläubigkeit beweisen."

[103] Vgl. z. B. Bousset, Kyrios, 190–192: Zwar sei die Gnosis kein „weitergebildeter und konsequenter Paulinismus"; aber es sei das paulinische Christentum gewesen, das „die gnostischen Kreise magnetartig an dieses herangezogen hat" – und deshalb sei Paulus von der Kirche totgeschwiegen worden. – Kritisch dazu Haenchen, Apg, 679: „Die Vermutung, Paulus sei als Gnostiker bei der ‚Großkirche' verfehmt gewesen", sei „fragwürdig".

[104] S. o Anm 66. Ähnlich verfährt Tertullian, der ohne besondere Schwierigkeiten zeigt, wie bestimmte häretische Lehren paulinischen Aussagen widersprechen (vgl. Praescr Haer 33).

c) Pauluszitate in den Texten von Nag Hammadi[105]

1. Vorbemerkung

In vier Nag-Hammadi-Schriften finden sich namentliche Erwähnungen des Paulus (s.o. S. 99f). Vermutlich enthalten also zumindest diese Texte Anspielungen auf paulinische Aussagen oder Hinweise auf die Theologie des Paulus. E. Pagels meint denn auch, daß die Nag-Hammadi-Texte "offer extraordinary new evidence for Gnostic Pauline tradition"; sie bestätigten die Richtigkeit der valentinianischen Behauptung "that Paul exorted a great influence on the development of their theology"[106]. Die entgegengesetzte Beobachtung macht R.A. Bullard, der erklärt, Pauluszitate seien, wie in gnostischer Literatur überhaupt, in Nag Hammadi selten[107].

Diese widersprüchlichen Urteile angesichts einer doch weitgehend übereinstimmenden Textbasis[108] zeigen, vor welche methodischen Probleme die Nag-Hammadi-Schriften die Untersuchung stellen. Es ist hier noch viel schwieriger als in den neutestamentlichen und den gleichzeitig entstandenen sonstigen „kirchlichen" Schriften, zu bestimmen, was überhaupt ein „Zitat" oder eine „Anspielung" ist. Das hängt einmal mit dem besonderen Charakter dieser Texte zusammen, die ja esoterische Literatur sind und deshalb häufig stark verschlüsselt reden. Und es ist zum anderen auf die Tatsache zurückzuführen, daß die Texte in koptischer (Übersetzung) und nicht in griechischer Sprache überliefert sind. Daher lassen sich z.B. terminologische Parallelen sehr viel schwerer erkennen. Nicht nur der Vergleich mit dem griechischen Paulustext wirft hier Probleme auf, sondern ebenso natürlich der Vergleich mit dem sahidischen bzw. dem bohairischen Neuen Testament; denn die koptischen NT-Versionen sind in einer Textgestalt erhalten, die jünger ist als die Nag-Hammadi-Schriften[109]. Und die Methode der Rückübersetzung ist schon deshalb sehr problematisch, weil die Ursprache der in Nag Hammadi koptisch erhaltenen Schriften nicht in allen Fällen das Griechische gewesen sein dürfte[110]. Der detaillierte Vergleich der Nag-Hammadi-Texte mit den paulinischen Briefen ist daher nur unter Vorbehalt möglich.

---

[105] Zu danken habe ich an dieser Stelle Herrn Jürgen Horn vom Ägyptologischen Seminar der Universität Göttingen für zahlreiche Hinweise bei Übersetzungsproblemen aus dem Koptischen und für die Hilfe bei der Entzifferung der bisher nur in den Faksimile-Ausgaben vorliegenden Texte.

[106] PAGELS, Paul, 2: "Apparently a far greater influence than scholars have suspected."

[107] BULLARD, Hypostasis, 47.

[108] Bullard kennt (1970) weniger Texte als Pagels (1975).

[109] Dies scheint SCHRAGE, Verhältnis, 15–17 nicht genügend zu berücksichtigen, wenn er annimmt, Th Ev sei von den koptischen Versionen der Synoptiker abhängig. Zur Kritik an diesem methodischen Vorgehen vgl. RUDOLPH, ThR NF 34, 1969, 189; SCHENKE, ThLZ 93, 1968, 36–38. Vgl. aber auch SCHRAGE, in: BZNW 30, 1964 (Festschrift Haenchen), 264.

[110] Von allen anderen grundsätzlichen Problemen dieses Verfahrens sei dabei ganz

Es werden im folgenden nur diejenigen Nag-Hammadi-Texte besprochen, die m. E. tatsächlich Berührungen mit paulinischen Aussagen aufweisen. Es wird also darauf verzichtet, etwa alle in der „Biblia Patristica" aufgeführten „Parallelstellen" zu diskutieren[111].

Ein weiteres grundsätzliches Problem der Nag-Hammadi-Texte wird im folgenden generell ausgeklammert: Die Frage der Datierung der Texte und der in ihnen verarbeiteten Traditionen. Die Handschriften stammen überwiegend aus dem 3. und 4. Jahrhundert[112], die Texte sind aber mit Sicherheit älter. Aus methodischen Gründen nehme ich an, daß alle Nag-Hammadi-Texte in den hier zu untersuchenden Zeitraum gehören, also spätestens gegen Ende des 2. Jahrhunderts verfaßt wurden[113].

Das Problem der neutestamentlichen, speziell der paulinischen Zitate und Anspielungen in den Nag-Hammadi-Texten ist von W.C. van Unnik im Zusammenhang mit dem EV thematisch erörtert worden. Er stellte die folgenden negativen Kriterien auf, die hier im wesentlichen übernommen werden:

Als Zitate bzw. Anspielungen sollen nicht gelten

1. Gedanken oder Begriffe, bei denen eine Abhängigkeit des Paulus von gnostischen Einflüssen denkbar ist;
2. einzelne Stichworte, die hier und dort vollkommen unterschiedlich verstanden werden (Beispiel: πλήρωμα);
3. dualistische Aussageformen (etwa: Licht und Finsternis, Fleisch und Geist), die Paulus und die Gnostiker unabhängig voneinander verwendet haben dürften.

Dann bleibt, wie es van Unnik formuliert hat, als eigentliche Frage stehen: "Are the reminiscences all of this general kind or is there any clear indication

---

abgesehen. Wie fragwürdig die Methode ist, kann der Vergleich der beiden Fassungen des Äg Ev (NHC III/2 p 40–69; NHC IV/2 p 50–83) zeigen: Beide Texte weichen bisweilen so stark voneinander ab, daß sich die griechische Vorlage nicht rekonstruieren ließe.

[111] Nur ein Beispiel: Die „Biblia Patristica" verzeichnet zu Apc Jac 1 an drei Stellen paulinischen Einfluß, zu Apc Jac 2 an fünf Stellen. Es handelt sich dabei um die Bezeichnung des Jakobus als „Bruder" (was angeblich eine Anspielung auf Gal 1,19 ist) oder um Stichworte wie αἰχμαλωτίζειν (angeblich ein Hinweis auf Eph 4,8). Tatsächlich sind beide Apc Jac von Paulus-Tradition nicht berührt.

[112] Vgl. Gnosis und NT, 13f. Einige Handschriften ließen sich „mit gutem Grund in das 2. Jahrhundert datieren" (aaO., 14).

[113] Daher wird auch ein Text wie der „Tractatus Tripartitus" mitbehandelt (s. u. S. 323f), obwohl es sich hier vermutlich um ein spätes Produkt der (valentinianischen) Gnosis handelt (vgl. Quispel, Tractatus I, 369). Es gilt hier das methodische Prinzip: „Die Schriften müssen alle aus sich selbst interpretiert werden, da die näheren Umstände ihrer Abfassung unbekannt sind" (Gnosis und NT, 15). Daher wird auch auf die Bestimmung des möglichen Entstehungsortes verzichtet.

that the author used books which are now comprised within the New Testament?"[114]

Dieser Minimalkatalog bedeutet, daß möglicherweise einige Anspielungen übersehen werden; aber das Ziel der vorliegenden Arbeit ist ja, die einigermaßen „sicheren" Übernahmen paulinischer Aussagen festzustellen. Daher scheint das gewählte Verfahren methodisch gerechtfertigt zu sein.

2. Analyse der Texte

1. Die erste [115] für diese Untersuchung wichtige Schrift ist das *„Evangelium Veritatis"* (NHC I/2 [NHL I/3] p 16–43). In der Forschung ist umstritten, ob das EV valentinianischen Ursprungs ist, ob es möglicherweise von Valentin selbst verfaßt wurde, oder ob es mit den Valentinianern gar nichts zu tun hat[116]. Für unseren Zusammenhang ist die Frage unerheblich[117].

Das Problem der Abhängigkeit des EV von neutestamentlichen Schriften ist in der Forschung relativ häufig untersucht worden; denn man ist sich, wie S. Arai bemerkt, darin einig, „daß diese Schrift dem Neuen Testament näher steht als andere gnostische Schriften"[118]. Bereits die ersten Zeilen (p 16,31–33) erinnern nach Meinung einiger Exegeten an Röm 1,16f, wie vor allem die starke Betonung des Stichworts „Evangelium" zeige[119]. L. Cerfaux meint sogar, EV sei im Grunde ein Kommentar zu Röm 1–3 «et traduit l'exposé paulinien en langue gnostique»: An die Stelle des paulinischen Sündenbegriffs sei der Gedanke der Gottes-Unkenntnis, an die Stelle der Manifestation der *δικαιοσύνη θεοῦ* sei die Vorstellung von der Offenbarung der „Gnosis" durch Christus getreten[120]. Aber daran zeigt sich doch letztlich nur,

---

[114] VAN UNNIK, in: Jung Codex, 108.

[115] Ich folge der Übersichtlichkeit wegen der Reihenfolge der Texte in den Codices (vgl. die Übersicht NHL p XIII–XV; ferner Gnosis und NT, 21–76; die in NHC I abweichende Zählung der Schriften in NHL ist jeweils vermerkt).

[116] Vgl. VAN UNNIK, in: Jung Codex; Quispel, ZRGG 6, 1954, 294–296. ARAI, Christologie, 13: „Die Möglichkeit, Valentin selber habe eine dem Ev Ver ähnliche Schrift geschrieben, bleibt bestehen." Dagegen Gnosis und NT, 27f: „Der Text enthält nichts spezifisch Valentinianisches." Vgl. auch SCHENKE, Herkunft, 20–25; WEIGANDT, Doketismus, 93. Nach ROBINSON, JR 43, 1963, 234–243 stammt EV von Markosianern, die den bei Iren Haer I 13–21 erwähnten verwandt gewesen seien.

[117] Ein eigenes Urteil ist mir nicht möglich. Allerdings scheinen mir die von WEIGANDT, Doketismus, 93 gegebenen Hinweise, das EV enthalte weder eine Himmelstopographie und eine Äonenlehre noch die Vorstellung vom Demiurgen, Indizien gegen valentinianischen Ursprung zu sein. Bemerkenswert ist die undoketische Christologie des EV (p 20,10–14.29); vgl. ARAI, Christologie, 93–96.

[118] ARAI, Christologie, 16. Vgl. auch VIELHAUER, Geschichte, 749.

[119] CERFAUX, NTS 5, 1958/59, 103; STANDAERT, NTS 22, 1976, 251: «Le prologue [16,31–17,4] de l'Evangile rappelle étonnemment la composition initiale de l'épître aux Romains.» p 18,11ff entspreche dem Prolog in derselben Weise, wie Röm 1,14ff dem Eingang des Röm (1,1.6f). Aber wie problematisch solche Thesen zum Strukturvergleich sind, zeigt die Tatsache, daß Standaert ähnliche formale Übereinstimmungen auch zwischen EV und Mk, Hebr sowie Mt feststellt.

[120] CERFAUX, NTS 5, 1958/59, 104. Vgl. aaO., 110.

daß EV eben eine christlich-gnostische Schrift ist, die die entsprechenden gnostischen Tendenzen enthält; eine spezifische Umsetzung gerade paulinischer Gedanken läßt sich hier nicht erkennen. Es ist zwar richtig, daß der Begriff des ЄYAΓΓЄΛION im EV nicht formal gefaßt, sondern inhaltlich-theologisch gefüllt ist (vgl. vor allem p 18,11ff); aber auf paulinischen Einfluß weist das allein jedenfalls nocht nicht[121].

Interessanter ist p 18,12–17. Die Aussage, das ЄYAΓΓЄΛION habe Christus geoffenbart als das verborgene MYCTHPION, erinnert deutlich an das deuteropaulinische Revelationsschema, das ja auch in anderen gnostischen Texten benutzt wird[122]. Hier ist Einfluß paulinischer Tradition nicht auszuschließen; aber man wird kaum sagen können, daß «la citation de ces textes (nämlich Eph 3,3f.9; 6,19; Kol 1,26) ... est presque explicite», wie J. Ménard meint[123]. Zurückhaltung ist noch dringlicher geboten angesichts von p 18,33–37: Ménard sieht die Aussagen über „das All“ (ΠTHPϤ) geradezu als Interpretation von 1 Kor 8,6; Eph 4,6; Kol 1,17 an[124]; aber die Parallele besteht im Grunde nur darin, daß hier wie dort Aussagen über das All (und über den „Vater des Alls“) gemacht werden.

In p 19,32–34 wird über die Beziehung der Gnostiker zum Vater gesagt, daß sie „erkannt haben und erkannt wurden, daß sie verherrlicht wurden und verherrlicht haben“ (AYCAYNЄ AYCOYΩNOY AYϪI ЄAY AY† ЄAY). Das erinnert in der Tat an Aussagen wie 1 Kor 8,2f; 13,12; Gal 4,9[125], so dàß man vielleicht wirklich «manifeste influence paulinienne jusque dans les mots» konstatieren könnte[126]. J. Ménard behauptet, der Gedanke der gegenseitigen Erkenntnis Gottes und des Menschen sei «une doctrine typiquement paulinienne»[127], im EV freilich gnostisch transformiert «sur la compénétration du sujet et de l'objet»[128]. Aber wieder ist Vorsicht am Platze: Das in 1 Kor 8,2f ausgesprochene Prinzip ist in der Antike verbreitet[129]; schon Paulus selbst hat es übernommen. Außerdem bestehen zu keiner der genannten Paulusstellen auffällige Textparallelen (die Formulierungen mit ϪI und † begegnen jedenfalls im sahidischen Paulustext nicht).

---

121 Eher noch könnte man sagen, daß der Prolog des EV mit dem Joh-Prolog verwandt ist, wo zwar das Stichwort *εὐαγγέλιον* fehlt (wie bei Joh überhaupt), wo aber die Verbindung *χάρις καὶ ἀλήθεια* ähnlich wie im EV von Bedeutung ist.

122 S.o. S. 307 (mit Anm 72).

123 MÉNARD, Evangile Ver, 8.

124 MÉNARD, Evangile Ver, 90. Auch SCHENKE, Herkunft, 35 verweist auf Kol 1,17, ohne jedoch einen literarischen Zusammenhang zu behaupten.

125 Vgl. SCHENKE, Herkunft, 36.

126 MÉNARD, Evangile Ver, 4.

127 MÉNARD, Evangile Ver, 8.

128 MÉNARD, Evangile Ver, 94.

129 Vgl. CONZELMANN, 1 Kor, 167f.

Das Thema „Gnosis" (ϹΑΥΝⲈ) wird in 22,2–19 ausführlich abgehandelt; hier besteht keinerlei Berührung mit paulinischen Aussagen[130].

Besonders bemerkenswert ist der Abschnitt p 20,25–34, der mehrere an Paulus erinnernde Formulierungen enthält. Das Bild von Z 25–27 (Jesus hat das ΔΙΑΤΑΓΜΑ des Vaters am Kreuz angeschlagen) entspricht jedenfalls auf den ersten Blick der Aussage von Kol 2,14[131]; Z 28f („mit ewigem Leben bekleidet wendet er sich hinab zum Tode" ⲈϤϹⲰΚ ⲘⲘΑϤ ΑⲠΙΤⲚ ΑⲠΜΟΥ ⲈⲢⲈⲠΙⲰⲚϨ ΝΑΝΗⲢⲈ ΤΟ ϨΙⲰⲰϤ), berührt sich, wenn auch sehr schwach, mit Phil 2,8[132]; und das Bild vom „Ausziehen der Vergänglichkeit und Anziehen der Unvergänglichkeit" erinnert schließlich an 1 Kor 15,53f[133]. Aber die Parallele p 20,25ff/Kol 2,14 besteht nur äußerlich: Kol spricht vom Sühnetod Jesu und davon, daß er die „gegen uns lautende Urkunde" *(χειρόγραφον τοῖς δόγμασιν ὁ ἦν ὑπεναντίον ἡμῖν)* ans Kreuz geheftet habe *(προσηλώσας αὐτὸ τῷ σταυρῷ)*; im EV dagegen ist Jesu Tod gerade die Bekanntmachung der „Verordnung des Vaters" (ΑϤΤⲰϬⲈ ⲘⲠΔΙΑΤΑΓΜΑ)[134]. Der Vf des EV hat Kol (zumindest das Bild von Kol 2,14) also zwar in der Tat gekannt, dessen Theologie aber nicht übernommen. Ebenso mag auch der Gedanke von p 20,30ff auf 1 Kor 15,53f zurückgehen; er wäre inhaltlich dann aber völlig umgestaltet: Die bei Paulus eschatologische Aussage ist zu einer rein christologischen geworden. Dagegen kann die Übereinstimmung zwischen p 20,28f und Phil 2,8 auf Zufall beruhen (vgl., daß der Hinweis auf das Kreuz fehlt!). Insgesamt aber spricht der Abschnitt p 20,25ff doch für die Annahme, daß der Vf des EV paulinische Aussagen gekannt und, wenn auch in veränderter Form, verwendet hat; das Urteil, er habe 1 Kor bzw. Kol insgesamt „gekannt", läßt sich daraus aber nicht unmittelbar ableiten.

Auffällig ist die Ähnlichkeit der Aussagen von p 43,6f und Röm 5,5: Der Vf des EV spricht von den „wahren Brüdern, über die sich die Liebe des Vaters ergießt", was Röm 5,5 zumindest begrifflich nahekommt. Ob dies für die Annahme eines literarischen Zusammenhangs wirklich ausreicht[135], wird aber zu bezweifeln sein[136].

130 Vgl. ARAI, Christologie, 23–25. MÉNARD, Evangile Ver, 8 will freilich in p 22,11 ein wörtliches Zitat aus 2 Kor 5,9 (sahidischer Text) sehen. Aber der Gedanke, daß der Gnostiker Gott „wohlgefällig" sein will, ist auch ohne diese Annahme verständlich.

131 Nach STORY, Nature, 129f liegt zweifellos literarischer Einfluß vor.

132 Im sahidischen Text von Phil 2,8 heißt es: ΑϤⲐⲂⲂΙΟϤ ⲈΑϤϢⲰⲠⲈ ⲚϹⲦΜΗΤ ϢΑϨⲢΑΙ ⲈⲠΜΟΥ – die wörtliche Übereinstimmung ist also gering.

133 Vgl. STORY, Nature, 50; MÉNARD, Evangile Ver, 100.

134 ΤⲰϬⲈ heißt nicht „austilgen", sondern „befestigen, verbindlich machen": ΤⲰϬ ⲈΒΟⲖ "fix outwardly, set forth, publish" (Crum, Wb., 465a). – Vgl. zur Stelle ARAI, Christologie, 102f, der die Aussage im übrigen – m. E. zu Unrecht – eher von Joh her verstehen will. – Eine Parallele ist Inter (NHC XI/1) p 14,29f. S. dazu u. S. 340f.

135 So STORY, Nature, 41; MÉNARD, Evangile Ver, 141.

136 Es ist zu beachten, daß dem griechischen *ἐκκέχυται* in der sahidischen Version von Röm 5,5 der Qual. ⲠΑϨⲦ ⲈΒΟⲖ („ist ausgegossen") voll entspricht, während in EV p 43,6f das fientische Verbum ϢΟΥΟ „fließen" gebraucht ist, das keinen Zustand, sondern einen Vorgang bezeichnet (mündl. Hinweis von J. Horn).

Weitere Parallelen zu paulinischen Aussagen bestehen nicht[137].

Die Analyse hat ergeben, daß der Vf des EV paulinische Sätze gekannt hat; an einigen Stellen besitzt die Annahme unmittelbarer literarischer Berührung zumindest einen hohen Grad von Wahrscheinlichkeit. Aber von wirklichem paulinischem Einfluß[138] kann man ebensowenig sprechen wie davon, daß der Vf "was acquainted with ... the Pauline Epistles"[139]. Die hier und da anklingenden paulinischen Termini sind weder im Rahmen der Theologie des Apostels noch andererseits für das EV von wirklich großer Bedeutung[140].

2. Völlig anders stellt sich die Beziehung zwischen Paulus und dem *„Brief an Rheginus"*[141] (De resurrectione; NHC I/3 [NHL I/4] p 43–50) dar. Nach Meinung R. McL. Wilsons ist Rheg „interessant wegen des ständigen Gebrauchs paulinischer Themen"; er zeige, „wie ein Denker des zweiten Jahrhunderts aus dem Blickpunkt seiner eigenen späteren Tradition Paulus verstehen und interpretieren konnte"[142].

Ähnlich wie beim EV wird auch bei Rheg darüber gestritten, ob der Brief „ein Werk der valentinianischen Schule" ist[143]. Aber es ist offenbar kaum möglich, ihn einer bestimmten gnostischen Richtung zuzuweisen[144]; spekulative Elemente fehlen jedenfalls fast ganz[145]. Rheg gilt vielfach als relativ spät verfaßt[146]; aber er gehört auf jeden Fall in den sachlichen Rahmen dieser Untersuchung.

Im Rheg findet sich nicht nur eine ausdrückliche Erwähnung des Paulus (ⲠⲀⲠⲞⲤⲦⲞⲖⲞⲤ, p 45,24f)[147], sondern er enthält auch zweifelsfrei Anspielungen und Zitate paulinischer Texte.

In der am Anfang (p 43,33f) stehenden Formulierung, daß bestimmte Leute nicht „innerhalb des Wortes der Wahrheit stehen" (ⲀⲨⲀϨⲈ ⲀⲢⲈⲦⲞⲨ ⲘⲪⲞⲨⲚ ⲘⲠⲖⲞⲄⲞⲤ ⲚⲦⲘⲎⲈ), sieht M. L. Peel einen deutlichen Anklang an

---

137 Einen Zusammenhang mit 2 Kor 5,4 sieht Ménard, Evangile Ver, 124 in p 25,18 ("citation implicite"); nach Story, Nature, 32 und Ménard, aaO., 176 erinnert p 37,24.26 an Röm 11,33. Aber es handelt sich beidemal um allgemein gebräuchliche Aussagen bzw. Vorstellungen.

138 So Ménard, Evangile Ver, 8.

139 van Unnik, in: Jung Codex, 122.

140 Ein anderes Ergebnis würde möglicherweise ein Vergleich des EV mit Joh bringen.

141 Nach Peel, Gnosis, 21 handelt es sich „um einen apologetischen Lehrbrief, den ein Lehrer an einen seiner Schüler als Antwort auf bestimmte von dem Schüler gestellte Fragen geschrieben hat". Die häufig verwendete Bezeichnung „Traktat" werde dem Text nicht gerecht.

142 Wilson, Gnosis, 115.

143 So Wilson, Gnosis, 116. Dagegen Schenke, OLZ 60, 1965, 473.

144 Schenke, ZNW 59, 1968, 125.

145 Vgl. Peel, Gnosis, 37; Luz, ChC 8, 1972, 93–95.

146 Schenke, OLZ 60, 1965, 472; Peel, Gnosis, 187: Letztes Drittel des 2. Jahrhunderts; Haenchen, Gn 36, 1964, 362: Das griechische Original stamme jedenfalls aus dem 2. Jahrhundert.

147 S. o. S. 100.

1 Kor 15,1[148]. Zwar ist die wörtliche Übereinstimmung im Grunde sehr gering; aber da der Vf des Rheg 1 Kor 15 offensichtlich kennt (s. u.), ist die Parallelität der Aussagen[149], zumal auch angesichts der betonten Plazierung zu Beginn des Briefes, doch am einfachsten zu erklären, wenn man literarische Abhängigkeit annimmt.

Anders verhält es sich mit p 44,37f. Die von den ersten Herausgebern des Rheg vertretene These, die Erwähnung von „Herrschaften" und „Gottheiten" sei als Anspielung auf Kol 1,16 zu verstehen[150], wird von M. L. Peel m. E. zu Recht zurückwiesen[151]. Derartige Terminologie ist in der (christlichen) Gnosis weit verbreitet.

Eine zweite Anspielung auf 1 Kor 15 macht der Vf in p 45,14–17. Die Formulierung, der Erlöser habe „den Tod verschlungen" (p 45,14f: ПСΩТНР АϤΩМ̄N̄К М̄ПМОУ), klingt zwar im Wortlaut nur schwach an 1 Kor 15,54 an[152]; aber da auch die folgenden Aussagen (p 45,15–18) sich terminologisch mit 1 Kor 15 (V. 51 f) berühren[153], ist die literarische Benutzung des Paulustextes auch hier wahrscheinlich. Der ganze Abschnitt p 45,14–23 ist offenbar eine Art Kommentar zu 1 Kor 15,51–55, wobei der Vf sich darum bemüht hat, die christologische Basis der paulinischen Auferstehungsaussage festzuhalten und zu verdeutlichen. Die theologische Spitze liegt in p 45,22f: „Er gab uns den Weg unserer Unsterblichkeit" – d. h. die christologische Aussage wird nun soteriologisch interpretiert[154].

Unmittelbar darauf folgt der für unser Thema wichtigste Abschnitt des Briefes: In p 45,23–28 findet sich ein ausdrücklich eingeleitetes Pauluszitat, das zwar so im Corpus Paulinum gar nicht begegnet, das aber doch deutlich an paulinische Texte anknüpft. M. L. Peel hat eine sehr sorgfältige Analyse dieses Abschnitts durchgeführt und sowohl vom koptischen Text her als auch mit Hilfe von Rückübersetzungsversuchen m. E. nachgewiesen, daß p 45,23–28 Anspielungen auf Röm 8,17; Kol 2,12; Eph 2,6 enthält[155]. Die Frage ist nur, ob eine solche Kompilation von drei verschiedenen, wenn auch miteinander verwandten Texten auf den Vf des Rheg zurückgeht, oder ob er sich bereits einer Tradition bedient, die ihm unmittelbar als „Pauluswort" überkommen war[156]. In der Tat scheint letzteres der Fall zu sein: Das Paulus-„Zitat" ist

[148] PEEL, Gnosis, 62.

[149] ПЛОГОС Н̄ТМНЄ ist verständlich als Umschreibung von *εὐαγγέλιον*.

[150] MALININE-PUECH-QUISPEL, De Resurrectione, p XX.

[151] PEEL, Gnosis, 72.

[152] Übereinstimmend ist nur das Stichwort „verschlingen" ΩМК/

[153] PEEL, Gnosis, 76: АϤϢ̄Ϥ̄Т̣[Ϥ] „er verwandelte sich" ist wahrscheinlich A_2 für S ϢІВЄ (vgl. 1 Kor 15,51 f sa).

[154] Der Ausdruck „Weg unserer Unsterblichkeit" (ТЄϨІН Н̄ТМ̄Н̄Т АТМОУ) ist nicht a priori im Sinne gnostischer, d. h. präsentisch-perfektischer Eschatologie zu verstehen. Freilich steuert der Vf mit dem folgenden Zitat darauf zu.

[155] PEEL, Gnosis, 79–81.

[156] Vgl. WILSON, Gnosis, 70: Es sei schwer zu entscheiden, „ob der Autor das Material bewußt für seine eigenen Zwecke auswählt und der tatsächlich gnostischen

offenbar in einem theologischen Bereich entstanden, wo man unmittelbar an die Eschatologie und Soteriologie der Deuteropaulinen (Kol und vor allem Eph) anknüpfen und diese weiterführen wollte und konnte. Sachlich stimmt der in p 45,25–28 zum Ausdruck gebrachte Gedanke am ehesten mit Eph 2,5f überein[157], auch wenn die wörtlichen Übereinstimmungen gerade hier besonders gering sind. Anders als im Eph ist der Gedanke des Mit-leidens (mit Christus) in die zitierte Paulus-Tradition eingefügt worden (offensichtlich in Anlehnung an Röm 8,17), während der Gedanke des Mit-sterbens ebenso wie im Eph fehlt (trotz der Nähe zu Kol 2,12). Man wird daraus schließen dürfen, daß der Vf des Rheg Röm 6,1–11 (vgl. insbesondere 6,8) nicht gekannt bzw. daß er den Zusammenhang nicht gesehen hat. Für ihn hat das „Pauluswort" von p 45,25–28 offensichtlich nichts mit der Taufe zu tun[158]; es geht ihm vielmehr um eine „Gleichförmigkeit" der Christen mit Christus (vgl. auch p 44,17–20; 45,30).

Der Vf des Rheg hat in p 45,14–46,2 die paulinischen Aussagen von 1 Kor 15 und die in erster Linie an deuteropaulinische Texte anknüpfende Tradition miteinander verbunden[159]; die bereits ihrerseits von gnostischen Vorstellungen bestimmter Aussagen von Eph 2 bildeten hierbei offenkundig den hermeneutischen Schlüssel.

Es ist fraglos richtig, daß diese Art von Soteriologie und „Eschatologie" unpaulinisch ist[160], der Vf des Rheg sich also objektiv zu Unrecht auf Paulus beruft. Man muß aber berücksichtigen, daß die „Gnostisierung" der paulinischen Auferstehungstheologie nicht erst im Rheg erfolgt ist, sondern schon im Eph. Der Vf des Rheg hat mit seiner entscheidenden These: „Dies ist die pneumatische Auferstehung, die verschlingt die psychische ebenso wie auch die fleischliche" (p 45,39–46,2)[161] den in Eph 2,5–7 nur implizit ausgesproche-

Lehre einen paulinischen Klang gibt, ob er ungenau und aus dem Gedächtnis zitiert oder schließlich, ob er die paulinischen Worte und Sätze einfach nur wiederholt, ohne jede Absicht, die Aussagen des Paulus oder seine Lehre genau wiederzugeben". Die letzte Annahme ist m.E. am unwahrscheinlichsten, denn das „Zitat" wird ja sehr nachdrücklich eingeführt – d.h. der Vf glaubt durchaus zu zitieren.

[157] So auch Peel, Gnosis, 81.

[158] So m.R. auch Peel, Gnosis, 80; Haardt, Kairos NF 12, 1970, 255; gegen Puech-Quispel, Vig Chr 8, 1954, 42f; Weiss, BZNW 37, 122.

[159] Natürlich galten ihm beide Vorlagen als paulinisch. – Hinzu kommen dann Elemente einer Sonnen-Mythologie (p 45,31–39); vgl. Puech-Quispel, Vig Chr 8, 1954, 44.

[160] Vgl. Robinson, Entwicklungslinien, 33.

[161] ⲦⲈⲈⲒ ⲦⲈ ⲦⲀⲚⲀⲤⲦⲀⲤⲒⲤ Ⲛ̄ⲠⲚⲈⲨⲘⲀⲦⲒⲔⲎ ⲈⲤⲰⲘ̄Ⲛ̄Ⲕ Ⲛ̄ⲦⲮⲨⲬⲒⲔⲎ ϨⲞⲘⲞⲒⲰⲤ Ⲙ̄Ⲛ̄ ⲦⲔⲈⲤⲀⲢⲔⲒⲔⲎ Vgl. p 49,14–30. Peel, Gnosis, 83 meint, der Abschnitt p 45,39–46,2 sei „mit paulinischer Terminologie durchsetzt", und er verweist auf 1 Kor 15,42–46. Aber „paulinisch" ist diese Terminologie nicht; sie spielt in der Gnosis auch unabhängig von Paulus eine grundlegende Rolle. Gleichwohl ist Einfluß von 1 Kor 15 nicht auszuschließen (der Vf des Rheg hat diesen Text ja gekannt), obwohl dann – wie Peel m. R. selbst feststellt – eine Modifizierung der dortigen Aussagen vorläge.

nen Gedanken theologisch auf den Begriff gebracht. Rheg stimmt mit Eph darin überein, daß er die „Eschatologie" bzw. Soteriologie nicht mehr in einem unmittelbaren Zusammenhang mit der Taufe sieht[162], sondern sie direkt aus der Christologie ableitet. Rheg führt aber insoweit über Eph hinaus, als er das Problem des Verhältnisses von (bevorstehendem) leiblichem Sterben und (geschehener) pneumatischer Auferstehung gesehen und diskutiert hat (vgl. p 49,16–30). Insofern mag man sagen, daß der Vf des Rheg sich vielleicht als Paulus-Schüler gefühlt hat, auch wenn er in Wahrheit natürlich ein „Schüler" des bereits gnostisierenden „Deuteropaulinismus" gewesen ist[163].

Das zeigt auch der schwierige Satz p 48,3–6, wo es heißt, die Auferstehung sei „die jederzeitige Offenbarung für diejenigen, die auferstanden sind". Gemeint ist anscheinend, daß der Gnostiker die Auferstehung schon besitzt und insofern sich bereits als auferstanden offenbart. Jedenfalls wird die Stelle kaum auf eine noch bevorstehende Auferweckung zu deuten sein, sondern von p 45,24ff her interpretiert werden müssen[164].

Der Vf des Rheg hat außer 1 Kor 15 und der in p 45,24ff zitierten deuteropaulinischen Tradition möglicherweise auch Phil gekannt: In 47,19–22 findet sich jedenfalls eine Wendung, die an Phil 1,21.23 erinnert: „Du hast Abwesenheit als Gewinn. Denn du wirst nicht das Bessere aufgeben, wenn du scheidest." Die Stelle berührt sich nach Sinn und Wortlaut mit dem Satz des Paulus, ihm sei *τὸ ἀποθανεῖν κέρδος*[165]. Die Fortsetzung (Phil 1,24–26) war natürlich im Zusammenhang des Rheg nicht mehr brauchbar.

Der letzte hier zu untersuchende Text des Rheg ist p 49,9–16. In Z 11 f findet sich die Wendung „nach diesem Fleisch leben" (ⲢⲠⲞⲖⲒⲦⲈⲨⲈⲤⲐⲀⲒ ⲔⲀⲦⲀ ⲦⲈⲈⲒⲤⲀⲢⲜ), die an Röm 8,4; 2 Kor 10,2 erinnert[166]. Aber für die Annahme einer literarischen Abhängigkeit reicht das nicht aus.

---

[162] Auch in Eph 2 ist von der Taufe nicht die Rede.

[163] Weiss, BZNW 37, 122f meint, das gnostische Verständnis von Auferstehung gründe sich auf den Zusammenhang von Taufe und Auferweckung, der sich schon in Röm 6 zeige; insofern seien die Gnostiker „in der Tat als Paulus-Schüler zu bezeichnen", denn ihr Interesse an der Gegenwartsbedeutung der Taufe nehme ein genuin paulinisches Anliegen auf. – Rheg zeigt m. E., daß davon keine Rede sein kann: Das gnostische Auferstehungsverständnis stellt gegenüber dem paulinischen einen Bruch dar, knüpft jedoch an Eph positiv an.

[164] Mit Zandee, ThT 16, 1962, 363f; die Gegenargumente von Peel, Gnosis, 97 leuchten mir nicht ein: Der Satz besage, „daß im Gefolge der Auferstehung die Auferstehungsgestalt ... des Gläubigen offenbar wird" (futurisch gemeint). Aber gerade die Fortsetzung p 48,6–11 mit der Anspielung auf Mk 9,2ff (zitiert als „Evangelium") macht die präsentische Deutung sehr viel wahrscheinlicher.

[165] Im koptischen Text von Phil 1,21 begegnet ebenso ϨⲎⲨ wie in Rheg p 47,20. Daß ⲀⲠⲞⲨⲤⲒⲀ an die Stelle von *ἀποθανεῖν* tritt, ist naheliegend (mit Phil 2,12 hat das natürlich nichts zu tun).

[166] So Peel, Gnosis, 105. Bei Paulus heißt es allerdings *κατὰ σάρκα περιπατεῖν* (sa: ⲘⲞⲞϢⲈ).

p 49,13–24 bestätigt im übrigen offenbar die Richtigkeit der zu p 48,3ff vorgeschlagenen Interpretation (s.o.): „... fliehe vor den Spaltungen und den Fesseln, und schon hast du die Auferstehung" (ⲀⲘⲞⲨ ⲀⲂⲀⲖ ϨⲚ̄ Ⲛ̄ⲘⲈⲢⲒⲤⲘⲞⲤ Ⲙ̄Ⲛ̄ Ⲛ̄Ⲙ̄Ⲣ̄ⲢⲈ ⲀⲨⲰ ⲎⲆⲎ ⲞⲨⲚⲦⲈⲔ Ⲙ̄ⲘⲈⲨ Ⲛ̄ⲦⲀⲚⲀⲤⲦⲀⲤⲒⲤ). „Denn wenn der, der sterben wird, von sich selbst weiß, daß er sterben wird – selbst wenn er viele Jahre in diesem Leben zubringt, wird er doch dahin gebracht –, warum betrachtest du dann nicht dich selbst als auferstanden und als (schon) dahin gebracht?" (... ⲈⲦⲂⲈ ⲈⲨ Ⲛ̄ⲦⲀⲔ Ⲛ̄ⲔⲚⲈⲨ ⲀⲢⲀⲔ ⲈⲚ ⲞⲨⲀⲈⲈⲦ̄Ⲕ̄ ⲈⲀⲔⲦⲰⲞⲨⲚ ⲀⲨⲰ ⲤⲈⲈⲒⲚⲈ Ⲙ̄ⲘⲀⲔ ⲀϨⲞⲨⲚⲀⲠⲈⲈⲒ) Diese Aussagen werden nicht im Sinne ermunternden Zuspruchs gemeint sein („tu so, als wärest du schon auferstanden"), sondern sie dürften im theologischen Sinne „reale" Bedeutung haben: Rheg denkt die Auferstehung als gegenwärtig. Eine ähnliche Vorstellung zeigt sich auch in Test Ver (NHC IX/3) p 34, 36–35,9; 36,29–37,12.

Rheg ist zweifellos von (deutero-)paulinischen Aussagen über die Auferstehung beeinflußt und teilweise sogar durch sie bestimmt. Sein „Paulinismus" beschränkt sich aber auf diesen Bereich; man kann sogar erwägen, ob er nicht aus den Paulusbriefen überhaupt nur diesen einen Themenkreis gekannt hat. Jedenfalls hängen alle Anspielungen und „Zitate" paulinischer Texte mit dem Auferstehungsthema zusammen.

Dieses Ergebnis spricht gegen M.L. Peels These, der Vf des Rheg habe die „Kenntnis von mindestens sechs Paulusbriefen" besessen[167]; denn sicher ist nur, daß er 1 Kor 15, möglicherweise Phil (oder Teile daraus) und vor allem deuteropaulinische Tradition gekannt hat, die sich nicht mehr unmittelbar auf einen oder mehrere Briefe zurückführen läßt.

Es bleibt die Frage, wie sich gnostische Tendenz und paulinische Tradition im Rheg zueinander verhalten. Kann man sagen, der Vf des Rheg wolle die paulinische Auferstehungstheologie in das gnostische Denken einführen[168] und sei dabei gar „mit der Zeit in zunehmendem Maße dem Einfluß seines von Grund auf christlichen Glaubens und der Lehre des Neuen Testaments, vor allem des Paulus" erlegen?[169] In der Tat ist – wie sich im folgenden bestätigen wird – der Einfluß der Paulus-Tradition im Rheg größer als in jeder anderen gnostischen Schrift aus Nag Hammadi. Offensichtlich ist der Brief das Produkt einer gnostischen Theologie, die sich nicht darauf beschränken wollte, paulinische (und überhaupt christliche) Tradition gnostisch zu deuten und als Beleg für längst festgelegte Standpunkte zu verwenden. Das gnostische Daseinsverständnis ist dem Vf des Rheg als Basis seines Denkens vorgegeben; aber er hat sich darum bemüht, einen spezifischen Aspekt der christlichen bzw. paulinischen Soteriologie, nämlich den Auferstehungsgedanken, mit dem gnostischen Daseinsverständnis zu verbinden[170]. In diesem

---

[167] Peel, Gnosis, 34. Er denkt an Röm, 1.2 Kor, Eph, Phil, Kol.

[168] So Luz, ChC 8, 1972, 93.

[169] Diese ausdrücklich als hypothetisch bezeichnete Erwägung stellt Peel, Gnosis, 187 (mit A 115) an.

[170] Abwegig Martin, Numen, 20, 1973, 20–37: Rheg stehe in Auseinandersetzung mit der griechischen, insbesondere der sophistischen Philosophie (das zeige vor allem p 46,3–13).

Bemühen, mit dem er auch den paulinischen Aussagen gerecht zu werden versucht, unterscheidet sich der Vf des Rheg erheblich von den übrigen christlich-gnostischen Schriftstellern (wenn man vom Vf des Eph absieht). Rheg zeigt aber zugleich, daß eine „gnostische Interpretation" des Paulus letztlich nicht möglich ist, sondern in Aporien führt[171].

3. Kaum von spezifisch paulinischem Einfluß ist dagegen der umfangreiche *„Tractatus Tripartitus"* (NHC I/4 [NHL I/5] p 51–140) berührt. Die Herausgeber betrachten die im Trac Trip sichtbar werdende Theologie als valentinianisch; G. Quispel betont, es scheine sich um einen entwickelten Valentinianismus der 2. oder 3. Generation zu handeln[172]. In der Tat fällt auf, daß Trac Trip in seiner ganzen Terminologie stark von fester christlicher Tradition bestimmt ist, so daß sich besondere Anspielungen auf paulinische Aussagen kaum sicher abgrenzen lassen. Trac Trip scheint geradezu Zeuge eines immer stärker werdenden „kirchlichen" Einflusses auf die christliche Gnosis zu sein[173].

Der „Erste Teil" des Trac Trip („Über die erhabenen Dinge"; NHC I p 51–104) enthält keine Formulierungen, die an paulinische Texte oder an spezifisch paulinische Theologumena erinnern. Hingegen findet sich am Ende des „Zweiten Teils" („Über die Schöpfung des Menschen"; NHC I p 104–108) eine Aussage über die Herrschaft des Todes, die an Röm 5,12ff erinnert und geradezu eine Paraphrase dieses paulinischen Textes sein könnte (p 108,5–9). Es wird zunächst dargestellt, daß der im Paradies existierende Mensch durch Unwissenheit zum Tode verführt wird (vgl. p 107,15.30f); und es heißt dann weiter: „Wegen der Übertretung des ersten Menschen gelangte der Tod zur Herrschaft. Er wurde Gewohnheit für jeden Menschen, daß er sie töte gemäß der Offenbarung seiner [Herr]schaft."[174] Der Gedanke, daß durch den Sündenfall der Tod Macht über alle Menschen erlangte, ist allerdings nicht spezifisch paulinisch[175]; und die wörtliche Übereinstimmung zwischen unserer Stelle und Röm 5,12–14 ist letztlich ebenfalls gering[176]. Ein Urteil darüber, ob der Vf wirklich an Röm 5 gedacht hat, ist deshalb kaum möglich.

---

[171] Vgl. SCHENKE, ZNW 59, 1968, 125 über den Gegensatz von gnostischer Weltanschauung und Auferstehungsgedanken. Das dort zum Thema Auferstehung Gesagte gilt im Grunde für die paulinische Theologie insgesamt: Sie läßt sich partiell in gnostischer Ausdrucksweise umschreiben, aber sie widersetzt sich einer wirklichen Gnostisierung. Das Beispiel im NT für einen solchen (scheiternden) Gnostisierungs-Versuch ist Eph.

[172] QUISPEL, Tractatus I, 369.

[173] Vgl. die deutliche Anspielung auf das trinitarische Taufsymbol (nach Mt 28,19f) in p 127,25–128,2. Vgl. zur Sache LUZ, ThZ 33, 1977, 384–392, vor allem 391f.

[174] ⲈⲦⲂⲈ ⲦⲠⲀⲢⲀⲂⲀⲤⲒⲤ ⲘⲠⲒϢⲀⲢⲠ ⲚⲢⲰ[Ⲙ]Ⲉ· ⲀⲠⲘⲞⲨ ⲢϪⲀⲈⲒⲤ ⲀϤⲢ ⲤⲨⲚⲎⲐⲒⲀ [Ⲛ]ⲢⲰⲘⲈ ⲚⲒⲘ ⲀⲦⲢⲈϤⲘⲞⲞⲨⲦ ⲘⲘⲞⲞⲨ ⲔⲀⲦⲀ ⲠⲞⲨⲰⲚϨ ⲀⲂⲀⲖ ⲚⲦⲈϤⲘⲚⲦ[ϪⲀⲈⲒⲤ].

[175] Vgl. Weish 2,24 (dazu 1,13).

[176] Zu beachten ist, daß der charakteristische paulinische Gedanke *(ἐφ' ᾧ πάντες ἥμαρτον)* fehlt, ebenso der Zusammenhang mit dem *νόμος*.

Im „Dritten Teil“ („Über die drei Geschlechter“; NHC I p 108–140) finden sich dagegen einige wohl sichere Anspielungen.

In p 132,23–28[177] ist ganz deutlich an Gal 3,28 gedacht, allerdings mit einer starken Verschiebung der inhaltlichen Tendenz: Während Paulus die Aufhebung der menschlichen Unterschiede *ἐν Χριστῷ* gegenwärtig in der Kirche behauptet, handelt es sich hier um eine eschatologische Aussage. Die Herstellung der kosmischen Einheit (ΟΥΔΕ ΜΝ̄ ΑΓΓΕΛΟϹ ΟΥΔΕ ΜΝ̄ ΡΩΜΕ) ist ein Vorgang am Ende der Zeit[178], d.h. die ekklesiologische Aussage des Paulus hat einen kosmologisch-spekulativen Akzent erhalten[179].

Im übrigen enthält dieser Teil an drei Stellen Aussagen, die an paulinische Theologie erinnern, ohne daß eine wirkliche Beziehung besteht. In p 118,32–35 sehen die Herausgeber «claires influences de la théologie paulinienne»[180]; aber es geht an dieser Stelle um die Vereinigung der pneumatischen Natur mit dem Erlöser bei dessen Offenbarung. Dabei werden zwar die Begriffe Haupt und Leib (ΑΠΕ und ϹΩΜΑ) verwendet; aber daß im Hintergrund wirklich unmittelbar die deuteropaulinische Ekklesiologie steht, ist zu bezweifeln.

In p 123,15–18 klingt das Bild vom Spiegel (1 Kor 13,12) an; und es folgt eine ekklesiologische Aussage über „die Glieder und den Leib“, die sich vom deuteropaulinischen Kirchenbegriff allerdings ganz gelöst hat[181]. In p 125,24f; 127,16 sehen die Herausgeber eine Anspielung auf Röm 8,29[182]; aber der Präexistenzgedanke ist auch unabhängig von Paulus in der Gnosis gegeben.

Das bedeutet: Auch auf dieser relativ späten Stufe der christlichen Gnosis ist von einem besonders nachdrücklichen Einfluß paulinischen Denkens wenig zu sehen.

4. Das wird bestätigt durch das *„Gebet des Apostels Paulus“* (NHC I/5 [NHL I/1] p 143f; hier zitiert nach der Ausgabe des Trac Trip). Berührung mit einem paulinischen Text weist Or Pl nur an einer Stelle auf: In p 143,23–27 findet sich – wie schon in anderen Texten[183] – das Zitat von 1 Kor 2,9, von dem (wie in der Regel) nur der erste Teil angeführt ist. Paulus bittet: „Beschere [mir] das, was kein Auge des Engels ge[sehen] hat und was kein Ohr [der A]rchonten gehört hat und was [nicht ge]stiegen ist zum Herzen des Menschen, welcher gewesen ist ein Engel ...“ Die Vorliebe der Gnostiker für

[177] „... nicht Mann, nicht Frau; weder Sklave noch Freier; weder Beschnittener noch Unbeschnittener; weder Engel noch Mensch, sondern alles in allem: der Christus“.

[178] p 132,20f: ΤϨΑΗ ΝΑϪΙ ΠϢΩΠΕ ...

[179] Vgl. allerdings p 132,31–133,1, wo von Knechten und Freien offenbar konkret gesprochen ist.

[180] Tractatus II, 215 (unter Hinweis auf Eph 4,16; Kol 2,19).

[181] Die ganze Aussage hat eine eschatologische Tendenz erhalten (ϢΑΝΤΕ ΜΜΕΛΟϹ ΜΠϹΩΜΑ ΤΗΡΟΥ ΝΤΕΚΚΛΗϹΙΑ ΝΝΟΥΜΑ ΝΟΥΩΤ ΝϹΕϪΙ ΝϯΑΠΟΚΑΤΑϹΤΑϹΙϹ ϨΙ ΟΥϹΟΠ; vgl. Z 21f: ΝϬΙ ϯΑΠΟΚΑΤΑϹΤΑϹΙϹ ΑϨΟΥΝ ΑΠΙΠΛΗΡΩΜΑ). Vgl. auch p 122, 31–123,3.

[182] Tractatus II, 228f.

[183] S.o. S. 187f 265f 310.

diesen schon bei Paulus als „Schriftzitat"[184] bezeichneten Text ist verständlich; aber es ist zu beachten: Allein die Streichung der (vermutlich paulinischen) Ergänzung des Zitats *(ὅσα ἡτοίμασεν ὁ θεὸς κτλ.)*[185] ermöglichte es gnostischen Theologen überhaupt, diesen Text für sich zu verwenden. Paulus selbst interpretiert das Wort als Offenbarung „für die, die Gott lieben", nicht als esoterische Geheimmitteilung[186]. Man kann hier wie auch an anderen Stellen fragen, ob der Vf das Wort wirklich aus 1 Kor 2,9 übernommen hat (wobei er dann die letzte Zeile gestrichen hätte), oder ob er sich der schon von Paulus benutzten Quelle bediente.

Es ist nicht ohne Bedeutung, daß sich unter den Nag-Hammadi-Codices pseudopaulinische Schriften finden. Aber die Schriften unter dem Namen anderer kirchlicher Größen[187] zeigen, daß sich die Gnostiker aller traditionellen christlichen Autoritäten zu bedienen wußten – Paulus nahm dabei keine besonders herausragende Rolle ein[188].

5. Das *„Evangelium des Philippus"* (NHC II/3 p 51–86) ist auch nach Auffassung des „Berliner Arbeitskreises" valentinianischen Ursprungs; es könne jedoch insgesamt keiner bestimmten Schultradition zugewiesen werden[189]. R. McL. Wilson meint im Ev Phil den Gebrauch von fünf paulinischen Briefen sicher nachweisen zu können[190]; und in der Tat zeigen sich an einigen Stellen deutliche Berührungen mit Aussagen des Paulus.

In § 23 (p 56,26–34) geht es um das Problem der Auferstehungsgestalt: Einige wollen nicht „nackt", sondern „im Fleisch" auferstehen[191]. Ihnen wird zunächst gesagt, daß diejenigen, die das Fleisch „tragen", in Wahrheit die Nackten sind; und dann folgt ganz offensichtlich ein Zitat aus 1 Kor 15,50: ⲘⲚ̄ ⲤⲀⲢⲜ [ϨⲒ ⲤⲚⲞϤ ⲚⲀϢ] Ⲣ̄ⲔⲖⲎⲢⲞⲚⲞⲘⲈⲒ Ⲛ̄ⲦⲘⲚ̄ⲦⲈ[ⲢⲞ Ⲙ̄ⲠⲚⲞⲨ]ⲦⲈ[192]. Dieser Text wird im folgenden sehr eigenartig gedeutet: Nicht das Reich Gottes erben werde „das Fleisch, das auf uns ist" (p 57,1) – erben werden vielmehr Fleisch und Blut Jesu (Joh 6,53)[193]. Daraus wird dann in p 57,18f der

---

[184] Vgl. CONZELMANN, 1 Kor, 81f.

[185] Diese Zeile fehlt in gnostischen Texten durchweg.

[186] Die letzte Zeile ist m. E. paulinische Deutung.

[187] S. o. S. 100.

[188] Die in NHC VII/3 überlieferte Apc Pt (s. u. S. 334) weist „den Begründer der Großkirche als heimlichen Stifter der Gnosis aus" (so Gnosis und NT, 62). M. W. ist in der Forschung bisher noch nicht behauptet worden, die Kirche habe sich etwa von der Petrus-Tradition distanziert, weil dieser von den Gnostikern für ihre Zwecke gebraucht wurde.

[189] Gnosis und NT 32.

[190] WILSON, NTS 9, 1962/63, 292: Röm, 1.2 Kor, Gal, Phil. Bei den übrigen Schriften des Corpus Paulinum sei ein sicheres Urteil nicht möglich.

[191] HAARDT, Kairos NF 12, 1970, 259 sieht hierin schon eine Anknüpfung an 2 Kor 5,3 mit dem Ziel, „die dort niedergelegte großkirchliche Vorstellung zu überbieten". Aber das Problem der „Nacktheit" ist spezifisch gnostisch; der Annahme einer bewußten Anknüpfung an Paulus bedarf es nicht.

[192] Zur Textrekonstruktion vgl. TILL, Ev Phil, 75.

[193] Vgl. p 57,6f: „Sein Fleisch ist das Wort und sein Blut der Heilige Geist." Eine

Schluß gezogen, es sei notwendig, ,,in diesem Fleisch (ϩⲚ̄ ⲦⲈⲈⲒⲤⲀⲢⲜ) aufzuerstehen, weil ja alles in ihm ist (ϩⲰⲂ ⲚⲒⲘ ϢⲞⲞⲠ Ⲛ̄ϨⲎⲦ̄Ⲥ̄)", wobei die *ἐν-Χριστῷ*-Vorstellung deutlich anklingt. H.-M. Schenke hat einen inneren Widerspruch in der Argumentation von § 23 gesehen: Zunächst werde die Auferstehung gnostisch bzw. gnostisierend gelehrt, dann kirchlich orthodox[194]. Aber die Spannung wird aufgelöst, wenn man annimmt, im zweiten Teil von Ev Phil 23 sei durchweg von der ⲤⲀⲢⲜ Jesu die Rede, ,,in der" man auferstehen werde. Der Abschnitt erweist sich dann als eine originelle Interpretation von 1 Kor 15,50, bei der der Vf die Unterscheidung von ,,diesem Fleisch" und dem ,,Fleisch Jesu" (vgl. § 72, p 68,34–37) als hermeneutisches Prinzip benutzt[195].

Eine Anspielung auf Eph 5,32 sehen W. C. Till und H.-M. Schenke[196] in § 60 (p 64,31 f): [ⲠⲘⲨ]ⲤⲦⲎⲢⲒⲞⲚ Ⲙ̄ⲠⲄⲀⲘ[ⲞⲤ Ⲡ]Ⲉ ⲞⲨⲚⲞϬ (,,Das Geheimnis der Hochzeit ist groß"). Aber dagegen spricht einmal die Parallele in § 122 (p 82,2–4)[197]; und es ist darüber hinaus zu beachten, daß die Handschrift an dieser Stelle beschädigt, eine Textrekonstruktion also nicht eindeutig möglich ist[198]. Diese Textstelle wird daher als Indiz für eine Benutzung des Eph durch den Vf des Ev Phil nicht in Betracht kommen können.

Ähnliches gilt wohl auch für § 78 (p 70,13–17): Die Aussage, Christus habe die ursprüngliche Trennung (zwischen Mann und Frau) beseitigt und beide vereinigt,

ähnliche Identifikation begegnet bei Ignatius (Trall 8; Röm 7,3).

194 SCHENKE, ZNW 59, 1968, 124f.

195 WILSON, NTS 9, 1962/63, 294 meint, p 57,18 f (= p 105,18 f Labib) zeige, "that the author of Philip was not a Docetist, but the exponent of an inverted Docetism". Der Text sei "a sufficiently faithful reproduction of the Pauline doctrine to explain why in the second century the Church departed from Paul and emphasized, with such writers as Justin and Tertullian, the resurrection of the flesh. Paul's teaching lent itself too readily to adaptation in a Gnostic interest." Aber die Auferstehungsvorstellung von § 23 ist nicht unmittelbar aus 1 Kor 15,50 abgeleitet; an sich hätte der paulinische Satz schon ausgereicht, um die Erwartung einer Auferstehung des ,,Fleisches" zurückzuweisen. Daß das nicht geschieht, ist ein Beleg dafür, daß das Denken des Vf entscheidend von anderen Quellen gespeist ist. – Zur kirchlichen Interpretation von 1 Kor 15,50 vgl. Iren Haer V 9,4 (vgl. KELLY, Glaubensbekenntnisse, 156).

196 SCHENKE, ThLZ 90, 1965, 328.

197 ,,Ein Geheimnis nämlich ist die Hochzeit der Welt für die, die eine Frau genommen haben" (Übers. Till). J. Horn schlägt mündlich folgende Lesart vor: ⲞⲨⲘⲨⲤⲦⲎⲢⲒⲞⲚ ⲄⲀⲢ ⲠⲈ ⲠⲄⲀⲘⲞⲤ Ⲙ̄ⲠⲔⲞⲤⲘⲞⲤ Ⲛ̄ⲚⲈⲚⲦⲀϩϪⲒ ϩⲒ ⲘⲈⲈϢϪⲈ. ⲠⲄⲀⲘⲞⲤ Ⲙ̄ⲠϪⲰϩⲘ … (,,Denn ein Geheimnis ist die weltliche Hochzeit für die, die mit den Ohren wahrgenommen [= davon nur gehört] haben.") ⲘⲈⲈϢϪⲈ entspräche dann dem sa. ⲘⲀⲀϪⲈ. Für diese Lesart könnte sprechen, daß EvPhil mit einer Ausnahme (p 65,20 f) stets ⲤϩⲒⲘⲈ ,,Frau" und nicht ϩⲒⲘⲈ schreibt.

198 MÉNARD, Evangile Phil, 73 (vgl. aaO., 176) rekonstruiert so, daß sich die Übersetzung ergibt: «Si quelqu'un est dans un mystère, [le] mystère du mariage, il est grand.» Dann spielt der Text auf das im Ev Phil so wichtige ,,Sakrament des Brautgemachs" an und steht in überhaupt keinem unmittelbaren Zusammenhang mit Eph 5.

erinnert an Eph 2,14–16. Es handelt sich aber um einen in der Gnosis verbreiteten Gedanken (vgl. Ev Thom log 106.114)[199].

Ein sicheres Pauluszitat findet sich dagegen in § 110 (p 77,25f). Hier werden zwei Aussagen parallelisiert: a) „Die Erkenntnis der Wahrheit erhebt die Herzen (sc. derer, die nicht sündigen), d. h. sie macht sie frei und bewirkt, daß sie sich über den ganzen Ort (ЄΠΜΑ ΤΗΡ̄Ϥ) erheben" (Z 23–25); b) „Die Liebe aber erbaut (ΤΑΓΑΠΗ ΔЄ ΚΩΤ)". Dieser Satz[200] entspricht genau 1 Kor 8,1[201]; und auch das im folgenden ausgesagte dialektische Verhältnis von Freiheit und Knechtschaft (Z 26–29) erinnert deutlich an 1 Kor (vgl. 7,22 und vor allem 9,19), sowie an Gal 5,13f[202]. Um so auffälliger ist die vor allem 1 Kor 8 gegenüber stark veränderte inhaltliche Tendenz: Während Paulus *γνῶσις* und *ἀγάπη* einander gegenüberstellt *(φυσιοῖ/οἰκοδομεῖ)*, läßt Ev Phil 110 „Gnosis" und Liebe einander ergänzen[203]: Gerade der Gnostiker ist frei zur Liebe. Man wird also keinesfalls sagen können, hier komme „ein durchaus sachgemäßes Paulus-Verständnis zum Ausdruck"[204]. Vielmehr hat sich der Vf der paulinischen Sätze bedient, um spezifisch gnostische Vorstellungen zum Ausdruck bringen zu können.

Es ist also nicht zu bezweifeln, daß der Vf des Ev Phil den paulinischen 1 Kor gekannt und benutzt hat. Darüberhinaus lassen sich in § 123 (p 83,26–28) Anklänge an Röm 7,19f erkennen[205], die allerdings kein völlig sicheres

---

[199] Das gilt ebenso wohl für die Adam-Christus-Typologie in § 83 (p 71,16–21); man wird sie kaum unmittelbar auf Paulus zurückführen können, da sie in gnostischen Texten auch sonst begegnet (Ménard, Evangile Phil, 203).

[200] Vgl. zur Form § 45 (p 63,36): ΤΠΙCΤΙC ϪΙ ΤΑΓΑΠΗ C+.

[201] Es ist allerdings zu beachten, daß sowohl in 1 Kor 8,1 sa wie in bo der Aorist (praes. cons.) gebraucht ist (ΤΑΓΑΠΗ ΔЄ ϢΑCΚΩΤ bzw. +ΑΓΑΠΗ ΔЄ ϢΑCΚΩΤ).

[202] Vgl. Wilson, Gospel, 169. Dagegen sind die Berührungspunkte mit 1 Kor 13 (Wilson: "The obvious parallel is, of course, Paul's 'hymn of love' in 1 Corinthians XIII.") im Grunde sehr gering.

[203] Man könnte sogar erwägen, ob nicht die Wendung ΑΥΩ CΤΡΟΥϪΙCЄ ЄΠΜΑ ΤΗΡϤ als Deutung von ЄΛЄΥΘЄΡΟC eine bewußte Uminterpretation des paulinischen ΠCΟΟΥΝ ϢΑϤϪΙCЄ (1 Kor 8,1 sa) ist: Die von der „Gnosis" vermittelte „Überhebung" wird als Befreiung positiv verstanden und nicht negativ wie bei Paulus.

[204] Gegen Weiss, BZNW 37, 126f, der behauptet, die Zuordnung von *γνῶσις* und *ἀγάπη* in Ev Phil § 110 entspreche ganz den paulinischen Intentionen. Auch Betz, VF 2/1976, 63f sieht hier „eine Art Kommentar" zu 1 Kor 8,1, der auch in der Sache durchaus paulinisch klinge; ersetze man „Gnosis" durch „Glaube", dann könne der Text auch von Luther (!) stammen. Vgl. dagegen Niederwimmer, in: Festschrift Stählin, 372: „Das Problematische der (paulinischen) Gegenüberstellung von Gnosis und Agape wird in EvPhil nicht empfunden." Für die Gnostiker ergibt sich die Liebe gerade aus der Erkenntnis. „Paulus würde also mit seiner Polemik einer solchen Erscheinungsform der Gnosis gegenüber offene Türen einrennen."

[205] Die „Wurzel der Schlechtigkeit" (ΤΝΟΥΝЄ Ν̄ΤΚΑΚΙΑ) nimmt uns gefangen, „so daß wir tun, was wir nicht wollen, und was wir wollen, tun wir nicht". Trotz der Textzerstörung ist die Nähe zu Röm 7 deutlich (vgl. auch das Stichwort *αἰχμαλωτίζειν* Röm 7,23/Ev Phil p 83,26). Es ist wahrscheinlich, daß der Vf die Stelle gekannt hat; aber von einem Zitat kann man nicht sprechen.

Urteil über eine literarische Verbindung zulassen. Aber diese Bezugnahme auf paulinische Briefe bedeutet nicht eine besondere Vorliebe für Paulus oder gar eine sachliche Rezeption seiner Theologie[206]. Der Vf besaß die Kenntnis mehrerer christlicher Schriften, darunter neben den Evangelien Mt, Lk und Joh auch 1 Kor, vielleicht Röm und allenfalls noch Eph. Ein weiter gehendes Urteil läßt der Befund nicht zu.

6. Die nächste in Codex II überlieferte Schrift, die *„Hypostase der Archonten“* (NHC II/4 p 86–97), beginnt unmittelbar nach dem Titel mit einem ausdrücklich eingeleiteten Pauluszitat: „Der große Apostel hat uns über die Mächte der Finsternis gesagt: ‚Unser Kampf richtet sich nicht gegen Fleisch und [Blut], sondern gegen die Mächte der Welt und die bösen Geister‘“ (p 86,21–26). Damit ist nahezu wörtlich auf Eph 6,12 Bezug genommen[207]; aber auf den Inhalt des Zitats wird dann überhaupt nicht mehr eingegangen – es folgt vielmehr eine rein gnostische Darstellung der Schöpfung[208].

Überhaupt ist die HA von christlichem Denken kaum beeinflußt[209]; ja, im Grunde ist – trotz der zitierten Einleitung – „das christliche Element hier nur ein nachträglicher

---

[206] Vgl. dazu NIEDERWIMMER, in: Festschrift Stählin, 361–374. Niederwimmer zeigt, daß der Vf sich in seiner Aussage über die „Freiheit“ einerseits durchaus nicht zu Unrecht auf neutestamentliche Texte, vor allem Joh und Paulus, beruft, daß er aber andererseits den neutestamentlichen Ansatz gerade verfehlt, indem er den „Begriff *ἐλεύθεροι* für eine Sondergruppe reserviert“, nämlich für die Pneumatiker (aaO., 372f).

[207] Die Einleitungsformel entspricht dem letzten Satzglied von Eph 6,12 (ⲚⲔⲞⲤⲘⲞⲔⲢⲀⲦⲰⲢ ⲚⲦⲈ ⲠⲈⲒⲔⲀⲔⲈ – Nagels Rückübersetzung lautet: ... *περὶ τῶν ἐξουσιῶν τοῦ σκότους*/Eph: *πρὸς τοὺς κοσμοκράτορας τοῦ σκότους);* der erste Teil des Zitats entspricht fast wörtlich Eph 6,12a ([Ⲡ]ⲚϢⲰϪⲈ ϢⲞⲞⲠ ⲀⲚ ⲞⲨⲂⲈ ⲤⲀⲢⲜ ϨⲒ [ⲤⲚⲞϤ] – Nagel: *οὐκ ἔστιν ἡμῖν ἡ πάλη πρὸς σάρκα καὶ* [*αἷμα*]/Eph: *οὐκ ἔστιν ἡμῖν ἡ πάλη πρὸς αἷμα καὶ σάρκα);* der zweite Teil ist eine deutliche Zusammenfassung von Eph 6,12bd (ⲀⲖⲖⲀ ⲈϤⲞⲨⲂⲈ ⲚⲈⲜⲞⲨⲤⲒⲀ ⲘⲠⲔⲞⲤ[ⲘⲞⲤ Ⲙ]ⲚⲘⲠⲚⲈⲨⲘⲀⲦⲒⲔⲞⲚ ⲚⲦⲠⲞⲚⲎⲢⲒⲀ – Nagel: *ἀλλὰ πρὸς τὰς ἐξουσίας τοῦ κόσμου καὶ τὰ πνευματικὰ τῆς πονηρίας*/Eph: *ἀλλὰ πρὸς τὰς ἀρχάς, πρὸς τὰς ἐξουσίας ... πρὸς τὰ πνευματικὰ τῆς πονηρίας);* der Schluß von Eph 6,12 *(ἐν τοῖς ἐπουρανίοις)* fehlt, aber das kann man auf die Textvorlage zurückführen (vgl. die Lesart von P 46). Zur sahidischen Version von Eph 6,12 zeigen sich gewisse Differenzen, die teilweise als Übersetzungsvarianten erklärt werden können; vgl. NAGEL, Wesen, 25: Es läßt sich „erkennen, daß der Übersetzer [sc. des griechischen Originals der HA] unabhängig auch von der sahidischen Version des Neuen Testamentes gearbeitet hat“; das zeigten dann auch die AT-Zitate.

[208] Charakteristisch ist in p 86,30 die typisch gnostische, aber auch bei Marcion begegnende ironisch-kritische Deutung von Jes 45,5; 46,9.

[209] BETZ, VF 2/1976, 72 meint allerdings, in p 87,17ff (Gegensatz von *τὰ ψυχικά* und *τὰ πνευματικά)* werde „der paulinische Grundsatz 1 Kor 15,50 interpretiert“; vgl. aaO., 73: „Offensichtlich hat dieses Begriffspaar kein gnostisches Eigenleben; ohne den Anstoß des Paulus ist es nicht da. Paulus war eben der ‚haereticorum apostolus‘“ (zu dieser Bezeichnung s. u. S. 393f). Aber der „Dualismus“ von *ψυχή* und *πνεῦμα* ist in der Gnosis unabhängig von Paulus schlechterdings konstitutiv. (Betz’ Aufsatz verfolgt im wesentlichen das Ziel, die Unabhängigkeit des Urchristentums von allen gnostischen Einflüssen zu behaupten.)

hauchdünner Firnis"[210]. Das zeigt gerade die „christologische" Aussage p 91,2, wo es heißt, die Schlange sei unter den Fluch der Mächte geraten „bis der vollkommene Mensch (ⲠⲦⲈⲖⲈⲒⲞⲤ Ⲛ̄ⲢⲰⲘⲈ) kam". R. A. Bullard hält das wohl m. R. für "an editorial gloss"[211], d.h. die HA ist offenbar eine nichtchristliche gnostische Schrift, die nachträglich „christianisiert" wurde.

Am Schluß der HA finden sich noch einmal christliche Züge. Von den Söhnen des Lichts heißt es dort, sie würden einstimmig sagen: „Gerecht ist die Wahrheit des Vaters, und der Sohn ist über allem und durch alles bis in alle Ewigkeit" (p 97,17–21). R. A. Bullard meint, auch dieser Text enthalte, wie der Eingang des Buches (s. o.), eine Anspielung auf Eph – nämlich auf 4,6[212]. Tatsächlich aber handelt es sich wohl einfach um eine christliche Formel, wie sie ähnlich auch sonst im Neuen Testament begegnet[213]; dem Herausgeber der HA wird sie einfach aus kirchlicher Tradition überkommen sein.

Welche Folgerungen lassen sich aus dem Gesagten ziehen? Die HA ist eine nichtchristliche gnostische Schrift, die durch wenige sekundäre christliche Anspielungen nachträglich mit dem Christentum verbunden werden sollte[214]. Der Redaktor hat am Anfang auf Eph 6,12 Bezug genommen, weil er hier das in der HA verhandelte Thema wenigstens erwähnt fand[215]; und er hat am Schluß mit einer quasi-liturgischen Wendung das christliche Element nochmals nachgetragen.

Von daher wäre nach dem „Sitz im Leben" der HA zu fragen: Handelt es sich um eine gnostische Schrift, die bewußt in die Kirche eingeführt werden sollte (bzw. wurde)? Dann wäre die sekundär (durch ein Pauluszitat!) hergestellte „Rechtgläubigkeit" kaum mehr als ein Deckmantel.

Oder handelt es sich um eine „innergnostische" Schrift, die lediglich mit christlicher Tradition „angereichert" wurde? Gegen diese Annahme spricht, daß sich die christlichen Züge fast ausschließlich im Rahmen finden.

7. Die sechste Schrift von Codex II, die *„Exegese über die Seele"* (NHC II/6 p 127–137), könnte sich nach Auffassung des „Berliner Arbeitskreises"

---

210 Gnosis und NT, 34.

211 Bullard, Hypostasis, 47. AaO., 91 meint er, es handle sich um eine Anspielung auf Eph 4,13; aber das geht m. E. zu weit – der Ausdruck „vollkommener Mensch (Mann)" ist verbreitet (vgl. Delling, Art. *τέλος κτλ.*, ThWNT VIII, 70,1–14).

212 Bullard, Hypostasis, 114.

213 Vgl. 1 Kor 8,6; 12,6; Kol 3,11; s. auch Röm 9,5.

214 Betz, VF 2/1976, 79 meint, „die integrierende Kraft" bei dem in den Nag-Hammadi-Texten erkennbaren Synkretismus sei „der Glaube an Christus als Offenbarer und Erlöser; die NH-Gnosis ist in der Tat ein entartetes, akut hellenisiertes Christentum". Diese These wird schon durch Texte wie die HA widerlegt; es gibt aber eine Reihe weiterer christlich nicht oder kaum beeinflußter Texte in Nag Hammadi.

215 Vgl. Abramowski, ZNW 67, 1976, 280: Das Zitat hat „mehr als nur rhetorische Bedeutung: der christliche Redaktor rechtfertigt für sich und seine Leser mit der Autorität des Apostels die Beschäftigung mit dem in diesem Fall nichtchristlichen gnostischen Stoff".

„als Schlüssel für die Suche nach einer der ältesten Formen des gnostischen Mythus und seiner jüdischen und christlichen Adaption erweisen“[216]; jedenfalls ließen sich innerhalb der Ex An mehrere Traditionsstufen unterscheiden, wobei die Einfügung neutestamentlicher Zitate in den Text relativ spät erfolgt sei[217].

Das Ausgangsthema der Ex An ist der Mythos vom Fall der Seele, die sich aus der Tiefe an den Vater um Erbarmen wendet (p 128,34–129,2). Der folgende Abschnitt bringt zunächst alttestamentliche (p 129,5–130,28) und dann neutestamentliche (p 130,28–131,13) „Belegstellen“, unter denen ein ausführliches Zitat aus 1 Kor 5,9f herausragt.

In p 130,28–131,2 ist zunächst von Warnungen der Apostel vor der ⲡⲟⲣⲛⲉⲓⲁ die Rede, möglicherweise unter Anspielung auf das „Aposteldekret“ (Apg 15,20.29). Dabei steht im Vordergrund der Gedanke, daß „die Hurerei der Seele“ die des Körpers nach sich ziehe (p 131,1).

In p 131,3–8 wird dann 1 Kor 5,9f angeführt, eingeleitet mit einer ausdrücklichen Zitatformel[218], in der Paulus namentlich genannt wird (der Titel „Apostel“ fehlt)[219]. Der Wortlaut des Zitats stimmt mit der sahidischen Version von 1 Kor 5,9.10a praktisch wörtlich überein[220]; eine Abweichung besteht in dem Nebensatz V. 10b[221].

In p 131,9–13 folgt ein Zitat aus Eph 6,12 – mit dem Hinweis, der Satz sei ⲡⲛⲉⲩⲙⲁⲧⲓⲕⲱⲥ gemeint[222]. Der Text ist gekürzt[223]; und ebenso wie in der HA (NHC II p 86,21–26; s. S. 328) werden „Blut und Fleisch“ in umgekehrter Reihenfolge genannt[224]. Man kann hier, ähnlich wie im Fall der HA, fragen, ob die „neutestamentlichen“ Zitate den gnostisch-mythologischen Text nach-

---

216 Gnosis und NT, 36. Vgl. BETHGE, ThLZ 101, 1976, 97, der in Stellen wie p 132,8; 134,27 das „Modell der Vorstellung von der Syzygie Christi und der Kirche“ sieht; jedenfalls seien diese Aussagen in Ex An nicht von Eph 5 her abzuleiten.

217 Vgl. Gnosis und NT, 39; vgl. auch W.C. ROBINSON, in: NHL, 180.

218 ⲇⲓⲁ ⲧⲟⲩⲧⲟ ⲡⲁⲩⲗⲟⲥ ⲉϥⲥϩⲁⲓ ⲛ̄ⲛⲕⲟⲣⲓⲑⲓⲟⲥ ⲡⲉϫⲁϥ ϫⲉ ...

219 Oder soll sich die vorangegangene Erwähnung „der Apostel“ auch auf diesen Text beziehen?

220 Gegenüber dem sahidischen NT-Text fehlt in Übereinstimmung mit dem griechischen NT die Zwischenbemerkung ⲉⲓϫⲱ ⲙ̄ⲙⲟⲥ ϫⲉ; außerdem ist in p 131,6 das Fremdwort ⲡⲗⲉⲟⲛϩⲉⲕⲧⲏⲥ stehen geblieben (dagegen 1 Kor 5,10 sa: ⲙ̄ⲙⲁⲓⲧⲟ ⲛ̄ϩⲟⲩⲟ).

221 Ex An p 131,7f: ⲉⲡⲉⲓ ⲁⲣⲁ ⲧⲉⲧⲛ̄ⲛⲏⲡ ⲉⲉⲓ ⲉⲃⲟⲗ ϩⲙ̄ ⲡⲕⲟⲥⲙⲟⲥ 1 Kor 5,10b sa: ⲉϥϫⲉ ⲉϩⲉ ⲉⲓⲉ ϣϣⲉ ⲉⲣⲱⲧⲛ̄ ⲉⲉⲓ ⲉⲃⲟⲗ ϩⲙ̄ ⲡⲕⲟⲥⲙⲟⲥ. KRAUSE-LABIB, ADAI.K 2, 75 übersetzen den Ex-An-Text: „... sonst müßtet ihr ja aus der Welt kommen“; vgl. dagegen m. R. BETHGE, ThLZ 101, 1976, 100: „... sonst müßtet ihr die Welt verlassen“ (ⲉⲓ ⲉⲃⲟⲗ „herauskommen“ im Sinne einer Bewegung).

222 Es ist denkbar, daß sich die Bemerkung ⲧⲁⲉⲓ ⲧⲉ ⲑⲉ ⲉϥϣⲁ ϫⲉ ⲡⲛⲉⲩⲙⲁⲧⲓⲕⲱⲥ auch auf die vorangegangenen Zitate bezieht.

223 Die Änderungen brauchen nicht im einzelnen aufgeführt zu werden.

224 Im übrigen bestehen aber keine signifikanten Übereinstimmungen. Man wird hier wie dort damit zu rechnen haben, daß nicht nach einer schriftlichen Vorlage zitiert wird.

träglich an die christliche Lehre anpassen sollen, oder ob es sich um einen von den Gnostikern selbst unternommenen Versuch handelt, christliche Aussagen mit Hilfe „pneumatischer Exegese“ (vgl. p 131,8f) in die gnostische Anschauung zu integrieren. Keinesfalls sind die beiden Zitate ein Indiz für eine besondere Affinität der Gnostiker speziell zu Paulus; denn Ex An enthält ja eine ganze Reihe weiterer alttestamentlicher und „neutestamentlicher“ Zitate[225].

F. Wisse sieht in p 135,5–8 eine Anspielung auf 1 Kor 2,10–13 und Röm 8,26f[226]; aber wirklich auffällige Übereinstimmungen bestehen nicht.

Bemerkenswert ist der Abschnitt p 134,28–33 (es handelt sich um die zweite Gruppe der exegetischen „Belege“ für den Gedanken der Rettung der ⲯⲩⲭⲏ)[227]. Nach dem Zitat aus Ps 102,1–5 LXX in p 134,16–25 und einer Zwischenbemerkung (Z 26f) heißt es: „In dieser Weise wird die Seele gerettet werden durch die Wiedergeburt“[228]; diese Wiedergeburt geschieht aber „nicht durch asketische Worte, auch nicht durch Künste, auch nicht durch geschriebene Lehren; sondern es ist die Gna[de Gott]es, es ist das Geschenk Got[tes für den Men]schen“ (Z 30–33). Zwar ist der Text z. T. beschädigt, aber die Stichworte ⲟⲩϫⲁї „gerettet werden“, ⲭⲁⲣⲓⲥ „Gnade“ und ⲇⲱⲣⲉⲁ „Geschenk“, sowie die Struktur des Satzes (ⲁⲛ – ⲟⲩⲇⲉ – ⲟⲩⲇⲉ – ⲁⲗⲗⲁ) lassen sich ohne weiteres erkennen; sie weisen m. E. deutlich auf die Struktur der deuteropaulinischen Rechtfertigungsaussage, wie sie erstmals in Eph 2,8f begegnet. Die Textstelle zeigt die aktuelle Umgestaltung der Rechtfertigungslehre: Die „Gnade“ wird zwar nicht „dem Gesetz“ gegenübergestellt, aber immerhin „asketischen Worten“, „Künsten“, „geschriebenen Lehren“. Zwar kann man nicht von einer Bezugnahme auf einen bestimmten paulinischen Text sprechen; aber es bleibt beachtlich, daß in der christlich-gnostischen Deutung des Psyche-Mythos deutliche Anklänge an das paulinische Verständnis der Gnade erhalten sind. Insofern kann man also den Redaktor der Ex An als Vertreter eines „gnostischen Paulinismus“ bezeichnen – die Frage bleibt nur, ob er überhaupt noch Gnostiker war[229].

8. Das *„Buch des Thomas“* (NHC II/7 p 138–145) enthält an zwei Stellen Anklänge an paulinische Aussagen. In p 139,18f heißt es: „Wenn aber hervorkommt das Licht, und es verbirgt die Finsternis, dann wird das Werk jedes einzelnen offenbar werden.“ Der zweite Teil dieses Satzes entspricht

---

[225] Vgl. Gnosis und NT, 37f.

[226] „Es ziemt sich, [daß wir den Vater] anrufen mit unserer ganzen Seele. Nicht mit den Lippen der Außenseite, sondern im Geiste, der im Inneren ist, der aus der Tiefe herauskam, indem wir seufzen und Buße tun wegen des Lebenswandels, den wir geführt haben …“ (Übers. Krause-Labib). Wisse, NHSt VII, 76: “The allusion … is obvious.”

[227] Zur Gliederung vgl. Gnosis und NT, 38.

[228] Die Aussage erinnert an Tit 3,5; aber die wörtlichen Parallelen sind gering.

[229] Die oben zur HA gestellten Fragen nach dem „Sitz im Leben“ gelten ebenso für die Endredaktion der Ex An.

wörtlich 1 Kor 3,13a[230], obgleich der Text insgesamt eher an Aussagen des Joh erinnert[231]. Es läßt sich kaum entscheiden, ob tatsächlich eine bewußte Anspielung auf 1 Kor 3 vorliegt[232]. Dasselbe wird für p 145,7 gelten: Der Ausdruck „die, die keine Hoffnung haben" (ⲚⲈⲦⲈⲘ[Ⲛ̄ⲦⲈ]Ⲩ ϨⲈⲖⲠⲒⲤ) erinnert an 1 Thess 4,13; Eph 2,12, ohne daß ein literarischer Bezug vorliegen müßte.

Lib Thom ist, anders als HA und Ex An, eine in ihrer Substanz und von Anfang an christlich-gnostisch konzipierte Schrift. Ist es Zufall, daß Gedanken paulinischer Theologie in ihr nicht einmal von fern anklingen?

9. Der Charakter der in NHC V/2 p 17–24 überlieferten *„Apokalypse des Paulus"* ist in der Forschung umstritten: A. Böhlig/P. Labib erklären die Apc Pl für „typisch gnostisch"[233]; der „Berliner Arbeitskreis" meint dagegen, „das einzige Stück deutlich gnostischen Gedankenguts (der überlieferten Teile) dieser Schrift" sei im Abschnitt p 19,1–7 enthalten[234].

Apc Pl beginnt damit, daß Jesus in Gestalt eines kleinen Kindes Paulus anspricht: „Ich kenne dich ... Denn du bist es, der gesegnet worden ist vom Leibe seiner Mutter an. Denn ich habe dich [berufen], damit du [hingehst] zu deinen Gefährten" (p 18,15–20). Diese Worte sind eine Anspielung auf Gal 1,15[235], d.h. der Vf will seine Darstellung offenbar mit einer Anerkennung des paulinischen Selbstverständnisses beginnen. Er scheint auch damit zu rechnen, daß seine Leser die Anspielung verstehen; andernfalls würde er sie wohl breiter ausgeführt haben[236].

In p 19,15–18 wird Paulus mit den „zwölf Aposteln" in Zusammenhang gebracht, „zu denen du kommen wirst". Apc Pl setzt also eine Gleichrangigkeit der Zwölf mit Paulus voraus (vgl. auch p 20,4f).

In p 19,23 beginnt dann die eigentliche Handlung, der „Aufstieg" des Paulus. Jesus führt ihn sofort in den „dritten Himmel", womit zweifellos 2 Kor 12,2 aufgenommen ist[237]. Vom vierten Himmel aus blickt Paulus hinab auf die Erde und sieht die zwölf Apostel[238].

---

[230] ⲠϨⲰⲂ Ⲙ̄ⲠⲞⲨⲀ ⲠⲞⲨⲀ ⲚⲀⲞⲨⲰⲚϨ̄ ⲈⲂⲞⲖ (p 139,19f = 1 Kor 3,13a sa).

[231] Vgl. Joh 3,21; 1,5; zur Identifikation Jesu mit dem Licht (Z 20) vgl. das johanneische ἐγώ εἰμι τὸ φῶς τοῦ κόσμου (8,12; 9,5; vgl. 12,46).

[232] Der Vf des Lib Thom hat jedenfalls neutestamentliche Schriften gekannt (vgl. p 138,23; 145,8).

[233] Böhlig/Labib, Apokalypsen, 18. So auch MacRae/Murdock, in: NHL, 239.

[234] Gnosis und NT, 43. Schenke, OLZ 61, 1966, 25 bezeichnet Apc Pl als „kümmerliches Machwerk", „Produkt eines gnostischen Hilfsschülers" als „wilde zweck- und ziellose Ausmalung bzw. Weiterspinnung der Entrückung des Paulus ..., verziert mit ein paar paulinischen Eierschalen".

[235] Wörtliche Übereinstimmungen zwischen p 18,18 und Gal 1,15 sa bestehen (abgesehen vom Wort „Mutter") nicht (s. aber u. Anm. 239).

[236] Vielleicht bezieht er sich auf einen Satz der Paulus-Tradition.

[237] 2 Kor 12,2–4 war ohnehin der Anlaß zur Abfassung der Apc Pl. Zitiert wird die Stelle freilich nicht.

[238] Diese Stelle ist wichtig für die umstrittene Frage, ob die Apostel den Paulus bei seinem Aufstieg in die Himmel begleiten oder nicht (Böhlig/Labib, Apokalypsen, 15:

Die weitere Erzählung ist für unsere Untersuchung zunächst ohne Bedeutung – der Text zeigt keinerlei Nähe zu paulinischen Gedanken oder Formulierungen und könnte im Grunde auch jede andere christliche Gestalt als „Helden" haben.

In p 23,2–4 findet sich eine zweite Anspielung auf Gal 1,15, diesmal in fast wörtlicher Übereinstimmung[239]. Und in p 23,13–17 wird offensichtlich auf Eph 4,8 Bezug genommen, wobei dieser christologische Text als Selbstaussage des Paulus verstanden wird[240].

Diese Stelle ist merkwürdig: Der Vf des Eph hatte in 4,8 nahezu wörtlich Ps 68,19 LXX zitiert[241] und den Text auf Abstieg und Aufstieg Christi gedeutet[242]. Der Vf der Apc Pl spielt offenbar bewußt auf Eph 4,8 an[243], verändert aber die Tendenz der Aussage dadurch, daß er sie auf *Paulus* bezieht, der in die Welt hinabsteigen will[244]. M. a. W.: Der Apostel scheint hier die Funktion des Erlösers übernehmen zu wollen[245]. Im folgenden aber macht er keinerlei Anstalten, diese Absicht zu verwirklichen; vielmehr erhält er vom Geist das Zeichen, das ihm den weiteren Aufstieg bis in den zehnten Himmel ermöglicht. Die Funktion des Zitats aus Eph 4,8 bleibt also letztlich dunkel.

Die Apc Pl weist also eine gewisse Vertrautheit mit einigen paulinischen Texten auf[246]. Sie ist insofern durchaus ein Beleg für die Wertschätzung des Paulus zumindest in bestimmten gnostischen Kreisen. Aber diese Wertschät-

---

Ja; SCHENKE, OLZ 61, 1966, 25f: Nein). Der Wortlaut von p 19,27–20,5 spricht eindeutig für die Auffassung Schenkes, der Text von p 22,13–15 freilich nahezu ebenso eindeutig für die entgegengesetzte Ansicht („Und ich sah meine Mit-Apostel mit mir gehen" ⲁⲓⲛⲁⲩ ⲉⲛⲁϣⲃⲏⲣ ⲁⲡⲟⲥⲧⲟⲗⲟⲥ ⲉⲩⲙⲟⲟϣⲉ ⲛⲙⲙⲁⲓ; in p 21,29f ist der Text zerstört). Oder sieht Paulus sich selbst im Kreise seiner Kollegen auf Erden?

239 p 23,3f: (Paulus) ⲡⲉⲛⲧⲁ[ⲩ]ⲡⲟⲣϫϥ ⲉⲃⲟⲗ ϫⲓⲛ ⲛϩⲏⲧⲥ ⲛⲧⲉϥⲙⲁⲁⲩ; Gal 1,15 sa: ⲛ̄ⲧⲁϥⲡⲟⲣϫⲧ̄ ⲉⲃⲟⲗ ϫⲓⲛ ⲉⲓⲛ̄ϩⲏⲧⲥ̄ ⲛ̄ⲧⲁⲙⲁⲁⲩ. Muß man hier doch eine unmittelbare literarische Abhängigkeit annehmen?

240 Paulus sagt: „Ich will in die Welt der Toten hinabsteigen, damit ich die Gefangenschaft gefangen wegführe, die gefangen weggeführt worden ist in die Gefangenschaft Babylons."

241 Mit einer absichtlichen Korrektur in der zweiten Zeile *(ἔδωκεν* statt *ἔλαβεν)*.

242 Vgl. LINDEMANN, Aufhebung, 218–221.

243 Die wörtlichen Berührungen sind freilich gering; sie beschränken sich auf ⲣ̄ⲁⲓⲭⲙⲁⲗⲱⲧⲓⲍⲉ (Eph 4,8 sa: ⲁⲓⲭⲙⲁⲗⲱ̀ⲧⲉⲩⲉ) und ⲁⲓⲭⲙⲁⲗⲱⲥⲓⲁ. Die Annahme legt sich nahe, daß auf Eph 4,8 und nicht auf dessen Vorlage Ps 68,19 Bezug genommen ist; beweisen läßt sich das vom Text her allerdings nicht.

244 ⲉⲓⲛⲁⲃⲱⲕ ⲉϩⲣⲁⲓ ⲉⲡⲕⲟⲥⲙⲟⲥ ⲛ̄ⲧⲉ ⲛⲉⲧⲙⲟⲟⲩⲧ ist offenbar gezielte Umformulierung von *ἀναβὰς εἰς ὕψος* (sa ⲁϥⲁⲗⲉ ⲉⲡϫⲓⲥⲉ).

245 BÖHLIG/LABIB, Apokalypsen, 16.25 halten es für wahrscheinlich, daß statt ⲉⲓⲛⲁⲃⲱⲕ („ich will hinabsteigen") zu lesen sei ⲛⲉⲁⲓⲃⲱ̀ⲕ („ich bin hinabgestiegen"). Aber das ist nicht anzunehmen; denn in diesem Falle käme Paulus von seinem „Erlösungswerk" ja sogar schon in den Himmel zurück. Das aber würde sich nicht mit dem Anfang des Buches decken.

246 Die Bezugnahmen auf Gal 1,15; 2 Kor 12,2; Eph 4,8 dürfen nicht zu dem Schluß verleiten, der Vf der Apc Pl „kenne" 2 Kor, Gal und Eph.

zung stützt sich nicht auf konkrete Kenntnis der paulinischen Theologie und besteht schon gar nicht in einer inhaltlichen Übernahme paulinischen Denkens. Apc Pl zeigt darüber hinaus, daß zumindest im Umkreis ihres Vf die Anerkennung des Paulus nicht mit einer prinzipiellen Abwertung der „zwölf Apostel" einherging[247]. Denn auch unabhängig vom Urteil darüber, ob die Zwölf Paulus bei seinem Aufstieg begleiten oder nicht (s. o. Anm. 238), zeigt der Text, daß auch sie als in der Begleitung des „Geistes" stehend gedacht sind (p 20,4f). Wahrscheinlich ist die Apc Pl kaum mehr als ein Versuch, aus der zu Spekulationen anregenden Notiz von 2 Kor 12,2–4 eine Offenbarungserzählung herauszuspinnen[248]; spezifisch paulinische Züge vermochte der Vf seiner „Paulus-Apokalypse" nicht zu geben.

10. Die einer judenchristlichen Gnosis zuzurechnende *„Apokalypse des Petrus"* (NHC VII/3 p 70–84)[249] enthält in p 74,16–22 eine scharfe Polemik gegen einen „argen Betrüger und ein vielgestaltiges Dogma", das offenbar mit einer Kreuzestheologie im Zusammenhang steht. K. Koschorke hält es für eine „diskussionswürdige Möglichkeit", daß die Apc Pt hier gegen Paulus polemisiere[250]. Da jedoch die in p 74,27–34 folgende Bemerkung über einen Mann, „der ein nacktes, vielgestaltiges und vielerlei Leiden ausgesetztes Weib hat", nicht auf Paulus paßt, sondern allenfalls auf Simon (Magus) und seine Begleiterin Helena, scheint mir die Deutung auf Paulus insgesamt zu unsicher zu sein[251]. Sollte sie aber tatsächlich vorliegen, so würde sie zeigen, daß das Judenchristentum auch in seiner gnostischen Ausprägung eine Paulusfeindschaft vertreten konnte; überdies erschien der Heidenapostel hierbei auch noch als Exponent der „katholischen Rechtgläubigkeit".

11. Für das Problem der Paulusrezeption in den Nag-Hammadi-Schriften besonders instruktiv sind *„Die Lehren des Silvanus"* (NHC VII/4 p 84–118). In dieser in Form und Inhalt stark von weisheitlicher Paränese bestimmten Schrift wird Paulus nicht nur namentlich erwähnt (p 108,30–32), sondern es werden auch Aussagen aus den Paulusbriefen zitiert[252]. M. L. Peel/J. Zandee vermuten, der Vf von Silv habe Röm, 1 Kor, Eph, Phil, Kol und die Tim

---

[247] Anders MacRae/Murdock, in: NHL, 239: Die Erhebung des Paulus über seine Gefährten zeige das gnostische, speziell valentinianische Paulusbild.

[248] Noch Euseb (Hist Eccl III 24,4) bedauert es, daß Paulus die *ῥήματα ἄρρητα*, die er im dritten Himmel hörte, nicht aufgeschrieben habe.

[249] Text bei Altheim/Stiehl, Christentum II, 153–179.

[250] Koschorke, Polemik, 39; vgl. Werner, ThLZ 99, 1974, 576; Gnosis und NT, 62.

[251] Koschorke, Polemik, 41 meint, wie in den Kerygmata Petrou (s. o. S. 105ff) sei Simon auch hier Chiffre für Paulus. Aber diese Deutung trifft m. E. nicht; denn in den *KΠ* besitzt der namentlich genannte Simon (Magus) eindeutige paulinische Züge, während man in Apc Pt gerade den umgekehrten Vorgang annehmen müßte: Paulus hätte hier Züge des Simon Magus erhalten, wofür sich kaum ein sinnvoller Grund erkennen läßt.

[252] Das wird der Anlaß dafür gewesen sein, den Paulusbegleiter Silvanus als Vf zu nennen (p 84,15). Vgl. Gnosis und NT, 64.

gekannt[253]. In der Tat ist nicht nur die Sprache der Silv erheblich von biblischer Ausdrucksweise bestimmt[254]; auch in der theologischen Substanz finden sich so starke christliche Tendenzen, daß man vermuten muß, Silv sei gar keine gnostische Schrift[255].

Das erste sichere Pauluszitat in Silv steht innerhalb des Abschnitts p 108,27–32[256]: „Wer sich aber Gott ähnlich macht, ist einer, der nicht tut, was Gott gegenüber ⟨un⟩angemessen[257] wäre – gemäß der Aussage des Paulus, der ‚Christus ähnlich wurde'. Denn wer könnte Gott verehren, ohne tun zu wollen, was Gott gefällt." Es handelt sich wohl um eine Anspielung auf 1 Kor 11,1, wo sich Paulus als „Nachahmer *(μιμητής)* Christi" bezeichnet[258]. Der Hinweis auf Paulus trägt aber die Aussage nicht, sondern dient nur dazu, den Gedanken der anzustrebenden Gottähnlichkeit von Paulus her zusätzlich zu begründen[259].

Kennzeichnend für den theologischen Charakter von Silv ist die moralisch-paränetische Schlußwendung (Z 32–35).

Interessanter ist das zweite Zitat in p 109,22–28. Der Vf gibt in Z 15–21 eine allegorische Deutung der Tempelreinigung Jesu, wobei er den Tempel als das Innere des Menschen bezeichnet (ⲠⲈⲢⲠⲈ ⲈⲦϢⲞⲞⲠ ϨⲢⲀⲒ Ⲛ̄ϨⲎⲦ̄Ⲕ̄ „der Tempel, der in dir ist"). In diesen Tempel soll Christus hineingehen; und die Seele wird gepriesen, wenn sie ihn in ihrem Tempel findet und ihm dient (Z 22–25). Dann folgt die Antithese in Form eines nicht eingeleiteten, aber wörtlichen Zitats von 1 Kor 3,17: „Wer aber den Tempel Gottes entweiht, den wird Gott vernichten."[260] Die Entweihung des Tempels ist identisch mit der Vertreibung

---

[253] PEEL/ZANDEE, Nov Test 14, 1972, 302f.

[254] ZANDEE, NHSt III, 146–148.

[255] Vgl. ZANDEE, NHSt VI, 239 unter Hinweis auf Aussagen wie p 115,3–6; 116,7–9, wo Schöpfung und Schöpfer positiv bewertet werden. FUNK, ThLZ 100, 1975, 10: „Die Schrift als ganze [kann] niemals gnostisch konzipiert gewesen sein"; sie konnte aber wohl von Gnostikern gelesen und verwendet werden. Vgl. PEEL/ZANDEE, in: NHL, 346.

[256] PEEL/ZANDEE, Nov Test 14, 1972, 302f verweisen schon zu p 89,16f („Richte deine Sorge allein auf Gott!"); 100,26f („Christus hat die *εἰκών* des Vaters") und 104,13 („Lösegeld für deine Sünde") auf paulinische Parallelen (Phil 4,6; Kol 1,15; 1 Tim 2,6). Aber die Aussagen sind so allgemein, daß wenig für die Annahme einer bewußten Anspielung spricht.

[257] In der Handschrift steht: ⲠⲈⲦⲢ̄ⲖⲀⲀⲨ ⲀⲚ ⲈϤⲘ̄ⲠϢⲀ Ⲙ̄ⲠⲚⲞⲨⲦⲈ („der nichts tut, was angemessen ist vor Gott"), was wohl Verschreibung sein dürfte (vgl. FUNK, ThLZ 100, 1975, 23 A 48). Gemeint ist: Wer Gottähnlichkeit anstrebt, tut das Gott Angemessene.

[258] Auch in der Formulierung berühren sich beide Aussagen: p 108,31f Ⲛ̄ⲦⲀϤϢⲰⲠⲈ ⲈϤⲦⲚ̄ⲦⲰⲚ ⲈⲠⲈⲬ̄Ⲥ̄; 1 Kor 11,1 sa: Ⲛ̄ⲦⲀⲒⲦⲚ̄ⲦⲰⲚⲦ̄ ⲈⲠⲈⲬ̄Ⲥ̄.

[259] Die Stelle ist nicht im Sinne einer „Vergottung" des Paulus o.ä. zu verstehen, sondern entspricht einem in Silv grundsätzlichen Gedanken (vgl. den Schluß des Erlöser-Hymnus p 111, 9–13).

[260] p 109,25–28: ⲠⲈⲦⲚⲀⲤⲰⲰϤ ⲆⲈ Ⲙ̄ⲠⲈⲢⲠⲈ Ⲙ̄ⲠⲚⲞⲨⲦⲈ ⲠⲀⲒ ⲠⲚⲞⲨⲦⲈ ⲚⲀⲦⲀⲔⲞϤ. 1 Kor 3,17 sa: ⲠⲈⲦⲚⲀⲤⲰⲰϤ Ⲙ̄ⲠⲈⲢⲠⲈ Ⲙ̄ⲠⲚⲞⲨⲦⲈ ⲠⲀⲒ ⲠⲚⲞⲨⲦⲈ ⲚⲀⲦⲀⲔⲞϤ. Das eingeschobene ⲆⲈ ist kontextbedingt. Die koptische Version von 1 Kor 3,17 weicht übrigens vom griechischen Text ab; sie enthält nicht die rhetorische Wendung *εἴ τις … φθέρει, φθερεῖ τοῦτον*

Christi aus ihm: „Wenn nämlich die Feinde nicht Christus in dir sehen, werden sie gerüstet in dich eindringen, um dich niederzuschlagen" (Z 30–34). Diese Verwendung der Aussage von 1 Kor 3,17 entspricht völlig der Intention des Paulus, der ja die Angeredeten ebenfalls mit dem Tempel identifiziert hatte (*ναὸς θεοῦ ἐστε,* 3,16). Man kann sogar erwägen, ob nicht die ganze Argumentation in 109,11–34 aus 1 Kor 3,17 heraus entwickelt ist; die Gleichung „Tempel = Inneres des Menschen" begegnet jedenfalls nur in diesem Abschnitt[261]. W.-P. Funk erklärt, Silv zeige die Bevorzugung „eines stark einseitig individualistischen Paulus"[262]; und in der Tat hat der Vf die bei Paulus auf die Gemeinde bezogene Aussage von 1 Kor 3,16f auf den einzelnen übertragen[263]. Aber das ist keine bewußte Modifikation des paulinischen Satzes, sondern hängt einfach mit der Gattung von Silv zusammen: Diese Schrift ist ausdrücklich Paränese, die den einzelnen im Blick hat[264].

In p 111,20–36 finden sich im Anschluß an den durch ein Gebet abgeschlossenen Christus-Hymnus zwei umfangreiche Zitate, die auf den ersten Blick aus 1 Kor zu stammen scheinen, sich aber bei näherem Zusehen als Mischzitate bzw. als bloße Anspielungen erweisen. Sie werden eingeleitet mit der Bemerkung: „Ferner (sage ich), hat er offenbart einen großen göttlichen Eifer", wobei offenkundig an Paulus gedacht ist. Dann folgt das erste Zitat: „Wo ist ein weiser oder mächtiger und kluger Mensch? Oder ein Mensch, der vielgewandt ist, der die Weisheit kennt? Er soll sagen die Weisheit (und) hervorbringen eine große Prahlerei" (Z 22–27). Im Grunde stehen nur die Eingangsfrage ⲈϤⲦⲰⲚ ⲤⲞⲪⲞⲤ und das Stichwort ⲤⲞⲪⲒⲀ in einem unmittelbaren Zusammenhang mit 1 Kor 1,20; alles übrige ist freie Paraphrase. Das zweite Zitat, durch die Zwischenbemerkung „sagte er" deutlich abgesetzt, lautet: „Denn jeder Mensch ist zum Narren geworden – sagte er – aufgrund seines Wissens; denn er (sc. Christus oder Gott) hat verwirrt die Ratschläge der Vielgewandten, und er fing die Weisen in ihrer Klugheit. Wer wird in der Lage sein, den Rat des Allmächtigen zu finden oder die Gottheit zu sagen (= beschreiben) oder sie richtig auszusprechen?" (Z 27–35) Auch dieser Text ist eine Paraphrase im Anschluß an 1 Kor 3,19; 2,16[265] (vgl. Röm 11,34) und kein Zitat im eigentlichen Sinn. Beide Aus-

---

ὁ θεός. Offenbar hat der Vf von Silv nicht den griechischen Paulustext übersetzt, sondern unmittelbar aus einer sahidischen Vorlage zitiert. Oder hat erst der Abschreiber an den koptischen neutestamentlichen Text angeglichen?

261 Das Bild erweist sich dem Vf freilich bald als unangemessen: „Nicht du bist es, der ihn aus dir hinauswerfen wird, sondern er ist es, der dich (hinaus)werfen wird" (p 110,2–4).

262 Funk, ThLZ 100, 1975, 9.

263 Die Deutung des Tempelbildes auf den einzelnen kennt aber auch Paulus (1 Kor 6,19). Vgl. zur Sache Conzelmann, 1 Kor, 136.

264 Vgl. vor allem den Schluß p 117,5–118,7 und überhaupt die ständige Anrede ⲠⲀϢⲎⲢⲈ („mein Sohn"; vgl. Spr 2,1; 3,1 usw.).

265 Paulus zitiert an diesen beiden Stellen Jes 40,13; Hi 5,13. Vgl. noch Jer 23,18.

sagen verfolgen die Tendenz, die Möglichkeiten menschlicher Erkenntnis grundsätzlich zu verneinen. Das zeigt insbesondere auch der anschließende Kommentar p 112,1–8: Wir begreifen nicht einmal das Irdische; wie sollten wir da das Himmlische verstehen[266]? Der Abschnitt p 111,20–112,8 ist also eine an 1 Kor 1–3 anschließende Paraphrase in biblischer Sprache über die Nichtigkeit der Weisheit – ein Abschnitt im übrigen, der den nichtgnostischen Charakter von Silv unterstreicht.

Bemerkenswert ist der Abschnitt p 116,15–23, der von der Gotteserkenntnis handelt. Ausgangspunkt ist die positive Feststellung, daß Gott der Schöpfer (ⲆⲎⲘⲒⲞⲨⲢⲄⲞⲤ) ist (p 116,8f), dem nichts verborgen bleibt. Es heißt weiter, Gott sei offenbar und verborgen zugleich (Z 13–15), was dann unter Verwendung auch bei Paulus begegnender Aussagen erläutert wird. Der Text lautet: „Offenbar aber ist er (=Gott) deshalb, weil Gott das All erkennt[267]; auch wenn sie das nicht zugeben wollen, werden sie durch ihr Herz überführt werden. Verborgen aber ist er deshalb, weil keiner erkennt die (Dinge) Gottes[268]. Denn unaufspürbar ist er und unerforschlich im Hinblick darauf, den Ratschluß Gottes zu erkennen." Der erste Satz über Gottes Erkennbarkeit erinnert deutlich an die theologische Tendenz von Röm 1f: Gott ist offenbar auch denen, die ihn nicht erkennen wollen (vgl. Röm 1,19[269]; 2,15). Die zweite Aussage über Gottes Verborgenheit berührt sich eng mit den schon zu p 111,20–36 beigezogenen Texten (vgl. Röm 11,33f). Es ist aber unwahrscheinlich, daß hier bewußte Anspielungen vorliegen; man wird anzunehmen haben, daß diese Übereinstimmungen eher auf Zufall beruhen bzw. Folge der hier wie dort gleichen Tendenz sind.

Dasselbe gilt wohl auch für p 117,9–13: Der Logos „ist der Herrscher des Glaubens und das scharfe Schwert, nachdem er jedem alles geworden ist, weil er sich eines jeden erbarmen will." Die zweite Hälfte dieses Satzes erinnert deutlich an 1 Kor 9,22b *(τοῖς πᾶσιν γέγονα πάντα)* und Röm 11,32 *(ἵνα τοὺς πάντας ἐλεήσῃ)*. Dennoch wird die Anspielung nicht bewußt erfolgt sein[270]. obwohl die Übereinstimmung natürlich auffällig ist[271].

---

266 Vgl. dazu Joh 3,12.

267 So lautet der koptische Text (ⲠⲚⲞⲨⲦⲈ ⲤⲞⲞⲨⲚ Ⲙ̄ⲠⲦⲎⲢϤ̄). Funk, ThLZ 100, 1975, 23 A 61 nimmt an, in der Vorlage habe das Passiv gestanden; der koptische Übersetzer habe einen Fehler gemacht. Das ist aber nicht zwingend; denn auch der Text der Handschrift gibt einen guten Sinn: Gott erkennt das All, und auch die, die das nicht zugeben wollen, werden in ihrem Herzen überführt (Z 17–19), weil sie sich von Gott erkannt wissen – und darin ist Gott offenbar.

268 … Ⲣ̄ⲚⲞⲒ Ⲛ̄ⲚⲀⲠⲚⲞⲨⲦⲈ.

269 Die Parallele wäre noch stärker, wenn die von Funk vorgeschlagene Konjektur (s. Anm 267) richtig sein sollte.

270 Die Übereinstimmungen im Wortlaut sind gering.

271 Peel/Zandee, NovTest 14, 1972, 302f sehen über die o. Anm 256 genannten (und von mir abgewiesenen) Parallelen hinaus Zusammenhänge zwischen p 112,19; 114,2 und 1 Kor 9,25; 1 Tim 6,12; 2 Tim 4,7. Aber die Kampfsymbolik ist in dieser Art von

In Silv sind also Aussagen zumindest aus 1 Kor eingeflossen, d.h. der Vf (oder die von ihm hier verarbeitete Tradition?)[272] hat jedenfalls diesen Paulusbrief mit Sicherheit gekannt. Man kann erwägen, ob er daneben auch noch Röm benutzte; aber das muß offen bleiben. Weiter hat sich das Urteil bestätigt, daß die Theologie von Silv nicht als gnostisch bezeichnet werden kann. Da aber diese Schrift in räumlicher und z.T. auch geistiger Nähe zur Gnosis entstanden ist[273], kann man sie vielleicht sogar als einen Beleg dafür ansehen, daß die Paulus-Benutzung durch die Gnostiker bei Nichtgnostikern offenbar keinerlei Verlegenheit ausgelöst hat.

Das bedeutet nicht, daß der Vf von Silv als Vertreter eines ausgeprägten „Paulinismus" verstanden werden dürfte: Die Pauluszitate und -anspielungen prägen sein Denken nicht; er zieht sie vielmehr nur da heran, wo sie die Tendenz seiner Paränese bestätigen[274]. Insofern unterscheidet sich seine Paulusbenutzung nicht von der der Gnostiker.

12. Anklänge an paulinische Texte enthält die Schrift aus NHC IX/3 (p 29–74), die den Titel *„Testimonium Veritatis"* erhalten hat[275]. Ihr Vf kämpft gegen andere gnostische Gruppen und zugleich gegen das kirchliche Christentum; dabei greift er auch auf paulinische Briefe und auf Joh zurück[276]. Test Ver beginnt mit einer scharfen Ablehnung des Gesetzes (p 29,22–30,17), das „befleckt" sei, weil es dem Menschen gebiete, sich zu vermehren. Daß in dieser Gesetzeskritik paulinische Theologumena, wenn auch „in charakteristischer Vergröberung" anklingen, wie K. Koschorke meint[277] ist wenig wahrscheinlich; der Vf vertritt eine radikal enkratitische Ethik, und er lehnt das Gesetz deshalb ab, weil es durch das Zeugungsgebot den Menschen auffordert, der „Welt" statt der „Wahrheit" zu dienen[278].

In p 41,4–45,6 wird das Wesen des Gnostikers beschrieben, wobei in 44,2 eine relativ ausführliche Paränese beginnt. In Z 9–13 heißt es: „Er harrt aus

---

Literatur verbreitet (vgl. CONZELMANN, 1 Kor, 191–193); jedenfalls zwingt nichts zu der Annahme, der Vf von Silv habe diese Texte unmittelbar gekannt bzw. benutzt.

[272] Zum Problem von Tradition und Redaktion in Silv vgl. FUNK, ThLZ 100, 1975, 9f.

[273] Vgl. FUNK, ThLZ 100, 1975, 8f.

[274] Insofern ist PEEL/ZANDEE, Nov Test 14, 1972, 310f zuzustimmen: "As in other second century Christian literature, the Pauline emphasis on grace and the role of faith is displaced by a concern for morality and correct teaching."

[275] Deutsche Übersetzung: KOSCHORKE, ZNW 69, 1978, 91–117, insbesondere 97–117; englische Übersetzung in NHL, 406–416.

[276] KOSCHORKE, Polemik, 107 A 8 verzeichnet Anspielungen auf einzelne Stellen aus Gal, 1 Kor und Eph, sowie auf Röm 7. Da er darüberhinaus auch zahlreiche Anspielungen auf Joh, Mt, Lk und das AT nennt, ist die Aussage, „die Vorliebe für Paulus, den ‚haereticorum apostolus' ... und Johannes" sei „charakteristisch für die Gnosis insgesamt" m.E. auch vom Test Ver her sachlich nicht gerechtfertigt. Zu Tertullians Formulierung über Paulus (Marc III 5) s.u. S. 393f.

[277] KOSCHORKE, Polemik, 111. Vgl. DERS., ZNW 69, 1978, 95.

[278] Charakteristisch ist in p 29,24f das Zitat des Logions von Mt 6,24a.

unter dem ganzen Ort, er erträgt ihn, er hält ihn aus in allem Übel, er ist geduldig gegen jedermann“ (Übers. Koschorke), worin Koschorke eine Anspielung auf 1 Kor 13,4ff; Gal 5,22f erblicken möchte[279]. Dies ist in der Tat nicht auszuschließen. Koschorke meint weiter, im folgenden klinge 1 Kor 9,22 an (Z 14–17: „Er macht sich jedermann gleich, und doch trennt er sich von ihnen“)[280]; aber hier ist die Anspielung m. E. zu schwach. Jedenfalls zeigt der breite Midrasch in p 45,23–49 fin über Gott und die Schlange (Gen 3), daß absichtliche Bezugnahmen auf die Bibel im Test Ver sehr viel deutlicher erkennbar sind[281].

Am Schluß des Traktats (p 73,18–22) wird Gal 1,8 zitiert, ausdrücklich mit der Formel „sie sagen“ (oder: „man sagt“) eingeführt. Vom Kontext her muß man m. E. aber vermuten, daß der Vf das Wort gar nicht selbst anwendet, sondern eine gegnerische Position zitiert[282]. In p 73,22–74,2 wird nämlich gesagt, daß „sie noch unreif sind“ und daß sich in ihren Häresien das Gesetz als wirksam erweise. Offenbar ist also Gal 1,8 ein von der Kirche im Kampf gegen die Gnostiker verwendetes Schlagwort gewesen[283].

Test Ver ist mithin kein Beleg für eine spezifische Vorliebe der Gnostiker für Paulus und seine Theologie.

13. Die *„Interpretation der Gnosis“* (NHC XI/1 p 1–21) zeigt nach Auffassung von E. Pagels “how a Gnostic teacher uses New Testament writings and applies them to the Church”[284]. K. Koschorke, der insbesondere den dritten Abschnitt von Inter (p 15–21) als eine gnostische Gemeindeordnung ansieht[285], meint, in ihrer Betonung der Charismen statt des Amtes stehe diese Ordnung „ganz bewußt in der paulinischen Tradition, die hier fortentwickelt und weiterinterpretiert erscheint“[286]. Tatsächlich begegnet in p 16,28ff; 18,34ff der Haupt-Glieder-Gedanke, der aus 1 Kor 12/Röm 12/ Eph 4 entstanden sein könnte[287]; aber da das Bild in der Antike sehr verbreitet ist und sich im übrigen in diesem Zusammenhang keine expliziten

---

279 Koschorke, Polemik, 167.

280 Koschorke, ebenda.

281 Die Auslegung dieses AT-Textes mit ihrer Kritik am Schöpfergott ist typisch gnostisch (vgl. vor allem p 47,14–48,15).

282 Koschorke, Polemik, 166 A 1: [ΝΘЄ Є]ΥϪΩ ΜΜΟ[C ϪЄ] schließt nicht aus, „daß hier eine gegnerische (kirchliche) Stimme zitiert ist“. Anders jetzt ders., ZNW 69, 1978, 94: Die „Zitierung von Gal 1,8 mit seinem Anathema über jede andere Predigt ... [stellt] Test Ver in eine Reihe mit kirchlichen Häresiologen“.

283 Ganz Sicheres läßt sich nicht ausmachen, da der Text eine Reihe von Lücken enthält.

284 Pagels, in: NHL, 427. Englische Übersetzung von Inter aaO., 427–434 (von J. D. Turner).

285 Koschorke, ZThK 76, 1979, 30–60. Vorausgesetzt sei eine Gemeinde, in der gnostische und nichtgnostische Christen zusammenlebten, wobei die Gnostiker eine Führungsrolle besäßen (aaO., 45).

286 Koschorke, ZThK 76, 1979, 32. Vgl. aaO., 45f.

287 So Koschorke, ZThK 76, 1979, 32.

Bezugnahmen auf Paulus oder auf einen der genannten Texte finden, spricht wenig für die Annahme einer direkten Abhängigkeit von Paulus bzw. von Paulus-Tradition[288].

Koschorke meint, eines der für Inter wesentlichen Charismen sei „die Befähigung zu geistgewirkter Schriftauslegung“: „Inter selbst gibt beredtes Zeugnis gnostischer Schriftauslegung, die zu einem pneumatischen Verständnis der Lehren des Soter und des Apostels verhelfen will“[289]. Wäre diese These richtig, so müßten sich in Inter explizite Bezugnahmen auf entsprechende Texte, d.h. also auf Worte Jesu („Soter“) und des Paulus („Apostel“) finden. Und tatsächlich erwähnt der Vf am mehreren Stellen[290] in verhältnismäßig ausführlicher Weise Texte aus den Evangelien. So enthält der Abschnitt p 9,28–35 eine Art Spruchsammlung von Worten insbesondere aus Mt[291], ausdrücklich eingeleitet mit der Bemerkung, es handele sich um die vom „Lehrer“ verkündete „Lehre“ (9,17ff). In p 5,16ff ist deutlich auf das Gleichnis vom Säemann Bezug genommen[292], und in p 6,15ff klingt die Erzählung vom barmherzigen Samariter an[293]; p 11,23–35 schließlich erinnert an Joh 5,17f.

Im Blick auf Paulus-Zitate in Inter[294] meint Koschorke, in p 10,28ff sei auf Phil 2,3.5ff Bezug genommen; aber die Aussage über die Selbsterniedrigung Christi ("I became very small so that through my humility I might take you up to the great height, whence you had fallen") ist weder im Wortlaut noch in der Sache an Phil 2 (oder überhaupt an Paulus) orientiert[295]. In p 14,28–32, wo von der Sendung des „großen Sohnes“ die Rede ist, liegt in der Tat, ähnlich wie im EV (I/3 p 20,25–27), eine Anspielung auf Kol 2,14 vor. Aber ebenso wie dort (s.o. S. 317) hat diese Stelle auch hier einen

---

[288] In der Sache bestehen auch nach KOSCHORKES Auffassung Differenzen zwischen Paulus und Inter (ZThK 76, 1979, 41): „Praktische Dienste und technische Funktionen“ seien in Inter nicht als Charismen anerkannt; und in p 18,28–38 werde gerade der unterschiedliche Rang der Glieder betont, während es Paulus auf die Gleichrangigkeit ankomme (1 Kor 12,23).

[289] KOSCHORKE, ZThK 76, 1979, 39.

[290] Vgl. die Zusammenstellung der Texte bei KOSCHORKE, ZThK 76, 1979, 38 A 35.

[291] KOSCHORKE ebenda sieht hier darüber hinaus eine Anspielung auf Eph 5,8 und 1 Kor 8,5f; er meint offenbar den Satz: "For when we were in the dark we used to call many 'father', since we were ignorant of the true Father", doch diese Aussage scheint mir unmittelbar aus Mt 23,9 abgeleitet zu sein.

[292] Hier ist der Text allerdings beschädigt, so daß insbesondere die Einleitung nicht zu erkennen ist. In p 5,27–38 ist jedenfalls ausdrücklich der Name Jesu genannt.

[293] Offenbar wird eine allegorische Interpretation gegeben (p 6,26ff); aber Einzelheiten sind angesichts der schlechten Erhaltung des Textes nicht zu erkennen.

[294] Vgl. die Übersicht bei KOSCHORKE, ZThK 76, 1979, 39 A 36.

[295] Gegen KOSCHORKE, ZThK 76, 1979, 43, der als Beleg lediglich auf das Stichwort ⲑ̄ⲃ̄ⲉⲓⲟ (Phil 2,3 sa: ⲡⲉⲑⲃ̄ⲃⲓⲟ) verweist. Ebenda A 68 meint er, in p 10,33 ("... it is I who shall take you above through this shape ⟨ⲡⲓⲥⲭⲏⲙⲁ⟩ that you see") sei Phil 2,7 „aufgenommen“. Aber der gnostische Gedanke, daß der Erlöser lediglich einen Scheinleib besessen habe, ist gewiß nicht aus Phil 2 entwickelt worden.

veränderten Sinn erhalten: Das ΔΙΑΤΑΓΜΑ des Vaters wird durch den Sohn nicht beseitigt, sondern es wird im Gegenteil offenbar gemacht ("he spread abroad the edict of the Father and proclaimed it, opening the All")[296]. Da sich sonst keine Hinweise auf Texte des Corpus Paulinum oder auf theologische Aussagen des Paulus finden, ist Inter wohl kaum als Zeuge für eine intensive gnostische Verarbeitung der Paulus-Überlieferung bzw. der paulinischen Briefe anzusehen.

d) Ergebnis

Es war in Teil b) dieses Abschnitts festgestellt worden, daß die bei den Kirchenvätern referierten Gnostiker zwar nicht selten auf Aussagen der paulinischen Briefe zurückgreifen, daß aber von einer ausgeprägten Paulusrezeption in der frühen christlichen Gnosis nicht gesprochen werden kann. Die Untersuchung der Nag-Hammadi-Texte hat diesen Eindruck im ganzen bestätigt. Bis auf Rheg, für den in der Tat paulinische Aussagen im einzelnen und die paulinische (bzw. deuteropaulinische) Auferstehungslehre als ganze konstitutive Bedeutung besitzen, enthält keine der Schriften aus Nag Hammadi eine wirklich tiefgreifende Bezugnahme auf Paulus und die paulinische Theologie. Auffälligerweise gilt dies auch für die beiden den Namen des Paulus tragenden Schriften (das „Gebet“ aus NHC I und die „Apokalypse“ aus NHC V), die von den Paulusbriefen kaum und von paulinischer Theologie so gut wie gar nicht berührt sind. Umgekehrt erwiesen sich diejenigen Schriften als noch am ehesten stärker von Paulus beeinflußt, deren nicht-gnostische Redaktion zumindest zu erwägen ist (Ex An; vgl. die Rahmung von HA) bzw. deren nicht-gnostischer Charakter zutage liegt (Silv).

J. Doresse hat das verhältnismäßig geringe Ausmaß der Paulusbenutzung in den Nag-Hammadi-Schriften mit dem Hinweis erklärt, die paulinische Theologie stehe in den wesentlichen Punkten im Widerspruch zur Gnosis[297]. Das ist m.E. zutreffend[298], reicht aber zur Erklärung des Phänomens noch nicht aus. Die insbesondere von den Valentinianern entwickelte Hermeneutik[299] ermöglichte es ja ohne weiteres, auch geradezu gnosis-feindliche Sätze des Paulus gnostisierend zu deuten[300]. Die entscheidende Ursache für die

296 Nach Koschorke, ZThK 76, 1979, 39 A 36 ist außer auf Kol 2,13f auch auf 1 Kor 15,21f angespielt; aber für diese Annahme spricht lediglich das Stichwort „Adam“.

297 Doresse, Livres, 338. Doresse dürften damals (1958) noch nicht alle Texte bekannt gewesen sein.

298 Gegen Pagels, Paul, 9f, die aus der von ihr beobachteten intensiven Paulusbenutzung der Valentinianer den Schluß zieht, Paulus selbst könne gar nicht so "antignostic" gewesen sein, wie in der neutestamentlichen Forschung überwiegend behauptet werde.

299 S.o. S. 305f.

300 Das wird schon daran erkennbar, daß die Gnostiker Schriften wie Silv akzeptie-

Zurückhaltung der Gnostiker Paulus gegenüber scheint weniger darin zu liegen, daß einzelne paulinische Sätze nicht gnostisch zu deuten waren, sondern darin, daß sich die paulinische Theologie in ihrem eigentlichen Kern einer gnostischen Interpretation entzog. Weder die Rechtfertigungslehre noch die Ekklesiologie[301], weder das paulinische Gesetzesverständnis noch seine Eschatologie ließen sich wirklich in gnostische Kategorien umgießen. So ist es zu erklären, daß die gnostischen Autoren zwar relativ häufig auf einzelne paulinische Aussagen Bezug nehmen, größere theologische Zusammenhänge – mit Ausnahme von Rheg – aber niemals rezipieren.

Besonders deutlich zeigte sich das beim Brief des Ptolemäus an Flora: Nur einmal wird in diesem breit das Gesetz behandelnden Lehrbrief auf die paulinische Gesetzeslehre Bezug genommen[302].

Die Gnostiker sahen offenbar überhaupt keine spezifische Affinität zwischen ihrem eigenen Denken und der Theologie des Paulus. Jedenfalls waren die paulinischen Kategorien der Interpretation des Christusgeschehens für sie nicht von wirklich grundlegender Bedeutung. Hierfür besaßen sie nämlich bereits ihre eigenen Kategorien, die sie – so vor allem die aus den verschiedenen Formen des Dualismus sich ergebenden Möglichkeiten – aus nichtchristlichem Milieu bezogen hatten; die christlichen Aussagen wurden in diesen so vorbereiteten Rahmen sekundär eingefügt. Das Interesse bestand in erster Linie darin, solche christlichen Traditionen in das gnostische Denken zu integrieren, die geeignet waren, den eigenen Ansatz weiter zu verdeutlichen und auszubauen[303].

Die Paulusbriefe hatten in diesem Prozeß einen entscheidenden Nachteil: Sie ließen im Grunde keinerlei Esoterik zu, denn sie waren ja jedermann erkennbar und bekannt (lediglich an Texten wie 1 Kor 2,9; 2 Kor 12,2–4 konnten Geheimtraditionen ansetzen). Vor allem aber konnten an Paulus, den „verspäteten" Apostel, geheime Traditionen über Jesus kaum anknüp-

---

ren konnten. Aussagen wie Silv NHC VII p 112,1–8 über die Unbegreiflichkeit Gottes brauchten ja nur auf den „psychischen" Menschen gedeutet zu werden.

[301] Im Blick auf die Ekklesiologie von Inter (NHC XI/1; s.o.) meint KOSCHORKE, ZThK 76, 1979, 46, hier sei „die paulinische Tradition, die im katholischen Raum zunächst allenfalls gebrochen oder in hierarchisierender Umprägung weiterwirkt, ... fortgeführt und in gnostischer Modifikation zur bestimmenden Grundlage des Gemeindelebens gemacht" worden. Aber gerade Koschorkes eigene höchst instruktive Rekonstruktion der hinter Inter stehenden Gemeinde (aaO., 43–45) zeigt, daß auch hier eine Hierarchie vorausgesetzt ist. Eine pneumatische Hierarchie ist jedenfalls nicht weniger unpaulinisch als eine auf Ämter bezogene.

[302] S. o. S. 304f.

[303] Vgl. BÖHLIG, in: Origini, 131: Es hat in Nag Hammadi „ein friedlicher Ausgleich der verschiedenen Traditionen unter gnostischer Tendenz stattgefunden" (er verweist auf das Nebeneinander von Apc Pl und Apc Jac). – Vielleicht hat dieser „Ausgleich" nicht erst in der Bibliothek von Nag Hammadi stattgefunden; über die ursprüngliche Heimat der Texte läßt sich ja wenig sagen.

fen, weniger leicht jedenfalls, als an Thomas „den Zwilling“ oder auch Jakobus „den Bruder“ Jesu. Mit anderen Worten: Der „gnostische Paulus“ spielt eine sicherlich nicht größere Rolle als der „gnostische Jakobus“ oder der „gnostische Thomas“ – und zwar einfach deshalb, weil das eigentliche Ziel der christlichen Gnostiker der „gnostische Christus“ war[304].

9. Die ältesten Apologeten und die Tradition der paulinischen Theologie

a) Die Paulusrezeption im Brief an Diognet

Dg ist eine in Aufbau und sprachlicher Gestaltung sorgfältig angelegte Schrift mit apologetischer Tendenz. Diese Tatsache hat in der Forschung immer wieder zu der Annahme geführt, Dg müsse relativ spät entstanden sein[1], und so wird Dg in der Regel auf das Ende des 2. Jahrhunderts oder auf den Anfang des 3. Jahrhunderts datiert.

Dann bestünde kein Anlaß, diese Schrift im Rahmen der vorliegenden Untersuchung zu behandeln.

Es ist aber methodisch unsachgemäß, die Datierung frühchristlicher Texte von ihrer sprachlichen Qualität abhängig zu machen[2]. Man muß vielmehr fragen, ob inhaltliche Indizien zu der Annahme zwingen, Dg sei jedenfalls in der Zeit nach Marcion verfaßt worden.

A.v. Harnack sah im Vf des Dg einen Apologeten, Dogmatiker und Pauliner, der die „Perioden originaler Gedankenbildung und ringenden Kampfes hinter sich“ habe: „Obgleich er auf den gnostischen Kampf nirgends anspielt, ist seine Theologie doch auf dem Ertrag dieses Kampfes auferbaut.“[3] Diese Annahme, Dg könne frühestens zur Zeit des Irenäus verfaßt sein, hat sich, wenn auch mit unterschiedlichen Argumenten, im allgemeinen durchgesetzt[4]. In neuerer Zeit haben jedoch H.G. Meecham und C.M. Nielsen Einwände erhoben. Meecham erklärt, der freie Umgang mit den neutestamentlichen Texten[5], die relativ einfache Christologie und

---

[304] Zum Gebrauch der synoptischen Evangelien in gnostischer Literatur vgl. SCHRAGE, Verhältnis, 22f.

[1] Vgl. die Übersicht bei MARROU, SC 33, 242f. Die Thesen reichen von „vor 70“ bis ins 16. Jahrhundert.

[2] Das betont m.R. ELTESTER, ZNW 61, 1970, 289f.

[3] HARNACK, Chronologie, 514. „Auch sein Redefluß zeigt den katholischen Homileten.“ OVERBECK, Studien I, 58.68 wollte Dg in die nachkonstantinische Zeit verlegen, da er „schon außerhalb des Kampfes der Kirche mit dem griechisch-römischen Heidenthum“ stehe (aaO., 58).

[4] MARROU, SC 33, 265: Um 190/200 in Alexandria verfaßt; ebenso ANDRESEN, Art. Diognetbrief, RGG II, 200; BRÄNDLE, Ethik, 21.231.

[5] S. dazu u. Ein ähnliches Argument verwendet BARNARD, ZNW 56, 1965, 137: Dg 1–10 müsse spätestens um 130 verfaßt worden sein; denn um 140 sei ja bereits der Kanon des NT entstanden, wie das EV von Nag Hammadi zeige. Diese Begründung ist m.E. unhaltbar, denn das EV setzt keineswegs „den“ Kanon des NT voraus.

das Fehlen einer entwickelten Häresie machten es wahrscheinlich, daß Dg nicht später als ca. 150 entstand[6]. Auch Nielsen verweist auf das Fehlen einer antimarcionitischen Polemik: Dg 1–10 sei etwa zur Zeit Polykarps geschrieben worden[7]; Kap. 11f habe die Kirche später hinzugefügt, um den einseitigen Paulinismus abzuschwächen (Nielsen verweist auf 11,3; 12,9)[8].

Zweifellos ist Dg sorgfältiger ausgearbeitet und weist ein höheres Maß an theologischer Reflexion auf als etwa der Brief Polykarps oder der „Hirte" des Hermas; aber derartige Unterschiede können die Datierung nicht entscheidend bestimmen, sondern lassen allenfalls Rückschlüsse auf die denkerischen oder schriftstellerischen Qualitäten des jeweiligen Vf zu.

Eng mit dem Datierungsproblem verknüpft ist die Frage nach dem Vf (und dem Adressaten) des Dg. R.H. Connolly erwog, Vf des Dg sei Hippolyt[9]. P. Andriessen meinte, Dg sei die an Hadrian gerichtete Apologie des Quadratus (vgl. Eus Hist Eccl IV 3,2f), da das Quadratus-Fragment gut in die Lücke nach Dg 7,6 passe[10]. S. Pétrément meint, daß insbesondere Dg 11f mit ihrer starken paulinischen Beeinflussung an EV und Rheg erinnerten, so daß wahrscheinlich der Gnostiker Valentin der Vf sei[11].

Aber die Person des Vf läßt sich nicht ermitteln. Ebensowenig ist die Frage zu beantworten, ob hinter dem Namen „Diognet" wirklich eine historische Gestalt steht[12], oder ob es sich bei der Adresse um eine literarische Fiktion handelt (vgl. den „Theophilos" der lukanischen Schriften). Letztlich unbeantwortet ist auch die Frage nach dem Entstehungsort des Dg. Sollte die Schrift tatsächlich in Alexandria geschrieben worden sein[13], so wäre sie der älteste Beleg für eine bewußte Paulusrezeption im alexandrinischen Christentum. Denn obwohl Paulus nur in 12,5 ausdrücklich erwähnt und zitiert wird, zeigt sich Dg weithin von paulinischer Theologie bestimmt[14].

---

[6] MEECHAM, Epistle, 19. AaO., 66f: Kap. 11f (s.u.) seien sekundär, vermutlich aus dem Umkreis des Melito oder des Hippolyt.

[7] NIELSEN, AThR 52, 1970, 89f.

[8] NIELSEN, AThR 52, 1970, 82f. Zum literarkritischen Problem von Dg 11f s.u. S. 348f.

[9] CONNOLLY, JThS 36, 1935, 347–353.

[10] ANDRIESSEN, Vig Chr 1, 1947, 129–136 (zur genannten Lücke vgl. ELTESTER, ZNW 61, 1970, 279). Kritisch gegen Andriessens These m.R. MEECHAM, Epistle, 151f und BARNARD, ZNW 56, 1965, 136.

[11] PÉTRÉMENT, RHPhR 46, 1966, 40.47–62. Dg 11f seien eng mit Kol 3,1ff; Eph 2,6 verwandt, und die hier vertretenen Vorstellungen begegneten u.a. auch im Rheg. Aber zur Annahme, Valentin sei der Autor des Dg, reicht diese (ohnehin wenig überzeugende) Analogie keineswegs; vgl. auch BRÄNDLE, Ethik, 93.

[12] In der Regel wird auf den Lehrer Mark Aurels verwiesen; vgl. z.B. MOLLAND, ZNW 33, 1934, 304f.

[13] So MARROU, SC 33, 265; ANDRESEN, Art. Diognetbrief, RGG II, 200. Beide setzen Dg zeitlich freilich später an (s. Anm 4).

[14] Vgl. BRÄNDLE, TU 116, 132 und die dort genannte Literatur.

Gegen die Annahme einer Spätdatierung des Dg spricht vor allem die aus dem Vergleich mit den eigentlichen Apologien sich ergebende Beobachtung, daß die Elemente der Apologetik im Dg noch kaum ausgebildet sind. Das charakteristische apologetische Interesse am Altersbeweis für das Christentum und die daraus insbesondere bei Justin resultierende Vernachlässigung der kirchlichen Tradition (s.u.) sind im Dg jedenfalls nicht ausgeprägt vorhanden.

Der Vf beweist nach der Einleitung[15] zunächst in Kap. 2 die Widersinnigkeit der heidnischen Götterverehrung[16], dann in Kap. 3 die Verwandtschaft des jüdischen Kults mit den heidnischen Opfern[17]. In Dg 4 klingen erstmals[18] neutestamentliche Gedanken an: Die Kritik an den jüdischen Speisevorschriften (4,2) erinnert in der Tendenz an Röm 14,20; 1 Tim 4,4; Tit 1,15[19]; die Art der Sabbatkritik (4,3) setzt offenbar die Kenntnis der Sabbatperikope Mk 3,1–6 parr voraus[20]. Und bei den Bemerkungen über die Feiertage (4,5) kann man an Gal 4,10 denken[21]. Vermutlich liegt an keiner der genannten Stellen eine literarische Berührung vor; aber mit einem gewissen Einfluß wird doch zu rechnen sein.

Der erste sichere Beleg für eine Paulusbenutzung des Vf ist 5,8. Im Zusammenhang der Darstellung der christlichen Lebensweise[22] wird der Satz formuliert: *ἐν σαρκὶ τυγχάνουσιν, ἀλλ' οὐ κατὰ σάρκα ζῶσιν.*

Fraglos geht diese Formulierung auf den Einfluß paulinischer Theologie zurück; es bleibt lediglich offen, ob hier direkt 2 Kor 10,3 aufgenommen ist, oder ob es sich um eine vom Vf selbst geschaffene Zusammenfassung etwa von Röm 8 handelt. Die Formulierung ist deshalb besonders auffällig, weil sie beim Vf (und beim Leser!) die Kenntnis des paulinischen *σάρξ*-Verständnisses voraussetzt[23], was in nachpaulinischer Literatur ganz ungewöhnlich ist[24].

---

[15] In Dg 1 wird das typische Thema auch der jüdischen Apologetik angesprochen: der Altersbeweis. Der Vf verspricht Antwort auf die Frage *τί δή ποτε καινὸν τοῦτο γένος ἢ ἐπιτήδευμα εἰσῆλθεν εἰς τὸν βίον νῦν καὶ οὐ πρότερον.*

[16] Vgl. schon Jes 44,9–20.

[17] Auf dieses Problem geht die jüdische Apologetik offenbar nicht ein.

[18] Man kann fragen, ob die Gottesprädikation in 3,4 *(ὁ ποιήσας τὸν οὐρανὸν κτλ.)* an Apg 14,15 (nach Ex 20,11; Ps 145,6 LXX) anknüpft. Es wird sich aber wohl um eine (verkürzte) formelhafte Wendung handeln.

[19] Man kann aber sicherlich nicht von einer „Anspielung" sprechen.

[20] Welche Fassung der Vf möglicherweise gekannt hat, ist nicht auszumachen.

[21] Vgl. SCHLIER, Gal, 204 A 1.

[22] Deutlich erkennbar ist die Tendenz, das Leben der Christen als nach den allgemein üblichen Normen lobenswert darzustellen. Vgl. vor allem 5,6f: Die Christen sind sittenstreng, aber keineswegs Asketen.

[23] Sachlich folgt dieselbe Aussage in 6,3 in der Formulierung, daß die Christen *ἐν κόσμῳ οἰκοῦσιν, οὐκ εἰσὶ δὲ ἐκ τοῦ κόσμου* (vgl. Joh 17,11.14).

[24] Vgl. zur Stelle BRÄNDLE, Ethik, 84.

H. G. Meecham vermutet, Dg 5,9 *(ἐν οὐρανῷ πολιτεύονται)* gehe auf Phil 3,20 zurück[25]. Aber die Formulierung kann auch im Zuge der Bildung der übrigen Gegensatzpaare entstanden sein.

Hingegen dürfte Dg 5,12f direkt an 2 Kor 6,9f anknüpfen. Der Vf nimmt den Peristasenkatalog auf, der bei Paulus die eschatologische Existenz des Apostels kennzeichnet[26] und bezieht ihn auf die paradoxe Situation der Christen in der Welt überhaupt[27]. Zwar sind die Begriffspaare nicht vollständig übernommen; aber die Reihenfolge stimmt mit derjenigen in 2 Kor 6,9f überein, so daß m. E. mit einer unmittelbaren Zitierung gerechnet werden muß.

Wahrscheinlich gilt das ebenso für Dg 5,15: Die Wendung *λοιδοροῦνται, καὶ εὐλογοῦσιν* nimmt 1 Kor 4,12 auf, bezieht also wiederum eine auf die apostolische Existenz gemünzte paulinische Aussage auf alle Christen[28].

Dg 6 enthält keine Anspielungen auf paulinische Aussagen. 6,5 *(μισεῖ τὴν ψυχὴν ἡ σάρξ)* hat mit Gal 5,17 *(ἡ σὰρξ ἐπιθυμεῖ κατὰ τοῦ πνεύματος)* nichts zu tun, ebensowenig 6,8 *(ἀθάνατος ἡ ψυχὴ ἐν θνητῷ σκηνώματι κατοικεῖ· καὶ Χριστιανοὶ παροικοῦσιν ἐν φθαρτοῖς, τὴν ἐν οὐρανοῖς ἀφθαρσίαν προσδεχόμενοι* mit 1 Kor 15,53f[29]. Auffälliger ist die Nähe von 7,1 *(... οὐδὲ ἀνθρωπίνων οἰκονομίαν μυστηρίων πεπίστευνται)* zu Eph 3,9 (vgl. Eph 1,9f); aber der Vf des Dg scheint hier das deuteropaulinische Revelationsschema nicht vorauszusetzen.

Das Revelationsschema ist aber offensichtlich die Grundlage der Argumentation in Dg 8,9–11: Gott hat seine Absicht *(ἔννοια)* allein seinem Sohn *(παῖς)* kundgetan, *ἐν ὅσῳ μὲν οὖν κατεῖχεν ἐν μυστηρίῳ ... ἀφροντιστεῖν ἐδόκει· ἐπεὶ δὲ ἀπεκάλυψε διὰ τοῦ ἀγαπητοῦ παιδὸς ... πανθ' ἅμα παρέσχεν ἡμῖν κτλ.* Die ganze Aussage macht nicht den Eindruck, als wäre sie unmittelbar von Kol 1,26f oder vom Revelationsschema des Eph abhängig[30]; aber die Tatsache, daß der Vf des Dg die Struktur dieses Schemas aufgenommen hat, zeigt, wie sehr er unter dem Einfluß paulinischer Überlieferung steht.

Dasselbe gilt für die breite christologische Argumentation in 9,1–5: Sicher ist der Vf hier nicht unmittelbar von Röm 3,21–26 abhängig, obwohl einige auffallende Anklänge bestehen[31]. Aber er nimmt insbesondere in 9,3–5 die

---

[25] Meecham, Epistle, 111.

[26] Vgl. Bultmann, 2 Kor, 170f.175f.

[27] Dabei ergeben sich Verschiebungen des Sinns: Wenn es in V. 12a heißt *ἀγνοοῦνται καὶ κατακρίνονται*, dann ist das etwas anderes, als wenn Paulus schreibt *ὡς ἀγνοούμενοι καὶ ἐπιγινωσκόμενοι* (vgl. Bultmann, 2 Kor, 175); und der Satz V. 12b *θανατοῦνται, καὶ ζωοποιοῦνται* bezieht sich anders als bei Paulus wohl auf den Tod der Märtyrer (vgl. 5,16).

[28] Der Gedanke ist natürlich nicht spezifisch paulinisch (vgl. Conzelmann, 1 Kor, 109); aber die Formulierung begegnet so doch nur in 1 Kor 4,12.

[29] Meecham, Epistle, 55: 6,8 “may possibly reflect 1 Cor 15, 53f”; vgl. aaO., 116: “The collocation is familiar.”

[30] Gegen Meecham, Epistle, 126f; Brändle, TU 116, 132f.

[31] Röm 3,25f: *διὰ τὴν πάρεσιν τῶν προγεγονότων ἁμαρτημάτων ἐν τῇ ἀνοχῇ τοῦ θεοῦ,*

paulinische Rechtfertigungslehre in der Substanz und in der Terminologie auf. Das zeigen nicht nur die Begriffe *δικαιοῦν* und *δικαιοσύνη*[32], sondern vor allem die auf das Gesetz hinweisenden Stichworte *ἄνομος* und *ἀνομία*. Darüber hinaus wird in 9,4 die christologische Basis der Rechtfertigungslehre deutlich sichtbar[33]; und die Struktur von 9,5b *(ἀνομία μὲν πολλῶν ἐν δικαίῳ ἑνὶ κρυβῇ, δικαιοσύνη δὲ ἑνὸς πολλοὺς ἀνόμους δικαιώσῃ)* erinnert sehr deutlich an Röm 5,18 (es fehlt freilich die bei Paulus im Hintergrund stehende Adam-Christus-Typologie).

Ist Dg 9 ein Beweis für die „Übernahme der paulinischen Rechtfertigungslehre" durch den Vf?[34] Stehen wir „tatsächlich einem Verfasser gegenüber, der Paulus verstanden hat und seine Soteriologie in einer stark persönlichen Weise in selbständigen Wendungen reproduziert", wie E. Molland meint[35]? Oder hat P. Stuhlmacher recht, wenn er erklärt, zwar zitiere der Vf des Dg hier Röm 3,21–26, „aber in charakteristischer Abänderung! Statt von Gerechtigkeit Gottes spricht der Brief hellenisierend von Gottes *χρηστότης καὶ δύναμις* bzw. seiner *ὑπερβαλλούσῃ*[!] *φιλανθρωπία καὶ ἀγάπη*!"[36]?

Zunächst ist festzuhalten, daß der Vf keineswegs andeutet, er wolle Röm 3,21–26 (oder eine andere paulinische Aussage) regelrecht „zitieren". Er geht im Zuge seiner Apologie auf das schon in Kap. 1 angesprochene wichtige Thema ein, warum es Christen erst seit kurzer Zeit gibt. Und er beantwortet diese Frage nun mit dem Hinweis auf Gottes *μακροθυμία* (Röm 3,26: *ἀνοχή)*, verbunden mit der Aussage, Gott habe *ἐξ ἀρχῆς* (8,11) das Heil beschlossen. Zum festgesetzten Zeitpunkt *(ἐπεὶ δὲ πεπλήρωτο μὲν ἡ ἡμετέρα ἀδικία*, 9,2) erwies sich Gott als gnädig und *τὰς ἡμετέρας ἁμαρτίας ἀνεδέξατο, αὐτὸς τὸν ἴδιον υἱὸν ἀπέδοτο λύτρον ὑπὲρ ἡμῶν* (vgl. Röm 8,32). Dies wird in 9,3–5 nun nochmals betont in den Kategorien der paulinischen Rechtfertigungsaussage wiederholt. Es ist keine Frage, daß der Vf des Dg damit nicht „die paulinische Theologie" in toto rezipiert hat; zweifellos hat er paulinische und vorpaulinische, allgemeinchristliche und nichtchristliche Termini miteinander vermischt. Aber es wäre ungerecht und falsch, auf wenigen Zeilen eine vollständige Rezipierung und Verarbeitung der paulinischen Theologie erwarten zu wollen. Gewiß: In Dg 9 fehlt der Hinweis auf

---

Dg 9,1: *οὐ πάντως ἐφηδόμενος τοῖς ἁμαρτήμασιν ἡμῶν*; Röm 3,26: ... *τῆς δικαιοσύνης αὐτοῦ ἐν τῷ νῦν καιρῷ*, Dg 9,1: ... *τὸν νῦν τῆς δικαιοσύνης δημιουργῶν*. Es ist aber problematisch, schon bei einzelnen Stichworten literarische Berührungen zu sehen (gegen MARROU, SC 33, 205; BRÄNDLE, TU 116, 133f).

[32] Vor allem 9,3: *ἐκείνου δικαιοσύνη*, d.h. die Gerechtigkeit Christi.

[33] *ἐν τίνι δικαιωθῆναι δυνατὸν τοὺς ἀνόμους ἡμᾶς καὶ ἀσεβεῖς ἢ ἐν μόνῳ τῷ υἱῷ τοῦ θεοῦ;*

[34] So ELTESTER, ZNW 61, 1970, 284.

[35] MOLLAND, ZNW 33, 1934, 309f. „Wer könnte Röm 3,21–26 besser interpretieren?"

[36] STUHLMACHER, Gerechtigkeit, 12.

den Kreuzestod Jesu[37]; die Gesetzeslehre klingt nur an[38]; das Problem der „Werke" ist lediglich am Rande erwähnt[39]; der Zusammenhang mit der *πίστις* ist kaum erkennbar[40]. Aber weder hat die „Hellenisierung" der Terminologie zu einer sachlichen Verfälschung der paulinischen Aussage geführt, noch enthält Dg 9 die sonst in dieser Zeit so charakteristische moralische Verengung des Begriffes der Gerechtigkeit. Dg 9 ist der Versuch des Vf, die Substanz der paulinischen Soteriologie in den Kategorien der hellenistischen Umwelt und Religiosität auszusagen[41], ohne dabei die paulinische Begrifflichkeit preiszugeben. Dieser Versuch ist letztlich ohne Vorbild; man wird daher durchaus sagen dürfen, daß er geglückt ist.

Es erinnert an die paulinische Zuordnung von Imperativ und Indikativ, wenn der Vf in Kap. 10 nach einer kurzen Zusammenfassung der Heilsaussage (10,1–3)[42] das Gebot der Nächstenliebe formuliert und erläutert (10,4–6)[43]. In 10,7 folgt dann die Zusage, daß der Mensch als *μιμητὴς θεοῦ* beginnt, die Christen zu lieben und einer von ihnen zu sein. Dabei findet sich der Satz: *τότε μυστήρια θεοῦ λαλεῖν ἄρξῃ*, der an 1 Kor 14,2 erinnert. R. Brändle erklärt dazu, während Paulus in 1 Kor 14 an den Pneumatiker denke, beziehe der Vf des Dg „die Wendung bezeichnenderweise auf den Glaubenden, der praktische Liebe übt und damit Gott nachahmt"[44]. Aber erstens beginnt auch Paulus seine Aussage in 1 Kor 14,1 mit der Aufforderung *διώκετε τὴν ἀγάπην;* und zweitens ist der Ausdruck *μυστήρια λαλεῖν* durchaus verschieden deutbar (vgl. 1 Kor 2,7: *λαλοῦμεν θεοῦ σοφίαν ἐν μυστηρίῳ)*. Dem Vf des Dg geht es nicht um eine ethische Engführung[45], sondern um die Verheißung der Gotteserkenntnis; was er unter *μυστήριον* versteht, hat er sachlich in Kap. 8f dargelegt (8,10; vgl. 4,6; 7,1).

Es ist in der Forschung umstritten, ob Dg 11f sekundär hinzugefügt sind oder vom Vf selbst stammen. H. G. Meecham und andere sehen die beiden Kap. als nachträgliche Ergänzung an[46]. H.-I. Marrou und L. W. Barnard halten die gegen die Echtheit vorgebrachten Argumente jedoch für nicht ausreichend[47]. M. E. machen es sowohl der Stil als auch vor allem die

---

37 Es ist zu beachten: *σταυρός, σταυροῦν* fehlen im Röm ebenfalls.

38 Daß sie ganz fehlt, wie MOLLAND, ZNW 33, 1934, 310 andeutet, kann man nicht sagen.

39 Vgl. immerhin 9,1: ... *ἐλεγχθέντες ἐκ τῶν ἰδίων ἔργων ἀνάξιοι ζωῆς.*

40 Vgl. 8,6: *ἐπέδειξε δὲ διὰ πίστεως, ᾗ μόνῃ θεὸν ἰδεῖν συγκεχώρηται.*

41 Hätte der Vf Röm 3,21–26 oder einen ähnlichen Text wörtlich übernommen, so würde ihm die Forschung vermutlich „Unselbständigkeit" vorgeworfen haben.

42 Ist in 10,2 möglicherweise 1 Joh 4,9 zitiert?

43 MEECHAM, Epistle, 134 erwägt zu V. 6 *(ὅστις τὸ τοῦ πλησίου ἀναδέχεται βάρος)* literarische Verwandtschaft mit Gal 6,2. Wenig wahrscheinlich.

44 BRÄNDLE, TU 116, 135.

45 Eine solche scheint Brändle zu vermuten.

46 MEECHAM, Epistle, 66f; NIELSEN, AThR 52, 1970, 82.

47 MARROU, SC 33, 219–227; BARNARD, ZNW 56, 1965, 130–137. Barnard will

theologische Tendenz wahrscheinlich, daß Dg 11f tatsächlich nicht vom Vf stammen, sondern später hinzugefügt wurden. Auffällig sind einmal der betont „orthodoxe" Charakter der beiden Kap. (vgl. 11,6) und zum andern die beiden ausdrücklich bezeichneten Schriftzitate (12,3: Gen 2,9 LXX; 12,5: 1 Kor 8,1; s.u.).

Die schlechte Überlieferung des Dg[48] und die sekundäre Ergänzung der Schrift sind von einigen Forschern auf den „Paulinismus" in Dg 1–10 zurückgeführt worden[49]. C.M. Nielsen glaubt, wegen der sachlichen Nähe zum (zeitlich späteren) Ketzer Marcion sei der Brief von der katholischen Kirche verworfen worden. In Kap. 11f werde deshalb sekundär versucht, den Vf zum Schüler nicht des Paulus allein, sondern „der Apostel" zu machen (11,1.3.6; 12,9); beide Kap. hätten im übrigen einen deutlich antimarcionitischen Akzent[50]. Auch R. Brändle erklärt, die Kirche habe Dg offenbar wegen seiner Nähe zu Paulus totgeschwiegen[51]; denn neben Irenäus sei der Vf des Dg „der erste nichthäretische Autor, der gegen Ende des 2. Jhs wahrscheinlich unter dem Eindruck der Paulus- und Johannesbegeisterung gnostischer Kreise auf die paulinische und johanneische Tradition zurückgegriffen hat"[52].

Diese Erwägungen sind absolut unbegründet. Dg verwendet zwar paulinische Texte und tradiert Aussagen der paulinischen Theologie; aber der Vf steht mit dieser Paulusbenutzung keineswegs allein da. Falls Dg in der Zeit vor 150 verfaßt wurde, dann entstand parallel zu ihm immerhin Pol 2 Phil; falls Dg jünger ist, dann war sein Vf ein Zeitgenosse des Irenäus, für den Paulus eine unbestrittene Autorität ist. Daß die schmale, in der Sache einseitige und die Substanz der paulinischen Theologie bzw. Tradition überhaupt nicht treffende Paulusrezeption der christlichen Gnostiker[53] den Vf des Dg beeinflußt oder gar entscheidend bestimmt haben sollte, ist äußerst unwahrscheinlich. Dg läßt an keiner Stelle, insbesondere auch nicht in Kap. 9 erkennen, daß sein „Paulinismus" einen antignostischen bzw. überhaupt einen polemischen Akzent besitzt. Auch C.M. Nielsens These, Dg vertrete einseitig den „Paulinismus" (s.o.), ist unbegründet: Der Text zeigt über weite Strecken keinerlei Bezugnahme auf paulinische Aussagen; und daß die *Person* des Apostels für den Vf von entscheidender Bedeutung gewesen wäre, wird durch nichts angedeutet. Die Annahme Nielsens, die sekundäre Ergänzung in Kap. 11f gehe darauf zurück, daß die Kirche am

---

Dg 11f allerdings einer anderen Schrift desselben Vf zuweisen, nämlich einer für Christen geschriebenen Homilie.

48 Vgl. Funk/Bihlmeyer, Väter, p L.

49 Auch Aristides Apol und Justin Dial sind kaum besser überliefert.

50 Nielsen, AThR 52, 1970, 82f.

51 Brändle, Ethik, 235 A 807. „Kam er damit dem gefürchteten und heftig bekämpften Paulinismus der Gnostiker zu nahe?"

52 Brändle, Ethik, 234.

53 S.o. S. 341ff.

Ende des 2. Jahrhunderts Dg für in der Tendenz marcionitisch gehalten habe, setzt das theologische Niveau dieser Kirche denn doch zu niedrig an: Marcionitisch ist in Dg 1–10 schlechterdings gar nichts.

Daß Dg durch Kap. 11f später ergänzt wurde, ist vermutlich darauf zurückzuführen, daß der Text des Briefes keinerlei offene Bezugnahmen auf die kirchliche Tradition (auch nicht auf Paulus!) enthielt. Diesem „Mangel" wurde durch den Hinweis abgeholfen, daß der Vf *ἀποστόλων μαθητής* und erst aufgrund dieser Tatsache auch *διδάσκαλος ἐθνῶν* sei (11,1). Nielsens These, Dg 11f seien bestimmt von antimarcionitischer Tendenz und sollten den einseitigen Paulinismus abschwächen, berücksichtigt nicht, daß gerade in den Nachtragskapiteln Paulus als einziger Apostel ausdrücklich erwähnt wird. Wenn in 12,5 1 Kor 8,1 zitiert wird mit der einleitenden Wendung *ὁ ἀπόστολος ... λέγει,* dann mag es durchaus sein, daß der Redaktor sich hier gegen christliche Gnostiker wendet. Aber diese Stelle zeigt doch dann auch, wie leicht paulinische Aussagen im antignostischen Kampf verwendet werden konnten.

C. M. Nielsen erklärt, für den Vf des Dg sei das Corpus Paulinum höchste Autorität gewesen; es beherrsche den ganzen Brief und werde als heilige Schrift verwendet[54]. In der Tat scheint der Vf die drei großen Paulusbriefe (Röm, die Kor) gekannt zu haben. Die Art, wie er sie benutzt, entspricht dabei ganz dem Vorgehen des Ignatius oder des Polykarp: Die Bezugnahmen auf die paulinischen Briefe sind nicht als Zitate markiert; sie sind nicht wörtlich genau; und sie werden ganz in die eigene Gedankenführung eingebaut. Insofern spricht nichts für die Vermutung, Dg müsse ein theologiegeschichtlich spätes Zeugnis der Paulusrezeption sein.

Es ist sehr bedauerlich, daß der Entstehungsort des Dg ganz im Dunkel bleibt. So ist diese Apologie nur als ein wichtiger Zeuge für die Paulusrezeption der „rechtgläubigen" vorirenäischen Kirche anzusehen, ohne daß gesagt werden kann, ob dieser Zeuge der westlichen oder der östlichen Kirche zuzuordnen ist.

b) Die paulinische Überlieferung bei Aristides und Justin

1. Aristides von Athen

Die bei Euseb (Hist Eccl IV 3,3) erwähnte Apologie des Aristides ist nach allgemein anerkannter Überzeugung zur Zeit des Kaisers Antoninus Pius (138–161) verfaßt worden. A. v. Harnack meinte, die Nichterwähnung des Mitkaisers Mark Aurel sowie einige Archaismen machten es wahrscheinlich, daß die Apol jedenfalls vor dem Jahre 147 geschrieben sein müsse[55].

Die Überlieferung der Apol ist kompliziert. Nach R. Seeberg ist die syrische Version S eine gute Übersetzung, die griechische Handschrift G eine

[54] Nielsen, AThR 52, 1970, 88.

[55] Harnack, Chronologie, 273; Seeberg, Apologie, 279 plädiert für ca. 140. – Die Herrschaftsverhältnisse unter Antoninus Pius und Mark Aurel waren aber etwas kompliziert; vgl. Hanslik, Art. Antoninus, KlP I, 407f.

freie Bearbeitung des ursprünglichen griechischen Aristides-Textes[56]. Eine Untersuchung möglicher Anspielungen auf paulinische Briefe steht deshalb vor erheblichen methodischen Problemen. Erkennbare Übereinstimmungen, ebenso aber auch deren Fehlen, könnten auf den Einfluß des Übersetzers bzw. des „Bearbeiters" zurückgehen; Urteile lassen sich allenfalls mit großer Vorsicht fällen, und eine genaue Bestimmung des paulinischen Einflusses auf Aristides ist letzlich unmöglich.

R. Seeberg und auch J. R. Harris/J. A. Robinson erklären übereinstimmend, es gebe in der Apol praktisch keine wörtlichen Anspielungen oder gar Zitate aus dem Alten Testament oder aus urchristlicher Literatur[57]; andererseits seien aber in der verwendeten Terminologie insbesondere paulinische Einflüsse nicht zu übersehen[58].

Eine erste Berührung mit Paulus scheint in Apol 3,2 zu bestehen, wo von den Barbaren gesagt wird: *μὴ εἰδότες θεὸν ἐπλανήθησαν ὀπίσω τῶν στοιχείων καὶ ἤρξαντο σέβεσθαι τὴν κτίσιν παρὰ τὸν κτίσαντα αὐτούς.*

Diese Formulierung erinnert an Röm 1,25[59]; aber die sachliche Tendenz ist eine ganz andere als bei Paulus. Während dieser aus der Aussage von Röm 1,25 den Gedanken der Perversion der heidnischen Religiosität ableitet, geht es Aristides um die Kritik an den Götterbildern: Die Menschen verehren die von ihnen selbst geschaffenen Bilder als Götter *(ὧν καὶ μορφώματά τινα ποιήσαντες κτλ.).*

Ausgangspunkt für Aristides ist die theoretische Definition des Gottesbegriffs in Apol 1,2: *ἰδὼν δὲ τὸν κόσμον καὶ τὰ ἐν αὐτῷ πάντα, ὅτι κατὰ ἀνάγκην κινεῖται, συνῆκα τὸν κινοῦντα καὶ διακρατοῦντα εἶναι θεόν*[60]. Hieraus wird dann abgeleitet, daß die „Götter" der Heiden (nämlich die *στοιχεῖα* [Himmel, nur G] Erde, Wasser, Feuer, Winde, Sonne, Mond und Menschen) logischerweise nicht Götter sein können, weil sie sich ja alle in Abhängigkeiten befinden (Apol 4–7).

Ein zweiter relativ deutlicher Anklang an Paulus findet sich in Apol 8,2 G: *οἱ οὖν Ἕλληνες σοφοὶ λέγοντες εἶναι ἐμωρήθησαν κτλ.* (vgl. Röm 1,22: *φάσκοντες εἶναι σοφοὶ ἐμωράνθησαν).* Der Vergleich mit dem syrischen Text macht es aber wahrscheinlich, daß dieser Anklang erst durch den G-Rezensenten geschaffen wurde[61].

In Apol 9–11, der Parallele zu Kap. 4–7, werden dann die griechischen Göttermythen dargestellt, um den Nachweis zu bringen, daß „Götter" mit derartigen Schicksalen keine Götter sein könnten. Dasselbe geschieht in Kap. 12 mit den ägyptischen

---

[56] Seeberg, Apologie, 208f. Vgl. im übrigen Andresen, Art. Aristides, RGG I, 596f.

[57] Seeberg, Apologie, 212; Harris/Robinson, Apology, 82.

[58] Vgl. Seeberg, Apologie, 214; Massaux, Influence, 464: Aristides benutzte vor allem Röm 1; überhaupt sei Paulus der einzige Autor, den Aristides mit Sicherheit gekannt habe.

[59] Harris/Robinson, Apology, 83; Massaux, Influence, 463f.

[60] Aristides knüpft hier offensichtlich an die aristotelische Philosophie an.

[61] Vgl. Seeberg, Apologie, 350.

Göttern, wobei entsprechend der jüdischen Apologetik die ägyptische Tierverehrung als größte Verfehlung gilt (12,6f). In Kap. 13 wendet sich Aristides gegen die philosophische und poetische Gottesdarstellung der Griechen, in Kap. 14 gegen die Juden[62].

In Apol 15 kommt Aristides zu den Christen, die „die Wahrheit gefunden haben". Die Textrekonstruktion ist hier besonders schwierig; aber es läßt sich doch erkennen, daß wirklich überzeugende Parallelen zu paulinischen Aussagen offenbar nicht bestehen[63].

Allerdings verweist Aristides in 16,5 S auf die „Schriften" der Christen, so daß man fragen muß, ob er hier eine Art „Neues Testament" voraussetzt. Er bezieht sich aber offenbar generell auf schriftliche christliche Überlieferung, ohne dabei an eine bestimmte Dignität dieser Überlieferung zu denken.

Man kann immerhin zur Deutung noch Apol 2,6–8 S (=15,1–3 G) heranziehen. Die Formulierungen hier sind zwar deutlich vom entwickelten christologischen Bekenntnis beeinflußt; aber es heißt dann in 2,7, dies sei so für jedermann verständlich zu lesen „im Evangelium". Möglicherweise sind „die Schriften" also identisch mit dem Evangelium, das sowohl verkündigt als auch „gelesen" wird[64].

Eine fast wörtliche Berührung mit 1 Tim 1,13 besteht in Apol 17,4 S: Der bekehrte Heide ist beschämt wegen seiner Vergangenheit und bekennt, er habe „dies aus Unwissenheit getan" (nämlich heidnisch zu existieren). R. Seeberg hält diese Formulierung für „fraglos abhängig" von 1 Tim[65]; aber der Gedanke ist verbreitet (vgl. Apg 3,17; 1 Petr 1,14), und der völlig andere Zusammenhang spricht eher gegen eine literarische Verbindung.

Aristides hat bei der Abfassung seiner Apologie offenbar nicht auf paulinische Aussagen zurückgegriffen. Die Übereinstimmungen mit Röm 1,22.25 (s.o.) basieren auf der hier wie dort benutzten jüdischen Polemik gegen die Götterverehrung der Heiden. Es ist keinesfalls anzunehmen, daß Aristides die paulinischen Briefe gar nicht gekannt haben sollte; daß sie aber zu seiner „Lieblingslektüre" gehört hätten[66], läßt sich nicht begründen[67].

---

[62] Die Kritik gilt wie in Dg 4 in erster Linie den jüdischen Zeremonien (14,4 S).

[63] In 15,2 S findet sich die All-Formel (vgl. Röm 11,36); aber sie ist sicher kein Beleg für eine literarische Abhängigkeit von Paulus. In 16,6 G begegnet die Wendung *τὰ δὲ λοιπὰ ἔθνη πλανῶνται καὶ πλανῶσιν ἑαυτούς*, die in der Tat an 2 Tim 3,13 erinnert. Aber ist das wirklich eine bewußte Anspielung, wie SEEBERG, Apologie, 404f (vgl. aaO., 214) meint?

[64] An welches Evangelium Aristides denkt, wird man kaum fragen dürfen. Er betont nur: Jesus hatte zwölf Jünger, die nach Tod und Himmelfahrt ihn in aller Welt verkündigten. Hier steht im Hintergrund eher die Apostellegende als eines der (später) kanonischen Evangelien.

[65] SEEBERG, Apologie, 214.

[66] So JULIUS, BKV I, 20.

[67] Zum Problem der Benutzung der Paulusbriefe in der Apologetik überhaupt s.u. S. 366f.

2. Justin

1. Justin ist einer der im Zusammenhang des Problems der Paulusrezeption im frühen Christentum umstrittensten Schriftsteller. Von ihm sind eine umfangreiche Apologie[68] und der große „Dialog mit dem Juden Tryphon" erhalten; beide Schriften dürften 150/160 in Rom verfaßt worden sein[69].

In der Forschung wird seit langem intensiv die Frage diskutiert, warum Justin in seinen Schriften Paulus niemals erwähnt und warum er offenbar kaum oder gar nicht auf die paulinischen Briefe Bezug nimmt. Es lassen sich im wesentlichen vier Forschungsmeinungen unterscheiden:

a) Justin habe die Paulus-Tradition anscheinend gar nicht gekannt.
b) Justin habe Paulus durchaus gekannt, diese Kenntnis aber bewußt verschwiegen, weil Paulus der Kronzeuge des (von Justin bekämpften) Marcion gewesen sei.
c) Justin erwähne Paulus aus Rücksicht auf seine judenchristlichen Gesprächspartner nicht.
d) Justin sei, ganz im Gegensatz zum ersten Eindruck, geradezu ein Verfechter paulinischer Theologie.

Zu a) W. Schmithals und H. Kemler halten es für denkbar, daß Justin von Paulus nichts gewußt hat[70]. Auch J.C. O'Neill glaubt, Paulus sei zur Zeit Justins so gut wie unbekannt gewesen (woraus er schließt, daß das Corpus Paulinum noch kaum verbreitet gewesen sei)[71].

Zu b) Von einigen Forschern wird behauptet, der unter anderem gegen Marcion kämpfende Justin (Apol 26,5f) habe den Kronzeugen des Ketzers selbstverständlich ignorieren müssen. F. Overbeck meinte, der paulinische Apostolat werde von Justin nicht anerkannt[72]; und auch W. Bauer erklärte die Tatsache, daß sich bei Justin „keinerlei Leben in und mit Paulus" zeige, mit der antimarcionitischen Theologie Justins[73]. G. Klein hält es für ausgeschlossen, daß Justin (in Rom!) Paulus nicht gekannt haben sollte. Er ignoriere ihn vielmehr ganz bewußt; und gerade die wenigen unbewußten Anspielungen (etwa Dial 23,4) zeigten sein grundsätzliches Desinteresse an der paulinischen Überlieferung[74].

Zu c) E.J. Goodspeed und R.M. Grant verweisen auf die Adressaten Justins und

---

68 Die sog. zweite Apologie Justins ist ein Anhang zur (ersten) Apologie; ihr Text gibt für das Thema der vorliegenden Untersuchung nichts her.

69 HARNACK, Chronologie, 278. – In Apol (I) 26,8 erwähnt Justin ein von ihm verfaßtes „Syntagma gegen alle Häresien", das verlorengegangen ist. LÜDEMANN, Untersuchungen, 35–39 vermutet in Anlehnung an Hilgenfeld, daß diese Schrift bei Iren Haer I 11f. 23–27 erhalten ist.

70 SCHMITHALS, Apostelamt, 238; KEMLER, Herrenbruder, 6f.

71 O'NEILL, Theology, 27f.

72 OVERBECK, ZwTh 15, 1872, 317f unter Hinweis auf Apol 39, wo die Zwölf als Träger der Heidenmission erscheinen. „Gründlicher kann man Paulus nicht ignorieren."

73 BAUER, Rechtgläubigkeit, 218f.

74 KLEIN, Apostel, 200.

meinen, in für Christen bestimmten Schriften würde der Apologet die Paulusbriefe sicherlich zitiert haben[75] (was naturgemäß unbeweisbar ist).

Zu d) Andere Forscher sehen in den Schriften Justins durchaus Anspielungen auf paulinische Sätze und Bezugnahmen auf paulinische Theologumena. J.C.T. Otto und A.v. Harnack meinten, Justin habe eine offene Erwähnung des Heidenapostels lediglich deshalb vermieden, um judenchristlichen Einwänden vorzubeugen[76]; W. Bousset rechnete mit einer jedenfalls oberflächlichen Kenntnis der paulinischen Briefe[77], während Th. Zahn und dann A.E. Barnett „sichere" Belege für die Benutzung von insgesamt fünf Briefen aus dem Corpus Paulinum fanden[78]. P.G. Verweijs schließlich glaubt, Justin habe die Theologie des Paulus gut gekannt, sie sogar in sein eigenes Denken völlig integriert; er habe aber gemeint, daß das Evangelium nicht auf menschlicher Tradition gründe und habe deshalb Paulus nicht erwähnt[79].

Die These, Justin sei mit der paulinischen Theologie vollkommen vertraut gewesen, wurde sonst vor allem in der älteren Forschung vertreten. So sah A. Ritschl in Justins „Ansicht von der Aufhebung des mosaischen Gesetzes durch Christus und von dem Eintreten der heidenchristlichen Gemeinden in die Stelle des israelitischen Volkes" ausschließlich paulinischen Einfluß wirksam[80]. Und für M.v. Engelhardt war Justin gar ein Vertreter paulinischer Tradition, der lediglich keinen Anlaß gesehen habe, seinen Paulinismus besonders zu betonen[81].

Diese so unterschiedlichen Thesen basieren letztlich wohl auf dem unterschiedlichen Paulusverständnis der Forscher. Sofern man Paulus in erster Linie als gesetzeskritischen Vorkämpfer des Heidenchristentums versteht, erscheint der Diskussionsgegner des Juden Tryphon ganz konsequent als Verfechter paulinischer Tradition; daß Paulus dabei nicht erwähnt wird, kann aus dieser Sicht nur taktische Gründe haben. Sieht man in Paulus dagegen vor allem den Theologen der Rechtfertigungslehre, dann erscheint das Denken Justins als unpaulinisch und die Berührung von Dial 23 mit Röm 4 als reiner Zufall. Wenn sich diese Überlegung dann noch mit der

---

[75] GOODSPEED, Formation, 55–57; er nimmt an, daß Justin die Evangelien höher geschätzt habe als die paulinische Überlieferung; *γραφή* sei für ihn aber nur die Apk gewesen. GRANT, Formation, 136 meint, Justin habe "the problem of Paul's place in Christianity" bewußt ausklammern wollen.

[76] So OTTO, ZHTh 12, 1842, 42.51f: Justin wolle (jedenfalls im Dial) nicht Zwietracht säen, sondern Tryphon überzeugen. HARNACK, Judentum, 50f: Justin habe sich in die Stellung des Paulus zum Gesetz „nicht zu finden vermocht und daher den von ihm hoch geschätzten Apostel in seinem Dialog einfach verschwiegen ..., unbequeme Einwürfe des Juden, die sich auf Paulus gründen könnten, von vornherein abschneidend".

[77] BOUSSET, Evangelienzitate, 123.

[78] ZAHN, Geschichte I/2, 563–575; BARNETT, Paul, 222.232.247 (Röm, 1 Kor, Gal, Eph, Kol). ZAHN, aaO., 566f sieht aber z.B. an allen Stellen, wo Christus als *πρωτότοκος* bezeichnet wird, Abhängigkeit vom Kol.

[79] VERWEIJS, Evangelium, 340f.

[80] RITSCHL, Entstehung, 303; ähnlich CAMPENHAUSEN, Entstehung, 116f.

[81] ENGELHARDT, Christenthum, 360f. Dazu HARNACK, ThLZ 3, 1878, 637: Das Rätsel, „woher es gekommen, daß die Heidenkirche, die Ansprüche, die Paulus erhoben, überhört hat", sei auch von Engelhardt nicht gelöst worden.

Hypothese verbindet, Paulus sei für die „rechtgläubige" Kirche des 2. Jahrhunderts der „Apostel der Häretiker" gewesen, dann wird Justin unmittelbar zu einem Gegner des Paulus.

Es wird zunächst einmal zu prüfen sein, inwieweit Justins Schriften Anspielungen oder zumindest auffällige Parallelen zu paulinischen Aussagen enthalten.

2. Im ersten Teil der *Apologie* geht Justin auf die charakteristischen Topoi der Apologetik ein: Die Verfolgung der Christen ist ungerecht (Apol 2–7); die Christen haben die wahre Gottesverehrung (8–10; vor allem 9). Er betont dann die Jenseitshoffnung und -furcht der Christen (11f). Erst in Apol 13 kommt er auf den spezifischen Inhalt des christlichen Bekenntnisses zu sprechen, wobei Jesus als *διδάσκαλος* bezeichnet wird (13,3). Der weitere Text zeigt, daß das Christentum von Justin in erster Linie als Morallehre betrachtet wird, die sich in den Sachaussagen auf Worte Jesu zurückführen läßt (14,5). Die Zitate aus den synoptischen Evangelien (Apol 15–19) beziehen sich fast ausschließlich auf ethische Weisungen. Dabei kommt es Justin offenbar darauf an, Jesus selbst als den Urheber dieser Weisungen besonders in den Mittelpunkt zu rücken. So unterstreicht er in Apol 17, Christus selbst habe die Christen angewiesen, Steuern zu entrichten (*ὡς ἐδιδάχθημεν παρ' αὐτοῦ* 17,1; es folgt eine verkürzte, teilweise aber auch wörtliche Wiedergabe von Mt 22,17–21). Eine Bezugnahme auf den inhaltlich ja ausgezeichnet passenden Text Röm 13,1–7 fehlt.

In Apol 18 spielt Justin auf den Gedanken der Unsterblichkeit der Seele an (18,3: *μετὰ θάνατον ἐν αἰσθήσει εἰσὶν αἱ ψυχαί*) und ergänzt ihn durch die Aussage, daß Gott auch die Leiber wieder lebendig machen könne (18,6).

In Apol 19 findet sich die erste mögliche Anspielung auf einen paulinischen Satz: So wie unglaublicherweise aus dem menschlichen Samen der Mensch entstehe (19,1–3), so sei es auch möglich, daß *τὰ ἀνθρώπεια σώματα … ἀναστῆναι καὶ ἀφθαρσίαν ἐνδύσασθαι* (19,4). Hat Justin bei dieser Aussage an 1 Kor 15,53 gedacht?[82] Da die Wendung *ἀφθαρσίαν ἐνδύσασθαι* sich nicht unmittelbar aus dem Kontext ergibt und eigentlich ohne weiteres fehlen könnte, ist es wahrscheinlich, daß Justin hier im Anschluß an das Stichwort *σπέρμα* (vgl. 1 Kor 15,38 und den Kontext V. 35–44) tatsächlich auf die paulinische Auferstehungsaussage Bezug nimmt[83]. Das Ziel ist freilich auch hier wieder ein Wort des *διδάσκαλος Ἰησοῦς Χριστός* (19,6 im wörtlichen Zitat von Lk 18,27).

In Apol 28,3 betont Justin, Gott habe den Menschen Vernunft und Einsicht gegeben *αἱρεῖσθαι τἀληθῆ καὶ εὖ πράττειν … ὥστ' ἀναπολόγητον εἶναι τοῖς πᾶσιν ἀνθρώποις παρὰ τῷ θεῷ*. Bezieht sich Justin damit auf

[82] So BARNETT, Paul, 234. Der Ausdruck *ἐνδύσει ἀφθαρσίαν* begegnet wieder in Apol 52,3.

[83] Die spezifisch paulinische Tendenz der Diskontinuität (1 Kor 15,36.42–44) scheint aber bei Justin nicht festgehalten zu sein.

Röm 1,20?[84] Das ist sicher nicht auszuschließen, aber doch wenig wahrscheinlich; denn während es Paulus in Röm 1,20 um die Gotteserkenntnis geht, bezieht sich Justin auf die Erkenntnis der ethischen Normen[85].

In Apol 30–51 stellt Justin Lehre und Leben Jesu als Erfüllung alter Weissagung (nach LXX) dar. Berührungen mit paulinischen Aussagen finden sich nicht.

In Apol 52 betont Justin, auch künftig würden Verheißungen in Erfüllung gehen, wobei er an die „zweite Parusie" Christi (52,3) und an die Auferstehung der Toten denkt. In 52,5f bezieht er sich (sehr frei) auf Ez 37,7f und zitiert dann fast wörtlich Jes 45,23, jene Stelle, die Paulus in Röm 14,11 anführt und die auch am Ende des Hymnus Phil 2,10f anklingt. Beide Sätze gelten Justin als Wort des Ezechiel. Ob das Zitat aus Jes 45 von Paulus beeinflußt ist, läßt sich nicht erkennen; charakteristische gemeinsame Abweichungen von LXX gibt es nicht[86]. Die Deutung des Wortes auf die Parusie legt sich nahe und braucht die Kenntnis von Phil 2,10f nicht vorauszusetzen.

Dasselbe wird auch für Apol 53,5 gelten, wo Justin Jes 54,1 LXX (=Gal 4,27) anführt; Beeinflussung durch Paulus ist auch hier nicht zu erkennen.

In Apol 53,3 gebraucht Justin eine die Heidenmission betreffende Formulierung, die an Eph 2,3 erinnert. Unter den Christen, so sagt er, sind mehr *ἐξ ἐθνῶν* als Juden und Samariter. Sie sind von der Lehre der Apostel überzeugt und haben abgelegt *τὰ παλαιά, ἐν οἷς πλανώμενοι ἀνεστράφησαν*. Justin verwendet hier offenbar das Einst-Jetzt-Schema, das in der deuteropaulinischen Tradition nicht selten ist. Unmittelbare Beeinflussung durch eine bestimmte Vorlage ist freilich nicht zu erkennen.

Justin schließt seine Darlegungen über den Altersbeweis für die christliche Botschaft (60,10: *οἱ τὰ αὐτὰ οὖν ἡμεῖς ἄλλοις δοξάζομεν, ἀλλ' οἱ πάντες τὰ ἡμετέρα μιμούμενοι λέγουσι)* mit der Bemerkung, die Tatsache, daß die ungebildeten Christen zu solcher Erkenntnis fähig seien, zeige *ὡς συνεῖναι «οὐ σοφίᾳ ἀνθρωπείᾳ ταῦτα γεγονέναι, ἀλλὰ δυνάμει θεοῦ λέγεσθαι»* (60,11). Eine ähnliche Formulierung gebraucht Paulus in 1 Kor 2,5; und da Apol 60,11 sich in der Tendenz überhaupt mit 1 Kor 1,18–2,5 berührt, scheint eine bewußte Anspielung durchaus denkbar zu sein.

Es ist also nicht auszuschließen, daß Justin zumindest einige Formulierungen, die an Röm und 1 Kor erinnern, bewußt in Anlehnung an Paulus gewählt hat; ein wirklich überzeugender Beweis fehlt aber.

Gibt es, unabhängig von unmittelbaren literarischen Zusammenhängen,

---

84 Barnett, Paul, 234 sieht hier einen Beleg, daß Justin den paulinischen Röm gekannt und benutzt habe.

85 Das Wort *ἀναπολόγητος* begegnet sonst nicht in christlicher Literatur, ist im übrigen aber nicht selten (vgl. Bauer, Wb. sv *ἀναπολόγητος*, 119).

86 Gegen Otto, ZHTh 12, 1842, 46.

Indizien für eine Berührung Justins mit paulinischer Theologie bzw. paulinischer Tradition?

Wenn die These richtig sein sollte, daß Justin Paulus deshalb nicht erwähnt, weil dieser der Kronzeuge Marcions war (s.S. 353), dann wäre zu erwarten, daß in den Marcion betreffenden Abschnitten der Apol auf dessen „Paulinismus" zumindest andeutend eingegangen wird. Und wenn, wie weiter vermutet wird, Justin – bewußt oder unbewußt – den paulinischen Apostolat bestritten hätte, dann müßten seine Aussagen über „die Apostel" einen gewissen Beleg dafür bieten.

Mit Marcions Lehre (neben der des Simon Magus und des Menander) befaßt sich Justin in Apol 26,5; 58. Der gegen Marcion erhobene Vorwurf lautet: *ἄλλον τινὰ νομίζειν μείζονα τοῦ δημιουργοῦ θεόν ... καὶ ἀρνεῖσθαι τὸν ποιητὴν τοῦδε τοῦ παντὸς θεόν, ἄλλον δέ τινα ... ὁμολογεῖν*. D.h. die christliche Häresie der Marcioniten (vgl. 26,6: *πάντες ... Χριστιανοὶ καλοῦνται)* wird vor allem gekennzeichnet durch die Zwei-Götter-Lehre, nicht etwa durch ihre Interpretation des Alten Testaments oder ihre Kanonisierung der Paulusbriefe[87]. Apol 58 bestätigt diesen Befund: Marcion lehrt *ἄλλον ... θεὸν καὶ ὁμοίως ἕτερον υἱόν* (58,1).

Seine Stellung zum Alten Testament klingt daneben ganz am Rande an *(ἀρνεῖσθαι ... τὸν προκηρυχθέντα διὰ τῶν προφητῶν Χριστὸν κτλ.)*; ein Vorwurf etwa der Art, er habe sich der kirchlichen Überlieferung bemächtigt, wird jedoch nicht erhoben[88].

Justin erwähnt an einigen Stellen der Apol die Apostel, die nach Jesu Himmelfahrt unter allen Völkern gepredigt hätten (42,4). Dabei bezieht er sich in 50,12 offenbar auf den Schluß des Lk *(πάντες ἀπέστησαν ἀρνησάμενοι αὐτόν*, vgl. Lk 22,54ff; *ὕστερον δὲ ... ἀναστάντος καὶ ... ταῖς προφητείαις ἐντυχεῖν ... διδάξαντος* vgl. Lk 24,13–32; *καὶ εἰς οὐρανὸν ἀνερχόμενον ἰδόντες*, vgl. Lk 24,50f)[89], d.h. er setzt voraus, daß die Apostel zuvor Jünger Jesu waren. Für Paulus ist in diesem Bild kein Platz.

In Apol 45,5; 49,5 wird das Wirken der Apostel an Jerusalem gebunden, was als Erfüllung einer (sonst unbekannten) Weissagung[90] erscheint: *ἀπὸ Ἰερουσαλὴμ οἱ ἀπόστολοι αὐτοῦ ἐξελθόντες πανταχοῦ ἐκήρυξαν* (45,5). Auch hier ist für das Selbstverständnis des Paulus, wie es in Gal 1 zum Ausdruck

[87] Das hängt natürlich auch mit dem Kontext der Argumentation Justins zusammen; er will nicht innerchristliche dogmatische Streitigkeiten darlegen, sondern die christliche Gotteslehre verteidigen. Aber gerade darin zeigt sich, *was* ihm an Marcion so anstößig war. – Zum Problem des Verhältnisses von Christus und Gott bei Justin selbst vgl. die Frage Tryphons Dial 50,1 und die Antwort in 56,4: *ἐστὶ καὶ λέγεται θεὸς καὶ κύριος ἕτερος ὑπὸ τὸν ποιητὴν τῶν ὅλων*.

[88] Man darf in diesem Zusammenhang nicht übersehen, daß Marcion ja nicht nur das Corpus Paulinum für sich reklamierte, sondern auch Lk (aus dem Justin zitiert!).

[89] Vgl. Dial 53,5.

[90] *ῥάβδον δυνάμεως ἐξαποστελεῖ σοι ἐξ Ἰερουσαλήμ.*

kommt, kein Platz. Verbirgt sich dahinter Antipaulinismus? Oder kann der Befund auch andere Gründe haben?

Eine zumindest mögliche Erklärung ist, daß Justin das von ihm entworfene Bild der Verkündigung nicht unnötig komplizieren wollte: Im Rahmen seiner Apol kam es ihm allein darauf an, zwischen Jesus als dem *διδάσκαλος* und dessen Aposteln eine möglichst enge Verbindung herzustellen. Darauf ist es offenbar zurückzuführen, daß er in Apol 66,3; 67,3 (vgl. Dial 88,3; 100,4; 103,8) die Apostel als Verfasser der Evangelien bezeichnet; man darf daraus sicher nicht schließen, Justin habe Markus und Lukas als Jünger bzw. als Apostel Jesu angesehen oder umgekehrt deren Evangelien verworfen[91].

Justin zeigt im Zusammenhang seiner Apol kein Interesse an der Geschichte der Kirche. Ihm geht es vielmehr einerseits um den Altersbeweis: Das Christentum kann sich auf ältere Quellen stützen als alle anderen Religionen. Und es geht ihm andererseits um den Weissagungsbeweis: Jesu Kommen, seine Lehre und die Mission sind von alters vorhergesagt. Die Kirchengeschichte im eigentlichen Sinn, etwa der Weg vom Osten nach Rom, kann in diesem Kontext gar keine Rolle spielen. Ausdrücklich begründet Justin seinen Verzicht auf die Benutzung kirchlicher Tradition in Apol 30: *τὴν ἀπόδειξιν ἤδη ποιησόμεθα, οὐ τοῖς λέγουσι πιστεύοντες, ἀλλὰ τοῖς προφητεύουσι πρὶν ἢ γενέσθαι κατ' ἀνάγκην πειθόμενοι*[92]. In dieses Denken des Apologeten war Paulus schlechterdings nicht zu integrieren; aber man wird kaum sagen dürfen, daß Justin damit eine bewußt antipaulinische Tendenz verband.

3. Der „*Dialog mit dem Juden Tryphon*" ist ganz sicher ein rein literarisches Produkt und nicht die Wiedergabe einer wirklich geführten Disputation. Paulus wird auch in dieser Schrift nicht erwähnt, obwohl das vom Thema her durchaus möglich und sinnvoll wäre. Von den Aposteln werden Johannes (Dial 81,4) bzw. die Zebedaiden (106,3) und Petrus (100,4; 106,3)[93] namentlich genannt, allerdings ohne besondere Betonung.

Justin beginnt mit einer Darstellung seines Suchens nach Gott (Dial 2–7), die mit der Erzählung seiner „Bekehrung" abschließt (8,1ff). Tryphon reagiert in 8,4 mit der Forderung, das Gesetz, insbesondere das Zeremonialgesetz, müsse erfüllt werden: *ἁπλῶς τὰ ἐν τῷ νόμῳ γεγραμμένα πάντα ποίει, καὶ τότε σοι ἴσως ἔλεος ἔσται παρὰ θεοῦ*. Justin weist diesen Gedanken nicht sofort zurück, sondern er wehrt sich in 10,1 gegen heidnische an das

---

91 Die *ἀπομνημονεύματα τῶν ἀποστόλων* kommen in 66,3; 67,3 ausschließlich als Zeugnisse für Lehre und Taten Jesu in den Blick. Keiner der Apostel, auch nicht etwa Petrus, wird besonders erwähnt.

92 Vgl. Apol 53,2.

93 In Dial 106,3 scheint Petrus als Verfasser eines Evangeliums (Stichwort: *ἀπομνημονεύματα*) angesehen zu werden.

Christentum gerichtete Vorwürfe. Tryphon billigt diese Vorwürfe nicht[94], verweist aber wieder auf das Gesetz, das die Christen nicht einhalten. Daraufhin entwirft Justin eine heilsgeschichtliche Theorie: Es sei doch ein zweites Gesetz angekündigt worden, das logischerweise das frühere aufhebe[95], *ὁ καινὸς νόμος καὶ ἡ καινὴ διαθήκη* (11,4). In 11,5 reklamiert Justin für die Christen den Anspruch, *Ἰσραηλιτικὸν τὸ ἀληθινόν, πνευματικὸν* ... *γένος* zu sein, wobei er darauf verweist, daß Abraham *ἐν ἀκροβυστίᾳ ἐπὶ τῇ πίστει* gesegnet worden sei. Es ist m.E. denkbar, daß diese typologische Deutung Abrahams zusammen mit dem Hinweis auf das Kreuz Jesu auf paulinischen Einfluß zurückgeht, auch wenn eine literarische Berührung etwa mit Röm 2,26–28; 4,9–11 nicht zu bestehen scheint[96].

In Dial 12 fordert Justin die Juden zur Buße auf; und in Kap. 13 zitiert er Jes 52,10–54,6 (nicht ganz wörtlich).

In Dial 14,1–3 folgt eine moralische Deutung jüdischer Zeremonialgesetze, wobei in 14,2 die ungesäuerten Brote gedeutet werden *ἵνα μὴ τὰ παλαιὰ τῆς κακῆς ζύμης ἔργα πράττητε*. Bild und Ausdrucksweise legen die Vermutung nahe, Justin beziehe sich hier auf 1 Kor 5,7f[97].

Im weiteren Verlauf seines langen Monologs führt Justin alttestamentliche Verheißungen auf Christus an; er schließt in 17,3f mit Worten Jesu, die Tryphon ja kenne (18,1). Sodann hebt Justin hervor, daß zahlreiche alttestamentliche Gerechte (Noah, Lot, Abraham) ohne Gesetz und ohne Beschneidung gerechtfertigt worden seien. Dieser Hinweis findet sich auch bei Paulus (Röm 4,9–12); aber für Paulus ist die Beschneidung Typos des ganzen Gesetzes, d.h. er leitet aus dem Abraham-Beispiel seine Rechtfertigungslehre ab, während Justin sich in der Argumentation ganz auf das Zeremonialgesetz beschränkt.

Der Befund scheint in Dial 23,4 dagegen ein anderer zu sein: *αὐτὸς ὁ Ἀβραὰμ ἐν ἀκροβυστίᾳ ὢν διὰ τὴν πίστιν, ἣν ἐπίστευσε τῷ θεῷ, ἐδικαιώθη καὶ εὐλογήθη, ὡς ἡ γραφὴ σημαίνει.* Daß Justin hier von Paulus beeinflußt ist, wird in der Forschung allgemein gesehen; man kann allerdings nicht sagen, daß eine literarische Anknüpfung an Röm 4,3.10f vorliegt[98]. H.v. Campenhausen meint zutreffend, daß die Berührung Justins mit den paulinischen Aussagen „ganz äußerlich" bleibe und „mit den tieferen Antrieben der paulinischen Gesetzeskritik nichts zu tun" habe[99]. Tatsäch-

---

[94] Er hat *ἐν τῷ λεγομένῳ εὐαγγελίῳ* die erhabenen christlichen Lehren gelesen.

[95] Bousset, Evangelienzitate, 122 vergleicht dazu Gal 3,17. Paulus vertritt aber gerade den entgegengesetzten Gedanken: Das (neue) Gesetz hebt die (alte) Verheißung an Abraham nicht auf.

[96] Barnett, Paul, 235 rechnet hier mit einer direkten Abhängigkeit Justins vom Röm.

[97] Vgl. Bousset, Evangelienzitate, 123; Barnett, Paul, 235.

[98] Thoma, ZwTh 18, 1875, 396 sieht Parallelen in Röm 3f und im Gal; ähnlich Ritschl, Entstehung, 303; Zahn, Geschichte I/2, 567f.

[99] Campenhausen, Entstehung, 117.

lich spielt das Thema „Glaube und Rechtfertigung“ im weiteren überhaupt keine Rolle[100]; Abraham bleibt Symbol für die Zweitrangigkeit des Zeremonialgesetzes (vgl. 27,5)[101], er wird aber nicht zum Typos des aus Glauben gerechtgesprochenen Menschen.

In Dial 27,1 läßt Justin den Tryphon erstmals zu einer Antwort kommen: *διὰ τί ἅπερ βούλει ἐκλεγόμενος ἀπὸ τῶν προφητικῶν λόγων λέγεις;* Tryphon wirft den Christen also eklektischen Gebrauch der Schrift vor; die typologische Schriftdeutung lehnt er aber nicht ab. Sein Einwand (Jes 58,13f) bleibt im Rahmen des Zeremonialgesetzes (Sabbat). Justin antwortet mit einer Zitatkette (Ps 52,3f; 5,10; 9,28; Jes 59,7 – LXX), die sich ganz ähnlich in Röm 3,11–17 findet. Der Paulus-Text enthält zwar einige Stellen mehr, auch ist die Reihenfolge der Zitate nicht identisch[102]; dennoch wird man es als wahrscheinlich ansehen können, daß Justin hier Röm 3 verwendet hat[103].

Interessant ist der in Dial 35,1 von Tryphon vorgetragene Einwurf: Viele Christen äßen *εἰδωλόθυτα*. Es ist klar, daß Justin ein derartiges Verhalten scharf zurückweist – nur häretische Gruppen täten dergleichen. Aber wie verhält sich das zu 1 Kor 8,1–6? Kennt Justin die paulinische Argumentation nicht? Oder lehnt er sie bewußt ab? M. v. Engelhardt verwies darauf, daß sich die Lage inzwischen geändert habe: Paulus würde jetzt ebenso entschieden haben wie Justin[104]. Dem hielt A. Hilgenfeld entgegen, „daß den Genuß von Götzenopferfleisch Paulus nur unter Umständen und nicht wegen des eigenen Gewissens, sondern nur aus Rücksicht auf das Gewissen Anderer untersagt, Justinus dagegen als etwas Abscheuliches um des eigenen Gewissens willen schlechthin verbietet“[105]. Wahrscheinlich bezieht sich Justin in 35,1 tatsächlich auf 1 Kor 8 – in 35,3 sprechen die Stichworte *σχίσματα καὶ αἱρέσεις* und *ψευδαπόστολοι*[106] ebenfalls für paulinischen Einfluß (1 Kor 11,18f; 2 Kor 11,13)[107]. Vor allem aber entscheidet Justin auch in der Sache gar nicht anders als Paulus: Weltanschaulich-religiös begründetes Essen von Götzenopferfleisch wird abgelehnt; ein anderes ist gar nicht im Blick[108].

---

[100] 23,5 zeigt den moralisch-ethischen *δικαιοσύνη*-Begriff des Justin.

[101] Zum Gesetzesverständnis Justins s. u. S. 364.

[102] Zu den Abweichungen gegen LXX vgl. ZAHN, Geschichte I/2, 569 A 2.

[103] Oder haben beide unabhängig voneinander Testimoniensammlungen benutzt?

[104] ENGELHARDT, Christenthum, 319f. Ähnlich schon RITSCHL, Entstehung, 310.

[105] HILGENFELD, ZwTh 22, 1879, 513.

[106] Anstelle des vorgegebenen *ψευδοπροφῆται* in einem freien Zitat aus Mt 24,24. Vgl. dagegen 82,2.

[107] Natürlich sind das keine „Anspielungen“; zu beachten ist, daß die Ankündigung der *σχίσματα καὶ αἱρέσεις* als Wort Jesu ausgegeben wird.

[108] Justins „Antwort“ auf Tryphons „These“ geht im Grunde auf das Problem der *εἰδωλόθυτα* nicht ein. Offenbar brauchte Justin einfach einen im Sinne Tryphons „einleuchtenden“ Anknüpfungspunkt für das Problem der Häresie. Daß es Mitte des 2. Jahrhunderts Christen gab, die demonstrativ an heidnischen Kultmahlzeiten teilnah-

Möglicherweise bedient sich Justin in 43,2 *(οὐ ταύτην τὴν κατὰ σάρκα παρελάβομεν περιτομήν, ἀλλὰ πνευματικήν)* eines paulinischen Theologumenons (Röm 2,28f)[109], ohne unmittelbar von Röm 2 abhängig zu sein[110].

Das Bild vom Leib und den Gliedern in 42,3 hat dagegen offenbar nichts mit der paulinischen *σῶμα*-Ekklesiologie zu tun[111].

In Dial 85,2 verwendet Justin den christologischen Begriff *πρωτότοκος πάσης κτίσεως*, der wörtlich mit Kol 1,15 übereinstimmt[112]. Das Stichwort *πρωτότοκος* begegnet aber auch in anderen Verbindungen[113], d.h. die ganze Vorstellung ist traditionell geworden und kann im Zusammenhang der Präexistenzchristologie frei verwendet werden.

Der Satz *ἦν γὰρ τὸ πάσχα ὁ Χριστός, ὁ τυθεὶς ὕστερον* (111,3) erinnert an 1 Kor 5,7. Besteht aber tatsächlich eine unmittelbare literarische Abhängigkeit, wie A. E. Barnett meint?[114] Das ist nicht unwahrscheinlich, obwohl die typologische Deutung alttestamentlicher Aussagen bzw. jüdischer Institutionen für Justin auch sonst ein generell angewandtes Denkschema ist (vgl. Dial 14,2).

In Dial 120,6 berichtet Justin, die Anhänger des Simon Magus sähen in Simon einen Gott *ὑπεράνω πάσης ἀρχῆς καὶ ἐξουσίας καὶ δυνάμεως*. Das ist wörtlich der Anfang von Eph 1,21. Liegt hier Einfluß des Eph vor?[115] Dann müßte Justin die christologische Aussage des Eph auf Simon Magus übertragen und den Simonianern in den Mund gelegt haben. Da derartige Aufzählungen von Mächten (Engeln oder Dämonen) aber auch sonst nicht selten sind[116], spricht die Stelle wohl nicht für Abhängigkeit vom Eph.

Dasselbe wird für Dial 134,5 gelten: Der Satz *ἐδούλευσε καὶ τὴν μέχρι σταυροῦ δουλείαν ὁ Χριστός* erinnert an Phil 2,8[117]; aber ein unmittelbarer Zusammenhang besteht wohl nicht, wie die Fortsetzung zeigt *(δι' αἵματος καὶ μυστηρίου τοῦ σταυροῦ κτλ.)*.

---

men, ist unwahrscheinlich. Zumal die christlichen „Gnostiker", insbesondere aber auch Marcioniten werden mit diesem Vorwurf kaum erfaßt sein.

[109] BARNETT, Paul, 239 meint, Justin sei hier mit Sicherheit von Kol 2,11–13 abhängig. Aber Röm 2 liegt (wenn überhaupt!) als Parallele näher.

[110] Dasselbe dürfte für Dial 92,4; 113,7 gelten, wo BARNETT, Paul, 241f zu Unrecht mit literarischer Abhängigkeit von Röm 2,29 rechnet.

[111] Die ältere Forschung sah in 42,3 Einfluß von 1 Kor 12,12; vgl. ENGELHARDT, Christenthum, 354; THOMA, ZwTh 18, 1875, 407. Aber das Bild ist verbreitet, und die Spezifika der paulinischen Ekklesiologie fehlen gerade.

[112] Vgl. o. Anm 78 (Zahn).

[113] Dial 84,2: *πρωτ. τῶν πάντων ποιημάτων;* 100,2: *πρωτ. μὲν τοῦ θεοῦ καὶ πρὸ πάντων τῶν κτισμάτων;* 125,3: *πρωτ. τῶν ὅλων κτισμάτων;* 138,2 wieder *πρωτ. πάσης κτίσεως*.

[114] BARNETT, Paul, 242; vgl. schon BOUSSET, Evangelienzitate, 122.

[115] BARNETT, Paul, 243: Ja.

[116] Vgl. LINDEMANN, Aufhebung, 208f.

[117] BOUSSET, Evangelienzitate, 123.

Im Zusammenhang von Dial 27,3 (s.o.) war bereits die Frage gestellt worden, ob Justin bei der Zitierung von LXX-Texten von entsprechenden Zitaten im Corpus Paulinum abhängig oder zumindest durch sie beeinflußt sein könnte. Für diese Vermutung gibt es eine Reihe von Belegen.

So zitiert Justin in Dial 39,1 das Gespräch des Propheten Elia mit Gott (3 Reg 19,10.18 LXX) in nahezu wörtlicher Übereinstimmung mit Röm 11,3 bei gleichzeitig starken Abweichungen von LXX (vgl. noch Dial 46,6). Es kann m.E. keinen Zweifel geben, daß Justin dieses Zitat unmittelbar aus Röm 11 übernommen hat[118]. Ebenso besteht in Dial 39,4 (vgl. 87,6) beim Zitat von Ps 67,19 LXX eine praktisch wörtliche Übereinstimmung mit Eph 4,8 gegen LXX[119]; daß beide unabhängig voneinander dieselbe grundlegende Textänderung vornahmen, ist wenig wahrscheinlich[120].

In Dial 95,1 zitiert Justin Dtn 27,26 LXX, wobei der Wortlaut des Zitats nahezu vollständig Gal 3,10 entspricht, von LXX dagegen abweicht. Offenbar hat Justin diese sein Gesetzesverständnis bestätigende Belegstelle aus Gal 3 übernommen, ohne die Substanz der paulinischen Deutung zu akzeptieren[121].

Kaum zu entscheiden ist, ob das Jes-Zitat in Dial 78,11 von 1 Kor 1,19 beeinflußt ist; Justin und Paulus haben übereinstimmend *σύνεσιν … ἀνθετήσω* anstelle von Jes 29,14 LXX *σύνεσιν … κρύψω*. Da aber Justin Jes 29,13f vollständig und mit nur geringen Abweichungen von LXX zitiert, könnte er unabhängig von Paulus dieselbe Lesart gekannt haben. Dasselbe mag für Dial 96,1/Gal 3,13 (Zitat von Dtn 21,23 LXX) gelten[122].

4. Die bisherigen Untersuchungen haben ergeben, daß Justin ganz offensichtlich paulinische Briefe gekannt hat und sich auch auf sie bezieht, ohne dies jedoch zu vermerken. Führt dieser Befund zu dem Schluß, daß Justin den Apostel Paulus als Träger christlicher Tradition bewußt ausschalten will?

Justin versteht im Dial die Apostel generell als Jünger Jesu und überdies als (indirekte?) Verfasser der Evangelien (s. S. 358). In Dial 42,1 stellt er fest, es gebe zwölf Apostel, womit Paulus implizit aber wirksam zurückgedrängt zu sein scheint. Dieser Eindruck scheint durch Dial 47, wo das Problem des Verhältnisses von Juden und Heiden in der Kirche erörtert wird, bestätigt zu werden: Tryphon fragt in 47,1 faktisch, ob Judenchristen, die das Gesetz im vollen Umfang erfüllen wollen, das Heil erlangen können; und Justin antwortet in 47,2f, dies sei möglich, sofern die Juden in der Kirche das

---

[118] Vgl. auch JACQUIER, N.T., 110; BARNETT, Paul, 237f.

[119] Eph und Justin haben gemeinsam *ἔδωκεν δόματα τοῖς ἀνθρώποις* (87,6: *τοῖς υἱοῖς τ. ἀνθρ.*) gegen LXX *ἔλαβες δόματα ἐν ἀνθρώπῳ* (א: *ἀνθρώποις*).

[120] Zum Problem einer möglicherweise zugrundeliegenden jüdischen Tradition vgl. LINDEMANN, Aufhebung, 84–86.

[121] S.u. S. 366.

[122] S.u. S. 364f.

Gesetz nicht auch für die Heiden verbindlich machen wollten. In dieser Argumentation findet das paulinische Gesetzesverständnis keine Berücksichtigung, allerdings ebensowenig das Aposteldekret von Apg 15,23–29. A. Hilgenfeld meinte, Dial 47 zeige, daß Justin „überhaupt nicht auf der Seite des Paulus steht, sondern vielmehr immer noch mit dem eigentlichen Judenchristenthum möglichst Fühlung hält", diesem jedenfalls Raum zur Gesetzlichkeit lasse[123]. Aber das theologische Problem, das sich bei Paulus mit der Frage nach der Gültigkeit des Gesetzes verband, ist bei Justin überhaupt nicht im Blick: Da er ausschließlich an das Zeremonialgesetz denkt, geht es für ihn nur darum, ob Juden auch als Christen das Gesetz halten, d.h. Juden bleiben dürfen – und hier vertritt er in der Sache dieselbe Position wie Paulus in 1 Kor 7,20 *(ἕκαστος ἐν τῇ κλήσει ᾗ ἐκλήθη, ἐν ταύτῃ μενέτω)*. Die Frage der paulinischen Theologie, ob das Gesetz Heilsweg sein könne, ist für Justin offenbar gar kein Problem[124].

Das ganze Thema scheint für Justin letztlich nur theoretische Bedeutung gehabt zu haben. Zweifellos gab es in seiner Zeit Judenchristen; aber die in 47,2f vorausgesetzte Situation eines in gemischten Gemeinden erhobenen spezifisch judenchristlichen Anspruchs (vgl. in paulinischer Zeit Gal) wird es so kaum mehr gegeben haben. Dial 47 ist jedenfalls kein Beleg für die Annahme B. Seebergs, der Gegensatz zwische Heiden- und Judenchristen sei zur Zeit Justins nicht abgeklungen, sondern im Gegenteil radikalisiert gewesen[125]. Das paulusfeindliche Judenchristentum etwa der *KΠ* setzt nicht gemischte Gemeinden, sondern die Trennung voraus.

Apol und Dial zeigen Justins prinzipielles Desinteresse an der kirchlichen Tradition[126]. Für ihn gibt es nur zwei Autoritäten: Das Alte Testament (LXX) und die Lehre Jesu. Die christliche Literatur interessiert ihn nur, soweit sie Worte Jesu überliefert (vgl. etwa Dial 35,3). Hängt das mit der Gattung der Apologie zusammen? Nimmt Justin auf seine heidnischen bzw. jüdischen Gesprächspartner Rücksicht?[127]

Justin verweist im Dial mehrfach auf seine methodischen Prinzipien. In 29,2 betont er, er wolle sich bei seiner Argumentation allein auf die Schrift berufen: *ἐν τοῖς ὑμετέροις ἀπόκειται γράμμασι, μᾶλλον δὲ οὐχ ὑμετέροις ἀλλ' ἡμετέροις· ἡμεῖς γὰρ αὐτοῖς πειθόμεθα, ὑμεῖς δὲ ἀναγινώσκοντες οὐ νοεῖτε τὸν ἐν αὐτοῖς νοῦν*. Hier zeigt sich, daß sein Gesprächspartner im Grunde nicht das Judentum ist, sondern die (heidenchristliche) Kirche. Justin will offen-

123 Hilgenfeld, ZwTh 22, 1879, 513.

124 Oder klingt dieses Thema in 47,4 an, wenn Justin diejenigen zurückweist, die *ἡτινιοῦν αἰτίᾳ μεταβάντας ἐπὶ τὴν ἔννομον πολιτείαν, ἀρνησάμενος ὅτι οὗτός ἐστιν ὁ Χριστός?*

125 Seeberg, ZKG 58, 1939, 61.

126 Ein besonders schlagendes Beispiel hierfür ist Dial 117,1–5. Justin behauptet kühn, im Unterschied zum Judentum gebe es das Christentum in der ganzen Welt (weshalb sich Mal 1,10–12 allein auf die christliche Kirche beziehen könne). Auch die konkrete Kirchengeschichte ist für Justin also kein Thema.

127 Vgl. o. S. 353.

bar eine Begründung dafür geben, warum das Christentum LXX als heilige Schrift anerkennt und benutzt; die jüdische Interpretation des Alten Testaments wird dabei ständig als unzulässig und falsch zurückgewiesen (vgl. etwa 33,1f; 34,1–8).

In Dial 56,16 läßt Justin den Tryphon sagen, die Juden würden ihm nicht zugehört haben *εἰ μὴ πάντα ἐπὶ τὰς γραφὰς ἀνῆγες*. Und das bedeutet: Justin will Schrifttheologe sein[128], dessen hermeneutisches Prinzip lautet: *οὐδεμία γραφὴ τῇ ἑτέρᾳ ἐναντία ἐστίν* (65,2)[129]. So ist seine Theologie, abgesehen natürlich von den philosophischen Einflüssen, prinzipiell auf LXX bezogen; niemals beruft sie sich ausdrücklich auf „neutestamentliche" Schriften, d.h. auf christliche Überlieferung[130].

Ein charakteristisches Beispiel hierfür ist gerade Justins Gesetzesverständnis. Er erklärt unter Berufung auf alttestamentliche Texte, die Gebote seien den Juden um ihrer besonderen Sünden willen gegeben worden (Dial 18,2; 21,1; 23,2); und diese These zeigt, daß weder das paulinische Gesetzesverständnis noch etwa das der Bergpredigt auch nur von ferne in seine Interpretation des Alten Testaments einbezogen ist. Die alttestamentlichen Gebote sind für Justin Norm des menschlichen Zusammenlebens bzw. religiöses Ritual, niemals aber Mittler (bzw. im paulinischen Sinn: Schranke) zwischen Gott und Mensch[131]. Den wahren Sinn der Gebote erkennen erst die Christen im Glauben Abrahams (44,2) bzw. als seine „Kinder" (119,5f)[132].

Abraham erscheint vor allem in 92,3 als Typos des Glaubenden. Dabei zitiert Justin Gen 15,6 LXX, also einen der wichtigsten AT-Texte der paulinischen Theologie, wobei die Tendenz der Deutung ganz Röm 4,10 entspricht. In 92,4 wird aber wieder erkennbar, daß das paulinische Gesetzesverständnis in der Sache nicht aufgenommen ist.

Einen theologischen Berührungspunkt zwischen Paulus und Justin scheint es nur an einer einzigen Stelle zu geben: Wie kein nachpaulinischer Theologe vor ihm betont Justin den Kreuzestod Jesu; und dabei nimmt er – ebenso wie Paulus in Gal 3,13 – auf Dtn 21,23 LXX Bezug[133]. Tryphon entwickelt in Dial 10,2–4 die grundsätzliche jüdische Kritik am Christen-

[128] Vgl. 58,1: *γραφὰς ὑμῖν ἀνιστορεῖν μέλλω … χάρις παρὰ θεοῦ μόνη εἰς τὸ συνιέναι τὰς γραφὰς αὐτοῦ ἐδόθη μοι.*

[129] Daraus folgt dann in Dial 72f der Vorwurf gegen die Juden, sie hätten bestimmte Schriftstellen gefälscht oder beseitigt.

[130] Das gilt natürlich nicht für die Worte des *κύριος*.

[131] Dem entspricht es, wenn Christus in 11,4; 43,1; 122,5 als *αἰώνιος νόμος καὶ καινὴ διαθήκη* bezeichnet wird.

[132] Steht die paulinische Abraham-Typologie (Gal 3,6f) im Hintergrund? Vgl. Campenhausen, Entstehung, 117.

[133] Dieser Text wird sonst nirgends als christologische „Belegstelle" angeführt. Zwar findet sich bei Aristo von Pella der Satz *λοιδορία θεοῦ ὁ κρεμάμενος* (Corp Ap 9, 1872, 357; den Hinweis auf diese Stelle verdanke ich meinem Kollegen Gerd Lüde-

tum[134]: Die Christen leben mit den Heiden zusammen, sie halten das Gesetz nicht, und vor allem: Sie sind *ἐπ' ἄνθρωπον σταυρωθέντα τὰς ἐλπίδας ποιούμενοι* (10,3; vgl. 32,1; 89,2). Damit ist erstmals seit Paulus das *σκάνδαλον* des Kreuzes bewußt artikuliert worden. Ist Justin also doch ein Vertreter der (paulinischen) theologia crucis? Oder ist das Kreuz auch für ihn im Grunde ein Problem, das er theologisch nicht zu bewältigen vermag?[135]

Justin führt in Dial 51,2 die erste Leidensankündigung an[136], wobei er sich vor allem an Mt 16,21 orientiert. Auffälligerweise gebraucht er aber statt der in den synoptischen Evangelien durchweg verwendeten Verbform *ἀποκτανθῆναι* die Form *σταυρωθῆναι* (vgl. auch Dial 100,3). Zwar wird man die theologische Bedeutung dieser Verschiebung nicht überschätzen dürfen; aber immerhin scheint sich Justin der Tatsache, daß der Tod Jesu ein Kreuzestod war, hier bewußt stellen zu wollen (vgl. auch Dial 134,5).

In Apol 55 hatte Justin den Versuch gemacht, den Kreuzestod allegorisch mit Hilfe von Beispielen aus Natur und Philosophie zu deuten. Im Dial bemüht er sich, Jesu Kreuzigung vom Alten Testament her zu begründen und zu erklären – schon aus der Tatsache der Kreuzigung könne die von den Propheten geweissagte Messianität Jesu erkannt werden (Dial 89,3)[137]. In Dial 90 nennt er das Beispiel des die Arme ausbreitenden Mose bei der Amalekiterschlacht (Ex 17,9–16) als Typos der Kreuzeshaltung Jesu[138], in Kap. 91 gibt er weitere Beispiele. In 93,4 verschiebt sich die Argumentation allerdings: Die Juden selbst hätten ja Jesus gekreuzigt; deshalb hätten sie keinen Anlaß, in diesem Tod einen Fluch Gottes zu sehen. Und in Kap. 94 verschiebt sich die Tendenz abermals: So wie Mose trotz des Bilderverbots im Gesetz auf Gottes Befehl eine Schlange zum Rettungszeichen gemacht (Num 21,8f) und damit gegen das Gesetz verstoßen habe[139], *οὕτω δὴ καὶ ἐν τῷ νόμῳ κατάρα κεῖται κατὰ τῶν σταυρουμένων ἀνθρώπων· οὐκ ἔτι δὲ καὶ κατὰ τοῦ Χριστοῦ τοῦ θεοῦ κατάρα κεῖται* (94,5)[140]. Erst im folgenden Satz bringt Justin eine im eigentlichen Sinn christologische Begründung des

mann); aber über den Kontext und den Sinn der Stelle läßt sich aufgrund der Zitierweise des Hieronymus (Kommentar zu Gal 3,13) nichts ausmachen.

[134] Es ist keine allein jüdische Frage (vgl. Apol 22,3; 53,2).

[135] So Klein, Ges. Aufs., 268 (mit A 39).

[136] Er versteht sie (natürlich) im Sinne des Weissagungsbeweises.

[137] Tryphon verweist in 89,2 auf Dtn 21,23 LXX, wobei er (d.h. also Justin) mit Gal 3,13 gegen LXX das Stichwort *ἐπικατάρατος* verwendet (LXX: *κεκατηραμένος)*. Aber das kann Zufall sein (vgl. 90,1).

[138] Auf denselben Text verweist Marcion (Adamantius Dial I 11): Mose breitete seine Hände aus *πρὸς τὸν θεόν, ἵνα πολλοὺς τῷ πολέμῳ ἀνέλῃ· ὁ δὲ κύριος ἡμῶν, ἀγαθὸς ὤν, ἐξέτεινε τὰς χεῖρας αὐτοῦ οὐχὶ τοῦ ἀνελεῖν τοὺς ἀνθρώπους ἀλλὰ τοῦ σῶσαι.*

[139] Vgl. Joh 3,14f, wo derselbe Vorgang auf die Erhöhung des Menschensohnes gedeutet wird.

[140] Justin bedient sich hier der Regel des Analogieschlusses, die bei jüdischen und bei hellenistischen Autoren begegnet (vgl. Daube, HUCA 22, 1949, 252).

Kreuzestodes: *δι' οὗ* (sc. Christus) *σώζει* (Gott) *πάντας τὰς κατάρας ἄξια πράξαντας*. Diese Aussage entspricht in der Tendenz und in der Begrifflichkeit Gal 3,13; daß bei dem Ausdruck *κατάρας ἄξια* an das Gesetz gedacht ist, zeigt nämlich die Fortsetzung in 95,1: *πᾶν γένος ἀνθρώπων εὑρεθήσεται ὑπὸ κατάραν ὂν κατὰ τὸν νόμον Μωϋσέως*, worauf Dtn 27,26 (vgl. Gal 3,10) zitiert wird. Dial 95 zeigt, daß das Gesetzesverständnis Justins nicht dem von Gal 3,19 (vgl. Röm 5,20), sondern eher dem von Apg 15,10 entspricht. Aber auch Paulus vertritt ja in Röm 2 den Gedanken, daß die Menschen (konkret: die Juden) das Gesetz nicht halten. Es kann also nicht gesagt werden, daß Justins Deutung des Kreuzestodes als Befreiung vom Fluch des Gesetzes schlechterdings unpaulinisch wäre[141]. Vielmehr spricht eine große Wahrscheinlichkeit für die Annahme, daß Justin die Kategorie seiner Deutung des Kreuzes von Paulus, hauptsächlich offenbar aus Gal 3, übernommen hat.

Daß er Paulus in diesem Zusammenhang nicht erwähnt, ist einfach zu erklären: Er will ja ausschließlich „aus der Schrift" argumentieren (s. S. 363); und woher er seine Hermeneutik bezieht, sagt er auch an anderen Stellen nicht.

In Dial 96,1 verläßt Justin die soteriologische Deutung des Kreuzestodes wieder und fügt stattdessen ein weiteres Beispiel typologischer Deutung von Dtn 21,23 an. Die paulinische Interpretation ist für Justin also nur eine Möglichkeit unter mehreren, und offenbar noch nicht einmal die wichtigste.

5. Ziehen wir ein Fazit: Justin hat paulinische Briefe, jedenfalls Röm, 1 Kor und Gal, gekannt und bei der Abfassung des Dial zu Rate gezogen. Daß er Paulus dennoch nicht erwähnt, ist Folge seines theologischen Prinzips: Die Wahrheit des Christentums wird aus dem Alten Testament erwiesen; von Bedeutung sind daneben nur noch Worte Jesu, wie sie in den *ἀπομνημονεύματα τῶν ἀποστόλων*, d.h. den Evangelien aufgezeichnet sind. Ähnlich wie der Vf des Dg scheint auch Justin ohne den Rückbezug auf kirchliche Tradition auskommen zu wollen. Die Geschichte der Kirche, ihre Organisation, ihr liturgisches Handeln – all das spielt für Justin keine Rolle, oder richtiger: Es wird nicht erwähnt, jedoch implizit durchaus verwendet[142].

Zweifellos hat Justin die paulinische Theologie in geringerem Umfang berücksichtigt, als das der Vf des Dg tat. Die Rechtfertigungslehre fehlt; die paulinische Ekklesiologie, die Eschatologie und die Anthropologie finden keine Erwähnung. Aber das ist kein Zeichen von Antipaulinismus; denn

[141] Campenhausen, Entstehung, 118 weist auf das von Paulus abweichende Gesetzesverständnis hin. Aber das Urteil, Justin stimme hier überhaupt nicht mit Paulus überein, ist zu scharf.

[142] So geht Justin z.B. an keiner Stelle auf das Bekenntnis oder auf liturgische Formeln ein, obwohl er von ihnen reichen Gebrauch macht (vgl. Kelly, Glaubensbekenntnisse, 74–80).

diese Themen fehlen im Grunde bei Justin völlig, nicht nur in ihrer paulinischen Gestalt. Weder erwähnt Justin eine besondere Rolle des Petrus in der Kirche, noch ist ihm der Hinweis auf Apk (Dial 81) ein Anlaß, apokalyptische Vorstellungen zu entfalten.

Die Hypothese, Paulus werde von Justin deshalb nicht erwähnt, weil Marcion sich der paulinischen Überlieferung bemächtigt hatte, wird weder von Apol noch von Dial her bestätigt[143]. Die Paulusrezeption Marcions jedenfalls hat Justin nicht dazu veranlaßt, seinerseits auf Paulus zu verzichten[144]; ebensowenig wies er Lk zurück, obwohl dieses Evangelium den ersten Teil des marcionischen Kanons bildete. Unzutreffend ist auch die Annahme, Paulus werde von Justin mit Rücksicht auf die Juden gleichsam „versteckt". Dazu bot zum einen Justins Einstellung dem Judentum gegenüber keinen Anlaß[145]. Und zum andern darf man nicht übersehen, daß Apol und Dial zumindest auch für Christen gedachte Schriften waren; sie sollten insbesondere helfen, das christliche Selbstverständnis als das einer seit alters geweissagten Religion zu untermauern. Deshalb konnte Justin die Schriften der Apostel nicht explizit beiziehen – ausgenommen diejenigen, die Herrenworte enthielten.

Es ist von daher festzustellen, daß die apologetischen Schriften (mit Ausnahme von Dg)[146] für die Geschichte der Paulusrezeption in der alten Kirche nicht kennzeichnend, sondern im Gegenteil ausgesprochen atypisch sind[147].

10. Die Benutzung der Paulusbriefe im antipaulinischen Judenchristentum

Im vierten Kapitel der vorliegenden Arbeit[1] war festgestellt worden, daß das Judenchristentum des 2. Jahrhunderts offenbar die einzige Gruppe war, von der die Paulus-Überlieferung offen abgelehnt wurde; insbesondere die

---

[143] Darauf verwies m.R. schon ENGELHARDT, Christenthum, 369: „Von einer oppositionellen Haltung Paulus gegenüber ist nichts zu spüren."

[144] Daß Justin die paulinischen Briefe im antimarcionitischen Kampf sorgfältig studiert, sie aber nicht als kirchliche Schriften betrachtet habe (so THOMA, ZwTh 18, 1875, 410), ist eine unbegründbare Konstruktion.

[145] Außerdem ist ja zu beachten, daß Justins Adressaten nicht die Juden, sondern die Christen sind.

[146] Im Dg ist insbesondere das hermeneutische Prinzip der Apologetik noch nicht so ausgeprägt vorhanden wie bei Justin.

[147] Das zeigt schon das „Kerygma Petri", die älteste christlich-apologetische Schrift, von der wir wissen; die wenigen erhaltenen Fragmente (Hennecke II, 61–63) enthalten jedenfalls keinen ausdrücklichen Rückgriff auf kirchlich-apostolische Tradition (wohl hingegen eine intensive Benutzung der prophetischen Überlieferung des AT).

[1] S.o. S. 107f.

Gesetzeslehre des Paulus hatte dazu den Anlaß gegeben. Den über die judenchristlichen „Häresien" berichtenden Kirchenvätern scheint gerade die Verwerfung des Paulus ein besonders deutliches Kennzeichen der Ketzerei gewesen zu sein[2].

Gibt es im judenchristlichen Antipaulinismus eine kritische Benutzung der Paulusbriefe? Oder wurde Paulus lediglich pauschal als Apostat und Ketzer verurteilt?

M. Simon, der die Verwerfung des Paulus als ein wesentliches gemeinsames Signum aller juden-christlichen Gruppen ansieht[3], hält es für denkbar, daß «dans certains milieux judéo-chrétiens» fundamentale Themen der paulinischen Theologie positiv rezipiert worden seien[4], so etwa der Gedanke des Seins *ἐν Χριστῷ* («cette mystique de la ‹christification›»), der sich dann freilich gerade mit der Forderung des Gesetzesgehorsams verbunden habe[5].

Die Berichte der Kirchenväter lassen von einer Benutzung der Paulusbriefe durch die Judenchristen nichts erkennen. Die Angaben beschränken sich in dieser Hinsicht auf die lapidare Feststellung, die Ebioniten, Enkratiten und Elkesaiten hätten Paulus und die Paulusbriefe abgelehnt[6].

Lediglich bei Epiph Haer 28,5,3 heißt es ausdrücklich von den Kerinthianern: *τὸν δὲ Παῦλον ἀθετοῦσι διὰ τὸ μὴ πείθεσθαι τῇ περιτομῇ, ἀλλὰ καὶ ἐκβάλλουσιν αὐτὸν διὰ τὸ εἰρηκέναι ‚ὅσοι ἐν νόμῳ δικαιοῦσθε, τῆς χάριτος ἐξεπέσατε', καὶ ὅτι ‚ἐὰν περιτέμνησθε, Χριστὸς ὑμᾶς οὐδὲν ὠφελήσει'*. Da die Kerinthianer aber bei Irenäus keine judenchristlichen Züge tragen (Iren Haer I 26, 1; III 11,1), kann man die Zuverlässigkeit der Nachricht des Epiphanius anzweifeln[7].

Anders verhält es sich mit den „Kerygmata Petrou", die der Grundschrift der Pseudoclementinen zugrundeliegen[8]. G. Strecker hat in seiner Analyse festgestellt, dem Vf der *KΠ* hätten Gal und 1 Kor unmittelbar vorgelegen; er verweist in diesem Zusammenhang auf die Reihenfolge der Paulusbriefe im ältesten Kanon der syrischen Kirche (Gal, 1.2 Kor, Röm, Hebr usw.)[9] und äußert die Vermutung: „Möglicherweise umfaßte das paulinische Briefkorpus des *KΠ*-Autors nur die ersten Briefe; das würde das Fehlen von Zitierungen aus dem Römerbrief erklären."[10]

---

[2] S.o. S. 102f.

[3] Simon, Israel, 289f.

[4] Simon, Israel, 293.

[5] Simon, Israel, 293f.

[6] Beispiele: Ebioniten und Enkratiten bei Orig Cels V 65; Ebioniten bei Orig Hom in Jer 20,1–7 (GCS 6, 167); Enkratiten bei Eus Hist Eccl IV 29,5; Elkesaiten bei Eus Hist Eccl VI 38. Generell: Iren Haer III 15,1.

[7] S.o. S. 102 Anm 11.

[8] S.o. S. 104.

[9] Strecker nimmt an, die *KΠ* seien im Bereich des ostsyrischen Christentums (Beröa) entstanden.

[10] Strecker, Judenchristentum, 219. Vgl. ders., in: Hennecke II, 68. Zur Sache auch Cullmann, Problème, 248.

In der Epistula Petri[11] warnt Petrus den Jakobus vor Spaltungen, wobei in 2,4 auf Gal 2,11–14 Bezug genommen ist[12]. Die Fortsetzung in 2,6 deutet an, daß „Petrus" den „Sitz im Leben" der gegen ihn erhobenen verleumderischen Vorwürfe der „Irrlehrer" kennt: Sie berichten von diesen Vorwürfen *τοῖς ὑπ' αὐτῶν κατηχουμένοις* – es fehlt eigentlich nur noch der Hinweis, dies geschehe „in Briefen"[13]. Sehr auffällig ist, daß der Vf den Zusammenstoß zwischen Petrus und Paulus in Antiochia gar nicht schildert, sondern sich ganz darauf beschränkt, Petrus von dem Vorwurf zu entlasten, er sei heimlich ein Kritiker des Gesetzes. Offensichtlich will der Vf der *KΠ* bei den Lesern den Anschein erwecken, Paulus habe sich für seine Verkündigung fälschlich auf die Autorität des Petrus berufen. Er setzt bei seinen Lesern die Kenntnis von Gal 2 voraus und will ihnen nun die „richtige" Deutung dieses Textes vor Augen führen.

Im Zusammenhang der breiten antipaulinischen Polemik Hom II 16f; XVII 13–19[14] stellt Petrus in XVII 17,5 fest, daß man nicht durch einen Traum, sondern durch den Verstand die Wahrheit erkenne *(οὐκ ὀνείρῳ ... ἀλλὰ συνέσει)*; und er fährt dann fort (18,1): *οὕτως γάρ κἀμοὶ ἀπὸ τοῦ πατρὸς ἀπεκαλύφθη ὁ υἱός. διὸ οἶδα τίς δύναμις ἀποκαλύψεως, ἀφ' ἑαυτοῦ μαθών*. Fraglos ist hier direkt auf Gal 1,16 Bezug genommen *(εὐδόκησεν ... ἀποκαλύψαι τὸν υἱὸν αὐτοῦ ἐν ἐμοί)*[15]; es geht dabei um die Qualität der *ἀποκάλυψις*. Auch Petrus, so sagt der Vf, hatte eine *ἀποκάλυψις*, als er zu Jesus sagte (Mt 16,16f): *σὺ εἶ ὁ υἱὸς τοῦ ζῶντος θεοῦ*. Aber Ursprung dieser *ἀποκάλυψις* waren die unmittelbaren Belehrungen durch den Herrn selbst, nicht irgendwelche Träume und Gesichte.

Es ist an dieser Stelle besonders deutlich erkennbar, daß sich der Petrus der *KΠ* das Gesetz des Handelns und Argumentierens bis zu einem gewissen Grade von seinem Gegner „Simon"-Paulus aufzwingen lassen muß: Der Hinweis, er habe Jesus unmittelbar begleitet, reichte zur Autorisierung des Petrus offenbar nicht aus; daß es zum Apostolat vielmehr einer *ἀποκάλυψις* bedürfe, wird vom Vf prinzipiell anerkannt.

In Hom XVII 19[16] wird dann das inhaltliche Kriterium des Apostolats genannt: Die Übereinstimmung mit der Verkündigung Jesu und mit der Lehre seiner (wahren) Apostel. Die Möglichkeit, Jesus könne sich dem „Simon"-Paulus tatsächlich geoffenbart haben, wird in 19,3 sogar aner-

---

[11] Vgl. STRECKER, Judenchristentum, 187.

[12] Eine unmittelbare literarische Benutzung liegt aber wohl nicht vor; zur Sache vgl. o.S. 105.

[13] 2,7 deutet immerhin die fortdauernde Wirkung jener Verleumdungen an. STRECKER, in: BAUER, Rechtgläubigkeit, 265: Epistula Petri 2,7 scheine zu zeigen, daß der Vf „von paulinischen Lehren in seiner näheren oder weiteren Umwelt unterrichtet ist".

[14] Zur Textrekonstruktion s. STRECKER, in: Hennecke II, 67.

[15] Dagegen besteht m.E. kein unmittelbarer Zusammenhang mit 1 Kor 2,9–11.

[16] Vgl. STRECKER, Judenchristentum, 193.

kannt, aber: *πῶς δέ σοι καὶ ὤφθη, ὁπότε αὐτοῦ τὰ ἐναντία τῇ διδασκαλίᾳ φρονεῖς;* Hier geht es offenbar um die Aussage des Paulus in 1 Kor 15,8; der Vf stellt fest, daß nicht das *ὤφθη* allein als Maßstab ausreicht, sondern daß im Gegenteil die Identität der Lehre entscheidend ist. Wieder ist deutlich, daß der Vf der *KΠ* bei seinen Lesern die Kenntnis des paulinischen Textes, auf den er sich bezieht, voraussetzt: Der Leser muß wissen, daß Paulus auf dem *ὤφθη* die Legitimation seiner gesamten Verkündigung aufbaut; andernfalls bleibt ihm die Substanz der Polemik in XVII 19,3f unverständlich.

Im gleichen Zusammenhang findet sich eine direkte literarische Bezugnahme auf Gal 2,11: Petrus wirft dem „Simon"-Paulus vor, er habe ihm, dem Grundstein der Kirche, „widerstanden" *(θεμέλιον ἐκκλησίας ἐναντίος ἀνθέστηκας* 19,4) und ihn als „Verurteilten" bezeichnet *(κατεγνωσμένον με λέγεις)*. Damit ist Gal 2,11 fast wörtlich zitiert *(... κατὰ πρόσωπον αὐτῷ ἀντέστην, ὅτι κατεγνωσμένος ἦν)*.

Diese insgesamt gesehen wenigen Zitate aus paulinischen Briefen zeigen, daß der Vf der *KΠ* anscheinend kein Interesse daran hatte, die paulinische „Ketzerei" substantiell darzustellen und von einer sachlichen Grundlage aus zu bekämpfen. Vielmehr konnte er sich darauf beschränken, Paulus als Gegner des Petrus (und des Jakobus) hinzustellen, womit seine Ketzerei eo ipso als erwiesen galt. Die *KΠ* kämpfen nicht gegen inhaltliche Positionen der paulinischen Theologie – diese stehen vielmehr schlechterdings außerhalb jeder Diskussion. Die *KΠ* kämpfen gegen das kirchliche Paulusbild, das zu jener Zeit außerhalb des Judenchristentums offensichtlich voll anerkannt ist.

G. Strecker hat die Auffassung vertreten, der Antipaulinismus der *KΠ* lasse „eine aktuelle großkirchlich-judenchristliche Kontroverse nicht erkennen"[17]; es gehe allein um „die Explikation des judenchristlichen Selbstverständnisses"[18]. Dieses Urteil wird durch die dargestellten Beobachtungen bestätigt: Ausgangspunkt für die *KΠ* ist die unbestrittene Paulusrezeption und das anerkannt gültige Paulusbild der (heidenchristlichen) Kirche, das zur Negativfolie der judenchristlichen Identität wird[19]. Wenn H. Köster[20] erklärt, „Simon"-Paulus erscheine in den *KΠ* als „hauptverantwortlicher Sündenbock für alle teuflischen Verfälschungen und Verdrehungen der rechten Lehre", so ist das durchaus zutreffend; wenn er aber hinzufügt:

[17] STRECKER, in: BAUER, Rechtgläubigkeit, 265.

[18] STRECKER, in: BAUER, Rechtgläubigkeit, 266. „Die pseudopetrinischen Lehrvorträge sind als Ganzes nicht primär antipaulinisch ausgerichtet, sondern der Antipaulinismus ist als spezifische Ausprägung des judenchristlich-nomistischen Systems anzusehen."

[19] SCHOEPS, Theologie, 313f will die *KΠ* als antimarcionitische Kampfschrift eines Ebioniten verstehen. Aber Marcions Zwei-Götter-Lehre ist in den *KΠ* nicht einmal am Rande erwähnt; die gnostischen Züge in den *KΠ* (vgl. dazu STRECKER, in: Hennecke II, 67) weisen nicht auf einen Zusammenhang mit Marcion.

[20] KÖSTER, Entwicklungslinien, 117.

„Paulinisches Christentum tritt kaum noch in Erscheinung", vielmehr zeigten die *KΠ*, daß die „Koexistenz" von Paulus und Mt in Syrien zerbrochen sei, dann ist dies m.E. ein Fehlurteil. Eine judenchristliche „Koexistenz" mit Paulus hat es höchstwahrscheinlich nie gegeben; und das frühe syrische (Heiden- und Juden-)Christentum, aus dem die Evangelien hervorgingen, scheint mit paulinischer Überlieferung nicht in Berührung gekommen zu sein (s. S. 154. 158). Die nach Kleinasien gegangenen syrischen Christen, die 1 Petr (und Jak?) schufen (s.S. 259ff), waren zumindest keine Judenchristen im Sinne der theologischen Definition dieses Begriffes (sofern sie überhaupt Judenchristen waren). Die *KΠ* sind ein deutlicher, wenn auch indirekter Beleg dafür, daß die Paulus-Tradition um die Mitte des 2. Jahrhunderts in Syrien bereits so stark war, daß der Vf Paulus als „Simon" darstellen und sich auf schmale Anspielungen auf die paulinischen Briefe beschränken konnte – oder vielleicht richtiger: beschränken mußte[21].

11. Weitere Spuren der Benutzung paulinischer Briefe in frühchristlicher Literatur

a) Vorbemerkung

Die im folgenden in aller Kürze zu untersuchenden Texte lassen sich zeitlich und geographisch z.T. kaum einordnen. Es handelt sich um ausgesprochen „apokryphe"[1] Erzähltexte (Ep Ap, Act Pl), um Apokalypsen (Apk Pt, Asc Jes) und um frühchristliche Dichtungen (Sib, O Sal), die an ganz wenigen Stellen Berührungen mit paulinischen Aussagen zu zeigen scheinen, ohne daß man im eigentlichen Sinne von einer „Benutzung" der Briefe sprechen könnte. Deshalb tragen diese Texte für die Fragestellung der vorliegenden Arbeit im Grunde wenig aus. Sie dürfen aber der Vollständigkeit halber nicht übergangen werden.

b) Epistula Apostolorum und Acta Pauli

Es war im vierten Kapitel darauf hingewiesen worden, daß Ep Ap und Act Pl ein bestimmtes Paulusbild nicht nur zeichnen, sondern sogar bewußt „propagieren" wollen[2]. Verbindet sich damit eine genauere Kenntnis der paulinischen Theologie bzw. der paulinischen Briefe? Oder beschränken sich die Vf auf die Weitergabe und Ausmalung des traditionellen kirchlichen Paulusbildes?

1. Die „Biblia Patristica" verzeichnet zur *Ep Ap* insgesamt 45 Anspielun-

---

[21] M.R. stellt STRECKER, in: Hennecke II, 67 fest: Die *KΠ* setzen „die Schriften des neutestamentlichen Kanons voraus", d.h. „Großkirche und Häresie [scheinen] noch nicht gegeneinander abgegrenzt gewesen zu sein".

[1] Zur Definition von „apokryph" vgl. SCHNEEMELCHER, in: Hennecke I, 32–35.

[2] Dazu sowie zu den Einleitungsfragen beider Schriften s.o. S. 109f und 68.

gen oder Zitate aus paulinischen bzw. pseudopaulinischen Briefen; aber bereits eine erste Untersuchung zeigt, daß es sich dabei zum größten Teil um zufällige Übereinstimmungen bei theologisch traditionellen Aussagen handelt. C. Schmidts These, der (judenchristliche) Vf der Ep Ap habe Paulusbriefe jedenfalls gekannt, auch wenn er sie in der Sache nicht benutzt habe[3], ist von M. Hornschuh zurückgewiesen worden: Zwar sei nicht auszuschließen, daß der Vf „die Paulusbriefe gelesen hat"[4], aber Ep Ap sei doch „sozusagen chemisch rein ... von Einflüssen der paulinischen Theologie"[5]. Denn, so meint Hornschuh: „Zu einer theologischen Auswertung der literarischen Hinterlassenschaft des Paulus ist der Verfasser nicht imstande. Hier sind die Gegner überlegen."[6]

Hornschuh nimmt an, der Vf der Ep Ap habe in einer Umgebung geschrieben, in der die traditionelle judenchristliche Ablehnung des Paulus wirksam gewesen sei[7]; „die Situation des antignostischen Kampfes" habe ihn nun aber gezwungen, „sich mit dem Andenken des Paulus auszusöhnen"[8]. Nicht länger wolle der Vf Paulus den gnostischen Gegnern (etwa Basilides?, fragt Hornschuh) überlassen, und er werbe deshalb bei den Judenchristen für Paulus[9]. Diese These ist aber schwerlich zutreffend. Einmal ist die von Hornschuh angenommene Situation kaum vorstellbar: Warum soll im Umkreis eines antipaulinischen Judenchristentums gnostische Paulusrezeption den Anlaß zu einer Paulus-Apologie gegeben haben?[10] Zum andern ist zu beachten, daß das Paulusbild der Ep Ap weder polemische (antignostische) noch ausgesprochen apologetische Züge trägt (s.o. S. 111f). Ep Ap ist eine Erbauungsschrift, die das traditionelle Paulusbild mit der herkömmlichen Sicht der Kirchengeschichte verbindet; eine „antihäretische" Tendenz enthält das Paulusbild der Ep Ap nicht.

Paulus wird in Ep Ap 31 (42) als „Letzter der Letzten" bezeichnet, was natürlich an 1 Kor 15,8f und vor allem Eph 3,8 erinnert. Gewiß handelt es

---

[3] Schmidt, Gespräche, 248 spricht von einer „völligen Verständnislosigkeit" gegenüber der paulinischen Theologie.

[4] Hornschuh, Studien, 19.

[5] Hornschuh, Studien, 18.

[6] Hornschuh, Studien, 87. Ähnlich deutet auch Frank, Sinn, 109f: Der Vf der Ep Ap hat „wohl deutlich gespürt, daß die Paulusbriefe mit ihrem anderen Verstehenshorizont von seinen Gegnern mit ihrem anders gedeuteten christlichen Glauben nicht ganz zu Unrecht in Anspruch genommen werden konnten". Für diese Hypothese gibt der Text keinerlei Hinweis.

[7] Die stärksten Argumente sprechen nach Hornschuh, Studien, 99–115 für Ägypten; aber das bleibe doch unsicher.

[8] Hornschuh, Studien, 85.

[9] Hornschuh, Studien, 86–89.

[10] Koschorke, Polemik, 250 rechnet Ep Ap deshalb zur „rechtgläubigen" Kirche, folgt aber im übrigen der These Hornschuhs, indem er meint: „Wir können hier also beobachten, wie die *Rechtgläubigkeit der Gnosis* in der Anerkennung des Paulus *folgt*" (Hervorhebung im Orig.). „Durch die rechtgläubige Paulus-‚Interpretation' der Ep Ap werden sich die gnostischen Opponenten kaum von ihrem Paulusverständnis haben abbringen lassen, dafür konnten sie sich aber nun [sic!] auf eine Autorität berufen, die auch vom Gegner anerkannt war."

sich um einen schon traditionell gewordenen Topos; trotzdem kann man nicht ausschließen, daß der Vf hier unittelbar Eph 3,8 im Blick gehabt haben könnte[11].

Eine Parallele zu einer Formulierung des Paulus findet sich in Ep Ap 47 (58). „Jesus" verweist hier auf ein Prophetenwort: „Wehe den Begünstigern, die den Sünder um eines Bestechungsgeschenkes willen gerecht sprechen, deren Gott ihr Bauch ist." Der erste Teil des Wortes ist offenbar Jes 5,23 entnommen, der zweite Teil entspricht wörtlich Phil 3,19. Für M. Hornschuh ist die Zitat-Einleitung („wie der Prophet gesagt hat") ein Indiz, „daß es sich um ein unbekanntes prophetisches Apokryphon handelt, dem dieser Satz entnommen ist", und er folgert: „Es verbietet sich also, ein Pauluszitat anzunehmen."[12] Daß die Formulierung mit Phil 3,19 übereinstimmt, läßt sich aber zunächst einmal nicht bestreiten. Zu fragen ist allerdings, weshalb der Vf das vom Kontext her nicht recht passende Logion an das Prophetenwort angefügt hat. Möglicherweise hatte sich die polemische Bemerkung von Phil 3,19 inzwischen bereits verselbständigt; insofern zwingt die Stelle tatsächlich nicht zu der Annahme, der Vf der Ep Ap habe Phil gekannt und hier bewußt zitiert.

Der Vf hat paulinische Briefe vielleicht (!) gekannt; direkt benutzt hat er sie vermutlich nicht. Sein Paulusbild beruht weithin auf der Apg und daneben auf sekundärer Paulus-Tradition, wie sie sich schon in den pseudopaulinischen Schriften oder auch bei den „Apostolischen Vätern" (vgl. Barn[13]) niedergeschlagen hat.

2. W. Schneemelcher hat die Feststellung getroffen, der Vf der *Act Pl* habe neben der Apg vor allem die Past, die Evangelien und auch die Paulusbriefe benutzt. „Aber es handelt sich dabei kaum um richtige Zitate, sondern um sprachliche und begriffliche Übereinstimmung auf Grund der Kenntnis der neutestamentlichen Literatur."[14] Demgegenüber hatte C. Schmidt eine in der Sache größere Nähe zur paulinischen Theologie gesehen: Einige „leider sehr stark verstümmelte Fragmente" zeigten, „daß der Paulus der Akten den Juden gegenüber die Freiheit vom Joche des Gesetzes verficht und die Rechtfertigung auf die Werke der Gerechtigkeit zurückführt."[15]

Ein erstes deutliches Pauluszitat findet sich in Act Pl et Thecl 5 (Lipsius I p 238f). „Paulus" verkündet eine Mt 5 nachgebildete Makarismenreihe und formuliert dabei den Satz: *μακάριοι οἱ ἔχοντες γυναῖκας ὡς μὴ ἔχοντες, ὅτι*

[11] Im Grunde ist jener Ausdruck also fast so etwas wie ein Ehrentitel.

[12] Hornschuh, Studien, 18. Allenfalls könne man annehmen, Paulus und der Vf der Ep Ap hätten denselben Text benutzt.

[13] S. o. S. 276f.

[14] Schneemelcher, in: Hennecke II, 239. Vgl. Rohde, TU 103, 306.

[15] Schmidt, Acta Pauli, 186. Dazu Vouaux, Acta Pauli, 123f: Die Act Pl kennen im Grunde vor allem 1 Tim und 1 Kor 7.

αὐτοὶ κληρονομήσουσιν τὸν θεόν. 1 Kor 7,29 ist dem Vf also bekannt und wird von ihm im Sinne seiner asketischen Lehre verstanden[16].

In Act Pl et Thecl 14 (Lipsius I p 245) wird erzählt, die Paulusbegleiter Demas und Hermogenes (vgl. 2 Tim 1,15; 4,10) seien Vertreter einer eschatologischen Irrlehre: Während Paulus die Auferstehung als bevorstehend ankündige *(λέγει οὗτος ἀνάστασιν γενέσθαι)*, sei sie ihrer Lehre zufolge tatsächlich in den Kindern schon geschehen *(ἤδη γέγονεν* [vgl. 2 Tim 2,18] *ἐφ' οἷς ἔχομεν τέκνοις)*[17]. Der Vf erreicht auf diese Weise eine Verbindung der kirchlichen Eschatologie mit der asketischen Tendenz, die er selbst in den Act Pl verfolgt – ein Gedanke, der etwa den Past durchaus zuwiderläuft, 1 Kor 7,29–31 (s.o.) aber keineswegs völlig fernliegt.

Im Hamburger Papyrus der Act Pl wird eine Predigt des Paulus an Artemilla überliefert, die eine ganze Reihe von Anspielungen auf paulinische Sätze enthält[18]; eine erkennbare theologische Tendenz haben diese Anspielungen nicht.

Besonders interessant ist der Heidelberger Papyrus; hier wird berichtet, zwei Leute namens Simon und Kleobius würden in Korinth marcionitische Irrlehren vertreten (3 Kor 1,10–15), wozu Paulus[19] dann in einem Brief, dem eigentlichen „Dritten Korintherbrief" (3 Kor 3,1–40) Stellung nimmt. 3 Kor ist ein Versuch, das christliche Bekenntnis unter Zusammenfassung der „Hauptstücke" katechismusartig darzustellen.

Zunächst verweist Paulus auf die nahe Parusie (3,3), dann auf das christologische Bekenntnis (3,4–6). In 3,4 nimmt der Text auf 1 Kor 15,3 Bezug, wobei die Wendung „was ich empfangen habe" erheblich erweitert wird durch den betonten Hinweis auf die Apostel, die Jesu Begleiter gewesen seien. Offensichtlich handelt es sich um eine Reaktion auf Marcion, der in 1 Kor 15,3 die Worte *ὃ καὶ παρέλαβον* gestrichen hatte.

Der übrige Text des 3 Kor ist eine Mischung aus paulinischen Wendungen, Hinweisen auf das Alte Testament und traditionellen Bekenntnisaussagen (besonders deutlich in 3,24–32 unter Verwendung von 1 Kor 15,35ff). Auffällig ist am Schluß (3,34–40) die Bezugnahme auf Gal 6,17, die eine unmittelbare Aktualität des 3 Kor vorspiegeln soll.

3 Kor ist in seiner Tendenz antimarcionitisch (vgl. vor allem 3,9f) und antignostisch (3,20 könnte gegen Naassener gerichtet sein). Von einer Verarbeitung paulinischer Theologie kann man nicht sprechen. Aber 3 Kor

---

[16] Es wird kein Zufall sein, daß aus der Reihe 1 Kor 7,29–31 nur der erste Satz zitiert wird.

[17] Die Worte *καὶ ἀνιστάμεθα θεὸν ἐπεγνωκότες ἀληθῆ* fehlen in zwei lateinischen und in den syrischen Handschriften; da sie zum Vorangegangenen sachlich nicht passen, werden sie in der Tat zu streichen sein (gegen SCHNEEMELCHER, in: Hennecke II, 245 A 3).

[18] S. SCHNEEMELCHER, in: Hennecke II, 255 A 7.8.

[19] Vorausgesetzt ist die Gefangenschaft des Paulus; in 3 Kor 2,3 klagt er mit den Worten von Phil 1,23; 2,27.

zeigt doch, mit wie relativ einfachen Mitteln ein „ rechtgläubiger" Presbyter Ende des 2. Jahrhunderts Marcions Lehre entgegentreten konnte bzw. jedenfalls entgegentreten zu können galubte. Von einer Absicht, Paulus auf diese Weise für die Kirche „zurück"zugewinnen, ist dabei freilich nichts zu erkennen[20]. Die Act Pl setzen die Autorität des Paulus unbedingt voraus. Der Vf hatte kein anderes Interesse als die Vf der zahlreichen sonstigen apokryphen Apostelgeschichten: Sie alle wollen Erbauliches aus dem Leben der Apostel berichten, das Wissen der Christen über sie vertiefen und im Gewand apostolischer Predigt aktuell „rechtgläubige" Lehre vermitteln[21].

Offensichtlich wollen die Act Pl weder die kanonische Apg noch gar die Paulusbriefe ersetzen. Der Vf scheint vielmehr deren Kenntnis beim Leser vorauszusetzen und zu den dort überlieferten Nachrichten zusätzliche interessante Details bieten zu wollen[22]. Es ist eine Verkennung der Tendenz dieser Literaturgattung, wenn man die Act Pl als Maßstab dafür ansieht, „wie das Heidenchristenthum des zweiten Jahrhunderts den Paulus verstand"[23].

c) *Petrusapokalypse und Himmelfahrt Jesajas*

1. Die um die Mitte des 2. Jahrhunderts möglicherweise in Ägypten entstandene *Apk Pt*[24] ist in den Anfangsabschnitten stark von den apokalyptischen Stücken der synoptischen Evangelien abhängig. In dem in äthiopischer Sprache erhaltenen Kap. 4 findet sich die Verwendung des Bildes vom Samenkorn als Beispiel für die Auferstehung. Dieser Text erinnert an 1 Kor 15,36ff; aber ob wirklich eine literarische Berührung besteht, läßt sich kaum sagen. Einfluß paulinischer Theologie auf die Apk Pt besteht jedenfalls nicht.

2. Zur *Asc Jes*[25] verzeichnet die „Biblia Patristica" 11 „Anspielungen" oder „Zitate" aus paulinischen sowie 2 aus deuteropaulinischen Briefen. Auch E. Massaux sieht an mehreren Stellen paulinischen Einfluß auf die christlichen Stücke innerhalb der Asc Jes. So sollen die Aussagen über die Verborgenheit des vom Himmel herabsteigenden Christus (9,15; 10,11; 11,16) möglicherweise von 1 Kor 2,7f; Eph 3,10 abhängig sein[26]; Asc Jes 10,6 (Gott soll „von dem Heiligen Geist durch den Mund der Gerechten Vater des

---

[20] Gegen Schneemelcher, ThLZ 89, 1964, 254.

[21] Die asketische Tendenz beschränkt sich nicht auf die Act Pl, sondern ist ein allgemeines Kennzeichen dieser Gattung.

[22] Man wird z. B. annehmen dürfen, daß der Bericht über den Tierkampf in Ephesus (PH und PG; Hennecke II, 254–257; 268–270) aus 1 Kor 15,32 herausgesponnen wurde.

[23] So Ritschl, Entstehung, 292; ähnlich Aleith, Paulusverständnis, 31f.

[24] Vgl. Maurer, in: Hennecke II, 468–472; Vielhauer, Geschichte, 507–513. – Zur Apc Pt (NHV VII/3), die mit diesem Text nichts zu tun hat, s. o. S. 334.

[25] Vgl. Flemming/Duensing, in: Hennecke II, 454f.

[26] Massaux, Influence, 201.

Herrn genannt werden") beziehe sich vielleicht auf Gal 4,6[27]; und die eschatologische Formulierung in 10,15 („Dann werden dich ... anbeten ...") gehe auf Phil 2,10 zurück[28]. Es handelt sich aber durchweg um eine gegenseitig unabhängige Verwendung derselben Vorstellungen oder Begriffe.

d) Oracula Sibyllina und Oden Salomos

1. In den *Sib*[29] sieht die „Biblia Patristica" an 25 Stellen „Anspielungen" oder „Zitate" aus dem Corpus Paulinum. Aber tatsächlich ist ein Zusammenhang lediglich in wenigen Fällen auch nur zu erwägen.

Sib 2,111 (vgl. 8,17) erinnert an 1 Tim 6,10: Geldgier ist Anfang aller Laster. Der Ausdruck „lebendiges Opfer" (8,408) liegt tatsächlich nahe bei Röm 12,1. Und 8,414f (Christus wird „den Stachel des Todes" lösen) berührt sich in der Tat mit 1 Kor 15,55, freilich ebenso mit Hos 13,14 LXX. E. Massaux erklärt: «On constante donc une connaissance certaine d'épîtres pauliniennes qui ont exercé leur influence dans la rédaction de quelques passages des Oracles Sibyllins; les rapprochements avec des textes de l'Apôtre sont toutefois très peu nombreux.»[30] Aber der Befund reicht m. E. nicht einmal zu einem so vorsichtigen Urteil aus; alle genannten Anspielungen werden auf Zufall zurückzuführen sein.

In Sib 8,291.376 besteht jeweils eine größere Nähe zu 2 Kor 11,2 bzw. Röm 11,36; 1 Kor 8,6. Nach J. Geffcken sind aber beide Textstellen sekundär, da sie in der Handschriftenklasse *Ω* fehlen[31].

2. Zu den *O Sal*[32] werden in der „Biblia Patristica" 45 paulinische bzw. deuteropaulinische Anspielungen verzeichnet, davon allein 14 aus 1 Kor.

Methodisch steht der Vergleich zwischen O Sal und den Paulusbriefen vor denselben Problemen wie der zwischen koptischen Texten und Paulus. Man vergleicht die erhaltene syrische Version der O Sal[33] mit der relativ spät entstandenen Peschitta und versucht dabei, Abhängigkeiten zwischen den jeweils griechischen Originalen zu entdecken. Sichere Urteile sind angesichts dessen kaum möglich. Es kommt hinzu, daß die O Sal aufgrund ihres Charakters als hymnische Dichtung mögliche Anspielungen auf Paulus vermutlich noch stärker integrieren, als das bei anderen Texten zu beobachten ist.

---

[27] MASSAUX, Influence, 201: «Une dépendance est possible, car de part et d'autre, il est question de l'Esprit-Saint qui habite dans les justes, de l'Esprit-Saint qui, par les justes, appelle Dieu, Père.»

[28] MASSAUX, Influence, 201.

[29] Vgl. KURFESS, in: Hennecke II, 498–502.

[30] MASSAUX, Influence, 245.

[31] Vgl. GEFFCKEN, GCS 8, p XXXV und XXXVII.

[32] Vgl. BAUER, in: Hennecke II, 576–578.

[33] Nach Bauer (s. die vorige Anm) war die Ursprache der O Sal das Griechische. Für ein semitisches Original plädieren ADAM, ZNW 52, 1961, 141–156 und ANDRESEN, Art. Erlösung, RAC VI, 120.

E. Massaux räumt ein, daß die Theologie des Paulus in den O Sal fehle («C'est en vain toutefois qu'on chercherait les constructions dogmatiques grandioses de l'Apôtre»); aber er stellt doch fest: «On doit souligner cependant le grand nombre de ressemblances, voire de dépendances littéraires.»[34] Die Herausgeber R. Harris/A. Mingana meinten demgegenüber, es handle sich bei den Analogien zwischen O Sal und Paulus mehr um bloße Parallelen als um Anspielungen oder gar Zitate; trotz sachlicher Nähe an manchen Stellen bestünden zwischen den O Sal und der Peschitta im Wortlaut oft erhebliche Differenzen[35].

In O Sal 6,6 sehen Harris/Mingana eine so starke Nähe zum griechischen (weniger zum syrischen) Text von 1 Kor 2,12, daß geradezu die Annahme zu erwägen sei, Paulus habe hier aus den O Sal zitiert. Im ebenfalls denkbaren umgekehrten Fall würden O Sal den Text des 1 Kor bieten "in an earlier and more exact translation than we have in the Peshitta, where the graciousness of the gift *(χαρισθέντα)* is not so clearly stated"[36]. Eine Berührung mit Paulus zeigt auch O Sal 15,8f: Die Freude des Sängers angesichts der Überwindung des Todes erinnert (auch im Wortlaut) an 1 Kor 15,53–55; allerdings denkt er sich das bei Paulus eschatologisch Erwartete als bereits gegenwärtig (Verbformen stehen im Perfekt)[37].

Andere Oden enthalten Formulierungen, die mit paulinischen Aussagen zwar verwandt, aber vermutlich nicht als literarische Anspielungen aufzufassen sind. So erinnert die Inkarnationsvorstellung von O Sal 7,3f an Phil 2,6ff; das Bild vom Haupt und den Gliedern in O Sal 17,14–16 berührt sich mit der deuteropaulinischen Ekklesiologie, ist aber wohl kaum unmittelbar von ihr abhängig[38]. Zu O Sal 21,3 („Und ich zog die Finsternis aus und zog das Licht an") kann man Röm 13,12 vergleichen[39], wo freilich der Gedanke der Identität mit Licht und Finsternis fehlt[40]. Zum Bild von der Pflanzung (O Sal 38,16–21) vergleicht E. Massaux 1 Kor 3,6.10 und erklärt: «Il est très possible

---

[34] Massaux, Influence, 220.

[35] Harris/Mingana, Odes II, 120. AaO., 123: O Sal 7,23 liege sachlich nahe bei 1 Kor 14,7.10; die Unterschiede in der Begrifflichkeit machten aber die Annahme, es liege ein Zitat vor, ganz unwahrscheinlich.

[36] Harris/Mingana, Odes II, 124.

[37] Das muß nicht im Sinne der gnostischen Auferstehungslehre (etwa des Eph oder des Rheg) gemeint sein; es kann sich auch um die hymnische Vorwegnahme der Zukunft handeln.

[38] Massaux, Influence, 215: «Notre auteur paraît bien sous l'influence des idées et de la métaphore de Paul.» Eine Verbindung von „Haupt" und „Gliedern" begegnet aber allenfalls in Eph 5,30; der entscheidende Begriff des *σῶμα* fehlt in O Sal 17. Bauer, in: Hennecke II, 601 A 10 meint allerdings (zu 21,4), *τὰ μέλη* könne auch „Leib" bedeuten; aber auch dann würde die terminologische Nähe zur deuteropaulinischen Ekklesiologie fehlen.

[39] Die Übereinstimmung mit dem syrischen (P^{e}schitta-)Text von Röm 13,12 ist auffällig.

[40] Vgl. jedoch Eph 5,8.

que notre auteur ait à l'esprit les textes pauliniens.»[41] Aber das Bild ist verbreitet[42], und wörtliche Berührungen bestehen kaum. Die christologische Formulierung in O Sal 41,12, der Erlöser sei „erniedrigt" worden und „erhöht um seiner Gerechtigkeit willen", liegt in der Sache nahe bei Phil 2,8f; aber ein literarischer Zusammenhang braucht keinesfalls zu bestehen[43].

Es ist in allen genannten Fällen nicht völlig auszuschließen, daß die Parallelen zu paulinischen Aussagen auf Einfluß der Paulusbriefe zurückzuführen sind. Die Unsicherheit ist aber doch so groß, daß die O Sal (ebenso wie Sib) als Belege für eine frühe Paulusbenutzung außer Ansatz bleiben müssen.

12. Die Paulusrezeption Marcions

a) Vorbemerkungen

1. Der Überblick über Aufnahme und Verarbeitung paulinischer Theologie im vorirenäischen Christentum wird mit einer Darstellung Marcions abgeschlossen, obwohl die bereits untersuchten Schriften Justins auf Marcion schon eingehen, das Wirken des Häretikers innerhalb und außerhalb der Kirche also voraussetzen. Dennoch halte ich die hier gewählte Reihenfolge für sachgemäß: Erstens hatte es sich gezeigt, daß Justin bei seinem Widerspruch gegen Marcions Theologie auf dessen Paulusrezeption und überhaupt auf die eklektische Aneignung der christlichen Tradition (Lk) gar nicht einging, sondern sich darauf beschränkte, Marcions Zwei-Götter-Lehre zurückzuweisen, die mit der paulinischen Theologie jedenfalls in keinem unmittelbaren Zusammenhang steht. Zweitens hat sich die Kirche unmittelbar nach Marcion die paulinische Überlieferung nicht nur wie bis dahin lediglich faktisch, sondern nun auch mit theoretischer Begründung angeeignet (Irenäus). Daher ist es geboten, Marcion und nicht etwa Justin als Zielpunkt dieser Untersuchung anzusehen.

2. Es kann und soll hier nicht der Versuch unternommen werden, die mit Marcion und seiner Lehre zusammenhängenden Fragen auch nur einigermaßen vollständig zu erörtern. Hierzu ist auf A. v. Harnacks fundamentales Werk über Marcion zu verweisen, das trotz mancher notwendiger Korrekturen sowohl in der Darstellung als auch insbesondere in der Darbietung des

---

[41] MASSAUX, Influence, 217. Ähnlich aber auch schon HARRIS/MINGANA, Odes II, 124.

[42] Vgl. CONZELMANN, 1 Kor, 92.

[43] CHARLESWORTH, Odes, 142 betrachtet dies als "striking similarity", verweist aber aaO., 143 m.R. auch auf jüdische Parallelen (etwa Test Benj 9,5). BROCK, JBL 93, 1974, 624 kritisiert, Charlesworth berücksichtige in seiner Ausgabe nicht genügend die biblischen Parallelen. Rätselhafterweise führt er zu O Sal 28,5 als Parallele Röm 8,35 an.

Quellenmaterials die Basis aller Beschäftigung mit Marcion geblieben ist[1]. Ich beschränke mich, dem Thema der vorliegenden Untersuchung entsprechend, auf das Problem der Paulusrezeption Marcions.

b) Die Ausbildung des Kanons bei Marcion und seine Textrevision

Marcion kam vermutlich um das Jahr 140 von Pontus nach Rom und gründete dort im Jahre 144 seine Kirche; um 160 ist er gestorben[2]. Nach Tertullian Marc I 1,1 war er zunächst („rechtgläubiger") Christ[3]; Epiphanius berichtet, Marcions Vater sei katholischer Bischof gewesen, der seinen Sohn sittlicher Verfehlungen wegen aus der Kirche ausgeschlossen habe (Haer 42,1,4). Wieweit dahinter irgendeine historische Realität steht, läßt sich aber kaum entscheiden[4].

Marcions Kirche breitete sich rasch aus; nach Epiph Haer 42,1,2 gab es zu seiner Zeit (*ἔτι καὶ νῦν*, also Mitte des 4. Jahrhunderts) Marcioniten in Rom, Italien, Ägypten, Palästina, Arabien, Syrien, Zypern, in der Thebais, in Persien und „an anderen Orten"[5]. Ob in der früheren Zeit ein unmittelbarer Zusammenhang zwischen der Ausbreitung der Marcioniten und den einstigen paulinischen Missionsgebieten bestand, wie J. Knox meint[6], läßt sich nicht sagen. Offenbar hat die marcionitische Kirche überall dort Fuß gefaßt, wo es katholische Christen gab.

Ein grundsätzliches Charakteristikum der Kirche Marcions war der in ihr gültige „Kanon" verbindlich anerkannter theologischer Schriften. Während in der katholischen Kirche die (christlich interpretierte) jüdische Bibel in Gestalt der LXX „die Schrift" war, die förmlich zitiert wurde und aus der insbesondere die Apologeten den Wahrheitsbeweis für das Christentum ableiteten, trat bei Marcion an die Stelle dieses „Alten Testaments" ein zweiteiliges „Neues Testament" (freilich noch ohne diese Bezeichnung), bestehend aus dem „Evangelium" (Lk) und dem „Apostel" (10 Paulusbriefe)[7].

---

[1] Eine gute, knappe Übersicht über Marcion und sein Denken gibt VERWEIJS, Evangelium, 243–349.

[2] S. dazu HARNACK, Marcion, 3*–30*.

[3] HARNACK, Marcion, 330*f erwägt (ohne Quellengrundlage), Marcion habe vielleicht ursprünglich ebenso wie Paulus „dem Judentum nahe gestanden und habe sich dann, wie Paulus, durch einen Bruch von ihm befreit"; so lasse sich die scharfe Ablehnung der jüdischen Messiaserwartung verstehen.

[4] Das gilt auch für die Anekdote von der Begegnung zwischen Polykarp und Marcion (Iren Haer III 3,4).

[5] HARNACK, Marcion, 153 hält die Aufzählung für unvollständig.

[6] KNOX, Marcion, 14f sieht einen solchen Zusammenhang: Marcions schneller Erfolg sei auf die fortbestehende Kontinuität der paulinischen Gemeinden zurückzuführen. – Über die Ausbreitung von Marcions Gegenkirche in ältester Zeit gibt es keine Angaben.

[7] Die Reihenfolge der Briefe im Kanon der Marcioniten wird von Tert Marc V folgendermaßen vorausgesetzt: Gal, 1.2 Kor, Röm, 1.2 Thess, Laodicenerbrief

In der kirchlichen Polemik gegen Marcion wurde von Anfang an unterstrichen, daß Marcion diese Schriften willkürlich verändert, d. h. gekürzt habe. So kritisiert Irenäus gar nicht so sehr, daß Marcion lediglich Lk und Paulus „kanonisiert" habe, sondern er wirft ihm insbesondere vor, daß er es gewagt habe, die Schriften zu „beschneiden"[8]. So habe er z. B. Lk 1f gestrichen, ferner alle Worte Jesu über den Schöpfer – d. h. er habe seinen Anhängern non evangelium, sed particulam evangelii übergeben. Auch in den Paulusbriefen habe er alle Stellen getilgt, wo sich Paulus als Apostel de eo Deo qui mundum fecit bezeichne, außerdem alle LXX-Zitate, die sich auf die Ankunft Christi bezögen.

Irenäus fällt es verhältnismäßig leicht, sein Gegenprogramm aufzustellen: seorsum contradicemus, ex eius scriptis arguentes eum, et ex iis sermonibus qui apud eum observati sunt, Domini et Apostoli, quibus ipse utitur, e versionem eius faciemus praestante Deo. Es kommt hier nicht primär darauf an, ob Irenäus dieses Programm tatsächlich erfolgreich durchführt[9]; er fühlt sich jedenfalls zu einer solchen Widerlegung imstande, d. h. Marcions Berufung auf Lk und auf Paulus scheint bei ihm keine prinzipielle Verlegenheit ausgelöst zu haben. Um eine den Kriterien des Irenäus entsprechende Widerlegung Marcions hat sich Tertullian in Marc IV (Lk) und V (Paulus) intensiv bemüht (s. u.)[10].

Tertullian Marc V ist das wichtigste Hilfsmittel bei der Analyse des marcionischen Paulustextes. Allerdings ist eine vollständige Rekonstruktion kaum möglich[11]; denn die Maßstäbe, nach denen Tertullian Marcions Kürzungen bzw. Korrekturen erwähnt, sind offenbar nicht einheitlich. Es ist aber zu erkennen, daß Marcion den Text im Sinne seiner Lehre „wiederhergestellt" und von katholischen Zusätzen „gereinigt", ihn also nicht etwa willkürlich verändert hat. Hinter seiner Textrevision steht insofern also eine bewußt textkritische Arbeit, die für spätere Korrekturen durchaus offen war[12]. Selbst sein Kanon insgesamt galt nicht als sakrosankt; jedenfalls

(=Eph), Kol, Phil, Phm. Die Angaben bei Epiph Haer 42,9,4 und 42,11,10 variieren leicht; es kommt hinzu, daß Epiphanius jetzt auch noch einen marcionitischen Laodicenerbrief zusätzlich zum Eph kennt.

[8] Iren Haer I 27,3 (Harvey I, 219): Solus manifeste ausus est circumcidere Scripturas. Die oben im Text folgenden Zitate bei Harvey I, 217–219.

[9] Vgl. Harvey I, 219 A 2. Euseb (Hist Eccl V 8,9) hat Irenäus dahin verstanden, er wolle Marcion aus den von diesem selbst verfaßten Schriften *(ἐκ τῶν Μαρκίωνος συγγραμμάτων)* widerlegen. Der Text ist aber m. E. so aufzufassen, daß Irenäus ihn aus Lk und den Paulusbriefen (also nicht etwa mit Hilfe von LXX) widerlegen wolle (ex eius scriptis ... et ex iis sermonibus ... Domini et Apostoli).

[10] Auch Epiph Haer 42,11f (GCS 31, 107–182) bietet dann eine umfangreiche Auseinandersetzung mit Marcions Textrevision.

[11] Vgl. Harnack, Marcion, 150*f. Vgl. dazu Aland, VF 2/1976, 20, die eine neue Untersuchung des marcionischen Bibeltextes für notwendig hält.

[12] Vgl. Harnack, Marcion, 43: Marcion arbeitete mit Mitteln der Philologie, nicht in enthusiastisch-pneumatischem Eifer (vgl. auch aaO., 64f).

wurden in der marcionitischen Kirche später auch die Past als paulinisch anerkannt[13].

Wenn das Gesagte richtig ist, dann liegt der Schluß nahe, daß Marcion einen in der Kirche gültigen Text sowohl des Lk als auch der Paulusbriefe bereits vorgefunden hat; seine Revision setzt nämlich eine „traditionelle" Textfassung voraus. A. v. Harnack vermutete, Marcions Vorlage sei „der Text der römischen Gemeinde kurz vor der Mitte des 2. Jahrhunderts" gewesen[14]; aber man kann (mit H. v. Soden) noch einen Schritt weiter gehen: Marcions kritische Arbeit insbesondere an den paulinischen Briefen ist am ehesten verständlich, wenn man annimmt, daß diese Briefe in der Kirche bereits in gewisser Hinsicht eine „kanonische" Geltung besaßen[15].

Die Frage, ob Marcion einen christlichen Kanon vorfand oder ob er als dessen Schöpfer anzusehen ist, wird in der Forschung kontrovers diskutiert. Th. Zahn nahm an, es habe bereits ein kirchliches „Neues Testament" gegeben, das Marcion habe ersetzen wollen[16]. A. v. Harnack dagegen meinte, das NT der katholischen Kirche sei als Reaktion auf Marcions Kanon entstanden[17]. Diese These wird bis heute überwiegend vertreten[18].

Zweifellos war der Gedanke, neben LXX auch christliche Schriften zu sammeln und im Rahmen theologischer und paränetischer Argumentation zu verwenden älter als Marcions „Kanon"[19]. Es gab in den „katholischen" Gemeinden des 2. Jahrhunderts allgemein anerkannte Schriften, zu denen auch die Briefe des Paulus gehörten. Zumindest in Rom, in Griechenland und in Kleinasien, später offenbar auch in Syrien war die Paulus-Tradition nicht nur bekannt, sondern die Gemeinden besaßen offensichtlich auch Abschriften der paulinischen Briefe; anders ist jedenfalls die relativ breite Zitierung der Briefe in der frühchristlichen Literatur (und ihre handschriftliche Überlieferung) kaum zu erklären. Diese Briefe galten sicherlich noch nicht im formalen Sinn als „kanonisch"; die gleichsam kirchenrechtliche Entscheidung über ihre Kanonizität fiel erst später. Aber sie waren fester Bestandteil der christlichen Tradition; aus ihnen konnte verbindlich zitiert werden, und

[13] ANDRESEN, Kirchen, 106 meint, Marcions Kanon sei „das Ergebnis einer dogmatischen Kritik am Frühkatholizismus", und daher hätten die Past in ihm keinen Platz gehabt. Die spätere marcionitische Kanonisierung der Past (vgl. HARNACK, Marcion, 170*–172*; CAMPENHAUSEN, Entstehung, 191) paßt zu diesem Urteil eigentlich nicht.

[14] HARNACK, Marcion, 152*. Er verweist auf charakteristische Parallelen zwischen Marcions Text und den „westlichen" Zeugen (D, G); der „westliche" Text sei zwar nicht in Rom entstanden, aber dort am stärksten bezeugt.

[15] SODEN, ZKG, 40, 1922, 202.

[16] ZAHN, Geschichte I/2, 638f.

[17] HARNACK, Marcion, 211–213.

[18] KNOX, Marcion, 159; WERNER, Entstehung (UB 38), 40; CAMPENHAUSEN, Entstehung, 175; VIELHAUER, Geschichte, 785f.

[19] Vgl. SAND, Kanon, 59.

die christlichen Autoren konnten erwarten, daß ihre Leser die Zitate und Anspielungen verstanden.

Dasselbe dürfte im übrigen auch für die Evangelien gelten. Der ältesten Kirche galten die Evangelien zwar als Werke der Apostel bzw. der Apostel-Schüler; aber wichtig war offenbar nicht die Apostolizität im formalen Sinn, sondern die Tatsache, daß man aus den Evangelien Details über Leben und Lehre des *κύριος* erfuhr. Niemand kam auf den Gedanken, die Evangelien als inspiriert und ihren Text als absolut sakrosankt anzusehen. Das zeigt gerade auch der Bericht des Papias (Eus Hist Eccl III 39,15f).

Die Idee eines Kanons exklusiv gebrauchter Schriften scheint es dagegen vor Marcion nicht gegeben zu haben. So wie im Urchristentum apokryphe Texte als „Schrift" zitiert werden konnten (vgl. etwa nur 1 Kor 2,9; Eph 5,14), so berief sich beispielsweise noch Justin auf das apokryphe Ev Pt (Apol 35). Marcions entscheidender Schritt bestand offenbar nicht darin, daß er Lk und die Paulusbriefe für verbindlich erklärte – das waren sie in der Kirche auch; entscheidend war, daß er aus einer größeren Zahl überlieferter christlicher Texte die „richtige" Auswahl traf und die übrige Tradition verwarf[20].

Die Auswahlkriterien für seinen Kanon fand Marcion offenbar auf relativ einfache Weise: Da es nur einen „wahren" Apostel gegeben hatte (vgl. Iren Haer III 13,2), nämlich Paulus, konnten auch nur dessen Briefe die wahre christliche Botschaft enthalten. Da Paulus vom „Evangelium" stets im Singular sprach, konnte es auch nur ein Evangelienbuch geben (vgl. Adamantius I 6); und da Mt und Joh von „falschen Aposteln" stammten, konnte die Entscheidung nur zwischen Mk und Lk fallen[21]. Den Ausschlag für das – freilich „gereinigte" – dritte Evangelium dürfte dessen größere Ausführlichkeit gegeben haben, ferner vielleicht auch der „überlieferungsgeschichtliche Zusammenhang mit Paulus"[22]. Daß Marcions Evangelium keinen Verfasser-

---

[20] Insoweit würde ich LUZ, ZNW 65, 1974, 109 zustimmen: „Die Hinwendung zur Tradition im Frühkatholizismus ist m. E. die Voraussetzung gewesen für die Reinigung der Tradition bei Marcion." Vgl. BLUM, Tradition, 150: „Marcions Grundhaltung ist streng antitraditionalistisch in dem Sinne, daß eine Schriftnorm an die Stelle einer Geschichtsnorm gesetzt wird."

[21] Vgl. HARNACK, Marcion, 40–42. Harnack nimmt die Nachricht ernst, Marcion habe gemeint, daß die übrigen Apostel *ἄγραφως* (sine scriptura) gepredigt hätten, wie der Marcionit Markus bei Adamantius Dial II 12 erklärt. M. E. hängt aber jene These mit dem dortigen antimarcionitischen Beweisgang zusammen: Eutropios will zeigen, daß der paulinische Apostolat nicht aus seinen eigenen Schriften allein bewiesen werden könne, da dies 2 Kor 10,18 widersprechen würde (vgl. zu dieser Argumentation Tert Marc V 3,3). Also müsse man etwa Apg und 2 Petr als apostolische Zeugnisse für den paulinischen Apostolat anerkennen; um das abzuweisen, behauptet Markus, die „Urapostel" hätten gar nichts Geschriebenes hinterlassen. – Der Wert des Adamantius-Dialogs wird von dessen Herausgeber van den Sande Bakhuyzen sehr gering eingeschätzt (GCS 4, p XVf); II 12 ist dafür ein m. E. gutes Beispiel.

[22] HARNACK, Marcion, 42. Harnack argumentiert hier übrigens nicht ganz widerspruchsfrei: Einerseits unterstreicht er, Lk habe dem Marcion als das „Evangelium

namen trug (Tertullian Marc IV 2,3), wird einfach damit zusammenhängen, daß die Notwendigkeit eines solchen unterscheidenden Attributs ja entfallen war, wenn es nur ein „Evangelium" gab.

Der Gedanke, Lk sei „das Evangelium" des Paulus, scheint übrigens auch in der Kirche vertreten worden zu sein. Wenn Paulus schreibe *κατὰ τὸ εὐαγγέλιόν μου,* dann habe er nach Meinung einiger Leute an Lk gedacht, berichtet Euseb (Hist Eccl III 4,7). Oder hat er hier irrtümlich eine die Marcioniten betreffende Nachricht verwendet?

Marcion hat die autoritative Verwendung der paulinischen Briefe nicht initiiert, sondern in der Kirche offensichtlich schon vorgefunden. Der *exklusive* Gebrauch dieser Briefe im Sinne eines „Kanons" im strengen Sinne scheint jedoch seine eigene Idee gewesen zu sein. Allerdings hatte Marcion diese Schriften nicht unverändert übernehmen können; er mußte sie im Gegenteil tiefgreifend verändern, um seine Lehre aus ihnen „ableiten" bzw. mit ihrer Hilfe begründen zu können. Seine Gegner hatten es deshalb verhältnismäßig leicht, sein „Schrift"-Verständnis zurückzuweisen[23].

c) Marcions Paulusverständnis

Marcions Lehre, sein Paulustext und vor allem auch seine „Antithesen" betitelte Schrift sind ausschließlich aus den Werken seiner Gegner, insbesondere aus Tertullians Adversus Marcionem, bekannt[24]. Der Versuch, das Paulusverständnis Marcions darzustellen, muß die Besonderheit dieses Quellenbefundes berücksichtigen: Wir besitzen keine „objektive" Information über Marcions Theologie, sondern nur Mischungen aus Bericht und Kommentar.

Der Grundgedanke der Paulusrezeption Marcions läßt sich am einfachsten an den (allerdings wohl späteren) Prologen zu den Paulusbriefen[25] ablesen: Paulus (=apostolus; der Name braucht gar nicht genannt zu werden) hat es überall mit „falschen Aposteln" zu tun, die die von ihm gegründeten Gemeinden zum Abfall von der Wahrheit bringen wollen. Paulus steht also allein gegen eine Schar von Irrlehrern, die teils erfolgreich teils vergeblich sein Werk zu zerstören versuchen[26].

Christi" gegolten; der Name „Lukas" sei von ihm als falsch angesehen worden. Andererseits verweist er auf jenen „Zusammenhang" des Lk mit Paulus, der doch aber nur durch den traditionellen Verfassernamen hergestellt wird. – Vgl. zur Sache auch CAMPENHAUSEN, Entstehung, 187–189.

[23] S.u. S. 390–395.

[24] Einen Rekonstruktionsversuch der „Antithesen" bietet HARNACK, Marcion, 89–92 (vgl. 256*–313*).

[25] Text bei HARNACK, Marcion, 127*–129*. HARNACK, aaO., 131* A 2 schließt aus dem Prolog zum Röm (Romani sunt in partibus Italiae), die Prologreihe könne nicht in Rom geschrieben worden sein. Aber der Vf wird hier lediglich seinem Schematismus folgen; auch dürften die Prologe für eine weitere Verbreitung gedacht gewesen sein. Die Detailkenntnisse des Vf waren ohnehin gering (Galatae sunt Graeci – das ist wohl allein aus der griechischen Abfassung des Gal geschlossen worden).

[26] Die Marcioniten hatten später dann die Vorstellung, Paulus und Marcion säßen

Die Tatsache, daß die katholische Kirche die Paulusprologe der Marcioniten unerkannt akzeptierte[27], führt A. v. Harnack darauf zurück, daß „eben Jahrzehnte lang in den katholischen Kirchen Exemplare der Paulusbriefe" gefehlt hätten[28]. Aber man darf nicht übersehen, daß die Schärfe der Prologe in vollem Umfang erst dann sichtbar wird, wenn man sie als marcionitisch erkannt hat. Erst dann sind die falsi apostoli „alle Missionare vor und neben Paulus"[29] und nicht einfach judenchristliche Agitatoren.

Marcions „Dogmatik" basiert im Grunde auf wenigen Sätzen: Es gibt zwei Götter, den gerechten und den guten Gott. Der gerechte Gott hat die Welt erschaffen, ihr das Gesetz gegeben und die Menschen damit in Sünde und Verderben geführt. Der gute Gott hat sich „im 15. Jahre des Kaisers Tiberius" (Tertullian Marc I 19,2) der Menschen erbarmt und ihnen in Jesus Christus die Erlösung geschenkt. Woher hat Marcion diese Zwei-Götter-Lehre gewonnen? Einer der Belegtexte war zweifellos 2 Kor 4,4 (Tertullian Marc V 11,9): Hier – nur hier! – spricht Paulus vom *θεὸς τοῦ αἰῶνος τούτου,* der den Verstand der Ungläubigen verdunkelt habe. Ist es denkbar, daß Marcion seine Lehre aus dieser Aussage des Paulus entwickelte?[30]

Die alten Häresiologen haben sich mit 2 Kor 4,4 recht schwer getan. Iren Haer III 7,1 (Harvey II p 25f) erklärt die Aussage so: Deus excaecavit mentes infidelium huius saeculi; das übernehmen Tertullian und ähnlich auch Adamantius (II 21: *ὁ θεὸς τῶν ἀπίστων τοῦ αἰῶνος τούτου)*[31]. Tertullian scheint die Schwäche dieser Deutung zwar gesehen zu haben (Marc V 11,10); aber leider ist der Text hier unverständlich[32].

Diejenigen Texte, wo Paulus von der „Welt" spricht, bezieht Marcion (von 2 Kor 4,4 her?) durchweg auf den „Gott der Welt". So versteht er in dem paulinischen Satz *ἐμοὶ κόσμος ἐσταύρωται* Gal 6,14 den *κόσμος* als deus mundi (Tertullian Marc V 4,15; vgl. auch V 7,2 zu 1 Kor 4,9); und auch in Eph 1,20–2,2[33] scheint er *τὰ πάντα* bzw. den *κόσμος* mit dem Schöpfer zu identifizieren (Marc V 17,9). Tertullian weist nach, daß diese Deutung

---

zur Rechten und zur Linken des Heilands im Himmel (Orig Hom in Luc 25; GCS 49, 150f).

[27] HARNACK, Marcion, 133*.

[28] HARNACK, Marcion, 214.

[29] HARNACK, Marcion, 130*.

[30] S.u. S. 388.

[31] Vgl. dazu ZAHN, ZKG 9, 1888, 230–236, der annimmt, es habe eine gemeinsame Quelle für diese Textdeutung gegeben, die bei Adamantius als dem unselbständigsten Zeugen am besten erhalten sei.

[32] Tertullian erklärt: ita etsi huius aevi deus, sed infidelium huius aevi excaecat cor, quod Christum eius non ultro recognoverint ... Evans übersetzt: "And so, even though it were, The god of this world, yet it is of the believers of this world ...", was zweifellos unkorrekt ist (vgl. BROX, ZNW 59, 1968, 259). Brox folgt deshalb einem alten Konjekturvorschlag, statt „etsi" eher „non" zu lesen (aaO., 260f). Aber dann würde es sich nicht mehr um einen zusätzlichen Gedanken, sondern nur um den Abschluß der bisherigen Deutung des Paulus-Textes durch Tertullian handeln.

[33] Zur Rekonstruktion des Marcion-Textes s. HARNACK, Marcion, 116*. Hat Marcion Eph 2,4–9 tatsächlich ganz gestrichen?

unmöglich ist, weil damit die Logik des Textes verloren gehe; er zeigt dabei, daß der princeps aeris huius nicht der Schöpfer, sondern der Satan ist.

B. Aland verweist im Zusammenhang mit Marcions Zwei-Götter-Lehre auf 1 Kor 8,5f *(ὥσπερ εἰσὶν θεοὶ πολλοὶ ... ἀλλ' ἡμῖν εἷς θεός)*; Marcion habe diesen Satz „einseitig wörtlich genommen ... und dadurch den entscheidenden Unterschied zwischen seiner und Paulus' Theologie begründet"[34]. Tertullian hat hier keine Schwierigkeit, Marcions Widerspruch aufzuzeigen: Scimus quod idolum nihil sit (1 Kor 8,4). Creatorem autem et Marcion deum non negat; ergo non potest videri apostolus creatorem quoque inter eos posuisse qui dei dicentur et tamen non sint (Marc V 7,9).

Marcion erklärt, der Schöpfer habe das Gesetz gegeben, um auf diese Weise die Menschen beherrschen zu können. Daraus folgt für ihn einmal die prinzipielle Trennung von Gesetz und Evangelium (Marc I 19,4: Separatio legis et evangelii proprium et principale opus est Marcionis), weiter die Trennung Christi vom Schöpfer, und endlich die Trennung der beiden Testamente (Marc IV 6,1: Veteris et novi testamenti diversitatem constituat, proinde Christum suum a creatore separatum, ut dei alterius, ut alienum legis et prophetarum). Von hier aus deutet Marcion z.B. Gal 1,6: Wenn die galatischen Christen sich zu einem *ἕτερον εὐαγγέλιον* hinwenden, dann begeben sie sich faktisch in den Herrschaftsbereich des Schöpfers zurück, aus dem sie doch durch das Evangelium befreit worden waren.

Tertullians Antwort stellt heraus, daß die ganze Argumentation des Paulus im Gal nur dann sinnvoll ist, wenn der Gott des Gesetzes auch der Gott des Evangeliums ist: Quis enim expectaret diutius discere quod novam deberet sectari disciplinam, qui novum deum recepisset? ... Igitur tota intentio epistulae istius nihil aliud docet quam legis discessionem venientem de creatoris dispositione (Marc V 2,2.4). Natürlich ist dies *auch* ein psychologisches Argument; aber Tertullian macht doch deutlich, daß die paulinische Gesetzeslehre ein dialektisches Gottesverständnis voraussetzt. Marcion hat sich dem entzogen, indem er Gal 3,15–25 kurzerhand tilgte[35].

A. v. Harnack hat erklärt, bei Marcion besitze der Glaube eine zentrale und im Grunde die allein entscheidende Bedeutung[36]. „In diesem entscheidenden Lehrstück" sei er ein „echter Schüler des Paulus" gewesen[37]. Tatsächlich vermag Tertullian gegenüber Marcion den Gedanken der Vergebung und Rechtfertigung allein aus Glauben nicht im paulinischen Sinne zu akzeptieren (vgl. Marc IV 18,9: Sed et si paenitentiae stimulus ex fide acciderat, per paenitentiam ex fide iustificatam ab eo audiit, Fides tua te salvam fecit)[38].

---

[34] Aland, ZThK 70, 1973, 438f A 89.

[35] Harnack, Marcion, 73*.

[36] Harnack, Dogmengeschichte I, 295.

[37] Harnack, Neue Studien, 9. Ist es nicht so, „daß M. mit diesem klaren Paulinischen Glaubensbekenntnis die anderen christlichen Lehrer seines Zeitalters hoch überragt?"

[38] Vgl. aber andererseits Tert Marc V 13,8. In IV 2,2 erwähnt Tertullian die Unterschiede zwischen den Evangelien und schließt mit der Feststellung: Viderit enim

Harnack[39] unterstreicht, Glaube sei für Marcion „der Glaube an die Erlösungstat des Gott-Christus, der mit seinem Blute am Kreuz die Sünder losgekauft[40] hat und sie durch den Glauben in gute umwandelt"; die fides definiere er als denjenigen Glauben, „der das Gesetz verachtet (wie es die Blutflüssige durch die Berührung getan hatte)". An dieser Stelle aber besteht ein logischer Bruch in Marcions Position, den Tertullian sofort aufzeigt (Marc IV 20,10): Die Frau, so stimmt Tertullian zu, habe das Gesetz gebrochen; certe enim ex fide tetigit. Si ex fide creatoris, quae alium deum ignorabat, ecquomodo legem eius inrupit? Tam enim inrupit, si inrupit, quam ex fide creatoris[41].

Seine Zwei-Götter-Lehre führt Marcion im Grunde also zu einer Auflösung des paulinischen Gesetzes-, damit zugleich aber auch des paulinischen Glaubensverständnisses. Das Reden von Gottes Gnade beruht bei Paulus ja gerade darauf, daß der richtende Gott als der gnädige geglaubt wird. Marcions guter Gott aber hat mit dem Gesetz überhaupt nichts zu tun – und so ist seine Erlösungstat letztlich gar kein Akt der Gnade[42].

Dasselbe Problem zeigt sich auch im Zusammenhang der Ethik. Marcion behauptet (27,3), daß der böse (malus) Gott gefürchtet, der gute aber geliebt werde. Also fragt Tertullian: Quid non frequentas tam sollemnes voluptates circi furentis et caveae saevientis et scenae lascivientis? Quid non et in persecutionibus statim oblata acerra animam negatione lucraris? Absit, inquis, absit. Ergo iam times dilectum, et timendo probasti illum timeri qui prohibet delictum. Marcion war Verfechter einer scharf rigoristischen Ethik[43], die sich auf den Gedanken gründete, daß dem Schöpfergott kein Raum gelassen werden dürfe[44]. Eine aus der Heilstat des guten Gottes abgeleitete Begründung für seine ethischen Prinzipien vermochte er nicht zu geben. Das von Tertullian zitierte „absit, absit" erinnert formal an Röm 6,1f; aber da Marcion *νόμος* und *χάρις* (Röm 5,20f) zwei verschiedenen Göttern

si narrationum dispositio variavit, dummodo de *capite fidei* conveniat, was natürlich fortgesetzt wird mit der Bemerkung: de quo cum Marcione non convenit.

[39] Harnack, Marcion, 296*.

[40] Zum Gedanken des Loskaufs (aus Gal 3,13) vgl. Epiph Haer 42,8,1; Adamantius Dial I 27. Dial II 9: *ὁ θάνατος τοῦ ἀγαθοῦ σωτηρία ἀνθρώπων ἐγένετο* – was der Demiurg nicht erkannte.

[41] Vgl. auch die Fortsetzung IV 20,11.

[42] Vgl. Tert Marc I 21,2: Et utique, si alius deus praedicaretur a Paulo, nulla disceptatio esset servandae legis necne, non pertinentis scilicet ad dominum novum et aemulum legis. Ipsa enim dei novitas atque diversitas abstulisset non modo quaestionem veteris et alienae legis, verum omnem eius mentionem. Sed hic erat totus status quaestionis, quod cum idem deus legis in Christo praedicaretur, legi eius derogaretur.

[43] Der Unzuchtsvorwurf, sonst beliebtes Mittel der Ketzerbekämpfung, wurde gegen die Marcioniten nicht erhoben. Zu Recht stellt Soden, ZKG 40, 1922, 204 fest, faktisch richte Marcions Askese ein neues Gesetz auf.

[44] Marcion verstand die anthropologischen Begriffe *σάρξ* und *σῶμα* offenbar nicht im paulinischen Sinn, sondern rein äußerlich (vgl. Tert Marc V 14,1–4; 15,7f).

zuweist, kann der paulinische Ausdruck *ἀπεθάνομεν τῇ ἁμαρτίᾳ* nicht das Verhältnis des Menschen zum guten Gott kennzeichnen[45].

War Marcion ein bewußter Verfechter paulinischer Theologie? Oder war er zuerst und vor allem Gnostiker, der sich, wie andere gnostische Lehrer auch, der paulinischen Überlieferung lediglich geschickt zu bedienen wußte?

Diese Frage[46] wird in der Forschung kontrovers diskutiert.

Für W. Bousset war Marcions theologische Basis die Zwei-Götter-Lehre, die Marcion sekundär mit Elementen der paulinischen Theologie verbunden habe[47]; auch E. Aleith meinte, Marcion sei mit einem bereits fertigen Konzept an Paulus herangegangen[48]. Besonders nachdrücklich wird diese Position von P. G. Verweijs vertreten: Marcion sei mitnichten ein „biblischer Theologe" gewesen; es sei vielmehr deutlich, daß er „erst durch tiefe eigenmächtige Eingriffe in die von der Kirche überlieferten neutestamentlichen Schriften zu seinem Jesus- und Paulusbild kommen konnte ..., nachdem er die gnostische Lehre von den beiden Göttern zur Grundlage seines Glaubens gemacht hatte"[49]. Ähnlich urteilen H. Kraft und W. Schneemelcher[50]. Strikt abgelehnt wurde der Gedanke, Marcion sei Gnostiker gewesen, von A. v. Harnack: „Das ganze Heidentum, die gesamte Mythologie, die gesamte Philosophie, Mystik und Gnosis interessiert ihn nicht, ja existiert für ihn nicht."[51] Marcion könne sicherlich von vielen Seiten beeinflußt worden sein, meint Harnack; „aber als sein Lehrer kommt nur Paulus in Betracht. Von ihm ist er ausgegangen, in ihn hat er sich versenkt, nach ihm hat er das Evangelium ausgewählt, dem er folgte, und er hat ihm den Schlüssel zum Verständnis Christi und seiner Predigt geboten."[52] Auch J. Knox betont: "Marcion was not primarily a Gnostic but a Paulinist."[53]

B. Aland hat diese Position von Marcions Anthropologie her weiter zu begründen versucht: Für Marcion gehöre der Mensch ganz und gar zur Sphäre der Welt; im Erlösungsverständnis der Gnosis dagegen sei „der Mensch in einem Zuge seines

---

[45] Tertullian hat diese Schwäche deutlich erkannt (Marc V 13, 10). Vgl. zur Sache Verweijs, Evangelium, 270 und vor allem Jonas, Religion, 143: "That the grace is freely given is to both men the whole content of the Christian religion; but whereas the 'freely' in Paul means 'in the face of human guilt and insufficiency', i.e., in the absence of all human merit, it means in Marcion 'in the face of mutual alienness", i.e., in the absence of all obligating bonds."

[46] Die Alte Kirche sah in Marcion ohne weiteres einen Gnostiker; nach Iren Haer I 27,1 war er ein Schüler Cerdons, von dem er insbesondere den Dualismus des gerechten und des guten Gottes übernommen habe. Aber dahinter steht natürlich die Tendenz, Marcions Selbständigkeit zu bestreiten (vgl. Harnack, Marcion, 262* und 31*–39*).

[47] Bousset, Kyrios, 191.

[48] Aleith, Paulusverständnis, 29f.

[49] Verweijs, Evangelium, 348. Er erklärt allerdings weiter (aaO., 349): Marcion war „ein Mensch, der – von der Gnosis herkommend – die besondere Erfahrung der befreienden Kraft des Evangeliums von der Sündenvergebung machte, und dies in einer Zeit, da die Kirche für diese Erfahrung des Evangeliums so gut wie keinen Raum mehr bot".

[50] Kraft, Art. Marcion, RGG IV, 742; Schneemelcher, ZKG 75, 1964, 10f.

[51] Harnack, Neue Studien, 15.

[52] Harnack, Marcion, 38*.

[53] Knox, Marcion, 14.

Wesens als nicht mit dieser Welt übereinstimmend verstanden"[54], und deshalb könne „kein Zweifel daran bestehen": Wenn Marcion „den Menschen als so ausschließlich weltverhaftet beschreibt", dann ist er „durchdrungen von der Theologie des Paulus"[55].

Die Antwort auf die Frage, ob Marcion in erster Linie Paulinist oder Gnostiker war, hängt entscheidend von der Beurteilung seiner Zwei-Götter-Lehre ab. Stammt diese Lehre aus der Gnosis? Oder stellt sie lediglich eine Radikalisierung eines schon bei Paulus selbst vorhandenen Ansatzes dar?

H. v. Soden erklärte in Erweiterung einer These Harnacks[56], Marcions Zwei-Götter-Lehre sei einfach eine „Potenzierung seiner modalistischen Christologie"[57]; und H. Lietzmann meinte, Marcion habe diese Lehre in der Tat im Kern von Paulus übernommen[58].

Die Gegenthese vertritt interessanterweise gerade B. Aland. Ihrer Meinung nach ist Marcions Lehre von den zwei Göttern gnostischen Ursprungs; indem er jedoch „unter dem Einfluß eines überspitzten Paulinismus die Verbindung zwischen beiden Göttern durchschnitt, nahm er dieser Konzeption ihren eigentlichen Sinn"[59].

Die Quellenlage erlaubt im Grunde kein sicheres Urteil darüber, ob Marcion stärker von paulinischer oder stärker von gnostischer Tradition beeinflußt war[60]. Das Fehlen kosmologisch-spekulativer Züge im Denken Marcions ist jedenfalls als solches noch kein Indiz für Unabhängigkeit von der Gnosis; denn mythologische Aussagen stellen ja nicht den eigentlichen Wesenskern der Gnosis dar[61]. Im Gegenteil: Die Verwerfung einer positiven

---

[54] Aland, ZThK 70, 1973, 433f. – Daß eine völlige Trennung von Gott und Mensch ungnostisch ist, betont auch Jonas, Religion, 143.

[55] Aland, ZThK 70, 1973, 435. Vgl. aaO., 438: „Trotz des Doketismus ... läßt sich der gute Gott Marcions um der Menschen willen auf die Sphäre des Schöpfers wirklich ein. Er entzieht sich ihr nicht wie bei manchen Gnostikern, sondern gibt sich im Kreuzestod Christi für die Menschen des Schöpfergottes hin." – Mir ist unklar, warum Elze, ZThK 71, 1974, 407 meint, B. Aland vertrete, wenn auch in differenzierter Form, die schon von Harnack widerlegte Gnosis-Hypothese.

[56] Harnack, Marcion, 123.

[57] Soden, ZKG 40, 1922, 203.

[58] Lietzmann, Geschichte I, 271 (unter Hinweis auf 2 Kor 4,4; dazu kritisch Schneemelcher, ZKG 75, 1964, 16f.). Vgl. Wilson, Marcion, 63: "Marcion's distinction ... between the good God and the just God ... was derived not from Cerdo but from his own study of St. Paul."

[59] Aland, ZThK 70, 1973, 445f.

[60] Vgl. dazu o. Anm. 46. – Zu berücksichtigen ist auch die Beobachtung Harnacks (Dogmengeschichte I, 300). daß „man auf ein Knäuel von Widersprüchen stößt, sobald man die Gedanken Marcion's aus dem Gebiete praktischer Anschauungen in eine geschlossene Theorie erheben will". Vgl. ders., Marcion, 330*: Marcion war „in erster Linie nicht Theologe und Prinzipienlehrer" – als einen solchen hätten ihn freilich die Kirchenväter behandelt – „sondern ein religiöses Original, Bibelforscher und Reformator des herrschenden Christentums".

[61] Insofern ist die Position Harnacks (s.o. S. 387) überholt. Vgl. ders., Neue Studien, 19: „Wo die Lehre von den *αἰῶνες* und göttlichen *προβολαί* fehlt, gibt es keinen Gnostizismus."

Schöpfungstheologie, der Gedanke der Erlösung durch einen „fremden Gott", die dualistische Weltbetrachtung einschließlich einer dualistischen Anthropologie, der Gedanke, daß die Menschen durch das Eingreifen des Erlösers dem Herrschaftsbereich des Schöpfergottes entnommen sind – alle diese Elemente in Marcions Theologie erinnern stark an gnostisches Denken und sie sind, wie H. Jonas feststellt, "outstandingly gnostic"[62].

Dennoch war Marcion kein Gnostiker. Seine Zwei-Götter-Lehre ist nicht aus dem Dualismus der Gnosis abgeleitet, sondern sie ist offenbar das Ergebnis einer einseitigen und radikalen Interpretation der biblischen Texte. Indem Marcion die allegorische bzw. typologische Exegese des Alten Testaments verwarf und an ihre Stelle eine buchstabengetreue wörtliche Auslegung setzte[63], schuf er sich das Bild des gerechten und zugleich grausamen Schöpfergottes. Aus den Aussagen des Evangeliums über Wirken und Lehre Jesu entwickelte er den Gedanken des guten Gegengottes, der mit dem – notwendig doketisch verstandenen – Christus identisch ist[64]. Ob Marcion den Ansatz dieser Theologie unmittelbar aus der Schrift heraus entwickelte, oder ob er ein vorgegebenes Denkmodell an die Texte herantrug, läßt sich nicht entscheiden; möglicherweise ist es überhaupt falsch, hier eine Alternative anzunehmen.

Marcion hat seine Lehre in den „Antithesen" ausgeführt. Dabei erscheint – was im Grunde systemwidrig ist – das Wirken des guten Gottes durchweg als Spiegelung der Taten des Schöpfers. Aussagen der paulinischen Briefe scheinen nur selten die Basis für die Formulierung einer Antithese gewesen zu sein, wie A. v. Harnacks Rekonstruktion zeigt. In der Regel waren es, ebenso wie in der „katholischen" Kirche, Worte des *κύριος*, die den entscheidenden Anstoß gaben[65].

Zweifellos hat Marcion sich der Paulusbriefe in größerem Umfang bedient als seine „rechtgläubigen" Vorgänger, und auch erheblich intensiver als etwa die christlichen Gnostiker. Insofern hat Harnack recht, wenn er betont, Marcion habe sich „an die paulinische Theologie gebunden" gewußt und sei entschlossen gewesen, „Alles, was er für paulinisch hielt, zu vertreten". Aber Harnack fährt fort, Marcion sei zugleich bestimmt gewesen „von dem Contraste ..., in welchem er die ethischen Größen sah. Dieser Contrast schien eine metaphysische Grundlage zu fordern, und seine wirkliche Lösung schien eine solche zu verbieten."[66] Marcion mußte sich also „seinen" Paulus

---

[62] JONAS, Religion, 137.

[63] Vgl. HARNACK, Marcion, 259*f.

[64] Es handelt sich also tatsächlich um die Potenzierung seiner modalistischen Christologie", wie H. v. Soden gesagt hat (s. o. Anm 57). Vgl. im übrigen HARNACK, Marcion, 286*–288*; außerdem WEIGANDT, Doketismus, 67–72.

[65] HARNACK, Marcion, 142 meint allerdings, Marcion habe das Evangelium von den Briefen her erklärt, da die Lehre des Paulus und die Verkündigung Christi für ihn identisch gewesen seien.

[66] HARNACK, Dogmengeschichte I, 300.

zurechtschneiden. Der paulinischen Theologie, wie er sie vorfand, hat er sich nicht gestellt; er hat vielmehr rigoros beseitigt, was seinen eigenen Anschauungen nicht entsprach. Marcions Lehre von der Offenbarung des guten Gottes hat mit der paulinischen Soteriologie schlechterdings nichts zu tun. Denn die zentrale Aussage der Theologie des Apostels, daß Gott dem Menschen gegenüber aus Gnade auf die Durchsetzung seines Anspruchs verzichtet und ihn in Christus aus Glauben gerechtspricht, wird von Marcion ihres Sinns vollständig beraubt, wenn er Gnade interpretiert als Übergang von der Machtsphäre des Schöpfers in die des guten Gottes. Zugleich hebt Marcion die Befreiung des Menschen von dem Zwang, sich aus dem Gesetz rechtfertigen zu müssen, radikal auf, indem er vom Gerechtfertigten die Einhaltung einer rigoristischen Askese verlangt[67].

Es gilt m. E. also nach wie vor das schon von W. Bauer gegenüber Harnack vorgetragene Urteil, daß es falsch ist, den Einfluß der paulinischen Theologie auf Marcion zu hoch einzuschätzen, Marcion gar als Fortbildung und Abschluß der Entwicklung des Paulinismus anzusehen[68]. Marcions „Gedanken müssen dem Heidenapostel zu gewaltsam aufgezwungen werden, als daß sie von diesem stammen könnten“[69].

d) Exkurs: Die Reaktion der Kirche auf Marcion

Bei A.v. Harnack heißt es, die paulinischen Briefe und die paulinische Theologie seien zur Zeit Marcions offenbar weitgehend unbekannt gewesen; „sonst hätte es M. gar nicht wagen können, mit einer so grundstürzenden Betrachtung hervorzutreten“[70]. Aber die These, die Kirche habe sich erst im Widerspruch gegen Marcion auf Paulus besonnen, läßt sich aus den Quellen nicht bestätigen. Die vormarcionische Theologie hat jedenfalls paulinische Aussagen relativ oft zitiert und teilweise auch weiterentwickelt; es ist allerdings richtig, daß für die Kirche das Gewicht der Paulus-Überlieferung hinter der Bedeutung der Jesus-Tradition, d.h. also hinter den Evangelien, zurückstand. Aber ist das so verwunderlich?

Es ist auffällig: Bei der Wahl des Lk, so meint Harnack, habe Marcion wohl auf das Evangelium zurückgegriffen, das ihm „am frühesten vertraut gewesen ..., das er zuerst kennengelernt hatte“, weil es in Pontus vielleicht das einzige Evangelium war[71]. Welche Indizien zwingen zu der Annahme, es sei bei den Paulusbriefen vollkommen anders gewesen? Was spricht gegen die Vermutung, Marcion habe auch die Paulusbriefe und ihre Autorität in der Kirche kennengelernt?

---

[67] Vgl. HARNACK, Marcion, 277*f.

[68] So HARNACK, Marcion, 200.

[69] BAUER, GGA 185, 1923, 7. Vgl. BOUSSET, Kyrios, 191: Es sei klar, daß bei Marcion „paulinische Reiser auf einen fremden Stamm gepfropft sind“.

[70] HARNACK, Dogmengeschichte I, 207 A. 1.

[71] HARNACK, Marcion, 42; vgl. CAMPENHAUSEN, Entstehung, 187.

Wie hat die Kirche auf Marcions Paulusverständnis reagiert? Oft wird gesagt, Paulus sei von der Kirche in Reaktion auf Marcion zunächst als „Apostel der Häretiker" (s.u.) mit größtem Mißtrauen betrachtet worden; erst im „frühkatholischen" Gewand, d.h. durch die Brille der Past gesehen, sei er dann kanonisiert worden[72]. Dafür gibt es m. E. aber keine quellenmäßigen Belege. Wenn z.B. der Marcion-Gegner *Justin* in Apol 26; 58; Dial 35 Marcions Paulusrezeption gar nicht erwähnt, so geht das nicht auf eine Paulus-Feindschaft des Apologeten zurück, sondern hängt mit der literarischen Gattung der Apologie zusammen und mit dem theologischen Prinzip, den Beweis für die Wahrheit des Christentums aus LXX liefern zu wollen[73].

Eine frühe Reaktion auf Marcion, vielleicht sogar die älteste erhaltene Quelle, bietet Irenäus. Er beruft sich im Zusammenhang der Auslegung christlicher Schriften bisweilen auf die Aussagen alter *„Presbyter"*[74], die für ihn das Bindeglied zur Apostel-Generation darstellen. Diese „Presbyter"-Tradition repräsentiert eine Art „rechtgläubiger" Schriftauslegung der vorirenäischen Zeit[75].

Es sind zu unterscheiden: 1. „Die Presbyter", die Irenäus gelegentlich als *τῶν ἀποστόλων μαθηταί* erwähnt (vgl. Haer V 5,1; Harvey II p 331)[76] und bei denen sich offenbar keine Spuren einer Paulusbenutzung finden[77]; und 2. „ein gewisser Presbyter" qui audierat ab his qui Apostolos viderant, et ab his qui didicerant[78] (Haer IV 27,1; Harvey II p 330f), dessen Lehrvortrag[79] Irenäus in Haer IV 27,1–33,1 verarbeitet hat; hier gibt es mehrere ausdrückliche Bezugnahmen auf paulinische Texte[80].

Irenäus erklärt, er habe „den Presbyter" selbst gehört, wobei man anneh-

---

[72] S.o. S. 33f.

[73] S.o. S. 363f.

[74] Das Textmaterial ist zusammengestellt bei FICKER, in: Hennecke[1], 540–551.

[75] BROX, Offenbarung, 152–156 verweist darauf, daß die Angaben des Irenäus über diese „Presbyter" sehr unbestimmt sind; ein Urteil über den Wert der hier verarbeiteten Tradition sei kaum möglich.

[76] Fr 1 – 15 bei FICKER, in: Hennecke[1], 543–545.

[77] In Haer V 5,1 (Ficker fr 10) wird zwar ausdrücklich auf 2 Kor 12,4 Bezug genommen; aber da die Paulusanspielung in direkter und nicht, wie das übrige Referat, in indirekter Rede formuliert ist, und da sich innerhalb des Textes inhaltliche Divergenzen finden (die „Presbyter" sprachen von den *μετατεθέντες*, der Zwischentext spricht von den *δίκαιοι* und *πνευματοφόροι*, zu denen insbesondere Paulus gehöre), scheint dieser Zusammenhang erst von Irenäus hergestellt worden zu sein. Dasselbe gilt für Haer V 17,4 (Ficker fr 8): Die deutliche Anspielung auf Eph 3,18 ist nicht Bestandteil dessen, was *τίς τῶν προβεβηκότων* gesagt hat.

[78] Die letzten Worte geben keinen Sinn; HARNACK, in: Festschrift Kleinert, 19 streicht deshalb das „qui" nach dem zweiten „ab his" (als griechischer Text liege zugrunde: *οἱ τοὺς ἀποστόλους ἑωρακότες καὶ παρ' αὐτῶν μαθόντες*).

[79] HARNACK, in: Festschrift Kleinert, 36 hält die Stücke für Teile von Predigten des Presbyters; BOUSSET, Schulbetrieb, 273f. hat das m. E. zutreffend korrigiert.

[80] Dieser Presbyter ist zeitlich später als „die Presbyter"; vgl. HARNACK, in: Festschrift Kleinert, 21f. Zur Analyse des ganzen Abschnitts vgl. Harnacks Aufsatz insgesamt.

men darf, daß seitdem eine gewisse Zeit vergangen ist[81]. A. v. Harnack hat es wahrscheinlich gemacht, daß der Presbyter ein Gegner der Theologie Marcions war[82] (vgl. Haer IV 32,1; Harvey II p 254: huiusmodi quoque de duobus Testamentis senior Apostolorum discipulus[83] disputabat, ab uno quidem et eodem Deo utraque ostendens), d.h. dieser Presbytervortrag ist ein Zeugnis für das frühe Stadium der antimarcionischen Reaktion der Kirche.

Es kommt hier nicht auf eine detaillierte Analyse der sechs betreffenden Irenäus-Kapitel an[84]. Wichtig ist die Beobachtung, daß der Presbyter offenbar keine Mühe hatte, auch paulinische Aussagen gegen Marcion einzusetzen. So findet sich in Haer IV 27,2 (Harvey II p 241) der Gedanke, daß Christus bei seiner Höllenfahrt den Gerechten Israels die Sündenvergebung geschenkt habe, woraus folge, daß die Christen sich nicht über jene erheben dürften. Zur Begründung wird Röm 3,23 angeführt, ergänzt durch einen ausdrücklichen Hinweis auf die Rechtfertigungslehre (iustificantur autem non a semetipsis, sed a Domini adventu, qui intendunt lumen eius). Ziel ist der Gedanke der Einheit Gottes (unus est Deus noster et illorum).

Am Schluß des Abschnitts 27,2 wird gesagt, der Presbyter (senior) habe auf Röm 11,21.17 verwiesen; und in 27,3 folgt das ausführliche Zitat von 1 Kor 10,1–12[85], zitiert hauptsächlich wegen 10,6 (haec in figuram nostri fuerunt), wie der dem Zitat vorangehende Text zeigt (... non propter illos ... sed in correptionem nostram ...). Der Presbyter vermochte also sowohl Marcions Ablehnung der typologischen Schriftdeutung als auch seine Verwerfung der Geschichte Israels von Paulus her zurückzuweisen.

Zwar zeigen sich im weiteren Text des Presbyter-Vortrags, soweit er sich rekonstruieren läßt, keine Bezugnahmen auf Paulus mehr[86]. Aber die genannten Textstellen zeigen immerhin, daß die Paulusrezeption Marcions den Presbyter als seinen vielleicht ältesten uns faßbaren Gegner nicht prinzipiell in Verlegenheit gesetzt hat.

---

[81] Harnack, in: Festschrift Kleinert, 20 nimmt an, diese Predigten (s. Anm 79) seien in Kleinasien gehalten worden; aber Irenäus kann den Presbyter natürlich auch im Westen gehört haben.

[82] Harnack, in: Festschrift Kleinert, 25f.

[83] Harvey II, 254 A 5 meint, hier sei nicht mehr der Presbyter, sondern etwa Polykarp gemeint. Aber der Ausdruck apostolorum discipulus ist hier wohl in einem weiteren Sinne verstanden (vgl. Harnack, in: Festschrift Kleinert, 21).

[84] Harnacks Analyse ist im wesentlichen zu akzeptieren (vgl. aber u. Anm 86). Er verfährt methodisch so, daß er zunächst die dem Presbyter *sicher* zuzuweisenden Stücke bestimmt und dann Analoges ergänzt.

[85] Et hoc autem Apostolum in epistola quae est ad Corinthios manifestissime ostendisse, dicentem: Nolo enim etc.

[86] Die in 27,4 gegebenen systematischen Schlußfolgerungen, in denen Paulus geradezu als Kronzeuge der Einheit Gottes erscheint (Harnack, in: Festschrift Kleinert, 29 spricht m.R. von „Synthesen" gegen Marcions Antithesen), sind m.E. nicht dem Presbyter zuzuweisen. Die von Harnack (aaO., 30f.) genannten Argumente für eine solche Zuweisung reichen m.E. nicht aus.

Irenäus selbst kann sich bei seiner Kritik des marcionischen Schriftgebrauchs bereits mit der Feststellung begnügen: Marcion, et qui ab eo sunt, ad intercidendas conversi sunt Scripturas, quasdam quidam in totum non cognoscentes, secundum Lucam autem Evangelium et Epistolas Pauli decurtantes, haec sola legitima esse dicunt, quae ipsi minoraverunt (Haer III 12,12; Harvey II p 67).

Tertullians grundsätzlicher Angriffspunkt ist immer wieder Marcions Lehre von den zwei Göttern. In Marc I argumentiert er dabei überwiegend von einer eher philosophischen Basis her: Die Einheit Gottes sei eine Denknotwendigkeit. In Marc II beruft er sich auf die Bibel, wobei er darauf aufmerksam macht, daß der Gott des Alten Testaments der Schöpfer auch jener Dinge sei, die Marcion dem guten Gott zuweise.

Von Tertullian wird in der Forschung seit langem behauptet, er habe Paulus im Grunde herabsetzen wollen, ihm letztlich sogar den Apostolat bestritten[87]. Zweifellos kann man solche Tendenzen aus Marc IV 2,4f herauslesen, wo es heißt: Lukas war posterioris apostoli sectator, Paulus aber ging nach Jerusalem ad cognoscendos apostolos et consultandos, ne forte in vacuum cucurisset (Gal 2,2), was Tertullian deutet: ne non secundum illos credidisset et non secundum illos evangelizaret. Paulus habe also auctoritatem antecessorum et fidei et praedicationi suae angestrebt. Aber hinter dieser Aussage steht im Grunde nicht mehr als das traditionelle kirchliche Paulusbild mit der Harmonisierung von Gal 1f und Apg. Tertullians Argumentationsziel ist jedenfalls nicht eine Herabsetzung des Paulus, sondern die Relativierung des Lk, das nicht das ursprüngliche Evangelium sein könne (vgl. Marc IV 3).

Ähnlich verhält es sich mit dem Anfang von Buch V. Tertullian fragt nach der Beglaubigung des paulinischen Apostolats und erklärt, Gal 1,1 usw. sei dafür nicht ausreichend: Nemo sibi et professor et testis est (V 1,3). Aus Gen 49,27 und der Geschichte von Saul und David liest Tertullian dann Weissagungen auf Paulus heraus[88], und er verweist im übrigen auf die Apg. Da Marcion diese beiden Belege ja nicht anerkenne, schließt Tertullian: Habe nunc et apostolum de meo sicut et Christum, tam meum apostolum quam et Christum (V 1,8).

Aber hat Tertullian den Paulus nicht ausdrücklich als haereticorum apostolus bezeichnet? Hat er damit nicht, vielleicht ungewollt, zu verstehen gegeben, daß ihm Paulus eigentlich höchst suspekt war?[89]

---

[87] So schon BARTH, JpTh 8, 1882, 706–756, vor allem 735–756; vgl. LEIPOLDT, Geschichte I, 204.

[88] Hinter der allegorischen Auslegung von Gen 49,27 steht ein überaus positives Paulusbild: Anfangs werde er Verfolger der Kirchen sein, dann aber oves Christi educaturum ut doctorem nationum (V, 1,5).

[89] Vgl. beispielsweise LEIPOLDT, Geschichte I, 204: Tertullian ließ „keine Gelegenheit vorübergehen, Paulus, den ‚Apostel der Häretiker', herabzusetzen". Weitere Belege aus der Literatur zu nennen, erübrigt sich.

Für viele Forscher ist dieser Terminus von geradezu entscheidender Bedeutung für ihre Bewertung des Paulusverständnisses im 2. Jahrhundert. Für sie hat Tertullian damit letztlich das Stichwort gegeben, die Tendenz der Paulusrezeption des 2. Jahrhunderts auf den Begriff gebracht. Paulus sei eben in der Tat damals der „Apostel der Häretiker" gewesen[90].

Die Untersuchung des Tertullian-Textes zeigt aber, daß eine solche Deutung an dessen Sinn völlig vorbeigeht. Der so oft zitierte Ausdruck findet sich in Marc III 5,4. Tertullian hatte dargestellt, daß bei allegorischer Deutung des Alten Testaments zahlreiche Aussagen auf Christus wiesen, während sie wörtlich verstanden kaum einen Sinn ergäben[91]. Er beendet nun diesen Gedankengang mit der rhetorischen Frage: Et quid ego de isto genere amplius? Und er antwortet: Cum etiam haereticorum apostolus ipsam legem indulgentem bubus terentibus os liberum, non de bubus sed de nobis interpretetur (1 Kor 9,9). D.h. Tertullian verweist hier auf den Tatbestand, daß selbst Paulus, Marcions Apostel, die allegorische Auslegung des Alten Testaments gutgeheißen habe; und er bietet dafür Beispiele[92]. Der Ausdruck haereticorum apostolus soll in diesem Zusammenhang lediglich kennzeichnen, daß sogar der Kronzeuge der Marcioniten eben jene Hermeneutik vertritt, die von ihnen so scharf verworfen wird. Der Ausdruck ist also ironisch und polemisch gemeint und stellt alles andere als ein theologisches oder kirchengeschichtliches Urteil über Paulus dar.

Das wird auch daran schon deutlich, daß sich Tertullian einer ähnlichen Begrifflichkeit auch sonst bedient. In Marc IV 43,9 bezeichnet er Lk als „dein (sc. Marcions) Evangelium" (Christus enim Jesus in evangelio tuo meus est); in V 1,9 spricht er von der forma haeretici evangelii: Er wolle die Zwei-Götter-Lehre mit Hilfe der Paulusbriefe ebenso widerlegen, wie er das mit Hilfe des „häretischen Evangeliums" bereits getan habe. Nichts spricht für die Annahme, daß hinter dieser Aussage mehr steht als eine aktuelle Polemik. So wie Paulus der „Apostel der Häretiker", so war Lk das „Evangelium der Häretiker" – eine Herabsetzung beider war damit nicht beabsichtigt (und wird im Falle des Lk m.W. auch von niemandem behauptet)[93].

Es ist Tertullian im übrigen verhältnismäßig leicht gefallen, paulinische Sätze gegen Marcion ins Feld zu führen. So baut er seine antidoketische Argumentation in Marc III 8,5–7 unmittelbar und wirksam auf 1 Kor 15 auf[94]; und in III 34,5 legt er 1 Kor 6,15 – freilich wenig überzeugend – als Zeugnis für eine von Christus erlaubte Ehescheidung aus[95]. Marc V ist dann

[90] S. die vorige Anm. Vgl. auch BETZ, VF 2/1976, 73.

[91] Beispielsweise wolle sich Gott in Jes 41,19 sicherlich nicht als aquilex oder agricola vorstellen.

[92] Außer 1 Kor 9,9 noch 1 Kor 10,4; Gal 4,22ff., Eph 5,31f.

[93] Zur Kanonizität des Lk bei Irenäus und Tertullian vgl. SUNDBERG, TU 88, 1964, 403–409.

[94] Vgl. Tert De Carne Christi IV 7.

[95] Wieder spürt man die siegesgewisse Ironie, wenn Tertullian hier den Paulus „apostolus tuus" nennt.

der groß angelegte und im ganzen m.E. erfolgreiche Versuch, Marcions Paulusdeutung unmittelbar aus den Paulusbriefen selbst zu widerlegen.

In der Refutatio *Hippolyts* wird Paulus im Zusammenhang mit Marcion nur einmal erwähnt, nämlich in der pauschalen Feststellung, Marcions Lehre gehe auf Empedokles und nicht auf Paulus zurück (Ref VII 30). Hippolyt hat damit das Problem also einfach ausgeklammert[96].

Was hat Marcion also in der Kirche bewirkt? Man kann sicher sagen, daß er eine Art Re-Theologisierung des Christentums hervorgerufen hat[97]. Das Entscheidende war nicht, daß Paulus im Gegenzug zu Marcion auch von der Kirche kanonisiert wurde – Tendenzen in dieser Richtung hatte es bereits vorher gegeben, und dieser Prozeß war durch Marcion allenfalls beschleunigt, aber gewiß nicht ausgelöst worden[98]. Aber Marcion hat die Kirche zu der Erkenntnis gezwungen, daß es nicht genügte, Worte Jesu oder Worte des Paulus formal zu zitieren. Er zwang sie dazu, diese Worte theologisch zu interpretieren und Sachkriterien zu finden, die den häretischen Gebrauch der Schrift widerlegten.

Man darf im übrigen die Frage nach der Wirkung Marcions nicht auf das Problem der Paulusrezeption der Kirche beschränken. Auch die richtige Bestimmung des Verhältnisses von Gesetz und Evangelium, auch die Christologie, auch das Schriftverständnis und nicht zuletzt die christliche Gotteslehre waren (und sind bis heute) durch Marcion herausgefordert.

---

[96] Vgl. dazu KOSCHORKE, Ketzerbekämpfung, 20–22: Hippolyt habe alle Nachrichten, die der Ableitung Marcions aus der Philosophie des Empedokles widersprachen, unterdrückt. AaO., 22: „Die biblische Orientierung Markions ist weitestgehend abgeblendet, damit zugleich aber das, was der Alten Kirche sonst inhaltlich als die einzigartige Freveltat Markions galt", nämlich die Kürzung der Schrift.

[97] Vgl. ALAND, ZThK 70, 1973, 446: Marcion setzte gegen die Ethisierung des Christentums wieder eine Erlösungslehre, die es – außer bei Ignatius – kaum noch gegeben hatte.

[98] JONAS, Religion, 146: Die Kirche "proceeded to establish the orthodox canon and the orthodox dogma". Ähnlich SAND, Kanon, 59; anders VIELHAUER, Geschichte, 786.

Sechstes Kapitel

Ergebnisse

Es ist nicht die Aufgabe des Schlußkapitels, die einzelnen Ergebnisse der vorangegangenen Textanalysen noch einmal in Kurzfassung darzustellen. Drei Gesichtspunkte haben sich für die Fragestellung der Untersuchung als wesentlich herausgestellt: Der geographische, der chronologische und der „konfessionelle" Aspekt. Diese drei Aspekte werden im ersten Abschnitt des Kapitels erörtert. Im zweiten Abschnitt wird dann eine kurze abschließende theologische Wertung des Befundes zu geben versucht.

1. Versuch einer Rekonstruktion der Geschichte der Paulusrezeption im ältesten Christentum

a) Der geographische Befund

Es hat sich als überaus wichtig erwiesen, den jeweiligen Entstehungsort der frühchristlichen Schriften so genau wie möglich zu bestimmen. Dabei zeigte es sich, daß es im ehemals paulinischen Missionsgebiet (Kleinasien und Griechenland) sowie in Rom eine nahezu geschlossene Paulus-Tradition gegeben zu haben scheint[1].

Die weitaus meisten der vermutlich in *Kleinasien* entstandenen Schriften[2] des hier in Frage stehenden Zeitraums nehmen auf Paulus positiv Bezug und zeigen auch ein gewisses Bemühen um die Rezeption bzw. Tradition der paulinischen Theologie. Eine Ausnahme bildet lediglich die Apk, die von Paulus offenbar überhaupt nicht berührt ist. Völlig anders verhält es sich mit 1 Petr, der paulinische Begrifflichkeit zwar verwendet, die Paulus-Tradition aber negiert bzw. durch eine Petrus-Tradition ergänzen will. Über Papias ist ein sicheres Urteil nicht zu gewinnen. Jedenfalls ist von Paulus-Feindschaft in Kleinasien in den dort entstandenen Schriften durchweg nichts zu erkennen.

---

[1] Gegen Vielhauer, Geschichte, 784, der die These W. Bauers übernimmt, daß die ehedem paulinischen Gemeinden dem theologischen Einfluß ihres Gründers „entglitten" seien.

[2] Vgl. Kol, Eph, Ign, Pol, 2 Petr, Act Pl.

Die im *griechischen Raum* entstandenen[3] bzw. mit den dortigen Gemeinden in Verbindung stehenden Schriften[4] setzen voraus, daß es zumindest in Korinth und in Philippi, vermutlich auch in Thessalonich eine anerkannte Paulus-Tradition gab; das Schweigen Hegesipps über eine Paulus-Tradition in Korinth ist angesichts der fragmentarischen Überlieferung kaum als Gegenargument anzusehen. Die Quellen reichen nicht aus, um auch für die Zeit nach Abfassung des Pol 2 Phil noch ein sicheres Urteil fällen zu können; aber es gibt jedenfalls keine Indizien dafür, daß hier eine Änderung eingetreten ist.

Die mit Sicherheit oder wahrscheinlich in *Rom* verfaßten Schriften zeigen entweder eine positive Paulusrezeption[5] oder gar keine offenen Bezugnahmen auf Paulus (bei z.T. schwachen Berührungen mit paulinischem Denken)[6]. Die Nicht-Erwähnung des Paulus ist auf die Gattung der betreffenden Texte zurückzuführen[7] – eine bewußte Negierung der Paulus-Tradition läßt sich nicht belegen.

Die im 1. Jahrhundert in *Syrien* entstandenen Schriften zeigen sich von Paulus-Überlieferung unberührt[8], woraus zu schließen sein wird, daß diese Überlieferung dort nicht bekannt war. Die Briefe des Ignatius zeigen dann, daß um die Jahrhundertwende die Paulus-Tradition zumindest nach Antiochia (zurück-)gekommen war. Die im 2. Jahrhundert entstandenen Kerygmata Petrou weisen eine dezidierte Paulus-Feindschaft auf, während andererseits einige der in Nag-Hammadi gefundenen und vielleicht aus dem syrischen Raum stammenden christlich-gnostischen Texte von paulinischer Tradition positiv berührt sind. Leider *nicht* geographisch einzuordnen sind Barn, Ep Ap, Hebr sowie vor allem auch nicht Jak und Dg.

b) Zur Chronologie

Es ist unmöglich, eine auch nur einigermaßen genaue chronologisch geordnete Rekonstruktion der Paulusrezeption im frühesten Christentum zu geben. Es lassen sich aber bestimmte Typen erkennen, die freilich nicht streng zeitlich aufeinander folgen, sondern teilweise auch parallel nebeneinander herlaufen.

Die früheste Phase der Paulusrezeption wird repräsentiert durch die Deuteropaulinen Kol und Eph. Beide Schriften zeigen das sich ausprägende Paulusbild und den Versuch, charakteristische Aussagen der theologischen

---

[3] 2 Thess und (vielleicht) Apg.

[4] 1 Clem und Pol 2 Phil.

[5] 1 Clem, (Past?) und Marcion.

[6] Herm, Justin.

[7] S.o. S. 289f (zu Herm). 366f (zu Justin).

[8] Evangelien, Did, 2 Clem. M.R. vermutet SCHMITHALS, Apostelamt, 247–251, es habe bis zur Mitte des 2. Jahrhunderts zwei getrennt verlaufende christliche Traditionsströme gegeben: Den ‚synoptischen' und den ‚paulinischen'.

Paulus-Überlieferung in veränderten kirchlichen Situationen festzuhalten bzw. neu zu interpretieren.

Dies ist von erheblicher grundsätzlicher Bedeutung: Erstaunlich ist im Grunde nicht, daß die paulinische Theologie in den deuteropaulinischen Briefen nicht voll rezipiert ist; erstaunlich ist im Gegenteil, in wie relativ großem Umfang sich die Vf des Kol und des Eph an Paulus orientiert haben. Dieser Vorgang ist in der ältesten Theologiegeschichte ohne Parallele.

Eine veränderte Tendenz wird sichtbar insbesondere in der Apg und in den Past (wohl auch 2 Thess): Das Paulusbild ist inzwischen – mit Nuancen in der Darstellung, etwa in der unterschiedlichen Betonung und Bewertung des Apostelitels – in der Kirche fest etabliert[9]. Die Theologie des Paulus wird schlagwortartig festgehalten (insbesondere die Aussagen der Rechtfertigungslehre), tritt aber sachlich in den Hintergrund, weil das Interesse an den Problemen der kirchlichen Organisation stärker ins Zentrum rückt. In dieser Phase, etwa um die Jahrhundertwende oder wenig später, scheint es den ältesten quellenmäßig faßbaren Antipaulinismus zu geben, und zwar sowohl im Bereich der heidenchristlichen (Jak) wie im Bereich der judenchristlichen *(KΠ)* Kirche. Dieser Antipaulinismus richtet sich gegen Paulus selbst und setzt die Geltung der Paulus-Tradition in der Kirche voraus[10]. Ein Zusammenhang mit einem bestimmten „häretischen", etwa gnostischen Paulusverständnis ist dabei nicht zu erkennen.

Besonders interessant ist die Zeit um die Jahrhundertwende, repräsentiert durch den ausgesprochen paulus-freundlichen Autor des 1 Clem, sowie durch Ignatius, Polykarp und den zeitlich späteren Vf des 2 Petr. Das Paulusbild erfährt hier eine starke Abstrahierung von der konkreten Geschichte des Apostels; er wird zum Vorbild der Gläubigen stilisiert (1 Clem, Ign) und zum Vorkämpfer der geltenden theologischen Tendenz gemacht (2 Petr), ohne Rücksicht auf Leben und Theologie des „historischen" Paulus[11]. Diese Phase liegt zeitlich jedenfalls noch so früh, daß sie mit Marcion nicht in Verbindung zu bringen ist[12]. Indizien dafür, daß es sich um eine Reaktion der „rechtgläubigen" Kirche auf andere häretische Tendenzen handelt, zeigt lediglich 2 Petr; aber daß sich die anvisierten „Häretiker" speziell auf Paulus gestützt hätten, ist auch dort nicht vorausgesetzt.

Auffällig ist, daß in dieser Literatur nicht selten Topoi der paulinischen

---

[9] Vgl. BARRETT, NTS 20, 1974, 241: Spätestens am Anfang des 2. Jahrhunderts "the church had already developed a hagiographical portrait of Paul".

[10] HARNACK, ZThK 1, 1891, 97 meint, Jak zeige, daß der Paulinismus untergegangen war und die Paulusbriefe nicht einmal mehr (bzw. noch nicht) formale Autorität besaßen. M.E. ist das Gegenteil der Fall (s.o. S. 249–252).

[11] Vgl. dazu BROX, BZ NF 19, 1975, 92: Man habe „jeden beliebigen rechtgläubigen Satz mit jedem Apostelnamen verbinden" können. Brox bezieht diese Feststellung auf den „paulinischen" 1 Petr (der m.E. so „paulinisch" nicht ist; s.o. S. 257–261).

[12] Gegen BARRETT, NTS 20, 1974, 244.

Theologie anklingen, ohne daß dabei im Zusammenhang auf Paulus verwiesen wird[13].

Etliche Schriften bzw. Autoren dieser Zeit zeigen sich von Paulus nicht berührt. Das kann aber mit der Gattung der betreffenden Texte[14] oder auch mit deren fragmentarischer Überlieferung[15] zusammenhängen. Jedenfalls gibt es kein Indiz für die Annahme, daß Paulus für diese Autoren „der Apostel der Häretiker" gewesen wäre[16].

Um die Mitte des Jahrhunderts beginnt die Auseinandersetzung um Marcion. Dessen Kanonisierung der Paulusbriefe in Verbindung mit seiner Zwei-Götter-Lehre veranlaßte die Kirche, Paulus als Zeugen für die Einheit Gottes ins Feld zu führen[17]; die marcionische Paulusrezeption als solche scheint von der Kirche nicht als unmittelbar problematisch empfunden worden zu sein. Von einer „kirchlichen Zurückhaltung" Paulus gegenüber wird nichts erkennbar.

Die jüngsten hier behandelten Texte zeigen auf der einen Seite den Versuch einer tiefgreifenden theologischen Rezeption des Paulus bei Irenäus und auf der anderen Seite den vollen Ausbau der Pauluslegende in den Act Pl (vgl. Ep Ap). Paulusbild und Theologie des Paulus sind ganz voneinander geschieden. Dieses Bild entstand im Zuge der allgemeinen Produktion der apokryphen Apostelakten; es gibt keinen Anlaß anzunehmen, die Act Pl hätten speziell die Absicht verfolgt, „den kirchlichen Gemeinden die Orthodoxie des Paulus trotz des Gebrauchs, den die Gnostiker von ihm machen, zu bescheinigen und so Paulus der Kirche zu erhalten", wie W. Schmithals meint[18]. Man kann allenfalls fragen, ob nicht die gesamte apokryphe Apostelliteratur u.a. auch dieses Ziel verfolgte. Jedenfalls sind die Act Pl in dieser Hinsicht kaum anders gestaltet als die Petrusakten usw. auch.

c) Zur „konfessionellen" Gliederung des frühesten Christentums

Man kann im frühesten Christentum vier gleichsam „konfessionelle" Ströme unterscheiden: 1. Die „rechtgläubige" Kirche; 2. die christliche Gnosis; 3. das ausgeprägte Judenchristentum; 4. Marcion. Natürlich sind diese vier Richtungen weder in sich einheitlich noch genau voneinander geschieden: Die „rechtgläubige" Kirche nahm mit dem Eph ein Produkt der frühesten christlichen Gnosis auf; das Judenchristentum kanonisierte das heidenchristliche Mt; die christlichen Gnostiker kombinierten „rechtgläubige" christliche Tradition teilweise gewaltsam mit außerchristlich-gnostischem Denken und gnostischer Mythologie; Marcion verband den „rechtgläubigen" Paulus

---

13 Bei der Rezeption der Rechtfertigungslehre in 1 Clem und bei Polykarp wird von Paulus nicht direkt gesprochen.

14 Beim Apologeten Justin und bei Papias ist eine Bezugnahme auf Paulus von vornherein nicht zu erwarten.

15 Hegesipp.

16 Gegen Barrett, NTS 20, 1974, 237.

17 Vgl. den „Presbyter" des Irenäus, Irenäus selbst und Tertullian.

18 Schmithals, Apostelamt, 262 A 185.

mit seiner Zwei-Götter-Lehre, freilich unter Zerstörung des eigentlichen Kerns der paulinischen Theologie.

1. Die „rechtgläubige“, d.h. traditionsgläubige „katholische“ Kirche hat während des ganzen hier untersuchten Zeitraums zwischen dem Tode des Paulus und seiner mehr oder weniger „offiziellen“ Kanonisierung bei Irenäus Paulus als fundamentalen Bestandteil ihrer eigenen Tradition angesehen. In zahlreichen Schriften finden sich Anspielungen auf und zitatähnliche Übernahmen von paulinischen Aussagen, insbesondere aus dem offenbar sehr intensiv gelesenen 1 Kor. Gewiß werden in der Literatur Worte Jesu aus den Evangelien häufiger angeführt; aber die Autorität des *κύριος* stand natürlich auch höher als die des *ἀπόστολος* Paulus. Eine dezidierte Ablehnung der paulinischen Theologie, jedenfalls ihres eigentlichen Kerns, enthält allein Jak, der aber gerade mit seiner Verwerfung der Rechtfertigungslehre indirekt deren fortdauernde Aktualität in der Kirche bezeugt.

2. Die christliche Gnosis hat die Person des Apostels und seine Briefe rezipiert; ebenso benutzt sie aber auch das Alte Testament, nichtpaulinische christliche Schriften und Apostel-Traditionen. Von einer spezifischen Paulusbenutzung ist, ausgenommen allenfalls Rheg, in den christlich-gnostischen Schriften kaum etwas zu erkennen. Die Gnostiker legen an alle Texte ihre spezielle Hermeneutik[19] an, und sie können auf diese Weise selbst substantiell antignostische Aussagen für sich reklamieren. Daß die Theologie des Paulus für die Gnostiker von herausragender Wichtigkeit gewesen wäre, wird durch die Texte nicht bestätigt. Von daher findet also das Urteil Unterstützung, daß der Widerspruch gegen das gnostische Paulusverständnis die Paulusrezeption der Kirche kaum beeinflußt oder gar bestimmt haben kann[20].

Die vorliegende Untersuchung bestätigt insofern also das Votum von W. Schmithals, es sei eine „Tatsache, daß die Kirche nach Ausweis aller Literatur, in der das vorliegende Problem nachdrücklich aufbricht, Paulus im antignostischen Kampf benutzt“ hat[21]. Die Gnostiker, so meint W. Schmithals wohl m.R., seien geradezu „gezwungen“ gewesen, sich auf Paulus zu berufen, gerade „weil er eine stets und bleibend anerkannte Autorität war“[22].

3. Lediglich das gesetzestreue Judenchristentum hat den Apostolat und

---

[19] Wichtig ist vor allem der doppelte Schriftsinn bei den Valentinianern (s.o. S. 305f).

[20] M.E. kann man keinesfalls sagen, daß „die Geschichte der Paulusexegese im 2. Jh. ganz wesentlich Geschichte der gnostischen Exegese“ gewesen sei (so KOSCHORKE, Polemik, 214).

[21] SCHMITHALS, Apostelamt, 246 A 128.

[22] SCHMITHALS, Apostelamt, 245. Er verweist m.R. darauf, daß die Gnostiker ja auch die Zwölf für sich akzeptiert hatten, eine kirchliche Ablehnung des Paulus allein also sinnlos gewesen wäre. „Merkwürdig auch, daß man Paulus zwar aufgibt, aber mit keinem Wort bekämpft.“

die Theologie des Paulus abgelehnt; in den Darstellungen der Kirchenväter erscheint dies als ein besonderes Kennzeichen aller judenchristlichen Gruppen. Die Verwerfung des Paulus orientierte sich dabei sowohl an seiner Gesetzeslehre wie auch an der vita des Heidenapostels. Das kirchliche Paulusverständnis ist durch den Antipaulinismus des Judenchristentums augenscheinlich kaum beeinflußt worden. Lediglich an einigen Stellen der Apg und der Ep Ap finden sich gewisse apologetische Tendenzen im Blick auf das Judenchristentum.

4. Marcions Kanonisierung der Paulusbriefe hat die Kirche zu einer theologischen Aufarbeitung der Paulus-Tradition bzw. der Briefe veranlaßt. Allerdings scheint für die kirchlichen Autoren das Faktum der marcionischen Paulus- (und Lukas-)Rezeption weniger relevant gewesen zu sein als die Tatsache, daß Marcion die Texte gekürzt hatte und sie im Rahmen der absolut antipaulinischen Zwei-Götter-Lehre interpretierte. Für die Annahme, die Kirche sei der Paulus-Tradition in Reaktion auf Marcion mit Zurückhaltung oder gar Ablehnung begegnet, gibt es keine quellenmäßig zu belegenden Indizien.

2. *Zum theologischen Problem der Paulusrezeption in der alten Kirche*

Jede Bewertung der Substanz der nachpaulinischen Theologiegeschichte muß berücksichtigen, daß wir nur einen verhältnismäßig schmalen Ausschnitt der theologischen Entwicklung in den ersten beiden Jahrhunderten der Kirche fassen können. Weder besitzen wir alle in jener Zeit verfaßten Schriften, noch wissen wir, in welcher Form sich die Auseinandersetzung mit der Paulus-Tradition in den Gemeinden unmittelbar, d.h. abseits von den literarischen Produktionen, vollzog[1].

Unter diesem Vorbehalt lassen sich folgende Beobachtungen festhalten:

1. Das Bild des Paulus steht in der Kirche des hier untersuchten Zeitraums fest als das des Heidenapostels, des kirchlichen Organisators und des Warners vor jeder Häresie. Er gilt vielfach auch als der Theologe der Rechtfertigungs-

---

[1] Einen knappen Überblick gibt DUNN, Unity, 288–296. Dunn hält sich überwiegend an das besonders von Pagels entworfene Bild, das die gnostische Paulusrezeption als erfolgreich und z.T. auch sachgemäß, die kirchliche Reaktion hingegen als hilflos zeichnet (aaO., 292: "In the debate between Gnosticism and emerging orthodoxy the Fathers were only able to retain Paul within the great Church by misinterpreting him."). Der paulinische Einfluß auf Marcion und Valentinus sei größer gewesen als der auf die Theologen der Großkirche (aaO., 296); aber Dunn räumt ein, daß Paulus auch von ihnen mißverstanden worden sei. Charakteristisch seine Schlußbemerkung (ebenda): "The author of the Pauline epistles was too big a man for the narrow pigeonholes of the second century, his theology too dynamic, too open-ended to be compressed within the constrictive categories of later orthodoxy."

lehre, die freilich zunehmend nur noch formal rezipiert wird (es gibt freilich, wie der Brief an Diognet zeigt, auch Ausnahmen)[2]. Die Formalisierung der theologischen Tradition hängt u.a. auch mit der Tendenz zusammen, das Christentum immer stärker als Morallehre zu verstehen. Von daher verlagert sich insbesondere das Gesetzesproblem: Als Moralkodex bleibt der *νόμος* in Geltung, das Zeremonialgesetz wird verworfen. Immerhin ist aber die Haltung des Jak ein Indiz dafür, daß zumindest zu Beginn des 2. Jahrhunderts in der Umgebung des Jak (wo das war, läßt sich nicht ermitteln) der grundsätzliche Charakter des paulinischen Gesetzesverständnisses und damit zugleich die polemische Funktion seines Redens vom Glauben noch nicht verlorengegangen waren. In mehreren Schriften zeigt sich ein Festhalten zumindest an Tendenzen der *σῶμα-Χριστοῦ*-Ekklesiologie, verbunden freilich mit einer Neigung zur Hierarchisierung der Kirchenstruktur, so daß die paulinische Umsetzung der ekklesiologischen Theorie in gemeindliche Praxis verloren geht.

2. Ansätze zu einer bewußten Ignorierung der Autorität des Paulus (Jak, 1 Petr?) sind in der Kirche ohne Folgen geblieben. Die Haltung der „Häretiker" Paulus gegenüber hat die Kirche im Grunde gar nicht beeinflußt, schon gar nicht negativ. Dafür sprechen nicht nur die Bezugnahmen auf Paulusaussagen in den erhaltenen Schriften, sondern vor allem auch die Tatsache, daß es neben der „kommentierenden" bzw. „integrierenden" Paulusrezeption von Anfang an ja die Überlieferung der Briefe selbst gegeben hat.

Es kann nicht geleugnet werden, daß zahlreiche frühchristliche Schriften von Paulus offensichtlich nicht beeinflußt sind. Aber die herkömmliche Erklärung, dies sei auf das Paulusverständnis der Gnostiker oder Marcions zurückzuführen, ist aus den Texten selbst nicht zu begründen. Vielmehr scheinen zum einen vordergründig geographische Aspekte (Syrien, Ägypten), zum andern gattungsgeschichtliche Gründe (Evangelien, Apologie) hierfür verantwortlich zu sein.

Man kann die Theologiegeschichte des ältesten Christentums nicht unter dem Gesichtspunkt der Stellung zu Paulus schreiben. Zweifellos war Paulus nicht der primäre Motor oder der Maßstab des theologischen Denkens in der alten Kirche. Aber Paulus und seine Briefe waren ein integrierender Bestandteil der kirchlichen Tradition, und ihre zumindest formale Autorität stand –

[2] Vgl. LUZ, in: Festschrift Käsemann, 367: „Bis hin zu Marcion hat die paulinische Rechtfertigungslehre in keinem paulinischen Traditionsstrom eine wesentliche Rolle gespielt. Die Feststellung, daß sie ausgerechnet bei Lukas das relativ größte Eigengewicht behält, ist signifikant genug." Luz macht aber zugleich darauf aufmerksam (aaO., 381), daß die formale Autorität der Rechtfertigungslehre nicht in Frage gestellt wurde. –

Es wäre übrigens falsch, anzunehmen, daß bei Marcion die Rechtfertigungslehre in der Substanz rezipiert ist. Die Zwei-Götter-Lehre bricht dem paulinischen Gesetzesverständnis und damit der Rechtfertigungsaussage gerade die Spitze ab.

wenn man vom Jak und vom gesetzestreuen Judenchristentum absieht – zu keinem Zeitpunkt in Frage.

Die theologische Substanz der Paulus-Tradition, insbesondere die Rechtfertigungslehre, ist in der ältesten Kirche selten gesehen und ausgesprochen worden; bei Marcion und bei den Gnostikern fehlt sie freilich ganz. Es wäre theologisch aber sehr fragwürdig, wollte man die Theologiegeschichte allein von diesem Maßstab her messen. Die Botschaft des Paulus von der Rechtfertigung des Gottlosen in Christus ist die Basis aller christlichen Theologie, denn sie ist die angemessene begriffliche Auslegung des Glaubenssatzes, daß Gott sich im Kreuz des Menschen Jesus offenbart hat. Die Rechtfertigungslehre ist aber kein dogmatisches Prinzip, mit dessen Hilfe christlichen Autoren „Rechtgläubigkeit" bescheinigt oder abgesprochen werden könnte. Sie enthält für alle Theologie den Auftrag, das Wort vom Kreuz in der jeweiligen geschichtlichen Situation sachgemäß auszusagen. Keine theologische Epoche aber darf behaupten, sie habe dieses Wort „richtig" weitergesagt und habe das Recht, über andere Epochen ein endgültiges Urteil zu fällen.

Verzeichnis der Quellen

Nicht aufgeführt sind solche Quellen, deren Benutzung sich von selbst versteht (Ausgaben des griechischen Neuen Testaments, Septuaginta usw.); nicht aufgeführt sind ferner die Übersetzungen der Schriften der Kirchenväter in der BKV.

Alte Übersetzungen des Neuen Testaments

The Coptic Version of the New Testament in the Northern Dialect, hg. von G. Horner, Vol. 3, 1898/1905 (=1969).

The Coptic Version of the New Testament in the Southern Dialect, hg. von G. Horner, Vol. 4.5, 1911/1924 (=1969).

The New Testament in Syriac, o.J. (1919).

„Apostolische Väter"

Die Apostolischen Väter. Neubearbeitung der Funkschen Ausgabe v. K. Bihlmeyer. Erster Teil, SQS II. 1/1, 2. Aufl. mit einem Nachtrag von W. Schneemelcher 1956.

Die Apostolischen Väter. Eingeleitet, herausgegeben, übertragen und erläutert von J.A. Fischer, SUC 1, 5. Aufl. 1966.

Epître de Barnabé. Introduction, traduction et notes par P. Prigent. Texte grec établi et présenté par R.A. Kraft, SC 172, 1971.

Clément de Rome. Epître aux Corinthiens. Introduction, texte, traduction, notes et index par A. Jaubert, SC 167, 1971.

Hermas. Le Pasteur. Introduction, texte critique, traduction et notes par R. Joly, SC 53, 2. Aufl 1968.

Der Hirt des Hermas. Die Apostolischen Väter I, hg. von M. Whittaker, GCS 48, 1956.

Ignace d'Antioche. Polycarpe de Smyrne. Lettres. Martyre de Polycarpe. Texte grec, introduction, traduction et notes par P.Th. Camelot, SC 10, 3. Aufl. 1958.

Apologeten

Die ältesten Apologeten. Texte mit kurzen Einleitungen, hg. von E.J. Goodspeed, 1914.
The Apology of Aristides on Behalf of the Christians, TaS I/1, hg. von J.R. Harris/J.A. Robinson, 1891.
Corpus Apologetarum Christianorum Saeculi Secundi, Vol. IX, hg. von J.C.Th. Otto, 1872.
The Epistle to Diognetus. The Greek Text with Introduction, Translation and Notes, by. H.G. Meecham, 1949.
A Diognète. Introduction, édition critique, traduction et commentaire par H.I. Marrou, SC 33, 1951.

Apokryphen

Acta Apostolorum Apocrypha, 3 Bde, hg. von R.A. Lipsius/M. Bonnet, 2. Aufl. 1972.
The Apocryphal New Testament, hg. von M.R. James, 1924.
Neutestamentliche Apokryphen in deutscher Übersetzung (Hennecke), 2 Bde, 3. Aufl. hg. von W. Schneemelcher, 1964.
The Odes and Psalms of Solomon, 2 Bde, hg. von R. Harris/A. Mingana, 1916/20.
The Odes of Solomon, edited with Translation and Notes by J.H. Charlesworth, 1973.
Die Oracula Sibyllina, hg. von J. Geffcken, GCS 8, 1902.

Kirchenväter

Der Dialog des Adamantius *ΠΕΡΙ ΤΗΣ ΕΙΣ ΘΕΟΝ ΟΡΘΗΣ ΠΙΣΤΕΩC*, hg. von W.H. van den Sande Bakhuyzen, GCS 4, 1901.
Clément d'Alexandrie. Extraits de Thédote. Texte grec, introduction, traduction et notes par F. Sagnard, SC 23, o.J. (1948).
Clemens Alexandrinus. II. Stromata Buch I–VI, hg. von O. Stählin/L. Früchtel, GCS 52 (15), 3. Aufl. 1960.
The Excerpta ex Theodoto of Clement of Alexandria, hg. von R.P. Casey, 1934.
Epiphanius (Ancoratus und Panarion), hg. von K. Holl, Bd I, GCS 25, 1915; Bd II, GCS 31, 1922.
Ptolemée. Lettre à Flora. Texte, traduction et introduction par G. Quispel, SC 24, 2. Aufl. 1966.

Eusebius Kirchengeschichte. Kleine Ausgabe, hg. von E. Schwartz, 3. Aufl. 1922.

Sancti Filastrii Episcopi Brixiensis diversarum Hereseos Liber, hg. von F. Marx, CSEL 38, 1898.

Hippolytus Werke. Dritter Band. Refutatio omnium haeresium, hg. von P. Wendland. GCS 26, 1916.

Sancti Irenaei episcopi Lugdunensis Libros quinque adversus Haereses, hg. von W. W. Harvey, 2 Bde, 1857.

Origenes Werke Bd I. II. Gegen Celsus, hg. von P. Koetschau, GCS 2.3, 1899.

Origenes Werke Bd IX. Die Homilien zu Lukas in der Übersetzung des Hieronymus und die griechischen Reste der Homilien und des Lukas-Kommentars, hg. von M. Rauer, GCS 49, 1959.

Die Pseudoklementinen I. Homilien, hg. von B. Rehm/J. Irmscher/F. Paschke, GCS 42, 2. Aufl. 1969.

Die Pseudoklementinen II. Rekognitionen in Rufins Übersetzung, hg. von B. Rehm/F. Paschke, GCS 51, 1965.

Photius. Bibliothèque. Bd V. Texte établi et traduit par R. Henry, CBy, 1967.

Tertullian adversus Marcionem. Edited and translated by E. Evans, 2 Bde, OECT 6, 1972.

Tertulliani Opera I. Opera Catholica. Adversus Marcionem, CChr.SL 1, 1954.

Tertulliani Opera II. Opera Montanistica, CChr. SL 2, 1954.

Theophilus of Antioch ad Autolycum. Edited and translated by R. M. Grant, OECT 1, 1970.

Schriften aus Nag Hammadi

The Nag Hammadi Library in English. Translated by Members of the Coptic Gnostic Library Project of the Institute for Antiquity and Christianity, 1977.

De Resurrectione (Epistula ad Rheginum), hg. von M. Malinine/H.-Ch. Puech/G. Quispel/W. Till, 1963.

Das Evangelium nach Philippus, hg. und übersetzt von W. C. Till, PTS 2, 1963.

Koptisch-gnostische Apokalypsen aus Codes V von Nag Hammadi im Koptischen Museum zu Alt-Kairo, hg., übersetzt und bearbeitet von A. Böhlig/P. Labib, WZ (H) Sonderband, 1963.

L'Evangile selon Philippe. Introduction, texte, traduction, commentaire par J.-E. Ménard, 1967.

Das Wesen der Archonten aus Codex II der gnostischen Bibliothek von Nag Hammadi, hg. von P. Nagel, Wiss. B. Univ. Halle, 1970/6 (K 3).

The Hypostasis of the Archons. The Coptic Text with Translation and

Commentary with a Contribution by Martin Krause, von R.A. Bullard, PTS 10, 1970.

Gnostische und hermetische Schriften aus Codex II und Codex VI, hg. von M. Krause/P. Labib, ADAI.K 2, 1971.

L'Evangile de Vérité, hg. von J.-E. Ménard, NHSt II, 1972.

„Die Taten des Petrus und der zwölf Apostel". Die erste Schrift aus Nag-Hammadi-Codex VI eingeleitet und übersetzt vom Berliner Arbeitskreis für koptisch-gnostische Schriften (H.-M. Schenke), ThLZ 98, 1973, 13–19.

„Die Apokalypse des Petrus". Die dritte Schrift aus Nag-Hammadi-Codex VII eingeleitet und übersetzt vom Berliner Arbeitskreis für koptisch-gnostische Schriften (A. Werner), ThLZ 99, 1974, 575–584.

The Facsimile Edition of the Nag Hammadi Codices, Codex II, 1974; Codex VII, 1974.

Tractatus Tripartitus, Teil I, 1973; Teil II und III, 1975, hg. von R. Kasser/M. Malinine/H.-Ch. Puech/G. Quispel/J. Zandee.

„Die Lehren des Silvanus". Die vierte Schrift aus Nag-Hammadi-Codex VII eingeleitet und übersetzt vom Berliner Arbeitskreis für koptisch-gnostische Schriften (W.-P. Funk), ThLZ 100, 1975, 7–23.

„Die Exegese über die Seele". Die sechste Schrift aus Nag-Hammadi-Codex II eingeleitet und übersetzt vom Berliner Arbeitskreis für koptisch-gnostische Schriften (H. Bethge), ThLZ 101, 1976, 93–104.

Nichtchristliche Autoren

Philonis Opera quae supersunt, hg. von L. Cohn/H. Wendland, 6 Bde, 1896ff.

The Geography of Strabo with an English Translation, hg. von H.C. Jones, 8 Bde, LCL, 1960ff.

Sonstige Quellensammlungen

W. Foerster (Hg.), Die Gnosis, 2 Bde, BAW.AC, 1969/1971.

W. Völker (Hg.), Quellen zur Geschichte der christlichen Gnosis, SQS NF 5, 1932.

Literaturverzeichnis

Es ist nur für die vorliegende Arbeit benutzte Sekundärliteratur aufgeführt. Auf die Angabe von Lexikon- und Wörterbuchartikeln wurde verzichtet; diese sind an ihrem Ort jeweils vollständig bibliographisch aufgeführt.

Abramowski, L., Notizen zur „Hypostase der Archonten" (ed. Bullard), ZNW 67, 1976, 280–285.

Adam, A., Erwägungen zur Herkunft der Didache, ZKG 68, 1957, 1–47.

––, Die ursprüngliche Sprache der Salomo-Oden, ZNW 52, 1961, 141–156.

Aland, B., Marcion. Versuch einer neuen Interpretation, ZThK 70, 1973, 420–447.

––, Neutestamentliche Textkritik heute, VF 2/1976, 3–22.

Aland, K., Der Herrenbruder Jakobus und der Jakobusbrief, ThLZ 69, 1944, 97–104.

––, Glosse, Interpolation, Redaktion und Komposition in der Sicht der neutestamentlichen Textkritik, in: Apophoreta (Festschrift E. Haenchen), BZNW 30, 1964, 7–31.

––, Das Problem der Anonymität und Pseudoanymität in der christlichen Literatur der ersten beiden Jahrhunderte, in: Studien zur Überlieferung des NT und seines Textes, ANTT 2, 1967, 24–34.

––, Taufe und Kindertaufe, 1971.

Aleith, E., Das Paulusverständnis in der alten Kirche, BZNW 18, 1937.

Allan, J. A., The 'In Christ' Formula in the Pastoral Epistles, NTS 10, 1963/64, 115–121.

Allo, E.-B., Saint Paul. Seconde Epître aux Corinthiens, EtB, 2. Aufl. 1956.

Altaner, B., Neues zum Verständnis von I Klemens 5,1–6,2. Der Apostel Petrus, römischer Märtyrer, HJ 62/69,,1942/49, 25–30.

Altaner, B./Stuiber, A., Patrologie. Leben, Schriften und Lehre der Kirchenväter, 7. Aufl. 1966.

Altendorf, H. D., Zum Stichwort: Rechtgläubigkeit und Ketzerei im ältesten Christentum, ZKG 80, 1969, 61–74.

Altheim, F./Stiehl, R., Christentum am Roten Meer. Band 2, 1973.

Anderson, C. P., The Epistle to the Hebrews and the Pauline Letter Collection, HThR 59, 1966, 429–438.

Andrén, O., Rättfärdighet och Frid. En studie i det första Clemensbrevet. Righteousness and Peace. A Study in the First Letter of St. Clement of Rome (with a Summary in English), 1960.

Andresen, C., Justin und der mittlere Platonismus, ZNW 44, 1952/53, 157–195.

––, Zum Formular frühchristlicher Gemeindebriefe, ZNW 56, 1965, 233–259.

––, Die Kirchen der alten Christenheit, RM 29, 1/2, 1971.

Andriessen, P., The Authorship of the Epistula ad Diognetum, Vig Chr 1, 1947, 129–136.

ARAI, S., Die Christologie des Evangelium Veritatis. Eine religionsgeschichtliche Untersuchung, 1964.
AUDET, J.-P., La Didaché, EtB, 1958.
BAKHUIZEN VAN DEN BRINK, J. N., Reconciliation in the Early Fathers, StPatr XIII/2, TU 116, 1975, 90–106.
BALZ, H. R., Anonymität und Pseudepigraphie im Urchristentum. Überlegungen zum literarischen und theologischen Problem der urchristlichen und gemeinantiken Pseudepigraphie, ZThK 66, 1969, 403–436.
BALZ, H. R./SCHRAGE, W., Die ‚Katholischen' Briefe. Die Briefe des Jakobus, Petrus, Johannes und Judas, NTD 10, 11. Aufl. 1973.
BAMMEL, E., Schema und Vorlage von Didache 16, StPatr IV, TU 79, 1961, 253–262.
BANG, J. P., Studien über Clemens Romanus, ThStKr 71, 1898, 431–486.
BARDENHEWER, O., Geschichte der altkirchlichen Litteratur. Erster Band. Vom Ausgang des apostolischen Zeitalters bis zum Ende des zweiten Jahrhunderts, 1902.
BARNARD, L. W., The Problem of the Epistle of Barnabas, ChQR 159, 1958, 211–230.
––, The Date of the Epistle of Barnabas – A Document of Early Egyptian Christianity, JEA 44, 1958, 101–107.
––, The Problem of Saint Polycarp's Epistle to the Philippians, ChQR 163, 1962, 421–430.
––, The Background of Early Egyptian Christianity, ChQR 164, 1963, 300–310; 428–441.
––, Clement of Rome and the Persecution of Domitian, NTS 10, 1963/64, 251–260.
––, The Testimonium concerning the Stone in the New Testament and in the Epistle of Barnabas, StEv III, TU 88, 1964, 306–313.
––, The Epistle ad Diognetum. Two units from one Author?, ZNW 65, 1965, 130–137.
––, Studies in the Apostolic Fathers and their Background, 1966.
––, Besprechung von K. Beyschlag, Clemens Romanus ..., Vig Chr 23, 1969, 63–65.
BARNETT, A. E., Paul Becomes a Literary Influence, 1941.
BARRETT, C. K., The Apostles in and after the New Testament, SEÅ 21, 1956, 30–49.
––, A Commentary on the Second Epistle to the Corinthians, BNTC, 1973.
––, Pauline Controversies in the Post-Pauline Period, NTS 20, 1974, 229–245.
BARTH, C., Die Interpretation des Neuen Testaments in der valentinianischen Gnosis, TU 37/3, 1911.
BARTH, F., Tertullians Auffassung des Apostels Paulus und seines Verhältnisses zu den Uraposteln, JpTh 8, 1882, 706–756.
BARTH, G., Das Gesetzesverständnis des Evangelisten Matthäus, in: G. Bornkamm/G. Barth/H.J. Held, Überlieferung und Auslegung im Matthäusevangelium, WMANT 1, 5. Aufl. 1968, 54–154.
BARTLET, V., The Origin and Date of 2 Clement, ZNW 7, 1906, 123–135.
BARTSCH, H.-W., Gnostisches Gut und Gemeindetradition bei Ignatius, BFChTh II/44, 1940.
––, Röm 9,5 und 1. Clem 32,4, ThZ 21, 1965, 401–409.
––, Die Anfänge urchristlicher Rechtsbildungen. Studien zu den Pastoralbriefen, ThF 34, 1965.
BAUER, A., Die Legende von dem Martyrium des Petrus und Paulus in Rom, WSt 38, 1916.
BAUER, J. B., Zum Philippus-Evangelium Spr. 109 und 110, ThLZ 86, 1961, 551–554.
BAUER, W., Die Briefe des Ignatius von Antiochia und der Polykarpbrief, HNT Ergbd. II, 1920.
––, Besprechung von A. v. Harnack, Marcion, GGA 185, 1923, 1–14.
––, Rechtgläubigkeit und Ketzerei im ältesten Christentum, BHTh 10, 2. Aufl. mit

einem Nachtrag von G. Strecker, 1964.
Bauernfeind, O., Die Apostelgeschichte, ThHK V, 1939.
--, Vom historischen zum lukanischen Paulus, EvTh 13, 1953, 347–353.
--, Zur Frage nach der Entscheidung zwischen Paulus und Lukas, ZSTh 23, 1954, 59–88.
Baur, F. C., Das Christenthum und die christliche Kirche der drei ersten Jahrhunderte, 1853.
--, Geschichte der christlichen Kirche. 1. Band, 3. Aufl. 1863.
--, Vorlesungen über neutestamentliche Theologie, hg. von F. F. Baur, 1864.
--, Lehrbuch der christlichen Dogmengeschichte, 3. Aufl. 1867.
Bengsch, A., Heilsgeschichte und Heilswissen. Eine Untersuchung zur Struktur und Entfaltung des theologischen Denkens im Werk "Adversus haereses" des hl. Irenäus von Lyon, EThSt 3, 1957.
Benoit, P., Le Baptême chrétien au second siècle. La Théologie des Pères, EHPhR 43, 1953.
Benoit, A., Saint Irénée. Introduction a l'étude de sa théologie, EHPhR 52, 1960.
Benz, E., Das Paulusverständnis in der morgenländischen und abendländischen Kirche, ZRGG 3, 1951, 289–309.
Berger, K., Zur Diskussion über die Herkunft von I Kor. II.9, NTS 24, 1977/78, 270–283.
Betz, H. D., Orthodoxy and Heresy in Primitive Christianity, Interp. 19, 1965, 299–311.
--, 2 Cor 6:14–7:1: An Anti-Pauline Fragment?, JBL 92, 1973, 88–108.
--, Die Makarismen der Bergpredigt (Matthäus 5,3–12). Beobachtungen zur literarischen Form und theologischen Bedeutung, ZThK 75, 1978, 3–19.
Betz, O., Die Vision des Paulus im Tempel von Jerusalem. Apg 22,17–21 als Beitrag zur Deutung des Damaskuserlebnisses, in: Verborum Veritas (Festschrift G. Stählin), 1970, 113–123.
--, Das Problem der Gnosis seit der Entdeckung der Texte von Nag Hammadi, VF 2/1976, 46–80.
Beyschlag, K., Herkunft und Eigenart der Papiasfragmente, StPatr IV, TU 79, 1961, 268–280.
--, 1. Clemens 40–44 und das Kirchenrecht, in: Reformatio und Confessio (Festschrift W. Maurer), 1965, 9–22.
--, Clemens Romanus und der Frühkatholizismus. Untersuchungen zu I Clemens 1–7, BHTh 35, 1966.
--, Besprechung von G. G. Blum, Tradition und Sukzession, ThLZ 92, 1967, 112–115.
--, Besprechung von P. Mikat, Die Bedeutung der Begriffe Stasis und Aponoia ..., ZevKR 15, 1970, 425–427.
--, Zur *EIPHNH BAΘEIA* (I Clem 2,2), Vig Chr 26, 1972, 18–23.
Bianchi, U., Marcion: Theologien biblique ou docteur gnostique?, Vig Chr 21, 1967, 141–149 (=StEv V, TU 103, 1968, 234–241).
Bieder, W., Ekklesia und Polis im Neuen Testament und in der Alten Kirche, 1941.
--, Christliche Existenz nach dem Zeugnis des Jakobusbriefes, ThZ 5, 1949, 93–113.
Bigg, Ch., The Christian Platonists of Alexandria, 1886 (=Neudruck 1968).
Bill, A., Zur Erklärung und Textkritik des 1. Buches Tertullians "Adversus Marcionem", TU 38/2, 1911.
Blackman, E. C., Marcion and His Influence, 1941.
Blank, J., Probleme einer ‚Geschichte des Urchristentums', US 30, 1975, 261–286.
Bludau, A., Die Schriftfälschungen der Häretiker. Ein Beitrag zur Textkritik der Bibel, NTA XI/5, 1925.
Blum, G. G., Tradition und Sukzession. Studien zum Normbegriff des Apostolischen

von Paulus bis Irenäus, AGTL 9, 1963.
Böhlig, A., Der jüdische und judenchristliche Hintergrund in gnostischen Texten von Nag Hammadi, in: Le Origini dello Gnosticismo, hg. von U. Bianchi, 1967, 109–140.
––, Der judenchristliche Hintergrund in gnostischen Schriften von Nag Hammadi, in: Mysterion und Wahrheit. Gesammelte Beiträge zur spätantiken Religionsgeschichte, AGSU 6, 1968, 102–111.
Böhlig, H., Die Geisteskultur von Tarsus im augusteischen Zeitalter mit Berücksichtigung der paulinischen Schriften, FRLANT 19, 1913.
Borgen, P., Von Paulus zu Lukas. Beobachtungen zur Erhellung der Theologie der Lukasschriften, StTh 20, 1966, 140–157.
Bornkamm, G., Die Häresie des Kolosserbriefes, in: Das Ende des Gesetzes. Paulusstudien. Gesammelte Aufsätze I, BEvTh 16, 4. Aufl. 1963, 139–156.
––, Der Römerbrief als Testament des Paulus, in: Geschichte und Glaube II. Gesammelte Aufsätze IV, BEvTh 53, 1971, 120–140.
––, Die Vorgeschichte des sogenannten Zweiten Korintherbriefes, in: Geschichte und Glaube II (s.o.), 162–194.
––, Der Philipperbrief als paulinische Briefsammlung, in: Geschichte und Glaube II (s.o.), 195–205.
––, Paulus, UB 119, 3. Aufl. 1976.
Bousset, W., Die Evangeliencitate Justins des Märtyrers in ihrem Wert für die Evangelienkritik, 1891.
––, Kyrios Christos. Geschichte des Christusglaubens von den Anfängen des Christentums bis Irenäus, 5. Aufl. 1965.
––, Jüdisch-christlicher Schulbetrieb in Alexandria und Rom. Literarische Untersuchungen zu Philo und Clemens von Alexandria, Justin und Irenäus, FRLANT 23, 1915.
Bouwman, G., Das dritte Evangelium. Einübung in die formgeschichtliche Methode, 1968.
Bovon-Thurneysen, A., Ethik und Eschatologie im Philipperbrief des Polycarp von Smyrna, ThZ 29, 1973, 241–256.
Brandenburger, E., Die Auferstehung der Glaubenden als historisches und theologisches Problem, WuD NF 9, 1967, 15–33.
––, *Σταυρός*, Kreuzigung Jesu und Kreuzestheologie, WuD NF 10, 1969, 17–43.
Brändle, R., Die Ethik der „Schrift an Diognet". Eine Wiederaufnahme paulinischer und johanneischer Theologie am Ausgang des zweiten Jahrhunderts, AThANT 64, 1975.
––, Das Mysterium des christlichen Gottesdienstes. Anmerkungen zur Ethik des sogenannten Diognetbriefes, StPatr XIII/2, TU 116, 1975, 131–137.
Brandon, S.G.F., The Fall of Jerusalem and the Christian Church. A Study of the Effects of the Jewish Overthrow of A.D. 70 on Christianity, 1951.
Braun, F.M., Marcion et la gnose simonienne, Byz. 25/27, 1955/57, 631–648.
Brock, S.P., Bespr. von J.H. Charlesworth, The Odes of Solomon, JBL 93, 1974, 623–625.
van den Broek, R., The Myth of the Phoenix According to Classical and Early Christian Traditions, 1972.
Brox, N., Zeuge und Märtyrer. Untersuchungen zur frühchristlichen Zeugnis-Terminologie, StANT 5, 1961.
––, Offenbarung, Gnosis und gnostischer Mythos bei Irenäus von Lyon, 1966.
––, "Non huius aevi deus" (Zu Tertullian, adv. Marc. V 11,10), ZNW 59, 1968, 259–261.
––, Amt, Kirche und Theologie in der nachapostolischen Epoche – Die Pastoralbriefe,

in: Gestalt und Anspruch des Neuen Testaments, hg. von J. Schreiner, 1969, 120–133.
––, Zu den persönlichen Notizen der Pastoralbriefe, BZ NF 13, 1969, 76–94.
––, Lukas als Verfasser der Pastoralbriefe?, JAC 13, 1970, (1971), 62–77.
––, Zur pseudepigraphischen Rahmung des ersten Petrusbriefes, BZ NF 19, 1975, 78–96.
––, Zum Problemstand in der Erforschung der altchristlichen Pseudepigraphie, in: Pseudepigraphie in der heidnischen und jüdisch-christlichen Antike, WdF 484, 1977, 311–334.
––, Tendenz und Pseudepigraphie im Ersten Petrusbrief, Kairos NF 20, 1978, 110–120.
Brunner, G., Die theologische Mitte des Ersten Klemensbriefs. Ein Beitrag zur Hermeneutik frühchristlicher Texte, FThS 11, 1972.
Buck, C.H., The Early Order of the Pauline Corpus, JBL 68, 1949, 351–357.
Bultmann, R., Das Evangelium des Johannes, KEK II, 18. Aufl. 1964.
––, Bespr. von H.J. Schoeps, Theologie und Geschichte des Judenchristentums, Gn 26, 1954, 177–189.
––, Ignatius und Paulus, in: Exegetica. Aufsätze zur Erforschung des Neuen Testaments, hg. von E. Dinkler, 1967, 400–411.
––, Glossen im Römerbrief, in: Exegetica (s.o.), 278–284.
––, Theologie des Neuen Testaments, 6. Aufl. 1968.
––, Der zweite Brief an die Korinther, KEK Sonderband, 1976.
Bumpus, H.B., The Christological Awareness of Clement of Rome and Its Sources, 1972.
Burchard, Chr., Der dreizehnte Zeuge. Traditions- und kompositionsgeschichtliche Untersuchungen zu Lukas' Darstellung der Frühzeit des Paulus, FRLANT 103, 1970.
––, Paulus in der Apostelgeschichte, ThLZ 100, 1975, 881–895.
Burkitt, F.C., Church and Gnosis. A Study of Christian Thought and Speculation in the Second Century, 1932.
Cadoux, C.J., Bespr. von P.N. Harrison, Polycarp's two Epistles to the Philippians, JThS 38, 1937, 267–270.
v. Campenhausen, H., Der urchristliche Apostelbegriff, StTh 1, 1947/48, 98–130.
––, Lehrerreihen und Bischofsreihen im 1. Jahrhundert, in: In memoriam Ernst Lohmeyer, 1951, 240–249.
––, Kirchliches Amt und geistliche Vollmacht in den ersten drei Jahrhunderten, BHTh 14, 2. Aufl. 1963.
––, Das Alte Testament als Bibel der Kirche vom Ausgang des Urchristentums bis zur Entstehung des Neuen Testaments, in: Aus der Frühzeit des Christentums. Studien zur Kirchengeschichte des ersten und zweiten Jahrhunderts, 1963, 152–196.
––, Polykarp von Smyrna und die Pastoralbriefe, in: Aus der Frühzeit des Christentums (s.o.), 197–252.
––, Bearbeitungen und Interpolationen des Polykarpmartyriums, in: Aus der Frühzeit des Christentums (s.o.), 253–301.
––, Die Entstehung der christlichen Bibel, BHTh 39, 1968.
––, Die Entstehung der Heilsgeschichte. Der Aufbau des christlichen Geschichtsbildes in der Theologie des ersten und zweiten Jahrhunderts, Saec. 21, 1970, 189–212.
Carroll, K.L., The Expansion of the Pauline Corpus, JBL 72, 1953, 230–237.
van Cauwelaert, R., L'intervention de l'Eglise de Rome à Corinthe, RHE 31, 1935, 267–306.
Cerfaux, L., De Saint Paul à l'Evangile de la Vérité, NTS 5, 1958/59, 103–112.

CHADWICK, H., The new Edition of Hermas, JThS NS 8, 1957, 274–280.
––, Justification by Faith and Hospitality, StPatr IV/2, TU 79, 1961, 281–285.
CHARLES, R. H., A Critical and Exegetical Commentary on the Revelation of St. John, ICC, 1920.
CLARKE, L. W. K., The First Epistle of Clement to the Corinthians, 1937.
COLLANGE, J.-F., L'Epître de Saint Paul aux Philippiens, CNT Xa, 1973.
CONNOLLY, R. H., The Date and Authorship to the Epistle to Diognetus, JThS 36, 1935, 347–353.
CONZELMANN, Geschichte, Geschichtsbild und Geschichtsdarstellung bei Lukas, ThLZ 85, 1960, 241–250.
––, Die Mitte der Zeit. Studien zur Theologie des Lukas, BHTh 17, 5. Aufl. 1964.
––, Der erste Brief an die Korinther, KEK V, 1969.
––, Die Apostelgeschichte, HNT 7, 2. Aufl. 1972.
––, Paulus und die Weisheit, in: Theologie als Schriftauslegung. Aufsätze zum Neuen Testament, BEvTh 65, 1974, 177–190.
––, Der geschichtliche Ort der lukanischen Schriften im Urchristentum, in: Das Lukas-Evangelium, hg. von G. Braumann, WdF 280, 1974, 236–260.
––, Grundriß der Theologie des Neuen Testaments, 3. Aufl. 1976.
––, Der Brief an die Epheser, NTD 8, 14. Aufl. 1976, 86–124.
––, Bemerkungen zum Martyrium Polykarps, NAWG. I. Philol.-hist. Kl., 2/1978, 41–58.
CONZELMANN, H./LINDEMANN, A., Arbeitsbuch zum Neuen Testament, UTB 52, 3. Aufl. 1977.
CORWIN, V., St. Ignatius and Christianity in Antioch, YPR 1, 1960.
COUTTS, J., Ephesians I.3–14 and I Petr. I.3–12, NTS 3, 1956/57, 115–127.
CULLMANN, O., Les causes de la mort de Pierre et de Paul d'après le témoignage de Clément de Rome, RHPhR 10, 1930, 294–300.
––, Le problème littéraire et historique du roman Pseudo-Clémentin. Etude sur le Rapport entre le Gnosticisme et le Judéo-Christianisme, EHPhR 23, 1930.
––, Paradosis et Kyrios. Le problème de la Tradition dans le Paulinisme, RHPhR 30, 1950, 12–30.
––, Petrus. Jünger – Apostel – Märtyrer. Das historische und das theologische Petrusproblem. 2. Aufl. 1960.
DAHL, N. A., The Particularity of the Pauline Epistles as a Problem in the Ancient Church, in: Neotestamentica et Patristica (Festschrift O. Cullmann), 1962, 261–291.
DANIÉLOU, J., Théologie du Judéo-Christianisme. Histoire des doctrines chrétiennes avant Nicée. I, 1958.
DAUBE, D., Rabbinic Methods of Interpretation and Hellenistic Rhetoric, HUCA 22, 1949, 239–264.
DAUTZENBERG, G., Theologie und Seelsorge aus Paulinischer Tradition. Einführung in 2 Thess, Kol, Eph, in: Gestalt und Anspruch des Neuen Testaments, hg. von J. Schreiner, 1969, 96–119.
––, Der Glaube im Hebräerbrief, BZ NF 17, 1973, 161–177.
DAVIDS, A., Irrtum und Häresie. 1 Clem. – Ignatius von Antiochien – Justinus, Kairos NF 15, 1973, 165–187.
DAVIES, W. D., The Setting of the Sermon on the Mount, 2. Aufl. 1966.
VAN DEEMTER, R., Der Hirt des Hermas. Apokalypse oder Allegorie?, 1929.
DEICHGRÄBER, R., Gotteshymnus und Christushymnus in der frühen Christenheit. Untersuchungen zu Form, Sprache und Stil der frühchristlichen Hymnen, StUNT 5, 1967.
DELAFOSSE, H., La lettre de Clément Romain aux Corinthiens, RHR 97, 1928, 53–89.

Delling, G., Der Bezug der christlichen Existenz auf das Heilshandeln Gottes nach dem ersten Petrusbrief, in: Neues Testament und christliche Existenz (Festschrift H. Braun), 1973, 95–113.

Dibelius, M., Der Hirt des Hermas, HNT Ergbd. IV, 1923.

––, Paulus in der Apostelgeschichte, in: Aufsätze zur Apostelgeschichte, hg. von H. Greeven, FRLANT 60, 1951, 175–180.

––, Rom und die Christen im ersten Jahrhundert, in: Botschaft und Geschichte. Gesammelte Aufsätze II, 1956, 177–228.

––, Der Brief des Jakobus, KEK XV, 11. Aufl. hg. und ergänzt von H. Greeven, 1964.

Dibelius, M./Conzelmann, H., Die Pastoralbriefe, HNT 13, 4. Aufl. 1966.

Dibelius, M./Greeven, H., An die Kolosser. Epheser. An Philemon, HNT 12, 3. Aufl. 1953.

Dinkler, E., Die Petrus-Rom-Frage, ThR NF 25, 1959, 189–230; 289–335; ThR NF 27, 1961, 33–64.

v. Dobschütz, E., Probleme des apostolischen Zeitalters, 1904.

––, Die Berichte über die Bekehrung des Paulus, ZNW 29, 1930, 144–147.

––, Die Thessalonischer-Briefe, KEK X, 1909 (=1974).

Dodd, C.H., Matthew and Paul, in: New Testament Studies, 2. Aufl. 1954, 53–66.

Donfried, K.P., The Theology of Second Clement, HThR 66, 1973, 487–501.

––, The Setting of Second Clement in Early Christianity, NT. S. 38, 1974.

Doresse, J., Les Livres Secrets des Gnostiques d'Egypte. Introduction aux écrits gnostiques coptes découverts à Khénoboskion, 1958.

Dörrie, H., Zur Methodik antiker Exegese, ZNW 65, 1974, 121–138.

Dubowy, E., Klemens von Rom über die Reise Pauli nach Spanien. Historisch-kritische Untersuchung zu Klemens von Rom: 1 Kor 5,7, BSt 19/4, 1914.

Dugmore, C.W., Sacrament and Sacrifice in the Early Fathers, JEH 2, 1951, 24–37.

Dunn, J.D.G., Unity and Diversity in the New Testament. An Inquiry into the Character of Earliest Christianity, 1977.

Dupont, J., Paulus an die Seelsorger. Das Vermächtnis von Milet (Apg 20, 18–36), KBANT, 1966.

Eggenberger, Chr., Die Quellen der politischen Ethik des 1. Klemensbriefes, 1951.

Ehrhard, A., Die altchristliche Litteratur und ihre Erforschung von 1884–1900. Erste Abteilung: Die vornicänische Litteratur, StrThS Suppl I, 1900.

––, The Apostolic Succession in the first two Centuries of the Church, 1953.

––, The Framework of the New Testament Stories, 1964.

van Eijk, T.H.C., La résurrection des morts chez les pères apostoliques, ThH 25, 1974.

Ellis, E.E., Paul and his Co-Workers, NTS 17, 1970/71, 437–452.

Eltester, W., Schöpfungsoffenbarung und natürliche Theologie im frühen Christentums, NTS 3, 1956/57, 93–114.

––, Lukas und Paulus, in: Eranion (Festschrift H. Hommel), 1961, 1–17.

––, Das Mysterium des Christentums. Anmerkungen zum Diognetbrief, ZNW 61, 1970, 278–293.

Elze, M., Überlieferungsgeschichtliche Untersuchungen zur Christologie der Ignatiusbriefe, HabSchr masch. Tübingen 1963.

––, Häresie und Einheit der Kirche im 2. Jahrhundert, ZThK 71, 1974, 389–409.

v. Engelhardt, M., Das Christenthum Justins des Märtyrers. Eine Untersuchung über die Anfänge der katholischen Glaubenslehre, 1878.

Enslin, M.S., 'Luke' and Paul, JAOS 58, 1938, 81–91.

––, Once Again, Luke and Paul, ZNW 61, 1970, 253–271.

Ernst, J. Die Briefe an die Philipper, an Philemon, an die Kolosser, an die Epheser, RNT, 1974.

Fenton, J.C., Paul and Mark, in: Studies in the Gospels. Essays in Memory of

R.H. Lightfoot, 1967, 89–112.
FINEGAN, J., The Original Form of the Pauline Collection, HThR 49, 1956, 85–103.
FIORENZA, E.S., Apocalyptic and Gnosis in the Book of Revelation and Paul, JBL 92, 1973, 565–581.
FISCHER, K.M., Tendenz und Absicht des Epheserbriefes, FRLANT 111, 1973.
FLESSEMAN-VAN LEER, E., Tradition and Scripture in the Early Church, 1953.
FOERSTER, W., Von Valentin zu Herakleon, BZNW 7, 1928.
––, Das System des Basilides, NTS 9, 1962/63, 233–255.
FORNBERG, T., An Early Church in a Pluralistic Society. A Study of 2 Peter, CB.NT 9, 1977.
FRANK, I., Der Sinn der Kanonbildung. Eine historisch-theologische Untersuchung der Zeit vom 1. Clemensbrief bis Irenäus von Lyon, FThSt 90, 1971.
FRANK, K.S., Vita apostolica. Ansätze zur apostolischen Lebensform in der alten Kirche, ZKG 82, 1972, 145–166.
FREDE, H.J., Die Zitate des Neuen Testaments bei den lateinischen Kirchenvätern, in: Die alten Übersetzungen des Neuen Testaments, die Kirchenväterzitate und Lektionare. Der gegenwärtige Stand ihrer Erforschung und ihre Bearbeitung für die griechische Textgeschichte, hg. von K. Aland, ANTF 5, 1972, 455–478.
FRICK, R., Die Geschichte des Reich-Gottes-Gedankens in der alten Kirche bis zu Origenes und Augustin, BZNW 6, 1928.
FRIEDRICH, G., 1. Thessalonicher 5,1–11, der apologetische Einschub eines Späteren, ZThK 70, 1973, 288–315.
FRIEDRICH, PH., Studien zum Lehrbegriff des frühchristlichen Apologeten Marcianus Aristides aus Athen, ZKTh 43, 1919, 31–77.
FUCHS, H., Augustin und der antike Friedensgedanke. Untersuchungen zum neunzehnten Buch der civitas Dei, Neue Philologische Untersuchungen 3, 1926.
FUNK, F.X., Der sog. zweite Klemensbrief, ThQ 84, 1902, 349–364.
GAFFRON, H.G., Eine gnostische Apologie des Auferstehungsglaubens. Bemerkungen zur ‚Epistula d Rheginum', in: Die Zeit Jesu (Festschrift H. Schlier), 1970, 218–227.
GAGER, J.G., Marcion and Philosophy, Vig Chr 26, 1972, 53–59.
GAMBLE, H., The Redaction of the Pauline Letters and the Formation of the Pauline Corpus, JBL 94, 1975, 403–418.
GEFFCKEN, J., Zwei griechische Apologeten, 1907.
GERKE, F., Die Stellung des ersten Clemensbriefs innerhalb der Entwicklung der altchristlichen Gemeindeverfassung und des Kirchenrechts, TU 47/1, 1931.
GNILKA, J., Der Epheserbrief, HThK X/2, 1971.
––, Der Philipperbrief, HThK X/3, 2. Aufl. 1976.
GOGUEL, M., Jésus et les origines du Christianisme. La naissance du christianisme, 1955.
GOLDSTEIN, H., Das Gemeindeverständnis des Ersten Petrusbriefs. Exegetische Untersuchungen zur Theologie der Gemeinde im 1. Petrusbrief, Diss. Münster, 1973.
––, Paulinische Gemeinde im Ersten Petrusbrief, SBS 80, 1975.
VON DER GOLTZ, E., Ignatius von Antiochien als Christ und Theologe. Eine dogmengeschichtliche Untersuchung, TU XII/3, 1894.
GOODENOUGH, E.R., The Theology of Justin Martyr, 1923.
GOODSPEED, E.J., The Formation of the New Testament, 3. Aufl. 1927.
––, New Solutions of New Testament Problems, 1927.
––, A History of Early Christian Literature, 2. Aufl. 1942.
––, The Didache, Barnabas and the Doctrina, AThR 27, 1945, 228–247.
GOPPELT, L., Christentum und Judentum im ersten und zweiten Jahrhundert, BFChTh II/55, 1954.

––, Kirche und Häresie nach Paulus, in: Gedenkschrift für W. Elert, 1955, 9–23.
––, Tradition nach Paulus, KuD 4, 1958, 213–233.
––, Theologie des Neuen Testaments. Zweiter Teil. Vielfalt und Einheit des apostolischen Christuszeugnisses, hg. von J. Roloff, 1976.
––, Der Erste Petrusbrief, KEK XII/1, 8. Aufl. 1978.
GRANT, R. M., The Formation of the New Testament, 1965.
––, Bespr. von E. Pagels, The Johannine Gospel in Gnostic Exegesis und dies., The Gnostic Paul, RSRev 3, 1977, 30–34.
GRÄSSER, E., Der Glaube im Hebräerbrief, MThSt 2, 1965.
––, Kol 3,1–4 als Beispiel einer Interpretation secundum homines recipientes, ZThK 64, 1967, 139–168.
––, Zur Christologie des Hebräerbriefes. Eine Auseinandersetzung mit Herbert Braun, in: Neues Testament und christliche Existenz (Festschrift H. Braun), 1973, 195–206.
––, Rechtfertigung im Hebräerbrief, in: Rechtfertigung (Festschrift E. Käsemann), 1976, 79–93.
––, Acta-Forschung seit 1960, ThR NF 41, 1976, 141–194; 259–290; ThR NF 42, 1977, 1–68.
GÜTTGEMANNS, E., Offene Fragen zur Formgeschichte des Evangeliums. Eine methodologische Skizze der Grundlagenproblematik der Form- und Redaktionsgeschichte, BEvTh 54, 1970.
HAARDT, R., „Die Abhandlung über die Auferstehung" des Codex Jung aus der Bibliothek gnostischer koptischer Schriften von Nag Hammadi, Kairos NF 12, 1970, 237–269.
––, Zur Methodologie der Gnosisforschung, in: Gnosis und NT, 183–202.
HAENCHEN, E., Literatur zum Codex Jung, ThR NF 30, 1964, 39–82.
––, Bespr. von De resurrectione (Epistula ad Rheginum), hg. von M. Malinine u.a., Gn 36, 1964, 359–363.
––, Die Apostelgeschichte, KEK III, 14. Aufl. 1965.
HAGEMANN, H., Über den zweiten Brief des Clemens von Rom, ThQ 43, 1861, 509–531.
HAGNER, D.A., The Use of the Old and New Testaments in Clement of Rome, NT. S 34, 1973.
HAHN, F., Das Problem „Schrift und Tradition" im Urchristentum, EvTh 30, 1970, 449–468.
––, Genesis 15,6 im Neuen Testament, in: Probleme biblischer Theologie (Festschrift G. v. Rad), 1971, 90–107.
––, Taufe und Rechtfertigung. Ein Beitrag zur paulinischen Theologie in ihrer Vor- und Nachgeschichte, in: Rechtfertigung (Festschrift E. Käsemann), 1976, 95–124.
HAMMER, P. L., Canon and Theological Variety: A Study in the Pauline Tradition, ZNW 67, 1976, 83–89.
HANSACK, E., „Er lebte ... von seinem eigenen Einkommen" (Apg 28,30), BZ NF 19, 1975, 249–253.
HANSON, A. T., Studies in the Pastoral Epistles, 1968.
HANSON, R. P. C., Tradition in the Early Church, 1962.
(v.) HARNACK, A., Bespr. von M. v. Engelhardt, Das Christenthum Justins, ThLZ 3, 1878, 632–637.
––, Die Lehre der zwölf Apostel nebst Untersuchungen zur ältesten Geschichte der Kirchenverfassung und des Kirchenrechts, TU 2/1–2, 1884.
––, Das Neue Testament um das Jahr 200. Theodor Zahn's Geschichte des neutestamentlichen Kanons (Erster Band, erste Hälfte) geprüft, 1889.
––, Geschichte der Lehre von der Seligkeit allein durch den Glauben in der Alten Kirche, ZThK 1, 1891, 82–178.

––, Geschichte der altchristlichen Litteratur bis Eusebius. Erster Theil: Die Überlieferung und der Bestand der altchristlichen Litteratur bis Eusebius, 1893. Zweiter Theil: Die Chronologie der altchristlichen Litteratur bis Eusebius. Erster Band: Die Chronologie der Litteratur bis Irenäus nebst einleitenden Untersuchungen, 1897.

––, Patristische Miszellen, TU 20/3, 1899, 70–148.

––, Die apokryphen Briefe des Paulus an die Laodicener und Korinther, 1905. KlT 12.

––, Lukas der Arzt. Der Verfasser des dritten Evangeliums und der Apostelgeschichte. Beiträge zu Einleitung in das Neue Testament 1, 1906, 98.

––, Der Presbyter-Prediger des Irenäus (IV, 27,1–32,1). Bruchstücke und Nachklänge der ältesten exegetisch-polemischen Homilieen, in: Philotesia (Festschrift P. Kleinert), 1907, 1–37.

––, Entstehung und Entwicklung der Kirchenverfassung und des Kirchenrechts in den zwei ersten Jahrhunderten, 1910.

––, Judentum und Judenchristentum in Justins Dialog mit Trypho, TU 39/1, 1913.

––, Marcion. Das Evangelium vom fremden Gott. Eine Monographie zur Geschichte der Grundlegung der katholischen Kirche. Neue Studien zu Marcion, 2. Aufl. 1924 (=1960).

––, Die Mission und Ausbreitung des Christentums in den ersten drei Jahrhunderten, 2 Bände, 4. Aufl. 1924.

––, Der marcionitische Ursprung der ältesten Vulgata-Prologe zu den Paulusbriefen, ZNW 24, 1925, 204–218; ZNW 25, 1926, 160–163.

––, Die Briefsammlung des Apostels Paulus und die anderen vorkonstantinischen Briefsammlungen. Sechs Vorlesungen aus der altkirchlichen Literaturgeschichte, 1926.

––, Einführung in die alte Kirchengeschichte. Das Schreiben der römischen Kirche an die korinthische aus der Zeit Domitians. I Clemensbrief, 1929.

––, Lehrbuch der Dogmengeschichte. Erster Band. Die Entstehung des kirchlichen Dogmas, 5. Aufl. 1931.

HARRIS, R., The Authorship of the so-called Second Epistle of Clement, ZNW 23, 1924, 193–200.

HARRISON, R., The Problem of the Pastoral Epistles, 1921.

––, Polycarp's Two Epistles to the Philippians, 1936.

––, Paulines and Pastorales, 1964.

HASLER, V. E., Gesetz und Evangelium in der alten Kirche bis Origenes. Eine auslegungsgeschichtliche Untersuchung, 1953.

HAUFE, G., Gnostische Irrlehre und ihre Abwehr in den Pastoralbriefen, in: Gnosis und NT, 325–339.

HAUPT, E., Die Gefangenschaftsbriefe, KEK VIII/IX, 7. bzw. 6. Aufl. 1897.

HAUSCHILDT, W.-D., Der Ertrag der neueren auslegungsgeschichtlichen Forschung für die Patristik, VF 16/1, 1971, 5–25.

HEARD, R., The *ἀπομνημονεύματα* in Papias, Justin, and Irenaeus. Papias' Quotations from the New Testament, NTS 1, 1954/55, 122–134.

HEGERMANN, H., Der geschichtliche Ort der Pastoralbriefe, ThV 2, 1970, 47–64.

HEINRICI, G., Die valentinianische Gnosis und die heilige Schrift. Eine Studie, 1871.

––, Das Urchristentum in der Kirchengeschichte des Eusebius. Litterarische Verhältnisse des zweiten Jahrhunderts, Beiträge zur Geschichte und Erklärung des Neuen Testamentes I, 1894.

––, Paulinische Probleme, 1914.

HELMBOLD, A., The Nag Hammadi Gnostic Texts and the Bible, 1967.

HENGEL, M., Zwischen Jesus und Paulus. Die „Hellenisten", die „Sieben" und Stephanus (Apg 6,1–15; 7,54–8,3), ZThK 72, 1975, 151–206.

v. Hertling, L., 1 Kor 16,15 und 1 Clem 42, Bibl 20, 1939, 276–283.
Heussi, K., War Petrus in Rom?, 1936.
––, Die römische Petrustradition in kritischer Sicht, 1955.
Hilgenfeld, A., Die Apostolischen Väter. Untersuchungen über Inhalt und Ursprung der unter ihrem Namen erhaltenen Schriften, 1853.
––, Hegesippus, ZwTh 19, 1876, 177–229.
––, Der Paulinismus des Hebräerbriefs, ZwTh 22, 1879, 415–437.
––, Die neuorthodoxe Darstellung Justin's (durch Moritz v. Engelhardt), ZwTh 22, 1879, 493–516.
––, Der Brief des Valentinianers Ptolemäus an die Flora, ZwTh 24, 1881, 214–230.
––, Die Ketzergeschichte des Urchristentums urkundlich dargestellt, 1884 (= 1966).
––, Judenthum und Judenchristenthum. Eine Nachlese zu der „Ketzergeschichte des Urchristenthums“, 1886.
Hirsch, E., Die drei Berichte der Apostelgeschichte über die Bekehrung des Paulus, ZNW 28, 1929, 305–312.
Hoennicke, G., Das Judenchristentum im ersten und zweiten Jahrhundert, 1908.
Hofius, O., Das Zitat 1 Kor 2,9 und das koptische Testament des Jakob, ZNW 66, 1975, 140–142.
Holl, K., Die schriftstellerische Form des griechischen Heiligenlebens, in: Gesammelte Aufsätze zur Kirchengeschichte II. Der Osten, 1928, 249–269.
Holtz, R., Logos spermatikos, StTh 12, 1958, 109–168.
Holtzmann, H., Die Stellung des Clemensbriefes in der Geschichte des neutestamentlichen Kanons, ZwTh 20, 1877, 387–403.
Holtzmann, H.-J., Lehrbuch der historisch-kritischen Einleitung in das Neue Testament, 3. Aufl. 1892.
––, Lehrbuch der Neutestamentlichen Theologie, hg. von A. Jülicher/W. Bauer, 2 Bände, 2. Aufl. 1911.
Hörmann, K., Leben in Christus. Zusammenhänge zwischen Dogma und Sitte bei den Apostolischen Vätern, 1952.
Hornschuh, M., Studien zur Epistula apostolorum, PTS 5, 1965.
Hulen, A., The "Dialogus with the Jews" as Sources for the Early Jewish Argument against Christianity, JBL 51, 1932, 58–70.
Hultgren, A.J., Paul's Pre-Christian Persecutions of the Church: Their Purpose, Locale and Nature, JBL 95, 1976, 97–111.
Jackson, F.J.F./Lake, K. (Hg.), The Beginnings of Christianity. Part 1: The Acts of the Apostles. Vol. V. Additional Notes to the Commentary, hg. von K. Lake und H.J. Cadbury, 1933.
Jacquier, E., Le Nouveau Testament dans l'Eglise chrétienne. Band I, 2. Aufl. 1911.
Jaubert, A., Les Sources de la Conception Militaire de l'Eglise en 1 Clément 37, VC 18, 1964, 74–84.
Jeremias, J., Paul and James, ET 66, 1954/55, 368–371.
––, Die Abendmahlsworte Jesu, 3. Aufl. 1960.
Jeremias, J./Strathmann, H., Die Briefe an Timotheus und Titus. Der Brief an die Hebräer, NTD 9, 10. Aufl. 1970.
Jervell, J., Paulus – der Lehrer Israels. Zu den apologetischen Paulusreden in der Apostelgeschichte, Nov Test 10, 1968, 164–190.
Johnson, S.E., Early Christianity in Asia Minor, JBL 77, 1958, 1–19.
––, Asia Minor and Early Christianity, in: Christianity, Judaism and other Greco-Roman Cults (Festschrift M. Smith), Band II, SJLA XII/2, 1975, 77–145.
Jonas, H., The Gnostic Religion. The Message of the Alien God and the Beginnings of Christianity, 4. Aufl. 1972.
Karlsson, G., Formelhaftes in Paulusbriefen?, Eranos 54, 1956, 138–141.

Käsemann, E., Bespr. von H.-W. Bartsch, Gnostisches Gut ..., VF 1942/46, 1946/47, 131–136.
––, Amt und Gemeinde im Neuen Testament, in: Exegetische Versuche und Besinnungen I, 1964, 109–134.
––, Eine Apologie der urchristlichen Eschatologie, in: Exegetische Versuche und Besinnungen I, 1964, 134–157.
––, Titus 3,4–7, in: Exegetische Versuche und Besinnungen I, 1964, 298–302.
––, Paulus und der Frühkatholizismus, in: Exegetische Versuche und Besinnungen II, 1964, 239–252.
––, Konsequente Traditionsgeschichte?, ZThK 62, 1965, 137–152.
––, An die Römer, HNT 8a, 1973.
Katzenmeyer, H., Zur Frage, ob Petrus in Rom war. 1. Klemensbrief, Kap. 5–6, IKZ 28, 1938, 129–140.
Kelly, J. N. D., Bespr. von J.-P. Audet, La Didaché, JThS NS 12, 1961, 329–333.
––, A Commentary on the Epistles of Peter and of Jude, BNTC, 1969.
––, Altchristliche Glaubensbekenntnisse. Geschichte und Theologie, 1972.
Kemler, H., Der Herrenbruder Jakobus bei Hegesipp und in der frühchristlichen Literatur, Diss. Göttingen, 1966.
Kettler, F. H., Enderwartung und himmlischer Stufenbau im Kirchenbegriff des nachapostolischen Zeitalters, ThLZ 79, 1954, 385–392.
Kirchhofer, J., Quellensammlung zur Geschichte des Neutestamentlichen Canons bis auf Hieronymus, 1844.
Kittel, G., Der Jakobusbrief und die Apostolischen Väter, ZNW 43, 1950/51, 54–112.
Klein, G., Die zwölf Apostel. Ursprung und Gehalt einer Idee, FRLANT 77, 1961.
––, Der Synkretismus als theologisches Problem in der ältesten christlichen Apologetik, in: Rekonstruktion und Interpretation. Gesammelte Aufsätze zum Neuen Testament, BEvTh 50, 1969, 262–301.
––, Bibel und Heilsgeschichte. Die Fragwürdigkeit einer Idee, ZNW 62, 1971, 1–47.
Klevinghaus, J., Die theologische Stellung der Apostolischen Väter zur alttestamentlichen Offenbarung, BFChTh 44, 1948.
Klijn, A. F. J., The Study of Jewish Christianity, NZS 20, 1974, 419–431.
Klijn, A. F. J./Reinink, G. J., Patristic Evidence for Jewish-Christian Sects, NT.S 36, 1973.
Knoch, O., Eigenart und Bedeutung der Eschatologie im theologischen Aufriß des ersten Clemensbriefes, Theoph. 17, 1964.
––, Clemens Romanus und der Frühkatholizismus. Zu einem neuen Buch (Bespr. von K. Beyschlag, Clemens Romanus ...), JAC 10, 1967, 202–210.
––, Die ‚Testamente' des Petrus und Paulus. Die Sicherung der apostolischen Überlieferung in der spätneutestamentlichen Zeit, SBS 62, 1973.
––, Bespr. von H. R. Balz/W. Schrage, Die „katholischen" Briefe, ThLZ 100, 1975, 41–44.
Knopf, R., Der erste Clemensbrief, TU 20/1, 1899.
––, Die Briefe Petri und Judäa, KEK XII, 7. Aufl. 1912.
––, Die LEhre der zwölf Apostel. Die zwei Clemensbriefe, HNT ErgBd. I, 1920.
Knorz, P., Die Theologie des Hirten des Hermas, Diss. masch. Heidelberg, 1958.
Knox, J., Marcion and the New Testament. An Essay in the Early History of the Canon, 1942.
––, Acts and the Pauline Letter Corpus, in: Studies in Luke-Acts (Festschrift P. Schubert), 1966, 279–287.
Koschorke, K., Hippolyts Ketzerbekämpfung und Polemik gegen die Gnostiker. Eine tendenzkritische Untersuchung seiner „Refutatio omnium haeresium", GOF. H 4, 1975.

––, Die Polemik der Gnostiker gegen das kirchliche Christentum. Unter besonderer Berücksichtigung der Nag-Hammadi-Traktate „Apokalypse des Petrus“ (NHC VII,3) und „Testimonium Veritatis“ (NHC IX,3), NHSt XII, 1978.

––, Der gnostische Traktat „Testimonium Veritatis“ aus dem Nag-Hammadi-Codex IX. Eine Übersetzung, ZNW 69, 1978, 91–117.

––, Eine neugefundene gnostische Gemeindeordnung. Zum Thema Geist und Amt im frühen Christentum, ZThK 76, 1979, 30–60.

KÖSTER, H., Synoptische Überlieferung bei den apostolischen Vätern, TU 65, 1957.

––, Geschichte und Kultur im Johannesevangelium und bei Ignatius von Antiochien, ZThK 54, 1957, 56–69.

––, Gnomai Diaphorai: Ursprung und Wesen der Mannigfaltigkeit in der Geschichte des frühen Christentums, in: H. Köster/J. M. Robinson, Entwicklungslinien durch die Welt des frühen Christentums, 1971, 107–146.

KRAFT, H., Die Offenbarung des Johannes, HNT 16a, 1974.

KRAFT, R. A., Barnabas' Isaiah Text and the 'Testimony Book' Hypothesis, JBL 79, 1960, 336–350.

KRAUSE, M., Zur Bedeutung des gnostisch-hermetischen Handschriftenfundes von Nag Hammadi, in: Essays on the Nag Hammadi Texts (Festschrift P. Labib), NHSt VI, 1975, 65–89.

KRETSCHMAR, G., Christliches Passa im 2. Jahrhundert und die Ausbildung der christlichen Theologie, RSR 60, 1972, 287–323.

KUHN, H.-W., Jesus als Gekreuzigter in der frühchristlichen Verkündigung bis zur Mitte des 2. Jahrhunderts, ZThK 72, 1975, 1–46.

KÜMMEL, W. G., Theologie und Geschichte des Judenchristentums, StTh 3, 1950/51, 188–194.

––, Einleitung in das Neue Testament, 17. Aufl. 1973.

KÜRZINGER, J., Die Aussage des Papias von Hierapolis zur literarischen Form des Markusevangeliums, BZ NF 21, 1977, 245–264.

KUSS, O., Paulus . Die Rolle des Apostels in der theologischen Entwicklung der Urkirche, 2. Aufl. 1976.

LAGRANGE, M.-J., Saint Paul ou Marcion, RB 41, 1932, 5–30.

LÄHNEMANN, J., Der Kolosserbrief. Komposition, Situation, Argumentation, StNT 3, 1971.

LANGERBECK, H., Die Anthropologie der alexandrinischen Gnosis. Interpretationen zu den Fragmenten des Basilides und Valentinus und ihrer Schulen bei Clemens von Alexandrien und Origenes, in: Aufsätze zur Gnosis, AAG III 69, 1967, 38–82.

––, Zur Auseinandersetzung von Theologie und Gemeindeglauben in der römischen Gemeinde in den Jahren 135–165, in: Aufsätze zur Gnosis (s.o.), 167–179.

LAWSON, J., A Theological and Historical Introduction to the Apostolic Fathers, 1961.

LEBRETON, J., La théologie de la Trinité d'après saint Ignace d'Antioche, RSR 15, 1925, 97–126; 393–419.

LEIPOLDT, J., Geschichte des neutestamentlichen Kanons. Erster Teil: Die Entstehung, 1907.

LEMME, L., Das Judenchristenthum der Urkirche und der Brief des Clemens Romanus, NJDTh 1, 1892, 325–480.

LIECHTENHAN, R., Die Offenbarung im Gnosticismus, 1901.

LIENHARD, J. T., The Christology of the Epistle to Diognetus, Vig Chr 24, 1970, 280–289.

LIETZMANN, H., Petrus und Paulus in Rom. Liturgische und archäologische Studien, AKG 1, 2. Aufl. 1927.

––, Geschichte der Alten Kirche. I. Die Anfänge, 1932.

––, Einführung in die Textgeschichte der Paulusbriefe, HNT 8, 4. Aufl. 1933, 1–18.

--, Petrus römischer Märtyrer, in: Kleine Schriften I. Studien zur spätantiken Religionsgeschichte, hg. von K. Aland, TU 67, 1958, 100–123.

--, An die Galater, HNT 10, 4. Aufl. 1971.

LIETZMANN, H./KÜMMEL, W. G., An die Korinther I/II, HNT 9, 4. Aufl. 1949.

LIGHTFOOT, J. B., The Apostolic Fathers. Part I, 1.2. S. Clement of Rome. A Revised Text with Introductions, Notes, Dissertations, and Translations, 2. Aufl. 1890 (=1973). Part II, 1–3. S. Ignatius. S. Polycarp. Revised Texts with Introduction, notes, Dissertations, and Translations, 1889.

LINDEMANN, A., Die Aufhebung der Zeit. Geschichtsverständnis und Eschatologie im Epheserbrief, StNT 12, 1975.

--, Bemerkungen zur den Adressaten und zum Anlaß des Epheserbriefes, ZNW 67, 1976, 235–251.

--, Zum Abfassungszweck des Zweiten Thessalonicherbriefes, ZNW 68, 1977, 35–47.

LINTON, O., The Third Aspect. A Neglected Point of View. A Study in Gal. I–II and Acts IX and XV, StTh 3, 1949 (1950/51), 79–95.

LIPSIUS, R. A., Die apokryphen Apostelgeschichten und Apostellegenden. Ein Beitrag zur altchristlichen Literaturgeschichte, I., 1883; II., 1887; II/2, 1884.

v. LOEWENICH, W., Das Johannesverständnis im zweiten Jahrhundert, BZNW 13, 1932.

--, Bespr. von E. Aleith, Das Paulusverständnis ..., ThLZ 63, 1938, 380f.

LOHMANN, TH., Die Verwendung autoritativer Überlieferungen im Urchristentum mit besonderer Berücksichtigung der nachpaulinischen Briefliteratur, Diss. masch. Jena, 1952.

LOHSE, E., Die Offenbarung des Johannes, NTD 11, 8. Aufl. 1960.

--, Die Briefe an die Kolosser und an Philemon, KEK IX/2, 14. Aufl. 1968.

--, Pauline Theology in the Letter to the Colossians, NTS 15, 1968/69, 211–220.

--, Die Mitarbeiter des Apostels Paulus im Kolosserbrief, in: Verborum Veritas (Festschrift G. Stählin), 1970, 189–194.

--, Christusherrschaft und Kirche im Kolosserbrief, in: Die Einheit des Neuen Testaments. Exegetische Studien zur Theologie des Neuen Testaments, 1973, 262–275.

--, Glaube und Werke – zur Theologie des Jakobusbriefes, in: Die Einheit des Neuen Testaments (s. o.), 285–306.

--, Paränese und Kerygma im 1. Petrusbrief, in: Die Einheit des Neuen Testaments (s. o.), 307–328.

--, Grundriß der neutestamentlichen Theologie, ThW 5, 1974.

LOISY, A., Les Evangiles Synoptiques I, 1907.

LÖNING, K., Die Saulustradition in der Apostelgeschichte, NTA NF 9, 1973.

LÖSCH, ST., Der Brief des Clemens Romanus. Die Probleme und ihre Beurteilung in der Gegenwart, in: Studi dedicati alla memoria di Paolo Ubaldi, PUCSC 5/16, 1937, 177–188.

LUCK, U., Der Jakobusbrief und die Theologie des Paulus, ThGl 61, 1971, 161–179.

LÜDEMANN, G., Untersuchungen zur simonianischen Gnosis, GTA 1, 1975.

--, Paulus der Heidenapostel. I. Studien zur Chronologie, HabSchr masch. Göttingen 1977.

LUDWIG, H., Der Verfasser des Kolosserbriefes. Ein Schüler des Paulus, Diss. Göttingen 1974.

LÜHRMANN, D., Das Offenbarungsverständnis bei Paulus und in paulinischen Gemeinden, WMANT 16, 1965.

--, Rechtfertigung und Versöhnung. Zur Geschichte der paulinischen Tradition, ZThK 67, 1970, 437–452.

--, Glaube im frühen Christentum, 1976.

LUZ, U., Der alte und der neue Bund bei Paulus und im Hebräerbrief, EvTh 27, 1967, 318–336.
––, Das Geschichtsverständnis des Paulus, BEvTh 49, 1968.
––, Christianity and Gnosticism, ChC 8, 1972, 87–114.
––, Erwägungen zur Entstehung des „Frühkatholizismus". Eine SKizze, ZNW 65, 1974, 88–111.
––, Rechtfertigung bei den Paulusschülern, in: Rechtfertigung (Festschrift E. Käsemann), 1976, 365–383.
––, Der dreiteilige Traktat von Nag Hammadi, ThZ 33, 1977, 384–392.
––, Die Erfüllung des Gesetzes bei Matthäus (Mt 5,17–20), ZThK 75, 1978, 398–435.
MARTIN jr., L.H., The Anti-Philosophical Polemic and Gnostic Soteriology in 'the Treatise on the Resurrection' (CG I,3), Numen 20, 1973, 20–37.
MARXSEN, W., Der „Frühkatholizismus" im Neuen Testament, BSt 21, 1958.
––, Der Evangelist Markus. Studien zur Redaktionsgeschichte des Evangeliums, FRLANT 67, 2. Aufl. 1959.
––, Einleitung in das Neue Testament. Eine Einführung in ihre Probleme, 4. Aufl. 1978.
MASSAUX, E., L'influence de l'Evangile de saint Matthieu sur la littérature chrétienne avant saint Irénée, Universitas Catholica Lovanienses, Dissertationes II/42, 1950.
MASSON, CH., A propos de Act. 9,19b–25. Note sur l'utilisation de Gal. et de 2 Cor. par l'auteur des Actes, ThZ 18, 1962, 161–166.
MAURER, CHR., Ignatius von Antiochien und das Johannesevangelium, AThANT 18, 1949.
MEIJERING, E.P., Bemerkungen zur Tertullians Polemik gegen Marcion (adversus Marcionem 1,1–25), Vig Chr 30, 1976, 81–108.
MEINHOLD, P., Geschehen und Deutung im Ersten Clemensbrief, ZKG 58, 1939, 82–129.
––, Geschichte und Exegese im Barnabasbrief, ZKG 59, 1940, 255–303.
––, Die Ethik des Ignatius von ANtiochien, in: Theologie aus dem Geist der Geschichte (Festschrift B. Altaner), HJ 77, 1957, 50–62.
––, Episkope – Pneumatiker – Märtyrer. Zur Deutung der Selbstaussagen des Ignatius von Antiochien, Saec. 14, 1963, 308–324.
MERKLEIN, H., Das kirchliche Amt nach dem Epheserbrief, StANT 33, 1973.
MERRILL, E.T., Essays in Early Christian History, 1924.
METZGER, B.M., A Reconsideration of Certain Arguments, ET 70, 1958/59, 91–94.
MEYER, E., Ursprung und Anfänge des Christentums. III. Die Apostelgeschichte und die Anfänge des Christentums, 1923.
MICHAELIS, W., Teilungshypothesen bei Paulusbriefen. Briefkompositionen und ihr Sitz im Leben, ThZ 14, 1958, 321–326.
MICHEL, H.J., Die Abschiedsreden des Paulus an die Kirche Apg 20,17–38. Motivgeschichte und theologische Bedeutung, StANT 35, 1973.
MICHEL, O., Grundfragen der Pastoralbriefe, in: Auf dem Grunde der Apostel und Propheten (Festschrift Th. Wurm), 1948, 83–99.
––, Der Brief an die Hebräer, KEK XIII, 12. Aufl. 1966.
––, Paulus und seine Bibel (mit einem Nachtrag), 1972.
MIKAT, P., Die Bedeutung der Begriffe Stasis und Aponoia für das Verständnis des 1. Clemensbriefes, Arbeitsgemeinschaft für Forschung des Landes Nordrhein-Westfalen. Geisteswissenschaften 155, 1969.
MINKE, H.-U., Die Schöpfung in der frühchristlichen Verkündigung nach dem Ersten Clemensbrief und der Areopagrede, Diss. Hamburg 1966.
MITTON, C.L., The Relationship between 1 Pet. and Ephes., JThS NS 1, 1950, 65–73.
––, The Epistle to the Ephesians. Its Authorship, Origin and Purpose, 1951.

--, The Formation of the Pauline Corpus of Letters, 1955.

MOFFATT, J., Ignatius of Antioch. A Study in Personal Religion, JR 10, 1930, 169–186.

MOLLAND, E., Die literatur- und dogmengeschichtliche Stellung des Diognetbriefes, ZNW 33, 1934, 289–312.

MONTEFIORE, H., A Commentary on the Epistle to the Hebrews, BNTC, 1964.

MORENZ, S., Der Apostel Andreas als *νέος Σάραπις*, ThLZ 72, 1947, 295–298.

MOULE, C. F. D., The Problem of the Pastoral Epistles: A Reappraisal, BJRL 47, 1965, 430–452.

MOWRY, L., The Early Circulation of Paul's Letters, JBL 63, 1944, 73–86.

MÜLLER, P.-G., Destruktion des Kanons – Verlust der Mitte. Ein kritisches Gespräch mit Siegfried Schulz, ThRv 73, 1977, 177–186.

MÜLLER, U. B., Die christologische Absicht des Markusevangeliums und die Verklärungsgeschichte, ZNW 64, 1973, 159–193.

--, Prophetie und Predigt im Neuen Testament. Formghtliche Untersuchungen zur urchristlichen Prophetie, StNT 10, 1975.

--, Zur frühchristlichen Theologiegeschichte. Judenchristentum und Paulinismus in Kleinasien an der Wende vom ersten zum zweiten Jahrhundert n. Chr., 1976.

MUNCK, J., La vocation de l'Apôtre Paul, StTh 1, 1947/48, 131–145.

--, Petrus und Paulus in der Offenbarung Johannis. Ein Beitrag zur Auslegung der Apokalypse, LSSk. T 1, 1950.

--, The Acts of the Apostles, AncB, 1967.

MUNDLE, W., Das Kirchenbewußtsein der ältesten Christenheit, ZNW 22, 1923, 20–42.

--, Die Herkunft der ‚marcionitischen' Prologe zu den paulinischen Briefen, ZNW 24, 1925, 56–77.

--, Das Apostelbild der Apostelgeschichte, ZNW 27, 1928, 36–54.

MUSSNER, F., Der Jakobusbrief, HThK XIII/1, 2. Aufl. 1967.

--, Petrus und Paulus – Pole der Einheit. Eine Hilfe für die Kirchen, QD 76, 1976.

NAUCK, W., Die Herkunft des Verfassers der Pastoralbriefe. Ein Beitrag zur Frage der Auslegung der Pastoralbriefe, Diss. masch. Göttingen 1950.

--, Die Tradition und Komposition der Areopagrede. Eine motivgeschichtliche Untersuchung, ZThK 53, 1956, 11–52.

--, Probleme des frühchristlichen Amtsverständnisses (I Petr 5,2f), ZNW 48, 1957, 200–220.

NAUTIN, P., Irénée et la canonicité des Epîtres pauliniennnes, RHR 91, 1972, 113–130.

NESTLE, E., War der Verfasser des ersten Clemens-Briefes semitischer Abstammung?, ZNW 1, 1900, 178–180.

NEW TESTAMENT IN THE APOSTOLIC FATHERS, by a Committee of the Oxford Society of Historical Theology, 1905.

NIEDERWIMMER, K., Grundriß der Theologie des Ignatius von Antiochien, Diss. masch. Wien, 1956.

--, Die Freiheit des Gnostikers nach dem Philippusevangelium. Eine Untersuchung zum Thema: Kirche und Gnosis, in: Verborum Veritas (Festschrift G. Stählin), 1970, 361–374.

NIELSEN, C. M., Polycarp, Paul and the Scriptures, AThR 47, 1965, 199–216.

--, The Epistle to Diognetus: Its Date and Relationship to Marcion, AThR 52, 1970, 77–91.

--, Papias: Polemicist against Whom?, TS 35, 1974, 529–535.

NOCK, A. D., Early Gentile Christianity and Its Hellenistic Background, in: Essays on Religion and the Ancient World, hg. von Z. Stewart, I., 1972, 49–133.

v. NORDHEIM, E., Das Zitat des Paulus in 1 Kor 2,9 und seine Beziehung zum koptischen Testament Jakobs, ZNW 65, 1974, 112–120.

NORMANN, F., Christos didaskalos. Die Vorstellung von Christus als Lehrer in der christlichen Literatur des ersten und zweiten Jahrhunderts, MBT 32, 1967.

Norris, F. W., Ignatius, Polycarp, and I Clement: Walter Bauer Reconsidered, Vig Chr 30, 1976, 23–44.

Nösgen, K. F., Der kirchliche Standpunkt Hegesipps, ZKG 2, 1878, 193–233.

Obermeier, K., Die Gestalt des Paulus in der lukanischen Verkündigung. Das Paulusbild der Apostelgeschichte, Diss. Bonn 1975.

O'Connor, D. W. M., Peter in Rome. A Review and Position, in: Christianity, Judaism and other Greco-Roman Cults (Festschrift M. Smith), Band II, SJLA XII/2, 1975, 145–160.

O'Hagan, A. P., Material Re-Creation in the Apostolic Fathers, TU 100, 1968.

Ollrog, W. H., Paulus und seine Mitarbeiter, Diss. masch. Heidelberg 1974.

O'Neill, J. C., The Theology of Acts in its Historical Setting, 2. Aufl. 1970.

Opitz, H., Ursprünge frühkatholischer Pneumatologie. Ein Beitrag zur Entstehung der Lehre vom Heiligen Geist in der römischen Gemeinde unter Zugrundelegung des I. Clemens-Briefes und des ‚Hirten' des Hermas, ThA 15, 1960.

Osborn, E. F., Justin Martyr, BHTh 47, 1973.

von der Osten-Sacken, P., Die Apologie des paulinischen Apostolats in 1 Kor 15,1–11, ZNW 64, 1973, 245–262.

––, Gottes Treue bis zur Parusie. Formgeschichtliche Beobachtungen zu 1 Kor 1,7b–9, ZNW 68, 1977, 176–199.

Otto, J. C. T., Beziehungen auf Paulinische Briefe bei Justin dem Märtyrer und dem Verfasser des Briefes an Diognet, ZHTh 12, 1842, 41–57.

Overbeck, F., Über das Verhältnis Justins des Märtyrers zur Apostelgeschichte, ZwTh 15, 1872, 305–349.

––, Über den pseudojustinischen Brief an Diognet, Studien zur Geschichte der alten Kirche. Erstes Heft, 1875, 1–92.

Pagels, E. H., "The Mystery of the Resurrection": A Gnostic Reading of 1 Corinthians 15, JBL 93, 1974, 276–288.

––, The Gnostic Paul. Gnostic Exegesis of the Pauline Letters, 1975.

di Pauli, A., Zum sogenannten 2. Korintherbrief des Clemens Romanus, ZNW 4, 1903, 321–329.

Paulsen, H., Zur Wissenschaft vom Urchristentum und der alten Kirche – ein methodischer Versuch, ZNW 68, 1977, 200–230.

––, Studien zur Theologie des Ignatius von Antiochien, FKDG 29, 1978.

Peel, M. L., Gnostic Eschatology and the New Testament, Nov Test 12, 1970, 141–165.

––, Gnosis und Auferstehung. Der Brief an Rheginus von Nag Hammadi. Mit einem Anhang: Der koptische Text des Briefes an Rheginus, 1974.

Peel, M. L./Zandee, J., "The Teaching of Silvanus" from the Library of Nag Hammadi (CG VII: 84,15–118,7), Nov Test 14, 1972, 294–311.

Peterson, E., Das Praescriptum des 1. Clemens-Briefes, in: Frühkirche, Judentum und Gnosis. Studien und Untersuchungen, 1959, 129–136.

Pétrément, S., Valentin est-il l'auteur de l'Epître à Dignète?, RHPhR 46, 1966, 34–62.

Pfleiderer, O., Der Paulinismus. Ein Beitrag zur Geschichte der urchristlichen Theologie, 2. Aufl. 1890.

––, Lectures on the Influence of the Apostle Paul on the Development of Christianity, 3. Aufl. 1897.

––, Das Urchristentum, seine Schriften und Lehren in geschichtlichem Zusammenhang, II., 2. Aufl. 1902.

Piesik, H., Die Bildersprache der Apostolischen Väter, Diss. phil. Bonn 1961.

Plümacher, E., Wirklichkeitserfahrung und Geschichtsschreibung bei Lukas. Erwägungen zu den Wir-Stücken der Apostelgeschichte, ZNW 68, 1977, 2–22.

Pokorný, P., Der soziale Hintergrund der Gnosis, in: Gnosis und NT, 77–87.

PRAETORIUS, W., Die Bedeutung der beiden Klemensbriefe für die älteste Geschichte der kirchlichen Praxis, ZKG 33, 1912, 347–363; 501–528.
PREISS, TH., La mystique de l'imitation du Christ et de l'unité chez Ignace d'Antioche, RHPhR 18, 1938, 197–241.
––, Die Rechtfertigung im johanneischen Denken, EvTh 16, 1956, 289–310.
PREUSCHEN, E., Paulus als Antichrist, ZNW 2, 1901, 169–201.
PRIGENT, P., Ce que l'oeil n'a pas vu, 1 Cor 2,9. Histoire et préhistoire d'une citation, ThZ 14, 1958, 416–429.
––, Les Testimonia dans le Christianisme primitif. L'Epître de Barnabé I–XVI et ses Sources, EtB, 1961.
PUECH, H.C., Numénius d'Apamée et les théologiens orientales au IIe siècle, AIPh II, 1934, 745–778.
––, Bespr. von P.N. Harrison, Polycarp's two Epistles ..., RHR 119, 1939, 96–102.
PUECH, H.C./G. QUISPEL, Les écrits gnostiques du Codex Jung, Vig Chr 8, 1954, 1–51.
QUASTEN, J., Patrology. I. The Beginnings of Patristic Literature, 1950.
QUINN, J.D., P 46 – The Pauline Canon?, CBQ 36, 1974, 379–385.
QUISPEL, G., Christliche Gnosis und jüdische Heterodoxie, EvTh 14, 1954, 474–484.
––, Neue Funde zur valentinianischen Gnosis, ZRGG 6, 1954, 289–305.
RADL, W., Paulus und Jesus im lukanischen Doppelwerk. Untersuchungen zu Parallelmotiven im Lukas-Evangelium und in der Apostelgeschichte, EHS XXIII/49, 1975.
RATHKE, H., Ignatius von Antiochien und die Paulusbriefe, TU 99, 1967, 13–66.
REHM, B., Zur Entstehung der pseudoclementinischen Schriften, ZNW 37, 1938, 77–184.
REILING, J., Hermas and Christian Prophecy. A Study of the Eleventh Mandate, NT. S 37, 1973.
RENNER, F., „An die Hebräer" – ein pseudepigraphischer Brief, MüSt 14, 1970.
RESCH, A., Der Paulinismus und die Logia Jesu in ihrem gegenseitigen Verhältnis untersucht, TU 27, 1904.
RÉVILLE, J., Etudes sur les origines de l'épiscopat. La valeur de témoignage d'Ignace d'Antioche, RHR 22, 1890, 1–26; 123–160; 267–288.
RICHARDSON, C.C., The Christianity of Ignatius of Antioch, 1935.
RIESENFELD, H., Reflections on the Style and the Theology of St. Ignatius of Antioch, StPatr IV/2, TU 79, 1961, 312–322.
RITSCHL, A., Die Entstehung der altkatholischen Kirche. Eine kirchen- und dogmengeschichtliche Monographie, 2. Aufl. 1857.
ROASENDA, P., Il pensiero paolino nell'Epistola a Diogneto, Aevum IX, 1935, 468–473.
ROBINSON, A.C., The Evangelium Veritatis: Its Doctrine, Character, and Origin, JR 43, 1963, 234–243.
ROBINSON, J.M., Kerygma und Geschichte im Neuen Testament, in: H. Köster/J. M. Robinson, Entwicklungslinien durch die Welt des frühen Christentums, 1971, 20–66.
ROGGE, J., *Ἕνωσις* und verwandte Begriffe in den Ignatiusbriefen, in: ... und fragten nach Jesus (Festschrift E. Barnikol), 1964, 45–51.
ROHDE, J., Häresie und Schisma im ersten Clemensbrief und in den Ignatius-Briefen, Nov Test 10, 1968, 217–233.
––, Pastoralbriefe und Acta Pauli, StEv V, TU 103, 1968, 303–310.
––, Urchristliche und frühkatholische Ämter. Eine Untersuchung zur frühchristlichen Amtsentwicklung im Neuen Testament und bei den apostolischen Vätern, ThA 33, 1976.
ROLOFF, J., Apostolat – Verkündigung – Kirche. Ursprung, Inhalt und Funktion des kirchlichen Apostelamtes nach Paulus, Lukas und den Pastoralbriefen, 1965.

ROMANIUK, K., Le Problème des Paulinismes dans l'Evangile de Marc, NTS 23, 1976/77, 266–274.
ROPES, J. H., A Critical and Exegetical Commentary on the Epistle of St. James, ICC, 1916 (=1954).
ROSLAN, W., Die Grundbegriffe der Gnade nach der Lehre der Apostolischen Väter, ThQ 119, 1938, 200–225; 275–317; 470–503.
RUDOLPH, K., Gnosis und Gnostizismus, ein Forschungsbericht, ThR NF 34, 1969, 121–175; 181–231; 358–361.
––, Die Gnosis. Wesen und Geschichte einer spätantiken Religion, 1977.
SABATIER, M. A., L'auteur du Livre des Actes des Apôtres a-t-il connu et utilisé dans son récit les Epîtres de Saint Paul?, BEHE.R 1, 1889, 205–229.
SAGNARD, F. M. M., Holy Scripture in the Early Fathers of the Church, StEv I, TU 73, 1959, 706–713.
SALLES, A., La diatribe anti-paulinienne dans le «Roman pseudo-clémentin» et l'origine des «Kérygmes de Pierre», RB 64, 1957, 516–551.
SAND, A., Die Polemik gegen „Gesetzlosigkeit" im Evangelium nach Matthäus und bei Paulus. Ein Beitrag zur neutestamentlichen Überlieferungsgeschichte, BZ NF 14, 1970, 112–125.
––, Kanon. Von den Anfängen bis zum Fragmentum Muratorianum, HDG I; 3a (1), 1974.
––, Das Gesetz und die Propheten. Untersuchungen zur Theologie des Evangeliums nach Matthäus, BU 11, 1974.
SANDERS, E. P., Literary Dependance in Colossians, JBL 85, 1966, 28–45.
SANDERS, J. T., Paul's "Autobiographical" Statements in Galatians 1–2, JBL 85, 1966, 335–343.
SANDERS, L., L'Hellénisme de Saint Clément de Rome et le Paulinisme, StHell II, 1943.
SASS, G., Die Apostel in der Didache, in: In memoriam Ernst Lohmeyer, 1951, 233–239.
SCHÄFER, K. TH., Marcion und die ältesten Prologe zu den Paulusbriefen, in: Kyriakon (Festschrift J. Quasten) I., 1970, 135–150.
SCHAMMBERGER, H., Die Einheitlichkeit des Jacobusbriefes im antignostischen Kampf, 1936.
SCHELKLE, K. H., Paulus Lehrer der Väter. Die altkirchliche Auslegung von Römer 1–11, 1956.
––, Spätapostolische Briefe als frühkatholisches Zeugnis, in: Neutestamentliche Aufsätze für J. Schmid, 1963, 225–232.
––, Die Petrusbriefe. Der Judasbrief, HThK XIII/2, 2. Aufl. 1964.
SCHENDEL, E., Herrschaft und Unterwerfung Christi. 1. Korinther 15,24–28 in Exegese und Theologie der Väter bis zum Ausgang des 4. Jahrhunderts, BGBE 12, 1971.
SCHENKE, H.-M., Das Evangelium nach Philippus. Ein Evangelium der Valentinianer aus dem Funde von Nag-Hammadi, ThLZ 84, 1959, 1–26.
––, Die Herkunft des sogenannten Evangelium Veritatis, 1959.
––, Der Widerstreit gnostischer und kirchlicher Christologie im Spiegel des Kolosserbriefes, ZThK 61, 1964, 391–403.
––, Hauptprobleme der Gnosis. Gesichtspunkte zu einer neuen Darstellung des Gesamtphänomens, Kairos NF 7, 1965, 114–123.
––, Das Problem der Beziehung zwischen Judentum und Gnosis. Ist die Gnosis aus dem Judentum ableitbar?, Kairos NF 7, 1965, 124–133.
––, Bespr. von De resurrectione (Epistula ad Rheginum), hg. von M. Malinine u.a., OLZ 60, 1965, 471–477.
––, Die Arbeit am Philippus-Evangelium, ThLZ 90, 1965, 321–332.
––, Bespr. von A. Böhlig/P. Labib, Koptisch-gnostische Apokalypsen ..., OLZ 61, 1966, 23–34.

––, Auferstehungsglaube und Gnosis, ZNW 59, 1968, 123–126.
––, Bespr. von W. Schrage, Das Verhältnis des Thomas-Evangeliums zur synoptischen Tradition ..., ThLZ 93, 1968, 36–38.
––, Bespr. von U. Bianchi (Hg.), Le origini dello gnosticismo, ThLZ 93, 1968, 903–905.
––, Erwägungen zum Rätsel des Hebräerbriefes, in: Neues Testament und christliche Existenz (Festschrift H. Braun), 1973, 421–437.
––, Die neutestamentliche Christologie und der gnostische Erlöser, in: Gnosis und NT, 205–229.
––, Das Weiterwirken des Paulus und die Pflege seines Erbes durch die Paulus-Schule, NTS 21, 1974/75, 505–518.
––, Zum sogenannten Tractatus Tripartitus des Codex Jung, ZÄS 105, 1978, 133–141
SCHENKEL, D., Das Christusbild der Apostel und der nachapostolischen Zeit. Aus den Quellen dargestellt, 1879.
SCHILLE, G., Zur urchristlichen Tauflehre. Stilistische Beobachtungen am Barnabasbrief, ZNW 49, 1958, 31–52.
––, Frühchristliche Hymnen, 1965.
––, Die urchristliche Kollegialmission, AThANT 48, 1967.
SCHLIER, H., Religionsgeschichtliche Untersuchungen zu den Ignatiusbriefen, BZNW 8, 1929.
––, Der Brief an die Epheser. Ein Kommentar, 2. Aufl. 1958.
––, Der Brief an die Galater, KEK VII, 13. Aufl. 1965.
––, Der Römerbrief, HThK VI, 1977.
SCHMIDT, C., Acta Pauli. Übersetzung, Untersuchungen und koptischer Text, 2. Aufl. 1905.
––, Gespräche Jesu mit seinen Jüngern nach der Auferstehung. Ein katholisch-apostolisches Sendschreiben des 2. Jahrhunderts, TU 43, 1919.
––, Studien zu den alten Petrusakten, ZKG 43, 1924, 321–348; ZKG 45, 1927, 481–513.
––, Das koptische Didache-Fragment des British Museum, ZNW 24, 1925, 81–99.
––, Studien zu den Pseudo-Clementinen, TU 46/1, 1929.
––, Zur Datierung der alten Petrusakten, ZNW 29, 1930, 150–155.
––, *ΠΡΑΞΕΙΣ ΠΑΥΛΟΥ*. Acta Pauli. Nach dem Papyrus der Hamburger Staats- und Universitäts-Bibliothek, Veröffentlichungen aus der Hamburger Staats- und Universitäts-Bibliothek II, 1936.
SCHMITHALS, W., Zwei gnostische Glossen im Zweiten Korintherbrief, EvTh 18, 1958, 552–573.
––, Das kirchliche Apostelamt. Eine historische Untersuchung, FRLANT 79, 1961.
––, Zur Abfassung und ältesten Sammlung der paulinischen Hauptbriefe, in: Paulus und die Gnostiker. Untersuchungen zu den kleinen Paulusbriefen, ThF 35, 1965, 175–200.
––, Die gnostischen Elemente im Neuen Testament als hermeneutisches Problem, in: Gnosis und NT, 359–381.
––, Der Römerbrief als historisches Problem, StNT 9, 1975.
––, Gnosis und Neues Testament, VF 2/1976, 22–46.
SCHNEEMELCHER, W., Das Problem des Judenchristentums, VF 1949/50, 1851/52, 229–238.
––, Paulus in der griechischen Kirche des 2. Jahrhunderts, ZKG 75, 1964, 1–20.
––, Die Apostelgeschichte des Lukas und die Acta Pauli, in: Apophoreta (Festschrift E. Haenchen), BZNW 30, 1964, 236–250.
––, Die Acta Pauli – Neue Funde und neue Aufgaben, ThLZ 89, 1964, 241–254.
SCHOEPS, H.-J., Theologie und Geschichte des Judenchristentums, 1949.

--, Urgemeinde, Judenchristentum, Gnosis, 1956.
--, Die Pseudoklementinen und das Urchristentum, ZRGG 10, 1958, 3–15.
--, Das Judenchristentum in den Pseudoklementinen, ZRGG 11, 1959, 72–77.
--, Paulus. Die Theologie des Apostels im Lichte der jüdischen Religionsgeschichte, 1959.
--, Das Judenchristentum in den Parteienkämpfen der alten Kirche, in: Aspects du Judéo-Christianisme, 1965, 53–75.
SCHOLER, D.M., Nag Hammadi Bibliography 1948–1969, NHSt I, 1971.
SCHRAGE, W., Das Verhältnis des Thomas-Evangeliums zur synoptischen Tradition und zu den koptischen Evangelienübersetzungen. Zugleich ein Beitrag zur gnostischen Synoptikerdeutung, BZNW 29, 1964.
--, Evangelienzitate in Oxyrhynchus-Logien und im Koptischen Thomas-Evangelium, in: Apophoreta (Festschrift E. Haenchen), BZNW 30, 1964, 251–268.
SCHRÖGER, F., Der Verfasser des Hebräerbriefes als Schriftausleger, BU 4, 1968.
SCHUBERT, K., Problem und Wesen der jüdischen Gnosis, Kairos NF 3, 1961, 2–15.
SCHÜLE, E.U., Der Ursprung des Bösen bei Marcion, ZRGG 16, 1964, 23–42.
SCHULZ, S., Die Stunde der Botschaft. Einführung in die Theologie der vier Evangelisten, 2. Aufl. 1970.
--, Die Mitte der Schrift. Der Frühkatholizismus im Neuen Testament als Herausforderung an den Protestantismus, 1976.
SCHULZE, G., Das Paulusbild des Lukas. Ein historisch-exegetischer Versuch als Beitrag zur Erforschung der lukanischen Theologie, Diss. masch. Kiel 1960.
SCHULZE, H., Die Unterlagen für die Abschiedsrede zu Milet in Apostelgesch. 20, 18–38 untersucht, ThStKr 73, 1900, 119–125.
SCHÜSSLER, W., Ist der zweite Klemensbrief ein einheitliches Ganzes?, ZKG 28, 1907, 1–13.
SCHÜTZ, H.-G., „Kirche" in spätneutestamentlicher Zeit. Untersuchung über das Selbstverständnis des Urchristentums an der Wende vom 1. zum 2. Jahrhundert anhand des 1. Petr., des Hebr. und der Past., Diss. Bonn 1964.
SCHWARTZ, E., Unzeitgemäße Beobachtungen zu den Clementinen, ZNW 31, 1932, 151–199.
SCHWEITZER, V., Glaube und Werke bei Klemens Romanus, ThQ 85, 1903, 417–437; 547–575.
--, Der Barnabasbrief über Glaube und Werke, Kath. 84, 1904, 273–304.
SCHWEIZER, E., Der Brief an die Kolosser, EKK, 1976.
SEEBERG, B., Die Geschichtstheologie Justins des Märtyrers, ZKG 58, 1939, 1–81.
SEEBERG, R., Die Apologie des Aristides, NKZ 2, 1891, 935–966.
--, Die Apologie des Aristides untersucht und wiederhergestellt, FGNK V/2, 1893.
SHOTWELL, W.A., The Biblical Exegesis of Justin Martyr, 1965.
SIMON, M., Verus Israel. Etudes sur les relations entre Chrétiens et Juifs dans l'Empire Romain (135–425), 2. Aufl. 1964.
SINT, J.A., Pseudonymität im Altertum. Ihre Formen und ihre Gründe, Commentationes Aenipontanae 15, 1960.
SIOTIS, M.A., Luke the Evangelist as St. Paul's Collaborator, in: Neues Testament und Geschichte (Festschrift O. Cullmann), 1972, 105–111.
SMITH, M., The Report about Peter in I Clement V. 4, NTS 7, 1960/61, 86–88.
SNYDER, G.F., The Text and Syntax of Ignatius 20:2c, Vig Chr 22, 1968, 8–13.
v. SODEN, HANS, Adolf von Harnacks Marcion, DLZ 42, 1921, 689–696.
--, A.v. Harnacks Marcion, ZKG 40, 1922, 191–206.
v. SODEN, HERMANN, Hebräerbrief, Briefe des Petrus, Jakobus, Judas, HC III/2, 3. Aufl. 1899.

SÖDER, R., Die apokryphen Apostelgeschichten und die romanhafte Literatur der Antike, Würzburger Studien zur Altertumswissenschaft 3, 1932.
SOHM, R., Kirchenrecht I. Die geschichtlichen Grundlagen, Systematisches Handbuch der deutschen Rechtswissenschaft VIII/1, 1892.
SPANNEUT, M., Le Stoicisme des Pères de l'Eglise de Clément de Rome à Clément d'Alexandrie, 1957.
SPEYER, W., Religiöse Pseudepigraphie und literarische Fälschung im Altertum, JAC 8/9, 1965/66, 88–125.
SPICQ, C., L'Epître aux Hébreux I. II, EtB, 2. Aufl. 1952/1953.
SPITTA, F., Der zweite Brief des Petrus und der Brief des Judas. Eine geschichtliche Untersuchung, 1885.
––, Zur Geschichte und Litteratur des Urchristentums II. Der Brief des Jakobus. Studien zum Hirten des Hermas, 1896.
SPRINZL, J., Die Theologie der apostolischen Väter. Eine dogmengeschichtliche Monographie, 1880.
STAATS, R., Bespr. von R. Weijenborg, Les lettres d'Ignace d'Antioch, ZKG 84, 1973, 101–103.
––, Die martyrologische Begründung des Romprimats bei Ignatius von Antiochien, ZThK 73, 1976, 461–470.
STAHL, A., Patristische Untersuchungen, 1901.
STANDAERT, B., «L'Evangile de Vérité»: Critique et Lecture, NTS 22, 1975, 243–275.
STECK, O. H., Formgeschichtliche Bemerkungen zur Darstellung des Damaskusgeschehens in der Apostelgeschichte, ZNW 67, 1976, 20–28.
STEGEMANN, CHR., Herkunft und Entstehung des sogenannten Zweiten Klemensbriefes, Diss. Bonn 1974.
STEGEMANN, H., Bespr. von P. Prigent, Les Testimonia ..., ZKG 73, 1962, 142–153.
STEINMETZ, P., Polykarp von Smyrna über die Gerechtigkeit, Hermes 100, 1972, 63–75.
STENGER, W., Timotheus und Titus als literarische Gestalten (Beobachtungen zur Form und Funktion der Pastoralbriefe), Kairos NF 16, 1974, 252–267.
STOLLE, V., Der Zeuge als Angeklagter. Untersuchungen zum Paulusbild des Lukas, BWANT 102, 1973.
STORY, C. I. K., The Nature of Truth in 'The Gospel of Truth" and in the Writings of Justin Martyr. A Study of the Pattern of Orthodoxy in the Middle of the Second Christian Century, NT. S 25, 1970.
STRECKER, G., Christentum und Judentum in den ersten beiden Jahrhunderten, EvTh 16, 1956, 458–477.
––, Das Judenchristentum in den Pseudoklementinen, TU 70, 1958.
––, Der Weg der Gerechtigkeit. Untersuchungen zur Theologie des Matthäus, FRLANT 82, 2. Aufl. 1966.
––, Paulus in nachpaulinischer Zeit, Kairos NF 12, 1970, 208–216.
STREETER, B. H., The Primitive Church, studied with Special Reference to the Origins of the Christian Ministry, 1929.
STROBEL, A., Schreiben des Lukas? Zum sprachlichen Problem der Pastoralbriefe, NTS 15, 1968/69, 191–210.
STRÖM, A. V., Der Hirt des Hermas. Allegorie oder Wirklichkeit?, ASNU III, 1936.
STUHLMACHER, P., Gerechtigkeit Gottes bei Paulus, FRLANT 87, 1965.
––, Christliche Verantwortung bei Paulus und seinen Schülern, EvTh 28, 1968, 165–186.
STURHAHN, C. L., Die Christologie der ältesten apokryphen Apostelakten. Ein Beitrag zur Frühgeschichte des altkirchlichen Dogmas, Diss. masch. Heidelberg 1952.
SUNDBERG, A. C., Dependent Canonicity in Irenaeus and Tertullian, StEv III, TU 88, 1964, 403–409.

SWARTLEY, W.M., The Imitatio Christi in the Ignatian Letters, Vig Chr 27, 1973, 81–103.

TELFER, W., Was Hegesippus a Jew?, HThR 53, 1960, 143–153.

TESTUZ, M., La Correspondance apocryphe de Saint Paul et des Corinthiens, in: Littérature et Théologie Pauliniennes, RechBib V, 1960, 217–223.

THEISSEN, G., Untersuchungen zum Hebräerbrief, StNT 2, 1969.

––, Soziale Schichtung in der korinthischen Gemeinde. Ein Beitrag zur Soziologie des hellenistischen Urchristentums, ZNW 65, 1974, 232–272.

THOMA, A., Justins literarisches Verhältnis zu Paulus und zum Johannes-Evangelium, ZwTh 18, 1875, 383–412; 490–565.

TORRANCE, T.F., The Doctrine of Grace in the Apostolic Fathers, 1948.

TRILLING, W., Untersuchungen zum zweiten Thessalonicherbrief, EThSt 27, 1972.

TROCMÉ, E., Le «Livre des Actes» et l'histoire, EHPhR 45, 1957.

––, Les Eglises pauliniennes vues du dehors: Jacques 2,1 à 3,13, StEv II, TU 87, 1964, 660–669.

TRUMMER, P., Anastasis. Beitrag zur Auslegung und Auslegungsgeschichte von I Kor. 15 in der griechischen Kirche bis Theodoret, Diss. Graz 1970.

––, „Mantel und Schriften" (2 Tim 4,13). Zur Interpretation einer persönlichen Notiz in den Pastoralbriefen, BZ NF 18, 1974, 193–207.

TURNER, H.E.W., The Pattern of Christian Truth. A Study in the Relation between Orthodoxy and Heresy in the Early Church, 1954.

ULLMANN, W., Die Gottesvorstellung der Gnosis als Herausforderung an Theologie und Verkündigung, in: Gnosis und NT, 383–403.

ULONSKA, H., Paulus und das Alte Testament, Diss. Münster 1963.

VAN UNNIK, W.C., Is 1 Clement 20 purely Stoic?, Vig Chr 4, 1950, 181–189.

––, 1 Clement 34 and the "Sanctus", Vig Chr 5, 1951, 204–248.

––, The 'Gospel of Truth' and the New Testament, in: The Jung Codex. A Newly Recovered Gnostic Papyrus (hg. von F.L. Cross), 1955, 79–129.

––, Die jüdische Komponente in der Entstehung der Gnosis, Vig Chr 15, 1961, 65–82.

––, Die Apostelgeschichte und die Häresien, ZNW 58, 1967, 240–246.

––, Studies over de zogenaamde eerste brief van Clemens. I. Het litteraire genre, MNAW.L NS 33/4, 1970.

––, „Tiefer Friede" (1. Klemens 2,2), Vig Chr 24, 1970, 261–279.

––, Noch einmal „Tiefer Friede". Nachschrift zu dem Aufsatz von Herrn Dr. K. Beyschlag, Vig Chr 26, 1972, 24–28.

VERWEIJS, P.G., Evangelium und neues Gesetz in der ältesten Christenheit bis auf Marcion, STRT 5, 1960.

VIELHAUER, PH., Zum „Paulinismus" in der Apostelgeschichte, in: Aufsätze zum Neuen Testament, ThB 31, 1965, 9–27.

––, Bespr. von H. Conzelmann, Die Apostelgeschichte, GGA 221, 1969, 1–19.

––, Geschichte der urchristlichen Literatur. Einleitung in das Neue Testament, die Apokryphen und die Apostolischen Väter, 1975.

VOKES, F.E., The Didache and the Canon of the New Testament, StEv III, TU 88, 1964, 427–436.

VÖLTER, D., Die apostolischen Väter neu untersucht. 1. Teil. Clemens, Hermas, Barnabas, 1904.

VOUAUX, L., Les Actes de Paul et ses lettres apocryphes. Introduction, textes, traduction et commentaire, 1913.

WAGENMANN, J., Die Stellung des Apostels Paulus neben den Zwölf in den ersten zwei Jahrhunderten, BZNW 3, 1926.

WAITZ, H., Die Pseudoklementinen. Homilien und Rekognitionen, TU 25/4, 1904.

WALKER, R., Allein aus Werken. Zur Auslegung von Jak 2,14–26, ZThK 61, 1964, 155–192.

v. WALTER, J., Ignatius von Antiochien und die Entstehung des Frühkatholizismus, in: Reinhold-Seeberg-Festschrift, Band II, 1929, 105–118.

WEGENAST, K., Das Verständnis der Tradition bei Paulus und in den Deuteropaulinen, WMANT 8, 1962.

WEIGANDT, P., Der Doketismus im Urchristentum und in der theologischen Entwicklung des zweiten Jahrhunderts, Diss. masch. Heidelberg 1961.

WEIJENBORG, R., Les Lettres d'Ignace d'Antioche. Etude de critique littéraire et de théologie, 1969.

WEINEL, H., Die Wirkungen des Geistes und die Geister im nachapostolischen Zeitalter bis auf Irenäus, 1899.

WEISS, H.-F., Paulus und die Häretiker. Zum Paulusverständnis der Gnosis, in: Christentum und Gnosis, hg. von W. Eltester, BZNW 37, 1969, 116–128.

––, Gnostische Motive und antignostische Polemik im Kolosser- und im Ephesserbrief, in: Gnosis und NT, 311–324.

WEISS, J., Der erste Korintherbrief, KEK V, 9. Aufl. 1910.

WEIZSÄCKER, C., Das apostolische Zeitalter der christlichen Kirche, 1886.

WENDT, H. H., Die Apostelgeschichte, KEK III, 9. Aufl. 1913.

WENGST, K., Tradition und Theologie des Barnabasbriefes, AKG 42, 1971.

––, Der Apostel und die Tradition. Zur theologischen Bedeutung der urchristlichen Formeln bei Paulus, ZThK 69, 1972, 145–162.

WERNER, J., Der Paulinismus des Irenäus. Eine kirchen- und dogmengeschichtliche Untersuchung über das Verhältnis des Irenäus zu der paulinischen Briefsammlung und Theologie, TU 6/2, 1889.

WERNER, M., Der Einfluß paulinischer Theologie im Markusevangelium, BZNW 1, 1923.

––, Die Entstehung des christlichen Dogmas problemgeschichtlich dargestellt, 2. Aufl. 1953.

––, Die Entstehung des christlichen Dogmas. Problemgeschichtlich dargestellt, UB 38, 1959.

WICKERT, U., Paulus, der erste Clemens und Stephan von Rom: Drei Epochen der frühen Kirche aus ökumenischer Sicht, ZKG 79, 1968, 145–158.

WIDMANN, M., Irenäus und seine theologischen Väter, ZThK 54, 1957, 156–173.

WILCKENS, U., Die Missionsreden der Apostelgeschichte. Form- und traditionsgeschichtliche Untersuchungen, WMANT 5, 1961.

––, Über Abfassungszweck und Aufbau des Römerbriefs. in: Rechtfertigung als Freiheit. Paulusstudien, 1974, 110–170.

WILES, M. F., The Divine Apostle. The Interpretation of St. Paul's Epistles in the Early Church, 1967.

WILSON, R. MCL., The Gospel of Philip. Translated from the Coptic text, with an Introduction and Commentary, 1962.

––, The New Testament in the Nag Hammadi Gospel of Philip, NTS 9, 1962/63, 291–294.

––, Gnosis, Gnosticism and the New Testament, in: U. Bianchi (Hg.), Le origini dello gnosticismo, 1967, 511–527.

––, Gnosis und Neues Testament, UB 118, 1971.

WILSON, R. S., Marcion. A Study of a Second-Century Heretic, o. J. (1933).

WINDISCH, H., Taufe und Sünde im ältesten Christentum bis auf Origenes. Ein Beitrag zur altchristlichen Dogmengeschichte, 1908.

––, Der Barnabasbrief, HNT ErgBd. III, 1920.

––, Das Christentum des Zweiten Clemensbriefes, in: Harnack-Ehrung. Beiträge zur

Kirchengeschichte, 1921, 119–134.
--, Julius Cassianus und die Clemenshomilie (II Clemens), ZNW 25, 1926, 258–262.
--, Die Christusepiphanie vor Damaskus (Act 9, 22 und 26), und ihre religionsgeschichtlichen Parallelen, ZNW 31, 1932, 1–23.
WISSE, F., The Nag Hammadi Library and the Heresiologists, Vig Chr 25, 1971, 205–223.
--, On Exegeting "The Exegesis on the Soul", in: Les Textes de Nag Hammadi, hg. von J.-E. Ménard, NHSt VII, 1975, 68–81.
WOHLENBERG, G., Die Lehre der zwölf Apostel in ihrem Verhältnis zum neutestamentlichen Schrifttum. Eine Untersuchung, 1888.
WREDE, W., Untersuchungen zum Ersten Klemensbriefe, 1891.
--, Die Echtheit des zweiten Thessalonicherbriefes untersucht, TU 24/2, 1903.
WUSTMANN, G., Die Heilsbedeutung Christi bei den apostolischen Vätern, BFChTh IX/2+3, 1905.
YOUNG, F.W., The Relation of I Clement to the Epistle of James, JBL 67, 1948, 339–345.
ZAHN, TH., Der Hirt des Hermas, 1868.
--, Ignatius von Antiochien, 1873.
--, Studien zu Justinus Martyr, ZKG 8, 1886, 1–84.
--, Die Dialoge des „Adamantius" mit den Gnostikern, ZKG 9, 1888, 193–239.
--, Geschichte des Neutestamentlichen Kanons. Erster Band: Das Neue Testament vor Origenes. I/1.2, 1888/1889. Zweiter Band: Urkunden und Belege zum ersten und dritten Band. II/1.2, 1890/1892.
--, Forschungen zur Geschichte des neutestamentlichen Kanons und der altkirchlichen Literatur. VI. Teil: I. Apostel und Apostelschüler in der Provinz Asien. II. Brüder und Vettern Jesu, 1900.
--, Die Apostelgeschichte des Lucas, KNT V/1+2, 1919/1921.
ZANDEE, J., Die Lehren des Silvanus. Stoischer Rationalismus und Christentum im Zeitalter der frühkatholischen Kirche, in: Essays on the Nag Hammadi Texts, NHSt III, 1972, 144–155.
ZIEGLER, A.W., Neue Studien zum ersten Klemensbrief, 1958.
DE ZWAAN, J., Date and Origin of the Epistle of the Eleven Apostles, in: Amicitiae Corolla (Festschrift J.R. Harris), 1933, 344–355.

Nicht zugänglich blieben mir:

STORY, G. L., The Valentinian (Gnostic) Use of the Letters of Paul, Ph.D.Diss., Northwestern University, 1968.
WILSON, J.H., A Comparative Study of Pauline and Early Gnostic Literature, Ph.D. Michigan State University, 1969.

Register

I. Begriffe

II. Namen und Orte

III. Autoren

IV. Stellen (Auswahl)

1. Altes Testament (einschl. Apokryphen)

2. Neues Testament

Philipper

Kolosser

6. Gnostische Schriften

7. Sonstige frühchristliche Schriften